地方志人物傳記資料叢刊·華北卷

人名索引

黄秀文　主編

北京圖書館出版社

圖書在版編目(CIP)數據

地方志人物傳記資料叢刊·華北卷人名索引/黄秀文等編. -北京:北京圖書館出版社,2007.8

ISBN 978-7-5013-3510-7

Ⅰ.地…　Ⅱ.黄…　Ⅲ.历史人物—华北地区—索引　Ⅳ.Z89:K820.8

中國版本圖書館 CIP 數據核字(2007)第114252號

責任編輯:宋志英

ISBN 978-7-5013-3510-7

9 787501 335107 >

書名　地方志人物傳記資料叢刊·華北卷人名索引

著者　黄秀文等編

出版　北京圖書館出版社　(100034　北京市西城區文津街7號)

發行　010-66139745,66175620,66126153

66174391(傳真),66126156(門市部)

E-mail　cbs@nlc.gov.cn(投稿)　btsfxb@nlc.gov.cn(郵購)

Website　www.nlcpress.com

經銷　新華書店

印刷　北京大興古籍印刷廠

開本　787×1092 毫米　1/16

印張　74

版次　2007年8月第1版　2007年8月第1次印刷

書號　ISBN 978-7-5013-3510-7/K·1531

定價　380圓

地方志人物傳記資料叢刊·華北卷

人名索引

主　編　黄秀文

副主編　吴　平　黄　明　印永清

編纂人員（按姓氏筆劃爲序）

方　方　印永清　邢曉彤　回達强　吴　平

何　萍　周保明　胡文華　郭勁赤　陳海東

黄秀文　黄　明　張寶生　程天作　楊同甫

管蔚華　鄭曉霞

凡　例

本索引是爲《地方志人物傳記資料叢刊·華北卷》編纂的人物姓名索引。

1、華北地區自古以來就爲我國政治中心，古稱“燕趙多奇士”。金、宋、元以來，更爲建都之所，公侯、將相、名宦、名士輩出，史籍所載，浩如煙海。爲便於檢索，本索引所收條只限於傳記資料較爲詳細的人物，如名宦、鄉賢、方技、流寓、仙釋等類，以及藝文中的墓誌、碑銘、傳誄等。

2、列女、孝子、義行中的人物，對學術研究價值不大，基本不予收録。

3、各種表、志，如職官表、選舉志中的人物，事迹簡單，不予收録。

4、僧人法名前的“釋”字予以去除。

5、同姓名者，爲便於區分，在姓名後加以朝代；如朝代相同，則以籍貫、官職或字號區分。

6、許多人物的姓名，或因輾轉抄刻而致誤，或因避帝王之諱而更改，如房玄齡改爲“房元齡”，盧弘宣改爲“盧宏宣”，王胤長改作“王允長”、“王孕長”之類，經考證查對無誤者，一律予以回改。

目　録

一畫

一 …… (1)
乙 …… (1)

二畫

丁 …… (1)
卜 …… (4)
八 …… (5)
九 …… (5)
刁 …… (5)
了 …… (6)
乜 …… (6)

三畫

三 …… (6)
于 …… (6)
士 …… (10)
大 …… (11)
萬 …… (11)
兀 …… (11)
才 …… (12)
弋 …… (12)
上 …… (12)
山 …… (12)
千 …… (12)
乞 …… (12)
么 …… (13)
尸 …… (13)
弓 …… (13)
也 …… (13)
子 …… (13)
女 …… (13)

四畫

王 …… (14)
亓 …… (113)
井 …… (113)
天 …… (113)
元 …… (113)
木 …… (115)
五 …… (116)
支 …… (116)
不 …… (116)
太 …… (116)
尤 …… (116)

巨 …………………………… (116)
牙 …………………………… (116)
戈 …………………………… (116)
中 …………………………… (117)
牛 …………………………… (117)
毛 …………………………… (120)
仁 …………………………… (123)
什 …………………………… (123)
仇 …………………………… (123)
化 …………………………… (124)
亢 …………………………… (124)
火 …………………………… (125)
心 …………………………… (125)
尹 …………………………… (125)
尺 …………………………… (127)
巴 …………………………… (127)
丑 …………………………… (128)
孔 …………………………… (128)
水 …………………………… (130)
毋 …………………………… (130)
介 …………………………… (131)
公 …………………………… (131)
月 …………………………… (132)
丹 …………………………… (132)
勾 …………………………… (132)
卞 …………………………… (133)
文 …………………………… (133)
六 …………………………… (134)
方 …………………………… (134)

五畫

玉 …………………………… (136)
正 …………………………… (136)
甘 …………………………… (137)
世 …………………………… (137)
艾 …………………………… (137)
古 …………………………… (137)
丕 …………………………… (138)
本 …………………………… (138)
术 …………………………… (138)
札 …………………………… (138)
可 …………………………… (138)
左 …………………………… (138)
石 …………………………… (140)
布 …………………………… (145)
平 …………………………… (145)
打 …………………………… (146)
目 …………………………… (146)
北 …………………………… (146)
申 …………………………… (146)
由 …………………………… (150)
田 …………………………… (150)
冉 …………………………… (158)
史 …………………………… (158)
叱 …………………………… (163)
四 …………………………… (163)

失 ……………………………… (163)
印 ……………………………… (163)
丘 ……………………………… (163)
代 ……………………………… (163)
白 ……………………………… (163)
仝 ……………………………… (168)
令 ……………………………… (168)
句 ……………………………… (169)
皮 ……………………………… (169)
包 ……………………………… (169)
主 ……………………………… (169)
立 ……………………………… (169)
玄 ……………………………… (169)
永 ……………………………… (169)
必 ……………………………… (170)
司 ……………………………… (170)
尼 ……………………………… (172)
弘 ……………………………… (172)
加 ……………………………… (172)
召 ……………………………… (172)
台 ……………………………… (172)
母 ……………………………… (172)

六畫

匡 ……………………………… (172)
邢 ……………………………… (172)
戎 ……………………………… (176)
寺 ……………………………… (176)
吉 ……………………………… (176)
老 ……………………………… (176)
共 ……………………………… (177)
芊 ……………………………… (177)
朴 ……………………………… (177)
西 ……………………………… (177)
百 ……………………………… (177)
存 ……………………………… (177)
戌 ……………………………… (177)
成 ……………………………… (177)
托 ……………………………… (180)
至 ……………………………… (180)
光 ……………………………… (180)
吐 ……………………………… (180)
旻 ……………………………… (180)
曲 ……………………………… (180)
吕 ……………………………… (181)
同 ……………………………… (187)
因 ……………………………… (187)
朱 ……………………………… (188)
年 ……………………………… (198)
先 ……………………………… (198)
廷 ……………………………… (198)
延 ……………………………… (198)
伍 ……………………………… (199)
伏 ……………………………… (199)
仲 ……………………………… (199)
作 ……………………………… (199)

任 ……………………………… (199)
仰 ……………………………… (205)
自 ……………………………… (205)
伊 ……………………………… (205)
向 ……………………………… (206)
后 ……………………………… (206)
行 ……………………………… (206)
全 ……………………………… (206)
合 ……………………………… (207)
兆 ……………………………… (207)
夙 ……………………………… (207)
危 ……………………………… (207)
朶 ……………………………… (207)
多 ……………………………… (207)
色 ……………………………… (207)
衣 ……………………………… (207)
亥 ……………………………… (207)
次 ……………………………… (207)
忙 ……………………………… (207)
州 ……………………………… (207)
羊 ……………………………… (207)
米 ……………………………… (208)
江 ……………………………… (209)
汲 ……………………………… (210)
池 ……………………………… (210)
宇 ……………………………… (210)
守 ……………………………… (211)
安 ……………………………… (211)
祁 ……………………………… (215)
那 ……………………………… (216)
阮 ……………………………… (216)
如 ……………………………… (217)
好 ……………………………… (217)
牟 ……………………………… (217)

七畫

戒 ……………………………… (217)
赤 ……………………………… (218)
志 ……………………………… (218)
坑 ……………………………… (218)
芮 ……………………………… (218)
花 ……………………………… (218)
克 ……………………………… (218)
杜 ……………………………… (218)
巫 ……………………………… (227)
李 ……………………………… (228)
孛 ……………………………… (320)
車 ……………………………… (320)
束 ……………………………… (320)
豆 ……………………………… (320)
吾 ……………………………… (321)
郲 ……………………………… (321)
邳 ……………………………… (321)
夾 ……………………………… (321)
折 ……………………………… (321)
把 ……………………………… (321)

步 ……………………………… (321)
貝 ……………………………… (322)
里 ……………………………… (322)
吴 ……………………………… (322)
足 ……………………………… (335)
吹 ……………………………… (335)
别 ……………………………… (335)
岐 ……………………………… (335)
岑 ……………………………… (335)
秃 ……………………………… (335)
邱 ……………………………… (335)
何 ……………………………… (337)
佈 ……………………………… (342)
攸 ……………………………… (342)
伯 ……………………………… (342)
伶 ……………………………… (343)
佟 ……………………………… (343)
佛 ……………………………… (344)
伽 ……………………………… (344)
余 ……………………………… (344)
佘 ……………………………… (345)
希 ……………………………… (345)
坐 ……………………………… (345)
谷 ……………………………… (345)
妥 ……………………………… (347)
邸 ……………………………… (347)
狄 ……………………………… (347)
言 ……………………………… (348)
辛 ……………………………… (348)
冷 ……………………………… (350)
汪 ……………………………… (350)
沄 ……………………………… (353)
沐 ……………………………… (353)
沛 ……………………………… (353)
沃 ……………………………… (353)
沙 ……………………………… (353)
沈 ……………………………… (353)
完 ……………………………… (357)
宋 ……………………………… (358)
宏 ……………………………… (369)
良 ……………………………… (369)
初 ……………………………… (369)
君 ……………………………… (369)
邵 ……………………………… (370)
阿 ……………………………… (372)
妙 ……………………………… (372)
努 ……………………………… (372)
姒 ……………………………… (372)
郤 ……………………………… (373)
奉 ……………………………… (373)
武 ……………………………… (373)
青 ……………………………… (377)
長 ……………………………… (377)
幸 ……………………………… (378)
耶 ……………………………… (378)
昔 ……………………………… (380)

若 ………………………………(380)
苗 ………………………………(380)
英 ………………………………(381)
苻 ………………………………(382)
苟 ………………………………(382)
苑 ………………………………(382)
茆 ………………………………(383)
范 ………………………………(383)
直 ………………………………(388)
茅 ………………………………(388)
林 ………………………………(388)
析 ………………………………(391)
板 ………………………………(391)
松 ………………………………(391)
杭 ………………………………(391)
東 ………………………………(391)
刺 ………………………………(391)
郁 ………………………………(391)
奈 ………………………………(391)
奔 ………………………………(391)
來 ………………………………(391)
抹 ………………………………(392)
拓 ………………………………(392)
拔 ………………………………(392)
拉 ………………………………(392)
郅 ………………………………(392)
叔 ………………………………(392)
卓 ………………………………(393)
虎 ………………………………(393)
尚 ………………………………(393)
果 ………………………………(394)
具 ………………………………(394)
昆 ………………………………(394)
昌 ………………………………(394)
昇 ………………………………(394)
明 ………………………………(394)
易 ………………………………(395)
固 ………………………………(395)
忠 ………………………………(395)
呼 ………………………………(395)
旻 ………………………………(396)
帖 ………………………………(396)
非 ………………………………(396)
知 ………………………………(396)
郲 ………………………………(396)
和 ………………………………(396)
季 ………………………………(397)
牧 ………………………………(398)
竺 ………………………………(398)
侍 ………………………………(398)
岳 ………………………………(398)
臾 ………………………………(399)
侶 ………………………………(400)
帛 ………………………………(400)
舍 ………………………………(400)
金 ………………………………(400)

郤 …………………………… (402)
念 …………………………… (402)
肥 …………………………… (402)
周 …………………………… (402)
咎 …………………………… (415)
忽 …………………………… (415)
狐 …………………………… (415)
淨 …………………………… (416)
夜 …………………………… (416)
庚 …………………………… (416)
於 …………………………… (416)
京 …………………………… (416)
怯 …………………………… (416)
性 …………………………… (416)
怡 …………………………… (416)
法 …………………………… (416)
河 …………………………… (417)
沮 …………………………… (417)
況 …………………………… (417)
泗 …………………………… (417)
汾 …………………………… (417)
宗 …………………………… (417)
定 …………………………… (418)
官 …………………………… (418)
宛 …………………………… (418)
空 …………………………… (418)
郎 …………………………… (419)
郇 …………………………… (419)
房 …………………………… (419)
祈 …………………………… (421)
建 …………………………… (421)
門 …………………………… (421)
居 …………………………… (421)
屈 …………………………… (421)
降 …………………………… (422)
姑 …………………………… (422)
承 …………………………… (422)
孟 …………………………… (422)

九畫

春 …………………………… (426)
珂 …………………………… (427)
珍 …………………………… (427)
封 …………………………… (427)
政 …………………………… (428)
郝 …………………………… (428)
垣 …………………………… (433)
荊 …………………………… (433)
革 …………………………… (435)
荀 …………………………… (435)
胡 …………………………… (436)
南 …………………………… (444)
茹 …………………………… (445)
柰 …………………………… (445)
歪 …………………………… (445)
柯 …………………………… (445)

相 ……………………………… (445)
查 ……………………………… (446)
柏 ……………………………… (446)
柳 ……………………………… (447)
剌 ……………………………… (450)
要 ……………………………… (450)
咸 ……………………………… (450)
厚 ……………………………… (450)
奎 ……………………………… (451)
持 ……………………………… (451)
按 ……………………………… (451)
貞 ……………………………… (451)
冒 ……………………………… (451)
映 ……………………………… (451)
星 ……………………………… (451)
思 ……………………………… (451)
哈 ……………………………… (451)
拜 ……………………………… (451)
部 ……………………………… (451)
种 ……………………………… (452)
秋 ……………………………… (452)
重 ……………………………… (452)
段 ……………………………… (452)
修 ……………………………… (456)
保 ……………………………… (456)
信 ……………………………… (456)
皇 ……………………………… (456)
泉 ……………………………… (457)
禹 ……………………………… (457)
侯 ……………………………… (457)
帥 ……………………………… (462)
律 ……………………………… (462)
俞 ……………………………… (462)
郗 ……………………………… (463)
俎 ……………………………… (464)
郤 ……………………………… (464)
爰 ……………………………… (464)
負 ……………………………… (464)
昝 ……………………………… (464)
風 ……………………………… (464)
計 ……………………………… (464)
哀 ……………………………… (465)
度 ……………………………… (465)
施 ……………………………… (465)
音 ……………………………… (466)
彦 ……………………………… (466)
恒 ……………………………… (466)
姜 ……………………………… (466)
洪 ……………………………… (468)
洞 ……………………………… (469)
洗 ……………………………… (469)
活 ……………………………… (469)
宣 ……………………………… (469)
室 ……………………………… (469)
宮 ……………………………… (469)
突 ……………………………… (470)

扁 ………………………………（470）
祖 ………………………………（470）
祝 ………………………………（471）
弭 ………………………………（472）
韋 ………………………………（472）
胥 ………………………………（473）
勇 ………………………………（474）
姚 ………………………………（474）
紅 ………………………………（478）
紇 ………………………………（478）
紀 ………………………………（478）

十畫

泰 ………………………………（480）
秦 ………………………………（480）
珠 ………………………………（484）
敖 ………………………………（484）
班 ………………………………（484）
素 ………………………………（485）
貢 ………………………………（485）
袁 ………………………………（485）
耿 ………………………………（489）
都 ………………………………（492）
盍 ………………………………（492）
華 ………………………………（492）
莽 ………………………………（493）
莊 ………………………………（493）
莫 ………………………………（494）
晉 ………………………………（494）
真 ………………………………（495）
桂 ………………………………（495）
栲 ………………………………（495）
桓 ………………………………（495）
桃 ………………………………（495）
格 ………………………………（496）
根 ………………………………（496）
索 ………………………………（496）
軒 ………………………………（496）
連 ………………………………（496）
速 ………………………………（497）
栗 ………………………………（497）
夏 ………………………………（498）
破 ………………………………（500）
原 ………………………………（500）
捏 ………………………………（500）
哲 ………………………………（500）
馬 ………………………………（501）
柴 ………………………………（517）
虔 ………………………………（519）
時 ………………………………（519）
畢 ………………………………（519）
晁 ………………………………（521）
晏 ………………………………（521）
骨 ………………………………（521）
員 ………………………………（521）
恩 ………………………………（522）

剛 ……………………………… (522)
郵 ……………………………… (522)
造 ……………………………… (522)
特 ……………………………… (522)
秘 ……………………………… (522)
俺 ……………………………… (522)
倒 ……………………………… (523)
倭 ……………………………… (523)
倪 ……………………………… (523)
倫 ……………………………… (524)
島 ……………………………… (524)
烏 ……………………………… (524)
師 ……………………………… (525)
徒 ……………………………… (526)
徐 ……………………………… (526)
殷 ……………………………… (536)
奚 ……………………………… (538)
倉 ……………………………… (538)
翁 ……………………………… (538)
狼 ……………………………… (539)
託 ……………………………… (539)
衷 ……………………………… (539)
郭 ……………………………… (539)
席 ……………………………… (556)
庫 ……………………………… (556)
唐 ……………………………… (556)
悟 ……………………………… (559)
凌 ……………………………… (559)
烟 ……………………………… (560)
浦 ……………………………… (560)
酒 ……………………………… (560)
浩 ……………………………… (560)
益 ……………………………… (560)
海 ……………………………… (560)
高 ……………………………… (560)
涂 ……………………………… (577)
浮 ……………………………… (578)
凉 ……………………………… (578)
家 ……………………………… (578)
容 ……………………………… (578)
朗 ……………………………… (578)
宸 ……………………………… (578)
祥 ……………………………… (578)
閔 ……………………………… (578)
展 ……………………………… (578)
陸 ……………………………… (578)
陳 ……………………………… (581)
陰 ……………………………… (606)
陶 ……………………………… (607)
姬 ……………………………… (609)
娥 ……………………………… (609)
通 ……………………………… (609)
桑 ……………………………… (610)
孫 ……………………………… (610)
納 ……………………………… (626)
紐 ……………………………… (626)

十一畫

教 ……………………………… (626)
執 ……………………………… (626)
壺 ……………………………… (626)
培 ……………………………… (626)
埽 ……………………………… (626)
黄 ……………………………… (626)
菅 ……………………………… (633)
乾 ……………………………… (633)
曹 ……………………………… (633)
梅 ……………………………… (641)
麥 ……………………………… (642)
戚 ……………………………… (642)
盛 ……………………………… (642)
掩 ……………………………… (642)
區 ……………………………… (642)
虚 ……………………………… (643)
彪 ……………………………… (643)
常 ……………………………… (643)
眭 ……………………………… (646)
眼 ……………………………… (646)
野 ……………………………… (646)
婁 ……………………………… (646)
鄂 ……………………………… (647)
國 ……………………………… (647)
唯 ……………………………… (647)
啖 ……………………………… (647)
將 ……………………………… (647)
崧 ……………………………… (647)
崔 ……………………………… (647)
崇 ……………………………… (661)
移 ……………………………… (661)
笪 ……………………………… (662)
符 ……………………………… (662)
第 ……………………………… (662)
偶 ……………………………… (662)
偓 ……………………………… (662)
偉 ……………………………… (662)
從 ……………………………… (662)
斜 ……………………………… (662)
鈒 ……………………………… (663)
悉 ……………………………… (663)
脱 ……………………………… (663)
魚 ……………………………… (663)
斛 ……………………………… (663)
象 ……………………………… (663)
祭 ……………………………… (663)
猗 ……………………………… (664)
猛 ……………………………… (664)
訥 ……………………………… (664)
許 ……………………………… (664)
訛 ……………………………… (672)
麻 ……………………………… (672)
庾 ……………………………… (673)
康 ……………………………… (673)

鹿 ……………………………… (675)
埅 ……………………………… (676)
章 ……………………………… (676)
商 ……………………………… (678)
牽 ……………………………… (678)
惟 ……………………………… (678)
烽 ……………………………… (678)
清 ……………………………… (678)
渠 ……………………………… (679)
粘 ……………………………… (679)
涼 ……………………………… (679)
淳 ……………………………… (679)
淡 ……………………………… (679)
梁 ……………………………… (679)
寇 ……………………………… (687)
寂 ……………………………… (688)
宿 ……………………………… (688)
扈 ……………………………… (688)
逯 ……………………………… (688)
尉 ……………………………… (689)
屠 ……………………………… (690)
閆 ……………………………… (690)
張 ……………………………… (690)
習 ……………………………… (782)
隋 ……………………………… (782)
隗 ……………………………… (782)
陽 ……………………………… (782)
隆 ……………………………… (783)
貫 ……………………………… (783)
紹 ……………………………… (784)

十二畫

琴 ……………………………… (784)
斑 ……………………………… (784)
堯 ……………………………… (784)
塔 ……………………………… (784)
項 ……………………………… (784)
越 ……………………………… (785)
賁 ……………………………… (785)
博 ……………………………… (785)
喜 ……………………………… (785)
彭 ……………………………… (785)
達 ……………………………… (787)
葉 ……………………………… (788)
葛 ……………………………… (790)
萬 ……………………………… (791)
董 ……………………………… (793)
敬 ……………………………… (802)
朝 ……………………………… (802)
森 ……………………………… (802)
棟 ……………………………… (803)
棧 ……………………………… (803)
椒 ……………………………… (803)
極 ……………………………… (803)
惠 ……………………………… (803)
棗 ……………………………… (803)

覃 ………………………………（803）
硯 ………………………………（803）
雄 ………………………………（804）
雲 ………………………………（804）
提 ………………………………（804）
揭 ………………………………（804）
雅 ………………………………（804）
斐 ………………………………（804）
紫 ………………………………（804）
掌 ………………………………（804）
貽 ………………………………（804）
暎 ………………………………（804）
喇 ………………………………（804）
景 ………………………………（804）
貴 ………………………………（805）
單 ………………………………（805）
喻 ………………………………（806）
喀 ………………………………（806）
黑 ………………………………（806）
無 ………………………………（806）
智 ………………………………（806）
嵇 ………………………………（807）
程 ………………………………（807）
稅 ………………………………（813）
喬 ………………………………（813）
答 ………………………………（818）
傅 ………………………………（818）
雋 ………………………………（822）
焦 ………………………………（822）
鄔 ………………………………（824）
舒 ………………………………（824）
鈕 ………………………………（824）
番 ………………………………（825）
鄒 ………………………………（825）
然 ………………………………（826）
斌 ………………………………（826）
童 ………………………………（826）
馮 ………………………………（826）
惲 ………………………………（835）
勞 ………………………………（836）
善 ………………………………（836）
羡 ………………………………（836）
普 ………………………………（836）
道 ………………………………（836）
曾 ………………………………（837）
湛 ………………………………（838）
減 ………………………………（838）
湯 ………………………………（838）
温 ………………………………（839）
滑 ………………………………（841）
淵 ………………………………（841）
游 ………………………………（841）
渾 ………………………………（842）
寒 ………………………………（842）
富 ………………………………（842）
褚 ………………………………（842）

裕 ……………………………… (843)
尋 ……………………………… (843)
開 ……………………………… (843)
間 ……………………………… (843)
閒 ……………………………… (843)
閎 ……………………………… (844)
閔 ……………………………… (844)
强 ……………………………… (844)
費 ……………………………… (844)
賀 ……………………………… (845)
絳 ……………………………… (848)
絡 ……………………………… (848)

十三畫

瑚 ……………………………… (848)
瑞 ……………………………… (848)
瑕 ……………………………… (848)
鄢 ……………………………… (848)
蓋 ……………………………… (848)
蓮 ……………………………… (849)
蘄 ……………………………… (849)
蒯 ……………………………… (852)
蒿 ……………………………… (852)
蒲 ……………………………… (852)
蒙 ……………………………… (852)
蔭 ……………………………… (853)
楚 ……………………………… (853)
楊 ……………………………… (853)
甄 ……………………………… (882)
酬 ……………………………… (883)
賈 ……………………………… (883)
感 ……………………………… (894)
雷 ……………………………… (894)
頓 ……………………………… (895)
裘 ……………………………… (895)
訾 ……………………………… (895)
虞 ……………………………… (895)
業 ……………………………… (896)
睦 ……………………………… (896)
睢 ……………………………… (896)
照 ……………………………… (896)
路 ……………………………… (896)
圓 ……………………………… (898)
嵩 ……………………………… (898)
奧 ……………………………… (898)
敫 ……………………………… (898)
鉏 ……………………………… (898)
鉉 ……………………………… (899)
愈 ……………………………… (899)
愛 ……………………………… (899)
詹 ……………………………… (899)
解 ……………………………… (899)
鳩 ……………………………… (900)
獅 ……………………………… (900)
誠 ……………………………… (900)
廉 ……………………………… (901)

痴 ……………………………… (902)
鄘 ……………………………… (902)
靖 ……………………………… (902)
新 ……………………………… (902)
雍 ……………………………… (902)
慎 ……………………………… (902)
煙 ……………………………… (902)
義 ……………………………… (902)
豢 ……………………………… (902)
慈 ……………………………… (903)
溥 ……………………………… (903)
源 ……………………………… (903)
準 ……………………………… (903)
塗 ……………………………… (903)
溟 ……………………………… (903)
福 ……………………………… (903)
辟 ……………………………… (904)
際 ……………………………… (904)
經 ……………………………… (904)

十四畫

瑪 ……………………………… (904)
瑤 ……………………………… (904)
靜 ……………………………… (904)
瑣 ……………………………… (904)
趙 ……………………………… (904)
赫 ……………………………… (932)
嘉 ……………………………… (933)
臺 ……………………………… (933)
壽 ……………………………… (933)
綦 ……………………………… (933)
慕 ……………………………… (933)
蔡 ……………………………… (934)
蔣 ……………………………… (937)
蔚 ……………………………… (939)
輔 ……………………………… (939)
斡 ……………………………… (939)
熙 ……………………………… (939)
監 ……………………………… (939)
厲 ……………………………… (940)
奪 ……………………………… (940)
爾 ……………………………… (940)
臧 ……………………………… (940)
需 ……………………………… (940)
裴 ……………………………… (940)
暢 ……………………………… (947)
嘛 ……………………………… (948)
圖 ……………………………… (948)
箕 ……………………………… (948)
管 ……………………………… (948)
僚 ……………………………… (949)
僕 ……………………………… (949)
僧 ……………………………… (949)
銚 ……………………………… (949)
銘 ……………………………… (949)
銀 ……………………………… (949)

鳳 …………………………… (949)
頗 …………………………… (949)
雒 …………………………… (949)
廣 …………………………… (949)
瘋 …………………………… (950)
廖 …………………………… (950)
端 …………………………… (950)
齊 …………………………… (950)
滎 …………………………… (953)
滿 …………………………… (954)
鄭 …………………………… (954)
漁 …………………………… (964)
演 …………………………… (964)
賓 …………………………… (964)
察 …………………………… (964)
寧 …………………………… (964)
禡 …………………………… (966)
聞 …………………………… (966)
閭 …………………………… (966)
翟 …………………………… (966)
隨 …………………………… (968)
鄧 …………………………… (968)
熊 …………………………… (970)
維 …………………………… (971)
綠 …………………………… (971)

十五畫

慧 …………………………… (971)
璐 …………………………… (971)
墳 …………………………… (971)
頡 …………………………… (972)
鞏 …………………………… (972)
樊 …………………………… (972)
摯 …………………………… (974)
邁 …………………………… (974)
樓 …………………………… (974)
撖 …………………………… (975)
撒 …………………………… (975)
歐 …………………………… (975)
賢 …………………………… (976)
劇 …………………………… (976)
暴 …………………………… (976)
噶 …………………………… (976)
墨 …………………………… (976)
稷 …………………………… (976)
黎 …………………………… (976)
儀 …………………………… (976)
樂 …………………………… (977)
德 …………………………… (977)
徵 …………………………… (978)
徹 …………………………… (978)
衛 …………………………… (978)
虢 …………………………… (982)
滕 …………………………… (982)
膠 …………………………… (983)
魯 …………………………… (983)

諸 ………………………………… (984)
諾 ………………………………… (984)
諒 ………………………………… (984)
談 ………………………………… (984)
摩 ………………………………… (985)
慶 ………………………………… (985)
潭 ………………………………… (985)
潘 ………………………………… (985)
澄 ………………………………… (988)
審 ………………………………… (989)
察 ………………………………… (989)
實 ………………………………… (989)
遲 ………………………………… (989)
選 ………………………………… (989)
豫 ………………………………… (989)
線 ………………………………… (989)
緣 ………………………………… (989)
編 ………………………………… (989)
劉 ………………………………… (989)

十六畫

璞 ………………………………… (1048)
燕 ………………………………… (1048)
薳 ………………………………… (1048)
薛 ………………………………… (1048)
薊 ………………………………… (1056)
薄 ………………………………… (1056)
蕭 ………………………………… (1056)
薩 ………………………………… (1059)
橋 ………………………………… (1059)
樸 ………………………………… (1059)
機 ………………………………… (1059)
賴 ………………………………… (1059)
頭 ………………………………… (1059)
勵 ………………………………… (1059)
霍 ………………………………… (1060)
駱 ………………………………… (1062)
冀 ………………………………… (1062)
盧 ………………………………… (1063)
曉 ………………………………… (1073)
曇 ………………………………… (1073)
興 ………………………………… (1074)
嘯 ………………………………… (1074)
還 ………………………………… (1074)
默 ………………………………… (1074)
稽 ………………………………… (1074)
穆 ………………………………… (1074)
儒 ………………………………… (1076)
錢 ………………………………… (1076)
錫 ………………………………… (1078)
錦 ………………………………… (1078)
鮑 ………………………………… (1078)
獨 ………………………………… (1079)
穎 ………………………………… (1080)
諶 ………………………………… (1080)
謣 ………………………………… (1080)

諳 …………………………… (1080)
鄺 …………………………… (1080)
龍 …………………………… (1080)
糕 …………………………… (1081)
操 …………………………… (1081)
羲 …………………………… (1081)
闍 …………………………… (1081)
閻 …………………………… (1081)
隰 …………………………… (1087)
隱 …………………………… (1087)

十七畫

璩 …………………………… (1087)
戴 …………………………… (1087)
聯 …………………………… (1090)
鞠 …………………………… (1090)
藍 …………………………… (1090)
輿 …………………………… (1090)
鄺 …………………………… (1090)
墻 …………………………… (1090)
謝 …………………………… (1091)
縻 …………………………… (1094)
應 …………………………… (1094)
龔 …………………………… (1095)
燭 …………………………… (1095)
濮 …………………………… (1095)
闊 …………………………… (1095)
賽 …………………………… (1095)
蹇 …………………………… (1095)
彌 …………………………… (1095)
繆 …………………………… (1095)

十八畫

韓 …………………………… (1095)
檀 …………………………… (1109)
穜 …………………………… (1109)
魏 …………………………… (1110)
篾 …………………………… (1118)
繁 …………………………… (1118)
儲 …………………………… (1118)
鍊 …………………………… (1118)
鍾 …………………………… (1118)
膽 …………………………… (1119)
鮭 …………………………… (1119)
鮮 …………………………… (1119)
豐 …………………………… (1120)
聶 …………………………… (1120)
龐 …………………………… (1121)
藥 …………………………… (1122)
擺 …………………………… (1122)
叢 …………………………… (1122)
瞿 …………………………… (1122)
瞻 …………………………… (1123)
曠 …………………………… (1123)
顓 …………………………… (1123)
簡 …………………………… (1123)

邊 ……………………………… (1123)
皦 ……………………………… (1125)
歸 ……………………………… (1125)
雙 ……………………………… (1125)
鎮 ……………………………… (1125)
雞 ……………………………… (1125)
顔 ……………………………… (1125)
額 ……………………………… (1126)
璧 ……………………………… (1126)
繒 ……………………………… (1127)

十九畫

顛 ……………………………… (1127)
蘧 ……………………………… (1127)
蘄 ……………………………… (1127)
藺 ……………………………… (1127)
麴 ……………………………… (1127)
轍 ……………………………… (1127)
叢 ……………………………… (1127)
羅 ……………………………… (1128)
犢 ……………………………… (1131)
簿 ……………………………… (1131)
譚 ……………………………… (1131)
癡 ……………………………… (1132)
懶 ……………………………… (1132)
懷 ……………………………… (1132)
關 ……………………………… (1132)
韜 ……………………………… (1133)
繩 ……………………………… (1133)

二十畫

蘭 ……………………………… (1133)
蘇 ……………………………… (1134)
騶 ……………………………… (1138)
黨 ……………………………… (1138)
嚴 ……………………………… (1139)
籍 ……………………………… (1140)
覺 ……………………………… (1140)
釋 ……………………………… (1140)
饒 ……………………………… (1140)
觸 ……………………………… (1141)
護 ……………………………… (1141)
灌 ……………………………… (1141)
寶 ……………………………… (1141)
騫 ……………………………… (1141)
竇 ……………………………… (1141)
闞 ……………………………… (1144)
繼 ……………………………… (1144)

二十一畫

權 ……………………………… (1144)
酈 ……………………………… (1145)
鐵 ……………………………… (1145)
鐸 ……………………………… (1145)
癩 ……………………………… (1145)
顧 ……………………………… (1145)

鹌 ………………………………（1147）
續 ………………………………（1147）

二十二畫

龔 ………………………………（1147）
襲 ………………………………（1148）

二十三畫

顯 ………………………………（1148）
巖 ………………………………（1148）
麟 ………………………………（1148）

欒 ………………………………（1149）
彎 ………………………………（1149）

二十四畫

觀 ………………………………（1149）
靈 ………………………………（1149）
靄 ………………………………（1149）
讓 ………………………………（1149）

二十九畫

驪 ………………………………（1150）

地方志人物傳記資料叢刊・華北卷
人名索引

一畫

一

一　行　10・683
　　　　32・774
一　舟　26・97
一　空　3・591
一　齋　41・694
　　　　43・676
一　蘭　37・288

乙

乙弗寔　31・398
乙弗鳳　43・626
乙佛朗　40・656
　　　　43・624
　　　　64・506
乙速孤佛保　40・649
　　　　42・547
乙　逸　16・179
　　　　16・323
乙　瓌　14・359
　　　　15・90
　　　　40・639
　　　　43・622

二畫

丁

丁八行者　61・686
丁又登　32・105
　　　　33・621
丁三多　33・625
丁大年　54・725
　　　　59・86
丁　川　7・349
丁中立　37・663
丁公路　40・484
　　　　47・164
丁文炳　45・181
丁文浚　13・91
丁以忠　4・279
　　　　7・384
丁　玉　43・816
丁由義　40・526
　　　　54・703
　　　　59・653
丁廷楗　41・609
　　　　60・521
丁兆隆　3・808
丁汝謙　41・439
　　　　58・16
丁宇深　12・125
丁守中　62・578
　　　　63・571

丁守存 32·131
丁好禮(蠡州) 1·140
2·526
8·181
21·414
23·58
丁好禮(正定) 11·284
11·491
丁孝彝 3·808
丁志振 7·493
39·260
39·335
丁　邯 40·349
62·565
丁克成 42·520
丁伯通 41·581
51·560
52·410
丁　罕 7·299
19·516
19·538
丁其昌 66·265
丁其譽 49·722
丁林聲 1·851
3·550
8·676
丁　直 7·334
39·216
39·317
丁長善 59·382
59·488
丁　忠 29·305
丁　宗 14·132
丁宗懋 40·491
49·787
丁　春 11·469
丁春膏 33·209
丁　政 21·353
23·53
丁思孔 4·305
7·445
丁　度 38·307
38·561
40·567
丁炳魁 30·119
丁冠軍 25·608
丁泰亨 25·404
丁泰運 41·182
51·583
52·417
丁　珩 40·454
58·362
62·583
63·357
丁　珣 41·451
丁起岳 18·83
丁起宗 24·413
丁　真 39·255
丁　連 7·350
丁時學 54·758
59·80
丁時顯 4·407
5·66
5·163
9·61
丁逢吉 38·315
丁流芳 56·704
丁　祥 11·463
丁乾學 2·271
2·585
3·739
8·335
丁　勗 41·601
43·877

名	卷·頁
丁符九	6·145
	20·392
丁象鼎	7·484
	11·194
丁惟寧	50·83
	50·313
	50·611
丁　登	49·25
丁發祥	26·582
丁發瑜	45·73
丁　紹	4·248
	7·284
	31·328
	31·784
	33·3
丁　琪	5·233
丁　琳	3·226
丁　琰	50·93
	50·298
	50·613
丁期昌	41·467
	60·520
丁　棅	20·759
丁歲春	41·536
	49·380
	49·681
丁鉄南	1·149
丁　鈞	25·57
丁善淵	41·684
	61·274
丁　湛	41·493
	49·106
丁　寓	32·625
丁運樞	5·69
	5·200
丁暐仁	1·109
	1·754
	5·667
	8·52
	21·273
	31·791
	40·385
	40·519
	43·532
	53·88
	53·259
	53·297
	54·670
丁　照	25·118
丁魁楚	32·676
	33·198
丁　鉉	14·455
丁　會	50·74
丁殿元	9·102
丁　璉	40·525
	54·699
	59·654
丁壽昌	4·307
丁壽嵩	22·165
	22·344
丁　碩	49·107
丁爾發	19·111
	19·183
丁對揚	56·732
丁　僖	41·421
	42·594
	49·11
丁　銑	7·464
丁　鳳	8·363
	21·359
	23·49
丁漢升	18·387
丁維寧	40·420
丁　璜	40·496

44・657
57・276
57・444
63・361
丁　璋　2・788
14・492
14・564
40・556
44・698
46・53
丁德泰　40・495
丁德裕　10・763
32・281
34・103
丁　慶　8・572
22・29
24・375
24・462
丁履端　7・514
32・315
丁　憲　8・579
40・398
54・694
55・791
丁應詔　1・157
丁應蕙　7・495
31・826
34・49
丁應璧　14・711
丁　禮　27・745
29・29
丁　瑨　43・538
丁　謹　41・52
51・563
52・412
丁　懲　39・541
丁　懷　41・654
50・581
丁　繹　37・727
丁繼文　50・81
50・611
丁鶴皋　3・581
丁觀國　8・664

卜

卜子京　34・335
34・507
卜云嘉　34・333
34・506
卜中節　25・452
卜世昌　32・679
卜光煜　7・464
卜兆瑞　64・697
卜昌運　16・549
27・519
卜　珝　41・630
44・596
61・598
卜　偃　55・637
56・735
59・440
59・545
60・730
卜進義　8・668
19・734
卜　商　7・542
42・737
49・133
49・219
61・594
卜　陽　49・643
卜景超　8・668
19・728
20・149

卜維吉 4·409
5·204
9·62
卜應昌 25·452
卜應麟 25·449
25·471

八

八十六 5·61
八扎海牙 40·391
62·576
63·18
八撒兒 61·66

九

九　聚 16·757

刁

刁才斗 63·760
刁　正 40·402
50·80
50·311
50·609
刁世俞 8·780
21·406
22·470
25·449
刁　白 8·119
31·83
刁　包 8·394
21·447
刁　弘 31·330
刁再雍 25·409
刁再濂 8·779
刁克俊 25·411
刁　冲 4·339
26·66
26·284
27·89
27·235
28·328
刁　良 34·774
刁　協 4·336
7·599
26·64
26·255
27·74
27·223
28·308
刁承祖 8·780
21·398
25·424
刁　柔 4·339
26·68
26·285
27·91
27·235
28·343
42·738
刁連城 31·378
刁基命 25·423
刁紹武 30·660
刁載揚 30·751
刁　楷 4·339
刁會五 30·697
刁　雍 4·337
10·628
19·145
26·48
26·256
27·74
27·224
28·309
刁　肅 32·616

刁　毅　47・405
47・716
47・745
47・783
刁　遵　4・233
4・338
7・646
26・819
27・78
27・155
27・272
28・309
28・448
刁遵妻高氏　9・280
刁履仁　37・819
刁　整　1・130
4・339
27・76
31・365
刁　謙　39・717
39・771
刁　雙　4・340
26・55
26・256
27・77
28・309
40・356
49・290
49・477
刁　彝　4・336
27・96
28・343
刁顯祖　8・780
21・463
25・410

了

了　化　41・698
56・8
了白禪師　50・256
50・878
了法師　41・697
46・152
46・491
了　空　41・689
了然道人　66・119
了　當　57・166
57・389
了　廣　37・288
了　證　34・499
了　覺　41・693

乜

乜官雲　29・622

三畫

三

三目僧　50・254
三　保　4・304
5・29
7・440
三　泰　16・460
17・498
三銅道人　41・700
52・257
三藏師　2・255
三　寶　52・446

于

于一成（一作誠）　21・385

	25·50
于二剛	9·249
于士遜	30·356
于大中	26·324
于大節	8·423
	28·712
于之挺	8·615
于小瀛	26·567
于天經	40·427
	42·515
	43·60
于天錫	6·236
于元吉	40·455
	50·90
	50·297
	50·613
于元龍	34·727
	34·728
于　木	40·432
	53·90
	53·261
	53·298
于什門	16·181
	16·326
	40·637
	44·522
	44·658
	64·491
于化蛟	45·80
于公允	40·443
	50·89
	50·297
	50·612
于文鑒	26·305
于世恩	12·275
	12·317
	12·520
于　本	6·205
于立垣	3·588
于邦華	30·125
	30·167
于邦聘	58·405
于　幵	5·162
于吉中	40·492
于有慶	31·822
	33·720
	34·49
于存灝	66·235
于成龍(字北溟)	4·294
	5·668
	7·419
	13·769
	14·475
	14·713
	23·111
	23·228
	38·145
	41·91
	48·677
	48·712
	48·725
	49·371
于成龍(字振甲)	1·180
	3·358
	4·295
	5·668
	7·420
	11·195
	14·475
	14·661
	16·431
	17·498
	18·212
	20·161

23·111
于光甲 4·453
26·276
于光昕 37·701
于光昣 26·571
于光褒 26·297
于　因 31·833
32·415
于廷奏 8·617
于廷陳 4·387
8·457
27·105
27·220
于廷選 46·583
于廷翼 48·728
于仲仁 34·759
于仲文 32·620
43·527
于任重 26·296
于兆聲 35·289
于　名 31·29
于　芸 26·309
于步方 12·643
于　沂 22·139
26·290
于君卿 6·216
于君鼎 1·170
6·207
于壯圖 5·77
5·233
9·67
于　果 40·637
44·577
于昌耀 26·297
于昌麟 9·249
于明善 40·531
47·403
47·617
于　忠 31·4
31·361
40·565
于知微 40·368
60·770
于秉鈞 5·212
于　京 5·86
5·162
于法蘭 21·693
25·247
于沛霖 29·590
于宗德 28·734
于　定 24·306
于　珇 4·283
于奕正 1·827
2·616
8·336
于彥英 40·428
42·516
于洛拔 16·154
16·266
40·636
于起龍 32·66
于　桂 7·384
36·323
于連瀛 26·561
于連躍 8·438
27·639
58·289
于栗忠 11·142
11·436
于栗磾 15·88
40·542
40·636
43·619
于　烈 15·88

于興謹 6・230
于龍溪 36・639
于澤長 40・455
50・90
50・297
50・315
50・612
于 藁 8・530
40・424
61・625
61・717
于鍾德 40・501
56・201
于 謙 4・274
4・749
7・335
40・303
42・480
51・380
于應昌 58・407
58・777
于 燦 3・565
于鴻漸 25・64
于 翼 1・131
4・251
7・288
14・103
24・306
40・565
43・525
于翼周 2・526
3・706
于 鰲 4・274
7・364
于藍玉 25・610
于 簡 15・103
43・624
于 謹 24・306
24・467
40・671
43・627
于 璧 40・529
40・530
43・543
44・123
46・581
于 璽 40・361
61・245
于 顗 51・273
于鏡蓉 17・87
于 鯨 7・376
于耀庭 39・201
于繼善 40・457
51・362
54・146
于躍淵 45・180
于鶴齡 26・333
于 鑑 4・371
5・729
6・51
于 瓚 12・730
12・780

士

士文伯 55・384
士 匄 55・366
57・99
60・686
士 弱 55・371
士渥濁 55・360
57・36
57・100
士 蔿 55・322
56・671

57・32
60・682
士　會　55・339
56・676
60・684
士　鞅　55・369
60・627
士　蔑　55・400
士　魴　55・366
57・34
士　燮　55・363
56・680
57・34
57・99
60・685
士彌牟　55・389
57・100

大

大毛公　29・82
大公鼎　1・137
3・831
8・41
16・167
16・297
大戊午　31・778
33・608
42・499
大耳禪師　10・687
31・102
37・610
37・784
大光禪師　39・642
大叔儀　32・686
大　空　20・305
大　柄　41・697
大　臭　4・264
7・320
大　泉　3・813
22・247
大都閭　12・337
12・523
37・138
大造化　12・274
大　倫　29・118
大　通　20・177
大　愚　41・676
52・267
大　意　41・699
50・256
大漢僧録　49・110
大　德　25・721
大　憬　2・257
大　廉　55・318
大　霞　32・274
38・771
大　叢　27・111
27・222
大懷貞　16・157
16・273
31・487
40・388
43・532
大　覺　32・775
38・271

萬

萬俟洛　31・366
40・661
萬俟普　31・155
64・511

兀

兀魯觧朵灤　22・134

22・323

才

才宇和 8・821
16・572
17・67
才 寬 8・406
16・651
16・783
40・407
48・649
49・307
50・310

弋

弋 四 55・807
弋 照 41・504
60・563
弋 熏 53・726
弋 謙 41・8
45・293

上

上官正 25・134
32・634
上官任 44・610
上官沆 56・693
上官時隱 29・118
上官捷科 37・586
37・661
上官鉉 41・532
56・701
上官鉝 41・88
56・691
上官源 41・473
56・693
上官榮 56・711
上官賢 60・377
上官儀 4・282
上官澍 56・732
上官薦 56・792
上官勳 56・693
上官澤 56・692
上官藎 1・168
7・408
41・178
57・120
57・299
57・457
上官懋本 12・17
上官鑑 41・88
56・690
上官顯願 51・645
52・578

山

山公講主 11・320
山 允 41・632
山和尚 43・420
山 偉 43・624
山 惲 41・560
山 强 41・381
山 濤 4・248
7・284
31・3
31・325

千

千 奴 32・660
33・190

乞

乞伏保 15・280
16・131

乞伏慧 41・400
44・529
44・587
44・626

么

么士貴 8・478
13・341
么衍昌 13・344
么俊生 34・486
么逡雲 34・515
么　逵 13・343
么培珍 34・493
么得昌 13・344
么　渾 13・341

尸

尸　佼 57・359
57・447

弓

弓大成 46・55
弓志元 7・290
12・410
弓里成 40・542
弓良翰 45・194
弓佩綬 47・814
弓斯發 48・377
弓　椿 9・252
弓鼐養 47・806
弓養正 41・500
47・807

也

也先不花 11・145
也扯客連 66・571
也里不花 22・134
22・323
也真不花 40・395
60・467
也速歹兒 54・679

子

子　泄 31・300
子　貢 55・653
57・161
子華子 38・194
子　晏 50・255
50・961
子家子 32・125
子家羈 9・261
子　産 57・160
子湖巖利蹤禪師 32・775
子　端 46・768
子　輿 52・251
55・640

女

女叔游 55・389
57・108
女叔寬 55・389
57・109
女叔齊 55・382
57・108
女奚烈守愚 11・263
11・470
43・879
女奚烈資祿 40・519
53・566

四畫

王

王一士 17·538
王一元 8·534
32·695
33·126
33·384
34·582
王一正 39·716
39·770
王一石 20·373
王一民 40·410
42·512
49·160
49·243
王一玠 31·73
王一泉 38·170
王一晉 8·823
16·647
18·377
18·545
王一祥 24·60
王一貫 8·639
王一統 12·414
34·681
王一模 25·877
王一楣 8·570
王一魁 48·175
王一鳴 40·422
44·486
44·609
王一鳳 21·372
23·135
王一龍(蘭州) 40·427
42·516
王一龍(輝縣) 32·414
王一翰 18·375
18·544
王一鵬 50·88
50·299
50·612
王一鶚(曲周) 8·509
32·44
34·218
34·260
王一鶚(萬安) 31·815
34·211
王一麟 40·415
61·447
王　乙 8·14
33·365
王二共 5·672
8·295
王二道 4·768
王人隆 41·473
56·693
王人雄 7·483
13·315
王人瑞 16·642
王人勵 13·93
王人龍 44·589
王九如 9·102
王九長 30·100
王九鼎 7·473
27·519
王九經 58·406
王　七 57·39
57·120
57·299
57·456
王　刁 61·599

王又旦 60・211
王又曾 34・333
34・506
王又樸 4・403
5・65
5・183
9・60
王　三 14・187
王三才 40・322
42・492
王三重 49・81
王三益(永城) 40・421
49・316
49・721
王三益(威海) 2・834
王三益(朝邑) 45・640
63・693
王三接(明) 41・44
58・405
58・722
王三接(清) 23・8
王三聘 53・643
王三槐 61・257
王三輔(翼城) 56・698
王三輔(唐縣) 21・386
24・211
王三德 22・16
24・417
王三錫(蘭州) 43・274
43・306
王三錫(翼城) 4・283
26・9
26・249
41・440
56・689
王三錫(和順) 46・697
王三顧 33・117
33・381
34・581
王于陛 5・272
5・349
5・459
王于雍 56・796
王　土 34・563
王士元(恩州) 7・328
8・248
31・792
36・2
38・562
58・12
王士元(臨汾) 41・574
55・810
王士升 16・563
17・64
王士方 8・39
王士本 33・144
王士言 51・296
52・375
王士宏 41・442
50・222
50・379
50・546
王士良 4・251
王士英(興化) 11・190
11・445
王士英(廣宗) 39・269
39・440
王士奇 30・652
王士俊 60・704
60・765
王士彥(成安) 34・690
王士彥(清河) 38・737
王士美 1・179
19・111

	19・183
王士桓	41・515
	52・499
王士真	10・668
王士陵	31・128
王士隆	43・195
王士琛	18・379
	18・546
王士傑	61・151
王士禎	20・876
王士廉	32・661
王士嘉	40・400
	43・537
王士銑	38・565
王士綱	41・526
	50・195
	52・689
	52・852
王士儀	58・132
	58・215
王士毅	6・1
王士衡	24・245
王士嚴	44・658
王士麟	4・428
	5・729
	6・51
王士衢	21・697
王下賢	40・425
	42・515
	49・3
	61・625
王大本	18・546
王大用(霸州)	19・582
王大用(東勝衛)	8・415
	16・519
	17・178
	59・33
	59・157
王大用(聞喜)	61・155
王大共	5・679
王大年	7・517
	23・229
	24・29
王大利	50・962
王大作	41・457
	57・114
	57・553
	57・702
王大典	21・308
	24・510
	24・596
王大受	7・400
	36・332
	36・524
	36・635
	37・796
王大紹	21・367
	21・787
王大棟	60・626
	60・775
王大智	8・570
	16・524
	17・316
	18・50
	18・51
王大順	45・296
王大幹	17・521
王大節	8・529
	33・380
	40・418
	62・581
	63・353
王大猷	4・315
	5・34

	7·486
	12·17
	13·473
王大磬	9·234
	12·483
王大樹	62·496
王大鶴	2·32
	3·556
	8·680
王及善	31·861
	32·622
	33·616
王之心	16·655
	18·350
王之正	8·678
王之旦(曲沃)	41·532
	57·121
	57·356
	57·446
王之旦(遼陽)	46·667
王之舟	48·229
	48·393
王之佐(明)	13·343
王之佐(清)	40·537
	49·317
	49·786
王之垣	44·613
王之相	41·581
	50·200
	52·696
	52·853
王之俊	9·19
	27·641
王之度	47·307
	59·169
王之屏(明)	25·49
王之屏(清)	45·73
王之珙	8·703
王之晉	20·382
	21·300
	25·39
王之倫	35·750
王之卿	53·319
王之渙	41·558
	42·620
	43·207
王之冕	50·357
王之寀	4·288
	7·399
	11·187
	13·89
王之琪	19·562
王之葵	16·530
	18·141
王之棟(寧晉)	12·546
	37·146
王之棟(霍州)	59·169
王之棟(新城)	21·297
	25·141
王之鼎(明)	19·680
	20·58
王之鼎(清)	42·518
	48·2
王之弼	12·522
	20·380
	38·143
王之楨	19·541
	47·307
	59·169
王之楫	60·181
王之誥	43·550
王之緒	59·423
	59·526
王之綱(明)	49·793

王之綱(清)　2・137
10・822
王之樞　9・254
23・594
24・87
王之震　14・300
15・681
王之儀　40・444
49・317
49・750
王之徵　8・795
22・747
王之鋭　9・4
王之道　31・827
34・49
王之翰(潞城)　53・600
53・643
王之翰(絳州)　41・70
60・700
60・762
王之翰(五臺)　41・103
45・382
45・385
45・426
王之傧　31・825
34・721
王之藎　12・465
王之濬　56・457
王之藩(臨汾)　41・591
55・814
王之藩(五臺)　45・431
王之縛　59・538
王之鑑　46・461
王小池　36・806
37・12
王子玉　40・408
46・530
47・401
王子昌　7・322
8・69
20・148
21・274
王子貞　21・687
41・634
王子莊　41・594
50・904
王子章　31・6
31・519
王子喬　52・259
王子順　50・426
王子廉　38・638
王子肅　59・526
王子韶　41・638
王子蕙　24・412
王子賢　47・406
47・715
47・746
47・784
王子誼　2・703
王子顔　42・561
王子蟠　24・422
王子麒　21・292
24・750
王天成　52・865
王天利　41・641
50・248
王天秀　45・97
王天河　33・687
王天洪　49・353
王天祐(元)　40・390
40・394
41・574
46・713
50・170

	50・318
	50・374
	50・559
	50・950
	58・54
王天祐(明)	40・413
	48・174
	49・308
王天祐(清)	59・423
	59・534
王天祥	61・739
	61・750
王天眷	63・22
王天運	2・834
王天祺	41・526
	41・618
	49・565
王天慶	7・463
	21・311
王天爵(元)	62・371
王天爵(明)	40・398
	40・509
王天縱	37・907
	37・949
王天寵	56・262
	56・459
王天鑑	9・192
	14・402
	14・422
	14・486
	14・571
王　元(宋)	52・375
王　元(明)	41・693
王元一	38・897
王元士	40・397
王元父(宏州)	15・645
王元父(真定)	8・223
王元吉	39・263
	39・329
王元臣	3・584
王元甫(漢)	56・271
王元甫(元)	11・255
	11・482
王元佶	56・698
王元則	42・542
王元亮	24・155
王元晉	37・309
王元振	37・701
王元卺	58・13
王元烜	9・185
王元通	26・564
王元規	41・555
	42・544
王元逵	11・152
王元爽	27・549
王元雅	18・14
	41・176
	42・607
	43・76
王元鼎	35・649
王元曾	41・624
	59・426
	59・543
王元載	42・542
王元楀	40・485
	50・659
	52・552
王元節	8・109
	14・154
	14・368
	15・523
	15・556
	15・643
	43・681

44・260
王元魁 1・181
19・241
王元福 35・433
王元輔 16・672
17・187
王元粹（金） 8・83
16・625
17・211
王元粹（清） 15・228
王元德 8・109
14・154
15・523
15・663
王元勲 41・476
49・377
49・795
王元衡 32・709
王元邈 41・393
42・542
王元謨 41・393
42・541
48・63
王元禮 40・391
54・681
59・653
王元爔 24・261
27・5
王元顥 30・226
王元鏕 32・108
34・682
王五昌 55・809
王太平（曲周） 34・283
王太平（孝義） 49・712
王太岳 8・740
21・403
22・446
王友仁 20・307
王友古 41・645
52・256
王友全 47・405
47・716
47・745
47・783
王友直（宋） 32・654
33・190
41・424
51・613
52・16
52・309
王友直（元） 39・5
王友蓮 63・62
王友賢 31・802
34・210
49・363
王尤奇 50・202
50・889
王巨臣 62・387
王曰唯 33・399
王日俞（明） 51・689
52・598
王日俞（清） 13・670
王日善 60・703
60・764
王日銓 32・776
王日聰 43・170
58・365
王曰翼 7・468
16・456
17・18
王日宣 29・112
王日新 44・579
44・610
王中正 24・377

王中立(唐) 50·74
王中立(金) 41·617
42·735
王中立(明) 41·446
47·492
王中安 1·752
王中圻 36·270
王中孚 37·585
37·660
王中枚 13·91
王中和 3·564
王中極 59·179
王中興 63·692
王　午 50·343
王毛仲 50·244
王　升 47·406
47·747
47·786
王升士 59·423
59·526
王升輦 53·603
53·637
王　仁(廣東) 31·812
34·47
王　仁(陜西) 40·420
49·308
49·726
49·745
王仁恭 31·4
31·401
32·621
40·360
43·528
44·475
44·578
44·608
王仁皎 40·709
42·558
王仁鎬 10·762
36·440
36·526
36·754
王　化 34·781
王化三 24·689
王化民 47·644
王化行 37·817
王化南(武威) 24·260
王化南(元氏) 13·345
13·450
王化南(霸縣) 19·568
王化昭 27·901
王化純 37·817
王化基 7·843
11·212
11·449
王化捷 47·489
47·646
王化隆 46·145
王化遠 2·820
王化熙 32·42
36·27
王化皡 25·184
王化興 3·811
王　介(新安) 22·743
王　介(曲周) 8·516
32·58
34·220
34·267
王介石(玉甫) 24·261
王介石(豫二) 42·626
46·134
46·469
王介福 41·486
43·339

王今遠 9・144
32・90
34・223
34・280
40・481
61・249
王公玉 8・81
王公任 20・224
20・273
王公美 31・263
王公欽 45・385
王公弼 4・383
10・832
26・56
26・270
王公楷 7・498
34・720
王公維 41・466
45・413
王公擢 3・549
8・675
王公濯 17・368
18・71
王公謹 44・411
王月辰 47・803
王月香 16・34
王丹書 22・164
22・344
王　氏 9・854
王　文(束鹿) 8・356
11・787
21・349
王　文(解州) 60・300
60・371
王　文(儀封) 3・363
王　文(高密) 11・177
12・123
王　文(長治) 50・324
50・560
王　文(太谷) 47・90
王文山 53・200
王文元 47・406
47・715
47・746
47・784
王文友 9・51
27・447
王文光 53・324
王文秀 1・148
3・831
7・378
王文英 35・263
王文郁 64・628
王文起 61・150
王文振 47・405
47・744
47・783
王文員 63・363
王文華 32・95
35・437
王文彬(清) 46・715
王文彬(民國) 20・62
王文彪 41・610
58・311
王文冕 45・694
王文煥(絳州) 60・788
王文煥(固安) 20・150
王文清(山東) 7・404
21・300
22・590
王文清(永寧) 41・68
48・677
49・365
王文棟 4・386

10·834
27·183
27·231
王文雄 2·2
4·406
5·87
5·251
8·624
王文貴 18·213
王文蛟 6·95
王文淵 8·292
23·396
24·58
王文運 5·224
王文幹(大名) 8·253
王文幹(南樂) 32·726
王文楨 4·466
27·84
王文煒 38·273
王文墀 65·104
王文鳳 41·511
王文輝 48·231
48·267
王文範 47·477
王文衡 16·454
王文錦 5·247
王文學 8·605
29·309
王文龍 61·250
王文瀞 20·264
王文讜 53·472
王方穀 8·755
21·462
24·688
王方慶 43·133
王方翼 40·696
42·556
42·776
47·483
47·638
48·53
65·22
王斗星 59·174
王尹方 41·125
60·521
王　心(趙州) 12·465
王　心(聞喜) 61·150
王心一(大城) 20·246
王心一(肥鄉) 9·148
32·95
35·435
王心正 23·611
王心學 37·507
王予可 58·16
王予信 41·474
63·730
王予穀 63·730
王孔範 47·400
王以和 14·661
王以恩 9·136
32·73
34·162
王以問 31·814
34·47
王以欽 16·785
王以潔 9·233
王以謙 19·400
王以纁 20·638
王　允 40·596
42·531
48·40
王允中(明) 45·2
王允中(固安) 50·87
50·926

王允中(祥符)　4·284
28·186
王允中(故城)　30·650
王允中(偏安)　46·52
王允升　12·483
王允文　23·310
王允成　12·682
41·72
51·576
52·417
王允廸　12·136
王允言　40·417
42·514
48·2
王允武　32·29
32·416
王允長　8·440
27·436
27·474
40·437
51·307
52·380
53·410
54·745
王允昌　30·228
王允厚　20·559
王允修　21·365
22·596
王允亮　9·106
王允祥　8·415
16·520
王允楚　35·608
王允猷　16·573
王允德　12·455
王允徵　16·462
16·752
王允慶　3·810
王允懋　8·345
王　玉(元)　10·812
12·355
12·412
37·141
51·299
王　玉(字温如)　1·144
3·366
王　玉(字德潤)　1·147
3·366
王　玉(明正定)　11·266
11·472
王　玉(清)　29·50
王玉山　31·209
王玉春　28·431
王玉相　31·838
王玉泉　28·341
王玉亭　29·587
王玉堂　34·485
王玉清　28·69
王玉璋　5·250
王玉衡　56·724
王玉璽　65·271
王玉璸　60·301
60·371
王玉麟(滄州)　10·832
王玉麟(交河)　27·904
王玉驥　20·282
王　正(夏縣)　21·282
25·36
41·12
62·381
王　正(館陶)　34·334
34·507
王正人　50·81
54·315
王正中　21·822

王正同 11・487
王正志 5・729
6・51
10・831
王正茂 40・472
63・573
王正宗 48・175
49・309
49・486
王正訓 11・486
王正悅 11・485
王正琮 11・486
王正雅 40・733
42・562
43・196
王正準 11・485
王正榘 11・485
王正與 15・496
王正養(保安) 15・493
王正養(涿鹿) 13・732
王正誼 26・583
王功成 40・443
50・89
50・297
50・612
王功鎮 29・977
王世文 56・219
王世功(滿洲) 7・488
11・846
王世功(紹興) 12・16
王世立 62・529
王世永 11・487
王世臣 40・556
45・741
46・53
王世芳 61・511
王世珍 39・830
王世相 60・524
王世貞 7・391
33・196
32・670
40・328
42・490
王世俊(明) 58・309
王世俊(清) 60・711
60・784
王世俊(開州) 9・183
王世泰 7・411
王世恩 19・564
王世家 41・589
56・698
王世祥 24・60
王世能 40・332
王世琇 8・397
21・423
王世康(光左衛) 8・569
17・314
王世康(清苑) 21・368
21・787
45・686
王世寀 20・759
王世瑛 19・578
王世敬 9・103
王世揚 8・514
32・53
32・417
王世魁 63・594
王世銑 40・478
47・400
王世德(明) 27・481
王世德(清順天) 1・851
王世德(清天津) 16・471
18・195
王世德妻范氏 27・480

27·491
王世勲 11·487
王世爵 8·529
32·731
王世耀 49·492
王世鑑 8·250
32·22
32·415
王丕承 43·918
王丕德 60·225
王丕誠 33·145
33·398
王丕顯 41·517
45·429
王　本 14·382
14·683
王本仁 9·48
王本正 38·567
王本固 8·490
36·456
36·529
36·745
王　扎 3·213
8·719
王可大 36·269
王可立 60·469
王可信 8·485
36·454
39·629
王可陞 14·541
14·661
王可欽 30·20
30·115
31·128
王可象 38·274
王可詔 16·530
王可就 8·822
16·656
18·362
18·409
18·558
王可嘉 23·734
王可輔 50·238
50·866
王丙曜 54·237
王石渠 21·823
王石麟 53·755
王平之 34·44
王平格 46·455
王占元 34·493
34·539
王占鰲 56·216
王　甲 40·434
45·683
王甲根 45·666
王　田 41·537
王四杰 63·360
王四維(永寧) 48·677
49·365
王四維(河曲) 7·403
16·446
16·750
22·136
45·783
45·827
王　生 55·400
王生銀 50·675
王　禾 8·316
王　印 18·139
王印潭 37·14
王　白 10·779
31·102
王　他 5·274
5·351

5・460
王令溫 10・707
王令德 41・536
50・978
王令績 21・460
25・249
王　用(唐) 42・561
王　用(平原) 21・282
25・573
王　用(灤州) 18・342
18・482
王　用(汝寧) 27・517
王用士 41・71
51・675
52・586
王用中 43・643
王用世 39・269
39・413
王用言 39・258
39・325
王用和 34・100
王用傑 41・463
51・690
52・589
王用楫 50・344
王用賓 46・146
46・453
王用賢(均州) 31・14
王用賢(祁州) 8・376
21・369
25・404
王用賢(永年) 32・77
34・91
王　冊 17・538
王主鼎 32・680
33・71
33・200
王　立 27・438
王立木 45・707
王立極 32・58
34・94
33・777
王立愛 40・433
45・4
45・83
王立綱 62・215
王立賢 33・624
王立憲 34・514
王立藻 3・590
10・827
王　永(遵化) 9・210
18・67
王　永(東光) 27・551
王　永(薊州) 5・304
5・394
5・474
王永吉(高郵) 1・169
王永吉(無錫) 7・404
21・300
22・404
王永成 59・422
59・534
王永光 32・738
王永年 56・215
56・221
王永芳 8・693
王永亨 41・526
42・600
43・202
王永茂 4・321
27・22
王永命 16・455
16・751
41・589

王永貞(明) 19·474
王永貞(清) 2·667
王永祚(平陸) 62·494
王永祚(洪洞) 58·411
58·742
王永祚(杏山) 40·450
58·289
王永清(臨縣) 41·475
王永清(唐山) 37·516
王永清(邢臺) 36·473
36·567
36·747
王永清(昌黎) 17·143
王永清(獨石) 14·650
16·776
王永清(靈邱) 43·875
王永清(靜海) 6·95
王永順 38·585
王永壽(太原) 41·11
42·598
43·202
王永壽(魏縣) 8·532
32·694
33·119
33·382
34·581
王永寧 35·652
王永徵 18·554
王永慶 20·281
王永興(蒲州) 38·132
王永興(解州) 60·518
王永錫 8·781
21·396
25·405
王永凝 32·106
33·685
王民表 53·526
王民皡 30·327
王弘祚 1·169
5·527
王弘烈 52·14
王弘基 36·463
王弘毅 28·21
王　式 40·363
42·566
43·197
54·660
王式和 4·450
26·276
王式恭 28·62
王式曾 20·591
王吉人 41·453
43·401
王吉士(完縣) 25·876
王吉士(河曲) 45·780
王吉言 19·405
王吉甫 22·190
22·339
王吉雲 19·375
王　考 31·297
王　芊 46·51
王　芝(廣昌) 24·468
王　芝(偏關) 46·51
王　芑 46·51
王　樸(金) 41·689
45·498
王　樸(清) 60·373
王在廷 41·588
48·90
王在沼 49·793
王在庭 49·148
王在晉 32·695
王在臺 41·62
42·608

49・148
49・207
王在鎬 26・289
26・69
王百忍 9・109
王百齡 16・465
17・499
王　有 38・900
王有壬 40・489
王有宏 5・250
王有真 34・774
王有訓 20・262
王有銓 42・519
49・26
王有德 37・260
王有慶 4・412
5・72
5・217
王而毅 59・378
59・586
王存心 58・792
王存鏊 35・264
40・534
王　成 18・67
王成金 41・651
王成烈 5・83
5・250
10・834
王成義 3・582
王匡國 40・461
62・477
王　臣(衡山衛) 29・346
王　臣(吉水) 40・308
王　臣(榆次) 46・133
46・434
王　臣(萬泉) 63・422
王臣直 32・677
41・583
60・701
60・719
王臣福 41・515
王　至 32・269
王　光 48・243
王光宇 41・45
62・696
63・580
王光祖(宋) 24・748
王光祖(解州) 41・529
60・301
60・371
王光祖(魏縣) 8・531
32・730
33・119
33・382
34・575
王光晉 16・452
18・329
18・475
王光晟 46・634
46・647
王光臯 63・571
王光培 34・775
王光遠 45・720
王光熊 20・390
王光謨 1・180
3・359
18・27
王光燮 7・496
31・828
35・54
王　早 10・629
王早明 28・435
王呂識 46・146
46・471

王同文 56·217
王同春(沁水) 41·483
54·202
王同春(邢臺) 36·750
65·246
66·205
王同寅 63·781
王邦任 58·777
王邦直(即墨) 4·287
27·22
27·202
王邦直(磁州) 8·508
32·42
40·579
43·551
王邦直(武城) 28·671
王邦珍 36·272
王邦柱 51·635
52·315
王邦俊(明) 16·442
17·495
王邦俊(清) 56·268
56·470
王邦屏 3·806
王邦植 36·26
王邦傑 34·510
王邦靖 62·312
王邦義 60·386
王邦選 49·629
王邦舉 33·625
王邦憲 51·360
53·87
54·143
王邦敦 23·133
王　先 27·334
27·406
王　廷 16·776
王廷玉 50·83
王廷价 50·353
王廷伊 41·461
48·227
49·371
王廷羽 18·557
王廷甫 25·483
25·573
王廷佐(元) 40·834
45·193
45·203
王廷佐(清) 3·850
王廷佐(清) 50·573
王廷佐(民國) 34·732
王廷佑 65·108
王廷芳 50·235
52·856
王廷直 62·310
王廷和 30·103
王廷侶 50·344
王廷建 9·37
28·831
王廷相(明) 41·580
50·175
50·537
王廷相(清) 24·696
王廷俊 60·517
王廷胤 32·630
王廷珪 31·16
38·273
王廷桂(大興) 5·87
5·251
王廷桂(萬全) 15·819
王廷倬 46·146
46·453
王廷梧 32·317
王廷掄 41·123

	51・598
	52・423
王廷授	2・665
王廷翊	62・220
王廷湊	11・151
	31・432
王廷紱	24・89
王廷紹	8・642
王廷瑛	3・582
王廷琦	9・225
	37・715
王廷萬	9・230
王廷極	8・631
王廷揚	41・123
	51・599
	52・424
王廷傑	7・487
	11・639
	11・676
	60・203
王廷鈞	50・202
	50・462
	50・573
王廷煐	40・485
王廷瑞	53・643
王廷幹	61・459
王廷義	40・545
王廷槐	41・537
	49・568
王廷輔(明)	21・284
王廷輔(清)	33・693
王廷對	61・117
王廷銓	50・344
	50・573
王廷誨	53・738
王廷樞	32・102
	32・269
	32・419
王廷選	65・189
王廷薦	21・378
	24・541
	24・681
王廷器	8・361
	21・355
王廷衡	42・613
王廷諫(曲陽)	32・677
	33・198
	34・556
王廷諫(雞澤)	35・72
王廷諫(翼城)	41・89
	56・690
王廷燭	30・97
王廷璿	27・904
王廷鏌	4・441
	26・69
	26・289
王廷璧(明)	43・319
王廷璧(清)	4・446
	9・77
	26・271
王廷藹	13・345
王廷璽	52・49
	54・201
	54・222
王廷聽	41・457
	56・692
王廷蘭	30・27
	30・124
王廷獻	19・386
王廷籍	46・464
王廷議	41・457
	56・691
王廷寶	46・486
王廷瓚	52・57

王廷龍 20·300
王　延(延元) 49·334
49·520
王　延(世美) 10·706
28·711
40·621
王延世 33·183
王延年 41·648
43·134
王延名 20·267
王延桂 31·839
34·213
王延皓 41·651
56·737
王延善 8·399
24·691
王延德 8·10
33·365
王延襄 8·688
王　休 36·194
王仲才 22·695
王仲仁 8·194
18·232
王仲文(介休) 41·433
48·224
49·436
王仲文(祥符) 40·395
62·310
王仲位 16·506
王仲美 19·474
王仲祥 45·664
52·377
王仲添 8·195
18·339
18·558
王仲達 41·2
51·548
52·2
52·432
王仲堪 1·704
2·504
王仲舒 40·731
41·559
42·564
48·54
王仲嘉 61·450
王仲熊 43·918
王仲興 7·657
11·237
13·486
36·433
37·813
王仲默 16·628
17·211
18·371
18·541
王仲燾 45·75
王仲寶 40·547
45·283
50·76
51·294
52·374
53·85
王　任 30·373
王任之 13·344
王任杞 3·752
8·619
王　价(大城) 1·814
8·327
20·271
王　价(玉田) 17·313
王　价(孟津) 32·673
王　价(濬縣) 35·606
王　价(稷山) 41·457

61·666
王自修(明) 60·518
王自修(清) 40·449
62·16
王自亮 40·534
42·519
46·791
46·834
47·50
王自振 51·596
王自謐 12·519
王自謹 19·241
王　向 32·688
33·338
33·526
王向明 38·909
王行冲 9·185
王行果 42·777
王行健(明) 8·392
21·416
23·59
王行健(清) 30·240
王行敏 41·173
46·548
47·456
50·55
50·598
王行諫 37·819
王全斌 41·419
42·581
43·199
王合道 22·744
王企埥 24·776
王企堂 8·776
24·790
王　兆 40·834
45·664
王兆松 16·574
18·145
王兆昌 56·699
王兆河 41·624
52·610
王兆泰 11·483
王兆珠 24·751
王兆桂 63·227
王兆舜 11·510
王兆瑞 37·718
王兆騏 29·976
王兆鵬 40·539
45·398
王兆麟 14·582
王兆鶊 60·706
王名晉 28·738
王名捷 41·495
57·115
57·558
王名輅 56·180
王名轂 41·623
王　旭 62·708
63·123
王亦宣 40·451
46·89
46·419
王　衣 31·471
王充耕 53·737
王充耘(陸川) 53·737
王充耘(陽城) 52·610
王忙兀答兒 45·37
王次仲 2·736
2·821
14·716
王　江 8·431
28·716
王　汲(西鄉) 56·199

王　汲(雞澤) 32·49
王汝正 5·302
5·391
5·473
王汝成 5·251
王汝安 40·415
45·686
王汝孝 40·323
42·489
王汝玢 49·582
王汝恂 9·230
王汝爲 61·556
王汝珽 41·508
49·582
王汝訓 32·671
33·196
33·508
王汝浹 41·528
43·644
43·918
44·261
王汝純 47·78
王汝梅(金) 8·105
32·751
33·105
33·371
王汝梅(明) 8·378
21·372
25·52
王汝訥 16·574
18·361
18·492
王汝庸 44·585
王汝敬 45·305
王汝楫 41·599
53·746
王汝翰 31·17
38·274
王汝霖(湖口) 40·400
61·510
王汝霖(唐縣) 21·460
24·214
43·153
王汝霖(山陰) 13·763
16·38
17·500
王汝霖(祁州) 25·451
王汝衡 54·710
58·365
58·711
王汝濂 43·645
43·939
王汝翼 19·517
19·539
王汝績 40·402
60·623
60·773
王汝藻 13·671
王汝礪(元) 41·433
50·234
50·459
50·559
53·528
53·599
53·641
王汝礪(清) 53·199
王汝鏞 60·221
王　宇(西安) 19·677
20·58
王　宇(崑山) 11·185
11·843
12·15
王　宇(祥符) 7·343
14·287

	14・529
	40・306
	43・541
王　宇(解州)	60・516
王宇春	43・559
王宇清	13・535
王宇澤	21・394
	24・790
王守仁(餘姚)	9・270
	14・458
王守仁(江夏)	44・726
	44・738
王守正(明)	11・187
	13・89
王守正(清)	27・574
王守成	20・821
王守明	20・700
王守忠(唐)	50・506
王守忠(宋)	41・419
	43・84
王守忠(元)	41・432
	50・234
	50・459
	50・545
	58・41
	58・54
王守規	10・761
	13・516
王守堃	13・768
	14・545
王守道(元)	8・202
	11・243
	13・652
王守道(明)	16・449
	17・495
王守業(永年)	34・90
王守業(萬全)	16・33
王守誠(元)	40・819
	42・596
	42・624
	43・69
王守誠(明)	36・323
王守義	24・707
王守寧	17・84
王守履	41・444
	49・437
王守澤	8・776
王守爵	24・309
	24・469
王守禮	31・811
	38・378
王宅西	33・411
王　安(明)	10・815
	21・690
	24・795
王　安(清)	41・505
	60・565
王安中	1・136
	8・34
	23・608
	23・734
	25・772
	32・652
	43・69
王安仁(元)	11・173
	11・839
	12・13
王安仁(清)	7・473
	29・488
	29・973
王安民	34・47
王安禮	40・372
	42・477
王　祁	11・312

	12・131
王羽士	21・695
王如玉	47・309
	59・170
王如芝	12・552
王如辰	42・519
	49・26
王如金(明)	49・513
王如金(清)	34・747
王如曾	34・733
王如琨	47・311
	59・180
王如漣	27・904
王如綸	52・327
王如澧	27・904
王如蘭	41・512
	43・405
王好古	53・735
王好生	41・656
王好問	8・414
	16・518
	18・234
	51・380
王好善	1・825
	5・574
	5・621
	8・335
王好義	21・294
	24・509
	24・595
王好賢(黎城)	50・238
	50・856
王好賢(華亭)	49・312
王好德(元)	8・181
	21・341
	23・134
王好德(明)	50・856
王好學	8・414
	16・518
	18・234
王　玘	8・352
	21・345
	25・45
王孝迪	52・375
王孝祥	36・462
王孝培	17・144
王孝逸	61・594
王　志	40・553
	54・683
王志友	31・102
	37・784
王志匡	41・531
	43・91
王志忠	37・34
王志度	58・21
王志常	41・688
王志愔	32・629
王志曾	41・486
	42・614
	43・85
王志淵	24・794
王志遠	11・187
	11・844
	12・16
王志勤	22・200
王志粹	15・44
王志舉	3・740
王志謹	5・416
	5・524
王志瀜	47・272
王　圻(明)	7・402
	32・671
王　圻(寧晉)	37・157
王　圻(汾陽)	49・580

王均佐 18・93
王　芬(漢) 31・2
31・298
王　芬(民國) 20・159
王　芳 7・388
32・666
33・193
33・66
34・552
王克己 47・491
47・758
47・801
王克生 41・598
51・691
52・604
王克昌 45・688
王克耘 52・85
王克莊 8・659
王克哲 9・174
王克敬 8・188
16・312
40・837
王克勤(元) 7・326
21・280
23・3
24・333
24・411
王克勤(清) 26・310
王克義 40・394
41・435
45・17
45・485
45・570
王克遜 34・333
34・506
王克襄 20・707
王　杜 40・468
王　杞 17・194
王　甫(金) 44・752
王　甫(明) 24・377
24・452
王甫桐 45・686
王束帶 37・527
王　長 53・92
王步雲 24・709
王步瀛 38・896
王　卣 20・446
王呈禎 30・227
王見知 48・175
王　助(唐) 59・408
61・563
王　助(清) 59・534
王助陛 40・453
王　虬 41・550
王　邑 40・351
54・643
63・10
王岐鳳 45・591
王　利 3・134
40・417
54・743
王利仁 41・657
44・671
王利用(潞城) 1・110
1・782
3・534
8・137
12・419
40・827
50・173
50・376
53・588
王利用(長安) 40・300
42・479

王利亨 44·732
王利賓(元) 49·1
王利賓(清) 61·151
王秀文 29·976
王秃子 2·253
22·247
王我字 39·721
39·796
王　佐(唐) 7·293
36·772
37·17
王　佐(金) 9·270
16·142
55·460
59·661
59·730
王　佐(元霍州) 40·813
55·457
59·141
63·129
王　佐(元晉寧) 41·175
王　佐(明魏縣) 33·122
王　佐(明南海) 41·578
王　佐(明潞州) 41·180
50·189
50·409
50·549
王　佐(明和順) 7·358
46·695
王　佐(明廣宗) 36·462
39·270
39·396
王　佐(明海豐) 14·455
王　佐(明河東) 62·705
王　佐(明陽曲) 43·72
王　佐(清翼城) 41·456
56·691
王　佐(清芮城) 62·218
王　佐(清潞城) 53·603
53·643
王佐才(明) 38·133
王佐才(清景縣) 29·621
王佐才(清霍州) 59·174
王佐廷 17·84
王　佑(五代) 34·544
王　佑(明) 41·176
42·604
48·57
王　佑(清介休) 48·394
王　佑(清大名) 33·404
王佑曾 20·628
王　作 26·67
26·288
王作哲 41·541
45·430
王作棟 56·18
王作肅 18·566
27·437
27·440
27·473
27·489
王作賓 53·605
王作霖 15·647
15·667
王作礪 33·688
王伯大 31·792
王伯川 16·507
18·12
18·232
王伯華 41·523
61·543
王伯祥 52·860
王伯寅 27·574
王伯勝 1·110

	1·785
	8·152
	20·589
王伯淵	40·827
	50·174
	50·947
王伯儀	53·744
王伯龍	52·375
王伯豫	31·383
王伯鵜	3·229
王伯齡	27·442
王位安	58·756
王　伽	1·56
	4·341
	5·667
	7·648
	20·270
	27·77
王身修	53·602
王希仁	46·443
王希仲	20·628
王希孟	36·331
	36·523
	36·633
	37·467
王希彥	16·455
王希曾(明)	4·408
	5·186
	9·62
	41·4
	45·193
王希曾(清)	5·70
王希聖(明)	52·47
王希聖(清)	46·479
王希賢	63·427
王希濂	43·309
	49·28
王希鴻	49·198
王　含	41·564
	59·408
	59·519
	61·549
王含光	41·459
	62·706
	63·726
王含宏	63·726
王含真	41·534
	62·724
	63·728
王　孚	8·197
王　彤	14·119
王　彤	9·48
王彤甲	38·587
	38·761
王　奐	4·311
王奐曾	41·113
	59·411
	59·522
王　係	41·588
	46·145
	46·450
王　言(明陝州)	36·322
王　言(明定興)	45·2
王　言(清房山)	3·809
王　言(清望都)	25·597
王　言(清欒城)	13·495
王　言(清寶坻)	5·589
王言大	40·423
	62·311
王亨嘉	9·50
	27·442
王序賓	46·439
王　辛	3·752
	8·617

王　況　32・610
王　冶　60・251
王　忱（晉）　42・537
42・806
43・83
43・192
王　忱（元）　8・288
16・160
16・278
37・141
王　快　39・275
39・419
39・519
王　忬　1・149
3・366
7・373
40・318
43・548
44・483
王　灼　61・752
王　汧　60・212
王　沐（唐）　42・815
王　沐（清）　3・597
王　冲　41・697
王冲翰　41・534
59・523
王　沂（元）　13・731
15・561
15・647
王　沂（明）　4・270
7・357
王　沂（清）　14・685
王　汲　54・750
王　沈　40・611
王　宏　31・298
40・597
42・531
王宏信　8・809
16・315
王宏祚（明）　5・276
5・353
5・460
王宏祚（清）　3・228
王宏烈　52・436
王宏基　39・270
39・414
王宏曾　9・233
王宏遠　53・724
王宏義　10・687
29・280
王宏毅　4・280
王　良（周）　57・163
57・429
王　良（金）　8・123
23・393
24・209
王　良（元藁城）　8・226
王　良（元太原）　43・202
王　良（明）　40・570
43・537
王良印　45・182
王良臣（金）　8・61
41・569
50・62
50・186
50・405
50・544
王良臣（明）　40・431
51・340
52・550
王良佑　35・606
王良相　4・282
6・1
王良貴　8・433

王良弼　50·238
53·601
53·637
王良幹　32·709
王良翰(正定)　11·484
王良翰(滑縣)　32·801
王君玉　7·326
21·279
25·36
王君美　4·266
28·185
王君愕　7·772
31·861
33·616
王君廓　11·144
11·436
41·407
47·476
王君寵　48·757
王　劭　41·555
42·618
43·206
王　邵　41·584
45·715
王　孜　15·218
王壯圖　11·640
王　郤　27·903
王奉先　35·465
王奉訓　60·249
王奉琛　18·494
王奉曾　32·130
王　武　21·685
王武俊　11·148
31·419
31·429
王武陵　41·560
42·621
王青雲　47·207
王　表(西平)　31·796
32·413
王　表(蒲城)　46·581
46·583
王　玭　32·420
王　玫(明)　44·789
王　玫(清)　41·472
58·771
王　玠　34·331
34·491
王　玢　33·146
33·397
王　玜　60·628
60·778
王　玣　11·484
王　劼　29·585
王者化　26·283
王者佐(明)　12·682
47·307
59·169
王者佐(清)　6·248
王者香　61·151
王者起　45·14
王者家　57·571
王者詔　40·498
王者壽　34·75
王者輔　7·505
王　坦(明)　21·345
25·404
54·707
58·359
王　坦(清文安)　20·627
王　坦(清交河)　27·879
王　坦(清棗强)　30·19
30·115
王坦之　42·437

	43・190
王其昌	3・563
	8・685
王其琨	19・390
王　取	43・898
王若芝	18・386
王若虛	8・93
	11・218
	12・126
	12・218
王若常	1・194
	7・456
王　茂	41・394
	42・542
	48・42
王茂元	32・719
王茂遠	32・67
	38・564
王茂錫	58・54
王　英(明山西左衛)	43・78
王　英(明平谷)	3・217
王　英(明徐水)	21・352
	25・51
王　英(民國)	36・751
	66・257
王直行	44・588
王　林	17・185
王林南	41・511
	59・29
	62・422
王　枝	36・306
王枚士	1・881
王　松(青縣)	28・56
王　松(翼城)	56・697
王松年(北齊)	35・604
	40・662
	42・549
王松年(明)	40・532
	61・624
王松林	56・185
王松齡	37・785
王　杰(明)	7・387
王　杰(清)	56・16
王　述(晉)	31・332
	42・536
	43・190
王　述(明)	32・728
王　述(清)	24・260
王述曾	20・628
王東華	32・838
王雨溥	27・879
王　郁	31・492
王　奇	41・191
	49・351
	49・508
王奇祥	41・516
	47・652
王　來	42・481
王來用	7・444
	23・6
王來成	25・876
王來泰	31・8
王來章	31・818
	35・416
王來聘(北京)	1・829
王來聘(壽陽)	47・499
	47・723
	47・759
	47・803
王來誠	37・700
王來舉(蓋州)	40・446
	46・713
王來舉(鑲紅旗)	22・405
王來覲	30・590

40·450
54·759
59·78
王　拙　41·639
王長述　40·271
王長庚　57·370
57·449
王長樂　41·648
49·111
王叔杲　7·393
32·671
33·196
王叔和　52·251
王　卓　41·375
63·576
63·624
63·753
王尚文　41·182
43·640
44·89
王尚志(鈞州)　21·292
23·111
王尚志(襄垣)　45·182
王尚武　8·380
21·460
22·738
王尚直　50·656
50·688
王尚盾　39·716
王尚絅　40·312
42·485
王尚寬　38·572
38·638
王尚賓　36·353
39·685
39·768
王尚賢　17·71
王尚質　8·491
36·456
39·770
王尚龍　47·210
49·368
王　杲　7·300
王　杲(後唐)　29·311
王　杲(宋)　8·32
21·271
王　杲(清內江)　35·608
王　杲(清新城)　8·755
21·455
24·582
24·686
王　昃　5·279
5·462
王　昌(漢)　32·276
王　昌(明)　38·274
王　昌(清)　16·633
18·357
18·490
王昌化　58·745
王昌祐　41·589
58·744
王昌祚　58·744
王昌運　9·124
38·31
40·444
60·191
王昌嗣　37·317
王昌齡(金)　4·358
8·89
26·36
26·258
王昌齡(清)　50·68
54·316
王昌耀　46·457

王　昇(懷來衛)　14·378
14·719
王　昇(霸州)　19·585
王　昇(朔平衛)　44·485
王　昇(沙河)　8·483
38·28
王昕母崔氏　9·282
王　明(宋)　10·764
11·165
32·45
34·673
40·370
54·662
王　明(解州)　60·359
王　明(平原)　58·366
王明安　40·390
54·676
59·77
王明佐　8·293
12·742
12·791
23·616
王明汲　31·805
44·579
王明善　8·391
21·382
24·682
57·104
57·275
57·444
王明魁　38·914
王明輔　40·535
54·747
王明徹　29·363
王明翰　9·98
王　忠(元)　41·526
41·619
53·101
53·493
王　忠(明定襄)　45·133
王　忠(明博野)　21·688
王忠植　40·549
40·785
45·285
48·686
49·351
51·543
王忠嗣　40·274
40·512
42·559
42·815
43·529
44·394
44·471
44·608
45·281
48·66
65·28
王忠顯　45·344
45·398
52·414
王垂憲　33·126
33·385
王知人　26·59
26·270
王知生　53·603
53·643
王知敬　41·633
王知慎　41·633
王牧民　59·332
王　和(遷安)　8·407
16·512
16·776
王　和(沁州)　53·116

王季芳　27・95
王秉中　59・674
　59・743
王秉孝　31・128
王秉芳　19・200
王秉直　7・487
　11・193
　11・639
王秉乘　20・224
王秉乾　7・494
　38・171
王秉鈞　37・302
王秉善　34・512
王秉端　20・262
王秉衡　29・348
王秉謙　12・21
王秉應　22・456
王秉韜　40・479
　44・732
　45・394
王　岳　10・819
王　岱　41・455
　57・123
王　侗　20・158
王　侃　46・696
王　佩　1・810
　20・589
王珮玉(寶寧)　40・497
　52・552
王珮玉(稷山)　61・671
王佩弦　46・713
王佩真　18・549
王佩琦　24・260
　24・420
王佩鈺　47・165
王依仁　46・551
王近愚　45・181
王所用(保德)　45・707
　45・722
　45・723
王所用(河南)　40・431
　50・66
　50・605
　51・306
　52・380
王所須　4・285
　28・187
王所善　51・100
王所擢　24・261
王所鏡　17・346
王金鼎　45・182
王金綬　22・345
王金鑑　34・225
王金鑾　39・175
王　命(饒陽)　8・605
　29・312
王　命(解州)　60・516
王命新　42・518
王　念(盩厔)　54・721
　59・85
王　念(遷安)　16・515
　16・776
王　採(明)　21・301
　23・5
　51・582
　52・417
王　採(清)　1・881
　5・583
　5・630
王採珊　17・212
王受人　32・64
　32・418
王　周(五代)　10・724
　31・440

32·720
33·105
33·353
王　周(元)　53·641
王　京　34·684
王享祺　58·346
王　兖　23·200
30·188
30·301
王　庚(明)　8·412
16·516
18·343
18·360
18·482
40·417
54·701
59·644
王　庚(灤縣)　18·491
王　庚(通州)　3·595
王育之　13·344
王育英　8·504
32·34
38·907
王育柟　63·775
王育萬　53·343
王　怊　22·30
王　怡　60·629
60·709
60·783
王　炘　21·450
24·790
王炘明　8·775
王　炎　40·732
王　法(明)　31·814
35·55
王　法(清)　12·468
王法唐　50·249
50·575
王　況　25·483
王　沿(宋館陶)　4·259
7·304
32·315
32·640
34·328
34·489
39·215
39·255
39·317
40·289
42·476
王　注　8·430
29·90
王沛生　33·73
33·203
王　泮(明磁州)　8·507
32·38
36·24
王　泮(明吳橋)　44·579
王　泮(清)　35·269
王　沼(淶水)　24·463
王　沼(安肅)　8·371
21·366
25·52
王　治(明忻州)　41·55
44·789
44·862
王　治(明平涼)　53·722
王　治(清)　22·13
王治心　44·801
44·866
王　宗　9·137
32·74
33·774
34·84

王宗文 40・530
43・558
43・782
王宗沐 40・321
王宗武 9・210
18・62
王宗周 38・198
46・713
王宗性 21・291
王宗炎 41・652
王宗洛 9・256
12・792
23・619
王宗祐 30・120
王宗哲(元遂州) 21・459
25・56
25・118
王宗哲(元無極) 13・150
王宗哲(明) 8・182
8・466
11・256
13・342
王宗堯 61・117
王宗智 2・273
王宗舜 41・57
61・117
王宗瑤 1・725
王宗賢 41・437
42・607
43・401
王宗輝 34・514
王宗德 3・737
王宗儒 40・520
61・65
王宗績 31・18
王宗彝 11・788
21・356
王宗壐 56・262
王　定(漢) 27・753
29・40
王　定(明) 18・18
19・1
王定元 17・627
王定宇 41・209
44・803
王定圻 65・190
王定枚 11・504
王定玨 11・486
王定柱 9・100
11・455
王定保 14・583
王定甡 11・486
王定乾 2・835
62・402
王定基 50・587
王定寓 11・486
王定遠 40・477
53・301
王定愈 11・513
王定演 2・248
王定瀛 11・487
王定鶴 11・487
王　官 8・576
24・309
王官文 19・386
19・439
王官瀛 66・248
王　宓(清) 41・55
60・565
王　宓(民國) 60・388
王房球 24・744
王　建(魏) 31・344
王　建(明) 8・604
王建中(明平湖) 40・523

王建中(明涇陽) 45·733
王建中(清大城) 20·224
王建中(清錦州) 7·496
31·826
35·414
王建中(清遷安) 16·645
16·785
王建中(清南和) 9·126
王建立 40·545
41·410
45·282
46·746
46·779
王建表 41·117
王建基 34·496
王建善 24·541
24·682
王建極(明) 8·519
32·64
38·908
王建極(清興縣) 48·756
王建極(清鄉寧) 60·221
王建善 8·391
王建業 32·95
35·434
王建衡 32·111
38·896
王 門 30·333
王居士 45·48
王居仁(元) 8·198
王居仁(清寶坻) 2·20
王居仁(寧河) 6·244
王居正(宋) 41·640
王居正(清) 58·314
王居敬 45·19
45·570
王居禮 43·536

王 承 37·578
40·613
42·536
43·17
王承元 7·707
11·161
王承印 14·473
王承先 58·748
王承芳 8·380
21·814
王承命 31·821
35·56
王承泗 6·174
6·224
王承宗(唐) 11·150
王承宗(清) 20·591
王承術 32·633
王承衔 7·298
31·475
32·633
33·187
王承美 40·773
44·530
64·623
65·456
65·570
66·55
王承泰 17·194
王承恩(順天) 1·835
10·814
王承恩(高陽) 21·364
25·173
王承基 47·322
王承堯 41·133
54·182
王承緒 58·408
58·741

王承蕙 14·641
王承瀚 6·174
王承露 40·453
54·697
55·793
王孟夏 30·191
王函熉 9·145
王　春(南北朝) 31·151
41·632
60·286
60·369
王　春(明撫寧) 8·408
16·513
18·136
王　春(明屯留) 50·223
王春宇 38·896
王春泰 37·954
王春棠 28·69
王春禎 63·724
王春瀛 5·249
王春齡 26·799
王　玨(保安) 14·121
王　玨(昌邑) 40·404
54·740
王　玨(涉縣) 34·781
王　■ 7·486
11·195
13·472
王　珂(唐) 41·406
48·67
王　珂(明文安) 20·590
王　珂(明蒲州) 41·527
王　珂(清) 36·472
36·566
36·747
王　■ 24·766
王　玶 3·733
王　珍(元樂亭) 18·232
王　珍(元南樂) 8·253
32·726
王　珍(明保定) 1·828
王　珍(明萊州) 44·580
王　珍(清肇慶) 43·875
王　珍(清定縣) 9·255
24·65
王　玲 41·505
62·34
62·212
王　珊 34·693
王　玹 41·32
41·444
51·657
52·581
王　珉 12·685
王　政(明易州) 8·573
24·451
王　政(明孝義) 41·444
49·364
49·677
王　政(明涇陽) 48·1
王　政(明固安訓道) 19·680
王　政(明冀州) 31·72
王　政(明曲沃) 57·120
57·299
57·457
王　政(清阜平) 24·158
王　政(清陽信) 7·459
21·307
24·196
王政令 9·234
12·458
王政行 1·843
2·665
王政君 33·535

王政熙 21·383
25·56
王　城 8·693
王荊琢 18·72
王　革 8·114
王　荔 8·368
21·459
25·186
王南村 27·879
王　柄(宣府) 15·681
王　柄(交河) 27·904
王　相 58·402
58·741
王相舉 27·900
王　柟(宋) 3·148
33·368
王　柟(清) 9·185
王　柚 16·664
18·370
18·541
王　■ 27·899
王柏齡 25·875
王　柱 51·336
52·549
王　勃 41·564
59·519
61·545
王　軌 40·669
42·551
王　衷 49·215
王要漢 32·690
王　威(隋) 40·505
42·502
王　威(明) 41·694
53·122
王厚基 39·270
39·414
王奎昨 50·580
王奎昭 50·580
王奎聚 47·312
王奎璧 33·131
王持正 18·22
王拱辰 7·311
32·644
33·189
40·370
王　挑 12·468
王　貞(元) 8·180
21·341
王　貞(明) 14·122
王貞吉 11·184
13·526
王省山(武鄉) 53·213
王省山(沁州) 41·603
王省方 53·264
53·299
王省身 51·321
52·290
王　昺(高陽) 21·686
25·204
王　昺(陵川) 53·736
王　則(北齊) 41·384
42·548
43·194
王　則(宋) 2·127
王則古 7·398
21·297
24·751
王則聘 18·55
19·60
王映南 46·488
王　星 9·182
王星魁 26·348
王　昱(明懷來衛) 14·123

王　昱(明夏縣)　41・622
62・395
王　昱(清)　17・144
王　昭　33・143
33・395
王昭遠　31・788
52・372
王　思　23・611
25・767
王思同　1・96
1・719
5・383
5・469
7・820
王思任　45・674
王思忠　48・243
王思治(明)　61・447
王思治(清)　28・674
王思宗(高陽)　8・182
21・343
王思宗(太原)　21・278
25・131
王思政　40・265
41・385
42・549
48・46
61・621
王思祖　7・330
21・280
王思問　45・665
王思聖　59・158
王思誠　4・266
7・327
40・300
42・479
王思廉　8・218
11・145
11・225
11・590
32・660
王思聞　2・566
3・748
王思導　35・269
王思禮(唐)　7・724
16・181
16・326
40・276
40・367
42・470
50・72
52・369
53・85
王思禮(清)　9・139
32・77
34・95
王　旹　12・769
王　郜　42・740
王　适(陽曲)　41・648
43・134
王　适(任縣)　9・132
37・907
37・949
王秋元　20・627
20・675
王　科　34・793
王重光(新城)　14・293
14・470
14・533
王重光(魏縣)　34・582
王重盈　41・405
48・67
王重新　52・32
王重榮　41・405
42・570

48・55
62・665
63・37
王重賢 8・431
27・876
王　修(漢) 7・282
王　修(三國) 4・334
28・308
32・613
33・183
王　修(晉) 41・628
42・617
42・807
43・206
王　修(北齊) 41・550
42・618
王　修(明) 61・452
王修仁 3・366
王修福 41・406
56・189
王　保 16・411
16・755
王保庸 8・828
16・659
17・534
王保義 2・90
王保衡 41・566
王　信(宋) 31・789
40・774
42・594
50・594
51・287
王　信(金) 8・82
16・506
18・479
王　信(明撫寧) 8・406
王　信(明順義) 3・151
8・312
王信符 18・387
王信賢 41・536
50・978
王皇后 33・536
王　泉 32・657
王　禹 7・571
11・249
11・481
王禹佐 1・168
7・408
王禹卿 24・752
王禹偁 40・383
60・248
60・330
王　俊(永平) 8・403
王　俊(洪洞) 58・401
王俊臣 50・666
王俊爽 47・827
王俊襟 63・641
王衍期 40・618
王俞巽 32・101
32・418
王　朏 41・633
王　勉 41・496
59・394
59・524
王　胤(正定) 11・256
王　胤(延津) 42・510
48・1
王胤芳 20・412
王胤懋 1・829
19・562
王風振 9・221
31・88
王風淳 10・840
31・73

王奕宣 42·520
王奕葉 40·536
45·413
50·68
王　亮(晉) 42·540
王　亮(明) 20·250
王　亮(清) 37·37
王亮功 41·606
王亮採 48·650
49·311
王　度(隋) 41·523
59·407
59·519
61·543
62·15
王　度(元) 19·679
20·57
王　度(明) 12·743
12·789
23·410
王　度(清泰安) 32·680
33·200
40·445
43·558
43·782
王　度(清沁水) 41·463
54·203
王　度(清漢陽) 40·458
43·561
43·843
王　度(清解州) 60·520
王度華 9·255
23·597
24·82
29·974
王　庭(嘉興) 40·341
42·497
王　庭(太平) 59·422
59·525
王庭玉 8·174
21·338
21·785
王庭直 40·387
40·389
51·320
52·289
王庭筠 9·268
22·243
22·378
34·325
34·478
43·162
49·325
62·678
63·42
王庭輔 20·160
王庭翰 43·823
王庭蘭(臨晉) 41·535
63·594
王庭蘭(曲周) 9·144
32·88
34·222
34·294
王　庠 31·466
王　施 41·378
王　音 32·688
33·337
王　彥 40·781
50·185
50·373
50·526
王彥之 41·657
王彥文 37·701
王彥孔 48·690

49・393
王彦民 38・181
王彦威 41・559
42・620
43・207
王彦昭 37・323
王彦洪 47・488
47・645
王彦章 7・295
32・630
王彦魁 35・632
王彦彰 8・279
22・29
24・461
王　恒 3・134
19・540
王恒萃 49・583
王恒德(景縣) 29・622
王恒德(文水) 41・513
49・216
王　■ 2・73
王　恂(元) 8・165
21・333
23・394
24・209
32・129
王　恂(清) 40・493
45・74
45・85
王　恪 21・311
24・196
王恪三 65・274
王炳日 41・123
44・535
44・589
王炳宸 56・703
王炳照 41・626
52・611
王炳蔚 21・821
王炳壇 29・975
王炳勲 61・271
王炳燐 44・613
王炳燿 21・412
23・58
王　炯 12・793
23・619
31・829
33・612
王爲霖 34・288
王　美 16・452
17・204
王前士 44・706
46・54
王　洪 50・249
50・574
王洪基 41・652
王洪遠 4・318
26・250
王洪誥 41・535
63・594
王洪縉 59・298
王洪灝 38・170
王　洽(臨邑) 7・399
27・518
32・674
王　洽(陽城) 41・621
52・610
王　洵 5・303
5・393
5・474
王洛書 24・689
王　洲 33・413
王　宣(武功衛) 3・365
王　宣(香河) 19・473

王　宣(大同)　3·363
王宣治　11·513
王宬業　37·768
王宧清　38·575
王宮用　34·726
　42·513
　46·86
　46·416
　46·417
王　冠(唐山)　36·458
　37·500
王　冠(榆次)　42·609
　46·132
　46·433
王　祐(宋)　32·632
　33·65
　33·187
　40·377
　50·75
王　祐(明)　40·406
　50·81
　50·925
王祖庚　40·478
　47·401
　58·84
王祖祚　21·798
王神念　41·394
　42·543
　48·64
王　祚(唐)　40·709
　42·568
　43·197
王　祚(宋)　42·576
　48·68
王　祚(明樂陵)　18·19
　19·11
王　祚(明大寧衛)　21·366
王　祚(明朝邑)　4·288
王祚永　46·531
　47·402
王祚茂　47·163
王祚昌(明合州)　31·809
　34·211
王祚昌(明冀州)　31·90
王祚昌(清)　46·533
　47·483
王祚明　8·765
　19·681
　20·59
　21·389
　25·593
王祚興　41·118
　48·679
　49·377
王　昶　40·604
　42·533
　43·192
王　屏　7·400
　36·334
　38·94
王屏朱　42·736
　46·150
王　陟(晉)　46·1
王　陟(宋)　40·288
　40·765
　42·474
　42·500
　50·164
　50·368
　50·525
王　陞　20·590
王　勇(北朝)　40·654
　64·498
　66·12

王　勇(明)　3·366
王　柔　40·597
43·191
王飛鳳　35·287
王　約(元)　8·219
11·224
11·450
王　約(明)　7·340
23·268
41·11
49·355
王　紀(芮城)　41·77
62·32
62·210
王　紀(泰州)　31·21
王　紀(清)　41·96
51·744
52·51
54·182
王　泰(翼城)　41·23
56·687
王　泰(掖縣)　18·14
王泰亨　41·432
41·574
55·464
55·810
王泰運　41·488
43·658
王　素　7·309
23·211
40·370
42·505
43·146
王素文　39·276
39·416
王　珪(唐)　40·695
42·554
48·52
59·407
59·519
王　珪(元)　41·433
48·224
49·436
王　珪(明望江)　11·177
11·638
王　珪(明泰安)　59·296
62·310
王　珪(明陽城知縣)　51·332
52·547
王珪仲　8·194
16·507
18·232
王　珙　61·665
王　珠(鹽山)　40·524
42·513
43·60
65·169
王　珠(天津)　4·764
王珠燿　47·619
王　珽　48·754
王　珩　8·593
12·358
12·454
王　■　52·266
王　珣(唐)　41·557
42·619
48·75
王　珣(元)　9·270
16·181
16·327
王　珣(明)　4·370
27·82
王　珣(清)　51·598
王　珝　8·408

	16·514
	17·177
王　起	40·280
	40·731
	42·565
	43·191
	62·571
	63·14
王起岐	41·591
	60·222
王起家	61·152
王起鳳(通縣)	3·697
王起鳳(肥鄉)	35·464
王　貢(元)	37·882
王　貢(明)	60·715
王　貢(清)	34·224
王　都(五代)	23·750
王　都(明德州)	32·677
	33·197
	33·473
	33·509
王　都(明唐山)	37·498
王耿光	26·290
王華玉	26·250
王華鋒	4·473
	27·94
	33·405
王　莽	32·777
	33·337
王　恭(晉)	31·331
	43·84
王　恭(元)	52·689
	52·852
王　恭(明晉州)	40·524
	42·510
王　恭(明靜海)	4·366
	5·723
	6·69
王恭先	41·593
	62·706
	63·593
王恭辰	13·760
	14·687
王　荷	18·566
王荷興	35·645
王　晉	50·895
王晉之	5·520
	5·522
王晉介	40·493
	47·787
王晉卿(宋)	28·670
王晉卿(元)	61·253
王晉康	4·451
	26·295
王　真	41·661
	50·250
	52·260
	52·843
王　栻	52·500
王　桂(明)	51·675
	52·585
王　桂(清)	41·593
	63·223
	63·593
王桂照	13·92
王桂榮	17·84
王　桓	41·543
	60·704
	60·764
	60·781
王栖曜	7·787
王　桐(滄州)	4·457
王　桐(棗强)	30·96
王格正	40·491

王　軒(唐)　41・633
王　軒(明清苑)　8・378
21・372
21・787
王　軒(明臨清)　40・411
44・724
王　軒(清)　41・592
58・737
58・815
王　軏(五代)　48・48
王　軏(宣府)　14・459
王　軏(開平衛)　8・551
13・738
14・135
14・380
14・637
王　連　21・353
王連科　62・410
王連瑛　21・308
25・40
王　彧(金)　8・101
32・13
33・770
34・105
王　彧(明)　40・402
54・707
58・705
王　彧(清)　27・178
王　原　1・815
8・321
8・709
20・636
20・697
王原祁　7・494
36・351
37・930
王原直　9・98
11・279
11・474
王原煥　11・484
王原愹　11・464
王原膴　9・97
11・273
王原麒　11・454
王原讓　11・484
王　烈(漢)　42・734
43・212
王　烈(晉)　32・271
42・806
52・262
52・445
王　烈(清)　27・442
王殊渥　2・40
8・692
王　翃　40・509
40・710
42・561
43・196
62・570
63・14
王振世　9・238
王振亨　41・468
王振武　49・119
王振基　30・307
王振嗣　38・910
王振睿　15・813
王振榮　2・35
8・692
王振綱　8・757
21・455
24・687
王振德　49・146
王振鐸　63・595
王振麟　28・431

王　哲(宜川)　11・178
11・638
王　哲(清苑)　8・356
21・348
21・785
王　哲(聞喜)　41・18
61・114
王哲輔　1・177
7・451
19・682
20・59
王致中　47・625
50・81
50・611
王致祥　14・696
41・60
44・790
王虔休　40・280
50・56
50・599
51・279
王時中　7・365
14・289
14・531
43・545
王時化　5・675
王時可(元歸信知縣)　21・280
24・749
王時可(元鎮朔衛)　5・472
王時舟　32・101
32・418
王時佐　3・153
王時和　8・541
32・737
33・130
33・389
34・578

王時炯　40・460
45・5
45・84
王時泰　17・248
18・27
王時恭　65・261
王時煦　36・306
王時雍　41・451
61・256
王時舉　1・814
3・541
8・327
王時憲　23・136
王時薰　36・369
36・307
王時濟　61・668
王　晟　2・508
王　晏　54・662
王晏球　21・266
32・630
王哨骽　41・684
王　恩(元)　40・824
63・43
王　恩(明)　21・356
21・786
王恩波　20・160
王恩紱　21・797
王恩組　43・890
王恩溥　28・432
王恩榮　53・310
王恩錫　18・495
王恩瀛　53・747
王恩耀　41・197
57・304
王　剛(阜平)　8・477
24・161
王　剛(長垣)　32・693

王　峻(北齊)　14·363
　15·94
　16·154
　16·266
　40·665
　43·625
王　峻(明)　31·21
王　峻(清)　46·486
王　牲(唐)　41·407
　50·232
　50·949
王　牲(清)　50·584
王特起　40·388
　41·572
　45·484
　45·569
　53·89
　53·259
　53·297
王秘書　41·537
　52·499
王　笏　41·627
　58·269
王　俁　41·603
　53·118
王　倚　1·111
　1·786
　3·725
　8·151
王　倬(明)　7·347
王　倬(清)　19·479
王　倫　9·267
王　信　18·337
王　健(明)　51·303
王　健(清)　20·628
王　皋(保德)　21·301
　22·700
王　皋(武强)　30·354
王　師　4·310
　7·446
　31·9
　31·544
　41·130
　56·171
　56·191
王師正　53·101
　53·473
王師旦(明)　35·261
王師旦(清會稽)　2·273
　6·260
王師旦(清寶坻)　5·581
　8·692
王師姑　52·445
王師烈　5·593
王師揚　1·115
　1·754
王師覽　41·536
　50·347
王　殷　10·725
　32·720
　33·354
王　途　13·312
王　釗　34·224
王豹文　55·816
王豹南　46·455
王　逢(唐)　40·576
　54·659
王　逢(明)　41·528
　46·551
　47·494
王逢泰　33·417
王逢壽　40·488
　59·651
王　卿(明太原)　41·35

42・604
王　卿(明定州)　8・610
23・397
24・80
王　卿(明朝邑)　45・2
王　卿(清)　35・641
王　訓(永年)　33・772
34・97
王　訓(滄州)　26・71
26・565
王　訓(寧河)　6・231
王席民　45・312
王席珍　60・224
王效通　46・634
王　衮(雄縣)　21・383
24・769
王　衮(陽穀)　7・383
16・443
17・202
王　衮(魏縣)　34・583
王　唐(通州)　3・596
王　唐(景縣)　9・44
29・537
29・606
王唐臣　45・506
王　悃　9・129
36・473
39・273
39・416
王　烒　46・635
王　烶　5・586
王　淩　40・603
42・532
48・61
王　益　48・174
王益柔　40・379
40・791
48・173
49・296
50・245
59・408
59・520
61・550
王益恭　40・791
59・408
59・520
61・551
王益謙　57・501
王　浡　6・246
王　涑(任邱)　9・32
王　涑(南宮)　37・732
王海賓　42・559
47・56
48・65
王浮龍　9・206
15・705
王　浚　5・275
5・353
5・460
7・366
王浚亭　28・26
王　宸　8・464
11・228
11・451
王家正　45・394
王家旦　43・645
王家坊　46・719
王家佐　6・7
王家珍　8・769
21・429
22・595
22・656
40・446
44・580

王家相 8・475
11・272
11・594
王家柱 40・441
42・519
49・173
49・244
王家祚 8・396
21・423
22・745
22・779
王家屏 41・59
43・645
43・725
44・35
王家桂 46・713
王家基 4・385
8・455
9・73
26・90
26・625
王家啓 9・201
15・99
15・224
王家棟(廣宗) 39・270
39・405
王家棟(諸城) 38・94
王家植 58・411
58・726
王家瑞(明) 8・515
32・55
34・679
34・725
王家瑞(清) 55・801
王家幹(清) 50・578
王家幹(民國) 35・456
王家楫 27・339
27・406
王家楹 58・409
58・725
王家禎(明) 8・541
32・707
32・796
王家禎(清) 21・304
22・687
31・822
33・719
34・48
王家賓(明) 8・383
21・379
22・443
46・659
王家賓(清) 2・668
王家賢 20・151
王家徵 11・189
13・90
王家駿 6・250
王家璧 41・72
43・646
44・43
王家寶 23・761
王　容 61・738
王容德 53・91
53・263
53・301
王　宰 40・278
51・281
51・374
王　■ 5・560
王　祥(欒縣) 8・195
16・507
18・407
王　祥(内丘) 36・443
38・178

王祥林 28・432
王書升 7・473
27・361
27・407
王書芸 8・774
王書勲 37・729
王書龍 37・321
王　通 40・693
45・608
48・124
50・244
55・446
59・407
59・517
59・576
60・200
61・543
61・608
61・684
王　桑 42・532
王孫昌 34・728
王孫賈 7・266
32・686
王孫蕃 8・391
21・382
24・769
王孫錫 9・50
王孫鬱 21・385
24・769
王　能(宋定陶) 7・301
21・270
22・696
24・747
25・41
25・135
32・639
王　能(宋廣濟) 25・328
王　能(明) 25・69
王能任 7・495
31・823
35・414
王　紘(北齊) 40・668
64・538
王　紘(明) 40・415
45・757
王　純(漢) 31・295
王　純(明泰州) 53・90
53・261
53・298
王　純(明慈溪) 7・365
王　純(清大名) 33・149
33・401
王　純(清聞喜) 41・484
61・125
王純仁 24・779
王純儒 36・41
王純■ 21・311
25・40
王納言 18・19
19・3
王納誨(明) 7・370
王納誨(清) 45・494
45・596
王納諫 21・298
24・751
王　球 31・302
王　理 43・682
王理躬 55・800
王　琈 41・603
47・497
47・622
王　琔 35・79
王執信 40・540
王執璠 59・178

王執謙 32·855
33·61
王　埴 40·456
48·176
49·319
王　培(昌黎) 17·69
王　培(歸德) 38·274
王培之 21·818
王培宗 32·683
王培棪 58·756
王培統 24·313
王培新 26·298
王培鑾 50·811
王　堉 30·96
王　基(三國) 30·300
王　基(北齊) 31·389
王　基(明) 40·431
43·554
63·21
王基洪 41·442
50·178
50·666
王基溥 60·181
王　著 41·637
王著勳 38·916
王　勒(北周) 40·655
45·891
66·17
王　勒(明) 5·349
5·459
王　棻(灤州) 18·355
王　棻(高陽) 8·806
王乾元 3·134
7·378
王　彬(宋) 4·258
7·304
王　彬(明絳縣) 41·8
41·192
61·451
王　彬(明青縣令) 4·280
7·334
王　彬(清汾陽) 41·499
49·579
王　彬(清滄縣) 26·572
王　彬(清陽曲) 41·530
43·85
王梵志 45·497
45·605
王　梅(元) 41·433
50·234
50·376
50·559
王　梅(明) 34·160
王梅村 26·903
王　梓 52·50
王　敔 3·793
41·448
45·486
45·578
王　爽 42·540
43·193
王　盛(唐) 50·505
王　盛(明) 40·309
42·483
王雪峰 52·536
王捷掄 41·505
60·709
60·783
王推恩 34·680
王掄元 47·316
王掤鼇 61·268
王　接 40·618
62·638
63·716

王接武 47·817
王　堅 40·399
51·302
51·398
52·378
王處一 2·244
王處存 7·295
23·206
24·22
王　彪 1·761
8·65
王　常(漢) 7·275
王　常(明) 7·338
王常吉 49·316
49·723
王常訓 41·703
61·156
王　野 23·93
王野人 59·362
王　勗(太平) 59·393
59·524
王　勗(大興) 1·850
3·746
8·619
王勗陛 54·732
王　晦 3·133
3·364
40·801
51·619
52·309
王　晞 40·358
42·501
王　冕(元) 9·270
王　冕(明潞安) 12·339
12·519
王　冕(明洛陽) 7·375
16·407

17·494
王　冕(清) 60·520
王　晙 7·730
24·22
26·49
26·257
27·873
29·86
40·274
42·469
65·26
王　略 52·65
52·313
王　國 11·188
王國一 12·687
王國士 52·410
王國正 18·15
王國生 21·290
24·195
王國臣 24·795
王國光 41·52
51·660
52·582
王國丞 51·682
52·587
61·512
王國材 12·175
王國治 50·658
王國封 56·690
王國相 41·79
61·117
王國柱(平順) 53·637
王國柱(潞城) 53·603
王國貞 41·77
王國彥 15·650
15·665
王國祚 31·814

	32·414
王國珪	45·683
王國訓	60·305
	60·362
王國棟(明)	25·69
王國棟(清鐵嶺)	40·446
	53·87
王國棟(清南宮)	37·718
王國棟(清景縣)	29·622
王國勛	8·564
	14·640
王國鈞	4·457
	26·297
	26·869
王國瑚	41·65
	62·702
	63·722
王國瑜	45·133
王國楠	41·80
	60·518
王國楷	35·495
王國禎(解州)	60·517
王國禎(左衛)	15·681
王國璉	36·196
王國輔(太平)	59·423
	59·534
王國輔(萬全)	24·611
王國賓(元)	46·753
王國賓(明)	7·398
	21·296
	23·4
王國賓(清沁水)	54·215
王國賓(清會稽)	2·272
	5·595
王國綱	8·109
	15·522
	15·557
	15·643
	40·570
	44·260
王國瑾	31·822
	35·56
王國實	4·373
	26·285
王國興	8·337
	19·562
王國衡	2·753
	2·822
王國璧	53·638
王國璽	20·160
王國寶(趙城)	59·35
	59·159
王國寶(吳縣)	40·501
	61·251
王國讓	38·36
王　唯	33·145
王帷籌	40·450
	42·519
	48·2
王松齡	32·95
王　崑	13·495
王　崇(淶水)	43·913
王　崇(任邱)	28·736
王崇之	32·728
王崇文	40·312
	42·485
王崇古	14·294
	14·534
	40·327
	41·46
	43·553
	43·777
	44·56
	44·473

	44・657
	62・683
	63・49
	65・461
王崇本	43・208
王崇雅（蒲州）	62・708
	63・135
王崇雅（黎城）	50・227
	50・856
王崇節	1・863
	2・611
	10・824
王崇銘	51・692
	52・588
王崇德（明）	29・529
	29・573
王崇德（清）	46・487
王崇慶	8・528
	32・730
	40・530
	49・308
	49・486
	53・87
王崇儒	35・443
王崇學	3・793
王崇諫	45・181
王崇簡	1・859
	2・592
	3・741
	10・822
王　敏（漢）	41・375
王　敏（元）	15・218
王　敏（明新安）	21・350
	22・737
王　敏（明安平）	30・340
王　敏（明郃陽）	61・447
王　敏（清）	49・389
	49・524
王敏夫	45・361
	45・421
王敏敦	41・598
	52・75
	54・232
王　進（五代）	2・91
	10・703
王　進（明撫寧）	18・142
王　進（明曲沃）	57・120
	57・299
	57・456
王　進（明石州學正）	48・652
	49・312
王進岌	31・5
王進忠	16・657
王進朝	36・334
	38・93
王進賢	40・421
	51・360
	54・143
王　皀	21・462
王　偉（保安）	8・547
	14・134
	14・375
	14・560
王　偉（徐水）	25・69
王　偉（清）	20・261
王　術	41・547
王得中（五代）	40・747
	50・184
	50・404
	50・543
王得中（明）	1・111
王得成	21・286
	23・4
王得春	60・516

王得貞 55・465
59・138
王得善 20・219
王得祿 21・343
王得熊 50・673
王得儀 12・269
王從仕 12・681
王從周 29・594
王從政 8・275
18・44
30・301
王從善 19・539
王從義 41・72
43・647
王　健 30・306
王　猛 16・266
31・3
31・335
王　象 31・329
43・83
王象天 35・607
王象坤 40・331
42・491
王象恒 7・399
16・444
17・203
31・809
34・210
王象乾 7・397
14・297
14・471
14・536
21・294
61・68
王象雲 1・166
7・407
20・758
40・436
43・556
43・782
王象復 22・701
王象曾 60・376
王象蒙 40・431
51・338
52・549
王象賢 61・461
王　訥 42・540
43・192
王　訢 46・450
王　訪 53・602
王　庶 60・621
王　庸 21・345
22・742
王　康 61・155
王康思 42・550
王康濟 41・201
63・586
王旌召 60・372
王　旋 54・749
56・199
王　章(五代) 10・724
32・720
王　章(明) 35・640
王　章(清) 32・679
33・199
王　翊(唐) 7・294
11・161
40・710
42・561
43・196
王　翊(明) 7・371
30・302
王　商 7・559
21・318

22·145
22·328
23·47
王　悼　56·11
王惟允　54·200
王惟忠　49·38
王惟垣　53·521
王惟問　34·773
王惟善　11·843
12·15
53·523
王惟幾　20·435
王惟新　34·568
王惟德　8·571
17·319
王　惇　47·656
王　焖　41·625
王　焕　12·269
王焕文(清)　50·669
王焕文(民國)　36·754
53·323
王焕光　58·792
王焕先　58·259
王焕辰　50·895
王　清(五代)　10·719
11·162
31·867
34·216
34·258
王　清(明交河令)　7·351
王　清(明固始)　53·522
王清文　65·219
王清臣　35·292
王清任　18·93
王清芬　38·739
王清彦　7·500
32·682
33·72
33·201
34·558
王清海　17·209
王清弼　8·777
21·430
24·778
王淋溥　17·194
王　涯　40·733
42·568
42·815
43·197
王　渠　35·57
王渠軒　32·753
33·535
王淑昭　24·812
24·809
王淑陵　30·68
31·19
41·445
51·666
52·583
王淑問　18·353
王添貴　40·450
58·55
王淦秋　56·259
56·453
王　淪　42·536
王　淳(衡水)　29·261
王　淳(澄城)　45·688
王　濟　21·359
王　深　31·325
王　梁(漢)　1·124
3·33
3·78
3·135
5·381

	5・468
	7・563
	29・338
王　梁(清)	2・275
王　涵	24・706
王涵炯	34・222
王涵熉	34・222
	34・277
王　寅(高陽)	8・352
	21・345
	25・173
王　寅(太原)	43・167
王　寅(容城)	8・362
	21・358
	22・594
王　寅(平鄉)	8・485
	36・448
	39・629
王　寂	8・116
	17・309
	18・42
王宿善	41・504
	60・566
王　密	8・488
	36・455
	37・497
	50・65
	52・645
	52・649
王　朗	43・553
王　啟	1・754
	8・54
王啟文	37・720
王啟宇	12・458
王啟汸	37・468
王啟俊	7・484
王啟恩	43・318
王啟曾	7・482
	31・835
王啟愚	19・561
王視履	9・132
王問鄉	20・453
王問達	35・432
王問夔	9・50
	27・441
王　階(明應天)	49・160
王　階(明雲南)	31・19
王　階(清景州)	9・41
	29・530
	29・573
王　階(清掖縣)	63・356
王　隆(隋)	41・523
	61・542
	63・690
王　隆(明)	41・621
	52・439
	52・610
王　隆(清)	22・139
	22・326
王隆興	39・406
王　紱	58・745
王　組	7・483
	36・197
王　紳(滄州)	4・373
	26・260
王　紳(安化)	40・406
	50・64
王　紳(涇州)	61・67
王　紳(安福)	54・315
王　紘	49・2
王　紹(唐)	40・710
	42・561
	42・781
	43・196

王　紹(明屯留)　50・223
54・324
王　紹(明大城)　20・250
王紹文　9・232
29・259
王紹宗　21・351
23・53
王紹業　34・561
王紹義　20・289
王紹緒(五臺)　45・80
王紹緒(祁州)　25・411
王紹綱　21・394
王紹慶　4・763
王琴　22・742
王琴堂(清)　34・512
王琴堂(民國)　33・622
王　琪　60・696
60・759
王　瑛(鄢陵)　19・679
20・57
王　瑛(懷仁)　41・622
41・656
43・676
43・919
王　瑛(猗氏)　41・578
63・719
王　瑛(清)　40・461
60・627
王　琳(安丘)　40・412
61・67
王　琳(興縣)　48・750
王　琦(太原)　12・789
王　琦(任和)　40・304
42・481
王　琦(瑯玡)　8・611
12・754
23・410
王　琦(清)　3・745
60・627
60・776
王琦藩　17・185
王　琢　41・568
55・810
王　琰　60・302
王　琮(高陽)　21・361
25・173
王　琮(清苑)　21・356
21・786
王　琮(鈞州)　58・111
58・215
王　琮(涉縣)　34・779
王　琮(清欒城)　13・495
王　琮(清介休)　41・487
48・376
王　琮(清唐山)　37・516
王　琯　9・38
27・877
王　琛(明)　21・353
22・742
王　琛(清成安)　34・693
王　琛(清肅寧)　27・643
王　■　11・484
王　琚(魏)　31・354
王　琚(明定興)　58・366
王　琚(明唐縣)　21・365
24・210
王　琚(清)　53・745
王琚仁　34・772
王堯民　62・578
63・21
王堯臣　44・793
王堯封(金壇)　4・283
26・9
26・249

王堯封(定興) 8·365
21·362
22·441
王堯恒 9·226
37·719
王堯卿 40·524
42·512
43·147
王　越 32·728
40·306
43·541
44·56
44·472
65·131
王　超(宋) 8·22
12·453
25·134
王　超(清臨汾) 41·649
56·10
王　超(清棗强) 30·26
30·124
王　堪(清) 30·119
王　堪(民國) 19·478
王　賁 1·753
王　喜 8·88
王　博 31·228
王博文 32·639
王彭年(棗强) 30·158
王彭年(彰德) 50·246
王教山 63·191
王報春 7·495
31·819
33·719
34·48
王達夫 20·302
王達善 40·529
43·537
王　萬 59·158
王萬方 7·515
29·241
31·24
王萬邦 41·205
43·659
王萬年(萬泉) 63·426
王萬年(霍州) 59·164
王萬春 60·720
60·796
王萬卿 3·828
王萬祺 32·316
33·763
34·84
王萬鍾 41·571
44·752
56·14
王萬齡 2·61
8·702
22·181
22·355
王葆中 32·269
王　敬 2·547
2·742
2·787
13·758
13·760
14·374
14·626
14·718
王敬先 40·302
42·480
王敬修 33·686
王敬紳 37·215
王敬業(鹽山) 27·103
王敬業(保安) 15·447
王敬照 21·871

王敬傳 24·697
王敬熙(清臨榆) 17·513
王敬熙(清天津) 5·229
王敬敷 35·275
王敬勳 21·795
王敬寶 43·195
王萱齡 2·668
王悳隅 61·149
王　朝 58·64
王朝用 47·406
47·747
47·785
王朝官 46·714
王朝相 33·759
34·82
王朝俊 9·230
30·21
30·116
王朝笏 29·975
王朝清 33·687
王朝渠 1·187
6·209
王朝棟 37·949
王朝雍 40·421
51·304
52·379
王朝翰 24·59
王朝麟 60·701
60·763
王朝鑾 29·589
王　植(明) 40·425
47·271
王　植(清深澤) 9·256
12·790
23·411
王　植(清清苑) 8·727
21·409
21·780
王植桂 20·248
王植桐 20·248
王植楠 20·260
王　森(明) 2·135
王　森(清) 38·576
王　棟(灤州) 18·379
18·546
王　棟(保德知州) 40·480
王　棫 12·792
王　椅 41·592
58·751
王棲曜 32·717
王棲鶴 59·535
王　楗 37·259
王　極(營州衛) 5·301
5·391
5·473
王　極(潞城) 53·600
53·643
王極昭 40·470
59·27
59·86
王　惠(掖縣) 39·541
王　惠(隆慶) 2·737
2·816
14·140
王惠民 47·497
47·654
王惠普 59·253
王　覃 40·541
61·251
王　雄(北周) 1·128
22·131
22·322
40·669
42·550

	47・457
	47・623
王　雄(明遵化)	18・46
王　雄(明永清)	8・317
王　雲(宋)	51・541
	52・407
王　雲(元)	24・333
	24・411
王　雲(明)	3・365
王雲峰	19・436
王雲著	21・506
王雲程	41・496
	63・583
王雲瑞	34・512
王雲鳳	7・358
	14・116
	14・470
	41・26
	46・695
	46・707
	46・710
王雲錦	21・796
王雲龍(明)	50・666
王雲龍(清景縣)	29・588
王雲龍(清威縣)	38・917
王雲衢	51・631
	52・312
王　揚	51・400
王　雅	40・359
	65・15
王雅量	40・431
	51・339
	52・550
王　棐(武清)	5・679
王　棐(襄城)	18・215
王紫生	41・457
	58・770
王紫珊	37・288
王　棠	8・40
	21・328
	22・189
	22・339
	24・536
	24・676
王晴溪	2・143
王貽永	32・637
	40・758
	42・576
	48・69
王貽孫	41・566
	42・622
	48・77
王貽愷	3・810
王貽埶	60・313
	60・376
王　鼎(宋)	30・189
	34・329
	34・489
王　鼎(遼)	1・108
	1・746
	8・39
	22・10
	22・214
	22・352
	24・409
	24・415
王　鼎(明平谷)	3・213
王　鼎(明山東)	20・379
王　鼎(明鉅鹿)	8・486
	36・449
	37・815
王　鼎(明岢嵐)	41・176
	42・793
	42・604

46・21
46・26
王　鼎(明稷山)　61・669
王　鼎(明山陰)　43・639
王　鼎(清蒲城)　7・436
32・130
王　鼎(清清源)　43・442
王鼎元　58・763
58・812
王鼎臣(明)　53・92
53・410
王鼎臣(清)　50・922
王鼎呂　1・871
5・578
5・627
王鼎胤　19・111
19・181
王鼎祚　58・413
58・744
王鼎基　40・459
53・91
53・263
53・301
王鼎新　63・581
王鼎銘　8・398
21・422
25・178
王　景(唐)　4・256
26・246
41・560
42・621
王　景(明)　7・331
王景生　19・406
王景秀　2・501
王景明(黎城)　50・226
50・856
王景明(清苑)　21・363
21・787
王景春妻李氏　39・516
王景奎　19・391
王景彦　29・612
王景祚(唐)　63・620
王景祚(明)　55・812
王景祚(清)　1・856
8・710
20・590
20・627
20・656
王景皐　13・765
15・1
40・462
61・70
王景純　41・566
42・621
43・207
王景逵　31・261
王景萊　11・839
王景崇　11・144
11・436
王景陽　59・34
59・158
王景曧　41・316
61・95
王景賢　49・173
49・245
王景震　41・90
63・423
王景夔　27・906
王　晬　61・509
王　貴(宋)　41・191
42・584
43・199
王　貴(明高平)　52・316
王　貴(明昌黎)　16・510

王貴保 9·128
37·826
王　鄖 9·144
32·88
34·221
34·273
王　嵒 24·709
王　凱(宋) 40·774
42·582
52·374
王　凱(明蠡縣) 8·364
21·360
23·50
王　凱(明慶都) 21·351
25·510
25·590
王　嵋 38·95
王無咎(元) 40·519
46·553
47·535
王無咎(清) 58·412
王無故 21·685
王無逸 61·625
王無黨 9·197
王無競 11·159
13·469
王　智(明) 61·256
王　智(清) 41·472
56·694
王　喬 41·662
63·190
王喬年 40·324
40·488
45·15
王喬松 24·771
王喬梓 24·782
王喬棟 8·393
21·416
24·777
王喬犍 36·772
37·17
王　策(文安) 20·453
20·590
20·658
王　策(榆次) 48·175
王策言 44·640
王　傅 40·421
51·334
52·548
王　順(元) 12·626
王　順(明) 11·301
王順命 34·683
王順曾 8·652
王　儵 1·109
1·753
8·51
19·538
22·190
22·340
王　傑(元) 40·396
51·548
52·409
61·65
王　傑(明介休) 48·225
王　傑(明龍門衛) 14·122
王　傑(清) 40·456
47·162
49·319
王　鳦 21·815
王御春 16·470
王御寰 50·239
50·888
53·601
53·637

王　復(金)　4・358
王　復(明)　1・797
19・723
20・146
王復丸　41・647
60・731
60・785
王復初　41・543
60・703
60・764
王　循(會稽)　54・695
王　循(武邑)　8・579
王循吉　8・533
32・749
王　畬　41・508
王逾曾　41・472
43・403
王　鈇　1・812
8・326
王鉅原　45・694
王　鈞(元)　19・679
20・57
王　鈞(明)　31・811
王　鈞(清遵化)　18・64
王　鈞(清高陽)　8・804
21・463
王　鈞(清文安)　20・627
王　鈞(清鳳臺)　41・134
52・425
王　欽(固安)　19・726
20・146
王　欽(柏鄉)　37・25
王　欽(上元)　7・350
21・283
25・36
王　欽(安定)　40・425
62・582
63・354
王　欽(大寧)　58・251
王欽若　33・187
王欽禮　8・198
27・21
27・201
28・185
28・773
王舒蕚　47・314
王舒錦　24・58
王舜臣　42・506
46・1
49・1
王舜舉　32・652
34・544
王飲讓　47・323
王　勝　45・37
45・119
王猶龍　27・903
王　然　8・665
43・838
43・843
王　詠　46・714
王詠梅　33・624
王　詔(宋)　11・262
11・470
32・651
王　詔(明歷城)　7・389
24・27
王　詔(明稷山)　61・669
王　詔(明博野)　58・361
58・706
王　詔(明寧晉)　8・593
12・358
12・454
12・512
37・145

37・289
王敦臨 46・635
王　斌(晉) 31・328
王　斌(明南樂) 32・727
王　斌(明會稽) 31・29
王　斌(明太平) 59・609
王　斌(清) 19・56
王童蔚 14・713
王　惲 38・275
40・521
54・677
王　焕 1・871
8・689
王　焯 7・471
29・363
王　焯 62・699
王　焜 9・257
12・793
23・619
王　■ 18・372
18・542
王　焞(孟縣) 47・497
王　焞(蒲城) 2・794
王　翔 25・37
王　善 10・803
11・243
11・363
12・127
12・147
12・202
24・26
王善士(昔陽) 46・535
46・551
王善士(鄉寧) 60・203
王善成 34・513
王善來 24・119
王善養 20・821
王善繼 60・309
60・381
63・218
王　普 20・150
王普真 2・704
王　道(元) 25・784
王　道(明陵川) 51・719
53・736
王　道(明曹縣) 40・410
48・649
49・308
王　道(明蠡縣) 8・360
21・354
王道一(明) 34・554
王道一(清) 63・844
王道人 57・166
57・388
王道中(明) 8・410
16・515
18・139
王道中(民國) 53・324
王道平 46・749
王道立 41・513
49・216
王道成 60・520
王道行(陽曲) 32・670
33・196
41・576
42・625
43・75
王道行(蔚縣) 15・44
王道亨 61・725
王道東 23・48
王道治 21・383
25・53
王道定 1・157
3・831

	19・489
	19・498
王道南	15・31
	15・223
王道洽	57・128
王道煥	9・123
	36・472
	36・586
	36・747
王道源	55・621
	59・441
	59・545
	60・729
王道興(明)	36・564
	36・747
王道興(清)	20・412
王道翼	55・616
	59・184
王奠鼎	35・649
王　尊	7・560
	21・317
	22・145
	22・328
	25・167
	32・609
王　曾	7・303
	32・638
	33・188
王曾淑	41・505
王曾蔭	8・717
王曾禮	18・547
王　湛	40・613
	42・536
	43・190
王湛初	44・44
王　溫(北魏)	10・636
	11・142
	13・516
王　溫(清)	33・407
王溫舒	31・782
王　淵	32・666
王　渾	40・612
	42・534
	43・192
王渾然	8・414
	16・522
	18・235
王　渥	40・798
	42・624
王運元	41・466
	45・387
	45・413
王運昌	46・754
王運新	24・465
王　棨	49・786
王　祺	32・738
王　祿	61・555
王祿鵬	4・408
	5・67
	5・202
	9・62
王　裕	3・227
王裕心	41・80
	49・365
	49・679
王裕如	13・344
王裕昌	56・702
王畫一	39・272
	39・398
王開泰	27・904
王開基	32・68
王開期	9・52
	30・649
王開運	25・577

王　閎　10・576
32・712
33・338
33・520
王閎中　30・658
王遐齡　41・146
50・952
王　弼(鄱陽)　7・335
王　弼(徐州)　7・333
王　弼(招遠)　7・335
21・282
25・131
王弼藩　17・185
王　賀　9・261
10・576
32・712
33・336
王登三　8・380
21・381
21・778
王登文　60・525
王登庸　20・453
王登魁　59・424
59・544
王登録　9・26
28・741
王登舉　4・772
王登聯　4・293
7・417
23・228
32・681
33・200
王發甲　11・485
王發枝　9・99
11・475
王發桂(正定)　9・100
11・485
王發桂(清苑)　8・726
21・411
21・782
王發軔　56・216
王發倌　11・485
王發越　50・896
王發傅　11・485
王發善　11・484
王發運　56・717
王發榮　11・486
王發夢　58・310
王發蒙　62・477
王發楠　9・99
11・486
王發端　11・485
王發頫　11・485
王發燕　11・485
王發霖　11・513
王發頤　11・485
王　結　8・291
21・342
22・439
24・368
36・319
王　綖　8・527
32・730
王綖先　40・476
54・147
王　統(元)　18・232
王　統(清沁水)　54・232
王　統(清澤州)　52・75
王統鈞　8・778
21・408
24・776
王　幾　59・80
王　勣　61・665
王　瑁　36・348

	38·169
王　瑞(明)	29·47
	41·436
	42·600
	43·71
王　瑞(清景州)	9·41
	29·530
	29·573
王　瑞(清沁水)	41·464
王瑞之	49·629
王瑞芳	27·290
王瑞徵	16·570
	18·144
王瑞慶	21·791
王瑞麟	25·119
王　瑀(黎城)	50·866
王　瑀(長子)	50·196
	52·691
	52·857
王　瑜	2·125
王　瑄(臨朐)	21·284
王　瑄(滋陽)	45·11
王　瑄(太原)	43·168
王　瑄(清)	27·900
王　瑋	41·130
	59·411
	59·522
王載道	41·616
	52·80
	54·229
	54·254
王　遠	47·537
	47·696
王遠宜	19·558
王　塤	41·559
	42·620
王聖美	37·466
王　聘	13·536
王　勤	5·272
王勤民	13·537
王夢尹	8·601
	12·547
	37·150
王夢虎	61·150
王夢庚	21·378
	22·744
	44·580
王夢奎	62·214
王夢蛟	32·56
	35·66
王夢弼	41·56
	45·296
王夢聘	53·216
王夢熊(霍州)	59·165
王夢熊(成安)	34·693
	34·750
王夢賢	21·285
	24·749
王夢鯉	27·906
王夢羆	61·256
王夢麟	7·509
	18·30
	19·5
王　蒙	8·180
	21·341
王蒙二	58·753
王　蔭	11·482
王蔭林	20·627
王蔭宗	26·559
王蔭南	34·721
王蔭祖	15·255
王蔭桐	28·67
王蔭堂	18·362
	18·492

王蔭普 11·487
王蔭嘉 38·638
王蔭墀 17·144
王蔭豐 11·487
王　椿(魏) 31·365
42·547
43·194
王　椿(明) 59·410
59·521
59·585
王　楠(宋) 32·725
王　楠(明三河) 19·256
王　楠(明德州) 54·687
王　楠(清) 58·311
王　禁 10·576
王楷通 41·533
58·733
王楷維 41·590
58·734
王楷歐 41·590
58·631
58·734
王楷蘇 41·590
58·733
王　楨(明) 18·143
王　楨(清) 9·145
32·89
34·221
34·293
王　楊 60·190
王　楫(齊河) 31·14
37·585
37·660
王　楫(文安) 20·589
王　楫(虹縣) 5·349
5·459
5·727
王　楫(新泰) 40·416
42·513
46·790
47·49
王　楫(膠州) 44·579
王　楫(泰安) 40·436
60·468
王　楫(太平) 59·383
王　楫(清) 37·825
王　槐 16·520
17·61
王槐一 40·453
54·718
59·297
王槐蔚 24·311
王　楯 30·502
王　楣 18·47
王　楙 46·531
王　輅 36·446
王　頍 41·555
42·619
48·75
王　與 11·175
11·540
王與允 40·338
王與齡 41·43
60·200
60·203
王　馴 41·442
50·235
50·666
王　粲 35·652
王　業(蕭縣) 7·378
20·757
王　業(蒲城) 54·712
58·361
58·706

	34·740
王　鈴(清)	56·701
王　會(沙河)	38·128
王　會(定州)	24·88
王會隆	40·469
	45·5
	45·84
王會圖	27·4
王　頌	40·360
	40·688
	43·528
	45·280
	48·49
王　愛	1·827
	2·584
	3·736
	8·333
	28·738
王愛民	58·412
王　詩	26·71
	26·565
王　詰	8·321
王誠一	47·497
	47·621
王　詵(唐)	3·133
王　詵(宋)	41·637
	42·623
	43·207
王　詢	1·882
王　諍	40·320
王　稟	40·549
	42·478
王稟誠	27·440
王　靖	50·77
王靖國	66·262
王新周	61·143
王棄之	11·139

王　雍	32·316
王　慷	59·526
王慎修	53·753
王慎德	20·285
王　栗	47·404
王　慥	7·311
	36·317
王　煉	52·501
王　煜	60·203
王煜經	32·102
	32·419
王　煓	34·82
王　煌	11·193
	13·93
王　煇	33·509
王　煒(扶風)	40·499
	63·804
王　煒(洪洞)	41·457
	58·412
	58·728
王　義(金)	8·281
	12·355
	12·419
	30·189
	31·500
	37·141
王義(明淶水)	24·373
	24·463
王　義(明光州)	39·216
	39·255
王　義(明河鄉)	22·30
王　義(明夾江)	21·282
	25·922
王義方	9·266
	32·621
	33·175
王義光	39·318

王義甫　55·468
55·797
王義對　8·585
30·15
30·109
31·89
王　猷(趙州)　12·455
王　猷(沁州)　53·116
王猷昌　38·909
王　慈　12·554
王　溱　8·529
32·730
40·414
51·359
54·142
王　溥(五代)　41·417
42·576
42·818
48·68
王　溥(明遷安)　8·413
16·515
王　溥(明寶坻)　5·573
5·575
8·335
50·88
53·572
王　溥(明龍州)　7·350
21·284
25·814
王　溥(清元氏)　13·342
王溥淵　63·821
王　源(明龍巖)　7·335
12·729
12·779
23·240
王　源(明五臺)　45·357
45·408
王　源(清順天)　1·851
8·625
王滌心　37·469
王滌源　20·267
王　準(明同州)　1·157
61·626
王　準(明神木)　40·404
42·510
49·2
王　準(明儀衛司)　40·421
51·314
52·289
王　溏　8·530
王溯維　53·575
王　資　34·224
王　寬(南北朝)　48·64
王　寬(元)　21·459
23·589
24·214
王　福(金)　26·248
王　福(明大同)　43·645
王　福(明清源)　41·11
42·598
王福生　34·104
王福辰　24·698
王福茂　57·571
王福堂　5·521
王福畤　59·408
59·519
61·545
王福曾　20·628
20·677
20·706
王福勤　37·261
王　禋　41·653
王禋之　11·184
12·125

王　禎　34·315
王禕之　42·537
王　肅(明)　32·728
王　肅(清)　8·781
21·464
25·410
王殿元　63·672
王殿甲　38·579
38·746
王殿珍　46·713
王殿傑　31·831
35·706
36·6
王　棨　7·519
23·236
25·759
王際明　8·419
16·654
18·154
王際隆　13·734
王際期　27·109
王際熊　15·704
王遜之　41·621
52·439
王彙征　38·273
王　綍(明)　63·18
王　綍(清)　27·521
王　經(三國)　7·596
31·848
38·311
38·559
王　經(明)　14·143
14·683
15·681
15·807
王　經(清)　18·214
王經方　32·741
王經邦　8·600
王經綸　52·503
王經樞　37·463
王　紘　24·307
王　靜　41·378
42·547
43·194
王　瑱　31·415
王　璉(咸陽)　42·510
王　璉(清苑)　21·786
王　碧　29·347
王　瑤　31·73
王瑤臺　52·594
王　嘉　44·486
44·609
王嘉士　60·196
王嘉言(金)　45·682
王嘉言(明東光)　27·546
27·617
王嘉言(明常熟)　31·802
31·806
34·210
35·411
王嘉言(明壽陽)　43·77
47·803
王嘉言(清天城衛)　49·318
49·786
王嘉言(清延慶衛)　19·541
王嘉言(清趙城)　59·158
王嘉棟　58·407
58·724
王嘉策　33·624
王嘉詔　49·26
王嘉猷(五代)　3·152
王嘉猷(明)　1·840
王嘉猷(清)　43·96
王嘉禎　8·658

王嘉賓 36·40
王嘉謨(明) 1·822
2·584
3·736
8·331
王嘉謨(清) 40·451
43·275
43·307
王嘉德 9·223
王嘉績 20·758
王　臺 16·445
18·130
王臺旺 11·467
王　翥 3·227
7·330
王　穀 20·148
王　■ 9·255
23·596
王　壽(元) 8·174
21·338
24·537
24·677
王　壽(清) 47·499
47·656
王壽朋 34·492
王壽彭 8·683
王　墀(清) 8·693
王　墀(民國) 3·216
王聚奎 57·566
王　勱 64·499
王　蔚(晉) 3·716
王　蔚(金) 2·97
8·31
8·52
40·366
王　蔚(明) 8·470
11·271
11·452
王　蔚(清) 9·123
36·754
王　構(元) 41·575
46·547
46·554
47·535
王　構(明) 17·193
王　模 12·790
23·411
王　植 54·753
59·87
王榕吉 2·295
21·313
21·803
23·757
24·30
24·753
33·205
33·491
33·492
王　輔(南北朝) 31·34
王　輔(明灤州) 8·409
16·514
18·343
18·482
王　輔(明沁水知縣) 51·358
54·141
王　輔(清) 40·452
54·692
王　熙(明翼城) 56·698
王　熙(清宛平) 1·860
8·655
王　熙(民國) 25·608
王熙載 41·148
52·427
王爾中 60·710

	60・784
王爾甲	58・756
王爾城	58・734
王爾琦	18・381
	18・551
王爾揚(明)	43・916
王爾揚(清)	46・649
王爾楫(明)	2・834
王爾楫(清)	58・215
王　睿	1・142
	7・335
	19・134
	19・182
王　暢	3・131
	4・247
	5・274
	5・351
	5・459
	7・280
王　煦	50・194
王鳴鳳	13・345
王鳴鶴	38・578
王圖永	20・245
王毓正	24・709
王毓芝	24・710
王毓秀	36・752
王毓柱	26・295
王毓恂	52・651
王毓華	5・523
王毓陽	40・429
	40・433
	45・180
	62・579
王毓瑩	35・622
王毓藻	24・703
王毓麟	60・305
	60・372
王　僧	4・219
	26・256
	26・822
	27・156
王僧愔	40・686
	42・544
	48・64
王僧辨	40・685
	42・543
	48・43
王　銜	58・217
王　槩	41・609
	60・567
王　鉷	42・779
王　銛	30・125
王　銓	8・758
	21・464
	24・689
	30・119
王銘泰	17・185
王銘鼎	33・623
	33・694
王　鳳(漢)	10・576
	32・688
	33・337
	33・550
王　鳳(唐)	7・820
王　鳳(明)	41・580
王鳳九	34・774
王鳳竹	8・497
	36・457
	37・498
王鳳見	63・736
王鳳林	41・467
	62・34
	62・212
王鳳章	9・128

37・821
王鳳森 18・361
8・492
王鳳翔(榆社) 41・601
46・754
王鳳翔(宣化) 13・746
14・582
王鳳翰 41・511
60・566
王鳳翼 41・444
49・437
王鳳靈 7・375
19・516
19・539
王　鼐(明) 8・526
32・701
王　鼐(清長治) 50・179
50・396
50・568
王　鼐(清林縣) 37・797
王　志 53・643
王　誥(明保定) 1・113
1・808
王　誥(明西平) 40・421
43・552
王　誥(明靈壽) 40・532
61・510
王　誥(明臨城) 8・594
王廣居 35・719
王廣泰 19・564
王廣淵 8・4
32・283
34・674
王廣運 3・696
王廣業 40・628
王廣慶 50・674
王　彰(元奉聖州) 8・271
王　彰(元保安) 15・400
王　彰(明) 40・302
42・480
王　韶 40・271
40・688
42・552
43・195
65・17
王　端(唐) 40・710
42・561
43・196
王　端(宋) 41・637
王　端(明) 21・345
24・210
王　端(清黎城) 50・889
王　端(清翼城) 41・533
王　端(清洪洞) 41・650
58・791
王　端(清沁水) 54・206
王端冕 7・412
王端朝 32・748
王　適 2・565
3・722
5・382
5・468
7・698
王　齊(明安州) 21・353
王　齊(明新蔡) 21・288
24・750
28・671
王　齊(明洛陽) 49・8
王　懍 47・619
王　鄰 9・144
32・88
34・221
58・55
王　粹 2・266

王　榮(宋)　8·33
23·752
31·477
王　榮(明)　3·27
王榮妻李氏　39·139
王　榮(清)　20·160
王榮文　11·485
王榮世　34·328
34·511
王榮光　43·171
王榮武　11·484
王榮思　11·506
王榮祖　21·276
25·36
25·329
26·55
王榮第(清静海)　4·434
6·79
王榮第(清徐水)　25·119
王榮清　20·389
王榮祿　8·195
16·507
16·776
王榮勣　11·474
王榮業　11·464
王榮照　20·289
王榮嗣　11·513
王榮誥　40·526
50·87
53·571
53·633
54·696
王榮增　11·485
王榮賜　11·474
王榮遴　11·464
王榮爵　11·485
王　漢(明)　9·272
21·509
51·322
52·290
王　漢(清)　3·582
王漢之　7·313
21·270
22·696
24·748
王漢忠　7·300
11·165
21·269
25·136
31·475
32·634
王漢楷　13·669
王　漳　7·366
王　演(元)　51·750
52·603
王　演(明河津)　61·555
王　演(明徐州)　19·679
20·57
王　賓(宋)　32·648
王　賓(明沁水)　51·724
54·197
王　賓(明潞城)　53·532
53·601
王　賓(清)　39·337
王賓之　14·138
王賓章　45·800
王察言　31·802
34·210
王　寧(明豐潤)　19·47
王　寧(明永年)　32·315
33·760
34·82
王寧寰　20·273
王實堅　9·50

	27・446
王實喇	2・99
	8・165
	21・333
王肇生	40・339
	49・315
	49・488
	50・67
	50・605
	50・862
	53・723
王肇桓	16・653
	16・783
王肇興	34・599
王肇謙	9・258
	12・793
	23・763
王　緒(唐)	41・560
	42・621
	48・77
王　緒(明)	34・780
王緒妻彭氏	11・807
王緒宏	51・584
	52・418
王　綱(金)	41・573
	58・397
	58・740
	59・155
	59・31
王　綱(元容城)	22・593
王　綱(元長子)	41・618
王　綱(元安平)	8・290
	30・310
王　綱(明上高)	42・481
王　綱(明銅陵)	19・680
	20・58
王　綱(明太平)	11・845
	12・16
王　綱(明洛陽)	54・740
王　綱(清)	41・693
	49・690
王綱肅	1・879
	2・598
	8・655
王　維	41・558
	42・620
	42・811
	42・812
	45・49
	48・76
	63・187
	63・718
王維門	35・607
王維坤	9・185
王維垣(明偏關)	46・54
王維垣(明武清)	40・419
	50・66
	53・534
	53・568
王維垣(清)	12・269
王維城(明偏關)	46・51
王維城(明沁水)	52・49
	54・200
王維城(清)	17・209
王維屏(明)	59・676
	59・745
王維屏(清)	63・781
王維善	7・384
	11・185
王維鈺	21・409
	24・776
王維誠	8・396
	21・460
	24・541

24・688
王維新(明) 8・497
36・466
39・271
39・386
王維新(清遼東) 30・192
王維新(民國) 50・810
王維嘉 21・305
王維寧 38・909
王維德(明) 18・51
王維德(清) 21・821
王維翰(金) 8・77
16・169
16・301
王維翰(元) 4・217
王維翰(清成安) 34・690
34・752
王維翰(清鉅鹿) 37・872
王維嶽 34・317
王維藩(明) 57・120
57・301
57・457
王維藩(清諸城) 33・207
王維藩(清高邑) 12・269
王　綸(明藁城) 8・467
11・269
12・129
王　綸(明開州) 8・526
40・406
54・715
59・296
王　綸(清武安) 36・305
王　綸(清平谷) 3・215
王綸世 59・82
王　綏 47・164
王　綰 49・160
王慧亭 34・482
王慧龍 42・545
43・143
王　靚(金) 61・65
王　靚(明) 34・777
王　瑾(明束鹿) 8・356
王　瑾(明安肅) 8・358
21・351
25・51
王　瑾(清) 37・950
王　璜 32・731
王　璇 51・597
52・11
王　璋(明潞州) 19・489
王　璋(明興左衛) 18・50
王　璋(明玉田) 17・339
王　璋(清) 3・555
8・679
王　璆 40・453
54・748
王　鋈 16・569
17・184
王　毅 31・794
33・717
34・44
王　蕡 24・713
50・222
54・324
王　蕃 16・513
18・343
18・482
王　標(明太原) 43・169
王　標(明壽州) 40・529
51・336
52・549
王　標(清太平) 41・578
41・624
55・483

59・425
59・543
王　標(清灤縣)　18・373
18・542
王　樞(清吴橋)　27・447
王　樞(清徐水)　25・99
王　樞(滄州)　4・449
26・274
26・868
王　樊　25・94
王　樑　22・202
22・378
王　輪　41・46
王敷學　43・274
43・306
王　醇　57・560
王　震(明)　8・486
36・448
36・528
36・745
王　震(清)　20・630
王震仲　41・179
62・693
63・732
王震芳　16・458
王震亨　61・670
王震龍　41・610
61・671
王　霂　22・591
王撫民(明)　8・468
11・270
11・472
王撫民(清)　32・681
王　播　40・731
40・733
42・564
42・782
42・814
43・197
王　賢(元)　8・264
33・377
王　賢(明)　1・143
2・527
3・707
7・337
王　賢(清)　31・822
王賢舉　27・900
王　勵　40・707
59・408
59・519
61・545
王　輝(明)　58・221
王　輝(清)　7・499
32・681
33・201
王賜魁　22・747
王賜璉　63・427
王賜璽　28・674
王　暹　27・480
王　嶠　40・614
42・539
43・192
王　嶟　27・879
王　範(明大庾)　1・149
3・821
王　範(明開州)　8・525
王　範(明陽曲)　41・35
42・603
43・73
王箴輿　35・607
王　儉(唐)　49・292
王　儉(明)　48・174
49・306
王　億　46・531

47・401
王億年 37・937
王　儀 36・440
38・27
王　儀 1・809
8・322
14・296
14・459
14・535
20・589
20・635
40・324
42・487
王儀型 26・307
王儀鳳 23・234
25・757
王　皡 5・276
5・353
5・461
王樂善 19・557
王　質(北魏) 10・617
21・688
24・794
25・250
王　質(晉) 53・516
王　質(唐) 40・741
42・787
59・408
59・519
61・548
61・608
王　質(金) 1・753
王　質(明懷來衛) 13・726
14・140
14・378
14・719
王　質(明祥符) 21・289
25・137
王　質(清) 22・741
王　德(西魏) 40・654
41・218
43・660
60・615
60・767
64・497
66・11
王　德(宋) 50・594
王　德(明無錫) 32・663
王　德(明永嘉) 32・668
33・194
王　德(明昭化) 45・694
王德元 8・97
36・441
36・741
王德仁 5・672
8・159
王德化 24・243
王德用 12・354
12・440
21・270
23・212
24・24
31・477
31・789
32・645
40・547
42・476
王德成 20・150
王德安(清源) 43・405
王德安(館陶) 34・515
王德明(明清苑) 8・366
21・362
21・787
王德明(明翼城) 56・796

王德育 18·142
王德修(明清苑) 21·363
王德修(清) 16·32
王德亮 8·159
22·192
22·340
王德恒 20·821
王德炳 31·838
34·50
王德素 41·619
45·497
45·604
王德琇 55·805
王德培 19·575
王德乾 35·439
王德悰 2·704
王德清 12·17
王德深 29·313
王德滋 40·536
63·573
王德祿(元北京) 10·801
王德祿(元遂州) 25·43
王德新 7·458
21·305
22·405
王德潤 3·561
王德翼 41·471
43·403
王德馨 41·657
43·677
王德讓 41·531
43·87
王　徵(明解州) 60·522
王　徵(明南京) 60·467
王徵俊 41·181
51·678
52·597
王徵蘭 34·224
王　磐(漢) 32·688
33·550
王　磐(元) 10·806
11·172
21·508
32·16
33·757
34·59
王　磐(明) 40·401
54·715
59·296
王　鋭(明遷安) 8·404
16·508
16·776
王　鋭(明平谷) 24·422
王　餘 15·495
王餘佑(清新城) 8·400
21·446
22·469
24·579
24·580
24·685
25·85
29·159
29·112
王餘佑(清安邑) 41·609
王餘厚 8·399
24·691
王　魯 31·6
31·488
王　調(漢) 7·569
4·333
26·64
王　調(清) 20·675
王調元(明) 16·527
18·139

王調元(清蠡縣) 23・64
王調元(清解州) 41・155
60・311
60・375
王調鼎(明) 29・48
王調鼎(清) 53・601
王 誼 41・403
66・49
王 慶 40・359
41・315
42・551
48・47
王慶元 4・470
27・86
27・209
王慶民 31・458
王慶有 5・200
王慶恩 66・227
王慶雲 40・346
王慶銓 27・894
王慶端 8・216
11・244
11・367
12・127
12・158
12・208
王慶穀 27・901
王慶潮 34・692
34・750
34・757
王慶霖 30・119
王 毅 1・98
1・760
3・748
8・63
32・657
王 瑩 32・663
王 熄 5・589
王養粹 8・771
21・452
23・51
王養賢 47・406
47・715
47・746
47・784
王 ■ 8・594
12・358
12・546
37・145
王 遴 1・812
8・325
14・394
14・534
19・557
40・326
42・513
45・693
46・48
王 遵(唐) 28・670
王 遵(明) 19・663
王遵道 61・253
王遵業 40・628
42・617
43・194
王 潤(明介休) 31・795
48・371
49・355
王 潤(明大城) 20・250
王 潤(清) 8・631
王潤民 34・586
王潤身 11・445
王 寓 15・564
王審琦 16・486
32・631

王審鈞　42・582
王履吉(清深州)　30・239
王履吉(清吴橋)　9・50
　27・446
王履和　36・465
　36・566
　36・746
王履泰　56・18
王履浩　41・534
　59・411
　59・522
　59・588
王履清　40・363
王履豫　41・650
　56・699
王履謙(元)　47・477
王履謙(清)　2・817
王　駕　41・563
王遹昭　41・515
　52・595
王遹徽　52・607
王　緘(後唐)　2・88
王　緘(明)　1・810
　20・639
王　緝　41・51
　49・363
　49・510
　49・515
王緝顯　4・281
　28・21
王　緯(唐)　40・710
　42・562
　43・197
王　緯(明)　19・489
王　畿　54・756
王　璥　4・466
　9・89
　27・101
　27・218
王　璞(明)　53・96
王　璞(清)　20・628
　20・705
王　璟(明陽曲)　41・13
　42・598
　43・70
王　璟(明沂人)　4・270
　7・356
王　璠(唐)　12・335
　12・519
王　璠(元)　8・198
　27・876
　29・91
王　璠(明寧遠)　40・305
　42・482
王　璠(明魏縣)　33・381
王　璘　59・529
王　璣(明西安)　4・277
　7・375
王　璣(清盂縣)　47・497
　47・655
王　璣(清束光)　9・48
　27・573
王　璣　8・531
　32・695
王　燕　1・863
　8・659
王燕堂　31・833
　32・414
　37・797
　41・512
　46・135
　46・438
王燕曾　35・642
王燕徽　8・736

	21・392
	25・54
王燕翼	9・2
	28・740
王　翰(唐)	41・558
	42・620
王　翰(明昌黎)	17・61
王　翰(明夏縣)	41・4
	62・371
	62・476
王　翰(明商河)	60・626
	60・775
王　翰(清)	9・50
	27・440
王翰奇	8・491
	36・456
	37・904
	37・944
王樹山	26・790
王樹屏	17・84
王樹泰	6・2
	6・6
王樹梓	58・749
王樹楠	20・632
王樹槐	24・705
王檽芳	58・346
王　樸(金)	45・605
王　樸(清臨榆)	8・827
	16・648
	17・524
王　樸(清曲周)	34・222
王　樸(清保定)	10・827
王　樸(清徐州)	41・544
	60・706
	60・781
王　橋	43・194
王橓徵	40・437
王　整(明淶水)	22・29
	24・462
王　整(明羽林前衛)	16・449
	17・493
王　勵(北魏)	38・312
	38・560
王　勵(元)	41・618
	52・246
	52・610
	55・878
王　勵(明)	30・647
王　勵(清)	43・238
王　霖(元)	57・110
	57・543
王　霖(清清流)	44・613
王　霖(清山陰)	31・15
	37・662
王　霖(清南宮)	37・718
王霖生	44・592
王霈恩	38・578
王　操	42・544
	43・193
王　頤	32・317
王頤莊	35・642
王　舉(明青州)	21・286
	22・700
王　舉(明武强)	8・603
	30・372
王舉元	11・262
	11・470
王舉正	11・212
	11・449
王　叡(劉宋)	42・541
	48・62
王　叡(北魏)	40・629
	43・194
王　曉	18・473

王 ■ 41·543
60·706
60·781
王 興(晉) 60·957
王 興(宋) 7·850
王 興(明) 45·3
45·83
王 興(清) 53·323
王興元 20·445
王興邦 8·589
30·15
30·109
31·76
王興廷 30·102
王興林 28·188
王興旺 59·174
王興家 34·512
王興穀 40·474
48·656
王興選 58·751
王 蟎 41·442
王還冲 9·183
王 嶼 31·456
王穆之 42·542
43·193
王稺登 9·274
王 勳(明) 7·370
18·20
22·11
24·416
王 勳(清) 32·81
王篤祜 40·475
53·724
王篤恭 34·485
王 儒(明鳳臺) 52·409
王 儒(明平利) 49·313
49·673
王 儒(清) 50·228
53·601
53·636
王儒珍 59·148
王儒鋌 50·669
王 衡(隋) 42·553
王 衡(明稷山) 7·344
31·795
41·18
61·665
王 衡(清澤州) 52·75
54·232
王 衡(清朔平) 44·541
王 錡 32·419
王 錫(明翼城) 41·6
56·687
王 錫(明澤州) 51·47
王 錫(明洪洞) 41·438
58·401
58·719
王 錫(明永寧) 48·688
49·357
王 錫(清) 61·456
王錫文 25·610
王錫光 16·39
王錫命(清奉天) 24·260
王錫命(清廣宗) 39·272
39·405
王錫朋(清滄州) 26·303
王錫朋(清寧河) 2·55
6·214
6·319
8·694
王錫奎 30·161
王錫禹 53·725
王錫祚 20·759
王錫珽 17·349

王錫書 46·437
王錫培 9·257
12·793
23·763
王錫旌 50·980
王錫隆 41·455
56·690
王錫銜 46·581
王錫綸 41·606
王錫錦 63·776
王錫聰 50·669
王錫韓(清太平) 19·681
20·59
59·411
59·522
王錫韓(清盧龍) 17·194
王錫爵 58·756
王錫鐸 24·711
王　錦 8·506
32·38
40·420
49·309
49·672
王錦林 31·829
王錦雯 18·23
王錦耀 39·521
王　錞(明) 11·502
王　錞(清) 63·189
王　錧 3·554
王　鍵 8·411
40·415
45·729
51·399
52·379
王　録(明) 23·224
24·28
王　録(清) 24·60
王學古(明徐水) 25·63
王學古(明朝邑) 36·341
39·218
39·257
39·323
王學易 30·239
王學孟 30·330
王學柳 51·49
52·409
王學淳 59·426
59·543
王學習 21·366
25·50
王學曾 30·658
王學詩(清完縣) 25·867
王學詩(清汾陽) 49·570
王學謨 40·328
42·515
44·698
46·1
46·48
王穎士 32·682
王謀文 40·474
48·292
王　諫 20·492
王　諤 40·415
61·510
王　諮 55·807
王　龍(交城) 49·80
王　龍(成安) 34·732
王　熺 43·248
王熾昌 55·809
王　燧 51·627
王羲之 9·264
11·315
王　憑(明臨淄) 18·16
王　憑(明臨邑) 40·425

50・85
50・606
王　凝(唐)　40・735
41・523
41・633
42・562
43・196
59・407
59・519
61・544
王　凝(清)　41・124
47・480
王凝命(明昆明)　40・438
47・161
49・315
王凝命(明交城知縣)　40・436
42・517
王　蒙　40・614
42・540
42・806
43・192
王　澤(漢)　43・191
王　澤(明霑化)　40・403
48・174
49・307
王　澤(明曖陽)　52・649
王　澤(清永寧州)　62・16
王　澤(清甯州)　40・540
王澤長　9・145
32・89
34・221
王澤洪　9・145
32・87
34・220
王澤畔　32・101
32・418
王澤博　2・9
5・585
8・691
王澤溥(明)　58・411
58・742
王澤溥(清)　35・311
王澤溶　57・501
王澤寬　34・486
王澤臨　41・155
61・268
王　濂(武安)　36・305
王　濂(晉縣)　12・63
王　憲(北魏)　7・285
13・765
14・102
14・281
14・525
32・128
王　憲(明東平)　7・360
11・182
32・663
王　憲(明易州)　24・451
王　憲(明鄞縣)　40・402
51・346
53・721
王　憲(明江西)　4・286
27・21
27・201
王　憲(明晉州)　11・267
11・878
12・54
王憲武　44・28
王憲傑　36・755
王　禧(金)　8・101
32・14
王　禧(清)　38・912
王　隲　14・301
14・476

	14・538
王隱侯	62・206
王　豫	8・17
	32・747
	33・365
	34・604
王豫立	40・332
	40・435
	42・492
	61・626
	61・725
王豫泰	41・600
	52・606
王　縉(唐)	40・709
	45・49
	48・66
	62・719
	63・187
	63・718
王　縉(明)	41・26
	43・641
	44・26
王縉卿	33・206
王縉雲	50・670
	50・809
王璵璠	24・683
王　璐(明醴泉)	27・632
王　璐(清文安)	20・627
	20・677
王　璐(清盂縣)	47・471
	47・661
王　璪	24・90
王　環	10・714
	11・238
	11・461
王　壎	32・89
	34・224
王聲宣	20・627
王聲鑾	20・627
王　聰(南北朝)	41・549
	54・322
王　聰(明庵)	34・684
王　聰(玉笈)	4・771
王聯陛	9・173
	33・403
	33・532
王鞠思	27・295
王　藍	41・539
	53・197
王　蕃	4・305
	7・441
王　櫝	63・722
王　檝	26・248
王　檢	45・3
王檢身	57・454
王檜芳	58・346
王　檀	48・232
王　檽	59・424
	59・544
王　懋(咸甯)	40・527
	62・581
	63・354
王　懋(永和)	58・228
王懋中	7・361
王懋功	58・310
王懋言	5・592
王懋官(明)	32・695
	33・126
	33・385
王懋官(清)	41・106
	60・704
	60・765
王懋昭	15・495
王懋桂	9・245

王　邇　41・574
55・477
55・878
60・514
王　磵　8・100
32・13
33・781
34・105
王　擴　8・69
13・772
14・107
15・680
21・328
23・393
25・862
40・293
王　臨　21・272
24・747
25・42
25・130
32・8
34・674
王臨池　53・747
王　藢　62・314
王　曙　40・377
40・790
50・76
50・244
50・602
59・408
59・520
61・550
王　點　10・839
32・697
32・806
33・393
33・482
34・577
王　嶷　50・243
王　徽　40・567
王　鍔(唐)　40・277
40・712
42・566
43・197
王　鍔(清)　24・690
王鍾岳(正定)　9・99
11・484
王鍾岳(甯晉)　37・327
王鍾信　32・100
王鍾健　41・491
49・213
王鍾祥　27・906
王鍾侖　14・649
王鍾烘　17・194
王鍾龎　10・836
11・454
王鍾麟　25・67
王鍾靈　61・124
王　爵　7・362
王　謨(武安)　36・299
王　謨(登州)　51・336
52・549
王　謨(潁川)　34・726
王　謙(北周)　40・669
47・623
王　謙(金)　41・617
42・736
52・246
王　謙(明)　62・701
63・133
王　謙(清永年)　9・137
28・316
32・74
33・765

34·85
王　謙(清高邑) 9·238
12·266
12·539
王　謙(清易州) 9·220
王　謙(清密雲) 3·38
王　燮(宛平) 2·610
3·741
王　燮(嘉興) 29·363
王　燮(盧龍) 17·209
王燮堃 34·752
王　謐 47·723
47·761
47·813
王　應(朝城) 7·376
王　應(海豐) 39·543
王應元(明深州) 8·606
30·225
王應元(明大同) 41·646
43·675
王應元(清) 41·117
63·726
王應吉 59·668
59·737
王應辰 34·100
王應虎 41·481
45·303
王應命 4·438
9·74
王應珍 45·79
王應奎 17·19
王應星 8·620
王應泰(明) 52·46
王應泰(清臨潁) 61·512
王應泰(清霸縣) 19·565
王應訓 63·693
王應陽 34·781
王應期 20·436
王應雯 46·754
王應貴 6·243
王應楔 9·35
28·829
王應楫 46·88
46·418
王應微 2·611
王應試 24·327
王應臺 20·628
王應選 46·55
66·379
王應霖 20·640
王應豫 59·33
59·157
王應藻 3·590
10·827
王應鵬 4·271
7·363
王應鯨 9·33
28·829
王應寵 62·693
63·119
王應麟 52·877
王　燦 34·599
王　燭 30·168
王　燫 57·491
王　鴻 29·603
王鴻年 19·299
王鴻典 8·777
21·404
24·776
王鴻烈 34·599
王鴻鼎 35·649
王鴻漸 47·312
王鴻賓 29·622
王鴻儀(清廣宗) 39·433

王鴻儀(清天津) 4·411
5·74
5·219
9·64
王鴻儒(明掖縣) 17·218
18·17
王鴻儒(明南陽) 40·310
42·484
王鴻儒(民國) 50·670
王鴻讓 21·405
24·776
40·471
43·149
王　濤(明) 40·439
60·251
60·333
王　濤(民國) 34·732
王　澮(晉) 40·503
54·648
62·566
63·10
王　澮(明邢臺) 46·48
王　澮(明威縣) 8·503
32·32
38·907
王澮初 41·582
43·646
王　濟(晉) 40·612
42·535
43·192
45·144
王　濟(宋) 8·30
11·163
29·308
32·636
40·375
62·572
王　濟(元) 45·685
王　濟(明靈邱) 43·841
王　濟(明河間) 8·427
王　濟(明徐水) 25·52
王濟民(明解州) 41·39
62·494
王濟民(明唐山) 37·500
王濟美 38·143
41·442
50·226
53·589
53·634
53·642
53·646
王濯征 40·433
45·3
45·82
王　禮(明完縣) 40·528
50·84
50·926
王　禮(明諸城) 7·333
21·281
25·922
王闊城 26·312
王　翼 41·619
41·642
52·86
52·255
52·603
王翼甫 40·392
47·160
49·302
王　績(唐) 41·615
59·407
59·519
60·200
61·544

王　績（清文水）　41・490
49・213
王　績（清正黄旗）　2・835
王績世　66・525
王績唐　57・128
王　璹　41・567
42・623
王　璿（明沁州）　22・136
22・324
王　璿（明邢臺）　36・453
36・744
王　瓊（北魏）　40・627
43・194
王　瓊（明太原）　41・20
42・601
43・191
47・536
王　瓊（明成都）　45・682
王鼇方　41・609
王　贊　22・750
王　纛　26・299
王　覲　45・590
王覲宸　32・130
35・750
36・34
36・146
王　藩　39・541
王　蘊　42・540
43・192
王　礎　18・1
王　騏　1・796
8・299
19・726
20・148
王　簠　28・671
王　簡　12・454
12・513
王簡之　3・552
8・677
王　翺（元）　8・242
38・28
王　翺（明）　2・575
3・729
4・367
8・446
16・498
18・339
18・409
18・480
27・79
27・157
27・227
27・277
王　鎜　9・186
王　鎮（明萬全右衛）　8・554
13・756
14・660
王　鎮（明順義）　3・167
王鎮寰　40・535
41・460
50・228
50・888
53・601
53・637
53・647
54・713
58・366
58・712
王鎮鎬　61・738
王　鎧　14・378
15・35
15・218
40・555
王　鎬（明灤州）　8・413

	16・517
	18・343
	18・483
	40・326
	45・287
王　鎬（明涉縣）	34・781
王　鎬（清）	3・554
王　鎔（唐）	11・152
王　鎔（明）	44・411
王　獵	8・15
	32・724
王　寵	40・732
	42・566
	43・196
王　謹	47・817
王謹成	61・114
王　顔	41・561
	63・593
王　懩	10・839
	50・88
	50・657
	50・693
王　璧（明蔚州衛）	8・552
	14・139
	15・43
	15・219
王　璧（清太平）	59・534
王璧東	26・564
王彝楝	60・383
王彝鼎	46・55
王　■	19・577
王難得	42・560
王　藻（明太原）	43・169
王　藻（明歸德）	39・540
王　藻（明正定）	11・271
	11・452
王攀龍	53・610

王　醱	8・28
王麗澤	16・785
王　礪	41・5
	62・377
王　璽（明盩厔）	16・434
	17・201
王　璽（明猗氏）	41・31
	63・719
王　璽（明洪洞）	41・458
	58・770
王　璽（明館陶）	34・331
	34・490
王　璽（清沁水）	54・206
王　璽（清澤州）	52・443
王　顗	40・686
	48・64
王　穩	22・136
	22・324
王　鐄	12・792
	23・618
王　鏜（明中屯衛）	1・806
	3・212
	8・318
王　鏜（明寶坻舉人）	5・572
	8・301
王　鏜（清鳳臺）	41・148
	52・426
王　鏞（明廬陵）	40・527
	50・64
	50・311
	50・610
王　鏞（清孟津）	47・403
	47・620
王　鏞（清南和知縣）	39・767
王　鏞（清太平）	59・527
王　鏐（清正定）	11・506
王　鏐（清鳳臺）	52・437

王鹏冲 10·839
32·697
王鹏遠 52·317
王　鯨 21·283
王　譚 9·261
21·507
24·421
25·926
王　譜 6·247
王　贇(金) 12·535
37·431
王　贇(明) 30·478
王　麒 27·320
王　懷 31·157
王懷玉 33·201
33·510
王懷珠 34·690
王懷遠 50·587
王懷德(清孟縣) 47·490
47·648
王懷德(清成安) 34·682
王懷慶 33·208
37·158
37·302
王懷禮 8·610
12·743
12·791
23·617
43·274
43·306
王羹梅 33·624
王　瀚(唐) 32·624
王　瀚(明昌黎) 8·410
王　瀚(清猗氏) 40·539
45·398
王瀚曾 62·219
王瀛洲 12·729

12·779
23·240
王　寵(明平度州) 40·414
46·713
王　寵(明鉅鹿) 37·817
王　寵(明靈石) 47·307
59·168
王寵受 9·240
37·315
王　繹(明安丘) 21·284
22·702
王　繹(清聞喜) 41·544
61·125
王蘭生 9·39
27·898
27·939
王蘭芳 63·427
王蘭桂 1·188
6·210
王蘭廣 31·838
王　獻(明保安州) 14·121
王　獻(明咸陽) 40·324
42·489
王獻可(宋) 51·540
52·407
王獻可(明) 19·2
王獻臣 8·316
40·310
43·544
王　耀 60·209
王耀庭 38·911
王　鶚(元) 10·808
32·748
王　鶚(清) 34·680
王　巍 4·395
8·458
王　籍 45·563

王　鏷 32・697
王　敦(明壽陽) 47・491
47・759
47・802
王　敦(明聞喜) 41・647
61・156
王騰霄 32・83
34・101
王騰鵬 49・81
王　競 19・678
20・57
54・314
王　瀾 7・453
王　寶(明壽陽) 47・803
王　寶(明館陶貢生) 34・317
王寶興 40・627
王　繻 7・502
32・682
王　繼 8・551
14・378
14・638
王繼升 7・834
11・241
29・447
王繼本 62・387
王繼弘 10・729
37・703
王繼臣 41・620
42・625
46・24
王繼孝 44・537
44・658
王繼武(明) 21・379
21・789
王繼武(清) 20・61
20・187
王繼忠 25・142
王繼恒 41・536
50・980
王繼庭 2・62
王繼祖(咸甯) 16・450
17・495
王繼祖(岢嵐) 46・12
51・323
王繼祖(太平) 59・608
王繼祖(深州) 30・240
王繼夏 41・437
42・607
46・12
王繼恩 21・267
25・136
王繼葛 22・45
王繼曾 34・486
王繼祿 21・287
24・749
王繼聖 35・270
王繼虞 61・560
王繼業 53・639
王繼賢 40・490
48・656
王繼勳 41・428
62・493
王繼謨 1・174
5・272
5・349
5・458
19・541
王繼禮 29・363
王繼燿 8・642
王繼蘭 40・492
王　瓘 41・637
王　瓌 33・145
33・398
王　權(後晉) 41・408

	42·573
王權(金)	8·96
王　霸	7·276
	12·727
	12·748
	14·100
	14·280
	14·525
	40·573
	40·601
	43·521
	44·527
	44·536
	44·586
	44·625
	45·291
王　霛	40·538
王躍龍	57·113
	57·551
王　礨	37·944
王　鐸(唐)	40·732
	42·565
	43·197
王　鐸(岷州衛)	31·797
	33·717
	34·44
王　鐸(洪洞)	58·409
王　鐸(萬全衛)	14·132
王　鐸(朔州)	60·219
王變龍	34·599
王　鶴	8·499
	32·26
	33·758
	34·64
王鶴丹	25·866
王鶴年	41·507
	58·784
王鶴鳴	37·701
王鶴翚	27·297
王鶴齡(明平陸)	30·69
王鶴齡(明束鹿)	11·768
王鶴齡(清清苑)	21·817
王鶴齡(清猗氏)	41·535
	63·810
王　襽	7·351
王闢之	40·377
	63·15
王纘先	58·216
王　懿	40·683
	42·541
	48·62
王懿穀	39·721
	39·796
王　霽	51·540
	52·407
王體元	19·477
王體言	41·468
	61·120
王體恒	59·377
	59·485
	59·580
王體健	9·144
	34·223
	34·292
王體益	59·584
王體乾(明)	2·135
王體乾(清)	8·674
	19·476
王體復	41·58
	59·409
	59·520
	59·600
王體豫	59·377
	59·487

	59・581
王　儼	49・576
王　鑄	9・152
王　鑑(元)	8・290
王　鑑(明霸州)	19・520
王　鑑(明吴橋)	27・438
王　鑑(明蒲臺)	31・6
	31・519
王　鑑(明聊城)	18・20
	19・13
王　鑑(明太原)	41・13
	42・598
	43・191
王　鑑(明遼州)	46・630
王　鑑(清定州)	9・255
	23・597
	24・82
王　鑑(清新城)	24・710
王　鑑(清澤州)	45・14
王　鑑(清交城)	49・107
王　鑑(清絳縣)	61・461
王鑑之	7・352
	11・181
	13・310
	13・445
王鑑民	49・580
王　鑛(明)	45・778
王　鑛(清)	9・256
	12・792
	23・619
王　爔	40・489
王　瓚(五代)	41・408
王　瓚(明萬全)	62・700
	63・422
王　瓚(明洮州)	36・774
	37・18
王　瓚(明肅寧令)	27・628
王　瓚(清正定)	11・484
王　瓚(清肅寧)	9・20
王　醱	12・354
	12・541
	38・154
王　顯(晉)	41・631
	52・251
王　顯(宋)	11・165
	21・270
	25・139
	32・637
王　顯(明慶都)	25・515
	25・592
王　顯(明房山)	53・260
	53・297
王　顯(明魏縣教諭)	34・566
王　顯(清曲周)	10・837
	32・86
	34・220
	34・270
王　顯(清望都)	21・429
王顯仁	4・378
	26・20
王顯名	46・630
王顯忠(明保定)	1・808
	8・323
王顯忠(明偏關)	46・50
王顯命	4・768
王顯祚	9・144
	32・87
	34・220
	63・22
王顯謨	4・26
	4・398
	4・765
	5・162
	9・56

王顯藴 44·540
王　巖 41·89
王巖叟 11·167
13·470
23·216
24·25
32·725
40·515
54·668
王巖禎 62·709
63·726
王　鏞 61·246
王　欒 61·509
王　麟 30·589
49·80
王麟祥 45·12
王麟趾(明) 32·673
43·275
王麟趾(清) 59·175
王麟超 11·484
王麟圖 16·454
37·798
王　纓 58·414
58·783
王　瓛 60·174
王　觀(魏) 1·128
22·131
22·322
32·713
王　觀(宋) 8·39
王觀光 53·600
53·636
王靈沼 56·260
56·454
王　靄(明) 40·400
47·403
47·617
王　靄(清) 56·714
王　鹽(明) 32·693
王　鹽(清) 18·381
王　讓(泰州) 21·284
25·483
25·573
王　讓(益都) 7·330
21·281
王　灝(清定縣) 24·83
王　灝(清固安) 8·668
19·736
20·157
王灝儒 41·453
43·402
王　鑰(明武功) 1·169
7·408
20·372
20·590
王　鑰(明代州) 41·583
45·294
王　驥 8·354
11·783
11·806
21·346
40·510
王　鬱 1·761
8·67
王　讜 52·70
52·603
王　鑾 45·820
王鑾瑞 18·73
王　鸞 5·300
5·389
5·472
王鸞翀 9·184

亓

亓之偉　31・814
34・719

井

井玉樹　10・827
20・626
井　田　36・446
36・528
39・715
井　在　1・879
8・712
20・627
20・655
井其演　20・627
井東星　42・517
井時煊　20・627
井　焜　2・3
20・455
20・627
20・652
井　■　20・456
井登稹　3・216
井　睦　1・880
8・712
20・656
井　源　36・560
36・745
39・717
39・772
井　增　20・627
井　澍　36・745
井濟博　20・590

天

天白禪師　21・696
24・244

元

元山公　12・134
元子攸　31・135
元子要　38・31
元子禮　31・382
元子麗　31・356
元　中　28・781
元　丕　42・737
元司哲　40・367
元　■　4・771
元　匡　40・264
44・719
元　臣　2・268
8・184
16・307
元　延　40・264
42・501
元　任　6・55
元　休　40・542
43・523
元行欽　2・87
10・697
元安壽　40・264
44・577
65・14
元　羽　40・564
43・523
65・157
元好古　41・572
44・880
元好問　9・268
11・316
11・611
21・508
31・103

31・497
40・807
44・261
44・752
44・859
44・881
45・49
45・498
45・608
46・553
47・224
47・533
47・696
49・326
50・595
52・245
52・440
53・754
元孝友 4・250
7・287
元克中 4・431
6・73
9・71
元　孚 4・250
7・286
31・4
元　良 44・635
元長壽 65・15
元　坦 31・365
元拔干 4・251
7・285
28・185
元明善 8・246
32・23
38・307
38・562
38・690
元　固 23・745
元宜人 20・628
20・688
元郎真人 32・774
元思永 40・413
54・731
元思明 7・329
8・289
12・729
12・780
37・432
元祝垚 6・91
元　泰(後魏) 25・202
元　泰(金) 53・720
元振采 6・129
元恩保 24・714
元　悌 66・226
元展成 4・430
5・726
6・72
6・82
9・71
元務光母盧氏 9・282
元　萇 44・577
元　署 50・243
元　偉 25・202
元　淑 40・356
62・567
63・10
元　深 43・523
元　琛 23・744
元　達 8・1
32・6
35・80
35・112
元　雲 4・249
7・285

31・4
元景山 52・368
元景安 43・525
元　凱 41・526
41・619
52・69
52・82
52・315
元　順 40・264
元　傑 44・630
元　象 49・352
元　斌 25・202
元　愉 31・355
元善 33・109
33・374
元　普 44・611
元　湛 31・362
元滋新 44・880
元裕之 41・642
60・786
元陽子 41・697
46・152
46・491
元　暉(北魏) 31・356
元　暉(隋) 32・620
33・184
元　遙 31・358
元　雍 25・202
元　愷 65・101
元靜軒 6・16
元　嘉 31・351
元　監 7・328
元德李太后 1・442
元德秀 7・292
39・768
39・806
元德明 41・571
44・814
44・859
44・879
元　誼 7・293
元　褒 12・418
元遵昭 11・141
元　澄 23・201
24・20
43・523
元澄母孟氏 9・282
元　默 8・455
元興都 27・750
元　禧 31・4
元　豫 32・617
元　嬰 17・150
元　嶷 31・363
元　徽 61・684
元　翼 31・356
元羅侯 15・548
15・584
元　嚴 41・683
44・822
元　繼 43・522
元　顯 31・332
元　鷺 23・744

木

木　叉 41・675
木甲法心 5・299
5・388
5・472
木　羽 39・642
39・721
39・797
木華黎 43・534
66・573
木　蘭 65・289

五

五　公　45・49
五侯寺僧　2・238
五鹿充宗　10・580
　32・777
　33・550

支

支叔才　7・817
支盛榮　44・592
支雲惠　50・253
　53・645
支遇慶　60・786
支聯第　41・543
支寵榮　44・592
支　夔　61・115

不

不古魯歹　40・391
　63・352
不　花　20・377
不里刺　19・679
　20・57
不忽木　11・173
　43・534
不　傳　41・700
不蘭奚　49・1

太

太　乙(清)　41・699
　46・645
太元真人　22・246
太公望　6・83
太　平　16・130
　65・232
太和公主　65・302

尤

尤子麟　30・192
尤世威　16・430
　16・756
尤　岱　16・429
尤　侗　7・465
　16・452
　17・204
尤則籲　52・651
尤思孝　50・85
　53・569
尤　淳　7・342
　31・795
尤學顔　3・734
尤繼先　16・412
　16・755

巨

巨文明　37・261
巨文淑　59・535
巨道凝　55・800
巨　構　1・109
　1・756
　3・210
　8・57
　31・497

牙

牙　忽　1・139

戈

戈可展　9・43
　29・535
　29・600
戈用泰　22・11
　24・416

戈　孜　29・502
戈其邁　59・245
戈　英　9・10
29・90
戈英芳　29・587
戈　岱　29・601
戈　昫　9・47
29・608
戈炳琦　29・604
戈時雍　9・42
29・531
29・575
戈　涓　9・16
戈惠濡　29・583
戈　瑄　8・424
29・527
29・571
戈　鈐　37・471
戈　源　9・12
戈鳴岐　29・512
戈　錦　9・11
29・93
戈懋倫　9・11
29・85
戈　濤　9・12
戈　簡　27・518
戈濟榮　44・733
戈繼臯　9・10
29・84

中

中印庵性鎮　32・776
中行說　2・109
中　衍　55・319

牛

牛一象　5・567
牛三綱　41・496
53・595
牛士鎮　52・874
牛上達　45・140
牛山木　8・509
32・44
34・218
34・261
牛之潾　5・593
牛天畀　41・137
42・615
47・62
牛天宿　4・429
5・726
6・71
9・70
牛天貴　17・537
牛天麟　4・277
4・749
牛元奎　19・477
牛元翼　7・809
12・353
12・464
30・188
31・430
牛太平　35・632
牛友月　41・470
58・66
牛文科　37・909
牛文煥　43・404
牛文煜　15・44
15・225
牛文曜　5・587
牛引重　43・641
44・25
牛允宜　38・565
牛玉怡　7・493

人名	卷·頁
	39·260
	39·334
	41·135
	45·118
	45·159
牛　本	16·510
	18·233
牛仙姑	45·146
牛吉士	9·145
牛存節	50·59
	50·601
	51·283
牛光世	41·453
	43·402
牛光祖	40·822
	59·465
	59·663
	59·732
牛光達	45·89
牛廷樞	32·91
牛廷禧	47·319
牛兆捷	41·598
	51·61
	51·642
牛兆鼎	41·598
	52·74
牛兆麟	45·78
牛冲雲	13·777
	15·64
牛汝虹	34·318
牛安順	45·37
牛如登	5·587
牛克述	12·697
牛呈祥	45·12
牛秀山	37·785
牛希雍	43·152
牛希儒	8·470
	13·491
牛　坤	3·226
	4·410
	5·217
牛來垣	15·702
牛　杲	53·100
	53·285
	53·303
牛昌■	3·226
牛　昉（一作牥）	21·354
	22·597
	51·316
	52·288
牛和尚	58·21
牛秉懿	18·391
牛金蘭	35·625
牛宗文	41·537
牛承謙	39·426
牛拱北	34·681
牛拱辰	41·421
	42·594
	49·141
	49·204
牛星煥	45·131
牛星曜	17·174
牛映奎	41·493
	43·404
牛思任	4·430
	5·726
	6·72
	9·70
牛思牧	54·747
	59·366
	59·445
牛思進	7·844
	11·240
	13·144

31・452
47・398
牛思凝 4・430
5・727
6・73
9・70
牛　俊 41・595
50・203
50・948
牛俊清 39・523
牛　恒 50・84
50・926
牛炳星 8・620
牛首山僧 35・494
牛冠軍 56・732
牛昶煦 16・752
牛　耕 53・736
牛健亭 41・156
43・405
牛射斗(清天津) 5・163
牛射斗(清長治) 4・770
牛射斗(清平魯) 44・535
牛射斗(清萬泉) 63・426
牛　海 45・37
牛書田 45・87
45・131
牛　冕 14・413
牛國楨 19・578
牛庶吉 34・225
34・287
牛　偉 31・796
33・610
牛問仁 41・504
60・565
牛超羣 13・344
牛　敬 63・422
牛　森 9・12
牛　惠 40・424
58・288
牛犉明 60・516
牛曾若 4・431
5・727
6・73
牛曾詔 4・432
5・745
6・79
牛溫舒 1・745
8・39
16・155
16・269
22・189
22・339
22・451
牛夢孔 47・319
牛　楷 5・593
牛　詢 49・6
牛　遜 34・772
牛　輔 51・628
52・312
牛鳳詔 19・568
19・659
牛鳳翔 19・578
牛廣士 4・433
5・741
6・65
牛　榮(元) 45・37
牛　榮(明) 35・262
牛漢沖 4・434
牛漢昭 15・720
牛維斗 41・535
牛維垣 53・118
牛維炳 8・514
32・52
34・219

牛維乾 3・34
牛維曜 47・49
牛　樞 9・112
13・342
13・448
牛樞暐 10・826
牛德昌 8・109
14・369
15・27
15・187
40・386
62・574
63・350
牛　魯 5・573
牛　潤 45・37
牛翰垣 45・139
牛聯魁 41・499
牛霞蒸 45・77
牛鍾瑞 4・768
牛應徵 40・441
42・518
43・61
牛應麒 50・951
牛　鏈 2・2
8・691
牛　鎮 3・226
牛　贊 7・535
31・841
牛　鏡 29・92
牛耀台 33・127
33・386
34・592
61・447
牛繼志 8・290
30・366
牛躍麟 50・586
牛體仁 34・686
牛麟趾 53・738
牛　讓 53・304
牛　鸞 8・431
29・99
29・155

毛

毛一豸 51・589
52・420
毛一麟 32・679
毛九苞 8・734
21・463
25・901
毛三光 11・258
12・129
毛　士 4・432
5・744
6・78
6・124
9・71
毛士龍 55・661
毛士儲 7・513
31・2
31・543
毛子廉 10・787
毛天麒 34・558
毛元兆 30・240
毛　仁 33・350
毛　公 12・348
31・844
毛文炳 40・339
42・495
47・406
47・715
47・746
47・785
毛孔剛 3・831

毛孔墀 31·802
34·210
毛　玉 11·256
毛丕恩 37·779
毛永柏(寧海) 4·315
5·35
毛永柏(吴縣) 7·503
毛似筍 53·92
53·409
毛汝麟 31·801
35·411
毛　玘 8·486
36·447
37·903
37·944
毛伯朋 8·103
33·370
毛伯時 11·314
13·352
毛伯温 7·377
40·315
43·540
43·772
44·483
毛　玠 10·592
毛若虚 55·451
59·374
毛　直 4·432
5·744
6·79
毛述古 54·716
59·296
毛尚志 2·270
20·307
毛尚忠 30·69
毛　典 4·432
6·78
毛　忠 40·410
51·316
52·288
毛秉光 20·410
毛思義 7·359
16·407
17·198
毛思憲 41·541
45·431
毛　俊 41·10
59·409
59·520
毛　炯 8·494
36·746
37·947
40·428
54·750
56·199
毛首選 62·417
毛　紀 21·283
23·3
毛起鴻 4·430
5·745
6·77
毛　莀 7·574
12·478
27·753
29·39
31·845
35·62
毛國賢 38·93
毛　敏 30·590
毛　翊 41·659
62·445
毛　深 31·798
41·18
62·382

毛棣園 49・789
毛雲翰 59・378
59・485
59・580
毛景義 6・91
毛景謙 12・729
12・780
毛　勝 1・99
2・575
5・279
5・389
5・462
5・472
8・300
毛　煐 36・565
36・746
毛　焯 27・333
27・406
27・470
毛道真 41・689
毛　遂 7・271
31・779
33・756
34・102
35・62
35・111
毛登賢 2・56
3・581
毛瑞卿 40・520
45・506
45・560
毛聖宗 41・649
56・8
毛鳳來 40・406
62・578
63・571
毛鳳書 15・648
毛鳳翀 12・136
毛鳳儀 40・495
61・250
毛鳳藻 12・136
毛　愷 4・10
4・18
4・30
4・278
4・749
7・378
40・417
54・687
毛　義 40・351
60・467
毛際可 5・595
9・274
毛嘉贊 41・659
毛壽登 5・27
毛爾傑 62・440
毛爾音 41・609
62・417
毛　碩 21・273
25・140
40・293
毛毓麟(一作璘) 3・557
8・683
毛韶舞 62・418
毛　綱 5・391
5・473
毛維泰 20・457
毛維驥 5・302
5・392
5・474
毛維鷹 5・304
5・394
毛　璋 4・350
10・711

26・61
毛增綬 41・659
62・445
毛德如 41・543
62・430
毛德潤 6・8
毛　麾 41・586
55・810
毛慶蕃 20・61
毛慶麟 6・210
19・542
毛　實 1・145
19・517
19・539
毛　整 45・694
毛　鋼 5・302
8・326
毛　憲 60・696
60・759
毛聲聞 3・581
毛應豐 62・421
毛應觀 41・609
62・420
毛　藻 7・772
31・862
35・62
35・133
毛　鏜 45・179
毛　鵬 8・583
30・13
30・108
30・152
31・75
31・120
40・318
毛　驤 8・525
毛　纘 8・527

61・447

仁

仁　寬 21・695
仁　惠 26・628

什

什津滿達勒 65・183
什　漢 64・113

仇

仇元佶 57・574
仇元琛 57・575
仇立愛 22・745
仇汝嘉 57・449
仇汝誠 57・573
仇長發 49・319
57・560
仇英林 3・154
仇昌祚 41・115
57・113
57・302
57・457
仇　炅 50・322
50・564
仇秉忠 40・438
48・651
49・315
仇思龍 57・370
57・449
仇　相 7・371
29・305
45・506
45・561
仇洛齊 23・574
24・73
31・346

仇建福 57·454
仇時古 57·122
57·361
57·447
仇時明 57·550
仇時隆 41·440
57·112
57·550
仇恩注 41·520
57·570
仇恩榮 41·197
57·303
57·457
仇　益 56·214
仇　敏 50·320
仇　敬 41·1
57·38
57·110
57·544
仇　森 41·233
50·206
50·426
50·550
仇　惠 8·365
21·361
22·735
仇雲慶 22·774
仇曾詒 56·17
仇　祿 41·439
57·41
57·111
57·547
仇夢台 36·339
39·544
仇　楫 50·550
仇　睿 57·124
57·365
57·448
仇　璋 61·596
仇　熠 2·833
50·235
50·383
50·564
仇　儒(北朝) 23·742
仇　儒(明) 61·148
仇　鴻 50·389
50·550
仇　鎮 41·6
仇　覽 7·280
32·612

化

化慶舜 36·755

亢

亢斗南 45·590
亢光斗 45·591
亢光軫 45·584
亢光壁 45·591
亢金銘 59·792
亢宗瑗 41·473
55·802
亢孟檜 41·178
55·820
亢映世 44·671
亢思謙 55·812
亢時霖 50·80
亢得時 41·102
45·488
45·580
亢朝宸 9·206
15·527
15·565
15·647

15・684
亢雲龍 15・524
15・683
亢 弼 8・552
15・524
15・563
15・645
15・683
亢 愫 41・495
55・807
亢 福 45・582
亢慶鴻 45・487
45・579
亢 勳 41・608
45・583
亢懋庸 45・586
亢纘國 58・346

火

火 真 15・282
16・139

心

心 榮 56・272

尹

尹大勲 30・504
尹山人 2・253
尹之任 21・364
25・50
尹天佑 46・713
尹天爵 28・331
尹 元 8・466
11・269
11・691
尹元貞 7・729
尹元凱 7・736
29・97
尹元龍 4・469
27・85
尹友德 18・73
尹 玉 14・138
尹邦孚 19・475
尹式芳 4・322
7・481
27・24
27・204
尹吉甫 28・307
47・223
尹同皐 1・163
3・28
41・62
42・608
48・750
尹仲棟 28・353
尹仲權 28・333
尹 任(明) 54・697
尹 任(清) 30・18
30・114
尹名選 7・462
尹汝弼 32・101
32・418
尹 宇 31・84
37・599
37・727
尹志平 2・247
3・812
尹伯奇 28・342
尹 言 38・893
尹 初 7・566
尹知章 56・697
尹 佶 36・746
尹 侃 7・516
30・193

38・95
尹宗泗 28・337
尹宗淳 28・337
尹 政 3・151
尹思貞 23・204
24・21
31・786
40・362
54・657
尹 炳 48・649
尹 美 39・634
尹 洙 40・373
50・60
50・602
54・665
尹 洗 8・393
21・424
21・833
25・49
尹 泰 8・241
37・496
39・678
39・766
尹 耕 8・554
13・715
14・381
15・9
15・205
尹耕莘 24・711
尹 恭 28・55
尹 烈 4・461
28・313
尹 軏 41・662
尹 倫(南宫) 37・609
37・700
尹 倫(汝州) 46・86
46・417
尹翁歸 40・588
55・425
56・167
60・247
60・329
尹崇珂 9・268
10・770
32・722
33・176
33・359
尹從教 22・683
尹惟忠 45・694
尹 焕 11・701
尹清舫 5・522
尹 梁 8・468
11・270
11・880
12・61
40・419
50・65
50・312
50・611
尹 球 40・410
54・726
59・366
59・444
尹 雄 32・729
尹 順 3・851
尹就湯 48・750
尹開先 12・18
16・39
尹 弼 47・498
47・655
尹 暉 10・723
32・691
33・105
33・352

尹嗣忠	8·604
	30·224
尹會一	8·761
	21·400
	23·117
尹會一母李氏	23·162
尹　源	40·383
	62·15
尹肅京	1·879
	3·551
	8·677
尹　綏	11·839
尹　酦	40·265
尹毓琛	28·432
尹銘績	3·795
	3·827
尹鳳儀	60·625
	60·775
尹醇儒	29·315
尹　賞	7·586
	12·543
	45·505
	45·560
尹　遲	40·398
	42·509
尹　質	39·628
尹　澍	3·359
	30·227
尹樂堯	16·664
	18·370
	18·541
尹　勳	7·279
	31·783
	31·609
尹　憲	40·756
	42·589
	43·200
	65·42
尹應聘	28·473
尹　濬	57·162
	57·428
	57·502
尹　鏜	8·483
	36·446
	39·628
尹覺民	31·73
	40·430
	49·313
	49·488
尹繼倫	30·189
尹　瓚	36·754
尹　鐸	42·499
	43·145
	55·402
	56·684
尹　鑑	54·707
	58·360
	58·705

尺

尺木和尚	43·677

巴

巴　延	8·263
巴延特穆爾	40·301
巴克巴海	64·678
巴哈布	40·342
	42·497
巴袞諾顏	66·573
巴　肅	4·333
	7·569
	27·74
	27·209
巴爾達齊	66·588

巴圖爾 8・188
16・172
16・305
巴濟拉 8・188
巴　顏 40・580

丑

丑　達 4・325
5・31
7・524
丑閭忠翊 7・329
12・336
12・517
36・773
37・18

孔

孔天胤 21・293
23・330
41・581
49・437
49・565
孔天叙 8・489
36・450
38・29
孔天鐸 7・328
8・242
36・319
36・444
38・28
孔　元 8・280
11・244
11・462
31・86
38・257
孔化鳳 40・446
43・560
43・782
孔　文 21・281
24・508
24・593
孔文仲 40・517
孔文英 7・332
孔文明 51・590
52・421
孔心傅 24・541
孔　正 60・617
孔永吉 10・830
29・99
孔存獎 2・241
孔延謨 3・33
孔汝器 29・550
29・623
孔守正 21・268
25・130
40・546
45・282
孔克威 46・553
47・536
孔　佃 32・612
33・183
33・507
孔伯恭 35・611
孔宏達 36・775
37・19
孔　玫 49・565
孔若思 32・629
孔尚任 56・15
孔昌寓 7・290
32・621
33・185
孔　庚 66・231
孔承先 25・142
孔貞鋭 53・628

孔　昭(北魏)　35・610
孔　昭(明)　56・266
56・468
孔昭義　47・77
孔昭瑾　58・791
孔昭熺　8・755
孔思用　55・661
56・741
孔思晦　7・329
22・134
22・323
孔思訥　52・248
59・451
孔衍學　8・393
24・685
孔彦光　39・542
孔彦仲　25・140
孔彦侔　21・289
孔祖湯　40・520
孔　時　50・81
孔　彪　40・350
孔進釁　46・850
孔　章　36・443
37・509
孔惟經　53・523
孔　清　2・602
孔巢父　7・293
7・798
31・81
49・294
49・480
孔　琦　9・225
37・728
孔　達　7・263
32・685
孔斯和　41・463
52・420
孔敬宗　21・273
孔惠元　29・257
孔　詔　59・33
59・156
孔道士　47・539
孔　遭　4・264
孔　戡　40・510
50・57
50・591
孔傳忠　40・465
47・404
47・618
58・363
58・708
孔傳性　41・606
44・753
孔傳經　46・706
孔傳緯　46・706
孔傳薪　28・810
孔　戣　32・628
孔毓鉞　41・472
56・692
孔廣心　56・266
56・468
孔廣忠　36・163
孔廣泉　40・495
49・28
孔廣棣　31・827
34・49
孔廣勛　56・700
孔廣源　9・101
11・466
孔廣熙　40・498
53・302
孔聞俊　30・303
孔聞詩　36・458
37・515

孔聞讜 40·439
53·90
53·260
53·299
孔　維 32·632
孔　邁 21·306
25·486
25·575
孔德紹 27·755
29·44
孔慶元 11·488
孔慶海 59·764
孔慶鉌 24·689
孔慶銈 7·472
27·759
39·551
孔　璟 9·225
37·728
孔　璠 8·241
36·443
37·496
孔錦山 41·435
60·693
60·757
61·450
孔興泰 18·25
孔興連 35·607
孔興訓 12·509
孔興朝 29·307
孔興鈞 51·198
52·437
孔興誥 47·50
孔興範 40·459
47·404
47·618
孔學易 31·807
35·417
36·344
37·796
孔學洙 34·684
孔穎士 58·755
孔穎達 10·685
29·256
29·280
29·284
31·85
孔憲邦 47·90
孔憲廷 16·752
孔憲武 11·467
孔憲高 38·274
孔憲瀓 33·615
孔　環 8·582
31·81
37·603
37·699
孔繁昌 49·790
孔繁泗 24·705
孔　謙 10·722
32·720
33·750
孔　鯤 54·696
孔繼炘 16·464
17·206
孔繼道 24·60
孔繼鴻 31·830
34·49

水

水之文 31·804
水圖先生 48·692

毋

毋守素 41·428
61·549

毋邱甸 40・611
61・75
毋邱壽王 7・574
毋邱儉 61・74
毋邱毅 61・73
毋邱興 25・201
40・610
61・74
毋昭裔 40・752
毋配坤 3・793
3・824
毋懷慶 4・20
毋鶴慶 1・185
5・163
5・566

介

介一洲 60・372
介一清 60・301
60・371
介子推 46・769
47・306
48・214
53・120
53・290
53・341
55・614
57・33
59・167
60・683
介元佑 41・608
60・308
60・373
介玉潮 60・311
60・374
介孝瑞 60・308
60・373
介孝璨 60・308
60・374
介孝璹 60・308
60・373
介孝璿 41・126
60・308
60・374
介松年 60・305
60・362
介　昌 46・581
介舜年 60・307
60・373
介夢龍 60・303
60・361
介嘉楠 63・761
介錫彤 60・374
介錫祉 60・309
60・381
介錫周 41・609
60・311
60・374
介錫齡 41・482
60・309
60・363

公

公一楊 40・431
49・312
公子晏 55・395
公子萬 55・321
公仲連 7・268
公沙穆 9・262
27・907
29・114
公叔拔 32・687
公叔痤 7・545
公叔發 7・265

公　明　55・319
公肩定　57・121
57・353
57・446
公乘億　7・794
33・350
34・548
公家臣　51・369
公孫丁　32・686
公孫免　7・264
公孫表　2・109
10・606
公孫杵臼　47・457
55・355
59・407
59・518
60・713
公孫度　31・298
公孫軌　2・110
7・608
公孫彧　41・630
55・641
公孫敖　65・116
公孫景茂　10・621
29・447
公族進階　4・333
7・570
公孫龍　7・539
7・544
31・843
32・688
55・400
55・403
公孫僑　55・649
公孫鳳　2・753
7・601
14・356
14・716
16・180
16・324
公孫質　2・78
公孫邃　2・78
公孫彌牟　7・267
公孫歸父　55・648
公孫瓚　7・564
16・472
16・770
22・695
24・743

月

月乃合　64・645
月　空　41・699
52・447
月魯不花　21・279
月魯帖木兒　28・97
月輪失帖木兒　40・391
40・396
42・508
46・789
47・47
62・576
63・352

丹

丹　津　64・663
65・476
65・559
丹　鼐　64・664

勾

勾承陪　66・508

卞

卞文蔚 41・596
49・568
卞永康 46・49
卞　明 18・64
卞　俊 32・713
卞時庸 49・621
卞　彬 32・744
卞　琛 8・264
32・706
33・109
33・375
卞　華 32・744
卞　敦 32・714
卞　壺 32・703
卞爾珧 41・537
49・568
49・633
卞　粹 32・743
卞　禮 7・330
21・281
22・402

文

文　才 41・689
文　山 65・80
66・278
文天祥 9・267
21・508
25・85
文化龍 61・262
文世英 16・437
17・18
文在瀛 33・205
41・513
57・571
文　光(清) 40・492
文　光(民國) 17・501
文廷琛 57・572
文　江 61・255
文　作 61・67
文希韓 61・257
文武相 61・255
文具道 45・11
61・257
文　忠 47・486
47・641
文　治 36・755
文　昭 61・255
文彥博 7・308
32・647
33・188
40・285
40・782
42・475
46・85
46・415
48・220
49・347
54・664
文恒昌 59・535
文爲憲 41・610
61・264
文　洞 19・584
文祖堯 41・545
61・265
文哲琿 64・75
64・688
文　涓 46・152
46・485
文　晧 7・354
32・320
41・34

	61・255
文淑漢	28・783
文朝肅	61・261
文　森	4・287
文　雄	21・826
文雲鳳	48・227
文　揚	49・677
文　貴	14・458
文翔鳳	40・334
文普升	61・254
文　道	41・25
文運昇	49・723
文運隆	61・257
文運熙	9・207
	13・759
	15・493
文運衡	40・438
	50・88
	50・862
文　瑞	41・24
	48・225
	49・356
文　塏	41・513
	57・567
文蔭昌	24・712
文　魁	61・266
文殿臣	34・516
文壽華	40・487
	43・63
	59・245
文　銃	47・351
	48・262
文養浩	40・428
	42・516
	49・172
	49・244
文養蒙	60・707
	60・781
文　澄	21・695
	25・247
文　壇	57・562
文　醜	7・586
	37・600
	37・702
文錦繡	10・837
文　謙	4・305
文襄如	61・262
文璧星	40・447
	45・83
文藻翔	20・158
文顯道	41・530

六

六十八	8・279

方

方士模	40・467
	49・320
	49・673
方大任	32・675
	33・197
	33・509
方大鎮	7・405
方子靜	26・303
方元敀	7・501
	32・682
方　中	31・13
	37・584
	37・660
方正化	21・302
	21・833
方正玢	7・490
	11・196
	13・90

方世用 16·563
方戊昌 40·499
53·581
63·574
方立誠 60·626
60·775
方永隆 1·864
方必壽 2·527
3·707
7·330
方有度 50·86
50·296
50·315
50·612
方廷湖 3·229
21·828
方汝梅 38·912
方汝翊 37·798
方汝翼 21·794
方　艮 9·51
方志元 12·335
方　辰 8·622
方　秀 36·633
方伯大 3·354
方宏度 8·623
方　苞 5·87
9·275
方叔忠 7·400
36·339
39·544
方叔喬 44·580
方　杲 7·334
31·13
37·584
37·659
方　典 7·455
方岳貢 7·404
16·426
17·200
方　金 41·51
方恭愈 40·476
43·563
方思孝 7·513
方思賢 21·292
25·487
方　恮 2·38
方　袓 5·462
方　莪 36·196
方桂芬 34·482
方配堃 26·303
方振聲 8·649
方師誨 45·4
方逢時 7·400
13·774
14·295
14·534
14·628
31·801
34·209
40·327
43·553
43·776
方書香 34·700
方國棟 1·863
8·622
23·8
方從哲 2·104
2·581
3·736
方啓參 40·322
方　琮 58·111
58·215
方　嵋(桐城) 1·189
7·454

22・139
22・325
方　嵋(江都)　7・470
方喬年　22・35
方　策　28・674
方　渭　8・459
40・529
方裕昆　15・61
15・223
方遠宜　21・290
27・323
27・405
方　熙　44・366
方　圓　14・130
方　鉞　56・16
方　寬　22・136
22・324
方際亨　12・697
方棨如　19・6
方　經　18・334
18・475
方　璽　15・61
方鳳苞　39・169
方　豪　38・92
方慣修　17・87
方　榮　7・362
12・339
12・523
37・138
37・293
方　震　19・194
方履錢　2・38
8・641
方　畿　7・505
14・539
方龍光　65・538
方聯聚　2・37
8・640
方應明　40・428
40・430
50・87
50・926
58・361
58・707
方　簡　53・90
53・261
53・298
方　鯨　28・673
方　瀾　31・804
方　觀　1・875
方觀承　4・299

五畫

玉

玉　公　11・321
12・616
玉　珊　58・216
玉　祿　65・192
66・289
玉　衡　7・491
38・96
玉　簡　17・500
31・837
35・706
36・7
玉　蘭　3・366
玉　鑌　12・17
31・832
34・50

正

正宗興教禪師　41・687

50・255
正得中 2・661
正　順 41・689

甘

甘士瑛 40・467
51・327
58・13
甘文焜 4・293
7・418
甘文烇 7・444
31・819
甘汝來 7・511
21・310
22・12
22・50
22・51
22・690
24・418
24・753
甘采和 63・25
甘受和 46・582
甘　始 43・214
甘思禮 13・93
甘時華 21・292
25・37
甘國基 40・450
42・520
甘國璧 54・692
甘許國 43・154
甘　需 2・235
甘慶雲 23・599
甘　澤 8・524
32・700
甘應奇 52・651
甘　羅 9・261
27・109
50・662

世

世叔儀 7・264
57・161

艾

艾子誠 2・18
艾元老 8・61
艾元建 21・304
23・8
艾友芝 3・364
艾　芳 40・412
40・470
62・17
艾　杞 40・328
43・553
艾承洪 22・12
艾泰徵 50・88
54・316
艾紹濂 58・709
艾萬年 40・559
42・493
艾　敬 50・79
艾厥修 7・493
36・345
37・797
艾徵泰 40・438
艾　禮 31・29
艾　馥 38・94

古

古元應妻 9・286
古厚麟 34・732
古時俊 31・806
34・718
古　葵 52・441

古祿格 64・660
65・559
66・64
古　弼 11・142
14・359
15・102
15・179
40・638
43・617
44・88
古　端 21・281
23・3
古　澧 40・473
63・212
古　嚕 64・666
65・560
古　鏞 41・11
42・598
48・57
古　韻 7・513
12・524
37・139

丕

丕　鄭 55・331
56・673

本

本　全 41・700
本塔爾 64・679
本　源 18・92

术

术甲臣嘉 16・301
术赤台 66・573

札

札木合 66・571
札拉芬 66・288

可

可朱渾元 40・668
66・286
可　良 41・696
可度者 16・199
可　璋 34・616
可震騰 9・252
可觀、法頤、惠敬 16・182
16・329

左

左之似 22・136
22・324
左之準 9・8
左之禎 4・285
28・186
左天成 56・265
56・466
左天錫 56・268
56・470
左中道 40・533
左方燾 4・442
9・76
26・93
26・133
26・765
左斗光 40・442
54・747
左世安 56・263
56・460
左世煥 56・259
56・454

名	卷·頁
左世琦	34·754
左世嘉	55·480
	58·429
	58·793
左印奇	34·775
左立功	41·578
	58·408
	58·429
	58·741
左立德	55·481
	58·798
左司諫	45·181
左邦彦	58·407
左吉之	9·76
左成名	62·689
	63·58
左光鬥	1·163
	4·274
	4·750
	7·402
左光圖	41·583
	43·649
	44·417
左光慶	1·749
	5·388
	8·56
左廷塏	56·12
左企弓	2·129
	10·781
左兆熊	46·669
	49·790
左冲霄	53·115
左見龍	56·737
左伯桃	3·720
	7·531
左完初	58·429
左良玉	44·559

名	卷·頁
	50·862
左其人	32·678
	33·71
	33·198
	34·556
左季賢	35·257
左佩弦	7·411
	38·94
左　泌	1·749
	10·782
左承業	13·763
左　桐	54·716
	59·296
左時泰	56·263
	56·460
左恩熙	19·405
左　祕	40·387
	51·297
	52·376
左師慈	50·81
	50·611
左　基	4·445
	9·77
	26·264
左紹恩	60·787
左敬祖	9·2
左　雄	4·244
	7·278
	31·295
左　鼎	40·304
	42·481
左景春	27·87
左喬林	16·468
	18·335
	18·478
左善洵妻李氏	4·540
	10·22

26・646
左　淵　2・130
10・782
左開源　39・717
39・772
左　渠　4・466
9・88
27・106
左　鈺　8・423
29・449
40・307
42・483
左　慈　52・261
左　經　31・797
33・717
34・45
50・81
左毓瀛　58・782
左　鳳　36・746
左　誥　58・405
58・741
左　檠　21・461
24・214
左懋功　21・463
24・215
左懋第　9・272
28・439
左應選　7・410
16・446
17・18
41・79
42・609
46・133
46・433
左　濟　25・596
左　闊　16・433
17・17
左澗澗出　40・396
61・245
左　獻　8・483
36・445
39・228
39・266
39・382
左　瓚　37・906

石

石九奏　8・589
31・83
石士瑯　47・498
47・656
石大用　8・568
18・53
19・59
石之璞　34・722
石　女　21・687
石天樞　4・308
5・27
7・445
石天應　8・184
16・172
16・305
40・298
63・17
石天麟　1・109
1・776
3・148
8・135
石元孫　7・306
21・271
25・42
石元善　29・975
29・998
31・834

	37・798
	38・379
石元毅	49・1
石　巨	2・241
石中壁	25・406
石友三	66・256
石　文	17・215
	18・17
石文英	35・289
石文晟	40・451
	54・691
石文德	7・624
石文繡	45・194
石孔寧	22・702
石　玉	8・462
	11・268
	12・128
	40・309
	42・483
石玉田	35・286
石末宜孫	51・623
石正卿	40・391
	62・575
	63・351
石正榮	58・136
	58・217
石甘霖	12・555
石可珪	46・747
石可璋	41・465
	46・747
石　申	8・821
	16・549
	18・351
	18・487
石生暉	8・752
	21・398
	22・445
石　永	8・507
	32・40
	38・907
石永寧	2・274
	5・418
	9・274
石邦政	8・569
	18・54
	19・51
石成峰	40・501
石光陛	19・53
石光璽	11・604
石廷珪	19・47
石廷桂	40・580
石廷棟	25・871
石廷楨	47・317
石延年	1・108
	5・424
	40・568
石全彬	10・760
	11・517
石汝諧	6・8
石守信	51・286
石安琬	8・185
石祁子	32・685
石如玉	8・785
石如玢	45・140
石　均	16・659
	18・359
	18・558
石佐中	8・185
石伯理	3・226
石　亨	40・399
	44・486
	44・578
	46・580
石　宏	53・472

石君立 7·823
50·74
石奉頵 40·751
石　玠 11·227
12·128
12·161
40·570
43·544
石其灝 9·249
石茂華 32·668
石　苞 4·335
10·597
28·308
石抹元毅 15·253
16·128
32·657
40·519
43·533
49·300
49·484
65·47
石抹卞 32·654
33·190
石抹孛迭兒 20·57
51·299
石抹明安 13·711
15·281
16·135
19·678
20·57
石抹季送兒 19·679
石抹陳奴 11·317
石抱晶 61·261
石　虎 53·471
石尚賓 33·688
石　忠 45·133
石　岩 30·68
石知雍 11·517
石知謙 32·852
33·61
石知顒 10·760
石秉中 31·813
石佳彝 31·822
40·455
40·458
43·561
43·898
50·90
52·651
石侍皇 38·910
石　佩 8·523
32·727
石宗岱 8·365
21·362
21·786
石宗嶽 58·360
石春元 53·607
石　垣 26·96
石　城 18·377
18·544
石拱極 4·317
6·4
7·479
石　星 8·532
32·732
32·788
石保吉 32·635
33·187
石修玉 48·225
49·369
石　宣 31·334
石祖安 18·372
18·542
石祖興 7·652

石　祚　21・688
25・876
石　瑶　8・463
11・228
11・376
12・129
12・162
12・209
石　珩　53・600
53・635
石起夫　45・37
石振坤　59・152
石　秘　18・356
18・489
石　倫　7・344
11・179
13・89
石　皋　8・121
23・391
24・26
石家紹　56・695
石高山　8・243
14・371
15・421
32・17
38・898
39・4
石　琇　8・494
38・30
石　勒　46・705
53・100
53・471
石　彬　16・561
18・355
18・489
石　堅　41・6
61・451
石野仙　21・277
25・36
石國柱　25・876
石昆田　8・722
21・389
21・790
石　崇　4・335
28・334
石敏秀　12・136
石　敘　43・644
44・209
石清仕　56・260
56・454
石清吉　9・124
38・35
石啓裔　45・14
石　琳　13・768
15・254
石　琮　49・726
石　琚　8・121
23・392
24・78
24・208
36・523
36・633
40・389
44・723
45・17
石　博　40・536
63・573
石朝柱　35・82
石　雄　40・544
44・476
44・612
51・375
63・14
65・36

石雲根　41·545
石景星　5·304
　5·394
石　皓　9·121
石　鈞　38·95
石象衡　35·263
石　斌　48·651
　49·312
石　翔　46·530
　47·401
石　普　28·670
　31·452
　40·775
　42·589
　42·741
　43·214
石　溫　12·275
　12·520
石　閔　32·778
石登仕　45·739
石　瑁　41·10
　43·639
　43·727
　44·415
石　靖　43·917
石義奮　42·561
　46·125
石福林　12·554
石經世　29·314
石嘉玉　45·182
石　臺　18·358
　18·490
石毓秀　62·498
石　僎　34·684
石　鳳　11·269
　11·590
石鳳洲　7·496
　31·837
石鳳臺　1·167
　3·831
　7·407
　41·462
　51·686
　52·588
石　端　22·136
　22·324
石　漢　7·393
　38·170
石維屏　29·47
石維崑　8·721
　21·387
　21·780
石維嶽　8·47
　16·526
　18·347
　18·408
　18·484
石　增　18·378
　18·545
石蘊咸　47·92
石　撰　47·455
石駘仲　32·687
石　璞(晉)　4·337
　26·68
　26·284
石　璞(明洪洞)　35·619
　40·304
　42·481
　44·56
　58·398
　58·716
石　璞(明灤州)　18·380
　18·551
石　璟　17·71

石頭道人　49·110
石興德　35·289
石篤生　44·66
石　錀　30·235
石壁叟　50·251
石　隱　58·359
石　邃　31·333
石　曜　7·695
23·380
24·74
24·209
30·620
石韞琳妻朱氏　29·643
石　璽　56·462
石贊清　4·313
5·35
7·478
11·446
石　鯨(明)　57·103
57·274
57·443
石　鯨(清)　16·453
18·329
18·475
石懷玉　50·191
53·591
53·636
石懷瑾　58·413
58·783
石耀宗　18·496
石　曦　41·415
42·579
石鍾真人　41·664
石繼芳　63·693
石繼節　47·406
47·715
47·745
47·784
石　鑒　42·466
石　鑑　9·232
29·259
40·465
46·89
46·419
石襲曾　18·355
18·489
石　瓚　41·31
48·225
49·358
石　麟　8·366
21·363
25·863
石　爐　18·356
18·489

布

布色忠義　16·156
16·270
布埒齊　8·273
布爾海　66·573
布魯海牙　11·171
布薩端　8·59
布薩歡塔　17·151

平

平　旦　21·373
24·540
24·679
平　安　23·221
24·27
平克顯　12·312
平　季　2·113
10·612
平貞昚　1·701

	5·469
	5·519
平　恒	1·96
	1·681
	5·294
	5·382
	5·468
	7·620
平　海	66·577
平康裕	21·371
	24·540
	24·679
平　章	13·348
	13·352
平陽公主	56·168
平　喜	31·339
平萬心	50·200
平　順	64·73
平鄗鼎	53·724
平聖垣	4·313
	5·33
平　鑒	1·96
	2·80
	5·294
	5·382
	5·468
	10·610
	31·154

打

打地和尚	41·673
	45·49

目

目連僧	56·733

北

北山丈人	61·599
北山翁	55·878
北公佗	32·686
北宮括	7·264
	32·685

申

申九峯	7·410
	21·293
	25·923
申九寧	41·645
	50·248
申九錫	53·92
	53·409
申大中	53·720
申元教	36·499
申中清	32·42
	33·771
	34·96
申中嘉	59·165
申中瑾	59·165
申　化	33·779
申公巫臣	57·427
申　丹	29·607
申文表	53·643
申文淵	53·643
申以孝	45·594
申以祥	53·640
申允恭	4·316
	5·32
	7·458
	21·312
	24·510
	24·596
申玉衡	41·112

	58·414
	58·728
申可卿	53·602
申　田	8·474
	61·68
申　生	55·324
	57·32
	60·713
申　仙	41·682
	50·252
申用懋	7·402
申有容	41·650
	58·790
申成章	36·33
申　价	8·506
	33·767
	34·65
申自天	53·603
申　仲	28·737
申　任	10·818
	32·268
	33·781
	34·107
申向旭	9·44
	29·537
	29·606
申企中	52·501
申兆定	41·588
	43·91
申羊住	53·535
申汝弼	50·237
	53·600
	53·636
申　羽	33·779
申如岳	50·202
	50·894
	50·903
申如魯	53·735
申志邃	29·543
	29·581
申克振	53·604
申克崇	53·604
申　甫(元)	52·377
	52·408
申　甫(明)	41·580
	50·198
	50·947
申　佐(永年)	8·511
	32·45
	33·759
	34·67
	44·484
申　佐(魏縣)	34·580
申　伯	45·646
申言諤	58·782
申言諶	58·750
申　良	3·831
	7·366
	41·41
	51·629
	52·310
申　坦	33·341
申其祁	58·782
申其達	53·636
申其學	40·432
	44·486
	44·579
申其猷	36·635
申尚德	41·528
	50·196
	53·589
申明庠	21·308
	25·141
申佳胤	8·519

32·65
33·769
34·68
34·163
34·176
50·191
54·339
申周輔 50·191
申宗鑑 50·555
申居鄘 9·135
34·100
申居鄖 9·135
32·76
申承曾 32·77
申 相 41·645
50·248
50·564
申 威 50·199
53·528
53·599
申映雲 53·610
申衍淵 58·749
申勉旃 36·198
申 恬 33·77
33·340
申 炳 33·782
申爲憲 8·517
32·61
34·72
申 洪 53·643
申 通 33·774
申通官 41·703
申國英 52·336
申 偉(陽曲) 43·73
申 偉(永年) 33·771
34·96
申偉抱 4·318

7·479
26·250
申 庶 59·165
申 望 55·477
申淮遠 36·309
申涵光 9·134
32·70
33·774
34·97
34·160
34·166
申涵盼 9·135
32·71
33·765
34·98
申涵煜 9·135
32·71
33·774
34·98
申啟賢 7·438
申屠行 53·563
申屠暉光 53·562
申 琪 53·599
申 琔 33·777
34·97
申彭齡 65·202
申 達 8·501
32·28
33·758
34·81
申 葉 11·692
申萬全 41·570
52·68
52·314
申敬天 53·603
申朝用 53·600
53·639

申朝紀 40・340
42・496
49・671
52・645
53・87
申朝聘 53・600
53・635
申惠民 53・636
申　貴 50・232
50・458
50・543
申程章 9・160
32・120
35・746
申　傑 8・469
11・273
34・772
40・422
47・405
47・715
47・745
47・783
申湛然 1・836
申傳書 53・596
53・598
申　詡 29・607
申　溪 7・386
31・803
32・413
申　瑤 41・146
50・978
申嘉言 58・410
58・725
申爾卿 50・979
申　願 45・1
申毓崧 53・605
申　廣 33・776
33・779
34・86
34・94
申　寧 16・449
17・494
申閣梅 38・914
申　綱 41・13
42・598
43・70
申　綸 8・505
32・36
33・759
34・81
34・153
40・412
42・511
43・147
54・339
62・476
申　頲 9・135
32・74
34・99
申　德 32・49
申　盤 53・599
申賡豫 58・753
申　翰 8・506
32・36
33・759
34・81
申　穆 53・560
申　儒 61・256
申謀道 36・270
36・308
申環金 53・245
53・754
申　徽 33・78
33・342

申鍾霍 29·544
29·581
申 謨 32·689
申 旞 8·531
32·732
33·118
33·382
34·574
申贊皇 56·741
申 纂 32·689
33·341
申 瀾 33·381
申 鑄 32·693
33·379
申 岩 53·600
53·643
申靈胤 8·516
32·58
33·777
34·94

由

由 屯 66·615

田

田一井(安州) 8·382
21·379
24·243
25·863
田一井(東平) 29·346
田一冲 40·441
54·738
57·104
57·275
57·444
田一倫 38·181
田七善 51·695
52·589
田三才 9·243
30·227
30·262
田大有 44·635
田大年 32·673
33·69
33·197
34·554
田大壯 31·19
田大姑 45·146
田大順 34·82
田大祿 1·864
田之龍 46·51
田子中 8·182
21·504
田子方 62·205
田子民 9·121
11·278
12·136
田子耕 19·110
19·182
田子堅 50·87
50·657
50·689
田子模 28·340
田子儀 49·81
田天錫 24·260
24·421
田天澤 21·286
22·403
41·33
43·641
44·416
44·423
田元樞 3·555
田 中 21·361

24・539
24・678
田中子 25・190
田中玉 17・513
田　仁(漢) 11・200
12・607
23・372
田　仁(明) 3・33
田　仁(清) 7・506
14・661
田仁朗 24・745
32・721
33・361
33・522
42・504
田仁會 7・290
16・403
17・196
40・543
65・21
田文鏡 60・192
田六善 7・437
41・95
51・693
52・589
田允生 34・728
田允武 25・40
田　玉(大興) 8・642
田　玉(易州) 9・220
田世芳 19・520
田世英 41・524
60・621
62・679
63・42
63・206
63・211
田世福 51・683

52・597
田丕績 41・535
50・344
田生玉 13・241
田生芝 19・680
20・58
田生蕙 47・657
田生麗 47・93
田立家 51・671
52・584
田永稠 41・491
43・95
田　弘 51・611
52・316
田弘正 7・725
16・479
18・225
31・430
32・628
32・822
33・446
田　式 31・138
52・368
田　芝 21・459
田西成 49・81
田有年(陝西) 48・2
田有年(蒲州) 50・87
田成玉(濬縣) 40・480
45・644
62・313
田成玉(榆社) 46・754
田　光 2・72
2・563
3・721
7・530
21・413
25・47

	38·253
田光復	41·122
	51·643
田廷玠	4·255
	16·478
	17·188
	26·246
	27·757
	29·45
田延年	40·348
	54·641
	62·565
	63·9
田仲琳	18·566
田自修	9·244
田守義	47·318
田宅中	52·73
田汝文	27·905
田汝增	57·120
	57·300
	57·459
田汝霖	18·376
	18·544
田汝麟	22·215
	22·352
田如坻	30·228
田如墉	30·227
田如錫	41·600
	52·607
田如龍	38·910
	39·152
田如壙	8·607
田志亨	21·693
	23·93
田　芳	49·367
	49·437
	49·678
田克岐	41·656
田克明	28·437
田克振	35·436
田呈瑞	41·476
	49·513
	49·619
田呈瑞	25·875
田　邑	3·132
	5·274
	5·351
	5·459
	40·349
	50·70
田　秀	13·731
田佐時	41·614
	50·241
	50·452
	50·542
田　甸	28·672
田　彤	51·705
	52·610
田　况	31·72
田郃禎	44·637
田奉璋	60·250
田　武	10·724
	33·353
田茂盛	22·746
田雨公	41·165
	47·651
田雨時	51·700
田　鬱	31·792
田長文	41·122
	51·643
田　叔	7·556
	11·200
	12·607
	21·315

23・372
31・782
田忠良 10・812
23・394
24・79
41・643
55・642
59・31
59・156
59・166
田岱訓 63・429
田依渠 58・709
田所賦 45・684
田金峰 47・165
田 周 49・513
田 京 4・259
4・356
7・304
田 郊 23・610
25・767
田 況 8・22
田 洞 52・74
52・604
田 泌 44・634
田宗周 16・665
17・63
田建章 18・548
田居敬 40・387
51・345
53・720
田承嗣 32・780
田 籽 41・443
49・357
49・509
田 珂 34・774
田 荊 21・363
23・53
田 柟 41・608
45・591
田則真 33・123
33・384
田 昭 21・353
21・786
田 昫 11・279
12・135
田思孔 40・448
45・693
45・731
田重進 1・97
1・736
2・567
3・723
5・387
7・825
40・577
43・530
田 俊 26・603
田 恒 29・239
田 恪 39・5
田 烱 41・3
43・638
田 差 55・399
57・125
田神功 7・797
31・86
32・626
37・703
田既霑 49・316
49・721
田紀鳳 9・183
田耕可 16・566
17・507
田 珩 52・605
田起龍 40・450

	54・725
	59・86
田　恭	21・260
	25・142
田真人	32・274
田振鷺	3・746
田　時	24・540
田時秀	21・375
	25・863
田時雨(澤州)	51・83
田時雨(霍州)	59・170
田時春	59・672
	59・741
田時震	40・339
	42・493
田恩照	17・539
田特秀	8・117
	40・389
	60・249
田　秫	41・600
	52・605
田師孟	63・202
田逢吉	41・96
	51・640
田留安	7・289
	33・185
田衷孚	9・19
	27・641
田　益	41・17
	45・485
	45・578
田　浴	25・60
田烝髦	12・130
田　琢	8・110
	13・772
	14・367
	15・27
	15・76
	15・188
	15・680
田　彬	5・77
	9・65
田國弼	40・459
	47・406
	47・747
	47・785
田唯嘉	29・310
田　敏(宋)	8・18
	21・270
	24・350
	24・446
田　敏(明)	47・487
	47・642
田　偉	7・828
田從典	41・121
	51・701
	52・591
田産玉	9・126
	39・638
田　深	41・6
	61・664
田　晝	31・72
	40・379
	49・298
	49・483
田紹斌	21・268
	25・139
	31・452
	49・429
	49・571
	51・378
	60・247
田　琦	41・634
田　琬	7・292

	24・408
田喜■	44・534
	44・631
田　彭	44・537
	44・629
	44・630
田萬棠	47・319
田植蘭	19・567
田　極	8・801
	21・447
	25・187
田厥茂	41・459
	62・724
	63・58
田　雄	10・801
	16・174
	16・309
田　雲(明)	21・290
田　雲(清)	41・532
	59・422
	59・525
	59・586
田紫芝	4・358
	8・89
	26・68
	26・285
	45・144
	45・455
田景運	19・403
田景暘	21・353
	25・167
田景新	40・435
	51・322
	52・290
田景賢	1・805
	8・314
	22・193
	22・261
	22・341
田遇東	38・901
田　畯	9・12
	29・100
田　智	31・26
田　傑	41・619
	47・500
	47・653
田　畲	49・677
田欽祚	23・751
田象極	25・239
田　愉	40・405
	47・161
	49・307
田　湜	3・578
田道宗	2・241
田　登(城武)	18・214
田　登(長安)	40・414
	45・2
	45・82
田　發	12・135
田　瑜	32・649
田　載	45・408
田夢柱	27・644
田夢旟	40・538
田　椿	5・77
田　楠	12・682
田照鄰	7・308
	11・167
	13・309
田　畸	15・219
田嵩年	41・161
	47・650
田　稔	46・747
田　誠	1・139
	19・109

	19・182
田　禋	44・578
田嘉穀	41・598
	52・605
田壽田	66・241
田　輔	52・247
田爾易	25・865
田　暠	19・519
田鳴玉	58・13
田種玉	1・868
	8・658
	24・423
田毓華	60・626
	60・778
田毓麟	25・49
田　僖	36・748
田　廣	14・712
田漢卿	10・801
	21・687
	21・820
田實堅	13・149
田　綱	11・794
	21・348
田維甸	46・754
田維魯	44・425
田　增(灤州)	18・342
	18・482
田　增(新安)	22・739
田　蕙	41・72
	43・646
	44・416
田　樟	50・298
	50・613
田　震	41・476
	49・513
	49・619
田　賜	21・351
	21・786
田　樂	8・435
	28・642
	28・721
田慶年	17・526
田慶曾	7・501
	32・681
田慶瀾	19・299
田養和	47・163
田履安	5・76
	5・237
田　畿	49・578
田翰墀	21・793
田樹枝	19・404
田樹梅	66・260
田興梅	41・152
	47・649
田興國	30・228
田　錡	15・35
田　錫(宋)	4・256
	7・298
田　錫(金)	8・66
田錫莘	41・498
	49・578
田錫齡	21・386
	25・866
田學元	46・447
田　穎	41・634
田　龍	1・161
田　澤	48・174
田　豫	1・664
	3・79
	3・136
	3・529
	5・678
	10・584
	13・763

	14・281
	15・253
	16・126
	32・713
	40・263
	43・522
田　縉	7・725
	32・752
田　懋	41・133
	52・592
田應召	35・606
田應昇	19・681
	20・59
田應揚	24・258
	24・419
	32・45
	35・65
	40・433
	44・726
田應弼	8・508
	32・41
	35・65
田　濟(麟游)	11・180
田　濟(沁水)	51・751
	52・581
田濟民	53・92
	53・410
田　禮	8・356
	21・348
	21・783
田　豐	7・573
	31・9
	31・315
	36・431
	37・813
田豐玉	40・495
	61・250
田歸道	40・566
	65・164
田　蘇	55・471
	57・125
田攀桂	36・458
	37・515
田　疇(漢)	1・663
	5・417
	5・525
	7・555
	17・331
	18・32
	18・219
	19・45
	19・46
	19・87
	25・866
田　疇(明)	49・143
	49・205
田繩章	66・261
田　蘭(清苑)	8・366
	21・362
	21・787
田　蘭(石州)	22・136
田繼盛	19・569
田　鐸	41・25
	51・655
	52・580
田體清	41・509
	52・594
田　瓚	52・606
田　灝	10・787
	11・169
	16・167
	16・299

冉

冉大有 49·6
冉大年 40·396
47·271
54·681
59·87
冉世忠 19·572
冉　崟 31·814
35·417
冉崇儒 13·533
19·2
冉增翰 21·817
冉輝祖 25·243
冉　德 7·506
冉興讓 2·104
20·162
21·686
冉學儒 18·18
冉繼志 8·365
21·360
23·50
50·81
52·649
冉　鐸 47·537
47·696

史

史三桀 41·466
44·794
史大方 21·350
史大柰 40·543
史天池 18·6
史天安 8·128
11·172
11·593
16·276
20·767
史天祐 20·380
史天倪 1·98
8·126
11·171
11·593
16·275
20·764
史天益 44·709
史天祥 1·772
8·128
16·159
16·276
20·767
史天澤 1·110
8·129
11·172
11·590
20·770
32·659
史元凱 47·497
47·654
史元龍 12·693
史公奕 8·103
33·369
史　文 48·652
史文成 29·595
史文信 28·736
史文炳 46·10
史文煥 47·488
47·644
史以慎 9·26
史可法 1·836
8·340
史可觀 56·704
史仝義 2·13
史永直 41·604

47・498
47・622
史必遵 47・489
47・646
60・627
60・778
史必顯 47・489
47・646
史邦直(元) 39・5
史邦直(明) 40・425
62・579
63・572
史邦諒 39・6
史邦憲 39・5
史　圭 10・713
11・261
11・589
27・757
29・46
史百順 39・427
史　成 41・123
43・656
44・535
44・589
史成文 33・626
史成義 33・204
史匡翰 32・630
40・746
史　臣 60・301
60・359
史光代 58・64
史光照 53・345
史延韜 51・282
52・371
史好禮 49・1
史孝章 32・752
32・845
33・453
史　芸 11・488
史　抗 40・517
45・284
史呈祥 18・62
史作哲 41・534
59・685
59・754
59・761
史近光 7・501
史宏坦 41・484
61・671
史　英 7・354
31・18
41・584
史東昌 15・221
史　郁 3・793
史長昆 7・488
11・195
史長貴 53・726
史具勲 40・444
49・317
49・750
史昌德 34・586
史明鑑 35・290
史秉正 47・814
史秉直 16・159
16・257
史秉智 30・117
史　周 22・11
24・416
史周南 43・314
史　怡 8・403
16・507
18・233
史宗堯 8・725
21・394

史宗禮 41·10
60·300
史　官 2·729
2·791
史建塘 40·744
45·292
61·549
史拴心 53·346
史　昱 56·732
史思敬 59·646
史　俊 5·300
5·389
5·472
8·314
史奕瓖 40·473
50·93
50·608
史彦超 40·749
43·630
44·522
44·658
64·620
史帝臣 9·186
史　恂 60·310
60·381
史炳第 3·794
史　紀 52·649
史紀勳 54·722
59·84
史　素(山西) 5·275
5·352
5·460
史　素(霍州) 41·12
59·139
史　珪 25·41
史　珥 41·602
53·482
史　起 32·609
34·542
史　格 8·131
史連陞 29·585
史振山 33·416
史振海 33·416
史記功 49·489
史記言 41·79
61·556
史記事 40·427
42·515
46·87
46·418
48·175
49·313
史海章 47·498
47·655
史　宸 19·58
史　祥 64·593
史　書 51·332
52·548
史書笏 12·688
史書雲 29·612
史務本 56·700
史　純 40·384
42·507
43·60
史掄錦 44·803
史　略 14·293
14·532
15·681
15·807
史國典 1·161
2·834
史國顯 44·585
史從政 2·727
史進道 1·771

	8・126
史　章	8・530
	51・314
	61・447
史紹勳	35・438
史　瑛	61・665
	61・715
史　琳	4・269
	7・357
	40・309
	43・544
史萬言	18・54
	19・51
史萬歲	65・122
史　朝	7・265
史朝顯	44・525
	44・585
史　援	55・638
	56・736
	60・730
史掌文	40・533
史貽直	4・298
	7・426
史策先	31・835
史　筆	50・686
史　傑	33・414
史欽明	31・817
史欽命	9・157
	32・114
	38・564
史猶興	2・28
史　善	7・336
	31・795
	33・609
	60・300
	60・359
史善貽	6・2
	6・6
	6・131
史　普	31・478
史　道	8・313
	22・193
	22・283
	22・341
	22・383
	43・552
史　弼(漢)	40・350
	54・643
	62・565
史　弼(元)	8・168
	21・335
	23・134
史　弼(明)	60・249
史載筆	9・234
	12・457
史載道	39・7
史載德(明)	8・433
	28・736
	40・424
	61・67
史載德(民國)	17・194
史　塤	8・225
史夢蛟	46・581
史　楫	11・171
	11・593
	23・220
	24・26
史與祿	38・94
史傳遠	41・500
史　魁(平鄉)	8・484
	36・447
	39・629
	40・403
	43・841

45・178
史　魁(成安)　34・674
史誠祖　41・5
60・299
60・359
史　詥　41・461
49・437
49・678
史　新　40・383
史資治　63・185
史　煒　34・674
史　溥　52・503
史源緒　5・251
史　禎　28・671
史　肅　9・269
16・181
16・327
史　經　12・687
史　趙　55・383
55・640
57・102
史　遷(唐)　41・560
史　遷(元)　41・435
61・553
史對揚　47・490
47・647
史　曄　35・256
史鳳集　41・660
史　漁　45・507
45・561
史肇榮　35・438
史　緒　41・421
55・455
57・45
57・110
57・541
史　綱　16・757
史維基　2・65
史　樞　11・173
11・593
23・220
24・27
史　墨　42・526
55・640
史樂善　4・422
史　質　12・687
27・521
史德顯　29・102
史　魯　41・36
62・700
63・132
史褒善　8・530
32・731
史　隲　22・272
史　樸　18・7
史積容　8・665
史　錦　21・311
史學遷　31・811
41・63
56・689
史澤南　34・485
史憲忠　32・752
65・37
史　縉　12・688
史　檀　18・93
史　嶷　41・626
史　謙　2・41
史謙光　41・500
53・480
史應元　2・585
3・738
40・432
53・87
史應聘　5・564

史鴻儒 3·31
史　濡 41·11
59·142
史　鵠 9·148
32·96
35·442
史　龜 55·640
史　蘇 56·735
59·440
59·545
60·730
史　鵬(肥鄉) 35·435
史　鵬(萬泉) 62·724
63·423
史獻忠 40·283
史獻書 58·750
史獻詠 47·498
47·623
史　纂 15·225
史　鰽 7·266
史寶徵 4·317
6·1
7·511
22·14
史　儼 40·749
45·291
史　鑑(蘇州) 4·276
4·749
史　鑑(成安) 8·499
32·26
34·674
史　麟 26·16

叱

叱列平 31·158
32·618
40·542
40·666
叱列伏龜 41·391
叱列延慶 41·382

四

四家奴 2·571
8·125

失

失判不花 12·519
38·141
失剌不花 59·79

印

印　庫 53·345
印　簡(俗姓宋) 41·688
43·674
印　寶 41·685
46·152
46·491

丘

丘處機 1·116
2·614
丘園卜 63·359
丘雞公 12·729
丘靈舉 64·467

代

代　淵 41·617
45·308

白

白九蛟 59·371
59·446
白上采 41·512
58·223

白上賢 58・223
白上德 58・220
58・223
白久潤 41・501
47・649
白元齡 37・581
白友諒 37・644
37・745
白　仁 8・324
白文先 49・798
白文煥 43・312
白文傑 37・593
白方厚 52・73
52・604
白方泉 28・339
白方祺 28・333
白以采 41・604
白允昌 51・687
52・603
白允彩 41・603
41・626
47・493
白允謙 41・598
52・588
白世卿 62・15
白世祿 19・57
白世徵 35・606
白本全 36・271
白占元 17・88
白邦安 11・463
白　圭 8・580
31・74
37・588
37・644
37・705
37・747
40・304
42・481
白存誠 41・658
白存資 46・52
白光玥 40・540
白光瑞 14・652
白廷召 47・77
白廷魁 16・527
18・349
18・486
白行中 50・655
50・683
白行簡 42・621
白汝霖 28・331
28・518
白守素 7・300
11・165
21・269
25・135
31・460
白　防 58・220
白如玉 39・717
39・771
白好古 48・768
白志元 28・342
白志貞 41・405
白　芹 37・594
37・712
白　芬 16・452
17・204
17・498
36・160
36・268
白希禹 36・807
37・12
白希繡 40・334
42・492
白　宏 8・407

白良玉 40・457
51・324
白良輔 61・598
白君舉 41・572
白奉進 64・618
白　坪 8・582
31・89
37・592
37・706
白若鵬 31・82
37・700
白若■ 37・688
白　杰 58・225
白抱一 8・498
36・460
39・717
39・771
白尚登 7・458
21・304
22・405
白尚綗 22・744
白　杲 31・88
37・706
白明義 7・509
18・23
白　旻 8・361
21・355
白季庚 42・568
白秉正 49・671
白　侃 41・15
47・478
白佩珩 24・160
白所行 51・673
52・584
白所知 41・69
51・668
52・584
白所學 51・673
52・603
白所蘊 41・80
45・562
51・677
52・587
白金銃 48・781
白宗舜 40・429
白　建 40・662
42・549
43・64
46・822
47・56
60・513
白居易 42・569
42・780
42・788
42・812
42・813
43・191
白承坤 58・220
白承符 58・220
白承頤 58・220
白奏議 34・683
白　珍 40・442
54・747
白南金 32・61
33・772
34・97
白　威 40・532
60・467
白思明 41・26
47・478
白重贇 41・427
42・580
45・196
白保莊 66・531

白俊英 58·18
白胤謙 51·692
白　恒 36·807
37·12
白恒泉 66·517
白　炳 24·313
白爲璣 5·668
7·474
16·460
17·206
白　昶 36·271
白　眉 45·707
45·722
白　素 8·459
白　珠 6·90
白起旦 31·810
35·53
白　華 40·810
白　夏 16·442
16·750
47·271
49·312
49·488
54·753
59·88
白原善 54·726
白振聲 33·688
白恩佑 41·597
白　倬 9·161
32·122
白師曾 3·809
白　朔 35·649
白家駿 3·37
白　能 41·644
46·25
白　菡 41·522
58·224
白　梓 27·758
白處善 41·618
52·82
52·438
白崇周 58·55
白　偉 35·714
白從暉 31·439
白惟勤 40·407
53·86
白焕樞 44·486
白紳書 47·87
白　賁 41·641
白萬程 16·464
18·134
白葆光 58·18
白　棟 7·396
白　雲 61·458
白雲彪 26·281
白雲龍 36·270
白　棠 58·224
白景雲 19·374
白景輝 54·702
白象庚 52·70
52·603
白象顥 52·72
52·604
白　斌 4·438
9·75
26·62
26·280
28·57
白惺涵 9·2
白湘浦 36·38
白　瑀 20·411
22·745
白　瑜 8·416
16·503

17・193
白蔓餘 45・785
白　鉞 31・84
31・117
37・598
37・645
37・706
白　鈿 58・225
白　資 60・300
白　愷 36・459
39・716
39・770
白源深 8・590
31・87
白　璉(平定) 41・658
白　璉(正定) 11・506
白蔚文 24・703
白　榕 41・521
白爾心 58・16
白　遷 37・590
白　銓 37・581
白榮西 36・270
白慧元 7・410
28・673
白　整 8・568
18・53
19・47
白　暹 37・728
白　範 37・785
白德溫 12・558
37・37
白磨棫 40・502
49・790
白　毅 16・650
17・82
白　畿 51・61
51・704
52・600
白翰墨 46・150
46・455
白　霖 34・561
白　錦 58・224
白　諳 40・539
46・714
白龍昇 4・320
7・479
28・187
白　澤 60・626
60・778
白　檀 47・406
47・745
47・784
白儲玿 8・496
36・460
39・717
39・771
39・812
白鍾元 24・691
白　鍠 32・626
白　謙 40・392
50・63
50・861
白應庚 16・626
18・371
18・541
白應乾 18・328
18・474
白鴻逵 18・378
18・545
白濬銑 24・261
白　璿 27・943
白　蘊 58・224
白　鎮 47・480
白　鎰 47・493

白　鎔　2·47
3·557
3·685
8·681
白　璧(明)　40·433
45·3
45·18
60·625
60·775
白　璧(清)　58·224
白　鯤　8·494
40·434
61·511
白獻書　36·271
白耀先　27·905
白騰蛟　46·54
49·369
49·795
白騾上人　26·96
白　鶴　50·684
白鶴齡　17·80
白　鑑　41·25
51·657
52·581
白　鑌　37·581
白顯祖　47·76
白　岩　58·20
白　鑰　17·208
白　鷺　41·445

全

全卜年　41·511
62·528
全光英　41·465
43·655
全思蘭　43·784
全　梧　61·246
全　寅　41·647
43·682
44·597
全觀吉　44·91

令

令狐一槐　63·722
令狐一模　63·722
令狐子伯　42·531
43·209
令狐永觀　63·734
令狐在五　63·775
令狐亦岱　63·776
令狐言東　63·773
令狐邵　10·594
40·603
42·533
43·192
令狐茂　34·792
40·590
50·153
50·540
50·863
50·946
令狐泩　63·726
令狐泌　63·724
令狐景雲　63·736
令狐楚　40·277
42·471
48·241
49·325
令狐熙　4·221
26·825
40·504
令狐彰　32·625
令狐綯　63·14
令狐增憲　62·529

令狐邁 43・209
令狐還 63・781
令狐錕 41・625
63・721
令狐緦 41・579
62・705
63・721

句

句一泰 15・116
句　通 14・626

皮

皮　正 58・360
皮豹子 2・77
3・80
3・139
5・294
5・382
5・468
7・607
皮景和 12・417
40・542
40・667
58・11
64・519
66・284
皮裘先生 55・625
皮　肅 4・265
28・185
皮懷喜 5・294
5・382
5・468

包

包立昌 66・495
包　芬 22・14
包宗達 31・794
包　拯 4・258
7・304
40・291
包得仁 40・403
49・160
49・243
61・447
包　煒 9・9
包　儀 9・123
36・747
包　檉 34・553
包　鍾 40・526
58・13

主

主父偃 9・263

立

立　禪 41・699
50・256
50・962

玄

玄　奘 45・49
玄　默 6・70
6・80

永

永　昌 4・325
7・524
永明頷 7・526
永　暉 1・138
永　寧(滄州) 26・253
永　寧(薊縣) 5・526

必

必蘭阿魯帶　31・490
32・657
40・297
50・61
50・603

司

司九韶　32・709
40・536
50・68
50・608
司之翰　53・722
司五教　32・707
司世教　37・314
司百川　41・600
52・337
司　考　52・409
司良輔　41・526
45・293
司　直　31・212
司昌齡　41・599
司空圖　40・736
62・665
63・216
63・578
司空頲　10・718
32・280
38・307
38・561
司空薰　40・752
司空輿　40・283
40・736
63・578
司空曙　7・774
31・865
33・770
34・96
司　計　52・431
司馬乂　11・141
司馬才章　10・678
33・343
司馬子如　31・366
44・577
51・269
52・366
司馬旦　40・372
40・787
42・505
48・1
62・329
司馬伋　62・365
司馬芝　31・784
32・614
34・44
35・50
38・292
38・378
司馬光　7・306
9・267
23・212
32・129
32・647
35・82
40・514
40・788
42・475
60・727
62・331
62・458
65・166
司馬池　40・373
40・787

	54・665
	62・327
司馬如	44・528
司馬裹	40・790
	62・331
司馬沂	62・329
	62・458
司馬宏	62・363
司馬良	62・363
司馬直	37・794
司馬京	40・790
	62・363
司馬祉	41・450
	62・392
司馬承禎	52・262
司馬柱	62・364
司馬衍	62・411
司馬恬	31・332
司馬炫	62・326
司馬洪	27・748
	29・31
司馬宣	40・790
	62・331
司馬郎	38・273
司馬珪	25・201
司馬虓	31・3
	31・327
司馬悦	52・366
司馬浩	41・317
	62・328
司馬國鎮	29・32
司馬訟	11・141
司馬康	40・790
	62・361
司馬朗	7・282
	31・16
	37・583
司馬喜	23・740
司馬植	62・363
司馬晰	62・393
司馬寔	31・329
司馬夢求	41・174
	62・366
司馬楚之	40・265
	43・523
	44・470
	44・575
	45・144
	65・13
司馬督	42・499
司馬睦	25・201
司馬準	14・282
	14・525
司馬模	31・329
司馬遷	40・594
	61・541
司馬談	40・594
	61・541
司馬樸	40・516
	40・788
	54・668
	62・364
司馬曇之	27・749
	29・32
司馬衡	11・141
司馬諮	62・457
司馬顒	27・748
	29・31
司馬騰	31・329
司馬躍	40・265
	43・524
	65・14
司馬灝文	47・50
司徒映	41・615

52・79
52・407
司徒詡 10・719
31・869
38・561
52・407
司能任 41・498
49・580
司崇道 21・362
21・786
司　進 52・411
司惟標 32・750
司　超 10・765
11・839
32・721
33・360
33・521
司道亨 19・540
司　鉉 40・453
司新三 20・161
司義方 22・379
司　齊 52・429
司　榮 39・7
司　鋐 54・748
司鴻銓 34・225
34・286

尼

尼呂氏 2・252
尼雅斯拉鼎 8・264
尼瑪哈富勒呼 8・61

弘

弘　明 36・501
36・511
弘辨大師 55・631

加

加　傳 61・666

召

召公奭 1・54
召　馴 32・611

台

台費蔭 7・527

母

母彥倫 52・429
母將隆 31・2
31・299
母　紳 4・764
母椿齡 41・488
43・656
母　儀 40・536
41・123
43・655
44・60
50・91

六畫

匡

匡　鐸 58・361
58・371
58・706

邢

邢一科 56・362
邢九成 8・523
邢大壯 58・408
邢大道 41・578

邢　昂　42・735
43・212
邢垂標　19・736
20・157
邢和璞　10・675
邢秉仁　7・328
31・792
邢　侗　31・14
37・586
37・638
37・661
37・752
邢宗周　32・270
邢宗道　40・532
62・311
邢　珂　37・40
邢　政(元)　8・278
22・28
24・368
24・461
邢　政(明)　6・2
46・3
邢　昺　28・710
28・790
55・4
59・301
59・328
邢　昭　1・806
8・316
19・256
40・409
54・708
58・360
58・705
邢　峙　7・644
28・710
31・785
38・292
38・377
邢　俊　56・263
56・460
邢　洪　45・24
邢　洸　46・635
邢　祐　27・750
28・642
29・34
邢神留　8・32
邢飛翰　41・175
55・466
59・138
邢　琉　36・331
36・523
36・633
邢　琰　4・767
5・186
9・60
邢琰忠　33・378
邢　晏　4・251
26・245
28・711
邢　倫　35・257
59・84
邢陰氏　49・87
邢　著　58・784
邢　彪　41・30
57・40
57・111
57・546
邢　産　27・751
28・642
29・35
邢　琦　8・540
32・735
邢堯年　35・263

	53・261
	53・298
邢達順	45・123
邢萬秀	41・592
	58・751
邢萬象	20・491
邢　軸	47・483
	47・637
邢雲路	8・381
	21・376
	25・46
	25・112
	40・428
	54・696
	55・792
邢鼎文	45・94
邢敦行	9・254
	23・417
	24・71
邢　瑚	28・746
邢瑞龍(萬全)	15・652
邢瑞龍(新河)	38・255
邢　蒯	55・381
邢　雷	59・668
	59・737
邢飽德	49・107
邢頌不	41・642
邢新銘	56・470
邢　遜	28・642
邢　臧	28・733
邢　端	8・459
	11・284
	12・608
邢　實	28・672
	58・406
	58・723
邢　綸	40・419
	62・580
	63・691
邢德貞	55・457
邢　潮	59・669
	59・738
邢　霖	41・24
	59・667
	59・736
邢　穎	28・710
邢　懋	49・243
邢　謙	53・628
邢　襄	39・426
邢　鴻	41・602
	46・635
邢　顒	10・590
	11・158
	11・637
	28・788
	31・9
	31・318
	31・377
	39・215
	39・255
	39・316
邢　簡	7・343
	11・180
邢簡妻陳氏	9・289
邢　鐇	44・797
邢賓第	40・497
邢繼光	22・136
	22・324
邢　鑑(宋)	41・524
	42・623
	49・143
	49・218
邢　鑑(明)	49・6
邢　巒	7・636

邢　鑣　31・121
邢　讓　41・11
59・666
59・712
59・735

戎

戎　益　8・233
36・442
戎　深　5・278
5・356
5・462

寺

寺人披　55・330

吉

吉　人(臨汾)　3・227
吉　人(長治)　41・442
50・227
50・384
50・566
吉　人(清)　28・188
吉　士　41・623
55・482
55・879
吉士寬　8・83
18・365
18・407
18・537
吉大成　56・723
吉大來　61・452
吉孔嘉　7・410
吉立棟　57・128
57・374
吉　民　16・628
18・371
18・541
吉成憲　44・61
吉　茂　40・353
54・648
55・791
吉秉奇　56・694
吉　珉　57・377
57・490
吉　信　28・55
吉　恒　26・266
吉　容　14・122
吉　祥(宋)　41・638
吉　祥(元)　56・213
吉　陳　8・529
32・694
吉萬邦　63・130
吉　順　14・541
吉善友　57・387
吉　富　65・55
吉　瑞　17・537
吉夢熊　1・172
吉靜涵　18・357
18・490
吉爾噶春　64・73
吉鳴謙　41・468
61・454
吉維善　32・751
吉　澄　32・732
吉應召　35・605
吉　黼　60・169
吉　懷　41・594
63・130
吉顯東　58・110
62・311

老

老　古　55・347

59・425
59・543

共

共　友　15・74
15・548
40・347
共　華　55・332
57・108

芊

芊上人　50・254
52・266
52・446

朴

朴賽因不花　2・574

西

西方鄴　7・821
21・324
23・587
25・897
西門豹　32・609
34・542
35・600
西　賢　21・696

百

百里奚　62・491

存

存　柱　46・581
存　奬　5・416
存奬禪師　32・775

戊

戊　益　38・179

成

成三郎　1・700
5・469
7・698
成　已　21・295
24・751
成王臣　1・181
19・240
成元震　41・108
42・613
49・211
成　仁　3・33
成公綏　7・600
32・743
成　文　7・370
31・21
41・33
43・641
44・30
成文秀　58・218
成文昭　9・166
33・137
33・399
成文泉　9・166
33・137
成文昶　33・399
成文桂　63・630
成文曙　9・166
33・137
33・401
成文繹　33・135
33・399
成以旗　11・273

13·146
成 正 13·92
成右序 46·486
成永和 47·207
成永健 7·488
11·195
成 光 9·166
33·135
33·396
成仲龍 10·839
32·739
32·805
成汝舟 41·142
49·213
成守復 46·845
47·91
成克大 9·167
33·137
33·395
成克延 32·696
33·391
成克秉 33·137
33·395
成克敏 25·329
成克紹 33·392
成克敬 7·326
21·275
成克鞏 10·838
32·738
33·133
33·393
58·411
成克襄 32·739
33·137
33·395
成 材 41·438
42·609
43·401
成伯龍 32·749
成序爵 33·115
成奉先 19·678
20·57
成其範 1·193
成 英 8·568
18·45
成 鬱 33·386
成 究 33·138
33·396
成於樂 20·821
成 性 27·629
成 珍 30·454
成 軌 10·645
成 信 38·92
成 亮 9·165
32·702
33·134
33·394
成 美 60·209
成 洙 8·483
36·445
39·715
39·769
成泰陞 9·166
33·136
33·397
成泰清 9·166
33·136
33·397
成泰慎 9·166
33·135
33·397
成泰壎 33·136
33·397
成真智 41·698

55・627
56・272
成　宰　8・532
成基命　32・737
32・792
32・856
33・116
33・386
33・389
33・475
成得名　3・879
成　章　53・345
成　淹　10・644
成萬齡　20・821
成惠人　52・31
52・597
成景雋　1・676
22・168
22・333
22・453
成象珽　9・183
32・750
成　就　33・381
成　閔　7・851
36・441
36・526
36・740
成　蓮　8・539
成靖寧　52・26
成　寬　43・676
成　遜　8・534
24・419
24・258
成　靜　26・629
成　熙　48・632
成端人　41・656
成　實　8・528
32・731
33・115
33・380
成肇毅　31・17
38・274
成肇麐　6・6
成　璡　40・531
45・285
成　堯　9・167
33・138
33・396
成　德　1・834
2・841
8・345
41・84
59・140
62・720
63・629
63・751
成　遵　4・266
7・324
成履恒　41・494
49・214
成　勳(明)　5・280
5・358
5・463
成　勳(清)　22・203
22・379
成　衡　4・771
成錫瑜　41・506
49・214
成　憲(新泰)　40・524
42・510
成　憲(薊州)　5・302
5・392
5・473
成鴻儒　60・788

成　藻　31・13
37・583
37・659
成懷祖　9・166
33・138
33・400
成　嚴　43・522
65・8
成　覺　41・679
41・701
45・310
成躍龍　41・458

托

托裹哈雅　7・329
8・222
托　雲　16・203
托爾托保　66・575

至

至　溫　14・179

光

光　祖　40・433
45・343
45・390

吐

吐萬緒　40・692
43・528
43・628
44・578

旻

旻　師　41・679

曲

曲子宜　41・541
45・425
曲良貴　9・10
29・102
曲青選　13・539
曲春光　60・365
曲春泰　60・313
60・363
曲春普　60・377
曲迺鈞　60・377
曲秋葉　45・381
曲　宧　45・3
曲國信　27・405
曲　廉　7・340
36・344
37・795
曲　新　57・122
57・360
57・447
曲　樞　43・681
曲遷喬　40・431
51・360
51・492
54・144
曲賡載　60・384
曲賡歌　60・384
曲履中　45・179
曲　據　16・201
曲　環　40・723
51・278
52・371
60・514
曲應鵬　60・523

呂

呂一元 26・268
呂乙鳴 47・477
呂三才 40・332
42・492
呂士林 37・524
呂士偉 11・186
13・89
61・257
呂大川 48・649
49・307
呂大成(萊蕪) 29・349
呂大成(臨榆) 17・458
呂大忠 4・261
7・309
40・382
45・284
49・297
51・290
52・373
呂大貴 35・631
呂上沅 9・130
39・399
39・524
呂及民 28・782
呂之蔭 11・555
呂之繹 9・130
36・471
36・397
呂子羽 1・757
呂子固 41・584
60・301
60・371
呂子瑗 40・539
46・531
呂子臧 40・698
62・691
63・119
呂天培 40・537
50・928
呂天錫 52・408
呂元亮 52・428
呂元泰 40・507
42・503
呂元棨 28・440
呂元龍 2・28
呂元膺 40・280
40・512
60・467
62・571
呂不韋 32・776
呂中道 8・584
30・14
30・108
呂升第 36・788
37・28
39・271
39・423
呂升猷 37・31
呂化光 63・194
呂公著 23・216
24・25
呂公望 43・324
呂公滋 48・292
49・788
呂公弼 4・258
7・305
40・371
呂公輔 56・711
呂公孺 51・288
51・368
52・372
呂公嚳 45・194

呂　文　40·407
44·486
44·578
呂文治　26·571
呂文南　21·291
22·403
呂文炣　39·426
呂文炳　12·312
呂文檑　41·596
49·378
49·565
呂文櫻　41·475
49·377
49·514
49·616
呂心佐　34·327
34·480
呂　允　41·434
47·476
呂允中　21·459
25·56
呂　玉　40·506
45·280
呂玉輝　12·68
呂　正　11·267
11·878
12·61
12·96
呂世祥　35·637
呂本中　32·653
呂　布　44·541
45·48
65·489
呂　申　10·828
21·688
21·823
呂由庚　51·345
53·720
呂仕發　8·717
20·245
呂永祚　20·261
呂永清　44·383
呂邦寧　61·452
呂有志　11·488
呂而猷　12·70
呂夷簡　32·643
33·188
40·518
60·620
60·772
呂仲孚　8·119
31·84
37·598
37·727
呂　企　2·817
呂兆熊　8·599
12·532
36·785
37·27
呂好古　47·480
呂　孝　12·65
呂克明　33·416
呂步舒　31·84
呂見蘭　5·593
呂佐周　57·120
57·301
57·487
呂伯謙　39·215
39·262
呂伯龍　26·69
26·289
呂良輔　36·458
呂　坤　40·329
42·491

43・555
43・781
50・66
50・657
50・689
呂東表 40・472
63・572
63・760
呂來陽 35・641
呂　招 31・328
呂叔成 8・607
30・228
呂肯堂 49・565
69・629
呂非虎 9・184
呂　尚 9・260
20・307
28・439
呂　杲 62・493
呂　岩 26・96
34・716
41・670
62・716
63・196
呂　和 4・280
28・21
呂和鍾 40・535
41・91
50・179
50・571
59・654
呂　牧 52・369
呂季才 12・448
呂秉忠 62・16
呂秉鉞 28・69
呂秉彝 8・466
11・270
11・879
12・61
呂金聲(滄州) 26・288
呂金聲(陽原) 15・650
呂金聲(西寧) 9・205
呂金鏡 35・642
呂宗禮 40・388
46・582
47・476
呂　相 57・35
呂相周 13・733
呂　柟 40・532
50・596
50・915
57・161
57・427
57・502
60・250
60・331
呂　咸 65・107
66・523
呂貞幹 1・757
8・58
呂　昭 40・401
53・86
呂思誠 7・326
29・484
29・969
40・833
47・477
呂　信 8・489
36・462
39・229
39・268
39・395
呂音泱 60・787
呂彥士 49・576

呂　恒	61・247
呂洛拔	14・360
	15・90
	41・381
	43・619
呂　■	40・829
	49・353
	49・508
	49・515
	49・608
呂　津	36・452
	39・716
	39・769
呂祐之	32・634
呂祖望	4・437
	26・57
呂　珩	21・369
	25・865
呂佩芬	20・61
呂起渭	1・179
	7・451
	19・490
呂　恭(漢)	41・661
	50・251
	52・270
	52・444
呂　恭(唐)	63・34
	63・195
呂　哲	3・363
呂致中	48・95
呂馬童	27・745
	29・29
呂　虔	40・574
	54・645
	59・640
呂　時	42・742
呂時中	8・531
	32・732
呂時臣	50・245
	50・596
呂恩榮	26・304
呂師賢	48・18
呂　翁	33・782
呂逢揚	30・238
呂　陶	40・378
	40・381
	47・405
	47・744
	47・782
	50・77
呂　恕	30・648
	30・717
呂基增	46・715
呂黃鍾(明)	51・752
	52・418
呂黃鍾(清)	35・649
呂乾健	41・577
	57・42
	57・112
	57・549
呂　盛	4・277
	7・364
呂國楨	8・600
	36・787
	37・28
呂崇烈	41・542
	60・520
呂崇儉	61・248
呂崇謐	40・471
	46・832
	47・51
呂　偉	60・626
	60・778
呂惟寧	56・690

呂清望	3·883
呂　淙	8·686
呂　陽	41·577
	55·812
呂紹端	9·237
	12·558
	37·37
呂紹簡	36·807
	37·13
呂　瑛	41·646
	47·537
呂　琦(後唐)	1·721
	10·698
	19·135
	19·185
	40·513
呂　琦(明平陰)	40·411
	47·403
	47·617
呂　琦(明定邊衛)	3·366
呂朝用	36·782
	37·25
呂　梁	3·851
呂雲仙	41·694
呂雲藻	63·593
呂雲鵬	35·632
呂　雯	8·359
	21·353
呂景初	40·514
呂景昭	49·569
呂　甥	56·673
呂　復	18·20
	19·9
呂循矩	8·316
	40·531
	47·403
	47·617
呂猶龍	7·505
	14·478
	14·539
	41·113
	57·114
	57·555
呂詒安	1·185
	7·452
呂　善	8·498
	36·452
	36·560
呂道人	52·443
呂道章	41·684
	61·274
呂　溫(後魏)	40·355
	50·54
呂　溫(唐)	55·450
	62·660
	63·34
	63·195
	65·515
呂　渭	55·450
	63·34
呂　游	35·645
呂補袞	9·184
	32·740
呂聖功	2·144
呂　勤	9·31
呂夢熊	36·787
	37·28
呂蓉鏡	36·754
呂嗣庚	21·343
	25·43
呂圓登	41·174
	62·368
呂傳棨	40·497
	49·710

呂　誠　38·92
呂新芳　36·782
37·25
呂新命　36·342
39·259
39·330
呂　義　41·642
47·537
呂肅高　8·799
21·407
呂際可　17·458
呂　遜　62·493
呂　經　62·577
63·19
呂鳴岳　40·544
呂鳴珂　24·532
24·713
呂鳴咸　17·504
呂鳴夏　10·829
16·655
17·533
呂鳴章　16·547
17·504
呂鳴雲　16·653
呂　圖　27·89
27·235
呂僧珍　3·79
3·138
呂　誨　19·188
40·374
54·667
63·15
呂　端　1·97
1·737
2·567
3·723
5·426
10·740
19·135
19·146
19·186
23·207
24·22
呂榮祖　24·333
24·411
29·46
呂　漢　12·65
呂漢舉　6·94
呂肇勲　41·648
48·95
呂維垣　30·238
呂維祜　46·531
47·402
呂維榦　40·463
59·27
59·86
呂　綬　34·779
呂綜緒　56·710
呂　璋　8·576
24·302
24·468
呂增祥　37·663
37·772
呂　■　39·271
呂　震　40·302
呂　鼐　4·439
9·77
呂　稷　54·755
59·80
呂樂和　24·791
呂餘慶　1·737
10·740
19·135
19·146

19・186
呂調元 21・803
呂調羹 31・801
34・209
呂　潮 28・735
呂審韶 49・377
呂履恒 40・456
49・319
呂樹桐 37・40
呂　諲 40・716
62・656
63・32
呂諧宮 35・442
呂諧弼 35・439
呂　■ 49・565
呂　澯 39・721
39・797
呂　儲 62・435
呂鍾蓮 4・447
26・294
呂　謙 8・593
36・781
37・24
呂應律 8・492
36・456
39・716
39・769
呂應祥 8・367
21・364
24・767
呂應蛟 8・399
21・426
呂　鴻 16・438
18・212
呂　鎰 7・359
16・435
18・327
18・473
呂羅漢 1・681
7・606
呂　鏜 8・464
11・285
11・878
12・65
呂懷仁 55・818
呂　瀛 39・716
39・770
呂　韜 36・747
呂蘭昌 9・189
呂　獻 7・358
呂耀勛 26・313
呂　護 31・330
呂　瀘 40・480
呂繼梗 5・275
5・353
呂　鑠 39・275
39・430
呂顯宗 8・182
呂麟趾 61・567
呂纘祖 4・436
26・69
26・286

同

同尚賓 47・403
47・617
同　恕 41・525
42・624

因

因二卿 57・123
57・362
57・447
因秉彝 41・472

57・559
因於夏 60・699
60・762
因　柱 41・58
57・43
57・112
57・549
因　綱 41・23
57・40
57・111
57・545
因　禮 41・13
57・40
57・122
57・360
57・447

朱

朱一統 41・186
67・456
朱一鳳 2・9
8・699
22・197
22・343
朱九如 9・231
30・118
朱三才 41・478
52・421
朱三英 62・221
朱三聘 27・646
朱士傑 4・308
5・27
7・445
朱士毅 40・538
44・485
44・657
朱　才 9・265
31・103
朱大化 21・381
23・54
朱大業 36・777
37・20
朱　山 40・602
朱之佐 1・854
朱之良 8・658
朱之俊 41・595
49・565
朱之揚 8・538
32・734
33・126
33・385
朱之焜 7・513
朱之馮 1・831
3・749
8・338
14・300
14・473
14・537
40・340
朱之弼 1・853
8・616
朱之璉 11・146
朱之瑤 46・49
朱之翰 21・304
23・7
32・681
朱之澧 18・550
朱天成 4・765
朱天爵 40・462
61・628
朱元治 40・463
58・289
朱元春 7・457
21・309

25・924
朱友亮　8・199
朱文英　8・256
36・319
39・540
39・662
朱文炳　2・20
8・628
朱文卿　15・571
15・652
朱文運　16・522
17・178
朱文裔　63・63
朱　方(永康)　4・284
28・186
朱　方(平定)　47・479
朱　尹　43・536
43・897
朱允梃　50・589
朱允栘　50・589
朱允哲　32・750
朱允■　41・452
59・142
朱允欀　50・589
朱以升　6・210
7・456
朱　玉　7・492
朱　正　14・119
朱正元　13・771
朱正色(南和)　8・492
36・460
36・515
39・717
39・771
39・821
朱正色(肅寧)　27・678
朱正容　21・296
朱正寅　60・626
60・775
朱世功　34・314
朱世傑　8・154
朱世瑞　9・155
32・109
34・686
朱世瑗　34・687
朱世漪　11・488
朱世寧　23・8
朱世緯　7・495
31・822
33・720
34・48
朱本重　37・817
朱　央　15・74
朱用錦　4・388
8・457
26・20
26・81
26・269
朱印哲　32・803
朱印顯　32・739
朱　永　13・777
15・29
朱永年　41・494
59・683
59・752
朱永康　63・59
朱永清　18・382
18・552
朱永寧　7・395
朱永慶　1・832
朱永爵　63・226
朱　民　37・817
朱弘仁　9・176
32・742

朱　弁　9・267
43・680
44・479
58・12
朱幼■　43・132
50・589
朱幼學　50・588
朱式璟　5・75
5・222
9・65
朱有容　9・20
27・646
27・681
朱成鎮　52・61
52・433
朱邪赤心　15・75
朱邪執宜　15・75
朱　光(宋)　41・428
45・757
朱　光(明)　15・428
朱光庭　40・378
50・60
50・602
朱光祚(江陵)　31・810
33・611
朱光祚(涿州)　1・843
8・349
朱光煥　3・548
朱光煐　60・787
朱光綬　53・725
63・362
朱光鍈　7・470
朱光燦　60・787
朱光覲　4・409
5・211
9・63
朱同邑　4・399
4・769
5・138
5・164
9・58
朱廷相　31・825
朱廷堞　52・5
52・433
朱廷掄　40・474
49・490
朱廷煥　7・406
32・678
33・199
朱廷壻　52・597
朱廷棟　11・604
朱廷■　41・646
43・675
朱廷鄘　43・77
朱廷説　33・686
朱廷耀　36・193
朱休度　40・477
朱仲安　21・281
22・402
朱仲福　11・696
朱自然　41・674
朱兆綱　44・613
朱旭東　16・778
朱　名　45・710
朱衣助　7・515
30・192
朱次琦　40・496
65・172
朱汝璣　46・667
朱守爲　5・278
5・356
5・462
朱守謙　40・393
49・303

朱明德	9·141
	34·104
朱　忠	11·463
朱迥漆	41·180
	50·190
	50·413
	50·590
朱迥滟	41·180
	50·191
	50·413
	50·590
朱　岷	5·86
朱和尚	39·721
	39·797
朱秉懿	18·565
朱佶焞	50·588
朱佶烇	50·589
朱佩珅	11·464
朱　京	34·685
朱性堂	16·466
	18·185
朱　泗	19·2
朱泗匯	17·369
朱治泰	19·48
朱宗洛	40·476
	43·563
	43·834
朱建魁	3·154
朱承命	4·399
	5·163
朱承泰	26·578
朱承澧	13·473
朱函夏	4·399
	5·65
	5·164
	9·58
朱春芳	30·192
朱　垣(明)	21·384
	22·607
朱　垣(清大興)	2·21
	8·629
朱　垣(清灤縣)	18·554
朱　珂	33·391
	33·479
	33·535
朱　珍	27·645
朱奎揚	4·314
	5·29
	7·478
朱持正	16·457
	17·205
朱　昭	5·301
	5·390
	5·473
朱思榜	9·181
朱帥■	19·490
朱帝隆	46·4
朱恬烄	50·589
朱恬烷	50·590
朱恬焯	50·589
朱恬熫	50·590
朱美垣	43·131
朱美垗	43·131
朱美垸	43·131
朱美堛	43·132
朱美堈	43·132
朱美塎	43·132
朱洪稿	63·225
朱洪範	16·449
	17·496
朱　洮	2·115
	17·151
朱　洽	31·21
朱　洵	28·68

朱　冠　8・540
32・736
朱祖文　9・272
22・469
朱　紀　50・231
50・457
53・598
朱　紈　7・369
32・666
朱　泰　7・386
31・801
33・718
34・45
朱　珪　2・24
8・635
40・344
朱斑陞　59・253
朱　琰　12・459
朱　恭　37・817
40・408
47・405
47・744
47・783
朱晉係　28・431
朱晉麟　7・474
朱桐江　38・586
朱桐岡　26・309
朱桐蔭　26・796
朱　軏　25・140
朱時修　59・253
朱時麟　54・723
59・84
朱　峨　11・504
朱師恕　8・524
32・727
33・113
33・378
34・579
朱　釗　45・286
朱逢吉　7・330
朱　卿　52・696
朱效鏞　50・589
朱　浩　7・400
朱浩如　17・538
朱　浮　3・706
4・243
5・273
7・275
朱家仕　40・340
43・558
43・780
44・480
44・580
朱　恕　50・174
朱　純（長青）　21・294
22・580
31・813
33・719
34・47
朱　純（開平衛）　14・122
朱理坦　50・590
朱理堯　50・589
朱理堦　54・229
朱理墉　41・180
50・190
50・412
50・590
朱黄裳　8・585
37・590
37・711
45・687
朱乾亨　3・735
朱　梅　16・449
17・204

17・496
朱　雩　8・505
朱　虚　29・241
31・24
朱　堂　8・629
朱　冕(明)　40・554
42・481
朱　冕(清)　7・496
31・823
朱國佐　3・793
朱國治　19・541
19・678
20・59
朱國俊　19・258
朱國彥　7・407
8・335
16・430
16・756
19・257
朱國梓　9・272
16・448
17・203
17・497
朱國棟　17・497
朱國弼　15・30
朱國壽　2・593
朱國翰　48・176
49・315
朱國賓　1・98
1・776
5・570
8・146
朱昆齡　26・558
朱敏■　14・660
朱敏■　14・538
朱敏蒙　41・181
49・367
49・512
49・615
朱進忠　40・432
46・713
朱　偉　22・215
22・352
朱得真　11・462
朱　堃　9・23
朱　章　34・685
朱　淇　18・381
18・551
朱　淳　5・350
5・459
朱　啟　13・732
15・447
朱啟順　16・661
朱紹志　21・313
24・197
朱紹穀　27・760
朱紹慶　3・366
朱　喆　36・332
朱　博　31・2
31・293
朱博文　21・373
24・541
朱期昌　49・30
朱萬年　4・283
26・12
26・250
朱萬欽　43・153
朱萬祺(涿州)　1・195
8・698
22・196
22・342
朱萬祺(晉縣)　12・63
朱萬瀛　31・806
35・416

朱　敬	14·121
朱敬則	32·622
朱朝龍	53·90
	53·261
	53·290
朱　棡	43·130
朱紫貴	20·421
朱鼎盛	18·380
	18·551
朱　貴	40·530
	47·403
	47·617
朱　凱	40·404
	61·245
朱　智	60·467
朱善元	47·273
	60·777
朱道存	15·65
朱　煐(明)	32·736
朱　煐(清)	28·675
	33·203
朱　焜	40·500
朱　湘	7·387
	32·669
	33·69
	33·195
朱運亨	16·470
	17·497
朱運昌	52·6
	52·433
朱裕謙	21·796
朱　巽	1·142
	7·403
	22·135
	22·323
朱　瑞	7·668
	15·555
	15·643
	40·642
	44·582
	44·626
	47·55
朱　瑄(華亭)	40·307
	42·482
朱　瑄(鄞縣)	7·348
朱　塏	5·179
朱聖培	59·252
朱　概	7·368
	31·799
	34·209
朱　軾(明)	39·261
朱　軾(清)	4·292
	7·415
	40·572
朱　雩	32·35
	33·779
	34·86
朱搢榮	29·587
朱　筠	2·22
	8·632
朱詮鉦	50·589
朱靖旬	18·332
	18·477
	21·803
朱新堞	41·180
	49·367
	49·512
朱慎鉦	42·609
朱慎■	49·513
朱　煌	4·427
	9·73
	28·59
	28·103
朱　溥	7·470

朱 滔 2・117
17・151
朱 ■ 5・271
5・348
5・458
朱福庚 15・594
朱福彪 12・459
朱 遜 41・528
41・622
53・120
53・290
53・342
朱遜■ 41・646
43・675
朱 壽 14・380
14・719
15・431
朱壽昌 40・515
60・620
60・772
63・15
朱蔚然 29・546
29・582
朱模明 50・588
朱爾甲 61・122
朱 輔(秀水) 40・444
50・90
朱 輔(崇德) 50・927
朱 裴 41・104
61・121
朱 裳(沙河) 8・488
36・448
38・29
40・311
朱 裳(溫縣) 42・494
朱 鳴 9・154
32・108
34・685
朱 鳳 38・29
朱鳳書 36・271
朱鳳彩 59・252
朱鳳翔 56・718
朱鳳儀(明) 3・27
7・378
朱鳳儀(清) 15・446
朱鼐■ 44・539
44・591
朱鼐■ 31・816
朱 誥 36・524
36・634
朱 廣 27・632
朱 榮 40・553
43・538
朱維翰 5・212
朱 綸 1・886
3・552
8・678
朱 璜 43・73
朱蕙田 29・586
朱 輝(新城) 21・369
24・540
24・678
朱 輝(盧龍) 8・407
朱 德 5・572
朱德崇 63・234
朱德澐 50・701
朱 銳(濟河) 36・336
39・679
39・766
40・404
45・286
45・343
45・390
朱 銳(通州) 3・538

8·307
朱　諒　21·373
朱慶長(南皮)　28·336
朱慶長(滄縣)　26·280
26·937
朱慶禮　16·268
朱慶麒　45·75
朱　潭　27·93
27·240
朱履儀　13·93
朱　璠　14·413
14·715
朱　璘(通州)　3·585
8·678
朱　璘(武清)　58·362
58·708
朱　璣　27·644
朱　娶　63·63
朱　頤　21·282
25·483
25·573
朱　穆　4·245
7·280
31·2
31·296
朱學禮　46·4
朱錫彤　8·629
朱錫庚　8·635
朱錫經　2·26
朱錫爵　8·629
朱懋文　7·510
24·414
朱懋德　7·461
25·819
32·684
朱鍾鉉　43·132
朱鍾鏸　43·132
朱鍾鐸　43·132
朱　爵　8·539
32·734
40·523
42·492
朱　謙　7·338
13·777
14·376
14·560
14·660
15·28
朱應元　59·82
朱應杓　45·75
朱應昌　7·353
32·663
33·192
33·508
朱應紫　53·90
53·263
53·299
朱濟煥　43·131
朱濟熇　43·131
朱濟熿　43·131
朱　禮　3·793
朱禮陶　40·466
50·93
50·928
朱　澗　9·20
朱　■　21·818
朱　龜　1·126
朱　顏　32·707
33·120
33·382
朱　彝　40·458
44·67
朱彝尊　5·86
9·275

42・742
43・162
43・683
朱　璽　50・81
朱　霦　34・686
朱　繡　26・558
朱蘭亭　38・577
朱耀先　15・495
朱　寶　7・736
朱寶樹　18・554
朱繼立　2・834
朱繼經　18・566
朱　儼　34・330
34・490
朱　鑑（指揮使）　8・297
朱　鑑（盧龍）　8・409
17・177
朱　鑑（揚州）　16・513
朱　鑑（晉江）　40・304
42・481
朱　瓚　8・424
27・637
朱顯文　31・820
34・720
朱　纓　44・524
朱　靈　10・591
31・847
38・313
38・558
朱　驥　1・802
3・734
8・315
朱　鸞　31・798
38・282
38・378
朱鸑鷟　4・321
7・480
27・22
27・203

年

年汝鄰　10・826
年　斌　2・580
年　富　40・304
43・540
43・769
44・482

先

先且居　55・343
先　軫　55・337
57・296
60・683
先　蔑　55・343

廷

廷　元　18・28
廷　貴　37・798

延

延君壽　41・599
52・593
延青雲　41・499
52・593
延定之　41・15
47・479
延陵生　43・815
55・403
延陵鈞　43・815
延　彩　1・178
20・853
41・516
52・595
延　論　47・479

伍

伍　全 40・322
伍　秀 49・307
49・486
伍佛保 45・645
伍　符 4・270
7・363
伍希德 19・3
19・490
伍餘福 32・665
伍澤梁 1・186
5・568
6・207
7・453

伏

伏虎禪師 50・255
50・877
伏　恭 7・276
11・157

仲

仲　由 7・267
仲長子光 41・614
61・599
仲長統 43・677
50・595
仲叔于奚 33・336
仲　章 50・362
仲　閔 21・349
24・766
仲　甄 55・318
仲肇祿 38・256
仲　和 15・45
15・219

仵

仵　墉 17・501

任

任乃資 61・565
任三奇 30・192
任士宏 60・728
任士謙 49・800
任大伯 40・421
49・310
49・785
任大僚 40・431
51・322
52・290
任大廉 48・394
任　山 41・567
42・622
43・205
任及伊 41・483
61・558
任之華 1・829
任之琦 41・106
61・557
任之龍 21・307
25・488
25・578
任天民（明） 8・380
21・373
22・453
任天民（清） 41・473
56・258
56・451
任天放母馬氏 38・763
任天寵 4・265
7・319
任元禮 41・699

任五倫 16・555
17・63
任中正 32・635
40・567
54・663
任中立 43・643
任中柱 34・795
34・817
任中師 32・640
任文炤 34・783
任文基 47・272
59・89
任斗南 41・575
53・101
53・481
任　尹 30・191
任孔當 40・436
42・517
任允釐 61・564
任　玉 51・346
53・721
任正傅 18・244
任世昌 24・692
任世常 43・915
任世選 42・518
49・172
49・244
任世興 41・649
56・10
任丕基 53・596
任　布 7・302
11・166
21・270
25・42
32・63
任占鼇 61・56
任用儀 41・50
任　立 52・37
任弘孝 31・24
任弘業 27・5
任邦彥 13・241
任式坊 2・63
3・31
8・698
任西華 1・187
任百勲 3・39
任　存 40・551
50・62
50・406
50・953
任成章 16・783
任　光 7・276
28・641
28・787
31・3
31・300
任光宗 35・274
任光裕（大名） 8・540
32・696
33・128
33・387
任光裕（霍州） 19・490
59・140
任光統 38・133
62・32
62・211
任光譜 51・493
任先覺 27・346
27・407
44・686
任廷珠 37・28
任延敬 31・149
43・680
任自警 43・826

任向榮 6·95
任兆泰 47·214
任兆蘭 33·633
任兆麟 33·621
33·693
任汝亮 41·48
63·721
任守德 21·287
21·800
任好古 46·463
任　志 40·551
41·175
50·62
50·186
50·459
50·528
50·953
任志學 45·684
任　芳(明) 32·39
38·312
38·563
任　芳(清) 41·468
61·672
任克閶 31·831
35·418
任克濬 61·565
任　佐(明) 41·584
61·667
任　佐(清) 34·774
任作舟 41·484
61·558
任伯仁 8·197
18·537
任伯寅 41·507
49·580
任希尹 3·548
8·675
任宏孝 29·241
任宏祚 41·468
61·557
任良才 41·443
47·209
49·357
任良弼(元) 61·114
任良弼(明) 41·32
47·208
49·358
任良弼(清) 58·792
任　玥 40·456
49·318
49·726
49·746
49·747
任者泰 50·88
任　英 33·65
33·192
任東甲 45·813
任長慶 41·461
49·371
任尚智 48·226
49·365
任昌鼎 50·343
50·572
任昌齡 56·17
任明臣 4·382
21·299
24·752
28·61
任　昂 40·527
50·79
50·682
任　迪 30·189
任迪簡 4·347
7·294

7·739
26·55
26·256
40·512
44·482
65·33
任　忠(沁源)　53·100
53·286
53·303
任　忠(狄道)　17·215
18·17
任忠傑　66·242
任和尚　2·257
任秉元　49·25
任秉哲　41·154
45·758
45·810
任秉鈺　41·210
45·574
任秉銓　58·710
任秉德　50·979
任法素　55·626
任治統　62·33
62·211
任承休　30·665
任承緒　43·659
任承寵　35·621
任　垍　45·586
任南金　29·585
任　奎　27·82
任思鈞　61·460
任思義　3·38
任　重　58·237
任　俊　4·333
任俊籲　15·703
任凬子　2·253
19·139
任　度　26·764
任恒敬　47·828
任　祐　7·334
任　泰　40·402
45·682
任　敖　37·431
40·347
50·70
51·266
任　華　7·730
27·906
29·115
任　恭　49·612
任連山　12·313
任連陞　36·270
任　原　53·473
任振鷺　35·607
41·468
61·123
任致中　5·521
任　峻　7·569
27·55
任　倫　33·122
33·383
任　祥　40·660
64·508
66·26
66·283
任　通　8·572
24·452
40·404
51·346
53·721
任　彬　41·441
任常全　38·719
任常勳　30·658
任國元　33·634

任國梅 59・143
任國楝 26・283
26・907
任國楝妻高氏 26・642
任國標 59・143
任惟清 60・703
60・763
任　逮 16・437
18・213
任紹烜 61・558
任紹爌 41・126
61・558
任　琚 41・588
47・76
任　達 61・564
任萬鵬 45・15
任敬臣 4・342
7・739
任　惠 16・513
18・343
18・482
任　鼎 4・324
7・482
任凱之 17・144
任傅藻 32・415
任順豫 49・570
任復亨 41・647
47・537
任道一 41・694
43・676
任道亨 14・712
任道昌 43・917
任道敏 49・360
49・675
任道統 62・33
62・211
任富文 33・625
任裕統 41・450
62・33
62・211
任開誠 43・822
任瑞元 18・497
任　瑄 35・621
任　幹 4・221
26・828
任　愚 12・695
任　暉 52・501
任　鈺 58・346
任　詢 8・117
16・494
18・390
18・564
18・565
24・354
24・447
任　雍 8・460
11・267
11・590
任　資 10・817
26・95
26・554
任　義（榆次） 41・15
42・599
46・128
46・429
任　義（平遥） 41・443
47・209
49・356
任　福（宋） 40・547
40・778
任　福（明） 60・250
任殿魁 27・109
27・240
任經邦 45・759

任壽彭 19・561
任壽鏡 3・34
任　蔚 24・484
任　嘏 32・613
40・355
62・565
任輔之 17・83
任毓奇 45・30
任毓麟 3・34
任銜惠 30・193
37・931
任　塾 1・182
7・498
19・240
31・825
36・5
任　榮 41・646
41・693
43・675
44・671
任漢儒 61・558
任聞升 53・322
任熊祥 1・748
2・568
3・724
10・781
任維屏 61・451
任維清 61・452
任　瑾 31・28
任　璀 48・231
任　增 30・70
任　賢(明) 37・25
任　賢(清) 61・557
任　儉 61・457
任　儀 21・285
22・697
61・559
任質淳 41・502
任德教 45・779
任　諒 4・261
7・312
任　毅 41・1
41・441
50・174
52・690
52・852
任養心 41・77
62・32
62・209
62・285
任澄清 34・774
任　闇 63・213
任　璣 4・307
7・443
任　舉 41・134
43・658
43・730
任　舉 61・157
任　圜 32・129
40・511
50・59
50・601
任　勳 27・943
任錫紱 49・576
任錦城 61・151
任　燠 31・784
38・291
38・377
任　憲 41・585
61・667
任　環 7・387
31・803
32・413
32・669

36 · 334
38 · 93
41 · 49
50 · 189
50 · 356
50 · 410
50 · 538
任聯第 20 · 258
任鍾麟 22 · 137
22 · 324
任 ■ 41 · 503
45 · 582
任 濬 62 · 16
任 禮 35 · 618
任禮厚 58 · 12
任騎馬 8 · 755
24 · 54
任 顓 40 · 289
任 翱 50 · 550
任 鎧 7 · 398
16 · 442
17 · 202
21 · 293
22 · 403
22 · 518
41 · 55
47 · 479
任贊化 41 · 80
61 · 119
任 鏞 21 · 288
24 · 611
任 懷 34 · 781
任繼先 52 · 869
任繼芳 46 · 12
任繼宗 40 · 526
54 · 731
任繼美 56 · 258
56 · 451
任鶴齡 56 · 467

仰

仰九明 15 · 2
仰 瞻 43 · 682

自

自來寶 65 · 213

伊

伊介夫 29 · 450
伊 尹 45 · 697
伊伯熊 7 · 370
伊都立 40 · 343
伊婁穆 40 · 672
43 · 626
43 · 564
伊婁謙 40 · 360
51 · 272
52 · 368
伊喇子敬 8 · 114
16 · 157
16 · 272
伊喇益 1 · 139
8 · 58
伊喇鄂爾多 16 · 157
16 · 272
伊喇道 1 · 138
7 · 320
伊喇溫 7 · 321
伊喇富森 16 · 158
16 · 273
伊喇慥 7 · 320
伊喇鼐爾 16 · 172
16 · 306
伊喇聶呺 2 · 267

	8·183
伊經阿	17·536
伊爾特穆爾	7·325
伊審徵	41·418
	42·585
伊 璣	25·207
伊嚕布哈	7·325
伊 馥	14·359
	40·639
	43·622
	44·89
伊 蘇	16·161
	16·278
	16·406
	17·198
伊鏗額	31·834
	38·379

向

向文貴	21·281
向之璜	3·745
向 峁	50·928
向 長	43·677
向 明	40·412
	54·720
	59·26
	59·83
向 拱	51·366
向 通	2·742
	2·815
	13·758
	13·760
	14·374
	14·718
向敏中	4·257
	7·300
	40·287
	42·474
向 淇	31·804
	33·611
向 淙	40·374
	54·669
向 植	34·482
向傳範	31·789
	38·293
	38·378
向 榮	7·526
向 樸	7·330
	29·46
向 徹	50·846

后

后 稷	61·653

行

行日昂	57·496
行 成	21·695
行多勳	57·449
行多識	57·370
	57·449
行所知	57·501
行 忽	59·363
行 矩	36·808
行桂森	57·501
行澤春	57·573

全

全士錡	22·345
全淡真	4·540
	26·646
全裕容	15·496
全 福	41·677
	48·94
全謀慥	63·225

合

合　剌 31·111
合撒兒 66·572
合　澄 19·2

兆

兆　柱 64·115

夙

夙沙釐 7·267
11·156

危

危思謙 21·302
22·700
25·331

朶

朶而只 54·679
朶欒帖睦 14·110
14·626

多

多士宗 9·19
多　才 65·193
多弘安 9·18
29·386
29·452
多弘馨 29·455
多恭人 20·628
20·685
多隆阿 56·16
多象謙 9·18
29·451
多　瑞 4·327
7·528
多嘉禎 29·455
多爾袞 65·133
多爾濟 66·575
多　綸 40·344
42·497

色

色呼冲額 26·302
色楞額 66·650
色爾袞 66·577
66·661
色爾濟 64·115

衣

衣綈龍 9·20
27·641

亥

亥　唐 55·394
57·125

次

次　益 11·267
13·340

忙

忙古帶 16·135
18·44

州

州　綽 55·381

羊

羊元珪 7·291
29·239
31·22
羊可立 32·672

羊舌赤	50・152
	50・661
	53・94
	55・326
	55・370
	57・107
	60・688
	60・753
羊舌肸	50・152
	50・661
	53・94
	54・640
	55・372
	56・682
	57・35
	57・107
	58・370
	58・810
	60・688
	60・753
羊舌職	53・94
	56・678
	57・35
	60・688
	60・753
羊　茂	7・284
羊　祖	5・525
羊　陟	4・245
	7・280
	31・297
羊　烈	7・287
	32・619
	33・184
羊　敦	7・287
	31・785
羊　肅	31・377
羊　衜	40・349
	50・71
羊靈引	31・379

米

米士銘	40・470
	61・70
米文光	12・459
米　尹	40・393
米世發	49・172
	49・244
米　四	2・247
	19・139
	19・190
米邦濟	21・373
	24・540
	24・679
米良崑	34・774
米　信	24・508
米進璽	45・15
米萬斛	63・736
米萬鐘	1・824
	2・583
	3・738
	8・334
米朝慶	61・258
米登航	50・669
米壽都	1・870
	2・598
米壽圖	1・839
	8・345
米輔國	58・14
	62・519
米漢倬	1・870
	2・611
	8・658
米漢雯	1・874
	8・658

米　襄　36·635
米應昌　60·774
米　璀　41·10
43·639
44·24
米　鑑　50·669

江

江一龍　43·274
43·306
江一鵾　17·362
18·51
江一■　17·357
18·51
江二儀　40·471
43·148
江人鏡　63·24
江山秀　9·211
17·324
18·69
江日躋　33·71
33·200
34·557
江中彩　17·368
江中淮　31·809
33·714
34·46
江中耀　20·411
江文遙　1·129
7·286
16·154
16·266
江弘濟　7·353
江　式　41·631
43·670
江有汜　34·784
江有鱗　53·571
江仲達　32·649
江　充　10·575
32·275
江安瀾　4·317
6·2
7·479
江若練　40·436
45·508
45·562
江　英　4·282
26·249
江　東(朝城)　7·377
40·317
43·550
43·773
44·56
江　東(霸州)　19·521
江東之　7·395
江叔棨　31·831
江宗瀚　12·174
江承誠　40·470
59·27
59·86
江南金　37·21
江　茹　15·59
江思賢　36·196
江禹北　29·350
江衍汶　39·544
江　洪　8·547
13·756
14·374
15·805
41·176
42·598
江起元　7·461
21·304
22·591

江貢琛 29・976
江恭先 7・512
12・518
37・21
江　浡 40・424
江　理 7・515
江　彬 14・186
江　梅 46・53
江國棟 40・463
61・70
江國興 50・297
江象乾 17・368
江淑渠 33・613
39・548
江　淳 34・778
江啟澄 12・275
12・521
江紹興 12・417
江　渤 62・15
江　淵 7・363
江開泰 13・771
江　楨 9・240
江　源(明) 20・626
江　源(清) 31・17
江　福 8・548
13・721
14・374
14・482
14・559
15・805
江　樊 40・524
42・513
江　潮 40・313
42・485
江　澂 30・26
江　曉 40・321
42・488
江學詩 30・14
30・109
31・89
江　闓 40・461
60・251
60・333
江　櫓 40・426
47・406
47・715
47・746
47・784
江　蘩 4・304
4・751
7・440
江騰龍 13・759
14・683

汲

汲　黯 7・575
32・688

池

池甫明 34・698
池汲修 32・109
34・687
池　沛 37・436
池俊福 43・914
池富魁 29・620
池　録 34・730

宇

宇文士及 63・12
宇文化及 32・779
宇文光 41・173
50・184
50・866
宇文忻 64・582

宇文述 41·402
64·571
66·44
宇文昌齡 40·376
宇文虯 40·653
64·496
66·11
宇文忠之 43·624
宇文胄 41·172
65·177
66·78
宇文洛生 41·385
66·22
宇文神舉 40·270
42·467
53·101
53·472
64·547
66·30
宇文連 41·172
66·78
宇文■ 40·272
40·360
44·578
宇文盛 43·626
64·563
宇文虛中 9·267
宇文深 40·271
40·680
64·545
66·28
宇文貴 64·552
宇文測 40·265
41·385
58·11
66·23
宇文歆 40·543
宇文愷 65·253
宇文福 40·542
44·576
宇文儉 61·543
宇文慶 41·403
55·656
66·47
宇文導 40·649
66·8
宇文鍾 40·524
42·511
46·88
46·418
宇文護 41·391
64·542
66·32
宇文顯和 53·101
53·472
宇養成 35·464

守

守　干 11·319
11·515
守奇道隣 16·182
16·329

安

安九域 34·210
安于仁 21·396
25·405
50·69
50·927
安士魁 21·464
24·215
安上達 3·831
安子訥 41·602
53·483

安元信 64·609
安扎爾 40·550
安　仁(太康) 31·797
33·717
34·45
安　仁(博興) 45·696
安　公(唐) 50·961
安　公(宋) 40·384
61·510
安文瀾 24·89
安方升 41·128
61·128
安　玉 10·804
13·490
安世鼎 19·541
23·6
40·448
45·683
安　永(明) 32·29
33·617
安　永(清) 17·212
安永信 42·573
49·76
安　民(灤州) 18·343
18·482
安　民(贊皇) 11·267
13·202
安　民(大寧) 58·252
安　邦 41·452
59·143
安　吉 45·22
安而慮 12·459
安　成 66·613
安至善 13·238
安　同 25·202
31·346
40·564
42·467
安廷召 16·578
安廷堅 46·789
47·47
安廷贊 8·824
安行成 13·243
安交明 43·822
安汝止 25·611
安汝位 13·242
安汝明 8·198
安汝霖 19·579
安守忠 4·262
21·268
24·333
24·745
25·136
26·247
40·380
41·420
42·588
43·84
43·200
65·43
安　宅 21·292
安克終 13·205
安克紹 9·114
13·238
安克諧 13·239
安　佐 13·242
安　佑 9·114
11·280
13·203
安　伸 51·340
52·550
安　住(元) 32·661
安　住(清) 66·702
安　松 8·221

	12·144
安　郁	32·33
	33·618
安　尚	25·612
安尚敬	25·872
安尚義	4·770
	5·252
	9·275
安明本	41·434
	43·638
	44·22
安　忠	25·142
	31·788
安秉溫	65·217
安金全	43·629
	64·608
安受祺	41·505
	61·267
安定邦	9·206
	13·736
	15·684
安承教	45·684
安貞吉	9·153
	32·106
	33·621
安思承	32·23
安重倫	13·759
	15·705
	15·747
安重誨	40·743
	43·629
	44·413
安重榮	41·410
	44·530
	44·583
安重霸	64·616
安　俊	31·457
	40·777
	42·593
安庭堅	42·503
安彥威	41·410
	45·483
	45·566
安　恒	50·94
	50·659
安洪嗣	41·469
	61·267
安　祐	8·248
	32·23
	36·20
安　勇	8·728
	21·412
安　泰	54·709
	58·365
	58·711
安　珝	36·448
	36·528
	36·744
安晉元	46·489
安真禪師	50·961
安桂香	34·683
安　原	40·542
	43·523
	65·12
安　秩	38·29
安　理(靈壽)	8·459
	11·691
安　理(安化)	31·794
安　琈	30·22
	30·117
安　國	40·555
	42·512
	47·58
安國典	13·242

安國治 37・37
安國衛 9・44
29・583
安　偲 13・240
安得璋 63・691
安從善 34・681
安惟學 41・178
55・820
安清翰 61・268
安清翹 41・610
61・269
安　琯 13・242
安達善 29・542
29・616
安萬邦 58・276
安　策 11・257
11・482
11・489
安　童 24・727
安　祿 66・574
安　綎 58・259
安　統 58・259
安　瑀 9・114
11・278
13・203
13・238
安　瑄 45・358
45・409
安聖期 29・107
安　煦 11・312
12・131
安靖方 8・782
25・409
安　煜 13・243
安義公主 65・288
安　滔 11・317
11・371
12・133
12・143
安嘉士 13・146
45・3
45・82
安嘉善 41・448
安　慤 61・271
安　熙 11・311
12・130
12・144
12・209
13・353
21・508
安漢鷴 61・263
安　璇 9・114
13・237
安德淳 12・696
安　慶 8・728
21・408
21・783
安　選 21・350
安　璠 41・138
43・403
安　衡 20・590
安錫祚 40・450
54・725
59・86
安學乾 13・240
安學聖 13・242
安學儒 13・240
安穎新 37・719
安　禪 41・700
安懋修 27・629
43・651
43・813
43・820
安　鍾 21・372

22・591
25・511
安　謙　8・513
32・48
34・678
34・724
安應耀　54・717
59・297
安應麟　40・442
安　燾　32・651
安蘊之　33・686
安蘊瑜　39・147
安蘊璞　39・146
安　邊　15・43
15・221
安　璽　1・808
8・321
安　賓　13・520
安鶴超　3・596

祁

祁大雅　57・366
57・448
祁小公　15・57
祁　午　42・525
48・39
55・407
57・35
57・108
祁文瀚　41・124
47・806
祁司員　37・467
祁廷璐　9・140
34・91
祁延年　21・295
25・38
祁仲鑑　28・671
祁兆寅　45・589
祁汝棐　52・335
祁志誠　14・178
14・452
14・645
14・655
祁　芳　41・656
祁伯裕　32・736
祁　英　54・148
祁　杲　52・332
祁　昂　54・668
祁　岳　15・45
15・205
祁宗孟　41・534
57・367
57・448
祁　勉　8・556
14・492
14・564
14・660
15・35
祁　彦　3・358
祁時新　7・489
13・90
15・212
32・684
祁　奚　42・524
47・616
48・39
55・406
56・684
57・35
57・108
60・687
祁宿藻　41・165
47・809
祁寀藻　47・814

祁　琨　33・749
祁朝驥　40・535
41・658
47・814
59・654
祁朝鸞　63・761
祁　斌　41・482
60・521
祁富哈　7・528
16・471
17・497
祁　■　41・157
52・332
祁　誠　40・403
46・580
祁爾誠　41・516
52・499
祁　鳳　4・287
11・179
11・541
27・21
27・202
祁　瑾　41・599
祁　墻　41・509
52・332
祁蕙芬　63・666
祁德昌　32・85
祁雋藻　41・160
47・808
祁　謀　15・36
祁謨中　46・70
祁　鯤　29・451
祁　鯨(汲縣)　7・366
21・288
22・590
祁　鯨(阜城)　29・451
祁韻士　41・604
47・808
祁繼祖　8・564
15・46
祁　鶴　41・450
60・516
祁　纖　52・252

那

那彦成　4・302
7・434
那　海　31・260
那海德俊　40・301
那清安　7・519

阮

阮文叙　25・578
阮汝昭　40・481
57・105
57・275
57・444
61・628
阮汝暻　34・480
阮　況　31・294
31・302
阮長之　50・71
50・678
阮　河　40・527
50・80
50・245
52・644
阮宗道　19・134
19・182
阮居仁　7・340
12・337
12・521
38・141
阮　珊　3・356

阮　垣　45・642
阮　垕　34・552
阮　珩　36・455
阮　浪　10・817
阮　菉　40・498
59・246
63・26
阮　爽　17・370
阮常生　16・467
17・207
阮　瑀　35・653
阮　勤　41・14
50・175
52・690
52・853
阮漢聞　1・831
2・610
8・334
阮寧方　8・827
16・580
17・508
阮維岳　14・629
阮維熊　15・703
阮　謙　2・588
阮　鶚　7・372

如

如是和尚　45・774
如　雲　41・698
43・216
如意和尚　15・653
如　綬　40・503

好

好　禮　3・707

牟

牟大壯　7・838
牟廷選　7・512
12・518
36・776
37・20
牟希古　62・312
牟衍騋　40・498
45・564
52・327
牟脈新　21・299
牟　純　22・15
24・417
牟雲龍　1・194
3・228
7・456
牟　斌　3・734
牟　鉦　44・727
牟嘉蔭　7・513
12・275
12・521
牟懋圻　25・822
37・934
牟應時　47・161
49・312
牟　嚴　25・608
牟騰雲　25・608

七畫

戒

戒　就　21・695
22・470

赤

赤肚子 2·253 19·491
赤足僧 43·135
赤脚盧 29·265

志

志　益 41·682
志　超 46·830
志　寬 41·669 63·191

坑

坑　濟 21·352 25·51

芮

芮元介 45·729
芮元採 5·573
芮良夫 62·205
芮昌齡 1·849 5·577 8·689
芮　釗 1·801 5·572 8·303
芮　淮 5·578
芮復傳 1·884 8·691
芮　鈺 5·585
芮嘉珍 5·582
芮熊占 8·693
芮質田 5·574
芮　濟 1·884 5·588 5·634

花

花娘娘 45·146
花　渟 18·20

克

克仁額 64·73
克什圖 16·313
克　念 2·257 3·592

杜

杜一柱 9·140 32·78 34·91
杜士能 37·718
杜于藩 4·751 7·473 27·350 27·407
杜大觀 50·343 50·572
杜之昂 50·69 53·578 53·629
杜之秩 20·162
杜之堂 39·422
杜天成(清廣平) 32·270
杜天成(清奉天) 37·929
杜天滋 13·343
杜元麟 9·114 13·204
杜　友 10·603 31·325 32·713
杜友李 41·519 61·561

杜　中	7・351
	30・589
杜中立	4・254
	26・246
	32・719
	33・81
	33・348
杜仁麟	35・641
杜　介	59・524
杜　文	41・641
杜文英	38・571
杜文煥	29・455
杜文獻	47・199
杜斗愚	8・541
杜以敬	31・20
杜允恭	36・463
	37・904
	37・947
杜正玄	32・744
	33・343
	35・648
杜正倫	10・679
	32・690
	33・80
	33・343
	34・547
	40・366
杜正藏	33・343
	34・546
	35・648
杜正懸	34・546
杜世榮	19・203
杜世爵	7・385
	36・348
	38・170
杜古香	33・417
杜　本	39・425
杜本洛	61・568
杜本榮	38・584
杜可久	41・584
	60・303
	60・372
杜可柱	46・832
	46・835
	47・75
杜丙乾	61・560
杜　甲	1・181
	3・361
	18・22
杜田之	12・559
杜生洙	13・237
杜立本	1・883
	6・212
	8・689
杜立德	1・845
	5・576
	5・624
	6・171
	6・192
	6・212
	6・319
	6・320
	10・824
杜永芳	55・482
	58・799
杜有能	47・199
杜光輝	46・823
	47・61
杜先乙	41・534
	63・728
杜先芳	46・696
杜先華	46・696
杜先瀛	47・75
杜廷球	37・785

杜廷微 28·781
杜廷璉 8·543
32·738
杜延年 40·348
49·288
杜延芳 6·241
杜兆熊 6·221
杜兆豐 9·226
37·718
杜　旭 4·317
28·22
杜亦衎 42·736
46·830
46·835
杜汝亮 32·55
33·773
34·87
杜汝浮 40·446
44·66
杜汝楫 41·574
50·234
53·528
53·599
杜汝愸 32·316
33·763
34·84
53·90
53·261
53·298
杜汝維 46·696
杜汝礪 8·764
21·463
23·132
杜　宇 19·241
杜守元 24·77
杜　安 40·833
47·486
47·641
杜安詩 6·173
6·213
杜　防 8·40
21·328
22·189
22·339
24·764
杜如晦 50·244
61·597
63·717
杜如銅 44·610
杜如蕙 3·580
杜如錩 40·458
44·487
杜志元 41·685
43·135
52·446
杜志選 43·324
杜　芸 26·303
杜　芳 32·750
33·393
杜芳梅 33·632
杜克溫 41·432
42·597
46·824
47·64
杜　李 41·479
53·478
杜求仁 10·679
32·704
33·343
34·567
杜　甫 9·266
61·685
63·751
杜何拔 46·177

杜　佑　41·5
60·514
杜　佇　40·439
杜希望　27·311
40·365
45·281
49·293
49·479
杜希軫　9·237
12·536
31·835
杜　沂　8·459
杜　宏　29·362
杜良祚　9·123
36·468
38·31
杜　玧　4·288
杜　垣　15·64
杜其旋　4·431
5·744
6·78
9·68
杜若椿　61·738
杜　茂　11·140
29·484
29·969
40·573
44·611
45·278
杜茂初　43·557
杜　英　54·680
57·102
57·273
杜英班　13·343
杜　松　16·412
16·755
17·496
杜　奇　2·575
3·749
8·296
杜長庚　61·564
杜叔良　31·431
杜肯構　47·197
杜肯播　47·197
杜肯獲　47·197
杜　明　14·123
杜　旻（錦衣衛）　40·414
43·545
杜　旻（濱州）　38·94
杜　忠（河陰）　40·409
54·685
杜　忠（會州）　44·697
46·48
杜秉忠　3·34
杜秉彝　8·508
32·41
33·759
34·66
杜　和　25·68
杜依中　4·389
5·735
6·77
9·68
杜金鵬　19·671
杜　郃　45·78
杜受全　33·614
47·74
杜　■　49·492
杜　泓　16·448
18·130
杜宗壽　8·492
36·459
37·946
杜承志　32·716

杜承宣	34・174
杜孟乾	21・291
杜　春	32・37
	35・427
杜　玨	47・196
杜南金	13・344
杜南棠	9・115
	13・237
杜　柱	46・713
杜　咸	7・784
	32・717
	33・343
杜拱辰	45・27
杜思明	40・828
	47・197
	53・95
杜思忠	40・828
	47・197
	49・352
	53・95
杜思望	20・381
	62・723
	63・723
杜思問	47・197
杜思敬	40・828
	47・199
	49・352
	53・95
杜重威	44・542
	44・595
杜　衍	4・258
	7・304
	32・638
	40・287
	42・475
	47・160
	49・296
杜胤昌	35・264
杜庭珠	40・466
	40・485
	49・787
	63・358
杜　彦	32・620
	40・272
	41・403
	43・526
	43・628
	44・529
	44・576
	64・578
	66・50
杜彦圭	24・77
杜彦鈞	24・77
	32・639
杜　前	7・411
	39・545
杜　津	2・834
杜　宣	47・197
杜　珥	37・632
杜　珣	8・799
	21・407
杜　珝	21・286
	24・749
	24・814
	29・47
杜　起	37・956
杜　華	24・677
杜恭俊	1・846
	5・578
	6・213
杜恭著	6・227
杜恭琦	6・216
杜連登	58・362
	58・708

杜原欵　57・32
57・119
57・295
杜振山　65・222
杜振綱　12・176
杜　時　8・603
30・223
杜時昇　1・757
8・66
19・525
19・581
20・616
20・773
杜恩綬　20・707
杜　剛　4・431
5・746
6・78
杜乘時　37・931
杜卿靄　13・242
杜唐卿　41・438
43・638
44・537
44・658
杜　羔　7・791
32・699
33・81
33・348
34・547
杜淩雲　6・1
杜益盛　29・454
杜　兼　10・681
32・699
33・348
34・548
51・279
52・371
杜　恕(三國)　1・128
26・761
28・96
40・355
杜　恕(元)　47・197
杜　紘　7・311
31・790
34・44
杜　純　20・160
杜　瑛　45・5
杜黃裳　40・279
60・619
60・771
63・14
杜　盛　5・573
杜　掄　13・241
杜　彪　53・522
杜　常　21・685
杜國正　50・91
53・576
杜國華　35・429
杜國基　22・748
杜國傑　41・106
61・557
杜國漸　31・74
37・631
37・712
杜國慶　43・653
杜進儒　18・384
18・553
杜　偉　16・751
杜望之　11・444
杜惟序(唐)　24・77
杜惟序(宋)　32・648
杜清遠　18・359
18・491
杜清醇　13・343
杜　淋　33・113

	33・379
	34・588
杜　淹	61・597
杜　密	15・74
	40・350
杜　啟	32・663
杜啟元	45・182
杜啟智	47・89
杜階平	3・561
杜　瑛	1・777
	8・68
	19・525
	19・581
	19・661
	20・616
杜　琳	23・133
杜　越	8・738
	21・445
	22・463
	22・558
杜　超	35・613
杜　博	46・854
	47・92
杜萬斛	61・625
杜　蕁	7・386
杜朝陽	13・240
杜　惠	47・197
杜　雲	22・691
	31・29
杜　棐	37・716
杜棠馥	50・350
	50・573
杜　遇	47・195
杜景佺	30・500
	31・77
杜景儉	7・797
杜復盛	29・386
杜　欽	8・264
	32・726
杜詠南	26・297
杜敦詩	32・100
杜　斌	42・509
	49・1
杜道周	46・478
	63・27
杜　淵	47・197
杜寓麟	34・101
杜　弼	10・664
	25・769
杜登春	24・260
	24・421
杜登第	44・707
杜瑞聯	47・72
杜瑞麟	47・73
杜　蓁	41・20
	42・600
	43・72
杜夢說	63・242
杜楚客	40・363
	63・12
杜椒華	50・574
杜　馴	43・283
	43・295
	43・316
杜鈐觀	13・239
杜　詩	40・564
	54・642
	62・565
	63・10
杜　誠	2・833
杜　愷	8・579
	30・502
	31・85
杜　璉	41・56

杜臺卿 10·665
23·607
25·771
杜輔畜 23·732
24·86
杜　熙 31·71
杜嘎爾 66·576
杜鳴新 33·132
杜鳳岡 45·89
杜鳳章 49·798
杜　誥 18·19
19·11
杜齊白 36·342
39·258
39·326
杜齊名 7·394
14·712
14·748
杜　榮(蘭州) 44·578
杜　榮(興州) 24·713
杜榮藩 28·431
杜漢徽 11·162
30·188
杜　漸 41·44
63·720
杜　澳 1·173
7·482
杜演疇 22·747
杜　賓 62·496
杜　寧 11·179
12·124
杜　實 14·119
杜維楨 16·459
16·752
杜　瑾 40·470
杜　璋(明) 8·505
32·36
35·64
杜　璋(清) 6·230
杜　摯 41·547
杜增煜 41·472
57·115
57·557
杜　蕙 8·432
28·716
杜　豨 10·665
杜　賁 57·127
57·373
杜　横 61·447
杜　爽 2·843
杜　撰 49·6
杜　駟 9·71
杜　鄴 32·742
杜　輝 29·305
杜　暹 7·782
32·717
34·543
40·361
42·503
杜　遺 35·613
杜　僂 62·494
杜　質 41·573
42·625
46·127
46·491
杜德遠 8·73
21·330
22·439
24·374
杜德煒 58·773
杜德燦 58·749
杜調元 13·239
杜慶元 37·721
杜　瑩 32·691

杜養性 29·251
杜　潮 13·470
杜潤田 19·404
杜審言 40·511
49·671
杜審進 8·33
24·77
杜審琦 24·77
杜審肇 24·77
杜審瓊 24·77
杜遹文 2·15
5·586
5·632
6·217
8·692
杜　鑀 40·354
51·374
54·645
62·566
63·10
杜翰藻 44·611
47·93
杜　駰 5·730
杜嘯海 24·704
杜篤祜 41·459
62·723
63·58
杜　儒 8·292
12·742
12·789
23·410
杜錫金 13·344
杜學易 27·3
杜　憲 47·76
杜憲文 47·197
杜　檀 13·719
杜　檍 41·542

62·496
杜懋哲 1·872
5·577
8·689
杜懋曾 6·218
杜　駿 41·527
55·481
56·731
杜鍾英 58·747
杜　謙(唐) 32·848
33·445
杜　謙(元) 47·197
杜　謙(明) 8·405
16·508
17·2
17·61
杜　燮 37·721
杜　縻 8·508
32·53
33·761
34·67
34·156
杜應元 49·311
49·672
杜應甲 8·781
21·390
25·405
杜鴻升 17·80
杜鴻佩 1·180
3·359
杜鴻漸 32·691
杜　澮 28·738
40·434
60·625
60·775
杜　濱 41·126
41·608

杜　禮　31·119

杜　豐　40·394

40·551

41·433

47·196

49·434

49·574

53·86

杜　曜　13·450

杜　鎮　9·224

31·75

37·714

37·765

杜　璧　35·512

杜　繲　48·175

杜　壐　15·806

杜鵬飛　18·375

18·543

杜鵬遠　16·569

杜鵬舉　32·691

杜　馨　3·576

杜　籍　13·343

杜　纂　10·630

11·142

11·259

31·784

38·297

38·377

杜　斆　40·1

50·195

50·947

51·315

53·526

杜騰蛟　50·86

杜　瀾　31·6

杜繼召　3·550

杜繼衍　45·88

杜繼美　30·18

30·114

31·128

杜攜英　41·624

58·790

杜霽遠　9·137

杜體元　13·239

杜　巖　6·260

杜　麟　44·537

44·590

杜麟孫　4·443

5·746

6·79

杜　灝　38·95

杜纘宇　41·644

43·133

杜　驥(明)　34·330

34·490

杜　驥(清)　9·175

32·710

巫

巫　臣　57·50

巫　咸　62·321

巫　捷　31·294

巫　皋　43·421

55·639

60·731

巫　慧　40·474

48·177

49·321

巫樫孫　1·181

3·361

巫繼咸　21·291

21·801

李

李一才 19·540
李一本 59·331
李一性 31·817
李一槐 59·143
李一寧 31·800
35·55
李一爵 1·167
3·357
41·442
50·227
50·393
50·566
李一鶚 11·186
13·89
43·643
李一鰲 26·83
李一鼇 33·472
63·21
李人天 2·259
22·247
李人蓮 41·591
55·841
李人龍(深澤) 9·256
12·758
12·790
24·422
李人龍(滄州) 4·437
26·69
26·310
李乂 7·803
12·351
12·541
38·153
李乃蘭 5·272
5·349
5·459
李九如 32·419
李九思 32·26
38·906
39·7
李九華 36·748
李九鼎 59·166
李九儀 46·453
李九疇 45·193
李　几 7·693
李三才 1·819
3·542
8·329
李三畏 31·811
34·718
34·726
李三槐 58·223
李三楷 58·223
李三銘 58·223
李三樂 58·223
李三錫 58·223
李三寶 16·757
李　于 32·847
李士元(金鄉) 19·680
20·58
李士元(洛陽) 40·423
45·287
李士元(保德州) 2·833
李士元(清) 58·748
李士友 17·529
李士式 40·490
李士芳 8·615
李士秀 30·20
30·115
李士宏 9·159
32·118
李士林 9·117

	12 · 64
李士英	25 · 96
李士明	43 · 363
李士奎	56 · 11
李士适	18 · 355
	18 · 489
李士俊	45 · 181
李士彦	35 · 263
李士高	8 · 516
	32 · 57
	36 · 267
李士晉	9 · 89
	27 · 102
李士純	32 · 82
李士清(明)	49 · 26
李士清(清)	37 · 516
李士淳	40 · 437
	54 · 745
李士萬	52 · 368
李士傑(明)	17 · 208
李士傑(清)	25 · 98
李士焜	10 · 830
	28 · 739
	61 · 512
李士登	40 · 431
	51 · 350
	53 · 722
李士魁	18 · 533
李士煜	58 · 222
李士模	7 · 466
	16 · 453
	17 · 204
李士綱	17 · 521
李士興	8 · 225
	11 · 312
	12 · 131
李士衡(宋)	60 · 248
李士衡(清)	41 · 597
	47 · 207
李士謙	12 · 350
李士瞻	1 · 99
	8 · 159
	19 · 135
	19 · 190
李士麟	45 · 120
李大中	26 · 576
李大方	41 · 681
	55 · 624
李大安	21 · 362
	24 · 766
李大壯	8 · 755
	24 · 689
李大亨	26 · 294
李大亮	7 · 289
	11 · 158
	11 · 563
	40 · 543
	42 · 468
李大恩	40 · 282
	44 · 612
	45 · 82
李大章	7 · 451
	19 · 111
	19 · 183
李大棟	36 · 333
	36 · 533
	36 · 636
李大欽	11 · 554
李大節	41 · 524
	51 · 33
	52 · 56
	52 · 314
	53 · 728
李大嘉	41 · 439

57・42
57・112
57・548
李大輔 16・199
李大賓 38・913
李大綱 58・255
李大臨 40・518
60・620
李大謨 9・211
18・71
李大觀 41・520
李才賁 8・803
21・463
李上林 24・310
李上達 32・657
李上雲 46・697
李 口 31・790
李 山 8・105
33・371
李 及 22・188
22・338
李及之 32・724
40・373
54・665
李及秀 9・211
17・324
18・69
李之才 51・288
52・372
李之用 46・51
李之任 41・602
53・483
李之芳 40・341
42・497
李之茂 41・49
50・177
54・322
54・326
李之芬 54・704
李之果 9・30
28・743
李之和（元） 41・688
45・49
李之和（清） 39・641
李之崢 4・444
26・290
李之屏 39・635
李之純 4・356
7・841
李之得 28・342
李之琳 37・700
李之■ 4・444
9・77
26・76
26・289
40・536
46・581
50・93
50・609
李之實（延慶） 2・743
2・816
9・207
李之實（廣昌） 24・307
李之實（平鄉） 39・604
李之儀 4・357
12・355
23・737
40・516
李之翰 8・123
23・732
24・86
李之駿 8・822
16・564
18・357

18·490
李之藻 32·674
李之檀 41·480
45·209
李　己 8·513
32·48
36·26
36·136
李子昌 19·24
李子和 40·447
45·343
45·391
李子郁 41·607
45·666
李子貞 11·844
12·16
李子貢 31·152
李子敬 41·434
45·41
李子雄 12·464
13·339
29·615
李子榮 50·253
李子雒 29·540
李子實 50·234
李子藻 45·195
李子躍 3·364
李小仙 2·253
20·162
李小秦 56·261
李天成 31·18
李天柱 34·773
李天祐 7·326
21·277
24·508
24·593
李天浴 2·590
3·745
8·615
李天祥 19·727
20·149
李天培(明) 58·226
李天培(清陽曲) 41·137
43·88
李天培(清三韓) 7·516
30·193
李天敘 9·27
28·740
李天棓 41·657
46·767
李天貴 9·110
11·700
李天集 52·407
李天福 34·795
李天經 10·831
27·439
李天賦 49·80
李天璣 7·460
21·308
25·575
李天冀 20·145
李天錫(新繁) 7·501
李天錫(安邑) 41·521
60·569
李天憲 13·534
李天禧 56·700
李天翼 1·762
8·63
19·736
李天麟 1·825
8·336
李天衢 46·533
47·482
李　元(唐) 7·290

李　元(元)　29・304
李　元(明)　42・516
43・61
48・2
李元久　16・183
16・330
李元名　40・366
48・647
49・292
李元芳(明)　50・65
李元芳(清)　46・824
47・61
李元秀　27・642
李元亨　21・373
24・541
24・679
李元坦　40・475
52・552
李元英　46・746
李元杰　27・900
李元昇　9・175
李元忠(南北朝)　12・350
12・440
31・143
36・433
37・492
李元忠(清)　8・785
11・828
李元軌　7・289
23・203
24・21
40・367
60・617
李元亮　57・571
李元泰　50・922
李元素　32・829
李元浤　49・741
李元通　7・289
李元黄　50・196
50・875
李元植　7・773
12・480
李元道　18・242
李元瑞　18・26
李元愷　7・769
36・437
36・567
36・740
李元嘉　32・621
40・364
40・368
50・72
50・588
52・369
60・617
李元鳳　40・395
李元璋　8・82
16・506
18・338
18・480
李元勳　56・699
李元龍　27・943
李元燮　34・731
李元濟　41・637
李元禮(唐)　40・367
60・617
60・770
李元禮(元)　8・222
11・225
11・450
24・410
李元豐　41・508
李元瀛　63・224
李元齡　20・628

李元懿　40・364
50・72
50・588
60・617
60・770
李元顥　47・80
李元鑣　50・928
李　木　57・370
57・449
李五倫　12・265
李太后　11・136
李太初　26・555
28・435
李友太　4・399
5・167
9・56
李友松　16・655
17・532
李友直　8・352
21・345
21・777
李友泰　4・767
李友梅(綏德)　52・651
李友梅(趙城)　59・158
李友絳　8・781
21・400
25・406
李巨川　40・510
李日升　59・335
李日芃　7・464
16・451
17・204
李日旭　48・377
李日茂　4・379
8・453
28・56
李日宣　40・334
李日培　28・832
李日章　50・330
李日普　41・597
48・379
李日强　41・44
57・42
57・112
57・548
李日瑞　34・721
李日韡　4・381
28・56
李日矗　41・498
48・378
李日儼　60・518
李曰剛　30・103
李曰瑞　7・498
31・829
李日煦　57・43
57・112
57・548
李中白　41・460
50・201
50・445
50・569
李中秀　37・440
李中和　47・656
李中金　46・713
李中梧　7・464
16・451
17・204
17・245
李中淑　16・635
李中熙　45・586
李中馥　41・587
42・626
43・205
李中簡　9・35

	28·828
李　升	8·7
	32·9
	32·439
李升齡	41·539
	53·306
李　仁(元)	7·326
	21·275
	25·36
李　仁(明鎮朔衛)	5·280
	5·358
	5·463
李　仁(明武鄉)	53·102
	53·474
李　仁(明曹縣)	20·757
李　仁(明曲周)	8·507
	32·39
	34·218
李仁美	32·315
	34·81
李仁祐	8·179
	21·340
	21·782
李仁惠	21·686
	22·696
李仁實	7·794
	32·745
李仁綽	35·604
李化桂	32·678
李化梧	15·526
	15·564
	15·645
李化楠	22·139
	22·325
李化龍(明高陽)	21·687
	25·249
李化龍(明榆社)	41·84
	46·748
	46·774
李化龍(明長垣)	8·534
	32·733
李化龍(清)	30·575
李化鯤	4·769
李化權	15·62
李　介	7·357
	14·114
	14·288
	14·468
	14·530
	40·570
	43·544
李今膺	62·478
李公弼	41·432
	50·234
	50·459
	50·559
李公緒	12·350
	12·479
	31·4
	31·368
	36·434
	37·509
李公讓	40·400
李公麟	32·647
李月蔚	46·696
李　氏	34·712
李　文(河南)	11·181
	13·470
李　文(宜陽)	40·524
	42·512
	47·400
李文才	2·65
	19·563
李文元	34·778

李文行 12·550
李文名 49·800
李文芸 18·373
18·542
李文芳 50·246
李文秀 31·73
李文林(完縣) 25·877
李文林(館陶) 34·516
李文郁 18·15
李文昇 32·732
李文忠 40·579
43·536
44·476
44·612
45·312
65·131
65·460
李文沛 16·632
17·211
李文治 16·383
李文定 16·433
17·201
李文星 38·909
李文炳 27·905
李文起 49·492
李文華 34·75
李文莊 36·751
李文彪(滄州) 26·281
李文彪(灤縣) 18·357
18·490
李文敏 60·250
60·331
李文煥(明) 41·445
43·639
李文煥(清) 40·539
44·700
李文深 22·463
李文博 7·693
23·381
24·75
30·316
李文棫 39·609
李文弼 30·191
李文鼎 21·464
24·687
李文運 27·943
李文源 26·570
李文輔 50·560
李文熙 8·587
31·74
31·124
37·625
37·709
李文察 31·805
李文敷 9·187
李文潔 40·415
60·624
60·774
李文翰 41·449
45·778
李文聰 2·834
李文禮 7·794
李文藻 53·751
李文耀 7·463
21·312
李　方 46·3
李方生 21·295
24·751
30·13
30·109
31·89
李方茂 7·486
13·472
李方蓁 40·534

41·589
43·62
57·123
57·363
57·448
李方韓 46·486
李　斗 62·15
李心量 45·730
李心蓮 3·810
李予望 15·44
李孔昭(明) 1·870
5·303
5·393
5·474
5·519
5·594
6·227
6·259
8·347
8·718
19·73
16·672
17·86
李孔偕 61·116
李孔陽 30·502
31·85
李孔嘉 9·42
29·531
29·574
李孔醇 45·74
李以唐 36·267
李　允(沈丘) 40·472
59·298
李　允(隰州) 58·66
李允中 58·791
李允升(洪洞) 58·747
李允升(旗籍) 40·443
50·68
52·651
李允正 40·547
40·772
47·484
47·639
李允功 17·88
李允秀 9·186
李允奇 20·821
李允性 41·494
56·694
李允則 4·263
7·302
11·166
21·269
24·746
25·135
26·247
40·377
40·772
47·484
47·639
50·76
李允超 20·151
李允欽 57·124
57·365
57·448
李允登 7·495
31·823
34·211
李允楨 7·474
李允樟 32·800
李　式 32·670
李　玉(明) 8·420
27·876
李　玉(清) 29·620
李玉方 3·810

李玉安 62·214
李玉芬 52·871
李玉玢 41·654
50·249
50·545
李玉圃 6·179
6·222
李玉海 35·84
李玉書 47·494
李玉培 58·221
李玉堂(建昌) 25·924
李玉堂(成安) 34·731
李玉森 30·101
李玉麟 34·785
李正心 45·832
李正芳 49·28
李正佐 60·518
李正茂 8·615
李正春 9·209
18·60
李正華(明) 4·285
27·22
27·202
28·186
李正華(清) 9·12
29·92
李正寧 58·361
58·371
李功立 45·832
李世仁 41·544
60·706
60·781
李世芳(黎城) 50·177
50·853
李世芳(陵川) 53·738
李世亨 21·360
22·594
李世英 35·417
李世珍 4·418
5·246
李世洽 11·765
李世哲 10·644
32·714
李世高 36·29
李世基 31·828
李世清 38·36
李世悳 63·593
李世勳 43·146
李世祿 58·790
李世璉 31·17
38·274
李世榮 43·244
李世龍 41·479
44·535
44·658
李世爵 46·53
李世藩 8·596
38·155
63·571
李世馨 32·270
34·104
李世鐸 21·305
23·7
李　本(深澤) 12·743
12·791
23·616
李　本(屯留) 50·234
李　本(清) 56·267
56·468
李本立 45·487
45·578
李本奇 9·211
17·348
18·70

李本固(臨清) 27·333
李本固(益都) 35·413
李本淨 40·401
47·403
47·617
李本恭 18·177
李本意 33·69
33·196
李本潔 8·812
16·558
17·183
李本緯 57·361
57·447
李本篤 22·622
李　丕 2·503
3·674
40·367
44·738
50·73
50·592
李丕先 40·452
54·732
李丕挺 41·527
李丕著 7·444
16·451
17·204
李丕猷 57·123
57·362
57·447
李　术 47·491
47·723
47·759
47·803
李可大 11·312
11·510
李可久(陽城) 51·665
52·583
李可久(通州) 3·545
李可久(崞縣) 45·493
45·596
李可材 24·776
32·683
李可柱 12·688
李可教 33·145
李可梁 61·560
李可楨 1·850
5·695
李可愛 8·491
36·454
38·30
李可翹 1·884
李可贊 47·480
李可瞻 3·154
李可觀 60·469
李丙午 25·611
李左車 11·235
11·642
12·436
13·338
23·405
25·764
53·641
李左修 43·682
李　石(唐) 42·472
李　石(金) 32·655
李　石(清) 57·565
李右文 3·561
8·684
李　平(魏) 4·249
7·285
31·352
32·714
李　平(元) 51·718
53·735

李　平(明)　33・122
33・383
李占黄　50・180
50・865
李占第　13・761
李佔魁　56・11
李　旦　8・426
29・87
李旦時　45・494
45・571
李　田　7・347
李甲黄　7・517
40・540
41・594
50・196
50・864
60・469
李由中　40・474
47・164
李史魚　1・134
李四端　34・782
李生光　41・106
60・703
60・780
61・273
李生花　34・731
李生芬　27・105
李生華(明)　55・482
58・798
李生華(清)　63・778
李印叔　36・433
37・507
李印洛　41・591
59・535
李印龍　8・777
21・393
李仕衡　4・257
7・301
李仙允　60・308
李仙姑　41・692
50・253
50・877
李仙品　40・430
50・86
50・314
50・612
李仙風　14・629
李　白　42・740
43・161
李白玉　12・175
李　用　52・9
52・434
李用文　40・541
59・28
59・87
李用中　44・725
李用和　51・291
52・373
李用清　46・534
李用敬　40・419
50・66
50・926
李用棨　27・405
李用賓　49・3
李用質　40・437
54・706
59・648
李逢元　37・440
李立允　13・531
李玄紀　52・688
李玄童　47・731
李半仙　28・781
李必昌　40・424
60・625

	60・777
李必達	31・810
	35・53
李必勝	47・489
	47・647
李必濬	47・74
李　永(元氏)	8・469
	13・343
李　永(寧鄉)	49・762
李永弘	44・635
李永吉	39・403
李永年(廣昌)	24・311
李永年(豐潤)	19・54
李永年(武邑)	30・503
	31・128
李永芳	21・282
	25・923
李永言	57・302
李永茂	32・678
李永昌(明)	38・132
李永昌(清)	10・837
	36・468
	37・906
	37・947
李永固	31・810
李永和	33・688
李永貞	2・135
李永祚	38・36
李永泰	45・666
李永純	4・318
	26・250
李永培	57・43
	57・123
	57・361
	57・447
李永清(河間)	9・5
李永清(五臺)	45・430
李永達	3・547
	5・594
李永敬	37・778
李永祺	41・138
	43・89
李永嗣	30・503
李永輝	41・482
	62・410
李永慶	37・700
李永檜	24・311
李加寵	34・596
李弘基	36・342
	39・258
	39・328
李弘敏	41・89
	59・411
	59・522
李弘道	41・577
	59・670
	59・739
李幼淑	34・554
李幼廉	12・263
李幼漪	46・557
李　圭	60・517
李　吉(潞安)	50・202
	50・894
李　吉(寧武副將)	44・700
李吉甫	11・144
	11・208
	12・352
	13・198
李吉言	32・81
李吉慶	25・42
李老傑	38・271
李老僧	14・184
李　芃	7・805
	12・352

12・441
李芝田 62・217
李芝圃 9・851
李　朴(代州) 31・6
李　朴(大寧後衛) 21・383
21・826
李　亘 32・653
33・189
李再義 1・135
李再豐 31・438
李西林 45・95
李在公 60・305
60・380
李在庭 58・221
李百藥 10・687
23・583
30・318
李　有 2・141
李有本 12・688
李有長 61・249
李有春 58・262
李有倫 18・76
19・52
李有貴 13・93
41・191
李有嘉 4・286
27・21
27・202
李有薰 49・798
李而洵 53・573
李　存 62・580
63・692
李存仁 58・218
李存孝 14・450
43・846
50・594
51・375
李存信 64・616
李存進 40・746
45・300
45・331
64・607
李存賢 1・136
40・369
53・85
李存審 32・630
李　成 10・786
21・680
24・764
31・486
李成名(明) 41・62
42・608
43・75
李成名(清) 30・100
李成虎 9・252
李成性 8・814
16・550
16・777
李成香 56・265
56・466
李成梁 16・411
17・198
李成棟 32・269
58・364
61・511
李成集 6・209
李成鳳 38・916
李成霖 34・785
李成勳 17・194
李成龍(行唐) 11・645
李成龍(奉天) 1・189
22・137
李成蹊 34・776
李成顏 34・101

李　臣　16・440
16・751
李　至　7・842
11・211
11・449
李至遠　12・263
12・351
12・536
李　光（米脂）　40・420
49・316
49・721
李　光（寧州）　54・696
李光玉　13・775
14・629
李光立　21・310
李光地　1・194
4・295
7・422
14・661
23・112
李光先　8・693
李光宇　46・535
李光枚　15・214
李光昭　1・179
19・184
李光美　40・514
李光祖　40・427
42・515
46・87
46・417
李光著　24・713
李光連　7・526
李光國　31・81
37・603
37・700
李光進　40・712
42・567
42・789
45・281
45・757
46・178
李光涵　2・56
李光啟　14・293
14・533
14・660
16・650
18・234
李光萬　40・537
李光裕　46・635
李光弼　1・57
3・133
4・253
7・293
7・720
11・160
32・624
40・276
42・470
63・13
65・30
李光遠（邯鄲）　32・58
33・620
李光遠（平山）　8・468
13・699
40・424
61・447
李光魁　56・17
李光輔　41・639
李光輝　43・75
李光謙　9・37
28・822
李光顏　31・431
32・626
40・712

	42・567
	42・785
	45・757
	45・804
	46・179
李光瀛	38・911
李光瀾	13・251
李尖頭	35・80
李早榮	27・552
	40・479
	46・531
	47・402
李吐馨	40・538
	43・559
李　同	7・540
	31・844
	32・423
	33・625
李同軌	12・263
李同禮	20・483
李因之	40・534
李因培	1・171
李因篤	13・777
	43・683
	45・312
	49・327
	58・727
李　回(後趙)	24・743
	25・35
	25・139
李　回(唐)	40・567
	50・593
李邦才	60・304
	60・372
李邦用	41・433
	41・526
	48・224
	49・353
李邦佐	16・440
	18・183
	18・214
李邦直	44・486
	44・577
李邦奇	36・462
	38・30
李邦柱(趙州)	8・601
	12・455
李邦柱(魏縣)	34・590
李邦彥	5・304
	5・394
	5・475
	40・411
	45・756
	49・2
李邦華	4・268
	7・402
李年耕	45・507
	45・562
	45・631
李　先	10・663
	11・237
	12・609
	12・641
	23・574
	24・73
	31・20
李先立	22・689
李先成	8・541
	40・436
	47・161
	49・314
李先春	59・331
李先達	16・673
	17・87

李　廷	1·791
	3·535
	3·676
	8·158
李廷臣	54·145
李廷芳(明)	32·735
李廷芳(清)	50·659
李廷佐	47·457
	47·624
李廷表	8·543
	32·708
	33·131
	33·391
李廷松	21·368
	25·52
李廷栴	16·470
李廷相	3·733
李廷亮	9·43
	29·535
	29·600
李廷彥	31·810
	33·611
李廷宣	25·597
李廷珪	25·41
	42·584
李廷華	32·51
	33·771
	34·96
李廷桂(徐水)	21·365
	25·49
李廷桂(保安衛)	14·129
李廷桂(清汲縣)	19·7
李廷桂(清盧龍)	17·208
李廷陳	8·575
	22·30
	24·463
	40·425
	62·582
	63·354
李廷梅	37·700
李廷彪	8·698
李廷敬	4·448
	9·77
李廷棟(澤州)	52·75
	54·232
李廷棟(長山)	42·520
李廷棟(民國)	53·324
李廷揚(滄州)	4·446
	9·77
	26·265
	26·859
李廷揚(樂山)	40·493
	59·298
李廷煐	9·210
	18·65
李廷棨	18·27
李廷瑞(遼)	22·15
	24·415
李廷瑞(清)	18·24
李廷楠	7·527
李廷輔(遼東)	43·156
李廷輔(定襄)	2·817
李廷輔(鹽山)	27·219
李廷璋	11·184
李廷樟	40·498
	53·191
	60·628
	60·776
李廷儀(明)	41·61
	59·140
李廷儀(清)	8·822
	16·632
	18·356
	18·489

李廷徵 29·534
29·599
李廷實(元) 53·735
李廷實(清) 46·456
李廷霖 6·174
李廷儒 45·3
李廷徽 9·42
李廷爵 31·89
李廷燮 9·210
18·65
李廷謐 3·696
李廷揚 25·596
李廷鵬 1·147
李廷蘭 58·222
李廷寶 21·289
21·800
41·577
57·41
57·111
57·547
57·698
李廷鸞 17·143
李延功 14·686
李延年 10·582
23·741
李延坪 3·38
李延庚 3·38
李延恩 47·273
李延康 50·224
50·385
50·563
李延渥 7·302
31·456
40·758
42·581
李延壽 40·581
45·83
45·399
李延模 60·383
李延慶 17·328
18·70
李延寵 16·200
李延齡(涉縣) 34·782
李延齡(新城) 21·286
23·111
24·678
李　仲(無極) 8·217
11·265
12·337
12·521
13·145
李　仲(定興) 22·465
22·503
李仲元 19·390
李仲芳(宋) 31·465
32·6
38·562
李仲芳(元) 8·250
李仲祁 40·495
61·449
李仲房 41·375
42·530
李仲宣 5·277
5·355
5·462
李仲彬 36·192
李仲略 40·387
40·801
51·298
51·617
52·376
53·731
李仲熊 10·837
32·70

34・84
李仲璇 13・339
32・618
李仲璋 15・586
李仲寶 14・130
李自功 17・350
李自生 55・879
李自良 42・471
63・733
李自美 61・455
李自修 19・582
李自倫 7・824
李自問 48・58
48・142
李自謙 8・584
30・14
30・109
31・76
李向日 38・909
李向禹 40・445
51・352
53・723
李向春 51・634
52・313
李向陽(鐵嶺) 22・591
22・667
李向陽(成安) 34・695
李向煦 8・608
30・228
李向榮(冀州) 9・222
李向榮(灤縣) 18・357
18・490
李　后 44・402
李　全(明) 40・423
62・311
李　全(清) 41・137
42・615
43・95
李全忠 2・123
3・81
3・145
7・713
17・151
22・179
22・336
李全祐 32・272
李全義 11・827
李　合 63・760
李企白 59・534
李　兆 59・440
59・544
李兆元 41・510
47・651
李兆斗 57・369
57・449
李兆珍 14・544
25・577
36・8
李兆勉 53・302
李兆蓮 12・266
李兆蓉 17・528
李兆熊 12・550
37・36
李兆慶 46・421
李兆齡 9・239
12・266
李兆麟 50・719
58・710
李名世 12・269
20・418
李爭榮 53・738
李色蔚 9・228
30・17
30・112

李旭升 9・202
14・407
15・32
15・99
15・124
15・210
李亦泌 57・368
57・449
李衣錦 24・313
李　充(漢) 32・698
李　充(隋) 40・272
43・526
李充桂 16・627
18・541
李充實 8・570
18・50
李充濁 8・412
16・517
17・178
李　冲(宋) 31・468
李　冲(明) 27・109
李　江 5・475
5・520
李汝正 62・312
李汝申 27・881
李汝均 27・900
李汝佐 50・241
50・451
李汝英 20・628
李汝政 27・901
李汝南 7・492
李汝相 34・554
李汝重 61・116
李汝釗 29・604
李汝紹 39・402
李汝琪 39・438
李汝瑛 20・615
李汝楝 41・504
62・416
李汝禎 13・736
15・684
李汝楫 13・251
李汝寬 41・585
61・117
李汝遜 39・449
李汝霖(字説旃) 9・139
32・77
34・95
李汝霖 50・660
李汝器 61・625
李汝憑 41・477
53・740
李汝礪 13・251
李守中 21・276
25・922
李守正 40・551
54・678
李守貞(定州) 8・611
23・399
24・87
李守貞(沁源) 7・402
李守貞(清) 43・420
李守信 66・265
李守素 7・801
12・351
12・480
李守眞 29・307
李守恩 41・174
43・631
44・530
李守通 39・526
李守富 8・590
李守愚 3・810
李守節 42・585

李守義 7·336
11·178
11·444
李守經 60·623
60·773
60·777
李守賢 40·299
李守德 50·232
50·542
李守贇 21·269
25·135
李安上 15·608
李安仁(唐) 7·729
27·813
李安仁(明) 16·520
16·777
李安世 12·439
李安年 7·776
32·690
李安泰妻季氏 26·883
李安期 7·809
23·584
30·309
李安遠 60·617
60·769
64·595
李　防 32·723
40·378
50·76
李　丞 34·328
34·506
李如玉 19·60
李如伉 34·554
李如枚 4·305
5·34
李如松(鐵嶺衛) 14·461
40·558
李如松(洪洞) 58·406
58·759
李如契 32·111
38·896
李如桂(長治) 50·237
50·384
50·563
李如桂(河曲) 45·783
李如桂(清) 4·401
5·86
李如栢(新絳) 60·703
60·764
李如栢(醴泉) 50·81
李如桐 56·694
李如涝 8·803
21·394
25·179
李如梧 18·27
李如梅 25·599
李如琪 26·90
李如琨 3·587
李如棠 41·692
50·253
53·645
李如喬 9·19
27·640
李如模 25·864
李如璐 26·135
李如檜 16·450
17·496
李如鴻 44·727
李如蘭(陽曲) 41·129
43·87
李如蘭(武陟) 40·449
61·68
李如蘭(榆次) 42·614
46·134

46·436
李如蘭(曲周)　34·224
李如寶　50·669
李好文　8·261
32·748
李好復　32·656
40·385
42·507
46·85
46·416
李好賢　47·404
47·620
李好德　33·130
33·389
李　玘　41·645
52·256
李　孝　62·275
李孝伯　7·680
12·438
李孝怡　12·449
32·617
李孝貞　10·638
12·451
36·435
37·494
李孝恭　54·655
李孝基　32·724
李孝源　39·768
李孝輝　50·894
李　志(北魏)　32·714
李　志(清)　45·495
45·574
李志元　12·643
李志仁　53·89
53·264
53·299
李志杜　34·507
李志泰　19·300
李志敏　20　6·309
李志義　24·301
24·419
李志樸　41·685
43·135
李志學(宋)　47·625
李志學(明通判)　38·275
李志學(明臨清)　21·291
22·700
李　均　28·432
李　坊(香河)　19·479
李　坊(靜樂)　45·195
李芬芳　3·808
22·220
22·355
李　芳(金)　8·61
李　芳(明北京)　10·813
李　芳(明利津)　40·308
42·483
李　芳(明鳳翔)　45·694
李　芳(明涉縣)　34·781
李芳春　4·323
7·481
46·4
李芳華　3·809
李芳莎　9·135
32·72
33·772
34·97
40·447
53·93
53·411
李芳黄　50·888
李芳瑞　20·159
李芳園　20·158
李芳溏　32·56

	34・87
李芳徵	8・811
	9・137
	32・73
	33・770
	34・72
李芳■	32・56
	34・87
李芳齡	48・686
李芝田	41・609
李　克(周)	11・156
	23・198
	24・20
李　克(隋)	44・576
李克允	4・363
	8・201
	28・335
李克正	41・650
	58・791
李克甲	19・480
李克用	44・394
	44・588
	50・600
李克成	25・509
	25・590
李克孝	59・422
	59・534
李克忠	53・751
李克珍	16・203
李克修	40・281
	40・743
	50・600
李克紀	52・18
李克恭	58・791
李克勤	37・436
李克實	17・315
李克讓	41・407
李　杜(永年)	8・514
	32・52
	33・761
	34・67
	34・155
	40・430
	50・85
	50・606
李　杜(肥鄉)	35・429
	49・312
	49・673
李　杜(大同)	43・646
李　杜(清)	30・27
	30・122
李杜言	53・739
李杜陛	19・266
李杜詩	53・738
李　杕	66・237
李　扶	4・288
李扶鳳	58・222
李步沆	18・384
李步青	34・778
李步雲(明)	39・630
李步雲(清)	57・501
李步瀛	31・833
李呈才	58・772
	58・805
李呈秀	41・535
	50・201
	50・396
	50・555
李呈采	57・124
	57・364
	57・448
李呈香	59・165
李呈素	47・497
	47・622

李呈桂 41·128
58·66
58·74
李呈祥 31·814
41·469
47·716
58·65
58·73
李呈章 40·439
李呈醇 25·779
李足興 57·357
57·446
李　秀(樂安) 31·801
34·209
李　秀(汾州) 49·356
49·509
李　秀(遷安) 16·776
李秀林 7·285
13·339
23·201
32·616
李秀鼎 1·795
李　佐(北魏) 11·142
李　佐(明) 28·55
李佐之 40·511
50·592
李佐聖 11·846
12·16
李　佑 12·125
李　伸(容城) 19·191
21·283
21·508
22·593
34·325
34·479
李　伸(三原) 40·410
54·695
55·791
李作桐 41·506
58·735
李作謀 18·373
18·542
李　伯 7·273
43·518
李伯甫 22·10
22·55
24·415
李伯述 41·434
43·638
44·415
李伯時 41·612
李伯貴 29·543
29·576
李伯淵(金) 1·761
5·569
10·784
李伯淵(元) 59·79
李伯溫 40·550
54·678
李伯震 4·282
26·249
李位金 36·270
李位育 36·271
李近門 9·1
李近宸 3·36
李近樓 2·142
李　豸 41·52
51·659
52·582
李　孚 10·590
35·602
36·431
37·813
40·353

	60·247
李希文	40·529
	51·315
李希白(元)	41·619
	52·82
李希白(明)	8·438
	29·533
	29·598
李希召	19·182
	40·434
	61·626
	61·721
李希光	29·540
	29·614
	31·152
李希仲	7·803
李希宗	12·449
李希孟	43·168
李希思	21·460
	22·453
	49·312
李希洛	16·438
	17·18
	41·42
	42·605
	43·75
李希楧	60·304
	60·362
李希曾	50·300
李希蓮	46·534
李希楫	60·303
	60·361
李希軾	40·472
李希靖	40·709
	42·558
	49·136
	49·201
李希賢	8·281
	31·75
	38·253
李希稷	50·86
	60·305
	60·372
李希儒	38·30
李希膺	15·819
李希夔(安陽)	39·679
	39·766
李希夔(定興)	22·522
李含英	33·406
李含春	3·551
	8·677
李　係	29·304
李　亨(大名)	8·523
	32·749
	33·378
李　亨(南和)	39·717
	39·772
李　亨(清)	30·650
李亨廷	1·815
李　序	60·250
	60·331
李　冶	10·803
	11·253
	13·352
	13·448
	13·487
	45·608
	47·535
李　忻(明)	36·458
	37·500
李　忻(清)	58·227
李　忱(明)	21·283
	24·509
	24·594

李　忱(清)　41・104
60・520
李灼文　19・480
李　沅　9・150
35・439
李　沃　15・652
李　汾(金)　41・568
42・623
43・207
李　汾(清)　3・696
李　沂　31・72
李　汴　5・530
9・205
15・565
李　汶　8・433
28・720
28・796
李　沆　8・2
32・2
35・424
李　完(金)　7・322
40・388
44・531
44・629
53・86
李　完(明德化)　4・281
28・21
李　完(明涇陽)　40・528
49・311
李完明　2・738
李　宋　4・288
李　宏(唐)　45・132
李　宏(宋)　40・380
李　宏(明磁州)　8・501
32・29
36・21
李　宏(明蠡縣)　8・359
21・353
23・48
李宏函　24・612
李宏柱　60・181
李宏祖　8・764
21・463
23・132
李宏植　8・799
李宏禎　31・7
李宏德　59・681
59・750
李　良(元)　40・522
58・288
李　良(明保安衛)　14・719
15・431
李　良(明長清)　40・324
李良臣(唐)　42・784
46・177
李良臣(民國)　38・272
李良年　13・779
14・413
14・503
14・577
李良金　40・363
李良貴　41・647
47・487
47・643
李良弼(新河)　8・281
31・75
38・253
李良弼(碭山)　34・772
李良輔　9・222
李良熟　23・93
李罕之　51・282
李罕澄　7・833
李初元　60・626
60・775

李君球 13·764
15·75
李君羡 36·264
李君賢 9·208
18·60
李即陞 65·272
李即龍 24·774
李　邵 31·2
31·297
李妙峯 19·437
李青房 33·685
李青綺 50·668
李青藜 52·500
李　玭 8·3
36·441
李　玫 41·477
49·795
李　玢 32·417
李　玠 47·499
47·723
47·759
47·803
李　玜 54·146
李　坦(明) 28·735
李　坦(清蘄州) 7·512
12·414
李　坦(清忻州) 44·798
李　坦(清介休) 48·379
李其玉 18·377
18·544
李其永 8·813
李其松 48·175
李其昌 40·562
李其紀 8·542
32·707
李其寬 41·538
李其織 58·220
李其覺 53·306
李若水 8·6
32·8
32·652
33·189
33·508
34·216
34·258
40·515
54·669
李若水母張氏 9·288
李若谷(徐州) 32·640
42·474
李若谷(翼城) 40·515
54·664
李若拙 40·287
42·474
李若初 8·119
12·451
李若星(明) 48·176
49·315
李若星(清) 58·260
李若珪 8·495
36·460
36·519
39·717
39·771
39·810
李若連 8·344
李若梓 58·362
58·707
李若葵 43·652
李若揆 50·669
李若陽 47·498
47·655
李若璉 3·752
李若璋 8·815

16・552
李若樾 18・360
18・492
李若龍 27・573
李　茂(元) 33・109
33・325
李　茂(明霑化) 37・926
李　茂(明玉田) 17・354
李　茂(清臨榆) 16・567
17・520
李　茂(清棗强) 9・228
30・26
31・128
李　茂(清平山) 50・298
李茂才 52・504
李茂生 55・819
李茂春(深州) 30・234
李茂春(永和) 58・119
58・218
李茂春(灤州) 16・618
18・383
18・553
李茂彩 56・262
李茂森 43・652
43・847
李茂棠 34・730
李茂實(明) 55・482
58・725
李茂實(清) 34・337
34・495
李茂勲 10・706
17・151
21・679
李茂臨 24・612
李　苗 41・659
李　英(饒州) 16・440
17・494
李　英(寶鷄) 40・408
62・15
李　英(長安) 54・707
58・364
58・711
李　英(清扶風) 13・764
15・77
李　英(清廣宗) 39・433
李英生 50・354
李英年 38・271
李英俊(舊城) 13・713
李英俊(萬全) 16・32
李苑林 65・190
李苑實 35・432
李　芾(宋) 33・768
34・56
李　芾(明) 40・399
51・332
52・547
李　苾 53・748
李直方 16・642
18・374
18・543
李　林 37・440
李　枝 60・190
李枝茂 50・669
李　枌 53・90
53・265
53・300
李　松 1・813
20・253
李松歲 53・196
李松齡 53・316
李　枏 21・299
李　杭 8・82
16・625
18・236

李　杰　34・101
李　述　24・259
李　東(昌黎)　8・821
李　東(澤州)　52・23
李東桓　13・539
李東萊　40・531
45・179
李東陽　1・803
2・576
3・732
8・309
李　奈　2・738
2・759
2・816
李　柰　60・717
李　郁(北魏)　12・479
李　郁(明重慶)　50・84
50・712
李　郁(開州)　47・403
47・617
李　郁(清蒲州)　40・531
45・14
李　郁(清欒城)　9・108
13・479
李郁光　38・274
李奇觀　59・422
59・525
李來宣　16・563
李　拔　18・177
李抱玉　50・72
51・275
52・370
李抱真　40・280
50・56
50・508
50・599
51・276
52・370
李拂桐　9・8
李長仁　29・532
29・597
李長白　1・886
8・628
李長青(懷來)　14・723
李長青(榆社)　41・466
46・747
李長者　26・97
47・729
李長庚(臨漳)　35・641
李長庚(永和)　58・223
李長庚(河津)　61・570
李長泰　33・208
李長華(望都)　25・594
43・899
李長華(汾西)　56・215
李長清　25・598
李長貴　13・768
15・254
李長滋　29・356
30・281
李長楨(望都)　25・598
李長楨(威縣)　38・911
李長蔚　58・753
李長興　26・605
李長豐　58・748
李叔虎　7・640
29・532
29・597
李肯堂　41・642
52・256
李卓揆　40・470
57・105
61・249
李　虎　45・891

李虎變 36·754
李尚一 42·503
李尚思 41·58
57·112
57·547
李尚絅 8·434
27·439
李尚智 7·378
21·290
21·800
41·50
50·225
54·322
李尚傑 34·568
李尚斌 34·558
李尚賓 8·492
36·455
39·268
39·386
李尚賢 9·95
李尚德 45·3
李尚實 41·50
50·226
50·390
50·563
李尚隱 40·364
40·720
63·12
李　杲(元) 10·804
11·314
11·513
李　杲(明洪洞) 41·22
41·438
58·401
58·719
李　果(明澤州) 13·532
李　果(明成安) 8·501
32·30
34·674
李果實 13·251
19·123
19·194
李　昆(明) 40·571
60·250
60·331
李　昆(清) 26·580
李　昌(青縣) 28·56
李　昌(興濟) 4·393
李　昌(濮州) 49·308
49·672
李昌言 3·811
李昌汴 9·212
18·76
19·45
19·98
40·441
42·518
李昌宗(孟縣) 41·488
47·490
47·674
李昌宗(平定) 44·657
李昌恒 2·596
李昌祚 50·78
李昌期 8·519
32·65
33·769
37·42
李昌舒 8·815
16·571
16·778
李昌祺 31·836
38·379
李昌裔 16·645
16·785

李昌慶 46・842
李昌熾 18・361
18・492
李昌澌 8・572
18・54
19・45
19・94
李昌齡(咸寧) 40・437
62・581
63・692
李昌齡(新樂) 12・685
李 昇(盩厔) 40・400
40・531
58・110
58・214
李 昇(鈞州) 21・287
22・699
40・420
48・649
49・309
李 昇(猗氏) 63・812
李 昇(武安縣丞) 36・195
李 昇(清涿州) 39・901
李 昇(清靈丘) 43・877
李明生 17・519
李明性(明) 57・41
57・127
李明性(清) 23・51
李明柱 21・505
李明哲 30・239
李明晉 24・261
李明善 27・627
李明德 15・703
李易國 3・747
李 旻 12・358
12・454
李 旼 9・151
32・99
35・79
李 昉(宋) 10・772
11・316
13・353
29・308
李 昉(清) 28・834
李昉辰 15・209
李 炅 30・651
李 迪(宋) 32・724
李 迪(明興國) 32・662
李 迪(明東勝) 18・45
李迪康 55・799
李固本 31・815
32・414
李固言 7・807
12・452
63・14
李 忠(後漢) 7・277
29・29
31・3
31・301
李 忠(明) 25・899
李忠臣 2・264
李 岩 34・211
李 垂 40・373
54・664
60・620
60・772
李垂銜 19・490
李知本 7・740
11・290
13・339
李知光 25・218
李 牧 1・55
7・272
12・348

12・436
13・338
19・678
20・57
31・780
33・608
43・518
44・469
45・277
55・405
59・407
59・518
李　和(北周)　64・560
李　和(明寧晉)　37・220
李　和(明遷安)　16・776
李　季　58・228
李季昌　41・597
李季鼎　1・99
3・729
8・299
李　秉　7・341
14・113
14・287
14・468
14・528
40・306
43・541
44・482
李秉文　25・611
李秉和　24・601
李秉哲　62・220
李秉鈞(漢陽)　1・178
20・853
李秉鈞(交河)　27・905
李秉鈞(灤縣)　18・559
李秉愚　58・406
58・723
李秉義　41・650
58・790
李秉儉　41・483
李秉衡(明)　31・806
34・210
李秉衡(清)　25・926
31・544
李秉謙　34・795
李秉彝(元)　1・775
3・532
8・136
李秉彝(明)　7・379
21・288
23・4
48・676
49・360
李竺綱　58・223
李　佳(武鄉)　53・112
李　佳(沁源)　53・487
李　岳(長垣)　8・523
32・728
李　岳(成安)　8・505
32・35
34・675
李岳東　17・80
李　岱　41・27
46・533
46・566
47・482
李　侃(唐)　40・363
54・659
李　侃(明)　1・113
1・798
8・303
19・136
19・137
19・138

19・148
19・191
19・224
19・227
40・305
42・482
李　侃(清)　16・636
18・372
18・542
李　佺(金)　41・433
49・575
李　佺(清)　50・202
52・861
李佩華　41・655
50・584
李佩璋　3・849
李　卑　40・580
李　金(原武)　27・628
李　金(遷安)　8・408
16・513
16・776
李金仁　41・696
李金全　31・438
李金臺　41・499
43・876
李金聲(聞喜)　61・132
李金聲(景縣)　29・588
李金蘭　39・777
李念茲　27・303
李采菲　40・329
42・491
李　受　45・179
李受曾　9・188
李　周(五代)　10・715
36・437
李　周(宋)　40・374
54・666
58・370
李周仁　4・340
26・67
26・284
李周望　9・202
14・408
15・33
15・100
15・127
15・164
15・200
李迎春　38・913
李　京(宋)　8・29
12・354
12・453
31・471
32・644
33・65
33・188
34・544
40・516
47・398
李　京(元)　8・198
李　庚　37・929
62・33
62・212
李育德(唐)　7・801
12・466
李育德(清)　16・573
17・508
李育德(民國)　13・759
15・705
李　性　8・368
11・790
21・365
李性天　18・378
18・545

李　怡　41・455
59・411
59・524
李　法(明)　27・160
27・282
李　法(清灤縣)　17・185
18・356
18・490
李法行　9・282
李法孟　9・32
28・828
李法祖(鐵嶺)　22・137
22・324
李法祖(永年)　34・100
李法曾　28・834
李法勤　16・466
16・753
李法顏　9・31
29・49
李　沮　43・610
44・541
64・464
65・487
李泗濱　39・433
李　沛　12・175
李沛霖　9・231
李　泮(萬全)　16・33
李　泮(博野)　23・129
李泮池　38・583
李　治　38・30
李宗文　37・584
37・660
李宗正　60・701
60・763
李宗昉　31・816
34・719
李宗城　16・469
18・134
李宗信　34・676
李宗祐　33・369
李宗桂　35・433
李宗訥(唐)　29・311
李宗訥(宋)　8・31
李宗商　8・408
16・513
李宗堯　3・35
李宗焱　60・787
李宗源　8・117
22・28
24・355
24・461
李宗鄴　57・367
57・448
李宗儒　16・665
18・237
李宗諤　29・308
李　定　2・139
李定民　55・811
李定榮　10・827
21・684
22・445
李定麟　35・642
李宜芳　35・608
李宜春　1・155
20・58
李宜培　31・808
33・719
34・46
李宜楷　50・332
50・572
李　建　12・352
12・441
李建中　40・383
60・248

	60・329
李建功	8・520
	31・817
	36・4
李建崇	41・409
	50・232
	50・543
李建章	33・414
李建業	50・355
李居一	4・323
李居仁(宋)	57・37
	57・698
李居仁(明觀城)	58・288
李居仁(明曲沃)	57・431
李居仁(清)	35・436
李居壽	2・248
	14・178
李居頤	40・466
李　承	12・264
	12・352
	12・536
	40・279
李承之	32・724
李承式	12・729
	12・780
	23・340
李承光	8・769
李承志	57・43
	57・112
	57・550
李承芳	5・277
李承宗	13・533
李承祖	45・391
李承約	1・720
	5・295
	5・383
	5・469

	10・701
	31・787
	50・74
李承華	57・41
	57・112
	57・549
李承恩(新樂)	12・688
	49・160
	49・243
李承恩(沁水)	54・166
李承恩(清)	41・521
	60・570
李承乾	11・144
李承弼	22・681
李承嗣(五代)	40・749
	45・292
李承嗣(明)	40・414
	49・308
	49・785
李承新(豐潤)	6・245
	19・70
李承熙	31・836
	38・379
李承賜	41・543
	60・704
	60・764
李承慶	21・294
李承勳	40・513
	42・504
李承爵	44・658
李承謨	4・427
	9・73
	28・59
李承鴻	4・407
李承謙	54・724
	59・86
李承鴻	5・88

	5・201
李承寵	57・43
	57・127
李承露	30・589
李承鑛	9・193
	14・403
	14・490
	14・572
	14・639
	43・654
李　孟	40・825
	50・78
	50・171
	50・375
	50・532
李孟旭	43・846
李孟春(明)	53・90
	53・263
	53・299
李孟春(民國)	20・150
李孟訾	7・809
李附鳳	41・470
	58・120
	58・219
李　春(元)	8・289
	30・365
李　春(明邱縣)	35・256
李　春(明臨漳)	35・639
	54・757
	59・79
李　春(明南和)	39・716
	39・769
李　春(明屯留)	50・234
李　春(明滿城)	8・364
	21・351
	25・899
李春元	19・406
李春光	60・303
	60・360
李春先	41・646
	43・675
李春茂	51・676
	52・586
李春芳(陽曲)	41・437
	42・604
	43・74
	51・727
	54・198
李春芳(井陘)	8・470
	11・271
	12・608
	40・425
	45・683
	48・650
	49・311
李春和	6・57
李春城	4・417
	5・246
李春泉	28・31
李春華	32・52
	33・779
	34・86
李春萼	32・52
	33・763
	34・84
李春源	9・29
	28・829
李春蓁	32・52
	33・762
	34・69
李春溥	56・696
李春臺	21・407
李春潮	56・723
李　珏(唐)	7・808

	12・353
	12・452
李　珏(明開州)	8・526
	37・729
李　珏(明陽原)	15・666
李　玳	19・557
	45・287
李玳馨	44・657
李　珍(明)	32・42
李　珍(清)	34・492
李　珊(利津)	49・310
	49・672
李　珊(洪洞)	55・480
	58・718
李珊玉	50・92
李　玹	50・337
	50・560
李　政(宋)	7・315
李　政(明)	50・80
	52・648
李政修	48・175
李政藻	12・263
李　某	27・619
李　革	54・676
李南公	4・264
李　柄	41・80
	43・649
李柄珩	58・711
李　枏(明)	39・257
	39・325
李　枏(清)	53・632
李柳西	27・236
李　柱(明)	59・157
李　柱(清樂亭)	16・631
李　柱(清深澤)	9・256
	24・423
李柬之	32・724
李　威	41・19
	41・451
	47・306
	59・168
李　厚(任縣)	8・486
	36・447
	37・903
李　厚(隆平)	37・441
李厚生	16・33
李厚望	9・203
	15・214
李厚積	15・569
	15・651
李　奎(祥符)	20・371
李　奎(定襄)	45・19
李奎祥	36・774
	37・18
李　持	27・519
李拱辰	32・25
李指南	62・213
李　拯	55・659
李　貞(壽光)	11・444
	12・681
李　貞(鳳翔)	61・511
李　貞(絳州)	41・622
	60・629
	60・728
李貞木	40・491
	52・327
李貞吉	35・431
李則星	41・652
	63・594
李　禺	46・11
李映庚	58・711
李映奎	61・153
李映乾	15・211
李　星	58・404

58 · 741
李星香 59 · 34
李星魁 57 · 367
57 · 448
李星熤 50 · 895
李　昱 41 · 180
50 · 188
50 · 407
50 · 547
李　祀 41 · 529
60 · 515
李　昭 31 · 795
李昭玘 40 · 516
50 · 60
50 · 602
李昭述 11 · 166
29 · 311
32 · 642
李昭亮 7 · 307
11 · 166
21 · 271
23 · 208
24 · 23
32 · 646
40 · 764
50 · 166
50 · 371
50 · 524
李昭遘 4 · 263
29 · 312
40 · 379
51 · 287
52 · 372
李昭徽 12 · 650
李思行 7 · 801
12 · 464
40 · 543
42 · 739
43 · 161
李思明(金) 20 · 148
李思明(元) 8 · 289
12 · 264
李思明(明) 21 · 283
25 · 923
李思忠(明) 50 · 85
53 · 523
53 · 569
李思忠(清) 25 · 864
李思柱 8 · 583
30 · 502
31 · 77
李思捷 16 · 645
李思敬(唐山) 8 · 240
36 · 443
37 · 496
李思敬(安平) 30 · 330
李思敬(絳州) 41 · 435
60 · 758
李思義 58 · 219
李思齊 65 · 168
李思賢(保安) 15 · 429
李思賢(南昌) 4 · 387
26 · 764
李思鄴 13 · 781
14 · 414
14 · 695
李思儉 7 · 290
15 · 75
李思豫 49 · 797
李思謙 50 · 227
李思寵 36 · 344
李品仙 15 · 225
李　矩 40 · 355
40 · 616

54·649
55·440
55·796
李　适　32·679
李　秋　5·301
5·391
5·473
李科元　38·653
李　重　23·573
40·355
54·649
李重美　32·631
李重華　53·216
李重進　26·65
42·741
43·198
李重貴　7·302
21·269
25·134
31·455
32·634
李重遠　41·534
59·338
李重福　34·215
李重熙　41·620
42·625
46·24
李重誨　41·426
43·631
44·414
44·721
李重謙　50·66
50·861
李重鎮　18·19
19·4
李　竽　32·49
34·216
李　■　41·520
55·806
李　修　34·514
41·631
43·670
李修文　41·653
63·594
李修吉　40·571
李修衎　5·388
5·472
李修德　60·387
李修繸　5·392
5·473
李保臣　3·81
李保成　39·774
李保忠(唐)　3·43
李保忠(清)　34·90
李保極　28·825
李　信(薊州)　5·394
李　信(南和尉)　39·768
李　信(朔州)　44·533
44·588
李　信(臨汾)　7·333
18·15
41·438
李　信(浮山)　41·438
59·329
李　信(清)　9·117
12·66
李　禹　32·114
38·771
李帥正　9·138
李　俊(山東)　43·282
43·315
李　俊(定興)　8·359
21·352
22·440

22・508
李　俊(岐山)　40・310
李　俊(完縣)　21・383
25・863
李俊民　9・269
41・570
51・545
52・408
53・754
李　衎　1・111
2・141
5・299
8・156
李待時　32・84
36・199
李　衍(隋)　49・291
李　衍(明隆慶)　2・699
2・706
2・737
2・755
2・813
8・548
14・134
14・377
李　衍(明武强)　30・366
李　衍(清)　2・730
李衍祥　60・305
60・372
李衍曾　9・43
李　後　32・57
李脈健　58・412
李　勉(唐)　40・365
49・294
49・480
李　勉(明)　8・364
21・359
25・404
李盈科　58・754
李胤華　29・307
李亭安　16・26
16・41
李　亮　51・612
李　度　32・690
李庭玉　7・739
李庭芳(明)　8・540
33・128
33・385
34・582
李庭芳(清)　30・239
李庭幹　3・793
李庭端　24・334
李　彦　31・378
李彦士　46・432
李彦成　53・87
53・91
53・408
李彦英　41・529
60・629
60・695
60・779
李彦哲　47・195
49・434
李彦祥　31・792
35・411
李彦從　40・747
49・339
49・674
李彦清　66・220
李彦傑　43・154
李　咨　8・426
30・639
40・406
54・700
59・642

李　恒(遵化)　18・62
李　恒(沁水)　54・233
李　恒(東明)　9・181
李恒光　9・205
15・531
15・566
15・650
李恒茂(明)　36・553
李恒茂(清)　12・560
李恒忠　25・864
李恒炆　15・533
15・567
李恒炳　15・535
15・566
李恒國　39・272
李恒煥　15・531
李恒焜　15・533
李恒蒸　15・567
15・650
李恒煜　15・532
李恒煌　15・534
15・652
李恒實　3・170
李恒嶽　15・66
李恒燦　15・648
李　恢　13・338
李　恂(漢)　4・244
7・277
李　恂(明)　41・452
59・142
李　恂(清)　50・229
52・864
李　恪　60・519
李　炳(宋)　32・2
35・423
李　炳(明岢嵐)　44・784
46・11
46・21
李　炳(明盧氏)　58・361
58・707
李　炳(清)　36・269
李炳生　4・324
7・481
李炳坊　27・902
李炳奎　55・661
56・741
李炳焱　38・897
李炳藻　27・905
李　炯　9・50
27・447
李　炫　8・409
16・514
16・776
李爲柱　12・459
李爲棟　50・69
50・608
李爲瑞　35・512
李爲梗　60・305
60・380
李　美(明)　34・676
李　美(清)　8・813
16・641
17・211
李美然　56・721
李　洪　16・179
16・324
李洪信　41・415
43・84
李　洧　19・266
李　洞　54・660
李　洙　16・568
18・356
18・490
李　洽　8・180

	21・341
	25・51
李洵仁	41・318
	47・216
	49・383
李　宣	58・362
	58・708
李宣密	25・874
李宣猷	15・76
李宣範	1・181
	3・361
	3・832
	7・451
	22・140
	22・325
李宧成	34・755
李宮桂	35・432
李冠銘	26・580
李　昶	32・744
李昶芬	30・124
李昶源	30・100
李　祐(元)	20・370
李　祐(明)	60・515
李祖垚	56・695
李祖望	40・470
	61・448
李祖揖	31・390
李神軌	10・644
	32・704
李神威	12・312
李神祐	32・639
	40・516
李神符	40・273
	42・468
李神福	40・750
李　紀	7・351
	30・699
	41・24
	50・175
	50・381
	50・548
李　秦(明)	7・387
	35・620
李　秦(清)	41・538
	53・98
李　泰(明)	41・28
	61・115
李　泰(清)	25・593
李泰棻	15・633
李　素(平谷)	8・300
李　素(遵化)	8・571
	18・47
李　素(寶坻)	5・572
李　素(薊州)	5・299
	5・389
	5・472
李　素(安邑)	41・10
	60・515
李　素(清)	33・684
李素元	18・92
李素立	7・801
	12・263
	12・350
	12・536
	40・512
李素坊	3・210
李　珙	4・284
	28・186
李珠林	28・825
李　珽(五代)	32・630
李　珽(明)	3・228
李　珽(清)	29・610
李　珩	20・449
李　珣	59・590

李　佩(懷仁)　43·919
李　佩(洪洞)　58·746
李起元　8·498
36·459
39·717
39·771
李起龍　37·713
李起巖　31·793
36·2
李　貢　7·340
李　耿　3·751
8·346
李　華(魏)　13·339
李　華(唐)　7·750
11·250
12·351
13·195
52·439
李　華(金)　40·385
40·811
45·343
61·551
李　華(明涇陽)　53·263
53·299
李　華(明鉅鹿)　36·453
37·816
李　華(明獲嘉)　39·329
李　華(清)　15·705
李華庭　53·312
李華國　7·471
29·363
李華魯　11·749
21·289
李　恭(北朝)　10·617
李　恭(明遵化)　8·568
18·45
李　恭(明三河)　19·257
李恭榮　58·219
李恭讓(元)　30·330
李恭讓(明)　61·624
李　莪　32·694
李　晉　41·570
47·199
李晉年　18·494
李晉亨　41·521
47·653
李晉福　8·442
李晉榮　38·586
李　莊　5·301
5·390
5·473
李　真　51·315
52·288
63·692
李　栻　7·388
31·806
33·69
33·196
34·553
35·412
35·504
李　桂(大同)　44·524
李　桂(魏縣)　33·113
33·379
34·580
李桂芳　3·360
李桂林(欒城)　13·496
李桂林(臨榆)　17·512
李桂垣　33·684
李桂品　9·152
32·104
33·633
李桂舒　53·318
李桂蓉　27·240

李桂馨 60·226
李桂齡 25·605
李　桓 14·713
李栖筠 7·752
11·144
11·207
12·351
13·197
40·368
60·618
60·770
李桐音 17·88
李桐容 10·686
29·258
31·78
李桃枝 31·396
李格非 7·312
21·272
25·42
31·12
31·471
李　核 12·310
李根深 54·746
李根暢 41·649
李　軒 57·430
李　軏 62·692
63·426
李　連 9·180
李連仲 39·421
李連芳 4·540
李連茹 25·599
李連聘 39·166
李連蓼 9·234
12·458
40·485
李連聲 43·320
李　哥 19·672
李衷實 22·740
李　栗 40·643
45·291
李原名 8·351
21·344
李振世(岳陽) 56·264
56·466
李振世(長垣) 9·185
32·740
李振芳 5·355
5·462
李振岐 13·758
李振昇 13·341
李振春 9·242
30·226
李振彩 37·730
李振湘 34·746
李振聲 53·301
李振藻 9·201
13·718
14·404
14·441
15·31
15·124
15·208
李振壩 61·117
李　哲(成安) 32·37
34·676
李　哲(垣曲令) 40·403
61·245
李致和 5·303
5·393
5·474
李　虔 31·368
李　時(任邱) 8·425
28·714
李　時(通州) 3·366

李　時(永平衛)　8・406
16・512
17・177
40・409
42・511
46・3
李　時(鎮朔衛)　5・280
5・358
5・463
李　時(涿州)　40・415
61・67
李　時(解州)　20・383
41・467
60・307
60・362
李時中(明)　20・371
李時中(清)　59・526
李時升　58・753
李時化　56・219
李時正(明)　20・759
李時正(清)　11・556
李時冬　2・728
2・790
李時光　47・321
李時芬　8・373
21・368
李時芳(陵川)　41・621
52・85
李時芳(遼東)　30・302
李時秀　47・487
47・643
李時佑　53・89
53・260
53・297
李時茂(明)　40・429
60・190
李時茂(清)　7・495
31・819
34・211
李時昌　33・623
李時春　19・47
李時莞　8・336
19・562
李時勉　58・227
李時乾　19・584
李時敏　58・224
李時康　8・336
19・729
20・151
李時景　36・270
李時漸　52・313
李時懋　58・224
李時謙(襄陵)　41・473
59・748
李時謙(淮安)　8・620
40・455
50・91
53・574
59・679
李　晠　30・193
李　晟　58・53
60・619
63・13
李晟德　15・212
李　晏(高平)　40・389
40・800
50・77
50・861
51・614
52・314
53・731
56・331
李　晏(隴西)　45・682
李勖時　45・571

李恩捷 18·374
18·543
李恩慶 5·526
李恩澤 16·28
16·45
李恩寵 30·190
37·796
李　剛(明柴溝堡守備) 15·680
李　剛(明宿衛) 21·386
23·134
李　剛(清) 37·730
37·779
李峴壽 22·12
41·482
60·308
李　峼 58·750
李　峨(雄縣) 24·768
李　峨(解州) 60·304
李　峩 8·533
李　牲 61·149
李乘雲 8·391
21·423
25·172
25·241
40·437
54·717
59·297
李特生 36·268
36·303
李　倴 41·79
61·119
李　偀 9·244
李　倬 43·558
李　倫 47·625
李　倜 41·638
李雋望 13·743
李　健 18·377
18·545
李　息 65·116
李　躬 9·262
11·315
13·352
李師中 7·310
21·272
25·137
40·290
42·477
李師孔 8·531
32·694
李師白 59·527
李師行 41·407
53·473
李師沆(明) 21·299
25·39
李師沆(清任邱) 9·29
李師沆(清榆次) 46·440
李師政 41·670
50·541
李師晦 40·511
50·73
50·592
50·915
李師雄 41·431
45·301
李師程 49·530
李師舒 39·335
李師聖 15·347
李師儒 8·364
21·360
25·173
李師夔 10·789
14·364
15·399
李徐寮 63·693

李　殷(唐)　40・362
42・503
47・47
李　殷(五代)　2・89
10・698
李　釗　4・771
5・252
李脈健　58・773
李逢吉　54・229
李逢旭　34・515
李逢治　60・788
李逢春(明)　48・649
49・307
李逢春(清景縣)　29・603
李逢春(清元氏)　13・345
李逢時　34・777
李逢源　59・38
李　高(明)　40・409
54・701
59・643
李　高(清)　40・481
60・628
60・776
李高遷　40・575
42・739
43・161
李席珍　12・176
李唐臣　40・394
53・91
53・408
李唐奕　50・203
50・895
50・908
李唐錦　24・311
李淩垣　15・647
李淩霄　9・239
12・553
李　悝　62・206
李　悌　49・313
49・673
李　益　65・228
65・521
李益謙　18・326
18・473
李　浹　62・16
李　涓　40・781
50・184
50・318
50・359
50・404
50・516
李　浩(宋)　40・785
49・431
49・574
李　浩(明曲沃)　7・362
41・23
57・111
57・545
57・709
李　浩(明清苑)　21・344
李　浩(清)　58・222
李浩發　44・592
李　浵　14・713
45・74
李　浣　9・112
11・276
13・341
李　浚(明)　28・439
李　浚(清)　9・205
15・528
15・565
李浚泉　28・434
李浚源　3・696
李家相　38・32

李家選 41·453
42·611
43·84
李　容 47·487
47·653
李書文 26·578
李書田 30·120
李耼霄 41·106
60·704
60·764
李　陶 9·26
李　祥(北魏) 12·439
李　祥(明) 40·399
51·301
52·378
李祥雲 34·696
李永久 31·234
李　通(永和) 58·228
李　通(順義) 3·166
李通敏 41·615
41·671
52·264
李　能 14·118
李能臣 41·52
48·684
李　恕(明) 48·132
李　恕(清) 65·89
李　純(金) 52·315
李　純(元) 41·574
52·69
李純夫(唐) 41·614
63·578
李純夫(元) 41·686
63·217
李純仲 51·623
李純甫 8·112
14·155

14·368
15·523
15·556
15·646
62·720
63·189
李　紓 11·250
13·196
李　邕 32·624
32·744
39·766
39·804
李　球 2·240
10·684
李現珠 13·345
李現壽 24·418
李　琇 2·841
李　逵(榆林) 4·281
李　逵(芮城) 41·8
62·31
62·209
李　逵(屯留) 41·1
50·175
李執中(元) 41·432
50·234
50·664
李執中(明) 49·81
李　殼 32·753
李　埨 47·499
47·723
47·760
47·805
李　培 21·454
23·52
李培之 37·41
李培元 17·523
李培仁 13·765

李培光 41·493
43·205
李培因 49·104
李培吾 28·101
李培秀 41·621
52·86
53·739
李培茂 58·259
李培深 9·160
32·121
李培謙 44·732
李培聰 53·90
53·261
53·298
李基生 8·78
21·402
25·406
李基坊 29·609
李基塙 9·43
29·607
李　著 8·94
11·283
11·491
李　萃 33·127
33·183
李萃秀(束鹿) 8·394
11·793
21·423
李萃秀(陵川) 51·720
53·737
李萃秀(清) 17·366
18·70
李　菼 15·650
李乾祐 4·255
7·290
32·621
33·185
李乾淑 4·384
28·28
李　菡 2·54
李　埜 22·744
李　彬(指揮) 13·759
15·704
李　彬(慶陽) 61·624
李　彬(定遠) 7·333
李　梵 32·267
38·315
38·637
李棲鸞 34·676
李　梃 47·498
47·656
李　梅 41·184
44·524
李梅芳 11·827
李梅賓 4·311
5·28
7·477
31·826
李　梓 21·384
22·607
李連萝 63·213
李連騎 38·912
李　研 52·370
李　盛(隋) 26·824
李　盛(明) 32·33
36·23
李　堅(北魏) 11·142
21·688
24·794
25·250
李　堅(清) 59·423
59·534
李掖垣 16·562
李虚已 40·375

李處耘 40·762
50·161
50·368
50·516
李處溫 2·128
李處疇 50·205
李　彪 5·670
9·265
32·743
李彪女 9·282
李　堂 18·15
李堂植 59·422
李　常 32·649
李常侍 52·245
李　晊 35·433
李　曼 51·614
52·314
53·731
58·54
李　晦 7·290
16·155
16·268
李　冕 7·387
33·67
33·193
34·552
李　異 41·567
52·66
52·314
53·728
李異品 54·200
李國士 40·331
42·491
李國安 17·88
李國英 41·464
43·653
李國治(明) 34·792
李國治(清) 12·267
12·314
李國柱 4·410
5·188
9·60
李國俊 62·33
62·211
李國泰 3·546
李國梁(明) 16·652
李國梁(清) 8·824
9·214
16·579
18·79
李國棟(元) 8·103
32·726
李國棟(明) 16·652
李國棟(清) 3·850
李國棠 21·394
25·180
李國傑 9·141
34·75
李國瑞 17·68
李國模 46·752
李國維(遼東) 27·521
李國維(滿州) 40·444
49·317
49·786
李國■ 8·390
21·381
25·170
25·220
25·227
25·229
李國瀛 46·714
58·709
李國觀 34·554
李　崧(五代) 10·730

29・311
李　崧(明)　8・327
李　崑(明)　20・821
李　崑(清)　4・326
7・528
李　崙　40・406
50・64
54・315
李　崇(北魏字繼長)　7・662
31・354
32・714
40・574
43・525
65・120
李　崇(字永隆)　1・131
5・352
5・460
李　崇(後魏)　3・79
3・142
李　崇(唐)　31・410
李　崇(明)　12・610
李　崇(清)　13・91
24・261
李崇矩　40・546
40・760
50・75
50・159
50・367
50・512
51・364
李崇信　43・155
李崇祖　40・658
50・195
50・443
52・848
李崇倫　39・607
李崇道　8・725
李崇節　34・682
李崇義　40・363
李崇德(臨清)　31・18
李崇德(文安)　8・335
20・590
李崇德(青縣)　4・389
28・32
李崇德(清)　12・560
李崇樸　57・124
李崇蟠　47・165
李　符　32・722
李符清　4・314
5・33
7・503
11・817
21・312
李　敏(襄城)　7・342
40・307
43・543
43・770
李　敏(榆次)　41・42
42・606
46・131
46・432
李　敏(新安)　8・356
21・348
22・735
李　敏(清)　58・752
李敏文　24・312
李敏秀　41・543
李敏珍　41・210
李敏達　20・265
李敏德　50・548
李　偲　8・122
23・391
24・78
李　偘　53・344

李　進(明清苑)　21・354
21・786
李　進(元)　8・291
25・775
李　進(明曲沃)　7・353
31・795
41・23
57・40
57・111
57・545
李進臣　9・194
李進忠　5・304
5・394
5・474
李進賢　21・505
李　皎　12・650
43・672
李　偉(漷縣)　2・103
8・327
56・688
李　偉(洪洞)　53・291
53・342
58・402
58・741
李偉文　3・562
8・685
李得成　24・375
24・463
李得春(明)　14・121
李得春(清)　3・548
8・675
李得義　41・434
44・796
李從今　11・185
13・526
李從心　40・333
42・516
44・630
44・640
44・698
45・693
46・48
46・61
李從正　15・204
李從珂　11・130
李從厚　44・401
李從昶　10・706
21・678
李從泰　41・651
57・430
李從益　44・403
李從教　22・11
24・416
李從敏　43・629
44・405
李從善　8・264
33・377
李從道　27・516
李從溫　44・404
李從榮　44・403
李從璋　41・410
44・404
李從璟　40・743
43・629
44・403
李從龍　41・486
43・203
李從璨　44・404
李從謙　6・3
35・260
李從曮　10・705
21・678
李敘曾　9・188
李　凰　12・359

李魚化 31·811
李　訥(明) 18·17
李　訥(清) 32·740
33·393
李　訢(漢) 11·140
李　訢(後魏) 2·110
10·616
21·673
22·152
22·330
李　庶 35·604
李　庸(唐縣) 21·348
24·210
李　庸(太平) 25·483
25·573
李　庸(南和) 39·715
39·769
李　庸(慶都令) 21·281
李庸修 7·344
11·179
李　康 23·374
24·86
李康祖 30·589
李　章(宋) 36·439
37·509
李　章(明) 40·322
李　章(清) 43·181
李　產 1·673
3·152
22·150
22·329
李商隱 62·719
63·188
李率祖 23·129
李惟杞 59·143
李惟岳 11·147
李惟誠 7·701
李惟賢 31·457
40·764
50·458
50·525
李惟簡 7·325
8·242
36·443
37·496
李惟馨 50·318
50·377
李惇信 50·310
李　炯 34·72
李　烰 32·734
李　煥(北魏) 12·463
40·565
李　煥(清) 49·689
李煥文 15·216
李煥門 40·458
43·562
44·91
李煥揚 50·614
60·777
李清臣 7·312
8·12
11·167
32·725
33·365
34·548
40·374
54·667
李清芳 37·516
李清和 33·633
李清柱 45·80
45·85
李清彥 1·187
6·146
6·209

李清泰(樂亭) 16·573
李清泰(高陽) 8·805
李清淑 16·646
李清棟 61·156
李清弼 37·13
李清溪 59·253
李清榮 49·713
李清綺 50·763
李清輝 39·773
李清操 37·516
李清鎧 40·453
54·729
59·446
李清鑰 12·781
李 渶 24·260
李 涞 8·376
21·415
21·826
22·595
40·555
李淑仁 40·271
44·576
李淑躬 45·195
李淑統 50·89
李淑賢 38·676
李 涓 21·429
李 渦 3·38
李 淮(聞喜) 41·40
61·115
李 淮(武安) 36·157
李 淮(大城) 20·250
20·253
李 淮(清) 9·239
李 淦 25·904
李 淳(明) 40·419
50·84
53·568
李 淳(清) 8·739
李淳頤 1·740
7·828
19·473
李 深 58·403
李 涵(遷安) 16·516
16·777
李 涵(館陶) 34·334
34·507
李 涵(清) 3·550
李 宴 53·85
李 寅(青縣) 28·55
李 寅(臨汾) 55·798
李 寅(豫州) 14·116
14·289
14·470
14·530
李寅清 34·509
李 寀 57·431
57·698
李 密 10·652
12·450
31·156
32·779
32·843
52·367
李啟元 8·619
李啟瑞 20·61
李啟漢 36·746
李啟燦 36·200
李啟鵬 50·669
李 問 36·467
李翌宸 47·315
李張瑞 3·811
李陽冰 7·804
12·481
40·366

51・313
52・287
李陽春 30・228
李　隆(和州) 43・538
李　隆(河津) 39・216
39・318
李　参 7・307
27・20
27・201
李　紱 4・296
7・423
李紱廔 5・83
5・251
27・109
李　紳 2・579
3・733
8・312
李紳嶽 30・125
李　紹(涉縣) 34・794
李　紹(隆平) 37・441
李紹元 4・312
5・33
7・477
李紹先 30・589
30・698
47・487
47・643
李紹伯 41・550
60・513
李紹庚 16・44
李紹祖 21・309
25・142
40・463
54・760
59・81
李紹閔 38・572
38・735
李紹鄴 45・78
李　瑛(唐) 11・144
11・436
李　瑛(明遷安) 8・403
16・508
李　瑛(明寧晉) 37・145
李　瑛(清) 26・70
26・289
李　琦(元氏) 8・459
11・266
13・340
李　琦(霸州) 19・519
李　琢 8・523
李　琰(定州) 8・609
23・396
24・80
李　琰(章邱) 31・21
李　琮(宋) 50・602
李　琮(明順天) 8・311
40・405
54・685
李　琮(明武城) 1・151
3・793
3・822
7・408
李　琮(明沁州) 53・95
李　琮(明懷安衛) 15・680
李　琮(清玉田) 17・370
李　琮(清寧津) 9・40
李　瑄 31・811
34・718
李　琛(唐) 40・369
58・53
李　琛(清) 8・803
21・399
25・181
40・459

53・93
53・411
李　琚(密雲)　3・33
李　琚(鹽山)　4・370
8・448
27・82
27・230
李堯民　31・808
33・718
34・46
李堯德　32・45
33・760
34・67
李越尋　33・402
李　超(漢)　15・74
李　超(宋)　8・20
李超倫　40・482
59・86
李　喆　36・269
李喆生　31・235
李喜仕　37・288
李　彭(唐)　42・559
49・140
49・203
李　彭(清)　41・654
50・980
李彭齡(臨汾)　56・11
李彭齡(旗籍)　17・185
李　■　37・508
李　達(榆林)　28・21
李　達(清河)　38・315
38・562
李報德　44・591
李堪晉　28・832
李斯恒　47・404
47・618
李斯陶　46・511
47・495
李期遠　41・481
45・489
45・580
李　葳　15・560
40・476
43・563
李萬良　56・15
李萬超　41・415
42・578
43・199
51・285
51・388
52・371
李萬策　32・701
33・122
33・381
34・590
李萬壽　35・436
李萬鋐　19・60
李　尃(明)　4・286
27・21
27・202
李　尃(清)　41・611
45・820
李葆貞　13・91
15・682
李　敬(高陽)　21・356
25・173
李　敬(館陶)　34・330
34・490
李　敬(大同)　43・641
李敬人　30・372
李敬修　13・734
李敬倫　63・430
李敬義　10・712
李　■　34・603

李　朝　32・33
32・416
李朝臣　45・431
李朝佐　31・127
李朝英　47・625
49・303
49・485
李朝珠　25・733
李朝陽（壽陽）　47・723
47・762
47・816
李朝陽（白水）　54・712
李朝陽（清）　60・778
李朝聘　12・549
李朝幹　25・597
李朝鳴　41・501
47・481
李朝綱（和順教諭）　40・530
李朝綱（武功）　40・326
40・424
42・514
46・1
61・67
李朝儀　1・173
7・438
19・297
20・60
31・838
李朝賡　25・594
李朝隱　40・368
54・657
60・617
李朝揚　25・598
李朝璧　12・549
37・36
李　萱　58・788
李　植（宋）　52・408
李　植（明）　43・646
李　植（清）　41・491
47・67
李植秀　23・128
李　森（宋）　53・728
李　森（金）　52・17
李　森（明祁州）　25・410
李　森（明咸寧）　22・11
24・334
24・415
李　森（民國）　19・373
李森岩　53・342
李　棟（涉縣）　34・794
34・815
40・426
51・336
52・549
李　棟（無爲）　13・772
14・294
15・681
李　棟（民國）　12・176
李棟材　57・369
57・449
李棟梁　28・101
李棟綿　9・215
18・79
李樓鳳　41・67
62・722
63・581
李樓鵬　63・528
李　極（唐）　56・14
李　極（清）　39・275
39・429
39・530
李　惠（北朝）　7・694
23・377
24・73

李　惠(明)　37·795
李　惠(清)　16·567
李惠秀　18·97
李惠登　7·720
　16·166
　16·296
李惠寬　10·684
　37·441
李硯壽　60·363
李　雄(隋)　12·263
　12·350
　40·271
　42·467
　52·368
李　雄(明)　53·87
李雄鰲　62·214
李　雲(漢)　30·643
　31·845
　32·612
　38·309
　38·558
李　雲(明)　3·227
李雲表　26·581
李雲起　8·817
　16·657
　17·82
　40·443
　50·67
　50·867
李雲華　9·201
　13·717
　15·31
　15·208
李雲書　24·712
李雲章　8·640
李雲楝　41·542
　60·312
　60·375
李雲楣　4·413
　5·69
　5·201
李雲鳳　43·846
李雲標(灤縣)　16·578
　18·363
　18·494
李雲標(鹽山)　27·221
李雲龍　3·579
李雲鴻(明)　48·176
　49·315
李雲鴻(清)　15·530
　15·566
　15·650
李雲麗　9·238
　12·266
李雲鰲　26·326
李雲麟　17·185
李雲驤　62·218
李　搗　40·366
　51·274
　52·370
李　棠(北魏)　29·525
　29·567
李　棠(明清苑)　8·365
　21·361
　40·413
　40·533
　49·308
　49·486
　61·625
李　棠(清河間)　9·7
　33·416
李棠蔭　49·376
李棠馞　51·641
李棠韓　21·787

李棠馥 41·95
51·638
李 鼎(明) 2·687
李 鼎(清) 31·836
32·415
李鼎文 9·231
李鼎生 58·760
李鼎臣 5·593
李 晶 41·509
43·875
李 景(隋) 9·266
16·181
16·326
43·528
李 景(明廣靈) 41·182
43·642
44·90
李 景(明大同) 2·788
李 景(明高平) 34·567
李 景(明館陶) 34·333
34·506
李景之 17·527
李景元(明) 8·539
32·737
33·127
33·385
李景元(清) 13·93
李景年 41·377
李景芬 63·211
李景伯 37·496
李景林 30·120
30·168
李景岱 39·549
李景春 19·495
李景泉 64·691
李景華 16·435
17·201
李景時 45·488
45·573
李景萃 37·946
李景梅 31·827
34·49
李景略 1·707
3·843
7·701
40·512
42·471
44·482
65·32
李景章 51·294
51·390
52·375
53·589
53·641
李景清 15·651
李景森 29·610
李景溫 40·735
42·559
李景淵 49·798
李景登 5·564
5·618
40·429
63·629
李景廉 47·199
李景寬 19·579
李景綱 30·119
李景遺 12·463
31·156
36·433
37·507
李景澄 9·43
李景潞 9·47
29·610
李景繁 40·310

61・136
李　傑(唐)　7・773
31・863
36・15
40・566
李　傑(明)　11・268
11・293
13・653
李　傑　2・60
李　傑(通州)　3・563
李　傑(新樂)　12・687
李傑選　3・228
李集鳳　8・826
16・628
17・516
李雋望　9・202
15・42
15・213
李進中　60・387
李進忠　42・497
李進卿　42・581
李　御(丹徒)　43・683
44・262
李　御(潞安)　50・202
50・894
李御珍　53・100
53・286
53・305
李　復(唐)　32・627
李　復(宋)　57・102
57・273
57・442
李復圭　4・264
7・307
32・641
40・290
李復亨　7・323
36・318
39・678
39・766
40・518
40・812
61・552
62・574
63・573
李復初　21・289
23・4
58・404
58・721
李復性　2・834
李復泌　41・610
60・705
60・781
李復修　8・771
21・394
23・56
李復聘　40・424
61・67
李　循　21・282
24・509
24・594
李舒芬　58・227
李舒芳　12・64
李舒莘　58・222
李舒園　39・407
李　鈇　49・312
49・650
李　鈖　18・375
18・544
李　鈞(元)　32・706
李　鈞(清河間)　9・9
李　鈞(清鹽山)　27・220
李　鈞(民國)　19・578
李　欽(馬平)　34・552

李　欽(通州)　3・539
李　欽(武清)　5・678
李　欽(清)　42・520
李舜臣　15・113
15・215
李猶松　50・866
李　勝　16・509
李勝之　45・687
李　象　29・532
29・597
31・9
31・377
李象井　7・468
17・19
李　評　50・233
50・516
李　詠　32・618
李　詔　40・528
49・672
李　敦(明)　44・182
李　敦(清)　47・400
47・406
47・748
47・786
李　斌(宋)　4・257
7・299
26・247
31・461
31・788
李　斌(明崞縣)　45・573
李　斌(明廣昌)　8・576
24・303
24・468
李　童(明)　22・753
李　童(清)　32・130
34・716
35・492
李　竦　33・73
33・203
李惟賢　50・167
李　惲　12・466
李焕黄　50・238
50・888
李翔鳳　22・510
李翔鵴　11・640
41・482
60・309
60・363
李翔鱗　9・209
18・61
李　善　7・344
11・179
40・402
49・306
49・486
李善成　43・317
李善繼　24・311
李普濟　12・449
李尊青　66・221
李　道　31・380
李道士　21・695
23・93
李道昌　27・109
李道宗　40・575
43・528
65・122
李道堅　31・412
40・365
49・292
李道裕　37・467
李道廣　32・716
李道新　36・272
李　曾　12・349
12・410

李　湛　7・813
29・311
40・368
60・617
李　湖　58・13
李　湘(永和)　58・221
李　湘(館陶)　34・334
34・507
李　湘(清灤縣)　18・358
18・491
李　湘(清成安)　34・688
李　湘(清霸縣)　19・581
李　渤　39・550
52・333
李　湜(天津)　5・83
李　湜(永和)　58・222
李　温(明)　3・538
李温皐　22・749
李　湑(宋)　40・782
49・345
李　湑(清)　9・239
12・266
12・540
李　淵　41・575
44・536
44・629
李滋昌　58・755
李滋培　58・221
李滋榮　38・92
李　渾　10・651
12・450
36・434
37・508
李溉之　16・455
18・329
18・475
李　渥　42・740
李富春　3・217
李富貴　28・355
李　棨　41・447
李　運　21・349
24・210
李運長　23・54
李　裕(元)　40・393
51・330
李　裕(明)　7・348
李裕坊　9・210
18・67
李裕順　21・791
李裕霈　4・473
李　禄　32・693
33・378
李　巽(唐)　7・764
11・260
李　巽(明)　56・258
56・451
李　遐　13・338
李遐齡　62・311
李開先　41・80
49・510
李開泰　3・747
李開第　45・182
李　隆(和州)　40・570
李　隆(河津)　41・446
61・554
李　弼　58・228
李　登　55・799
李登洲　37・722
李登雲　56・465
李登善　6・94
李登螭　18・63
李登鰲　48・90
李　發　43・154
李發元　10・828

21·685
25·179
李發甲 5·28
7·445
7·485
11·195
14·302
14·477
14·539
李發英 49·492
57·562
李　貫 45·758
李貫珠 13·344
李　參 4·261
李　絳 7·764
11·208
12·352
13·197
40·280
李　統 24·752
李　勣 10·679
40·273
42·468
44·475
53·85
65·125
李　瑒 12·439
李　瑞(明) 45·13
李　瑞(清懷仁) 43·913
李　瑞(清故城) 30·659
李瑞林 47·671
李瑞棻 18·549
李瑞徵 8·769
21·462
22·596
李　瑗(解州) 41·542
60·309
60·374
李　瑗(灤州) 16·647
李　瑄 4·370
8·448
27·100
李　瑋 26·246
李　載(宋) 31·471
李　載(元) 8·198
李　載(元知任縣) 7·328
37·882
李載文 2·60
3·560
3·689
8·684
李載春 33·750
李載義 17·151
40·278
42·472
李載賡 15·685
李　遠 40·357
62·567
李　埭 8·772
21·452
23·51
李　塏 28·434
李　聘 9·185
李　戡 38·92
李　勤 29·612
李　蓮 56·271
李蓮芳(女) 10·22
李蓮海 30·104
李蓮墀 30·104
李夢白(束鹿) 11·827
李夢白(陝西) 12·414
李夢辰 56·264
56·465
李夢庚 41·471

48·782
李萝珠 13·344
李萝淞 2·743
李萝陽 40·523
李萝鈞 17·84
李萝弼 26·291
李萝蓮 7·463
21·312
李萝龍 22·743
李萝麟(明) 22·682
34·561
李萝麟(民國) 36·272
李蒲璧 34·784
李　幹(絳州) 60·629
李　幹(沁水) 51·750
李　幹(陽城) 31·797
35·411
李　蔭 1·156
7·404
李蔭春 15·595
李蔭柏 39·430
李蔭祖 4·293
5·667
7·417
11·193
14·475
23·227
25·864
32·680
33·200
38·144
李蔭梧 29·612
李蔭清 34·733
李蔭槐 39·450
李蔭榮 26·600
李蔭鑾 29·603
李　椿(宋) 32·10
33·756
34·55
34·145
李　椿(元) 9·269
11·317
李椿茂 36·194
李楚金 31·787
李　楠(許州) 45·343
45·391
李　楠(崞縣) 41·75
45·487
45·571
李　楷 41·507
47·490
47·648
李楷固 16·202
李　楨(新昌) 40·320
李　楨(慶陽) 51·321
52·290
李楨垣 28·739
李楨國 28·739
李楨幹 4·479
李楨寧 8·438
28·725
40·339
42·492
58·707
李　楫(元) 8·293
23·733
24·87
李　楫(清深州) 30·240
李　楫(清長治) 50·351
50·573
李　楩 38·170
李槐蔭 9·203
13·757
15·231

李　輅(明)　7・340
32・662
33・191
41・449
60・515
李　輅(清)　36・269
李　與　60・388
李與善　58・361
李肆頌　9・79
李虞仲　12・353
12・481
李虞夔　62・494
李業興　40・657
50・194
50・366
52・688
52・845
李　暘　37・299
李　愚(五代)　4・348
10・710
27・312
李　愚(明)　7・352
李　煦　5・196
李　暄　6・246
李暄亨　9・202
13・743
14・407
15・32
15・211
李　暉　10・707
李暉吉　15・112
李　暐　27・756
29・44
李嗣正　40・364
50・72
李嗣本　15・77
40・744
43・530
45・300
65・39
李嗣昭　1・136
40・281
40・742
42・572
46・822
47・56
50・59
50・601
李嗣真　7・768
12・531
36・437
36・778
37・494
40・566
42・469
李嗣源　44・401
李　圓　31・796
李圓通　40・272
李　■　8・591
30・22
30・110
李　嵩(滎河)　62・722
李　嵩(清)　30・16
30・111
31・76
40・435
54・745
李　嵣　30・164
李　榘　24・470
李稚廉　40・268
42・501
李　筠　40・285
40・747
42・574

	43・198
	50・59
	50・601
	51・377
	51・389
李節之(明)	8・394
	21・419
	23・59
李節之(清)	34・688
李節亨(仁和)	61・511
李節亨(貴州)	60・191
李僅可	32・40
	38・308
	38・563
李傳芳	59・424
	59・544
李 ■	57・127
李魁聯	18・65
李 微	41・575
李 鈺(鐵嶺)	40・457
	51・326
李 鈺(天津)	5・77
李 鉞(祥符)	40・311
	42・484
李 鉞(太平)	41・23
	59・409
	59・520
李 鈐	28・431
李 鉉(北齊)	4・341
	7・646
	28・328
	42・738
李 鉉(明山陽)	4・370
李 鉉(明鹽山)	8・448
	27・82
李 鉚	9・31
李 愈(金)	40・385
	40・810
	60・249
	60・331
	60・692
	60・756
	61・659
李 愈(明)	47・493
李會生	3・359
李會觀	21・407
	23・57
李肆頌	4・450
	26・273
李 詩	16・200
李 誠	59・376
	59・484
	59・524
李詭祖	31・785
	34・209
李廉士	41・458
	57・123
	57・363
	57・447
李 鄜	40・510
李 裔	13・339
	23・745
李裔芳	51・659
	52・582
李 靖	40・575
	43・529
	44・475
	44・608
	45・17
	45・280
	46・770
	50・593
	52・243
	53・535

53・537
53・561
53・563
61・273
61・597
65・123
65・443
李新民 57・39
57・111
57・544
李新英 13・343
李新芳(明) 7・378
41・528
50・196
50・384
50・551
李新芳(清) 52・868
李新鼎 34・795
李　雍 16・645
李　愫 9・148
35・464
李慎行(魏縣) 9・168
33・133
33・394
34・606
李慎行(成安) 34・695
李　愷 9・148
35・464
李　煋 20・705
李　煒 1・850
5・673
5・693
8・687
李煒然 16・553
17・183
李　義(晉) 31・327
李　義(元肅寧) 27・627
李　義(元陵川) 53・735
李義府 10・690
李義深 31・157
李義琰 32・715
40・507
42・468
43・146
李義琛 32・716
李義僕 9・203
李義徽 12・643
李　溱 30・665
李溱泰 17・520
李　渤 41・508
李　漣 9・226
31・127
37・717
李　溥(咸淳) 28・782
李　溥(定州) 40・411
40・423
60・250
62・311
李　溥(清欒城) 13・495
李　溥(清西寧) 15・529
李　溥(清蔚州) 15・216
李溥光 41・642
43・674
60・728
李　源(唐) 41・220
42・735
49・140
李　源(清蔚州) 9・203
15・229
李　源(清西寧) 15・532
李　源(清天津) 4・410
5・65
5・201
9・63

李源洙　58・224
李源浩　6・250
李源清　30・68
李滌源　20・158
李　溟　30・366
李　寬　40・362
54・657
李　福(金)　15・203
李　福(明定興)　8・356
21・348
22・439
李　福(明真寧)　40・529
43・540
李　福(民國)　36・755
李福升　58・223
李福田　38・96
李福廷　5・521
李福庥　58・223
李福康　58・223
李福毓　58・223
李福蔭(寧晉)　12・554
37・261
李福蔭(永和)　58・220
李福棨　60・300
李福興　58・223
李福環　35・273
李福疇　35・274
李　禎(元)　32・661
李　禎(明)　35・255
李肅之　7・310
32・650
32・724
李　槩　12・480
李殿臣　28・107
李殿柱　57・450
李殿圖　8・804
21・404
李殿鼇　46・552
李　愍(北魏)　7・685
12・463
31・156
36・433
37・507
李　愍(元)　31・20
李際可　30・661
李際春(明)　13・534
李際春(清静海)　6・94
李際春(清蔚州)　9・204
15・216
李際春(民國)　24・704
李　預(南北朝)　10・663
李　預(明)　25・184
李　棨　8・425
28・712
李　遜　7・805
12・352
12・441
李　獎　10・643
32・689
李　嬍　36・269
李　經(金)　8・81
16・170
16・303
李　經(明陽城)　8・550
14・134
14・378
14・482
14・562
35・605
41・582
51・654
52・603
李　經(明江西)　3・354
李　經(明邢臺)　36・745

李經世　5·197
李經芳　9·239
12·267
12·540
李經垓　9·28
李經國(滄州)　4·437
李經國(大興)　26·858
李經綸　32·270
李静遠　41·659
李　璉　32·740
李　瑱　41·450
60·303
60·360
李　瑲　25·872
李　瑶(解州)　60·301
李　瑶(屯留)　41·528
50·196
李　瑶(清南宫)　9·226
李　瑶(清滄州)　10·833
李瑶林　35·439
李　嘉(明)　1·99
2·576
8·299
李　嘉(清)　30·662
李嘉臣　34·773
李嘉彦　34·220
李嘉美　41·535
50·201
52·861
李嘉祐　7·803
12·351
12·481
李嘉祥　7·361
32·664
李嘉善　5·81
5·216
李嘉會　40·439
46·713
李嘉端　2·58
李嘉賓　8·812
李嘉勳　15·569
15·650
李　遠　51·271
李　翥(北齊)　36·434
李　翥(明)　50·235
50·383
50·566
李　慤　28·737
40·425
42·515
李　壽(南北朝)　23·577
李　壽(金)　55·477
李　壽(明)　2·106
李壽芝　55·793
李壽昌　43·205
李壽朋　4·263
7·307
36·248
李壽庚　6·56
李壽春(天津)　4·414
5·73
5·233
9·67
李壽春(景縣)　29·589
李蓁昌　58·410
58·778
李　蔚　40·279
李蔚然　9·142
32·83
34·79
34·175
李　構　10·644
32·690
李　模(唐)　40·364

	63·690
李　模(清)	7·516
	30·462
李　榕	40·479
	46·531
	47·402
李　輔(隆慶)	14·720
李　輔(益都)	37·471
李輔中	50·721
李輔明	40·560
李爾昌	9·188
李爾育	36·268
李爾蕙	7·509
	18·29
	19·4
李　霆	1·98
	5·569
	19·678
	20·57
	32·657
李　摶	54·139
李　熙(北魏)	40·644
李　熙(明曲陽)	8·609
	23·406
	25·779
	40·411
	47·403
	47·617
李　熙(明大同)	40·558
	43·555
	44·484
李熙春	6·253
李熙椿	56·456
李　暢	61·70
李暢園	16·33
李　暠	40·275
	42·469
	43·146
李鳴世	11·272
	12·610
	46·3
李鳴春	37·727
李鳴珂(束鹿)	11·792
	21·381
李鳴珂(南宫)	37·731
李鳴佩	11·768
李鳴鳳(明)	8·360
	21·354
	22·440
	22·511
李鳴鳳(清)	46·534
	46·551
李鳴環	11·774
	49·316
	49·721
李馝祥	59·424
李毓元	18·382
	18·552
李毓秀(館陶)	34·508
李毓秀(絳州)	60·706
	60·781
李毓英	19·729
	20·151
李毓昌	8·755
李毓岱	40·482
	61·448
李毓春	24·712
李毓珍	45·574
李毓柱	40·343
	45·290
李毓莒	21·404
	24·581
	24·688
李毓清	28·811

李毓德 38·271
李毓樾 8·785
21·463
李毓馨 41·517
45·584
李　偲 4·319
16·466
26·251
李　僑(山東) 40·321
42·489
李　僑(聞喜) 41·530
61·148
李　僴 36·747
李　僎 40·394
46·713
李　銑 39·163
李　銓 20·213
20·214
李　銘(成安) 34·745
李　銘(寧陵) 14·713
李　銘(溧水) 31·823
34·212
李銘佩 51·343
52·551
李　鳳(祁州) 8·368
21·365
25·404
李　鳳(陵川) 51·720
53·735
李　鳳(臨城) 12·542
李　鳳(南陽) 37·139
李鳳生 61·129
李鳳芝 36·271
李鳳昌 24·712
李鳳岡 27·902
李鳳皋 47·199
49·355
李鳳彩 35·266
李鳳集 45·645
李鳳翔(明) 8·382
11·794
21·378
李鳳翔(清) 18·494
李鳳翥 7·410
16·446
18·183
18·214
李鳳鳴(明) 19·728
20·149
李鳳鳴(清) 9·206
12·551
15·569
15·647
李鳳閣 13·148
李鳳儀 33·408
李鳳翱 11·795
李　説 40·508
43·529
49·294
49·480
李　廣(漢) 1·55
7·273
14·99
14·524
16·400
17·195
40·347
43·519
43·841
44·474
45·277
65·2
65·432
李　廣(北齊) 1·687

7・623
21・457
22・210
22・350
22・462
李廣仁 65・218
李廣生(棗强) 31・128
李廣生(大興) 47・272
54・753
59・88
李廣利 10・582
李廣滋 16・570
李　韶(後魏) 4・249
7・286
23・201
24・20
31・4
31・359
李　韶(明) 49・308
李　韶(清) 20・157
李　端(唐) 7・804
12・481
李　端(明) 1・143
19・679
20・57
李　端(清) 41・603
李端直 40・411
李端朝 28・339
李端慤 31・457
32・642
40・762
50・168
50・516
李端願 40・762
50・168
50・372
50・515
李端懿 31・456
40・761
50・167
50・514
李　齊 8・180
21・414
25・409
32・25
32・416
李齊芳 8・511
32・45
34・677
34・724
51・400
李齊沆 57・120
57・299
57・457
李齊松 13・731
15・564
15・645
15・663
李齊梅 15・527
15・664
李齊魁 8・567
14・398
14・568
15・526
15・647
15・667
李齊諾 8・68
李　精 45・194
李　■ 41・529
45・194
李　燁 12・449
李　棨 53・89
53・260
53・297

李榮白	7・513
李榮和	58・709
	63・26
李榮宗	40・449
	61・247
李榮春	28・333
李榮祖（霍州）	41・436
	55・466
	59・139
李榮祖（肥鄉）	21・276
	25・36
	32・23
李榮祖（清）	25・864
李榮第	28・432
李榮紳	13・148
李榮達	41・597
李　愬	7・294
	32・628
	40・363
	54・659
李　漢	40・365
	49・295
	49・481
	60・619
	60・771
李漢超	21・267
	25・133
	41・425
	43・631
	44・530
	44・658
李漢瓊	40・577
李滹涯	43・682
	43・848
李　漁	50・897
李　滸	8・609
	23・591
	53・721
	54・726
	59・366
	59・444
李　賓（唐）	41・673
	47・539
	47・697
李　賓（明）	1・112
	1・801
	3・150
	3・168
	8・89
	8・90
	8・304
李　察	54・667
李　寧	18・326
	18・473
李　實（趙城）	59・38
李　實（定州）	23・593
李實好	6・173
	6・221
	59・447
李實恩	59・165
李實貴	16・202
李　肇	41・173
	50・184
	50・403
李肇甲	15・212
李肇南	13・766
	14・542
李肇祺	57・571
李肇開	49・321
	49・673
李鄧林	4・427
	28・28
李緒宗	41・605
李綺青	38・96

李　緋　5・272
5・349
5・459
李　綽　40・517
60・248
60・330
李　綱(唐)　10・673
27・873
29・526
29・569
李　綱(宋)　40・287
李　綱(明)　15・434
李　維　8・3
32・3
35・425
李維本　9・206
15・568
15・645
李維杰　20・156
李維明　19・737
20・157
李維垣　16・563
李維培　27・85
27・212
李維寅　2・36
8・639
李維植　9・161
32・122
35・714
李維喬　30・26
李維窗　9・228
李維祺　12・549
李維楨(明)　42・491
李維楨(清)　6・185
6・216
李維楫(定州)　23・593
李維楫(蒲州)　63・187
李維鈺　9・209
18・5
李維新　40・403
42・510
43・282
43・315
李維標　54・723
59・86
李維薪　12・639
李維翰(旗)　1・176
3・832
李維翰(馬邑)　44・539
44・631
45・14
李維翰(正定)　11・464
李維嶽　13・144
李維藩　46・630
李維馨　40・827
50・174
50・545
李綿芳　12・540
李　綸(明)　8・555
14・382
15・683
15・685
李　綸(清遷安)　8・815
16・635
16・784
李　綸(清唐山)　37・516
李　綬　2・27
8・662
李　慧　9・211
18・72
李　璜(莆田)　34・567
李　璜(成安)　34・681
李　璜(清)　32・679
33・199

李　瑾(北魏)　12・449
李　瑾(明大同)　41・53
43・552
44・480
44・523
44・659
李　瑾(明霸州)　8・311
李　瑾(明濟南)　7・367
李　瑾(明元氏)　13・340
李　瑾(明襄陵)　21・296
22・403
41・63
59・671
59・740
李　瑾(明魏縣)　8・523
32・693
33・378
李　璋(唐)　11・261
13・197
40・508
42・740
李　璋(宋)　32・646
李　璋(元武邑)　8・281
30・502
李　璋(元磁州)　32・22
36・19
李　璋(明淶水)　24・464
李　璋(清鄢城)　19・184
19・491
24・30
李　璋(清岳陽)　56・262
李　璋(清陽曲)　41・490
42・615
43・95
李　璋(清長治)　50・343
李　醇　35・607
李爽堂　3・742
李　轂　31・788
李　增(金)　8・117
李　增(明)　21・356
24・539
24・678
李　增(清)　58・227
李增光　15・646
李增榮(清)　58・223
李增榮(民國)　66・535
李　蕡　47・400
李　蕘　47・483
47・638
李　蕙　40・310
42・484
李邁林　8・398
21・417
李　蕁　45・193
李　蕃(趙城)　59・157
李　蕃(襄陵)　59・675
59・744
李蕃先　19・52
李　薌　40・497
李　蕭(山陽)　7・334
31・794
38・294
38・376
李　蕭(秦州)　2・728
2・788
7・354
李　樞(清)　24・311
李　樞(民國)　6・6
李　標　8・600
12・265
12・539
李　槓(學正)　41・528
李　槓(參將)　43・649
李敷秀　17・360

	18・70
李遷喬	60・625
	60・774
李　遼	31・848
	38・306
	38・559
李　震(元)	47・199
李　震(明宛平)	8・301
李　震(明撫寧)	16・508
	18・146
李震成	4・389
	10・833
	26・73
	26・263
	26・855
李　霄	9・130
	39・273
	39・398
李　霂	61・115
李　賢	51・609
李　鄴	10・722
	33・352
李　輝	17・218
	18・17
李輝遠	12・17
李　遲	40・412
	54・734
	57・103
	57・274
	57・443
李遺元	31・382
李墨虬	34・509
李　嶠	7・748
	11・206
	12・351
	13・196
李嶠齡	25・189
李　稷	27・627
	27・679
李　儀(慶都)	21・348
	25・510
	25・590
李　儀(涿州)	1・797
	8・300
	14・112
	14・285
	14・467
	14・527
	22・193
	22・341
	40・306
	43・538
李儀古	9・27
	28・727
李　樂(泰安)	51・336
	52・549
李　樂(樂亭)	8・403
	16・507
	18・233
李　樂(清)	5・279
	5・357
	5・462
	6・7
李　質	13・712
	15・810
李質素	41・458
	56・692
	56・794
李質醇	41・650
	58・790
李質樸	16・381
李　德	41・530
	55・479
	59・152

李德中 27·905
李德立 33·204
李德成 8·572
22·29
22·48
李德休 10·712
李德佀 40·506
49·292
李德林 10·661
23·579
30·318
42·738
李德性 32·54
33·776
34·94
李德和 50·810
李德美 7·354
31·6
31·520
李德淦 2·814
李德裕 11·209
11·361
12·353
13·199
13·217
32·834
40·508
李德義(一作德忠) 24·195
李德溥 35·647
李德壽 6·246
李德輝 1·110
1·779
3·534
8·133
40·299
42·508
43·535
65·51
65·230
65·523
66·114
李德範 34·543
李德舉 9·232
30·504
李德饒 7·657
12·350
36·435
36·777
37·494
李　徵 34·792
李　徹 40·504
64·590
李　衛 4·298
7·424
李　磐 8·116
17·310
18·9
李磐中 11·268
12·609
12·642
李　■ 9·29
28·743
李　鋭(唐) 40·507
42·503
李　鋭(明) 40·415
47·399
62·477
李　鉉 43·642
李餘福 55·660
56·740
李魯封 58·754
李調元 60·627
60·778
李　諒(宋) 40·373

	42・506
	46・85
	46・415
李　諒(明)	40・398
	54・740
李　誼	44・577
李賡唐	57・713
李　慶	1・112
	1・793
	3・150
	8・296
李慶年	37・730
李慶春	45・583
李慶芳	50・809
李慶保	3・588
李慶祖	1・175
	3・832
	25・864
李慶堂	27・901
李慶嗣	10・789
	32・267
	33・781
	34・107
李慶霖	43・331
李慶翱	63・24
李慶懷	30・104
李　毅(晉)	31・327
李　毅(清)	41・600
	52・606
李　憕	31・787
	40・709
	42・558
	49・136
	49・196
李　■	45・194
李養正	8・540
	32・736
	33・122
	33・387
	34・577
李養生	60・383
李養冲(永年)	8・515
	32・56
	33・762
	34・68
李養冲(隰州)	58・71
李養志(明)	33・767
	34・68
李養志(清)	50・864
李養和	17・537
李養超	50・238
	50・660
李養裕	41・180
	50・191
	50・866
李養蒙	51・53
	51・681
	52・585
李養廉	33・780
	34・87
李養静	63・821
李　遵	12・466
	31・379
李遵王	20・466
李遵度	9・197
	13・737
	14・688
李遵唐	40・481
	61・70
	62・313
李遵勗	7・308
	32・642
	40・761
	50・166

	50・370
	50・514
李遵義	8・579
	29・257
李　澍	29・603
李澍春	27・520
李　潮	49・160
	49・243
李　潛	11・313
	13・502
李　澂	15・681
	15・806
李澂浠	5・251
李　潤(明)	34・787
李　潤(德輝)	5・520
	19・434
李　潤(澍堂)	5・476
李潤清	13・699
李　澄(唐)	32・627
李　澄(清)	58・222
李　寯	40・309
	42・482
李　邃	10・616
李　察	40・374
李　桊	47・480
李盡忠	16・201
李　闇	9・123
	38・31
李　選(宋)	19・538
李　選(明)	40・525
	42・515
	63・61
李選棟	46・534
李　適	8・92
	11・253
	13・487
	34・772

李　緯(唐)	12・450
	13・452
	36・434
	37・508
李　緯(宋)	7・306
	21・271
	24・747
李　緯(明)	8・365
	21・362
	24・210
李　蓑	40・529
	51・335
	52・548
李　璞	22・152
	22・330
李　璟	51・80
李　璠	42・520
李　璘	7・833
李　璣(明)	3・33
李　璣(清)	22・463
李　憙(晉)	31・325
	40・619
	50・157
	50・664
	53・95
李　憙(明)	48・57
	48・138
李燕生	41・125
	45・489
	45・588
李燕林	16・375
李燕俊	9・218
	24・457
李薈如	18・379
	18・546
李　檠	18・353
	18・488

李獲詔 50·83
李 翰(唐) 11·250
12·351
13·195
李 翰(明) 49·361
49·509
李翰文 3·588
8·684
李翰臣 41·37
43·641
李翰儒 38·256
李 樹 20·157
李樹宜 19·575
李樹屏 5·520
李樹棠 13·147
李樹園 24·793
李樹碩 9·251
李樹聲 40·437
李樹檀 24·794
李 檽 47·660
李 橘 48·651
李 融 41·436
李 頭 53·599
李 霖(宋) 41·427
47·485
47·640
李 霖(明樂亭) 18·233
李 霖(明聞喜) 33·611
李 霖(清高陽) 25·188
李 霖(清蔚州) 15·215
李 霖(清解縣) 60·381
李 頤 1·155
7·394
18·13
41·24
47·209
49·356
李 叡 52·366
李 曉 9·265
32·128
32·618
38·316
李 曇 31·383
36·495
37·526
李 興(漢) 44·541
64·466
65·487
李 興(宋) 21·269
25·132
62·691
63·119
63·197
李 興(明) 11·180
12·123
李興元 7·491
9·208
18·57
38·94
李興公 7·290
31·5
李興祖 4·323
7·481
25·85
李興高 41·482
60·308
60·362
李興讓 41·652
63·594
李還春 50·569
李 積 34·773
李 勳 7·453
22·137
22·324

姓名	卷·頁
李　儒	31·6
李儒林	33·417
李儒珍	16·631
	18·373
	18·542
李　衡(宋)	60·248
李　衡(清)	40·494
	45·563
李　鍇	3·594
李　錫(明)	19·136
	19·192
李　錫(清)	14·303
	14·477
	14·539
李錫命	8·672
	19·195
李錫朋	15·567
	15·650
李錫書	41·605
李錫章	18·376
	18·544
李錫暇	41·146
	49·382
李錫疇	37·516
李錫麟	52·500
李　錦(明)	21·362
	25·863
李　錦(清襄垣)	50·670
李　錦(清奉天)	59·297
李錦書	58·84
李錦製	46·747
李錦襲	46·747
李　鍵	50·585
李録予	48·374
李　學(涉縣)	34·777
李　學(祥符)	40·403
	60·623
	60·773
李學成	61·150
李學沆	9·205
	13·731
	15·568
	15·646
李學宰	41·506
	58·735
李學詩	30·68
李學禮	9·29
	28·830
李　穎	41·443
	47·200
	49·356
李穎達	41·483
	61·455
李　諧	32·744
李諧謨	31·271
李　諤	10·652
	12·350
	12·450
李龍光	30·193
	33·720
	34·48
李　壅	38·271
李　憑	31·378
李凝一	43·152
李凝祚	60·706
	60·766
李凝基	56·700
李　燧(明)	50·83
	50·314
	50·611
李　燧(清)	9·7
李燧庭	61·627
李　澤(明)	40·415
	45·682

李　澤(清河津)　61·574
李　澤(清樂亭)　16·629
李澤民　46·12
李澤芹　35·650
李　濂(濟寧)　40·468
　47·400
李　濂(犍爲)　33·204
李　憲(北魏)　12·448
李　憲(唐)　40·368
　52·370
　60·619
　60·771
李　憲(明青城)　22·11
　24·415
　60·623
　60·777
李　憲(明易州)　24·411
李　憲(明平遥)　47·210
　49·369
李　賽　7·294
　21·266
李闖權　41·483
李　緝　28·811
李　璵(元)　59·664
　59·733
　60·186
李　璵(明)　4·275
　7·341
李　璪　7·684
　12·448
李　聰(曹縣)　31·13
李　聰(澤州)　41·528
　52·70
　54·229
李　聰(磁州)　36·25
李聯芳(岢嵐)　41·185
　42·607
　44·706
　46·31
李聯芳(涿州)　3·808
　22·195
　22·342
李聯科　56·264
李聯珠　29·611
李聯捷　59·159
李聯璧(清)　7·498
　31·829
　34·721
李聯璧(民國)　18·410
　18·548
李藏春　12·730
　12·780
　23·342
李　櫝　50·330
　50·566
李懋勳(交河)　27·904
李懋勳(定海)　49·26
李槠生　32·679
李　駿　9·187
李駿聲　35·79
李　黼　53·102
　53·474
李　黻　21·287
李　曙　41·489
　61·129
李曙儀　15·211
李　蹊　2·99
　8·66
李　點　27·878
李　毪　5·302
李儲龍　44·579
李　徽　41·136
　45·489
　45·580

李　聳　45・506
45・560
李　鍇　2・274
5・417
5・526
9・274
李　鍔　60・567
李　鍾(大興)　2・53
李　鍾(廣昌)　24・310
李鍾英(明)　3・559
李鍾英(清)　37・718
李鍾奇　41・595
52・876
李鍾昆　58・746
李鍾美　15・667
李鍾俾　2・760
2・794
李鍾淑　40・481
李鍾琴　20・626
李　邈(宋清江)　7・313
11・169
20・854
李　邈(宋霸州)　19・516
李　懇(平定)　47・493
李　懇(猗氏)　63・736
李　謙(東鹿)　8・177
21・339
李　謙(保德)　45・715
李　謙(太谷)　41・573
李　謙(明太原)　46・48
李　謙(明稷山)　61・664
李　謙(明成安)　32・50
34・676
李　謙(明濬縣)　32・692
李謙光　21・298
25・38
李謙亨(元)　55・464
57・37
57・110
57・543
李謙亨(明)　37・315
李謙昇　47・638
李謙溥　40・546
41・426
47・484
47・638
49・295
49・481
58・53
李　燮　30・299
李燮元　9・225
37・728
李　謐　12・349
12・478
李　膺(漢)　3・43
3・131
4・247
5・274
5・351
5・459
7・280
13・763
14・280
15・253
16・126
40・352
43・521
44・481
李　膺(元)　41・575
44・537
44・629
李應元　50・83
50・314
50・611

李應辰 47·400
李應奇 40·418
54·731
李應春 8·611
23·609
25·767
李應奎(平定) 41·447
47·493
李應奎(絳州) 13·533
41·35
60·698
60·760
李應奎(興州) 16·525
16·777
李應奎(清) 9·231
30·122
李應俊 16·27
李應時(陽曲) 41·42
43·75
李應時(太原) 42·605
李應時(長安) 28·673
李應時(榆次) 46·130
46·430
李應旃 45·3
李應乾 32·49
33·776
34·94
李應期(明) 19·193
李應期(清) 37·728
李應朝 45·194
李應聘 50·83
54·722
59·85
李應虞 7·513
李應節 37·796
李應魁(大城) 20·250
李應魁(安慶) 20·254
李應魁(清) 62·217
李應禎 20·152
李應箕 41·528
47·493
李應德 31·806
34·718
李應選(明) 41·452
59·33
59·157
李應選(清解縣) 60·312
60·383
李應選(清平遥) 47·201
49·437
李應選(清渭南) 20·60
李應薦(明) 43·556
43·782
李應薦(清) 4·303
7·439
李應龍(廣昌) 24·309
李應龍(盂縣) 47·488
47·644
李應澤 63·185
李應顯 26·766
李　燦(唐) 32·716
李　燦(清) 57·375
李燦莊 52·501
李　燭 30·191
李　鴻 7·371
30·190
李鴻川 13·727
李鴻翥 27·221
李鴻勲 32·117
40·445
51·342
52·550
李鴻疇 40·493
47·619

李　濤　10・730
李　濡　60・300
60・371
李　濬(唐)　40・365
50・72
李　濬(宋)　8・20
31・72
李　濬(明襄垣)　4・279
7・333
41・580
50・199
50・665
李　濬(明郛縣)　3・583
李　濬(清)　9・205
15・565
15・645
15・664
李濬英　44・640
李濬源　11・827
李濬慶　52・313
李　濮　32・735
李　濟(三原)　40・532
62・15
李　濟(壽陽)　41・447
47・491
47・722
47・759
47・802
李濟時　59・338
李　濙　7・361
31・798
李　翼(宋)　40・549
45・506
45・560
65・179
李　翼(清)　22・139
李翼鵬　20・224
20・273
20・361
39・557
李彌遜　7・314
31・5
31・459
李　隱　41・640
65・254
李　績(晉)　1・674
22・150
22・329
李豐椿　3・217
李　璿　41・484
60・705
60・765
李　瓊(後晉)　4・351
10・712
26・61
26・257
李　瓊(宋)　1・735
3・27
5・471
10・735
42・741
43・161
李　瓊　(明)　40・407
49・307
49・671
李　翹　34・776
李翹生　45・496
45・588
李　贊(温陵)　2・272
李　贊(邢臺)　53・496
李爇延　34・486
李　藝　38・95
李觀曾　9・43
李　藩(唐)　12・264

12·352
12·537
李 藩(清) 22·447
李 藎 49·25
李 蘊 9·47
29·602
李蘊秀 40·436
李蘊隆 12·459
李蘊粹 18·141
李駒■ 12·263
李 瞻 10·790
40·519
43·533
李 曜 43·147
李 馥(玉田) 17·371
李 馥(芮城) 62·217
李 馥(黎城) 50·889
李 馥(福清) 40·343
李 馥(平定) 47·462
李 簠 35·465
李 簡(元) 31·83
李 簡(清) 9·232
李雙修 25·41
李 曒 13·339
李 翺 7·806
12·353
12·442
李 鎧 9·31
李 鎰 1·145
3·227
20·371
李 鎔(元) 40·521
51·356
54·140
李 鎔(明) 49·3
李鎔經 45·141
李 謹(元氏) 11·267
李 謹(盂縣) 47·487
47·643
李謹行 16·155
16·269
李 瀆 41·615
62·713
63·184
李韞秀 33·763
34·83
62·477
李 彝 41·7
43·638
44·207
李 瓆 34·787
李 難 36·435
37·509
李 蘅 46·714
李 藻(元) 34·325
34·479
34·529
李 藻(明) 22·136
22·324
41·462
51·635
52·315
李 攀 43·295
李攀龍(禹功) 37·713
李攀龍(于麟) 7·384
36·323
李攀龍(清) 43·96
李 壐 7·357
李 爵 8·800
21·388
25·170
25·235
李 翩 16·383
李贊湯 45·77

李　鏞(曲沃)　36·350
37·883
37·926
57·40
57·111
57·547
李　鏞(清苑)　47·400
李鏡江　18·494
李鏡典　46·16
李鏡湖　16·39
李鵬展　39·337
李鵬萬　47·650
李鵬程(新樂)　12·687
李鵬程(清苑)　21·505
21·804
李鵬程(清)　9·238
12·266
李鵬然　33·687
李鵬翼　41·659
李　鯨　9·148
35·432
李識蒙　40·477
45·887
李譜春　62·221
李　離　55·347
59·406
59·518
60·684
李　麒　40·421
51·349
53·721
李麒生　44·541
李懷仁　7·290
12·335
12·523
37·138
37·290
李懷仙　17·151
李懷秀　16·203
李懷忠　1·97
1·736
7·826
22·185
22·337
22·468
李懷信　16·755
41·73
43·647
李懷遠　7·771
31·5
31·412
36·435
37·495
李懷義　48·224
李懷興　38·900
李懷禮　34·684
李懷讓　7·732
29·533
29·598
32·629
33·64
33·186
李　瀚(明)　7·350
16·434
18·182
18·211
41·25
51·724
54·180
54·184
李　瀚(清)　15·530
15·565
李　瀛(明)　39·263
39·329

李　瀛(清大名)　33·407
李　瀛(清西寧)　15·529
李　濙　9·238
12·312
李　韜　12·419
李繩宗　41·509
李　繹　4·258
7·305
31·789
38·293
38·378
李　繪　4·251
10·651
12·440
25·130
27·20
36·434
37·508
李　馨(明)　53·89
53·264
53·300
李　馨(清)　34·796
李馨國　46·442
李馨德　9·221
24·293
李　蘭(乾州)　54·711
58·367
58·712
李　蘭(襄陵)　41·440
59·678
59·747
李　蘭(曲周)　22·403
李　蘭(清)　8·823
16·559
18·179
18·236
李　蘭(民國)　34·701
李蘭亭　17·210
李蘭增　20·628
李櫹生　7·501
李　獻(明)　28·671
李　獻(清)　39·430
李獻可　30·648
李獻甫　40·799
62·677
63·43
李獻廷　59·332
李獻明　7·409
李獻能　40·799
62·705
63·129
李獻誠　31·437
李獻馥　52·865
李耀邦　30·164
李耀東　17·75
李耀宗　33·626
李　懸　40·427
42·516
李　曦(明)　37·467
李　曦(清)　61·138
李　嚴　1·717
10·696
李籍之　12·479
李鐘淑　62·518
李　斅　1·112
1·795
8·300
22·193
22·341
李斅殖　27·233
李騰蛟(明)　4·283
26·9
26·249
36·267

李騰蛟(清)	1・184
	41・504
	62・213
	62・296
李騰霄	47・487
	47・660
李騰龍	41・654
李騰鵬	4・377
	8・452
	28・335
	28・466
李　騫	12・479
李　寶	41・684
李寶臣	1・107
	3・143
	11・147
李寶約	4・288
李寶華	5・732
李寶箴	46・421
李　纁	60・695
	60・758
李繼元	40・432
	46・666
李繼本	9・269
	19・122
	19・135
	21・508
	24・796
	40・520
	42・508
李繼白	35・649
	40・445
	51・342
	52・550
李繼武	61・155
李繼昌	32・653
	40・761
	50・160
	50・367
	50・513
李繼和(上黨)	40・764
	50・165
	50・370
	50・521
李繼和(開封)	21・271
李繼貞	4・268
	7・405
	32・675
	33・197
李繼宣	7・299
	11・164
	21・267
	22・10
	23・207
	24・22
	24・415
	25・136
李繼華	21・294
	24・503
	24・611
李繼渤	8・781
	25・411
李繼隆	11・163
	21・267
	23・207
	24・22
	25・133
	40・763
	50・162
	50・369
	50・518
	65・128
李繼楨	40・332
李繼靖	8・765

21・396
25・593
李繼嶠 40・482
61・449
李繼勳 10・769
32・721
33・357
33・521
40・286
50・75
李繼學 56・262
56・460
李　鰲 34・781
李躍淵 46・548
李躍龍 8・615
李累珠 35・637
李鐵林 17・539
李鐵誠 31・413
李鐵漢 39・260
39・333
李　鐸(金) 21・274
24・195
李　鐸(明舞陽) 19・679
20・57
50・560
李　鐸(明長治) 50・334
李　鐸(清旗人) 18・22
李　鐸(清成安) 34・687
李　鐸(清南宮) 9・226
李　鐸(清徐溝) 43・345
李　灃 25・902
李鶴年 25・908
李鶴雲 34・701
李鶴齡 22・743
李　續 27・753
29・40
李　懿 8・433
27・439
27・487
李　聽 14・282
15・75
32・830
63・13
李體中 50・93
50・659
李體良 21・293
25・131
李體陽 45・666
李體嚴 45・181
李　儼 8・361
21・357
25・168
25・217
李　鑄 58・14
李　鑑(潞州) 50・560
李　鑑(安縣) 1・167
7・407
20・758
李鑑三 62・219
李鑑清 35・439
李鑑耀 58・753
李　鑌 41・577
57・126
57・382
李襲吉 42・473
李襲譽 40・280
50・72
李　瓚(臨汾) 32・662
33・192
李　瓚(崞縣) 45・486
45・578
李　瓚(濮州) 7・347
李　瓚(徐州) 22・15
24・417

李顯名 22·748
李顯甫 12·463
李顯明 9·250
29·315
李顯忠 7·513
31·8
31·543
李顯祖(遼東) 25·864
李顯祖(南宫) 37·700
李顯烈 57·430
李　巖(唐) 12·264
李　巖(元) 41·575
43·638
44·537
44·658
65·257
65·508
李　巖(明萊陽) 31·815
李　巖(明博平) 13·311
李　巔 62·413
李　麟(唐) 40·279
李　麟(明) 45·485
45·577
李　麟(清) 37·797
李麟伍 52·501
李麟遇 12·17
29·974
李麟禎 8·613
李　觀(唐) 11·250
12·464
13·195
李　觀(明) 25·52
李　靈 7·678
12·438
13·338
李靈省 41·634
李靈龜 7·289
33·185
李　鑫 39·434
李　讓(鄢陵) 4·279
7·343
李　讓(趙州) 12·467
李　灝(遼東) 46·714
李　灝(沁水) 41·621
52·70
54·229
54·255
李　灝(清元氏) 13·341
李　灝(清西寧) 9·205
15·529
15·565
15·667
李　鑰 48·133
李　纘 7·451
李　驥 1·142
7·333
19·109
19·134
19·148
19·182
李　驤 40·513
李　鱸 41·659
45·194
李　鑾 40·412
60·467
李鑾宣 4·310
5·34
41·502
李　鸞(宛平) 8·295
李　鸞(固安) 20·146
李　鸞(盂縣) 47·489
47·645

孛

孛術魯福壽 21·274
孛術魯端仁 7·323
23·233
25·756
孛而罕忽里 7·329
12·337
12·523
37·138
37·291
孛　秃 66·572
孛要合 43·681
孛蘭奚 13·711
16·138

車

車乃光 3·806
車世榮 49·354
車永宏 47·90
車永譽 47·74
車廷相 34·317
車宗殷 61·259
車定國 46·55
車致和 3·806
車乘殷 39·829
車　海 61·253
車　純 40·325
43·545
車敏來 40·470
58·84
車　梁 41·443
48·675
49·357
車　貸 31·20
車載文 41·657
車路頭 14·360
15·90
40·635
43·620
車　義 43·96
車　霆 41·24
48·674
49·357
車鳴時 20·410
車履坦 3·578

束

束　晳 7·600
32·743
33·340
33·533

豆

豆代田 11·142
12·606
14·360
15·90
40·637
43·619
64·490
豆兒佛 2·244
豆盧永恩 16·294
豆盧革 9·267
23·736
豆盧通 16·295
豆盧欽望 12·418
豆盧勝 31·368
豆盧勣 16·164
16·294
豆盧毓 16·295
40·504
42·468
豆盧寧 16·164

16・294

吾

吾一奎 40・557
吾邱壽王 12・349
28・710
28・786
32・609
45・299
吾　嵩 20・408

邴

邴獻宸 30・192

邳

邳　彤 7・276
10・580
11・140
11・839
31・81
37・794
39・677
39・765
邳　湯 11・140

夾

夾谷土剌 13・778
14・411
14・428
14・575
夾谷陞 51・356
夾谷衡 3・134
夾谷檝 7・322
11・170
12・336

折

折可與 45・560
折可適 40・769
43・631
折克行 40・769
43・631
46・21
折惟昌 40・768
43・630
折惟忠 40・769
43・630
折從阮 43・630
44・529
折御卿 40・768
43・630
44・530
46・21
折御勳 43・630
折遇蘭 41・140
43・90
折德扆 41・426
43・630
折繼世 43・631
折繼祖 43・630
折繼閔 40・769
43・630

把

把胡魯 40・297
62・575
63・16

步

步大汗薩 41・388
64・537
步青興 33・378

步其誥 30·125
步其端 30·165
步登廷 30·21
30·116
30·157
步際桐 9·231
30·118
步際逵 9·231
30·122
30·159
步際梅 30·125
步際遲 30·122
30·162
步毓巌 9·230
30·117

貝

貝 降 8·254
貝 瑗 33·520
貝 翰 36·192

里

里 克 55·328
57·33
57·107
60·682

吴

吴一元 19·490
62·582
63·22
吴一桂 34·678
吴一琴 34·678
吴一蜚 40·458
吴一鳴 8·22
16·658
18·363
18·558
吴一檜 34·678
吴一瀾 63·20
吴一麟 18·385
18·554
吴人鳳 59·183
吴人驥 4·408
5·67
5·202
9·62
吴九齡(沐陽) 40·473
50·298
50·613
吴九齡(天鎮) 43·823
吴乃賡 63·213
吴三省 40·427
42·515
43·282
43·306
43·315
吴三畏(明) 25·758
吴三畏(清) 42·519
43·62
吴士功 4·305
7·441
吴士芬 19·374
吴士珍 19·388
吴士俊 4·414
5·227
吴士達 2·66
吴士斌 34·731
吴士賢 19·388
吴士鴻 7·469
16·465
18·330
18·476
吴大化 26·90

吴大成 26·71
26·316
吴大道 28·737
吴大镛 33·206
吴才人 11·442
吴山鳳 1·190
7·454
22·140
22·325
吴川如 16·37
吴 及(宋) 4·355
5·737
6·68
7·841
吴 及(明) 8·410
吴之仁 20·308
吴之琳 44·60
44·62
吴之傑 52·651
吴之璘 53·724
吴之儒 50·87
53·571
53·633
吴之錡 40·455
50·91
50·927
吴之龍 29·573
吴之謙 45·22
45·67
吴之勷 4·314
5·33
吴之瓚 39·262
39·329
吴天章 65·238
吴天澤 52·72
52·604
吴元臣 39·340
吴元春(汝陽) 31·825
吴元春(虞鄉) 63·234
吴元珪 32·18
32·439
33·758
34·1
34·63
34·151
吴元扆 7·303
23·210
24·23
32·641
40·377
40·756
42·586
43·200
50·75
吴元煐 59·337
吴元載 40·756
42·586
吴元輔 42·586
吴元鉽 40·470
58·84
吴元增 24·261
吴元默 11·484
吴友聞 30·590
吴少微 40·507
42·503
43·146
吴少誠 2·118
3·530
吴日强 29·542
29·616
吴 中 52·373
吴中明 1·163
5·271
5·348

	5・458
吴中順	20・216
吴中復	11・167
	40・379
	51・293
	52・374
吴中衢	26・83
吴　升	60・231
吴仁度	40・329
	42・492
吴　化	5・279
	5・462
吴文靖	4・286
	27・21
	27・201
吴文鎔	4・303
	7・440
吴　方	43・151
吴方正	50・82
	50・926
吴心溥(元)	36・575
吴心溥(清)	36・497
	36・753
吴以諒	39・544
吴　允	41・446
吴允輝	40・492
	46・714
吴允謨	32・683
	33・202
吴　玉(清河)	38・562
吴　玉(壽陽)	47・492
	47・721
	47・760
	47・803
吴玉成	24・690
吴　正	41・538
	53・106
吴正巳	1・147
吴世臣	16・462
	17・18
吴世忠(金谿)	14・457
吴世忠(江西)	29・487
	29・972
吴世武	46・551
吴世焜	7・515
	31・22
吴世雍	40・465
	59・649
吴世爵	59・681
	59・750
吴世耀	11・467
吴本宣	11・183
	12・124
吴本植	9・251
吴可願	5・303
	5・393
	5・474
	5・519
	5・594
吴平仁	40・356
吴生異	53・306
吴用極	41・177
	42・609
吴　印	47・486
	47・642
吴立祥	41・701
	45・146
吴　永	13・769
吴永延	17・529
吴永昌	36・746
吴永培	38・255
吴永圖	40・432
吴　弁	47・486
	47・642

吴邦治 40·486
49·492
60·252
吴邦俊 21·294
25·487
吴邦瑞 2·612
吴邦慶 2·43
8·708
19·559
19·647
吴　吉 18·343
18·482
吴　芝 52·429
吴百朋(明) 14·296
14·535
40·571
43·554
吴百朋(清) 39·681
39·767
吴存禮 1·180
3·360
7·493
36·342
39·260
39·332
吴　成 18·216
33·191
吴　匡 48·632
吴臣輔 21·389
23·54
吴同春 22·136
22·324
吴　先 51·381
吴廷奇 30·22
30·117
吴廷華 4·406
5·86
吴廷棟 4·306
7·441
吴廷楷 18·374
吴廷傑 47·315
吴廷瑞 37·38
吴廷舉 45·312
吴廷藩 59·89
吴廷簡 30·225
吴廷獻 27·89
吴延祚 41·417
42·585
43·199
吴自省 52·429
吴自肅 40·343
62·582
吴名琅 40·478
53·411
吴名鳳 9·40
27·448
吴江元 41·652
吴汝珍 15·681
吴汝綸 31·545
吴宇英 3·831
吴　守 24·412
吴守宷 3·793
吴如英 41·624
吴志在 52·32
吴志成 6·176
6·229
吴志堅 41·687
50·253
吴克元 59·684
59·753
吴克成 41·534
59·684
59·753
59·760

吴克明 45·77
吴克温 41·651
55·880
吴見龍 28·835
吴　岐 47·491
47·722
47·758
47·802
吴　秀 41·168
59·685
59·754
吴　佐 40·526
54·733
57·103
57·273
57·443
61·624
吴　伸 40·476
54·147
吴伯宗 61·675
吴希尹 41·569
48·680
49·434
吴希曾 18·378
18·545
吴　灼 18·566
吴　兑 1·155
5·348
5·458
7·391
14·295
14·460
19·540
40·329
43·553
吴　沂(滄州) 4·447
9·78
26·271
吴　沂(儀徵) 16·38
39·552
吴　沆 53·212
吴　良 63·426
吴良弼 18·378
18·545
吴阿衡 3·30
7·405
18·14
40·339
吴　邵 61·156
吴　玠 47·485
47·640
吴其均 40·494
45·645
吴其濬 40·345
吴茂陵 7·483
12·639
吴茂椿妻張氏 4·540
10·22
吴　英 65·269
吴英光 21·394
23·55
吴來亨 40·535
62·582
63·22
吴肯構 32·725
吴尚文 27·758
吴尚義 19·540
吴尚德 14·720
吴昌仍 40·462
61·448
吴昌束 62·426
吴　明 44·658
吴明志 41·575
43·638

	44·537
吴　昂	45·21
	45·119
吴　忠	61·665
吴忠誥	41·491
	47·67
吴　岫	63·419
吴季札	9·260
	57·161
吴秉芳	31·22
吴秉直	3·30
吴秉倫	19·397
吴　岱	18·375
	18·543
吴周支	11·473
吴　育	40·375
吴　性	13·496
吴　炳	40·478
	47·401
吴　河	37·139
吴治滙	1·192
吴宗儀	38·273
吴宗慶	21·282
	21·800
吴　宜	16·437
	16·751
	18·130
吴建勳	21·823
吴承祖	22·140
	22·325
吴承曾	44·657
吴承範	10·724
	33·353
吴承寵	7·515
	37·663
吴孟明	8·338
吴孟祺	21·293
	25·330
吴春林	25·875
吴　珍(薊縣)	5·521
	5·595
吴　珍(絳州)	60·787
吴　珊	9·252
吴　珉	41·29
	47·307
	59·168
吴　相	8·489
	36·451
	38·181
吴南陽	21·820
吴　奎(宋濰州)	25·42
吴　奎(宋知保州)	21·271
吴　拯	32·666
	33·66
	33·192
吴　昭	41·446
	47·486
	47·642
吴思達	8·271
	14·146
	14·372
	15·190
吴思敬	35·605
吴重光	40·479
吴修桂	35·273
吴保安	7·781
	33·347
吴保昌	21·806
吴　俊	34·780
吴俊儒	3·590
	10·827
吴　亮	14·120
吴　炯(豐潤)	18·80
吴　炯(錢塘)	22·139

吴美秀 8·771
21·393
23·55
吴　祐 7·578
27·754
29·41
32·712
吴祖吉 22·13
吴祖修 28·675
32·684
吴祚昌 40·459
47·406
47·746
47·785
吴　佩 63·419
吴　班(漢) 32·689
吴　班(清) 18·239
吴　起 7·544
49·671
吴起鳳 51·59
52·72
52·604
吴起爵 42·519
吴　桓 24·412
吴連貴 18·151
吴　原 7·334
27·317
27·405
吴原庸 40·400
47·405
47·715
47·744
47·782
吴　烈 25·925
吴振功妻孟氏 19·647
吴振先 10·834
吴振清 16·781
吴　時 42·478
吴時詠 53·118
吴時謙 41·124
53·99
吴峨峰 60·709
60·783
吴　峻 40·435
61·627
61·728
吴　甡 40·334
吴　健 45·731
吴師古 41·427
47·485
47·640
吴師郊 25·577
吴逢聖 40·476
43·782
吴高增 31·829
吴淩遠 60·525
吴家駿 56·18
吴　祥 8·358
21·350
23·48
吴　珅 1·184
吴　純 53·101
53·473
吴　理 34·559
吴　琇 47·486
47·641
吴培善 28·69
吴執忠 18·29
19·4
吴　著 59·660
59·729
吴　盛 8·420
吴　堂 21·285
23·3

吴國俊　38・271
吴國振　20・274
吴國棟(明)　48・175
吴國棟(清)　21・803
吴國瑞　58・371
吴國對　4・303
7・439
吴國賓　3・831
吴國儒　45・646
吴崇禮　40・429
40・435
58・288
62・579
63・571
吴進義　7・522
吴得誠　34・772
吴從周　60・523
吴從政　46・713
吴從道　45・730
吴從義　2・272
2・586
3・749
8・346
41・183
43・651
吴從誨　8・607
30・313
吴悉達　59・153
60・713
60・790
吴望岱　7・399
16・445
17・18
吴惟華　2・137
吴惟誠　31・73
吴　焕(山陽)　13・532
吴　焕(保定)　7・378
吴清臣　39・772
吴清藩　47・272
吴　淶　3・366
吴淑度　20・305
吴視雍　9・103
吴紹增　48・175
吴　瑛　46・853
47・92
吴　琦　41・648
吴　琠　41・100
47・65
53・97
吴　琮(明)　21・354
25・177
吴　琮(清江夏)　28・674
吴　琮(清紹興)　40・447
45・344
45・391
吴　琯　53・576
53・628
吴　達　40・531
47・405
47・716
47・745
47・784
吴　壹　32・689
吴斯壁　20・389
吴萬裏　5・277
5・355
5・462
7・333
吴朝彦　31・839
32・415
吴　棟　19・136
19・191
吴　軫　40・452
54・729

	6・83
吴福昌	60・787
吴　桊	54・756
	59・80
吴際亨	31・284
吴　璉(明)	41・447
吴　璉(清)	6・176
	6・217
吴嘉炎	53・192
吴嘉會	4・277
	7・375
	41・55
	45・302
吴嘉聰	41・38
	45・302
吴壽坤	12・18
吴聚善	9・48
吴　蔚	60・711
吴　蜚	43・561
吴鳴珂	28・331
吴鳴鳳(松江)	7・355
吴鳴鳳(華陰)	43・842
吴僧哥	8・115
	15・281
	16・134
	40・817
	64・640
吴僧真程	2・254
吴　槩	7・453
吴鳳岐	25・517
吴鳳鳴	21・284
	23・3
吴鳳儀	31・813
	34・214
吴誥綸	49・28
吴端御	2・603
	3・754
	8・618
吴端淑(女)	4・540
	10・22
	26・646
吴養民	36・749
吴養洵	60・517
吴養温	60・523
吴　漢	1・55
	1・124
	3・27
	3・129
	3・354
	3・364
	5・273
	5・350
	5・459
	7・275
	9・263
	34・215
	40・574
吴漢龍	34・731
吴　潢	49・788
吴肇炘	28・189
吴肇煌	16・460
	18・330
	18・475
吴熊光	4・301
	7・434
吴維東	34・678
	34・725
吴維哲	4・460
	28・313
吴　瑾(涼國公)	2・578
	3・749
	8・308
吴　瑾(興化)	49・7
吴　瑾(永和)	58・221

吴　璇　40·412
61·66
61·246
吴　璋　8·729
21·411
21·784
吴　縠　31·827
吴增光　50·85
53·526
53·569
54·716
59·296
吴增鼎　6·6
吴增嘉　2·794
39·336
吴邁倫　19·406
吴　標　18·381
18·552
吴　賢　1·145
7·359
19·239
吴　肅(金)　52·440
吴　肅(明)　40·408
47·399
吴輝珇　40·497
46·714
50·976
吴　暲　60·175
吴　嶔　32·671
33·510
吴　嶙　34·568
吴　儀　12·339
12·523
37·138
吴　質(漢)　4·334
9·262
28·439
33·184
吴　質(元)　1·139
20·370
20·691
吴德光　45·131
吴德純　35·269
吴德新(元)　9·270
吴德新(清)　9·181
吴德輝　40·486
吴德鎮　24·683
吴調鼎　13·92
吴慶元　45·90
吴慶祥　37·935
吴遵世　10·629
26·94
28·435
43·680
吴遵路　40·568
吴潤理　21·797
吴　澄　8·403
16·313
吴澄時　51·401
吴　璟　21·460
25·187
吴　璘　47·485
47·640
吴翰書　45·88
吴樹蕙　11·503
吴　樸(明)　41·448
吴　樸(清)　46·7
吴興祚　40·450
吴錫綬　18·383
18·553
吴　鋼　7·504
吴學易　38·95
吴學泰　56·220
吴學顯　18·485

吴龍光　56・18
吴龍見　7・471
　29・49
吴龍圖　18・374
　18・543
吴　燧　41・648
　56・7
吴　激　1・115
　9・268
吴憲湯　8・394
吴　檟　8・360
吴　駿　50・77
　50・602
吴　嶽　7・378
　14・291
　14・531
　21・290
　40・321
　42・487
吴　鍇　40・467
　49・321
吴鍾英　17・495
吴鍾巒　3・851
吴鍾靈　58・224
吴　謙(元)　8・281
吴　謙(民國)　19・388
吴　襄　4・303
吴　應　20・213
吴應文　7・496
　31・819
　35・54
吴應科　36・195
吴應陽　4・282
吴應選　16・442
　17・18
吴應龍(清正白旗)　26・94
吴應龍(景縣)　29・618
吴　燦　8・730
吴　濤　21・803
吴濬源　27・448
吴　鏊　21・312
　23・165
吴　燾　33・614
吴　韞　11・177
　11・540
吴攀僎　57・275
　57・444
吴　轔　8・359
吴　璽　45・4
吴　黼　37・882
吴　鵬　62・493
吴懷忠　7・494
　36・351
　37・885
　37・930
吴懷慎　18・374
　18・543
吴懷瑾　35・444
吴　瀚　4・272
　7・374
　40・322
　42・488
吴寶芝　21・311
　25・331
吴寶林　40・462
　61・512
吴寶善　18・546
吴寶鐸　19・371
吴　繹　31・72
　31・109
　31・218
吴　鏜　26・575
吴騰鳳　58・362
吴繼武　41・190

	61・670
吴繼誠	24・259
	24・420
吴鼎然	29・544
	29・581
吴鶴書	45・131
吴　續	61・666
吴　鑄	40・386
	62・574
吴　巒	7・295
	31・788
	40・513
	43・530
	44・478
吴　顯	8・295
吴鷹揚	6・1
吴　鑰	21・311
吴　驥	32・662

足

足克戳古爾	2・254

吹

吹　絅	17・151

别

别　楣	1・185
	5・567
别　叢	34・568

岐

岐裕齋	41・526
	60・299
	60・370
岐鵬翱	40・538
	54・148

岑

岑之象	33・609
岑長庚	56・17
岑　恒	28・673
岑　參	52・243
	57・161
	57・427
	61・273
岑　翔	40・366
	51・274
	52・370
岑　熙	7・279
	33・183
岑　諫	7・393
	11・186
岑應春	1・821
	3・543

秃

秃和尚	19・267
秃堅不花	2・573
	3・728
秃滿答兒	16・135

邱

邱士墉	40・452
	59・287
邱元清	2・251
邱　旦	40・444
	50・90
	53・574
	53・628
邱禾嘉	16・424
	17・198
邱民仰	1・163
	4・279

7・396
16・427
17・200
19・111
19・135
19・149
19・183
21・300
24・510
24・595
37・139
40・337
邱廷溶 46・667
邱延翰 41・634
61・156
邱行恭 31・411
邱　茂 61・148
邱東魯 41・39
60・301
60・359
邱長春 41・679
邱　和 23・746
63・11
邱秉哲 3・809
邱庭樹 2・143
8・663
邱　俊 8・581
38・253
邱　陛 41・184
42・606
46・53
邱起鳳 30・191
邱　陵 7・336
36・338
39・540
39・664
40・307
42・482
邱　堆 43・618
邱處機 2・245
2・512
5・416
5・524
14・451
14・654
60・730
邱得勝 38・582
邱淮寅 55・478
邱　琚 39・5
邱景華 5・221
邱登棨 44・707
邱鳴泰 45・74
邱銘勲 20・853
邱　璋 50・68
50・608
邱養性 20・854
邱澄清 44・486
44・610
邱　潞 51・362
54・145
邱　璐 40・311
43・543
邱鍾岳 28・432
邱應宸 36・776
37・20
邱　鎧 50・84
50・926
邱雞公 7・329
12・729
邱　麟 44・706
46・31
邱靈舉 40・602
64・467
66・7

何

何　二 15·58
何乃瑩 47·314
何三傑 8·612
23·400
24·71
何士開 11·850
12·20
何士瑋 18·328
18·474
何大功 36·457
37·498
何之璜 8·618
何子聰 27·438
40·403
54·720
59·27
59·83
何天放 11·484
何天恩 25·59
何天球 18·14
何元紹 11·485
何元續 11·485
何太昌 20·857
何中舉 4·320
7·479
31·821
36·5
何文信 5·561
何文體 9·250
29·310
何允升 39·543
40·429
62·580
63·691
何允紳 11·474
何玉如 37·930
何玉相 40·458
43·561
何玉德 21·372
24·767
何正芳 24·773
何世勲 63·774
何可及 34·774
何出光 7·398
21·299
25·815
40·428
54·737
57·104
57·274
57·443
何出圖 50·87
何　失 1·115
1·792
2·661
8·159
何　印 52·51
何仙桂 11·483
何永慶 19·680
20·58
何百川 17·528
何光裕(清) 30·235
何光裕(民國) 20·160
何同意 34·514
何廷光 18·376
18·544
何廷俊 41·583
43·647
何廷魁 37·139
41·73
43·647
44·524

何延廪 11·486
何自道 22·742
何行宣 45·292
何行通 31·440
何　合 21·290
24·611
何兆英 46·556
何兆龄 21·806
何汝麗 63·203
何　芬 7·507
15·519
15·549
15·590
何　杓 11·484
何呈瑞 1·827
20·648
何　岑 7·385
36·332
36·341
36·524
36·577
36·634
39·218
39·257
39·323
何伯川 13·146
何伯仁 53·264
53·299
何伯祥 8·275
24·360
24·448
何含章 49·711
何　彤 11·486
何宏中 32·653
40·785
44·801
何　玠 8·663
何　武 7·274
31·782
38·291
38·376
何其智 47·161
49·312
何其翔 19·297
何其瑞 3·34
何其慧 49·382
何林亨 50·614
61·515
何東序 41·579
62·681
63·720
何東麟 63·724
何長敦 7·459
21·314
何尚之 4·249
何尚賢 41·46
63·720
何尚德 41·44
63·720
何忠舉 28·187
何迥秀 11·472
54·729
何　侗 34·568
何佩乾 66·507
何庚生 32·415
37·934
何　宜 59·152
何宜建 29·349
何　建 64·617
何建鼇 18·363
18·559
何承矩 4·256
7·298
21·268

	22·696
	24·745
	26·247
	32·642
何承緒	13·773
	15·682
何　城	21·290
何南卿	41·689
何　貞	19·542
何星文	41·610
	61·672
何星煜	41·484
	61·671
何昭玉	26·646
何　思(雄縣)	21·367
	24·767
	40·417
	54·702
	59·644
何　思(咸寧)	45·13
何思問	8·582
	30·14
	30·108
	31·90
何思誠	58·748
何秋濤	21·510
何　笈	45·563
何　俊	14·120
何　亮	36·340
	39·217
	39·256
	39·318
何首烏	3·84
	3·159
何爲英	46·667
何祖武	45·12
何　約	40·824
	62·679
	63·44
何　珠	27·330
	27·406
何　佩	11·485
何起鷴	63·730
何　真	40·302
	42·479
何振清	34·79
何　捷	11·513
何　郟	40·289
	42·476
何凌雲	17·209
何凌漢	1·172
何陳宫	40·467
	54·147
何　琇	2·18
	8·662
何基鴻	12·176
何　彬	48·224
何　盛	3·732
何　勖	21·287
	24·749
何婁光	34·327
	34·480
何國宗	2·10
	8·628
何國琦	29·305
何國録	28·69
何崧泰	17·19
何　訥	7·455
何陽春	4·389
	28·25
何　瑛	1·58
	1·143
	7·350
	19·134

	19・182
何　琮	31・795
	32・413
何　琛(成都衛)	5・271
	5・348
	5・458
	21・284
	23・3
何　琛(廣州)	31・13
何達海	60・469
何斯美	40・442
	54・746
何葆謙	19・585
何朝相	35・83
何惠林	17・209
何　棟	40・315
	43・545
	43・771
何雲喬	11・486
何雲藻	11・485
何　貴	8・358
	21・350
	25・173
何喬新	7・348
	40・307
	42・483
	44・472
	61・720
何　復	7・408
	21・302
	21・832
何　翕	8・358
	21・350
何勝光	50・229
何　詔	7・367
	16・436
	17・201
何詒霈	9・100
	11・486
何道深	41・610
	47・309
	59・170
何道榜	31・831
	35・706
	36・6
何　焯	9・275
	19・73
何　瑚	35・605
何　瑞(元氏)	9・112
	13・342
何　瑞(正定)	11・484
何　瑋	24・366
	24・448
	32・659
何　載	28・458
何　塘	7・369
	32・665
何夢蓮	9・100
	11・475
何夢璋	11・486
何夢夔	21・293
	24・750
何　蒲	11・486
何楨麟	28・65
何　新	56・258
	56・451
何　意	13・312
何　煜	9・153
	32・105
	33・633
何煒然	40・452
	54・729
	59・371
	59・446

何　源(元)　8・181
21・342
24・765
何　源(明)　1・143
3・355
20・371
何福全　40・526
62・581
63・352
何福堃　47・313
何　遜　4・385
28・32
34・569
49・172
49・244
何熙績　20・389
何爾彬　30・192
何　翜　30・303
何鳴講　40・526
54・734
57・103
57・274
57・443
何　圖　31・811
何毓琦　33・615
何　傯　8・812
何　廣　7・330
何榮祖　8・245
32・20
32・415
33・757
34・62
34・151
40・818
何漢榮　41・424
51・378
51・391
51・645
52・578
何　滿　10・675
26・95
何　實　8・182
16・173
16・308
何維墀　40・496
56・185
何　綬　7・504
何　賢　40・413
49・308
49・489
何輝寧　3・228
何德明　14・688
何慶森　19・392
何慶瀾　47・316
何　潓　16・561
17・184
何　澗　8・117
何　澄(清)　9・98
11・278
11・474
何　澄(民國)　47・321
何　棨　22・194
22・341
何　選　1・821
8・331
何　璘　8・663
何　曇　11・513
何衡泗　8・711
20・590
何錫祿　40・459
46・49
47・400
何憲曾　3・552
何　嶺　21・292

25·487
何　鍾　13·93
何　燦　5·87
何鴻圖　52·650
何　濬　7·344
12·338
12·413
12·505
何濬昌　19·376
何　濟　63·811
何　禮　8·351
21·344
21·777
何覲光　58·771
何瞻湯　40·476
43·873
46·714
何　鵁　11·503
何　瀚　11·484
何　瀛　8·683
何蘭馨　4·316
7·470
18·24
24·598
何耀寧　11·640
何嚴師　41·528
何騰蛟　7·406
48·176
49·314
何　灌　4·264
40·548
44·697
45·756
何繼志　7·511
22·14
何繼高　4·276
26·249
何繼筠　40·576
何體元　21·461
何體仁　8·224
11·254
13·146
13·165
何　鑑　7·349
14·288
14·529
何　瓚　40·513
42·504
何顯周　32·692
何顯祖　40·447
42·518
43·61
44·730
46·4
何　麟　52·42
54·198

佈

佈　可　64·74
佈克慎　19·387
佈彥泰　31·834
38·379

攸

攸哈剌拔都　40·550
42·507

伯

伯子常　48·243
伯夷叔齊　7·530
伯其瞻　26·565
伯　宗　55·361
56·680
57·35

57·101
60·685
伯特烏格 8·116
伯　益 59·406
59·517
伯費揚武 44·477
伯　僑 55·320
伯德那 60·299
60·358
伯德特里補 7·320
21·276
22·133
22·322
25·36
31·791
伯德窊哥 15·281
16·134
40·817
64·641
65·181
伯德履信 41·526
47·492
伯　藍 45·178
伯　顏 15·253
16·128
伯　顏(達魯花赤) 20·757
伯顏宗道 32·706

伶

伶思賢 47·223

佟

佟卜年 4·285
7·399
28·187
佟大任 4·430
5·728
6·72
6·78
9·70
佟文光 16·637
18·391
18·565
佟有年 1·190
3·793
7·454
佟有信 43·156
佟　存 26·587
佟明義 18·559
佟國仕 40·562
44·481
佟國宏 40·458
46·714
佟國琦 19·681
20·59
佟國禎 32·680
33·200
佟國瓏 40·457
51·311
52·381
佟瑛妻趙氏 9·851
佟彭年 63·23
佟毓秀 44·487
44·610
佟鳳彩 1·179
19·491
佟　鋐 4·400
4·770
5·251
佟養昇 43·559
43·780
佟養量 40·340
43·559
43·781

44・484
44・656
佟學詩 40・443
50・67
50・694
佟謹思 40・484
43・308
47・272
59・89
佟攀梅 18・364
18・559

佛

佛　幻 41・690
43・300
佛家鎖 41・698
佛　彬 19・201
佛圖澄 35・651
36・498
53・517
63・190
佛覺禪師 2・843

伽

伽　初 2・259

余

余一鳳 40・439
59・73
59・411
余一鵬 7・389
30・190
余人僑 63・27
余之祥 1・842
3・754
8・328
余子俊 7・349
14・114
14・288
14・468
14・529
40・308
43・542
43・770
44・56
44・472
余文驥 17・539
余尹瞻 60・249
余允光 7・457
21・306
25・924
余世名 1・168
20・758
余世堂 40・465
58・363
58・418
58・708
余司仁 2・597
21・305
余　光 40・320
余汝修 1・177
20・60
余克長 40・473
63・212
余作恭 5・222
余若尚 19・490
余　杰 9・276
余尚春 7・411
27・337
27・406
余昌祖 7・469
43・783
余侍龍 12・17
余建隆 40・435

58·110
58·215
余承恩 7·495
31·835
34·213
37·798
41·169
47·311
余　勁 4·281
28·21
余彦和 47·160
余　烔 31·802
35·411
余紀德 36·753
余時進 5·276
5·354
5·461
余　恩 27·876
余　堂 4·412
5·72
5·221
9·61
余昆璠 45·76
余啓元 38·143
余紹祖 40·498
53·301
余　登 31·812
32·414
余廉徵 53·574
53·628
余　寛 22·15
24·417
余毓浩 14·303
14·713
余養質 52·651
余維樞 31·819
33·719
34·48
余慶錫 9·186
余　縉 4·304
4·751
余懋檣 9·276
余　徽 21·282
25·329
余　爵 16·447
18·130
余應階 40·536
50·91
余寶滋 65·94
66·238
余繼登 8·437
27·877
余　瓚 7·352
11·181

佘

佘一元 8·825
16·550
17·505
佘之祥 2·585
佘光起 46·668
佘良弼 27·518
佘　璘 18·342
18·482

希

希　選 37·610
37·784

坐

坐虎道人 56·734

谷

谷九鼎 19·51

谷九德　19・48
谷士毅　35・435
谷大用　5・389
　5・472
谷大同　50・77
　53・566
谷天祥　39・450
谷元亨　19・24
谷元彦　19・48
谷元隆　19・52
谷元調　9・213
　19・52
谷中虛　7・379
　16・450
　17・495
　21・290
　25・137
谷有用　12・76
谷廷珍　18・83
谷那律　7・778
　32・745
谷杏林　9・129
　37・826
谷芳桂　18・83
谷長貴　65・110
谷　昇　30・100
谷典林　17・513
谷秉謙　18・77
　19・49
谷所見　25・514
谷宗善　8・774
谷承榮　49・29
谷　春　2・742
　7・339
谷挺秀　37・819
谷　俊　8・358
　21・350
谷　亮　19・58
谷　峯　9・173
　32・740
　33・395
　33・524
谷　倚　40・507
　42・503
　43・146
谷卿雲　13・93
谷　袞　16・162
　16・290
谷凌雲　9・213
　18・77
　19・61
谷從政　23・205
　24・22
　32・705
谷雲陛　59・524
谷雲峰　20・159
谷雲階　41・513
　59・416
　59・524
谷　晪　63・360
谷景昌　9・129
　37・821
　37・872
　40・562
　58・14
　62・519
谷景通　3・807
　22・193
　22・341
　51・333
　52・548
谷　程　59・423
　59・534
谷　順　21・356

25·510
25·590
谷　傑　21·306
25·487
25·577
谷　渾　16·162
16·291
谷裕征　59·424
谷感德　7·794
谷嘉謨　49·36
谷毓菘　59·526
谷　礶　19·49
19·56
谷　嶠　8·569
18·53
19·99
谷應泰　9·212
18·75
19·52
谷應鳴　3·588
8·679
谷懷清　8·774
谷懷濬　21·410
23·57
谷　瀚　3·585

妥

妥　允　63·212
妥紇帖木兒　12·710

邸

邸士亨　25·784
邸元吉　28·783
邸　亨　8·202
11·244
11·643
邸　珍　23·745
25·785
31·151
邸恩培　17·145
邸　浹　8·201
11·245
11·644
邸　浚　21·393
24·211
邸焕章　21·464
邸　琮　8·201
11·644
邸　順　8·201
11·245
11·644
25·774
邸榮仁　8·201
邸養性　17·3
17·82
邸興邦　22·746
邸　澤　8·201
邸　燮　24·243
邸　鵬　8·352
21·345
24·209

狄

狄元昌　41·435
45·714
狄仁傑　1·56
1·132
4·252
5·347
5·458
7·290
32·622
32·820
33·185

33・441
33・567
40・696
42・557
43・65
43・133
46・770
狄　允　32・662
33・65
狄光遠　43・65
狄光嗣　40・698
42・558
43・65
狄同烇　1・157
20・215
狄良幹　7・399
狄　青　7・306
11・166
40・376
40・783
49・345
49・475
49・515
49・607
49・610
49・612
49・623
狄東山　45・715
狄宗文　40・407
51・358
54・141
狄　珍　16・450
17・493
狄庫回洛　44・577
狄庫盛　44・587
狄兼謨　40・734
42・558
43・65
狄從周　45・597
狄惟謙　40・362
狄　焕　41・560
42・621
狄　琮　40・835
45・714
狄　棐　32・636
40・376
42・493
43・68
62・573
63・15
狄　詠　49・576
狄遵度　42・622
43・69
狄樹芳　26・795
狄覲光　7・505
14・539

言

言如泗　40・480
60・252
60・336
61・249
言　芳　7・360
31・796
40・408
60・623
60・773
言得魁　35・654

辛

辛大成　8・812
16・564
辛子馥　42・546
辛少雍　42・546

辛曰杰　45・182
辛公義　40・359
　42・501
　43・145
辛文沚　1・175
　3・361
　33・204
辛文淵　41・32
　48・675
　48・730
　49・358
辛　甲　52・850
辛邦彦　40・395
　55・467
　56・213
　62・310
辛　吉　7・379
　21・291
　25・923
辛成仁　28・512
辛光甲　24・313
辛仲甫　7・295
　40・765
　49・340
　49・674
辛仲珴　28・434
辛仲龕　63・690
辛自修　4・273
　7・395
辛向道　25・514
　25・596
辛　全　41・84
　60・629
　60・702
　60・780
辛汝弼　3・831
辛志登　44・484
辛良器　44・580
辛　旻　40・543
　42・504
辛忠臣　40・543
辛性温　15・681
辛　珍　54・695
辛　柱　2・789
　14・291
　41・32
　48・675
　49・359
辛奎璧　30・102
辛禹昆　22・749
辛禹奕　22・750
辛　俞　56・684
　57・127
　57・373
辛　勉　55・654
　56・12
辛彦之　40・360
　50・71
　50・598
辛彦博　41・2
　48・224
　49・355
　49・508
辛　音　56・264
　56・465
辛起尹　8・793
　22・746
辛　秘　40・281
　50・73
　50・600
辛烜然　48・680
辛　祥　40・503
　42・501
　42・546

52·366
辛　通　37·730
辛　異　42·556
43·67
46·124
46·425
辛進修　16·457
22·750
辛　術　31·785
38·292
38·378
辛紹先　42·546
42·738
43·160
辛雲京　40·276
42·470
49·674
辛　焯　9·246
辛壽先　28·339
辛壽延　28·339
辛壽圖　28·434
辛　睿　21·352
22·738
辛睿鐸　23·607
25·774
辛廣慈　32·800
辛　廖　55·636
56·735
60·730
辛樂舜　19·728
20·149
辛慶之　40·504
辛慶忌　40·348
43·520
65·4
辛　樾　5·251
辛　穆　42·546
辛　諶　32·619
辛應乾　40·419
50·83
50·312
50·611
50·926
61·720
辛藎臣　24·311
辛鏡清　34·511
辛懷仁　31·4
31·369
辛　蘭　21·361
23·49
辛獻鼎　24·314
辛　耀　40·400
58·110
58·214
辛繼先　31·806
34·718
40·525
58·12
60·625
60·777
辛繼芳　30·373
辛繼烈　8·608

冷

冷于冰　34·677
冷　謙　41·695
45·145

汪

汪于泗　18·358
汪士鵬　53·91
53·263
53·301
汪大章　21·286

23·111
31·797
34·209
汪大醇 40·476
54·147
汪天柄 14·302
15·518
15·549
15·589
汪元范 31·90
汪元量 9·268
汪元綬 2·600
8·659
汪仁溥 19·299
汪以時 40·331
汪　玉 7·372
汪　本 31·21
汪本直 40·475
48·292
汪由敦 7·415
汪有執 3·356
汪光緒 31·817
34·48
汪廷伾 32·670
汪廷鈫 28·672
汪自潤 40·450
61·448
汪　舟 5·200
汪守正 13·766
14·541
汪如淵 1·172
汪志伊 40·471
46·90
46·420
47·272
59·81
59·89
汪　沆 4·406
5·86
9·275
汪茂林 66·537
汪茂棠 20·411
汪　來 4·20
4·374
4·765
5·161
汪叔棨 7·492
汪　和 40·495
61·514
汪　泂 16·465
18·330
18·476
汪　泓 29·345
汪　治 7·397
21·299
汪宗洙 7·494
36·349
38·171
汪宗魯 40·459
53·88
汪　昱 8·550
40·407
汪俊德 63·352
汪　度 12·18
汪恒樹 34·515
汪　洪 2·579
汪　珣 17·242
18·17
汪晉徵 7·437
汪真一 47·539
汪振基 13·778
汪師韓 9·276
21·510
32·130

汪逢淵 8·571
18·47
汪家勲 6·145
12·519
汪執恒 7·485
汪　菁 4·324
汪國興 40·455
50·90
50·613
汪　焕 24·258
24·419
汪　清(固始) 40·405
49·306
49·785
汪　清(浮梁) 22·136
22·324
汪淑問 16·553
17·183
18·487
汪添昂 42·509
48·1
汪　琦 5·562
汪　彭 4·412
5·68
5·200
汪喬年 40·339
62·576
汪　循 1·146
2·527
3·708
7·366
汪　鉅 12·338
36·773
37·18
汪善長 24·421
汪道亨 14·297
14·471
14·537
14·628
汪　淵 33·66
33·192
汪瑞一 4·517
汪與恒 8·822
16·555
18·353
18·488
汪　煜 29·974
汪　溥 1·145
5·275
5·352
5·460
汪嘉濟 49·322
49·674
汪鳴和 23·757
汪毓藻 34·366
汪養純 22·45
24·424
汪　德 40·399
汪德修 50·91
50·659
汪澂波 20·62
20·194
汪　霖 7·349
汪　曉 18·327
汪興祖 40·553
43·536
汪　勳 40·485
50·928
汪　歙 16·558
18·354
18·488
汪錫齡 1·188
7·453
汪誠若 16·562

18·355
18·489
汪澤民 8·181
21·342
汪　墉 29·242
汪應蛟 4·267
7·395
24·413
24·752
汪應璧 45·76
汪　鎰 11·185
汪麗日 47·161
汪　鑑 12·682

沄

沄　清 34·107

沐

沐　並 10·589
29·105

沛

沛天上人 25·70

沃

沃學元 33·689

沙

沙　玉 34·772
沙克都爾 64·673
沙春元 4·326
7·527
沙彥珣 43·633
沙帝里僧家■ 22·134
22·323
沙班古 31·792
沙班敬昇 40·391
54·682
沙　晉 66·577
沙　淶 27·518
沙蘊金 32·63
38·894
沙　鎔 5·678

沈

沈一葵 42·520
43·62
沈人種 40·332
45·15
沈三翁 30·733
沈士廉 54·726
沈士煋 5·203
沈士潮 40·478
53·411
沈士鑠 50·660
沈大本 31·14
37·585
37·660
沈之唫 7·384
16·442
17·202
沈子木 40·328
42·491
沈子來 31·810
32·413
沈文奎 4·292
7·416
沈文鏞 21·810
沈玉珩 38·749
沈世華 5·194
沈令式 18·29
19·4
沈冬魁 8·428
29·449

沈必成 51·493
54·144
沈弘業 5·278
5·356
5·462
21·379
25·513
25·592
沈有容 1·158
沈光祚 59·671
59·740
沈光瑀 40·462
沈光棨 40·458
46·581
沈廷勱 11·194
13·472
沈廷靇 32·130
沈　全 30·638
沈兆澐 4·412
5·195
9·64
沈　迅 7·410
21·301
22·404
23·5
24·510
沈如潮 4·319
7·479
26·251
39·550
沈志禮(白旗) 7·498
31·825
36·5
沈志禮(浙江) 7·510
24·414
沈秀彥 38·731
沈　良 43·682
44·421
沈　林 11·181
11·841
12·14
沈　枚 12·18
沈長春 4·310
7·447
沈昇初 7·497
31·820
34·720
沈秉公 7·514
37·586
37·662
沈佺期 32·745
沈　周 6·259
9·271
沈宗譔 3·794
沈　宜 14·474
沈承棨 34·561
沈　括 7·309
沈　貞 11·177
13·470
沈　俊 14·141
沈　洪 8·736
25·49
沈　珫 3·736
62·311
沈起元 4·305
7·441
沈起麟 4·421
5·68
5·174
9·58
沈　桂 14·413
14·714
沈桂芬 2·66
沈　振 47·161

49 · 311
沈振鹏 7 · 510
沈時敘 40 · 429
54 · 736
57 · 104
57 · 274
57 · 443
沈峩皆 40 · 490
沈　峻 4 · 409
5 · 70
5 · 194
9 · 64
沈逢泰 59 · 679
59 · 748
沈　浩 37 · 242
37 · 328
沈　純 40 · 404
49 · 307
49 · 671
沈　琇 17 · 458
沈　琅 30 · 664
沈　域 1 · 168
3 · 364
7 · 408
沈國華 41 · 581
50 · 237
50 · 565
沈　崐 43 · 307
沈　第 58 · 289
沈惟炳 19 · 490
沈惇厚 16 · 466
31 · 832
33 · 204
34 · 50
沈清泉 34 · 511
沈　淇 11 · 844
12 · 15
沈　寅 25 · 576
31 · 829
33 · 613
沈紹先 21 · 370
沈紹德 21 · 369
沈　琪 6 · 57
沈　琛 15 · 59
沈朝聘 19 · 541
23 · 228
沈　景 7 · 279
27 · 753
29 · 41
沈景張 7 · 460
25 · 575
沈　斌 7 · 295
12 · 418
25 · 328
沈道遠 45 · 646
沈道寬 2 · 48
沈　■ 3 · 84
沈　棨 14 · 298
14 · 537
沈　瑀 34 · 325
34 · 479
沈載春 30 · 96
沈　塘 21 · 361
沈冣初 28 · 23
沈誠夫 36 · 195
沈　詗 40 · 281
50 · 74
50 · 600
沈　煒 33 · 399
沈源濬 40 · 536
50 · 90
50 · 301
50 · 613
沈　溶 7 · 498

31·836
沈　瑶　40·423
沈　嘉　9·52
30·660
30·727
沈嘉賓　8·562
沈熙齡　40·496
沈　榜　1·159
2·615
沈　銓(嘉興)　31·801
33·718
34·45
沈　銓(天津)　5·82
5·251
沈　銘　40·541
61·449
沈廣聚　66·252
沈　寧　56·202
沈　實　46·530
46·554
47·401
47·536
沈　璋　8·105
14·364
15·399
40·386
50·61
50·603
沈樂善　4·410
5·71
5·202
9·63
沈　鋭　1·194
5·461
沈廑揚　20·391
沈潤芳　40·486
沈潤洙　34·508
沈　澄　37·298
沈樹楷　21·821
沈　嶧　4·410
5·68
5·194
沈　邀　32·645
沈　學　43·556
44·125
沈　環　18·155
沈聯芳　4·316
28·22
沈　鍊　7·388
9·273
13·780
14·413
14·420
14·714
14·745
15·485
32·667
沈　襄　4·25
13·750
14·719
15·440
沈應坤　1·155
22·135
22·324
沈應時　50·65
52·645
沈　濤　31·832
沈　濬　1·186
6·142
6·208
沈鵬鳴　4·404
4·767
5·174
9·58

沈　麒　31・803
33・610
沈　寵　7・384
11・185
沈　蘭　32・681
33・71
33・201
沈繼賢　16・461
18・184
43・148
43・156

完

完光嶽　22・403
完自成　31・820
33・612
44・174
完者不花　40・395
45・640
完　顏　21・274
完顏九住　40・388
44・697
46・31
完顏大帖木兒　47・161
完顏兀不喝　26・248
完顏氏　24・195
完顏文　33・190
完顏六斤　40・519
50・62
50・604
完顏玉　59・711
60・186
完顏永元　40・388
完顏永功　1・138
7・321
完顏匡　43・533
完顏仲　1・758
40・390
完顏仲元　8・63
完顏守貞　40・294
43・532
完顏守道　7・320
17・15
完顏安國　40・815
64・636
65・48
完顏安遠　21・275
完顏佐　4・265
5・747
6・83
完顏伯嘉　7・321
8・78
40・296
62・574
63・16
完顏阿里巴斯　17・152
完顏阿林　1・759
8・64
完顏阿喜　16・156
16・270
32・656
40・519
43・534
完顏岱　4・324
完顏受速　31・487
完顏宗道　13・768
15・253
16・127
40・386
62・574
63・16
完顏宗幹・　43・532
完顏宗賢　7・321
14・283

	14・526
	15・76
	21・273
	24・748
	43・531
完顏宗翰	16・156
	16・270
	40・292
	43・532
完顏宗璧	40・519
	48・648
	49・300
完顏哈達	16・404
	17・19
完顏衷	7・321
	21・274
	40・549
	45・285
完顏陳和尚	40・814
	44・523
	64・631
	65・180
	65・500
	65・572
	66・81
完顏從坦	22・134
	22・323
	40・296
	42・478
完顏訛可	40・578
	63・17
完顏訛出虎	40・387
	49・302
	49・485
完顏博恰	16・168
	16・300
完顏弼	32・658
完顏蒲查	40・390
完顏蒲剌都	40・816
	64・640
完顏福壽	17・152
完顏霆	2・98
	8・65
完顏齊	7・323
	31・791
完顏撒改	31・487
完顏魯爾錦	8・62
完顏賽不	63・16
完顏識理翰	25・922

宋

宋一鶴	1・828
	8・344
宋大中	9・160
	32・122
	35・742
	36・35
	36・144
宋大本	8・367
	21・364
	24・539
	24・678
宋大成	5・142
	5・219
宋大椿	17・69
宋大儒	8・378
	21・459
	21・814
宋之范	52・69
	52・603
宋之杭	56・456
宋之屏	9・195
	13・739
	14・402

	14·641
宋之悌	40·720
	49·339
宋之問	41·563
	49·425
	49·564
宋之傑	9·153
	32·105
	33·633
宋之弼(明)	41·100
	53·116
	53·286
	53·304
宋之弼(清)	9·208
	18·59
宋之遜	41·634
宋之儁	21·300
	22·590
	47·307
	56·15
	59·168
宋之樹	63·760
宋之韓	36·266
	36·299
	40·418
	54·703
	59·645
宋子玉	40·342
	43·559
	43·780
	44·481
	44·577
宋子貞	19·726
	20·148
	40·824
	50·169
	52·688
	52·848
宋子渭	60·566
宋子嗣	7·512
	24·260
	24·287
	24·421
宋子質	23·225
	24·28
	44·486
	44·610
宋子濂	30·164
宋天榜	35·310
宋天樂	35·274
宋天錫	58·414
	58·784
宋元址	49·381
	49·521
宋元撫	39·715
	39·769
宋太初	40·768
	51·537
	52·407
宋友文	45·144
宋中信	46·534
宋中泰	46·551
宋　仁	14·122
宋　文(祥符)	40·302
	42·480
宋　文(高平)	21·285
	25·573
宋文明(永年)	33·761
	34·83
宋文明(洪洞)	58·406
宋文華	12·332
宋文智	12·459
宋文運	9·224
	31·75

37・714
宋文魁 38・254
宋正印 15・116
宋世良 10・642
31・854
32・620
35・423
38・291
38・376
48・218
宋世軌 10・642
31・858
32・434
35・423
48・219
宋世科 61・668
宋世景 35・422
40・503
48・218
宋世儒 17・145
宋　本 1・111
1・789
3・149
3・725
8・157
宋本敬 52・551
宋可大 41・530
宋可繼 27・519
宋占標 27・883
宋申錫 7・775
31・866
32・437
宋　仙 15・222
宋　白 8・7
32・746
33・97
33・361
宋令文 41・563
49・338
49・564
宋用中 40・499
50・976
宋半仙 32・274
宋　永 17・151
宋永清(正黄旗) 2・729
2・793
7・507
宋永清(長洲) 50・613
宋永譽 9・136
32・72
33・770
34・72
34・165
宋弘功 34・599
宋弘道 8・403
16・626
18・237
宋　弁 7・658
31・851
32・427
35・421
48・217
49・336
宋邦華 58・746
宋　圭 21・366
24・539
24・678
40・419
50・82
50・606
宋老生 40・543
54・655
59・77
宋　樸 41・580

50·380
宋在詩 41·126
60·563
宋存性 19·573
宋成善 46·552
宋廷芬 7·774
31·865
38·561
宋廷楷 32·115
38·565
38·638
宋廷魁 41·597
48·232
48·395
宋廷福 13·739
宋廷慶 2·602
宋竹苞 40·485
44·732
47·164
宋 延 32·667
33·195
34·567
宋自昌 4·224
26·830
宋名儒 12·756
12·792
宋汝楫 56·184
宋汝澄 54·742
宋 冲 48·216
宋守于 12·134
宋守約(宋) 7·308
31·789
宋守約(明河内) 21·283
25·131
宋守約(明長治) 50·383
宋守經 36·345
37·796

37·863
宋 安 32·661
宋孝王 10·643
32·278
32·434
宋志澂 40·486
45·396
宋克篤 40·395
60·622
宋 杞 3·743
宋 甫 51·560
52·410
宋 抃 58·401
宋伯宗 35·423
宋希堯 50·413
50·567
宋 豸 8·378
16·441
17·202
21·372
22·596
宋迎休 45·88
宋 灯 8·352
21·345
40·398
42·509
48·1
宋良佐 41·194
43·95
宋良翰 36·269
宋表櫄 49·363
宋 坤 16·447
宋其沅 49·519
49·640
宋若辛 9·285
宋 英 52·10
52·435

宋　范　8・514
32・52
33・760
34・67
宋范勳　41・494
55・803
宋叔集　35・422
宋　虎　54・744
宋　果　40・262
42・500
宋　昌　40・592
48・214
49・328
宋昌言　12・443
31・458
40・516
51・286
52・372
宋　昪　31・32
宋　明　32・728
宋明善　8・241
12・274
12・337
12・520
36・442
38・179
宋　昂　31・810
32・413
宋　忠　7・332
14・285
14・711
宋知浹　49・352
49・508
宋季儒　35・422
宋牧民　8・776
21・387
24・773
宋秉仁　46・553
宋秉正　61・151
宋秉善　8・226
宋秉彝　40・528
宋金鏡　34・510
宋念祖　7・458
21・309
25・40
宋　怡　60・522
宋　沛　47・400
宋治寧　8・590
9・229
30・15
30・110
宋宗元　4・310
5・32
宋承郊　58・364
宋承殷　53・346
宋承德　7・328
37・795
37・861
宋查園　19・573
宋　相　41・621
50・241
50・453
50・563
宋　拯　41・577
58・399
58・740
宋　昺　27・516
宋　思　52・380
宋思君　32・418
宋思忠　32・60
宋思厚　34・557
宋思約　41・618
50・241
宋思褚　38・36

宋思齊 40·521
50·79
50·222
50·609
宋　俠 32·267
宋　信 12·358
40·405
42·511
46·86
46·416
宋炳奎 58·410
58·726
宋洪業 57·378
宋　洽 31·851
32·426
41·172
48·216
宋　宣(後魏) 7·658
35·420
48·216
49·336
宋　宣(明) 21·364
25·50
宋祖乙 31·815
33·719
34·47
宋祚昌 32·681
宋　約 21·283
宋　紀 10·643
宋　珪 2·99
10·785
宋　珣 32·35
32·416
宋起鳳 4·437
9·74
26·58
26·286
40·446
43·560
43·842
宋真儒 5·87
宋桂林 32·269
38·638
宋　桐 45·343
45·391
宋　連 8·364
21·360
宋時化 42·519
43·62
宋時正 23·618
宋時鳴 21·460
25·56
宋　晟 15·680
宋恩重 26·295
宋師祁 9·229
30·18
30·113
31·76
宋師程 8·515
32·54
33·762
34·83
宋師聖 40·539
45·508
45·562
宋逢泰 21·305
24·196
宋　訓 40·425
63·20
宋　扆 1·755
3·748
8·55
宋務光 40·701
48·674

49・338
宋培仁　40・536
63・573
宋培芳　58・134
58・216
宋　基　7・457
宋　著(元)　20・148
21・279
22・10
22・402
24・334
24・415
宋　著(清)　58・413
58・783
宋　彬　53・312
宋　盛　52・11
宋　冕　53・304
宋晙方　22・133
22・322
宋國佐　33・695
宋國相　40・537
49・320
49・724
宋國賓　16・553
16・777
宋國藩　17・81
宋崃雲　46・551
宋崇獻　53・261
53・298
宋敏求　8・25
12・355
12・443
40・383
52・439
60・620
60・772
宋　偉　43・648
宋　訥(元)　4・266
27・21
27・201
32・748
宋　訥(明)　53・116
53・285
53・303
宋許吉　52・268
宋焕章　21・798
宋清魁　49・85
宋清廉　34・501
宋　淇　41・510
46・533
宋　淳　40・324
42・490
宋啟英　46・484
宋紹美　2・729
2・790
宋紹濂　8・718
20・259
宋　琪　1・728
5・298
5・387
5・471
10・742
宋　璟　7・769
宋　琰(明)　19・475
宋　琰(清)　16・460
宋　琬　7・444
16・453
宋　琛　16・571
18・358
18・490
宋　超　41・434
46・551
47・494
宋彭壽　12・21

宋　達　59・142
宋朝用　48・234
宋朝楨　37・723
宋朝楹　29・589
宋葆醇　41・609
60・566
宋　棟　27・212
宋　雄　1・108
1・729
5・387
5・471
10・746
宋雄飛　52・376
宋雲霄　2・729
2・758
2・792
宋　鼎　41・497
48・378
宋　景(隋)　37・583
37・659
宋　景(南齊)　38・315
宋　景(明)　40・324
42・485
50・82
50・605
宋景初　41・525
49・303
51・301
52・69
52・314
52・378
宋景業　32・267
36・497
38・915
39・231
39・287
39・452
宋貴中　42・518
宋喬梓　36・301
宋　傑(定興)　8・358
21・351
22・440
宋　傑(萬全衛)　14・120
宋　傑(淮安)　58・54
宋集昌　56・266
56・468
宋復璟　61・129
宋欽道　23・203
24・21
31・377
31・860
32・432
35・423
宋游道　10・643
31・859
32・435
宋　愔　35・421
40・631
48・217
49・336
宋　翔　8・616
宋　道　52・689
宋道人　2・257
宋道璵　31・381
31・855
32・431
35・422
宋　曾　58・783
宋湯齊　35・441
宋　温　35・420
宋淵島　46・531
宋　渾　10・677
宋運昌　21・305
22・405

宋　裕　52・605
宋　弼　15・204
宋弼宸　41・653
50・248
宋　登　8・376
21・369
22・441
宋登士　46・51
宋登春(新河)　8・585
12・651
30・332
31・84
31・122
38・247
38・256
宋登春(趙州)　47・536
宋登龍　22・621
宋統殷　40・335
42・493
宋　瑀　46・533
宋　瑋(明)　21・374
25・512
25・591
宋　瑋(清)　4・444
26・290
宋　載　58・398
宋夢龍　24・751
宋　楠　50・189
宋　楫　41・430
41・569
50・198
52・688
52・852
宋　搏　40・288
42・474
宋　稚　4・251
28・185

宋　節　8・153
宋愈亨　12・794
宋　煜　45・585
宋　溱　58・405
宋溥淵　50・556
宋　準　4・256
7・298
宋　禎　1・113
宋　裾　57・102
57・273
57・442
宋　經　14・378
21・284
宋　璉　21・778
宋　赫　8・816
16・632
18・152
宋嘉禾　41・639
50・247
宋壽昌　56・262
宋　輔　35・420
宋爾杰　41・518
45・584
宋爾昌　22・693
宋鳴陽　21・384
宋　毓　35・422
48・217
宋毓椿　63・586
宋　棨　34・555
52・650
宋　銓　41・645
50・248
50・564
宋　銘　16・510
17・61
宋　誥　18・411
18・557

宋廣業 7·513
38·134
宋　犖 7·445
宋　漢(東漢) 40·351
65·8
宋　漢(明) 4·287
7·351
宋　演 35·420
宋　賓 40·524
42·510
43·60
宋　綱 45·693
宋　維 10·643
32·277
32·432
宋維光 1·191
19·184
19·542
宋　綬 8·24
12·354
12·442
宋聚臣 16·549
18·351
18·487
宋聚奎 45·128
宋　蕃 58·13
宋蕊榜 58·793
宋薌稷 20·628
20·680
宋　標 28·736
宋　賢(隆平) 37·441
宋　賢(建德) 32·676
33·70
33·198
34·556
宋震坤 24·89
宋　暲 9·182
宋輝祖 16·673
18·565
宋儀望 1·152
7·377
19·540
32·668
宋德方 41·685
43·135
43·214
宋德玉 49·301
宋德芳 40·446
46·581
宋德清 33·688
宋德隆 45·684
宋　徵(欒城) 13·490
宋　徵(洪洞) 7·340
27·306
宋　衜 40·825
50·170
52·849
宋　鋭 41·443
49·369
49·795
宋　魯 58·413
宋　諾 8·435
30·640
宋調元 28·673
31·819
33·714
34·48
41·454
58·410
58·726
宋慶安 34·700
宋慶禮 7·773
16·155
31·864

	33・756
	34・54
	38・378
	40・275
宋遵信	9・140
	32・83
	34・72
宋　澂	37・41
宋緝聲	60・521
宋　選	52・372
宋　璟	3・707
	4・252
	5・347
	5・458
	31・412
	31・786
	32・623
	36・436
	36・505
	38・378
	39・715
	39・769
	39・801
	39・832
	39・837
	40・510
	50・309
宋　褧	1・790
宋燕傑	8・770
宋　樸	50・199
	50・561
宋　橘	40・416
	42・512
	43・282
	43・315
宋　舉	41・614
	50・24
	50・593
宋興義	21・304
	22・581
宋興德	52・11
宋儒淳	37・729
宋　錦	35・433
宋學易	34・86
宋學道	8・516
	32・57
	33・777
	34・94
宋學韶	32・57
	33・771
	34・97
宋學禮	52・501
宋　澤	41・517
	45・584
宋　憲	39・715
	39・769
宋　隱	10・639
	31・851
	32・425
	35・420
	48・216
宋　當	49・25
宋　鍠	31・826
	35・415
宋　謙	41・678
	50・255
宋　燮	35・421
宋應亨	7・405
	32・676
宋應昌	40・333
	40・426
	42・490
	60・625
宋應蛟	21・298

	25・331
宋應魁	35・433
宋　禮	40・302
	42・480
宋　翼	40・831
	51・623
	52・312
宋　瓊	35・421
	48・217
宋　燾	40・531
	47・400
宋　藩	55・805
宋　鎮	45・682
宋　翻	7・659
	31・852
	32・429
	35・421
	48・217
宋　蘅	55・815
宋　贇	15・680
宋懷旺	52・601
宋　繹	3・594
宋　纁	4・272
	7・391
	40・328
	42・490
宋繼祁	53・324
宋繼均	40・453
	59・649
宋繼舜	37・826
宋繼登	21・297
	22・404
宋　權	5・667
	18・20
	31・815
	43・61
宋　霸	52・248
宋　鐸	61・115
宋　鑒	41・609
	60・564
宋　儼	2・502
宋　鑑	41・25
	51・655
	52・580
宋　瓚	41・501
	46・533
宋　瓛	8・579
	30・13
	30・108
	31・75

宏

宏辨大師	41・686
	56・734

良

良　燮	41・547
	50・318

初

初　旦	40・425
	42・515
	46・790
	47・49
初鳳齡	34・509
初　賢	2・687
	2・728
	2・788
	7・370

君

君　言	32・60

邵

邵大業　8·631
邵之翰　6·184
邵子俊　40·400
47·403
47·617
邵元三　24·90
邵元亨　1·142
2·833
7·335
邵化南　41·594
63·224
邵文星　19·578
邵文烺　61·556
邵以道　54·144
邵以德　20·160
邵玉東　26·345
邵玉清　5·205
邵玉麟　63·242
邵可立　5·271
5·349
5·458
7·396
16·445
17·496
邵占鰲　19·196
邵令進　29·265
邵永壽　25·726
邵邦寧　20·649
邵有輝　63·230
邵成德　33·407
邵　呂　31·419
邵廷佐　63·224
邵廷杰　8·694
邵自鈞　24·262
邵汝德　9·88

27·106
27·165
27·210
邵　杞　40·485
49·710
邵　佑　21·289
22·699
32·315
邵伯棠　21·299
25·39
邵伯溫　32·651
40·383
50·76
52·644
62·15
邵宏淵　32·725
33·369
邵宏遠　59·87
邵其德　40·481
60·628
60·776
邵雨祖　32·60
38·564
邵長治　26·590
邵秉忠　19·193
20·439
邵宗玄　21·302
邵宗渭　6·171
邵　定　40·558
44·524
44·658
46·53
邵建偉　27·519
邵承富　6·240
邵　型　29·306
邵奎璧　3·596
邵　思　41·567

邵　炳　21・459
邵洪哲　14・362
14・717
邵　紀　4・283
26・8
26・249
邵　泰　8・630
邵起鳳　40・449
61・247
邵時夔　61・68
邵　沖　4・467
9・89
27・84
27・232
邵　棻　4・410
5・71
50・887
63・25
邵　彬　5・87
邵　焖　21・375
邵淇哲　7・669
邵　淮　21・372
邵　深　61・554
邵　琳　54・713
58・708
邵葆祺　8・631
邵　雲　41・174
61・551
邵景名　13・93
邵　童　40・526
62・577
63・18
邵　善　40・399
53・89
53・260
53・297
邵開鼎　17・87
邵　楠　28・810
邵嗣堯(洵陽)　21・308
21・802
邵嗣堯(猗氏)　4・305
7・445
23・112
23・229
36・776
37・20
41・116
62・689
63・728
邵　雍　1・114
3・82
3・148
22・205
22・347
邵鳴岐　19・138
19・192
邵　綰　60・626
60・775
邵　賁　3・355
邵　蕙　40・426
邵　舉　31・329
邵　錫　8・366
21・363
邵　錦(商州)　31・797
35・52
35・128
邵　錦(臨汾)　55・879
邵聯榜　6・242
邵聯勲　6・242
邵　檢　38・33
邵鴻基　33・615
邵孺人　20・628
邵豐鏌　40・479
45・563

邵　璿　40・461
62・16
邵　寵　1・157
3・357
61・556
邵蘭譜　6・176
邵鶴年　43・274
43・306
邵　續　4・248
7・285
31・3
31・330
51・355
54・138
邵體仁　27・109
27・240
邵　儼　16・508
17・177
邵　鑑　16・436
18・215

阿

阿史那社尒　64・596
阿史那忠者　64・598
阿那保　66・618
阿赤歹　66・572
阿克島　66・590
阿剋達春　65・68
阿克敦　64・687
阿克敦布　64・73
阿里沙　22・134
22・323
阿里衮　40・344
阿沙不花　13・724
15・282
16・141
43・534
43・636
65・231
阿其麟　41・55
45・295
阿　林　17・151
阿剌兀思剔吉忽裏　64・643
阿剌海別吉　65・304
阿兒思蘭海芽　47・399
阿勒臺　7・326
16・405
17・197
阿勒根彥忠　32・655
阿　喜　44・391
阿喇布坦多爾濟　64・673
阿喇納　64・662
65・560
阿義屈達幹　1・134
阿爾濟蘇特穆爾　16・405
17・197
阿　鄰　31・486
阿實克布哈　9・270
阿魯帶　51・379

妙

妙　連　55・633
妙峯僧　43・135
妙　惠　41・677

努

努延溫騰烏達　16・157
16・272

㚷

㚷　昂　41・36
62・700
63・132

邰

邰鳳至　58・756

奉

奉　教　41・679

武

武一韓　7・507
13・772
15・681
41・130
47・66
武九疇　47・208
武三印　32・681
33・201
34・565
武三省　7・501
33・71
武士仁　32・96
35・435
武士逸　41・405
49・201
武士稜　49・201
武士豪　9・98
11・473
58・110
58・215
武士選　28・188
41・521
60・570
武士䕶　49・200
武大勇　9・139
34・90
34・172
武之大　52・650
武之烈　9・201
15・206
武天成　47・807
武天佑　53・730
武天和　53・730
武元衡　40・711
42・563
49・137
49・202
武止戈　63・822
武少儀　53・727
武化遠　45・574
武　文　41・583
44・537
44・630
武文玉　9・197
15・807
武文郁　9・237
36・796
37・34
武文煌　46・149
武心田　12・560
武心廣　53・748
武以寧　24・752
武　允　41・443
48・225
49・355
武世奇　46・855
47・92
武世昌　9・210
18・67
武丕承　37・42
武本洛　41・509
47・650
武可畏　36・268
武平一　49・201
49・134
武　仙　11・145

	11·436
	12·644
武　白	53·728
武　阡	53·743
武　弁	47·161
	49·303
武　成	54·727
	59·366
	59·445
武　臣	15·219
武光昌	47·315
武光琳	9·101
	11·466
武先振	41·491
	47·68
武先慎	47·76
武廷相	53·321
武廷適	19·681
	20·59
武廷選	49·217
武廷豫(大同)	4·405
	4·768
武廷豫(天津)	5·170
武廷燮	3·577
武全文	41·466
	47·489
	47·645
武廷齡	47·90
武行德	41·414
	42·578
	46·148
	46·426
武兆麐	3·36
武汝清	32·80
武如全	34·694
武　妃	49·615
武志學	1·144
	3·831
武克岐	48·89
武告成	40·487
武攸暨	27·752
武攸緒	41·614
	42·734
	49·139
	49·218
武攸歸	49·201
武伯英	41·572
	45·484
	45·587
武良佐	8·593
	12·535
	37·432
武良鋭	41·521
武若滌	63·238
武　英(宋)	40·517
	40·777
	42·588
	45·283
武　英(明順天)	4·282
	26·8
	26·249
武　英(明蔚縣)	15·43
武　英(清)	9·205
武東城	44·579
武來雨	41·195
	49·85
武尚信	5·562
	8·503
	32·32
	36·23
武尚賢	20·821
武昌齡	46·851
	47·91
武明甫	53·729

武　旻　21・288
25・37
武忠穎　7・520
武　金　8・469
11・229
12・609
12・641
武周文　1・796
2・575
3・729
8・296
武定邦　33・763
34・83
武建邦　34・312
武承甫　49・82
武承謨　21・310
22・689
41・539
47・497
47・654
武　珍　34・688
武柱國　53・740
武威遠　53・745
武　昭　40・366
武思孝　53・736
武思明　41・33
51・719
53・736
武　信　40・399
48・174
49・306
武　俊　27・634
武俊臣　53・730
武　恪　8・271
13・721
14・372
14・481
14・559
武陞泰　49・85
武　紀　53・100
53・286
53・303
武起潛　1・165
7・408
18・15
武　都　40・815
64・633
65・499
武　桓　45・506
45・561
武　彧　21・344
25・510
25・590
武振明　53・596
武　哲　47・487
47・643
武時成　3・578
武訓光　46・714
武　通　35・255
武陳策　53・738
武培德　53・749
武　勘　5・278
5・356
5・462
武　梓　41・135
43・658
武國清　46・850
47・91
武國楹　7・457
21・305
武象乾　46・823
47・61
武訪疇　41・517
45・584

武惟揚 53·596
武惟謙 48·144
武　煥 53·101
53·473
武清周 40·436
42·517
49·172
49·244
武紹棠 17·194
武　琦 49·356
武　超 41·477
52·333
武彭齡 41·537
武　達 43·639
武萬良 5·523
武敬之 37·37
武敬勝 49·217
武　悳 46·856
武　棠 41·516
武郰錫 41·604
47·498
47·656
武　傑 51·751
52·587
武舒泰 32·96
35·438
武　敦 53·744
武　斌 45·589
武裕文 18·29
19·4
武　祺 40·820
42·597
武開吉 41·145
武登科 3·360
武發仁 32·95
35·434
武夢立 35·607
武蔭棠 34·101
武　甄 41·557
42·619
武　雷 4·282
6·1
34·314
武　鉉 50·298
武靖遠 53·741
武新安 41·156
43·205
武新亨 41·512
49·215
武新銘 41·512
49·215
武　肅 34·330
34·490
武紘周 16·454
16·751
武靜藩 49·85
武蔚文 47·69
武爾功 64·695
武　僑 49·215
武　旗 46·822
47·64
武　榮 49·800
武寧周 41·478
43·657
43·875
武　綱 53·101
53·474
武維邦 20·821
武維周 1·169
20·216
41·177
42·609
46·823
46·831

47・61
武維畿 20・821
武維藩 41・599
53・744
武翚圖 47・76
武　震 4・286
27・21
27・202
武　賢 7・344
11・179
41・16
41・443
49・356
49・675
武　儀 53・736
武德智 1・148
5・563
34・314
武澐清 32・85
武澄清 9・139
16・469
18・188
32・79
武樹菜 45・586
武儒衡 40・711
42・563
49・138
49・203
武　龍 35・121
武　檄 47・497
47・654
武奮孝 48・233
武　鋾 53・736
武應元 30・281
30・327
武濟川 33・687
武　濯 34・687
武簡如 41・432
42・597
46・824
47・64
武　鎬 48・18
武　繡 26・847
武　齡 32・741
武　瓛 41・645
48・242

青

青　芹 50・419
青阿立 40・468
47・400

長

長桑君 9・261
26・96
28・782
長孫子彦 40・651
長孫平 31・785
長孫行布 40・505
42・502
長孫肥 14・359
15・88
40・633
43・614
長孫晟 40・543
43・526
44・482
44・576
65・160
長孫恕 40・369
61・509
長孫順德 40・366
51・273
52・369

長孫道生　15・87
31・4
31・344
40・632
43・613
64・472
長孫嵩　4・249
7・285
14・358
15・87
31・4
31・344
40・632
43・613
64・470
長孫稚　40・650
43・615
長孫慮　43・660
長孫翰　11・142
40・633
43・614
長孫操　27・752
29・35
31・786
60・467
長孫冀歸　64・473
長孫禮　40・633
長孫觀　43・615
64・473
長　敞　31・838
長　順　66・681

幸

幸南容　4・346
26・68
26・285

耶

耶律天安　1・767
耶律天佑　12・412
耶律天倪　1・767
耶律天澤　1・768
耶律仁先　2・526
3・707
7・315
耶律巴格　8・44
耶律古昱　16・155
16・269
耶律有尚　5・275
5・352
5・460
耶律托輝　8・272
耶律合住　22・133
22・322
耶律休哥　1・137
2・526
3・707
7・315
耶律忒末　11・172
52・377
耶律吼　16・127
耶律禿花　15・281
16・135
耶律伯堅　7・325
8・274
13・724
15・281
16・136
16・313
21・274
21・800
耶律佛德　7・316
耶律希亮　1・765

8・148
耶律阿息保 8・45
耶律玦 16・403
17・196
耶律旺久 17・151
耶律制心 8・47
耶律和卓 1・137
7・315
耶律孟簡 9・268
16・155
16・269
21・508
43・681
耶律曷魯 16・132
耶律哈爾吉 16・403
17・151
17・196
耶律侯哂 40・518
65・166
耶律格 1・771
耶律奚底 40・578
耶律海里 16・127
耶律斜軫 43・531
耶律隆運 8・46
18・40
耶律達實 1・51
耶律達魯 10・778
耶律萬家努 46・2
耶律富勒敦 16・269
耶律楚材 1・116
1・763
2・569
3・725
9・269
10・793
32・659
65・232
耶律楫 1・769
耶律瑪魯 17・151
耶律赫嚕 8・42
耶律斡拉 8・44
耶律圖丹 17・151
耶律僕里篤 65・45
耶律頗的 40・292
43・531
耶律樞 1・770
耶律橽烈 15・253
16・127
耶律撒合 16・132
耶律撒剌 40・292
耶律德元 40・389
60・248
60・331
耶律德威 8・47
耶律德凝 8・47
耶律敵魯 15・280
16・133
耶律薩哈勒 8・44
耶律學古 40・384
43・531
44・390
耶律獨攧 65・45
耶律題子 14・450
45・531
耶律懷義 15・253
16・127
40・549
耶律權 1・770
耶律鐸軫 65・46
耶律儼 1・108
2・95
3・725
7・316
10・775

27・515
耶律鑄 1・765
2・570
3・726
8・125

昔

昔里益立山 32・853
33・62
昔里鈐部 32・658
33・190
昔里愛魯 32・659
昔　班 65・167

若

若干惠 31・138
40・654
64・500
66・13
若　木 55・318
若滿奮 31・324

苗

苗士菁 45・786
苗大素 52・430
苗之廷 33・131
33・390
34・585
苗之秀 9・232
30・503
31・87
苗元凱 47・91
苗化雲 66・497
苗文連 19・575
苗文章 50・674
苗玉珂 33・207
苗令琮 41・599
苗而成 37・957
苗而秀 15・44
15・214
苗　成 36・163
苗光義 50・241
53・599
苗廷嗣 50・158
50・949
苗守信 41・638
47・538
47・698
苗如璋 43・875
苗芳蘭 34・778
苗君稷 2・663
8・695
苗松山 26・572
苗雨田 50・668
苗雨潤 50・810
苗　明 37・732
苗　京 50・184
50・404
苗宗瀚 24・691
苗南薰 45・779
苗　柟 22・135
22・324
苗胙土 41・462
51・585
52・419
苗彦實 41・640
苗神客 7・736
27・572
苗晉卿 4・253
7・292
32・624
50・158
50・946
50・949

	53・641
苗根千	45・759
苗時中	40・516
	40・781
	50・60
	50・169
	50・603
	50・925
	50・950
苗時雍	52・411
苗峨然	11・188
	13・527
	35・260
苗　訓	41・638
	47・538
	47・698
	62・715
	63・186
苗席珍	45・511
	45・758
	45・818
苗浡然	8・514
	32・52
	34・219
	43・554
苗浡瑞	19・568
苗　授	40・780
	50・168
	50・372
	50・525
苗敏榮	45・784
	45・808
苗進忠	34・578
苗　煥	13・534
	52・414
苗賁皇	57・51
	57・102
苗朝陽	41・583
	45・758
	45・826
苗道潤	8・88
苗滋榮	50・670
苗　發	41・563
	50・198
苗　粲	50・159
	50・949
苗毓芳	27・901
苗毓秀	34・578
苗　鳳	45・825
苗　蕃（唐）	42・503
苗　蕃（清）	41・603
	47・493
苗　樟	6・226
苗　澄	9・131
	37・906
	37・948
苗　履	40・780
	50・169
	50・458
	50・526
苗　澤	31・792
	33・609
苗　毽	34・89
苗應元	40・434
	61・626
苗馨山	58・755
苗襲夔	52・851
苗　夔	9・20

英

英　秀	64・74
	64・684
英　廉	5・30
英　■	31・839

33・613

苻

苻　丕　31・335
31・337
苻　定　31・337
苻　柳　31・335
苻　洪　31・335
苻　紹　31・338
苻　壽　31・338
苻　融　31・336

苟

苟正甫　21・814
苟汝安　62・721
63・57
苟好善　40・436
50・314
50・612
苟志仁　17・144
苟志和　17・78
苟　京　40・413
50・64
50・861
苟宗道　8・164
21・443
苟　恁　44・536
苟　頳　14・361
43・622
60・642

苑

苑天植　43・919
苑世亨　12・69
苑至果　21・694
25・926
苑　因　5・580
苑廷弼　23・130
苑廷勳　27・904
苑汝清　61・447
苑　秀　8・430
27・638
27・678
苑言揚　44・627
苑君瑋　40・701
44・542
44・594
44・626
苑　英　27・637
苑林嵋　45・307
苑尚質　32・64
35・67
苑育蕃　9・151
32・99
35・69
苑　囿　5・574
苑峙葵　5・574
苑　恪　11・267
11・878
12・60
苑逢春　26・605
苑處仁　37・466
苑　康　4・333
27・55
苑森林　21・820
苑　誠　8・182
21・814
苑熙春　26・279
苑維濂　17・527
苑　德　8・162
21・330
苑德星　26・912
苑瀛佩　5・580
8・691

茆

茆志道 40・399
49・304
49・486

范

范九德 31・13
37・584
37・660
范乃蕃 7・490
11・193
12・125
范三拔 41・120
48・228
49・387
范三綱 41・504
62・528
范士熊 41・603
范士偉 52・858
范士楫 10・287
21・685
22・445
范大士 7・495
31・823
35・414
范大儒 44・578
46・48
范子奇 42・592
43・201
范天貴 26・281
范天翔 62・220
范天錫 8・581
31・73
范元愷 24・750
范　中 1・757
8・61
范　升 10・579
13・728
14・355
15・85
15・554
15・646
40・600
43・610
范　丹 9・262
范文松 52・504
范文程 2・848
范文源 21・383
22・444
40・419
63・355
范　方 57・103
57・273
57・443
范　正 53・86
范正興 58・788
范右文 38・573
38・639
范　平 7・486
11・193
13・529
范　冉 28・439
范印心 40・448
45・508
45・562
范永年 27・439
27・472
27・493
范永昌 50・896
范永華 27・905
范永澄 46・531
范　弘 14・456
范台儁 53・632

58·743
范邦彦 28·673
范邦瞻 2·588
范　式 31·321
范百祿 40·376
范成玉 58·748
范成業 56·18
范光大 27·440
27·481
范光瑞 12·176
范廷召 10·771
30·106
31·86
31·476
33·10
范廷策 7·821
范廷輔 40·439
53·90
53·262
53·299
62·16
范延安 19·521
范延策 1·718
范仲淹 40·287
42·475
62·572
63·14
范仲實 30·503
范仲潔 8·291
23·590
24·79
范名德 7·499
范汝亭 17·73
范汝敬 55·799
范守己 58·54
范守恒 7·495
31·835
34·213
范如璧 40·500
范志完 7·407
16·448
17·497
范志泰 40·436
42·517
范志遠 7·330
21·281
25·36
范志懋 7·412
14·300
14·422
15·4
15·119
31·815
35·414
38·94
范芸茂 58·743
范希朝 40·717
62·661
63·577
65·32
范孚嘉 63·423
范　汪 31·850
范宏嗣 41·578
58·725
范　坦 42·592
43·201
范其貞 17·366
范其量 17·367
范　苯 21·822
范蘋茂 58·431
范英俊 12·550
范長年 41·650
58·792
范　昕 41·39

41・450
60・698
60・760
范　杲　32・282
33・357
36・439
38・895
39・227
39・266
39・378
范明德　32・681
33・201
范　旻　32・1
33・356
36・439
38・892
39・227
39・265
39・377
范　忠　60・695
60・758
范舍樂　41・385
43・625
范　周　19・541
范　炎　7・851
范　治　60・218
范宗文　38・585
38・748
范宗道　45・13
范建中　3・161
范　承　56・12
范承吉　7・321
14・156
21・273
40・389
60・621
60・772
范承勳　3・53
3・57
范承謨　2・848
2・851
范春駿　32・708
32・800
范　垠　60・626
60・775
范映垣　46・463
范星鼎　56・264
56・465
范　昭(周)　55・394
范　昭(明)　19・532
19・636
范　盈　43・74
范　恒　50・896
范恢文　38・573
38・750
范炳監　41・506
55・805
范　宣(晉)　32・699
范　宣(明隆慶州)　49・160
49・243
范　宣(明歸德)　40・524
42・510
范秦亭　48・90
范泰初　41・514
范素琴　32・116
38・701
范　起　45・590
范起鳳　56・453
范真人　43・214
范桂鄂　12・176
范　軌　54・655
范振新　41・599
52・500
范振德　3・577

范時秀　7·518
12·731
12·751
12·780
23·343
范時崇　14·302
14·477
14·539
范　晟　59·667
59·736
范逢恩　9·180
范　益　5·525
范　祥　40·291
范　書　39·721
39·797
范　通　60·696
60·759
范　純　58·749
范純仁　40·376
42·505
62·573
63·15
范純粹　32·651
40·372
42·506
范純禮　42·500
25·35
范　理　37·320
范　堅　31·849
范國仁　26·821
范國英　62·576
63·18
范　崗　32·48
范從詔　56·12
范清沂　49·387
范清注　49·387
范清洪　41·497
48·378
49·387
范清嵐　38·722
范清塘　38·572
范清澳　49·387
范清曠　21·311
25·332
范　梁　31·834
范啟光　19·540
58·406
范啟科　60·304
60·361
范啟禎　34·513
范陽山人　2·139
范　隆(漢)　31·299
45·291
范　隆(前趙)　41·216
50·243
范　琮(明)　56·214
范　琮(清)　52·863
范　琯　52·863
范鼎鉉　44·539
范　晷　9·265
31·849
38·316
38·560
范景文　3·367
8·439
27·435
27·473
范鄗鼎　41·112
58·628
58·727
范　斌　41·436
42·597
范道行　41·180
47·208

49·364
范　登　58·405
58·741
范登瀛　46·52
范發愚　40·446
43·560
44·66
范　■　44·803
范　粲　32·713
范　暘　19·521
范嗣徽　45·734
范誠煊　27·905
范　雍　42·591
43·201
范　煒　47·66
范　滂　4·245
7·280
31·2
范　溶　32·654
范　遷　1·125
4·246
5·274
5·351
5·459
7·277
范爾梅　41·260
41·589
58·389
58·728
范爾楫　58·745
范奪魁　34·485
范鳴珂　44·565
范　箕　40·422
44·725
范毓■　41·475
48·229
范毓■　48·229
48·265
范毓䅺　48·229
49·387
范　廣(五代)　31·849
38·561
范　廣(明遼東)　14·286
14·528
14·711
范　廣(明南和令)　39·767
范　榮　41·693
48·243
范漸磐　55·880
范　寧(晉)　31·850
范　寧(明)　47·271
54·752
59·88
范寧兒　41·631
范　禎　40·439
54·755
59·80
范　瑾　8·558
14·637
范　震　39·220
39·262
39·328
范樂舍　31·157
范　質　32·1
33·356
33·533
38·892
39·226
39·265
39·373
39·438
范　德　21·804
范　燦　7·450
范澍宸　38·586

范　澄　11・167
11・539
范履乾　41・496
52・864
范履旋　50・203
52・853
范翰文　38・573
38・718
范樹祺　38・582
范儲文　38・586
范　錫　8・380
21・375
22・442
40・529
43・555
43・834
范學孜　52・868
范學敷　52・868
范學顔(翼城)　56・688
范學顔(萬泉)　63・423
范　諷　40・377
50・76
范凝鼎　58・385
58・745
范聯芳　32・675
范　韓　40・535
52・860
54・698
范懋解　2・585
范　燮　58・756
范應賓　37・753
范鴻儒　27・896
范　翼　58・430
58・744
范　藎　7・509
18・21
范　翀　58・380
58・744
范瀛佩　1・881
范繩祖　40・445
51・324
52・291
范蘭茂　31・818
范獻之　58・749
范寶仁　13・761
范繼仁　30・24
30・100
范鶴年　41・590
58・746
范鑒古　33・418

直

直脫兒　22・134
22・323

茅

茅一桂　44・579
茅大芳　3・749
茅元儀　9・272
21・509
22・469
茅　君　2・237
茅　坤　7・376
32・688
33・194
43・670
茅　舉　7・540
31・844

林

林一桂　52・419
林士芳　38・273
林大忠　50・246
50・960

林之盛 4・288
林之蒨 31・22
林天培 2・47
8・643
林天擎 40・442
62・582
63・22
林元敘 60・250
60・331
林元桂 2・835
林中枏 40・467
49・320
49・490
林中蘭 46・531
47・402
林允高 39・218
39・257
39・322
林世英 37・937
林世炳 40・453
54・748
林世遠 34・551
林本象 40・496
49・245
62・314
林成興 58・14
61・515
65・139
66・246
林同春 24・702
林廷玉 4・270
7・364
林廷■ 4・271
7・374
林廷璧 22・783
林仲猷 59・85
林冲之 9・268
林　茂 5・673
林茂亭 13・775
林　英 40・487
林雨潤 21・297
24・751
林　旺 2・743
2・815
林昌基 32・81
34・101
林忠順 21・306
24・510
林　春 14・123
14・645
41・647
林思承 31・6
31・520
林禹門 2・834
林　俊 27・757
林祖述 40・331
林起元 37・661
林起宗 8・241
36・441
38・177
林起鳳 3・793
林起龍 1・857
3・742
8・616
林華皖 7・490
11・194
12・682
林　恭 29・362
林　桐 45・738
林　軒 40・532
61・624
林時亮 9・275
17・540
林　皋 14・124

林宸機　7·506
林萃秀　52·430
林　盛　13·781
14·414
14·577
14·695
15·503
15·571
15·652
15·705
林國相　40·332
林惟盛　4·286
27·21
27·202
林紹宗　27·406
林紹清　22·591
林堯光　53·577
53·628
林萬邦　39·630
林　朝　27·628
林雲漢　8·677
林　棐　21·281
25·922
林勝選　21·297
22·684
林詒熊　50·297
林靖光　1·190
12·639
22·140
22·325
林　瑱　7·361
31·797
38·294
38·377
林　模　53·524
林鳳舉　44·195
林　寧　31·13
林維翰　24·691
林　璁　32·75
33·746
34·100
林　椿　41·182
43·644
44·524
林德奎　40·494
45·645
林德純　3·586
林征韓　9·274
16·672
17·87
林養楝　18·328
18·474
林　潤　39·557
林　橙　36·196
林鍾秀　30·666
林應聚　18·328
林鴻鳴　4·27
4·404
4·765
5·163
林濬源　45·74
林　叢　45·13
林贊王　43·683
44·421
林　瀚　29·455
林　纁　40·501
61·70
林　鶚　11·179
41·644
林　巍　7·339
25·814
林繼篁　7·453

析

析　公　57・50
57・427

板

板特達　41・690

松

松　筠　4・302
7・434
40・572
64・87
65・58
65・480

杭

杭　雄　40・555
43・545

東

東方老　31・152
東　漢　4・276
7・375
東　賁　31・16
38・273

剌

剌麻紮布　66・59

郁

郁士選　21・310
22・581
郁之蕃　18・71
郁之龍　17・370
郁之馨　49・242
郁光被　17・359
郁尚仁　17・341
郁　珍　1・144
19・680
20・58
郁　浩　40・413
49・308
49・486
郁　琛　8・365
21・361
郁　瑄　16・626
18・237

奈

奈永春　19・474
奈邦奇　40・425
50・85
50・926

奔

奔　睹　31・486

來

來大千　14・360
15・90
40・542
40・637
43・523
43・618
64・489
來文憬　46・714
來希孔　60・709
60・783
來　亨　40・415
61・624
來　修　18・155
來益清　34・481
來　復　40・334

42・493
來　儀　65・59
來　歙　47・160
49・288
來謙鳴　7・500
33・73
33・203
來　臨　14・301
來儼然　16・444
17・496

抹

抹撚盡忠　21・273
25・140
43・533

拓

拓拔天賜　44・577
拓拔孝友　26・245
拓拔長樂　23・742
拓拔處文　31・134
拓拔雲　31・345
拓拔幹　31・350
拓拔壽樂　31・134
拓拔勰　23・201
24・20
拔拔興都　29・34
拓拔禧　31・349
拓拔羅候　2・263

拔

拔思溥化　40・396
61・65
拔都兒　16・138

拉

拉拜哈屯　65・306

郅

郅　都　41・374
43・520
45・278
55・432
58・714
62・638
郅　朗　32・22
35・426
36・192
40・392
50・63
50・925
郅　惲　55・432
59・155
郅　壽　4・243
7・277
31・294

叔

叔　弓　55・652
57・161
叔孫建　14・357
15・85
40・633
43・617
43・912
43・933
叔孫俊　40・634
43・618
43・912
43・934
叔孫豹　55・652
57・160
叔　帶　55・320

卓

卓金殿 16·673
18·391
18·564
卓　敬 4·366
8·445
26·66
26·91
26·763
卓熙泰 40·489
46·714
50·659
50·701
卓爾海 66·574

虎

虎大威 40·559
42·493
虎皮仙 2·255
5·312
5·417
5·524
虎林赤 2·573
3·728
40·553
50·63
虎篤鐵木耳 40·391
54·682
59·641

尚

尚五品 54·235
尚　友 41·474
尚　文 1·783
8·167
12·742
12·789
21·334
21·776
23·409
55·319
尚文莊 38·910
尚可孤 7·718
15·280
16·131
16·165
16·295
尚存義 46·531
47·402
尚廷俊 38·894
39·172
尚廷賢 20·160
尚廷謨 38·911
尚廷鑑 41·464
52·424
尚青山 41·697
55·626
尚金章 40·445
51·361
54·145
尚　彦 63·233
尚　宣 7·524
14·476
14·538
尚振岳 15·254
尚時彦 43·77
尚　員 8·525
50·81
尚師簡 21·339
25·897
尚　堂 8·431
尚　野 8·175
13·774

16 · 130
21 · 338
25 · 897
尚國楨 9 · 180
32 · 741
尚惟持 40 · 320
尚　淳 12 · 137
尚翌岐 41 · 459
尚　欽 31 · 369
尚　淵 60 · 300
60 · 371
尚　義 31 · 72
尚　肅 20 · 370
尚經邦 33 · 686
尚　輔 14 · 127
尚毓岐 36 · 271
尚寧一 41 · 528
41 · 621
52 · 84
54 · 231
54 · 255
尚　樸 4 · 281
尚　衡 40 · 312
42 · 484
尚應武 4 · 317
28 · 22
尚濟川 25 · 604
尚　顏 41 · 671
尚瀛登 63 · 224

果

果常清 9 · 210
18 · 64

具

具　丙 55 · 381
具生吉祥 41 · 695

昆

昆盧遮那 10 · 677
11 · 319

昌

昌天錦 22 · 138
22 · 325
昌元正 1 · 149
20 · 215
昌　昂 16 · 208
昌　海 41 · 690
43 · 135
43 · 216
昌　容 11 · 318
43 · 670
昌隆公主 52 · 264
昌應會 39 · 218
39 · 257
39 · 323

昇

昇　寅 64 · 89
65 · 62
65 · 481

明

明安帖木兒 7 · 327
11 · 175
12 · 337
明　見 18 · 155
明　昌 66 · 576
明　周 41 · 692
50 · 255
明　亮 7 · 286
32 · 617
33 · 184

明　珠　41・698
56・734
明　晟　29・49
明　乾　2・258
明道崇義　56・10
明　瑞　41・700
明　德　40・344
42・497
明　徹　37・610
37・784
明　慶　66・671
明　興　66・699
明禪師　19・437
明　濟　40・367
51・313
52・287
明　曜　41・701
46・768
明　馥　2・255
5・670
明　鎬　40・290
42・476

易

易文正　34・559
易永盛　15・212
易　至　15・44
易尚升　7・458
易官善　27・408
易　柏　15・30
15・117
15・207
易恒占　25・67
易爲蕃　47・162
易　恕　27・637
易紹宗　15・57
易　綱　8・556
14・628
15・35
15・220
易震吉　32・678
33・198
易　謨　40・415
60・623
60・773
易　鴻　7・379
21・290
24・750
易　鶚　40・406
50・80
52・644
易　瓚　27・639

固

固穆巴圖爾　64・674

忠

忠信和尚　15・653
忠敬思　54・703
忠順夫人　65・307

呼

呼九敍　33・412
呼中陞　27・520
呼延伯起　46・753
呼延實　40・813
55・458
59・156
呼延贊　31・476
40・754
42・588
43・68
45・37
45・154

49・740
呼　秀 45・181
呼雲鵬 33・410
呼　喇 31・493
呼傳一 33・413
呼圖克 8・254

旻

旻　師 61・686

帖

帖木真 66・571
帖兒格克額篾勒 66・572

非

非　濁 5・416
5・524
非　覺 2・244

知

知　英 32・272
知　苑 22・244
知徐吾 42・499
46・84
46・415
知　楫 57・165
57・387
知　罃 57・100
60・686

郗

郗　約 44・578

和

和又清 41・654
52・875
和元化 53・740
和元德 52・84
53・735
和友邦 41・599
53・745
和　氏 38・921
和氏璽 9・137
32・75
33・746
34・85
34・168
和　文 41・446
47・492
和有儀 35・261
和有禮 35・261
和孝中 52・689
和希文 52・440
和其奴 14・361
15・91
40・641
43・622
和　尚 7・325
8・272
16・138
20・757
和　和 41・673
和居中 52・84
和承芳 36・346
37・467
47・492
和孟春 36・513
38・199
和茗芳 38・916
39・211
和速嘉安禮 32・705
33・369
和　思 37・466
和　洪 31・396

和　淦　38·896
和　瑛　3·161
和景曾　53·736
和　跋　14·356
　64·469
和　貴　45·684
和登泰　35·259
和登雲　35·260
和　楫　41·686
　55·631
和　詵　24·748
和　遜　21·459
　23·49
和爾齊　1·774
　8·135
和鳴喈　41·532
　56·692
和　維　53·735
和　凝　32·630
和　歸　25·202
和　鵬　41·447
　47·479

季

季文子　57·160
季文察　40·530
季世法　19·332
季　布　40·347
　54·641
　62·565
　63·9
季永康　28·97
季吉泰　26·892
　28·318
　28·525
季而坦　26·878
季仲英妻王氏　26·882
季　芷　37·930
季芳馨　61·70
季希白　52·322
季武子　57·160
季卓揚(滄州)　26·796
季卓揚(南皮)　28·338
季明善妻李氏　28·541
季　佺　9·98
季　炬　9·50
　27·446
季春和　26·569
季　恒　52·76
季國祚　44·581
季崇文　26·311
　28·322
季崇逵　26·894
　28·351
　28·527
季崇楷　9·50
　27·441
季崇慶　26·939
　28·337
季崇樸　26·897
季崇勳　28·364
季復初妻李氏　26·891
季斌叙　26·301
季　裕　52·547
季遐齡　40·423
　58·54
季鳴謙　26·906
季　僡　18·134
季　榮　19·332
季　綱　63·225
季慧貞(女)　26·646
季　璜　7·499
季還春　50·192
　50·414

季　錫 40・526
季鍾英妻王氏 28・543
季　禮 50・299
季　騆 63・716

牧

牧羊子 45・605

竺

竺克仁 50・79
50・609
竺道生 36・498
37・831

侍

侍其曙 32・640

岳

岳九如 12・560
岳九逵 1・161
20・757
岳士望 46・15
46・27
岳天祐 58・406
岳元鎮 8・198
29・541
29・616
岳太初 63・691
岳玉溪 40・496
63・26
岳　正 1・799
3・537
8・304
岳　可 14・472
43・682
44・61
岳生夔 9・237
12・536
岳冬泰 37・700
岳廷元 41・492
43・404
岳兆鳳 32・707
岳孝先 4・286
27・21
27・202
岳杏林 34・702
岳　汴 22・135
22・324
44・486
44・609
岳　宏 40・396
61・245
岳宏譽 7・483
11・544
43・561
43・873
岳金堂 33・409
岳　相 21・291
22・403
40・423
62・311
岳冠華 21・311
25・331
岳　飛 40・578
42・478
岳真人 1・116
22・246
岳峻極 41・463
51・58
52・421
岳　倫 8・372
8・552
13・736
14・160

14・381
15・683
15・685
21・367
21・788
40・417
53・735
57・103
57・274
57・443
岳　托　65・134
岳淩霜　8・596
12・265
12・537
岳　祥　49・492
65・68
65・483
岳　崇　41・447
47・472
47・721
岳　章　45・179
岳　梁　3・583
岳紹祖　66・293
岳　琪　14・688
岳萬齡　58・412
岳朝用　1・148
3・227
岳雲溪　59・652
岳　雯　29・46
岳　貴　32・693
33・378
岳瑞五　66・293
岳　溥　58・403
岳　福　8・460
11・267
12・51
岳　蕙　9・145
32・88
34・221
34・275
岳毓粹　8・718
岳鳳池　48・89
岳　粹　40・423
62・311
岳維岱　8・576
24・455
岳維華　8・513
32・48
40・426
40・432
46・581
47・161
49・311
岳維楨　8・545
40・436
42・517
岳　綸　36・776
37・20
岳震鐸　16・648
岳德文　2・248
岳　魯　15・684
岳璘帖穆爾　21・274
岳錫恩　58・755
58・824
岳　懋　40・557
43・550
43・774
岳儲精　1・161
20・381
岳難公　12・780
岳　瀚　58・730

臾

臾　駢　55・349

侣

侣　鍾 4・269
7・348
侣鶴舉 8・544

帛

帛仲理 18・92

舍

舍利和尚 45・49

金

金一鳳 40・456
48・176
49・318
金三聘 2・587
金士仁 4・324
7・481
金大中 4・406
金大鏞 4・316
金　山 21・286
25・923
金元祥 44・700
金中夫 46・138
46・467
金文淳 4・312
5・31
金以培 27・520
金玉岡 5・67
5・191
9・62
金世熊 4・407
5・66
5・196
9・61
金世德 4・294
7・418
金　本 5・75
金本高 27・518
金可仕 24・466
金可礪 2・142
20・823
金四科 12・275
12・520
金必達 31・822
34・48
金　永 33・615
金至元 4・516
金光昊 40・455
50・69
52・645
52・651
金光祥 40・342
金光筋 4・415
5・75
5・235
9・66
金廷弼 56・271
金廷勲 8・642
金兆民 3・697
金汝琪 4・422
5・246
金克誠 2・40
金肖孫 21・391
金作節 59・651
62・314
金　沅 4・517
9・859
金良驥 14・663
28・23
金奉璽 34・101
金　坤 5・67
金協廣 32・682

	33·72
	33·202
	34·558
金明源	40·478
金　忠(鄞縣)	2·269
	3·593
	9·270
金　忠(固安)	20·162
金秉忠(招遠)	33·206
金秉忠(浙江)	7·503
金　佩	5·251
金　泳	40·485
	63·574
金　相	4·404
	5·66
	5·188
金厚增	5·237
金星瑞	7·469
	16·458
	18·184
	18·214
金思義	5·67
	5·200
金彦祥	7·330
	16·433
	16·750
金　洙	7·518
	12·781
	21·313
	21·802
金　洲	12·275
	12·520
金振聲	9·138
	32·76
	34·100
金　純	1·801
	3·210
	8·307
金國鳳	14·568
金象豫	28·827
金　章	21·459
	25·406
金淡真(女)	10·22
金啟元	12·522
金　琛	5·69
金達清	5·251
金朝文	66·229
金　鼎	41·437
	42·601
	46·144
	46·449
金　貴	54·713
	58·371
	58·707
金　順	65·135
金　鈜	2·586
金　勝	5·82
	5·251
金　斌	17·497
金　善	3·565
金　滋	11·186
金　虞	40·482
	58·290
金　照	35·706
金傳世	40·479
	47·404
	47·619
金　鉉	1·834
	3·749
	8·343
金　愈	27·645
金　雍	7·331
	32·661
金　煒	40·461

	62・477
金　源	31・796
金　溶	8・630
金福增	40・500
	45・732
金碧峯	55・631
金鳴琴	31・830
金毓峒	8・396
	21・425
	21・833
	24・869
金毓浩	7・505
金　鉷	40・465
金　銓(明)	21・376
金　銓(清)	5・67
	5・201
	9・62
金鳳洲	5・239
金鳳翥	5・521
金　賢	7・369
金　甌	5・65
金德成	27・881
	28・106
金　璞	9・31
金　翮	40・532
	60・624
	60・774
金錫祿	18・150
金　澤	50・80
	50・610
金　濂	3・212
金應照	7・388
	36・672
金應鳳	30・191
金　燦	28・671
金　璿	27・632
金　鎮	1・872
	8・653
金　鎔	2・16
金鎔鼎	21・821
金　礪	40・417
	42・514
	43・147
	43・232
金　鏡	21・287
	23・4

郤

郤　疕	55・401
郤景初	22・30
郤應芳	27・517
郤　夔	41・33
郤　鑾	52・311

念

念　賢	40・655
	64・504
	66・20

肥

肥生烈	27・579
肥　義	7・536
	31・841
	33・608
	35・419

周

周一史	5・276
	5・353
	5・460
周一梧	41・67
	50・226
	50・392
	50・565

周一龍 27・518
周人甲 45・645
周人龍 4・400
5・69
5・180
9・58
40・455
42・520
44・731
50・90
周人騏 4・406
5・66
5・182
9・59
周人驥 4・404
5・70
5・181
9・59
周八士 39・272
39・415
周九官 61・452
周乃大 37・470
周三進 40・460
45・344
45・392
周三聘 21・296
25・38
周于漆 2・835
周于德 43・654
周士拔 9・215
18・79
周士章 40・444
49・318
49・722
周士遴 24・776
周士樸 40・429
54・737
57・104
57・274
57・444
周士璵 19・111
19・184
周士璿 21・307
25・486
25・575
周士鎔 40・541
59・82
周士藻 18・493
周大綸 5・73
5・182
9・59
周大儒 40・473
63・212
周大鵬 29・486
29・971
周　山 40・411
45・682
周之氐 32・58
33・772
34・97
周之度 47・164
49・313
周之基 21・295
23・4
周之鼎 25・515
25・593
周之楨 28・326
周之輔 16・636
周之綱 31・808
34・46
周之蕃 7・397
21・297
25・131
周之驤 46・421

周子蔭 33・208
周天成 14・404
15・401
41・469
61・123
周天命 4・26
4・326
4・398
4・751
4・765
5・162
9・56
周天球 42・742
周元豹 2・139
10・704
周元理 7・427
周不比 39・272
39・397
周日强 8・389
21・422
23・59
周日庠 9・50
27・446
周介福妻曹氏 29・647
周仁美 8・29
21・270
25・136
30・234
32・652
周公輔 8・459
周　文 46・696
周文化 13・471
周文斗 40・437
54・696
55・792
周文定 31・802
周文炳 17・78
周文高 11・644
周文進 44・726
45・729
周文煊 12・639
周文輔 6・225
周文燦 62・367
周文耀 39・268
39・396
周文權 40・477
45・887
周心易 60・699
60・761
周以庠 21・293
25・37
周允中 27・632
周允益 13・760
周　玉 14・482
周玉隆 41・493
42・616
43・93
周　正 41・6
59・139
周正春 17・71
周世芳 20・422
周世培 31・127
周世桀 4・318
26・251
周世德 41・649
58・790
周世選 8・434
30・640
30・706
周世禮 61・460
周石碏 32・685
周申徽 32・704
周　史 37・731
周　仕 12・523

	40・331
	45・287
周永春	40・427
	42・515
	43・61
周永清	21・272
	25・137
	40・382
	45・284
周弘禴	1・158
周召南	40・444
	49・317
	49・489
周邦毓	35・636
周邦翰	40・534
	42・519
周式度	4・795
周　吉	51・372
	54・142
周再烈	50・241
	50・454
周再勲	41・460
	50・200
	50・397
	50・568
周　臣	5・277
	5・355
	5・462
	7・366
周西翰	48・90
周　在	1・147
周有光	41・441
	62・722
周　存	1・674
	3・152
周成德	63・15
周至善	46・713
周至德	12・275
周光宗	43・667
周光裕	5・210
周同軌	19・680
	20・58
周同斌	25・611
周廷相	11・644
周廷俊	8・665
周延秫	62・528
周仲選	12・627
周自邠	5・199
周自郃	5・186
	9・61
周自新	41・457
	58・770
周　伊	11・842
	12・15
周　全	14・141
周兆升	9・226
	37・728
周交泰	39・717
	39・771
周汝明	41・654
	50・250
周汝弼	31・809
	35・413
周汝熙	31・35
周　宇	18・328
	18・474
周　安	40・553
	45・285
周　防	32・612
周好禮	9・125
	39・773
周孝周	66・238
周克明	21・343
	40・521

51·331
52·547
周克雍 41·651
57·430
周　豆 31·369
周迓祚 55·799
周步瀛(清) 17·68
周步瀛(民國) 24·707
周　佑 49·313
49·673
周作霖(清) 29·611
周作霖(民國) 18·566
周伯達 12·730
12·780
23·343
周彤秀 28·434
周係英 40·345
周　沆 7·309
11·167
40·290
42·476
周　宏 8·197
16·433
16·650
16·783
17·17
周宏綸 40·531
45·288
周良臣 37·586
37·661
周良佐 36·443
周良卿 7·459
21·313
24·511
24·598
周良臻 21·804
周　武 8·523
32·727
周茂椿 9·232
周茂覺 40·540
61·247
周　東 29·449
周　郁(阜城) 8·423
29·449
周　郁(濟南) 40·398
40·401
43·537
44·122
59·642
59·699
周郁文 61·132
周來謙 55·814
周亞夫 29·484
29·969
55·431
59·407
59·518
周長春 26·585
28·436
周長儒 32·747
周　叔 41·374
周尚文(明東安) 8·302
19·136
19·137
19·191
周尚文(明西安衛) 40·556
43·549
43·774
44·476
44·659
周尚文(清) 62·429
周尚志 27·438
周尚忠 27·438
周　昊 50·82

	50・610
周　昌	31・782
	33・609
周昌奇	13・91
周昌齡	32・100
周　明	57・540
周明德	62・720
	63・189
	63・641
周　易	47・400
周易典	11・751
	21・298
周　昂	8・92
	11・283
	11・491
	13・778
	14・411
	14・576
	39・683
	39・768
周　昉	12・418
周　迪	21・372
	25・511
	25・591
周　忠(大同)	4・281
	28・21
周　忠(定襄令)	45・2
周知裕	2・88
	10・694
周　舍	42・527
	55・402
周　金	4・271
	7・376
	14・291
	14・531
周命世	7・411
	28・673
周命育	7・472
周　采	18・214
周　京(任邱)	28・739
周　京(永年)	8・509
	32・44
	33・760
	34・67
周於德	44・90
周法尚	40・361
	43・527
	65・19
周宗懿	44・793
周　官	40・538
	43・559
	44・126
周　房	13・764
	14・284
	15・7
周　祉	43・646
	43・818
周　建	8・407
	16・650
周建峯	66・494
周居謂	63・227
周　姑	21・694
	24・245
周春陽	40・489
周　珍	30・718
周　南(明)	54・711
周　南(清)	38・740
周南什	48・78
周　威	49・36
周　勃	7・273
	43・519
	43・841
	44・474
	44・607

	45・277
	55・431
	59・407
	59・518
	65・113
周　禹	34・777
周星雋	17・539
周思得	2・251
周　信	27・755
	29・44
周泉清	57・454
周　叙	7・365
周恒興	60・788
周　美	45・178
	45・203
周　宣(龍溪)	40・309
	45・286
周　宣(莆田)	42・489
周　宣(定襄)	45・139
周　祐	28・671
周　祚	32・783
周祚昌	40・456
	49・318
	49・750
周祚遠	45・646
周飛鵬	28・432
周　紆	4・247
	11・157
	11・637
	28・185
周　泰	40・521
	50・79
	50・609
周泰初	46・754
周　起	32・653
	40・375
	63・15
周起元	7・402
周　晉	41・610
周　栻	4・315
	5・34
	7・478
周桂敷	22・344
	65・87
周根部	9・224
	37・785
周連登	7・492
	36・340
	39・547
周振援	60・469
周致和	38・256
周時相	62・15
周　晟	7・350
	34・793
周　峻	38・274
周射斗	12・779
周師陸	40・494
周師望	4・450
	9・80
周　航	54・710
	58・712
周　倉	36・495
	37・526
	62・491
周逢吉	53・92
	53・409
周　虓	42・737
	43・160
周訓成	41・467
	60・520
周　悌	40・484
周淩曇	43・825
周益昌	3・27
	16・757

周海清　57・573
周　祥　8・281
30・14
30・107
31・75
周祥蔭　28・325
周　紘　41・9
周　埰　16・459
18・184
周　培(昌黎)　17・86
周　培(翼城)　56・699
周培忠　40・440
58・55
周培誂　50・200
50・445
50・568
周培翼　50・343
50・568
周　盛(明)　3・734
8・316
周　盛(清)　41・530
61・560
周　拈　56・695
周　堅　2・562
3・720
周　處　52・243
周　冕(泰安)　21・283
周　冕(貴州)　40・418
54・731
周　冕(宣鎮)　14・492
14・563
周　冕(滁州)　7・379
22・698
周　冕(萊陽)　21・289
周國郎　61・582
周國頤　40・488
43・308
周國衡　6・225
8・693
周　敏　31・794
36・3
周敏中　45・37
周　健　18・153
周麻衣僧　50・255
周章煥　7・491
39・767
40・474
48・656
49・321
周　寅　7・389
23・309
25・757
周　密　31・439
周啟柏　40・494
45・732
周啟瑤　2・794
周啟稷　20・389
周　隆　15・680
周隆謙　4・407
5・70
5・186
9・60
周　紹　7・269
11・199
13・651
31・778
周紹世　40・472
周紹達　20・392
周紹讃　31・91
周　琦　49・375
49・679
周　琰　8・428
周　琮　44・485
周達仁　26・764

周達時 22・701
周　堪 1・105
20・589
40・348
54・641
周斯盛 40・323
42・488
周期生 12・524
37・294
周期雍 1・146
7・371
周朝著 46・696
周　彬(玉田) 9・212
18・73
周　彬(密雲) 3・34
周　惠 41・429
58・64
周惠達 1・106
1・693
10・610
20・589
周　雲 54・734
57・103
57・273
57・443
周雲翥 22・344
周貽組 40・484
40・495
58・84
59・650
周　鼎(定襄) 40・807
43・60
45・41
45・52
周　鼎(宜興) 40・526
54・688
周鼎臣 50・88
50・301
50・612
周鼎望 41・538
44・591
周遇文 17・81
周　景(五代) 27・874
29・91
周　景(明) 34・793
周遇吉 40・560
42・495
44・699
45・288
周景柱 40・471
42・521
63・23
周景魁 9・232
周景福 40・393
48・648
49・302
周景巖 9・232
周　貴 2・739
2・816
9・207
周　凱 8・579
54・683
周　傅 36・193
周傅昌 7・471
周　傑 2・599
8・655
周　集 24・713
周復侯 7・377
19・540
周　鈇 27・759
41・42
42・605
42・795
46・130

46・430
周　欽(長治)　50・224
53・634
周　欽(平順)　50・387
50・564
周象升　5・611
周　詠　34・553
周　詔　32・671
33・69
33・196
45・11
周　斌(明)　8・404
16・509
17・1
17・61
周　斌(清)　34・285
周　焯　4・404
5・65
5・186
9・61
周　道(朝邑)　40・303
42・481
周　道(延津)　17・217
18・17
周　道(河內)　7・379
21・288
23・4
周　道(翼城)　41・439
56・688
周道治　2・834
周道興　46・470
周　湑(宋)　32・642
周　湑(清)　21・820
周　滋　40・320
周　棨(明)　3・539
8・316
周　棨(清)　7・483
11・545
周開訓　23・237
25・760
周　弼　39・678
39・766
周登皞　19・652
周　幾　14・360
15・90
40・636
43・619
周　瑄　7・340
41・9
42・597
43・70
周　璋(榆次)　46・435
46・470
周　璋(東光)　19・682
20・60
27・551
周遠祚　40・539
55・821
周夢卿　45・166
周夢熊　15・684
周夢綵　29・374
40・422
44・725
周夢龍　21・791
周夢麟　32・419
周　幹　40・523
周幹臣　40・391
50・78
50・609
周　搖　1・131
40・272
54・655
周嗣明　8・92
14・576

	22·10
周　嵩	7·500
	33·72
	33·203
周　鉞(莆田)	54·739
	57·104
	57·275
	57·444
周　鉞(長洲)	7·473
	29·488
	29·973
周　鈴	12·560
	37·242
周　詩(德州)	40·427
	42·516
周　詩(錢塘)	28·672
周　詩(固始)	40·426
	51·360
	51·492
	54·143
周詩雅	1·164
周　新(吉水)	34·566
周　新(南海)	7·332
周　廉	21·351
	25·510
	25·590
周慎樞	18·492
周　義	41·439
	56·687
周　溥	47·405
	47·716
	47·744
	47·783
周源濟	24·127
周　溶	15·230
周　福	38·306
	38·558
周際芸	28·327
周　遜	62·373
周　經	41·15
	42·599
	43·70
周嘉琛	17·501
周　壽	2·101
周壽椿	9·8
	40·485
	63·23
周壽頤	8·114
周壽齡	31·831
周　墀	32·628
周碩勲	4·316
	28·22
	31·828
	34·212
周　監	7·335
	21·282
周監易	24·791
周熙有	44·98
周鳴泰	40·435
	61·68
周鳴鹿	9·125
	39·773
周鳴鳳	37·469
周毓正	40·465
	59·298
周銘詒	40·480
	45·644
	50·298
	50·613
周　鳳	2·142
	19·139
	19·201
周鳳岐	19·403
周鳳岡	58·710

周　誥(明)　42・513
43・274
43・306
周　誥(清)　38・32
周　廣　41・425
43・631
44・414
周廣漢　57・540
周漢傑　45・642
周　滿　40・325
42・489
周　維　31・18
周維新(濟源)　50・87
52・650
周維新(豐潤)　19・24
周維新(朔州)　44・538
44・588
周維新(清臨汾)　41・506
55・804
周維新(清東光)　24・503
24・611
周維翰　29・451
周　璜　45・142
周　穀　13・343
周　賢(滁州)　14・376
14・561
14・627
周　賢(順天)　34・787
周　震　21・821
周震青　1・187
周震榮　20・877
周輝遠　39・196
周　儀　41・443
49・356
49・675
周　質　8・579
30・14
30・108
周德至　22・345
周德威　1・35
40・744
44・522
44・556
44・600
44・628
50・594
周德榮　7・505
14・302
14・478
14・538
周德慶　25・611
周　徹　18・143
周　盤　32・672
51・570
52・414
周　諏　54・728
59・366
59・445
周慶廉　22・345
周　瑩　7・834
27・874
29・98
31・476
周　潾　15・684
周審玉　7・299
31・788
38・293
38・378
周　璠　5・183
周　璲　54・148
周　翰(明)　27・516
周　翰(民國)　20・62
周　輯　41・647
60・785

周霖雨 11·643
周　舉 4·244
7·279
31·2
32·295
32·612
40·261
周　曝 18·495
周錫疇 50·229
50·400
50·568
周　錦 14·128
周熾元 45·817
周　濂 31·73
周憲曾 7·494
31·835
周　縉 1·141
20·757
周　壎 45·686
周懋昶 12·682
周懋德 11·185
11·843
12·15
周鍾泰 9·212
18·72
周　鍇 47·642
周應中 7·399
11·186
11·445
31·809
34·210
周應岐(明代州) 59·85
周應岐(明守備) 45·886
周鴻圖 40·340
45·755
周鴻儒 19·266
周　濟 7·338

43·538
周　禮(任邱) 42·510
48·3
周　禮(翼城) 56·688
周　禮(清) 9·168
33·148
33·400
周　璿 3·366
周　騏 14·380
14·719
周　鎧 47·487
周　璧 17·220
18·18
40·428
42·516
49·25
周　璽(遷安) 8·407
13·738
14·637
16·504
16·773
43·542
周　璽(廬州) 1·146
7·365
周　鐙(千戶) 3·366
周　鐙(懷安) 14·142
15·704
周　鏞 46·53
周　麒 15·430
周獻臣 45·37
45·53
周獻策 59·140
周　黨 24·314
24·466
40·601
44·536
44·625

	45・291
周　鐈	9・125
	39・796
周騰蛟	1・830
	8・345
	19・497
周騰霄	25・512
	25・591
周　寶	7・727
	16・483
	17・188
	18・229
周寶珍	28・365
周　繼	28・672
周繼芳	11・192
	13・90
周繼英	41・480
周繼昌	40・332
	42・492
周繼殷	44・794
周續之	40・684
	45・291
周體觀	9・208
	18・59
周　鑑	56・214
	56・218
周　麟(臨汾)	41・577
	55・812
周　麟(西華)	49・160
周　瓛	35・605
周　觀	24・305
	24・467
	41・381
	43・619
	64・488
周　灝	7・483
	11・446
	21・313
	22・407
	30・591
周　鑰	21・286
	25・814

咎

咎　犯	55・395
咎鳳翔	45・686

忽

忽失歹	62・368
忽　辛	4・266
	28・185
忽　都	32・752
忽都不花	8・177
	21・275
	21・339
	21・785
	25・329
忽都達耳	21・279
忽　蘭	41・434
	43・638

狐

狐　毛	49・74
	56・674
	60・683
狐　突	45・147
	46・769
	49・74
	55・406
	56・672
	57・33
	60・682
狐　偃	49・75
	56・674

60·683

淨

淨大師 47·730
淨公和尚 41·687
淨　修 60·960
淨　業 41·694
47·697
淨　賢 41·696
61·274
淨　澄 41·696
淨　興 36·499

夜

夜　光 2·239

庚

庚　棫 65·79

於

於一芳 21·312
25·41
於吉中 43·873
於　珇 27·319
27·405
28·185
於　敖 49·309
49·486
於惟一 40·416
42·513

京

京　房 7·577
32·742

怯

怯失迷兒 12·336
怯　烈 14·434
15·665
42·596

性

性　天 26·631
性　月 29·624
性　同 50·898
性　休 41·700
性　安 26·632
性　海 3·592
性　善(永寧) 41·700
性　善(隰州) 41·703
性　愷 19·491
性　潤 29·265

怡

怡　文 31·344
怡　峯 10·618
16·164
16·293
16·477
18·224

法

法　冲 41·683
法　宏 41·673
法　果 41·664
43·671
法　空(唐) 41·673
法　空(元) 41·688
法　空(清) 56·12
法　度 16·182
16·329
法　亮 41·693
52·270
52·446

法都忽刺 5·275
5·352
5·460
7·325
法　祥 24·327
法　章 5·279
5·462
法　清 32·273
33·782
法　雲(唐) 41·676
法　雲(清) 50·898
法　稱 31·102
法　敷 55·630
56·3
法　澄 14·176
法　寰 4·317
6·1
7·478
法　聰 41·666
50·254
50·898
53·645
法　濟 41·677
46·152
46·491
法　寶 32·272

河

河上公 55·474
55·615
57·52
57·165
61·598

沮

沮　授 7·575
31·9
31·308
31·846
32·404
33·768
34·51
沮渠萬年 31·346

況

況上進 37·661
況增光 40·528

泗

泗養澤 11·476

汾

汾上釣者 61·598

宗

宗一鵬 3·585
宗文孟 39·606
宗　孔 50·87
53·569
宗孔範 15·446
宗民牧 41·583
43·644
44·26
宗光烈 13·737
15·685
宗自明 13·723
14·587
宗　行 47·538
宗名世 19·490
宗良弼 1·179
19·135
19·183
宗奉敖 52·446
宗秉彝 44·611

	49・304
	49・722
	49・726
宗　思	40・529
	51・306
宗　亮	3・585
宗　琮	7・503
	32・682
宗　惺	11・321
宗　嵩	14・118
宗　源	20・160
宗　經	41・573
	61・662
宗　廣	31・3
宗　髯	31・102
	37・610
	37・784
宗　魯	32・686
宗　翰	3・36
宗　澤	7・314
	31・790
	32・652
	34・324
	34・478
	36・2
	40・484
	54・669
	59・25
	59・83
宗禪師	41・691
	63・192
宗應禟	15・430
宗鴻議	50・88
	53・572
宗　禮	1・813
	8・323
宗繼壽	15・400
宗　鑄	31・102
	37・610
宗麟紱	3・580
宗　鑰	58・364

定

定山和尚	55・632
	59・441
	59・545
定　安	16・27
	64・90
	65・62
定　珍	41・703
	60・730
定雲禪師	21・696
	25・874

官

官一夔	30・190
官于宣	51・310
	52・381
官　昕	40・490
	47・164
官惟賢	16・431
官朝京	7・517
官　賢	23・223
	24・27

宛

宛錫璋	8・681

空

空王佛	41・667
	46・490
	48・244

郎

郎士元 7·818
23·732
24·86
郎大乾 2·10
郎之正 8·696
朗永清(明) 41·178
朗永清(清) 40·445
43·560
44·126
49·318
49·489
郎廷棟 1·174
19·541
郎　岌 7·818
23·414
24·70
郎克謙 41·496
50·952
朗　苗 23·378
24·74
郎若伊 41·153
郎　茂 10·635
11·249
12·683
23·581
32·616
40·505
郎　俛 34·330
34·490
郎　基 7·695
11·204
12·683
23·380
24·74
郎國楨 34·480
郎嘉卿 41·503
郎壽奎 43·848
郎　銘 7·496
31·826
35·54
朗鳳來 38·571
郎餘令 7·747
11·251
12·684
23·384
郎餘慶 12·684
23·747
郎錦駒 41·608
郎錦騏 28·810
郎錦騤 41·608
郎　穎 11·144
11·206
12·684
23·583
朗　鑑 7·493
37·797

郇

郇　越 40·583
42·530
43·208
郇　謨 40·713
55·449

房

房士元 19·571
房山基 7·662
38·312
38·560
房之屏 3·750
40·439
60·468

房天樂　32·276
　38·312
房　文　16·328
房玄齡　40·506
　49·671
　50·244
房永清　13·493
房　地　41·400
房自新　17·458
房　兆　40·692
　43·629
　45·300
房守士　43·556
房安北　59·179
房　虬　11·247
　11·481
房壯麗　21·419
　40·428
　54·704
　59·646
　59·714
房英武　38·916
房長奐　56·452
房叔安　38·309
　38·560
房法壽　31·352
　32·616
房宗玹　10·818
　13·516
房居士　56·5
房居安　41·618
　61·599
房星煥　16·553
　17·506
房星煌　16·552
　17·506
房思安　32·619
房　亮　7·658
　31·853
　38·309
　38·559
房宣明　31·381
房恭懿　34·209
　40·506
　51·273
　52·369
房　豹　31·860
　40·358
　49·290
　49·478
房　悅　21·266
　25·130
　38·312
　38·559
房　堅　32·616
房　敏　2·699
　2·737
　2·816
房象乾　13·536
房　琯　40·363
　54·659
房　超　38·312
　38·560
房　植　7·574
　31·845
　38·306
　38·558
房景伯　7·286
　31·784
　38·291
　38·376
　43·678
房景圓　41·691
房　嵒　32·727

房　喬　61・597
房循馥　8・794
21・461
33・200
33・510
房　勝　1・142
3・365
房　祺　41・574
55・811
房　瑄　8・429
28・734
房暉遠　10・634
11・248
11・481
房魁盛　23・130
房愛親妻崔氏　9・281
房裔蘭　44・56
房　僧　6・90
房錦雲　36・309
房　謨　1・56
7・286
15・548
15・584
40・266
58・10
58・53
房靈建　43・678
房靈賓　43・678
房　灝　55・478
55・878

祈

祈時新　11・196

建

建　公　33・336

門

門公貞　3・725
門炳岳　66・264
門洞開　5・278
5・356
5・462
8・607
30・311
門祥麟　40・485
53・724
門第新　44・706
46・54
門　達　10・819
門　寧　8・550
14・118
14・483
14・568
39・679
39・766

居

居理貞　45・178
47・399

屈

屈大陞　60・625
60・774
屈可賢　13・770
15・517
15・549
15・587
15・681
屈必昌　15・517
15・549
屈成霖　7・467
16・462

17・206
29・974
屈　伸(任邱)　8・427
28・714
28・792
屈　伸(薊)　5・394
5・474
屈　作　7・385
36・336
39・679
39・767
屈　恒　16・290
屈敏中　12・454
屈筆山　49・27
屈復泰　43・560
屈　須　31・135
31・368
屈道賜　16・291
屈　煒　40・432
44・486
44・577
屈　銓　53・599
屈　遵　16・162
16・290
屈擢升　59・422
59・525
59・587
屈鍾嶽　40・427
42・516
43・148

降

降天衢　31・809
33・714
34・46
降　仲　41・497
48・231
49・438
降金鈞　15・718
降　緯　48・393

姑

姑布子卿　43・670
姑射坐仙　56・6

承

承谷容　40・524
42・509
承　暉　7・319

孟

孟一脈　40・426
47・161
49・312
孟士仁(清)　13・739
孟士仁(民國)　15・282
孟天常　40・381
47・405
47・715
47・744
47・782
孟　元　4・263
8・4
21・271
25・136
26・247
32・7
32・639
33・778
34・54
孟元喆　7・298
32・315
孟友龍　2・50
8・706

19・566
孟介臣 48・95
孟文升 7・463
孟方立 10・677
36・438
36・560
36・753
孟孔脈 40・461
61・628
孟以義 44・591
孟 玉 43・151
孟世威 34・567
孟世泰 41・115
55・801
孟古岱 8・124
孟 丙 47・616
孟生蕙 41・141
47・66
孟永齡 34・75
孟必達 41・657
孟式猷 47・809
孟 吉 31・793
33・609
孟在梁 37・42
孟 臣 9・194
孟光禄 65・222
孟先修 47・78
孟廷亮 47・82
孟仲遴 31・805
38・295
38・378
孟自强 52・382
孟兆泰 41・649
56・9
孟兆祥 8・440
27・882
41・80

51・581
52・442
孟兆麟 56・267
56・469
孟 旭 1・113
19・136
19・192
孟汝濬 21・289
25・37
31・812
34・213
孟 羽 41・633
62・715
63・186
孟志遠 36・37
孟志賢 12・136
孟芳林 37・516
孟芳鄰 35・646
孟折桂 37・515
孟希孔 62・701
63・133
孟 但 7・585
孟 亨 12・357
12・521
36・780
37・23
孟良允 30・191
孟若藺 37・951
孟 苞 47・73
孟亞孔 53・102
53・481
孟協吉 29・314
孟 虎 4・370
孟尚志 36・271
孟尚質 27・884
孟明達 12・515
孟忠厚 8・5

	32·9
孟岱齡	27·901
孟念祖	31·817
孟　周	41·445
	44·537
	44·588
孟周衍	47·66
孟宗政	40·794
	60·691
	60·754
孟宗舜	4·399
	4·767
	5·167
孟建春	47·87
孟居仁	8·182
	21·342
	24·537
	24·677
孟居正	32·726
孟承誨	10·723
	33·353
孟　春	41·32
	51·560
	52·410
孟春和	37·955
孟　封	15·550
孟柏年	16·637
	18·374
孟　奎	7·319
	32·656
孟持世	51·371
孟　貞	47·148
孟　昭	12·457
孟昭乾	24·690
孟昭章	12·19
孟　思	32·750
孟　秋	7·393
	16·412
	17·18
	17·495
孟　信	30·10
	30·106
	31·75
孟皇后	33·783
孟彥卿	32·10
孟　洋	47·70
孟神慶	53·85
孟　泰	40·449
	61·512
孟　珙	40·794
	60·691
	60·755
孟　桓(三國)	31·784
孟　桓(明)	32·692
孟振兆	37·471
孟時芳	41·579
	62·722
	63·58
孟甡康	63·62
孟　浩	10·787
	16·491
	18·337
	18·479
孟　祥(明蓬萊)	61·625
孟　祥(明遼州)	46·630
孟　祥(清)	18·64
孟陳堯	19·490
孟　理	63·185
孟　常	21·345
孟國俊	10·819
	32·753
	33·392
	33·534
孟國祚	8·497

36·465
36·530
36·747
孟國寶　8·195
16·506
18·232
孟崇經　47·89
孟　敏　7·586
12·349
12·543
25·899
36·431
37·141
37·827
42·737
43·160
46·151
孟　康　7·597
30·315
38·891
39·225
39·264
39·366
孟章明　27·883
孟清遠　30·101
孟淑田　33·410
孟　淮　8·360
21·353
40·309
孟　淦　4·313
5·32
孟　階　52·429
孟　陽　41·40
51·562
52·411
孟貫誠　66·516
孟　瑛　19·534
19·662
孟　琳　41·14
孟敬業　14·651
孟　軫　31·832
34·214
孟撝謙　30·26
30·124
孟　棠　58·321
孟喬芳　16·532
17·147
17·148
17·179
40·580
孟　舒　40·348
43·518
65·1
65·429
孟詞宗　35·647
孟善修　65·223
孟道溥　49·313
49·673
49·694
孟　準　46·630
孟登高　33·410
孟聖教　52·430
孟　楠　4·281
28·21
孟　雷　52·413
孟　業　10·612
21·312
21·321
25·403
36·434
37·813
孟傳輝　40·481
63·25
孟傳鑄　12·415

孟爾讀 37·506
孟　嘗 25·899
孟嘗君 32·318
孟毓勳 41·588
47·77
孟毓藻 37·139
孟　銘 21·459
孟　鳳 4·270
7·357
孟　聞 52·431
孟熊臣 16·553
17·183
40·448
45·684
孟　遷 10·678
孟　諒 8·527
孟養氣 5·279
5·357
5·462
8·590
30·16
30·110
孟　潮 23·134
孟　潛 41·490
47·67
孟學孔 7·407
32·674
孟學禮 33·197
孟　錡 20·250
孟　錫 19·539
孟憲吉 33·501
孟憲禹 24·692
孟憲頤 29·592
孟隱畊 37·727
孟應登 13·731
15·429
孟　濟 62·15
孟　鵠 10·727
33·351
孟　翱 62·309
孟　鎧 12·176
孟　顏 51·49
52·413
孟攀雲 47·75
孟攀鱗 41·576
44·532
64·649
65·256
65·503
孟　霦 41·52
51·565
52·413
孟懷謙 33·412
孟　蘭 58·321
孟繼先 44·65
孟繼坤 4·422
5·200
孟繼昌 54·729
孟繼緒 29·619
孟　鑑 8·358
21·351
23·113
孟　龍 58·751
孟　驥 29·485
29·970

九畫

春

春　穀 41·693
48·244

珂

珂克僧額 17・538

珍

珍講王 52・270

封

封大受 29・608
封大純 27・904
封子繪 29・525
29・567
32・620
40・358
54・651
封子繡 59・78
封天驪 13・667
封玄之 10・619
封　回 7・633
16・154
16・266
23・201
29・522
29・565
31・9
31・355
49・289
封休傑 31・381
封延伯 7・645
封孝琰 29・525
29・568
封孝琬 29・536
29・605
封　豆 21・344
封　孚 10・597
29・521
29・563
封　述 29・533
29・598
38・292
封英士 13・663
封　抽 4・337
28・334
封　軌 29・522
29・564
封　奕 4・337
16・178
16・321
28・334
封　津 10・628
31・374
封　敖 7・734
29・537
29・606
封敕文 15・89
40・638
43・623
封　蛙 31・376
封　倫 10・674
13・671
封　躬 13・671
封接隆 29・546
29・582
封常清 40・715
62・655
63・731
封偉伯 29・522
29・564
封從植 8・177
21・339
封得勝 29・620
封隆之 4・250
29・523
29・565
31・4

31·364
封　琳　29·536
29·605
封萬護　43·660
封　裕　16·180
16·324
封　詢　29·533
29·598
封　肅　29·536
29·605
封興之　29·532
29·597
31·364
封　鎮　29·544
封　懿　10·619
29·536
29·605

政

政天順　34·81
政　忠　41·687
50·255
政禪師　47·729

郝

郝九齡　40·531
45·736
郝土膏　62·16
郝士錞　1·883
19·559
19·645
47·404
47·618
郝士鏐　52·652
郝大成　41·494
57·558
郝大倫　9·32
28·747
郝大通　19·582
郝大鈁　9·253
23·400
24·87
郝上表　46·648
郝上庠　9·124
38·35
郝之芳　49·381
49·524
49·630
郝子廉　41·612
42·734
46·150
郝子揚　51·752
郝天年　60·710
60·783
郝天挺（金）　41·525
51·710
53·732
郝天挺（元）　8·178
21·340
25·45
25·118
45·145
49·77
郝天祐　41·570
51·712
53·733
郝元良　1·784
8·152
19·530
19·634
郝元英　48·85
郝　仁　5·202
郝介眉　34·511
郝文光　41·512

46·135
46·437
郝文法 27·95
郝文祥 31·801
33·718
34·45
郝文藻 12·176
郝巴圖 40·818
郝允中 50·669
郝允德 60·702
60·763
郝玉衡 19·389
郝　本 18·213
郝本茂 27·109
郝本彰 41·529
60·524
郝丕根 46·486
郝仙姑 21·693
郝　永 1·842
20·875
郝永芳 61·579
郝　臣 50·199
50·666
郝至溫 10·805
36·568
郝光甲 9·37
56·182
郝廷棟 41·539
45·808
郝仲連 40·578
62·573
63·16
郝名宦 49·172
49·244
郝名高 60·712
60·785
郝名燧 25·69
郝全真 15·496
郝汝松 19·540
郝次男 46·487
郝守已 38·29
郝守栻 11·188
13·90
郝　祁 32·417
郝聿修 25·119
郝邦彥 36·271
郝志義 46·48
郝　芹 60·515
郝芳聲 44·802
郝步雲 60·711
60·784
郝步蟾 47·811
郝呈瑞 24·262
郝壯猷 48·22
郝　佑 8·179
40·819
42·596
49·28
郝良臣 32·668
50·225
50·666
郝良弼 47·477
郝　林 9·254
23·402
郝拔都 42·595
郝　杰 8·559
13·715
14·390
15·95
15·195
郝奇遇 36·788
37·28
郝尚德 50·811
郝尚禮 20·408

郝　忠　41・406
42・572
46・147
46・490
郝忠恕　41・573
42・624
49・78
郝　和　25・42
郝和尚　21・343
25・43
郝秉鈞　28・431
郝金牲　19・670
郝金鏞　34・501
郝宗敨　16・519
18・344
18・483
郝承宗　34・104
郝孟節　41・661
50・250
52・261
52・843
郝柱芳　29・347
郝　昭　40・605
46・121
46・423
郝思義　8・223
郝思溫　41・618
51・712
52・87
53・733
郝　矩　60・695
60・758
郝修己　41・1
57・39
57・111
57・544
郝　俁　41・568
42・623
45・577
郝信臣　54・681
郝衍虞　48・85
郝勉學　35・67
郝　洽　41・614
50・452
50・542
郝　洲　15・220
郝　珩　8・500
32・26
32・416
郝　佩　37・436
郝　軒　41・378
42・545
46・124
46・490
郝　恭　58・14
郝振興　16・32
郝師伊　41・606
44・754
郝逢泰　34・486
郝效周　23・733
郝　海　21・360
25・404
郝　浴　9・253
23・400
23・781
24・81
郝　通　19・193
郝　理　35・135
郝　培　45・195
郝培彝　48・79
郝　彬　1・787
8・147
19・525
19・556

20・774
郝異彥 41・648
43・134
郝國春 3・696
郝敏學 43・667
郝　偉 25・69
郝　從 19・556
19・634
郝從純 35・269
郝象賢 19・575
郝　█ 41・596
47・205
郝　庸 53・735
郝　章 41・639
郝惟訥 1・848
19・558
19・665
郝惟諤 19・559
19・644
40・342
郝　烱 61・559
郝　隆 8・406
16・511
18・342
18・481
郝　絅 7・412
31・815
33・719
34・47
35・413
郝　絜 40・596
42・531
43・209
郝彭齡 41・545
61・559
郝朝漢 45・194
郝萬倉 20・295
郝敬堂 52・441
郝　揆 41・588
46・147
46・454
郝植業 19・436
郝景芳 39・395
郝景隆 40・527
50・80
52・644
郝喬齡 17・528
郝　傑(唐) 40・703
45・483
45・572
郝　傑(清) 1・847
19・558
19・639
19・664
郝　勝 45・483
45・577
郝　湛 28・336
郝道貴 44・658
郝　溫 55・467
56・687
郝　隆 41・547
45・482
45・566
郝登甲 46・458
郝　瑜 5・584
郝聖姑 9・277
41・662
郝聖基 48・85
郝萌舒 19・53
郝　楨(明) 28・782
郝　楨(清) 22・15
24・418
郝義質 35・291
郝　源 51・708

53・732
郝　滄　50・241
郝　祺　46・449
郝　福　40・366
51・313
52・287
郝際成　35・84
郝　經　2・265
8・138
19・525
19・583
21・508
21・825
25・524
25・926
40・829
50・187
51・714
53・733
郝臺魁　41・610
60・711
60・784
郝爾仲　25・57
郝爾深　8・736
21・463
郝鳴秋　34・774
郝鳴高　41・546
郝鳴陰　5・573
郝　稱　8・198
郝　槊　40・410
40・531
45・286
48・174
49・307
郝　銑　46・470
郝　銘　15・220
28・672

29・240
31・23
郝　鳳　42・510
49・2
郝鳳鳴　38・34
郝肇定　53・320
郝維垣　15・224
郝維訥　8・703
19・638
19・641
郝維訥妻李氏　19・643
郝　綸　48・652
49・311
郝　縉　25・209
郝　瑾　42・509
43・147
郝　璋　41・55
45・487
45・579
郝增祜　16・752
37・935
郝增漢　41・610
60・708
60・782
郝　震　51・708
53・732
郝　賢　7・274
14・99
郝　質　32・639
40・784
48・223
49・350
郝養民　60・625
60・777
郝慶長　33・409
郝　毅　41・15
42・599

	46·128
	46·429
郝　戭	48·674
	48·688
	49·351
	49·792
郝樹栗	33·684
郝樹基	19·363
郝樹勳	33·633
郝　興	15·59
郝　勲	1·842
	8·323
	22·215
	22·352
郝　衡	41·618
	61·663
郝錫疇	28·339
郝學詩	38·170
郝豫章	5·588
郝　璦	41·501
	47·490
	47·648
郝聯薇	22·325
郝鍾秀	43·244
郝應第	12·685
	47·50
郝應宿	41·541
	45·674
郝鴻猷	19·558
	19·637
郝　濬	11·483
郝　濟	53·264
	53·300
郝　騏	46·145
郝　鎰	8·427
郝　彝	41·619
	52·83
	53·735
郝贊元	32·106
	33·633
郝　鵬	41·1
	42·597
	43·295
	43·320
	43·338
郝鵬慶	63·844
郝　瀛	46·489
郝譽髦	16·667
	18·350
	18·486
郝蘭芳	39·618
郝　鑾（平遙）	47·205
郝　鑑（玉田）	17·371
郝麟趾	36·754
郝　瓛	12·175
郝　讓	50·232
	50·664
郝鷥翔	60·722

垣

垣護之	35·653

荊

荊之茂	41·90
	63·727
荊王土	63·725
荊元剛	8·289
	37·143
荊中璞	41·201
	63·586
荊文康	41·117
	62·702
	63·730
荊文學	41·474

63・729
荊玉璞 37・261
荊世榮 13・770
15・550
15・604
荊世爵 41・459
63・726
荊可立 63・725
荊可棟 41・441
63・724
63・725
荊可楨 2・834
荊芝榮 63・844
荊有慶 8・736
25・54
荊邦泰 63・844
荊兆丹 63・809
荊州士 41・65
62・701
63・580
63・649
荊州任 62・709
63・725
荊州俊 41・65
63・723
荊如棠 41・504
62・528
荊　志 1・141
5・561
荊　芸 41・527
63・722
荊克敬 63・724
荊罕儒 10・770
11・839
荊　坤 25・57
荊來庭 63・723
荊來貢 34・223
荊　果 21・402
25・54
荊思溫 37・144
荊恒讓 63・844
荊洵誠 8・738
荊　祐 37・297
荊祚永 21・300
25・40
25・89
63・581
荊振日 7・493
37・797
荊時中 41・474
62・724
63・730
荊益祉 40・536
50・51
荊益祺 45・14
45・78
荊　浩 41・635
52・252
52・439
54・252
荊　峻 63・775
荊　琨 41・441
63・721
荊　軻 2・261
7・545
21・506
24・421
25・84
32・126
42・737
46・151
荊道乾 41・145
63・853
荊　嗣 8・19

31・85
40・557
荊　詡　41・527
63・719
荊際春　63・777
荊　█　25・49
荊爾梃　63・581
荊爾植　63・581
荊毓鳳　8・735
21・461
25・57
荊　聚　63・185
荊養喬　63・580
荊戴行　41・610
荊戴慶　62・532
荊　權　25・57

革

革薩哈連　66・589

荀

荀士遜　7・662
31・860
32・432
33・770
34・96
荀子長　56・8
荀氏龍　57・124
57・364
57・448
荀好善　50・88
荀　吳　42・525
57・100
60・687
荀林父　42・523
56・678
60・684
荀和簽　55・627
59・153
荀　況　7・541
12・348
12・478
31・844
荀　狐　42・501
荀　侯　55・323
荀　盈　57・101
荀　首　55・408
56・678
60・685
荀　彧　9・264
31・103
荀時中　55・799
荀　恁　40・601
44・625
45・308
荀　息　55・327
56・672
57・33
57・119
57・295
59・406
59・517
60・199
60・682
荀　浪　46・84
荀　偃　60・686
荀　堯　41・374
44・541
44・625
荀　賓　55・409
57・36
荀　邃　32・615
荀　顊　15・91
荀　諫　40・347

荀　藐 40·355
42·500
46·415

胡

胡一俊 60·627
60·776
胡一桐 29·261
胡一鶚 29·307
胡九齡 41·640
60·786
胡三省 8·494
38·30
58·361
58·707
胡士容 1·163
5·273
5·349
5·459
7·403
胡士偉 34·96
胡士楝 21·300
22·700
胡士程 7·488
胡士廉 40·444
49·318
49·786
胡士寧 40·404
61·624
胡大中 32·270
胡大義 61·514
胡天祚 41·430
胡天爵 40·540
61·248
胡元真 40·391
62·575
63·352
胡元興 7·840
胡太才 66·247
胡巨源 41·573
42·625
46·144
46·448
胡　止 40·311
胡曰藩 49·84
胡公著 7·484
胡　仁 40·541
54·724
59·28
59·87
胡仁和 25·611
胡化鵾 49·723
胡文元（翼城） 56·720
胡文元（大興） 8·626
胡文柏 4·311
5·30
胡文保 38·129
胡文煥（清） 40·463
58·55
胡文煥（民國） 56·723
胡文蔚 16·458
胡文燁 40·445
43·560
胡文■ 30·192
胡文舉 33·779
胡文學 7·482
11·193
胡文璧 4·277
7·364
胡文顯 3·367
胡方來 20·380
胡心尹 40·461
62·16
胡以昭 4·322

	27・23
	27・204
胡以溫	9・192
	13・722
	14・403
	14・501
	14・572
胡毋輔之	32・615
胡　玉	5・208
	5・358
	5・463
胡　正	31・22
胡正履	52・327
胡世昌	24・753
胡永亨	31・817
	35・55
胡永湛	7・458
	21・313
	24・511
	24・597
胡必蕃	40・463
	58・289
胡在角	9・138
胡光漢	19・580
胡光緒	39・339
胡光謙	41・429
胡光簡	29・611
胡先達	2・814
	9・207
	13・726
胡先瀛	2・821
	13・747
胡廷召	37・585
	37・660
胡廷琪	13・747
胡廷弼	63・241
胡延年	7・457
	21・305
胡向化	8・393
	21・385
	22・595
胡向璣	13・747
胡行知	11・187
	13・89
	31・808
	33・718
	34・46
胡全才	41・85
	42・611
	49・151
	49・208
胡全禮	43・152
胡兆松	40・495
	62・314
胡兆崧	56・17
胡兆鳳	35・465
胡汝輔	1・58
	19・134
	19・182
	48・676
	49・360
胡汝礪	14・458
	40・415
	43・544
	44・483
胡守約	7・366
	21・287
	23・4
胡守訓（宣府）	8・562
	14・501
胡守訓（孤山）	49・163
胡志夔	41・56
	60・516
胡　芳	40・261

42·500
胡克仁 32·123
36·36
胡克開 12·519
胡克廣 2·738
2·814
13·725
胡作舟 14·414
14·577
胡希聖 55·800
胡孚宸 65·74
胡　良 45·721
胡良臣 9·174
胡良機 40·338
43·556
胡君鍔 21·792
胡　武 42·531
胡　玠 18·22
胡其俊 19·680
20·58
20·758
胡其振 3·31
胡其倎 3·752
胡其偉 3·584
胡其敬 43·180
胡　範 8·769
21·399
胡枝蕙 7·512
12·414
胡　松 40·322
42·487
45·287
胡東漸 31·808
34·46
胡東甌 14·611
胡　郁 21·277
25·922
32·22
胡來朋 22·137
22·324
47·406
47·746
47·785
胡來相 8·812
16·551
17·183
32·679
33·199
33·509
胡來陛 21·300
23·5
27·519
58·409
58·742
胡來朝 8·475
11·272
胡來縉 3·708
20·757
胡具慶 8·769
21·454
胡具體 40·468
47·407
47·748
47·786
胡昇猷 8·617
胡　昂(真定) 40·410
62·577
63·19
胡　昂(定興) 8·362
21·357
22·441
胡　忠 2·737
2·813
13·725

14·135
胡季堂 4·300
7·431
胡秉中 7·331
11·177
11·638
胡秉直 8·570
17·317
18·50
胡秉忠 40·442
59·648
59·720
胡　侍 40·527
50·82
50·610
胡　佺 13·735
胡念祖 2·814
胡　肱 54·709
胡沽恩 8·516
32·57
33·763
34·68
胡　宗 30·659
胡宗憲 14·293
14·532
40·320
43·551
胡官龍 40·481
62·17
胡祇遹 32·658
36·265
40·520
42·508
胡　建 40·593
55·426
56·161
62·637

63·29
胡承璘 7·504
胡承澤 40·470
47·272
59·89
胡承勳(明) 50·412
胡承勳(清) 4·415
胡　政 7·379
21·292
24·750
26·9
26·250
胡柄泰 5·246
胡相忠 40·473
48·177
49·321
50·93
胡　枏 40·433
45·683
胡拱樞 40·537
53·724
胡　貞 40·403
40·404
43·540
58·110
58·214
胡　則 40·517
胡思伸 2·727
2·787
14·298
14·712
胡　矩 32·615
胡　科 36·158
胡　叟 2·263
胡　俊 9·151
32·99
35·70

胡　衍　63・9
胡衍虞　47・75
胡胤銓　37・623
　37・762
胡　亮　17・497
胡　庭　41・595
胡恒泰　63・227
胡恢舜　2・820
胡炳南　8・181
　22・593
胡　宥　7・393
　32・671
胡祖望　43・241
胡　珪　4・474
　9・95
胡　珦　32・626
　39・373
　39・525
胡　貢　17・219
　18・17
胡　連　27・517
胡　彧　22・621
胡振發　19・574
胡振維　24・423
胡時祥　4・383
胡　倖　38・142
胡豹變　41・588
　46・146
　46・452
胡　容　31・804
胡　純(明)　41・526
　55・811
胡　純(清)　53・311
胡　盛　31・360
胡　捷　4・769
　5・179
　8・630
　9・58
胡　處　22・242
胡　常　7・574
　31・845
　38・306
　38・558
胡國佐　1・193
　5・276
　5・354
　5・461
　5・528
　7・456
胡國良　44・539
胡國璉　58・410
　58・742
胡國賓　21・798
胡從化(金吾衛)　44・196
胡從化(羅山)　19・540
胡從先　3・227
胡麻愈　31・487
胡商彝　14・545
胡惟堯　46・144
胡　清　4・475
胡清治　19・578
胡清彥　19・570
胡清泰　11・466
胡淑寅　46・696
胡　淳　4・475
胡啟文　1・185
　7・452
　24・261
　31・833
　34・212
胡啟睿　4・282
　6・1
　7・411
胡習任　59・423

59・526
胡　紳　21・283
25・131
胡紹先　50・584
胡紹安　1・183
5・668
7・452
胡紹齡　2・814
13・725
胡　琪　53・308
胡　瑛　31・6
胡　琦　53・322
胡彭齡　40・535
48・71
57・276
57・445
胡萬清　13・768
15・254
胡　楝　33・763
34・83
胡雲鵬　7・471
27・629
胡揚俊　41・453
49・82
胡景化　40・530
46・714
胡景崧　36・265
胡景虞　41・655
52・878
胡遇春　41・81
49・365
49・510
49・613
胡景銓　37・662
胡　貴　8・567
18・45
胡　傑　4・406
胡　欽　4・369
8・447
胡善元　19・574
胡　曾　27・4
胡　淵　8・519
33・769
34・71
胡　祺　44・539
胡裕才　49・117
胡開第　49・82
胡　瑄　47・405
47・744
47・783
胡載道　8・561
14・390
14・498
14・566
胡夢豸　31・812
38・295
38・380
胡夢泰　21・302
24・196
胡夢禧　50・332
胡與之　1・150
胡虞瀵　40・441
42・519
43・62
胡業宏　59・28
胡　暘　28・734
胡　煦　9・138
32・75
33・774
34・99
胡傳福　19・582
胡　廉　58・746
胡　慥　36・450
38・29

胡　源　7·463
胡　福　41·443
48·225
胡福弘　10·837
32·70
33·767
34·69
胡　預　27·84
胡際唐　25·598
胡　經　32·41
36·28
52·649
胡　璉(城固)　54·728
59·336
59·445
胡　璉(宜興)　2·687
2·728
2·788
7·342
21·282
24·509
24·594
胡　瑢　32·693
胡嘉桂　7·398
21·297
22·404
胡嘉謨　37·585
37·638
37·661
37·751
胡壽安　7·334
11·178
11·540
胡壽蘭　25·577
胡　睿　8·525
40·406
54·685
胡睿烈　5·179
胡　銘　3·581
胡鳳閣　10·837
32·70
33·764
34·84
胡　誥　49·147
胡賓王　41·566
胡賓周　25·41
25·105
胡　寧　31·798
36·3
胡　肇　16·506
胡　維　2·787
胡維賢　40·398
42·509
54·683
胡慧可　14·489
胡　璜　4·474
胡　璇　22·681
胡震亨　23·226
24·29
胡　質　32·614
胡　諒　1·112
8·314
胡慶信　12·176
胡養忠　44·580
胡養素　9·221
31·81
胡遵化　50·86
胡遵憲　25·515
25·593
胡　潔　49·105
胡　潛　32·743
33·339
胡潤祖　8·250
32·25

32・416
胡　賓　40・324
42・489
胡　緯　49・80
胡　頤　49・160
胡　曉　11・848
12・20
胡鎮東　24・711
胡　錫　8・492
38・30
胡　錠　8・526
32・729
胡學思　2・738
2・820
胡學澄　45・675
胡　諧　7・379
21・288
25・484
25・573
41・39
60・516
胡龍光　40・480
60・252
60・337
胡　憲　16・434
16・751
胡　豫　4・466
胡懋仁　31・805
34・718
胡懋謙　4・324
胡　謐(會稽)　40・309
42・483
胡　謐(永年)　33・763
34・83
胡應文　8・505
33・767
胡應召　32・55
35・430
胡應乾　53・305
胡應徵(明)　8・505
胡應徵(清)　19・259
胡　璿　32・35
33・771
34・96
胡蘗嬰　13・205
胡　鯉　10・818
32・268
33・781
34・107
胡璧華　17・19
胡韞輝　41・169
47・812
胡　礪　8・97
11・169
36・265
胡　證　40・719
60・293
60・353
62・663
63・35
胡懷玉　42・742
胡　瓌　2・139
22・242
胡　權　8・803
9・27
21・395
28・742
胡獻瑤　19・541
40・442
54・747
胡　巍　8・528
胡騰蛟　28・739
胡騰鳳　54・713
胡寶山　36・754

胡寶琭 1·171
40·344
42·497
胡繼芳 8·686
19·258
胡繼初 33·687
胡體乾 41·437
42·604
49·81
胡　儼 7·334
32·661
胡　鑄 41·439
56·688
胡鑒斗 49·790
胡　瓚(餘姚) 40·523
胡　瓚(永年) 8·504
32·34
33·758
34·64
34·152
胡　鑣 9·174
32·709
胡　欒 53·312
胡　鷟 59·246

南

南化醇 27·900
南文子 32·685
南文田 58·754
南正炎 58·792
南邦化 60·517
南　仲 62·692
63·586
63·732
南　仝 41·439
58·403
58·720
南　兆 58·361
南居益 31·807
40·333
45·288
南修抃 5·298
5·388
5·471
南洙源 7·410
21·301
32·676
南宮適 31·71
37·608
南宮第 21·310
24·753
南逢吉 40·325
40·333
43·551
45·288
南朝野叟 46·485
南　裕 41·432
55·456
58·770
南　椿 22·11
24·416
南　壽 8·367
21·367
25·899
南嘉勗 58·214
南　儀 45·178
南樂玉光禪師 32·776
南　賡 3·359
南憲仲 30·68
30·154
31·19
南　濤 41·572
60·299
60·370

南霽雲 3·80
3·143
7·787
22·219
22·354
32·704
32·823
南　鵬(明) 21·356
25·899
南　鵬(清) 58·12

茹

茹太素 41·2
51·549
52·409
茹汝昇 40·721
45·291
茹伯賢 61·624
茹　言 52·442
茹　金 40·490
50·976
茹宗舜 8·570
18·47
茹　桂 41·658
53·217
茹紹賢 61·246
茹敦和 7·501
33·74
33·204
茹義忠 40·720
茹綸常 41·596
48·395
茹　藩 36·776
37·20
茹　夔 52·442
茹讓之 50·243

柰

柰永昂 36·193
柰　參 19·495

歪

歪老禪師 18·156

柯

柯士芳 11·192
13·471
柯仲實 7·503
柯映伊 27·6
柯　榮 7·459
柯　綱 54·743
柯　願 7·490
11·194
12·125

相

相斗南 41·104
60·520
相世平 45·733
相世芳 41·39
60·516
相邦教 60·517
相里金 40·369
41·408
42·573
44·721
49·426
49·572
相希尹 41·179
62·693
63·119
相　俊 41·583
44·537

44・590

查

查日乾 1・876
5・175
8・660
查光泰 19・297
查志隆 4・10
4・278
4・750
查克建 21・310
查克順 65・76
查　林 1・878
查昌業 5・192
查宗仁 7・473
查　剌 31・486
查美蔭 13・768
15・254
查爲仁 1・877
4・402
5・176
8・660
查爲義 1・877
4・403
5・177
8・661
查爲禮 1・877
查振宗 40・463
54・759
59・81
查　彬 4・403
4・409
5・71
5・177
查淑身 17・367
查　淳 1・878
4・403
查貴奇 13・776
查復經 21・312
23・9
查善長 4・402
5・176
查善和 4・402
5・176
8・660
查　道 34・324
34・478
查　楑 31・833
35・416
查　誠 4・403
5・176
8・660
查榮江 66・514
查　醇 8・662
查　禮 4・403
5・70
5・177
8・661
查　曦 5・66
5・173

柏

柏大里 3・28
柏之熑 21・300
25・487
柏天學 59・364
柏　正 31・811
34・718
柏永瑞 40・534
43・63
柏良器 7・788
32・717
33・86
33・346

柏 珍 21·686
柏 耆 32·718
33·347
柏道人 56·734
柏巖禪師 21·693
24·244

柳

柳下惠 32·816
柳子華 40·722
60·294
60·354
柳元春 48·174
柳元章 60·285
60·348
柳元達 41·382
60·285
60·369
柳元景 40·684
60·281
60·342
柳中庸 60·370
柳 升 21·415
24·538
24·578
柳公綽 40·278
40·737
42·472
43·529
60·295
60·354
柳公濟 24·409
柳公權 40·738
60·296
60·355
柳 文(靈壽) 8·460
11·285
11·691
柳 文(懷安) 15·684
柳文光 47·498
47·655
柳文林 65·106
柳世隆 41·393
60·282
60·343
柳世謙 58·405
58·722
柳 旦 41·401
60·290
60·350
柳 申 7·331
32·661
33·191
柳 仙 32·272
35·493
柳白卿 7·402
22·12
24·416
柳令譽 11·444
柳 弘 41·552
60·288
60·349
柳 召 44·879
柳有輝 58·411
柳有聲 58·409
柳光禮 28·21
柳仲郢 40·738
60·297
60·356
柳自新 58·412
58·783
柳 芳 41·561
60·293
60·370

	63・33
柳　佐	40・434
	62・312
柳伯卿	44・579
柳希玭	31・800
柳　豸(明)	51・317
	52・289
柳　豸(清)	58・404
	58・778
柳　亨	60・292
	60・352
柳　忱	41・394
	60・284
	60・345
柳　冲	41・560
	62・703
	63・128
	63・592
柳良器	31・413
柳　青	5・561
柳茂林	2・834
柳　英	40・322
柳　述	41・400
	60・291
	60・352
柳長和	3・154
柳　昇	24・578
柳易信	66・501
柳　昂	40・360
	41・401
	50・55
	60・290
	60・351
柳　虯	40・651
	60・285
	60・368
柳宗元	40・724
	60・222
	60・295
	60・370
	62・322
	63・307
柳宗直	41・564
柳　柰	58・401
柳星燿	3・552
柳　洤	41・485
	47・66
柳祖彝	47・71
柳　珪	40・738
柳　莊(周)	7・265
	32・687
柳　莊(隋)	41・400
	41・556
	60・290
	60・350
柳　彧	40・565
	40・692
	42・467
	60・291
	60・351
柳　晟	40・722
	60・294
	60・354
柳浤瀚	47・805
柳帶韋	40・359
	40・677
	60・247
柳　晃	41・562
柳國棟	2・274
	3・684
	8・676
柳國勳	40・455
	50・91
	50・659

柳 崇 40·357
40·644
60·247
60·285
60·368
62·567
63·10
柳 敏 40·676
60·290
60·350
柳 清 40·678
60·289
60·369
柳 惔 41·553
60·283
60·367
柳 紳 33·181
柳 ■ 41·556
60·289
60·410
柳敬禮 40·686
60·284
60·345
柳雄亮 41·400
60·290
60·378
柳 渾 40·722
60·294
60·353
63·216
柳 惲 41·554
60·283
60·367
柳 開 8·7
32·745
33·93
33·362
34·488
45·282
60·298
60·357
63·40
柳 遐 40·677
60·284
60·345
柳 登 41·562
柳楚賢 40·700
62·651
63·577
柳 楷 41·632
柳 袠 41·401
60·291
60·351
柳 愈 37·312
柳 誠 41·526
49·353
49·565
柳 靖 63·216
柳 溥 60·300
柳 肅 41·401
60·290
柳 熙 47·499
47·656
柳毓榮 44·525
44·585
柳鳳堂 15·719
柳察躬 60·294
60·370
柳 奭 40·703
62·321
柳 範 40·703
60·292
60·353
63·32

柳　儉　41・407
60・291
60・351
柳　調　40・693
60・292
60・352
柳　慶　40・676
60・288
60・349
柳慶遠　41・394
60・282
60・344
柳　憕　41・394
60・284
60・344
柳　澥　63・222
柳　璟　41・562
柳　機　31・4
31・398
41・400
60・288
60・350
柳　錦　13・537
47・457
47・492
47・645
47・723
47・760
47・804
柳　澤　40・721
60・293
60・353
63・32
柳　檜　40・652
60・287
60・348
63・232
柳　霞　54・654
59・77
柳應侯　58・407
柳謇之　41・401
60・290
柳　鎮　60・295
60・354
62・322
63・304
柳　璧　40・739
柳璧光　47・629
柳　識　41・564
60・293
60・370
柳懷素　41・634
柳　鶱　60・287
60・349

剌

剌國賓　48・232
剌麻紮布　65・560

要

要　昇　21・343
25・43
要胤昌　31・825
34・720
要　鼎　39・822
要　■　43・289
43・325

咸

咸安公主　65・301

厚

厚廷勲　28・30
厚　坊　28・67

奎

奎　基　41·672
奎　麟　40·489
　59·651

持

持嘉君實　9·269

按

按竺邇　43·636
按　陳　66·572
按攤不花　40·391
　54·681

貞

貞　尼　2·260

冒

冒守愚　7·397
　21·294
　25·37
　25·138

映

映元上人　45·774

星

星　吉　2·526
　3·707
星光琇　20·158

思

思摩者　64·599

哈

哈元生　9·4
　16·757
哈　珊　8·221
　13·489
　13·517
哈桂湘　3·31
哈國興　9·6
　29·224
哈　散　11·374
哈　當　16·206
哈瑪爾　40·298
哈　噶　17·151
哈薩喇安禮　8·102
哈攀龍　9·6
　29·100

拜

拜不花　47·399
　47·623
拜　出　40·521
　47·403
　47·616
拜　住　24·537
　40·394
　47·402
拜音達禮　14·474

郜

郜大經　27·439
郜文英　59·144
郜丕協　52·335
郜永春(明)　8·533
　32·733
　40·328
郜永春(清)　60·626
　60·778
郜光先　41·50
　50·178

50・391
59・554
部知章 46・551
47・494
部　相 4・277
4・750
41・37
41・444
51・562
52・411
部炳元 9・184
32・709
部煥元 9・184
40・441
42・518
43・148
部　瑢 33・191
部　儀 21・300
23・5
部寵元 9・184
部獻珂 32・738
47・406
47・715
47・746
47・785

种

种　奎 40・424
47・271
54・753
59・87
种師中 40・57
种師道 40・287
种雲龍 21・289
25・141
31・14
37・585
种　暠 37・660
40・352

秋

秋　允 33・191
秋良幹 27・329
27・406
秋逢慶 37・585
37・660

重

重　月 43・420
重　宣 41・678
62・718
63・191

段

段幹木 34・529
34・531
48・241
57・126
62・30
62・205
63・29
段士元 58・775
段大亨 41・175
62・31
62・208
62・273
63・201
段大隱 42・740
段上朵 51・689
段上功 31・832
段上彩 52・598
段天錦 59・677
59・746
段元亨 62・31

	63・43
段匹礶	2・526
	3・132
	3・706
	4・248
	5・274
	5・351
	5・460
	7・284
	18・221
段少連	32・643
	40・568
段文光	40・437
段文珠	15・233
段文振	49・291
段文楚	43・529
段　玉	27・943
段　正	2・579
	3・733
	8・312
	41・25
	51・559
	52・410
段丕承	27・881
段佔魁	37・259
段令德	58・224
段　永	9・265
	16・478
	18・336
	18・476
	23・735
段成己	41・573
	61・663
段光顯	44・580
段廷晏	16・439
段邦寵	60・777
段汝舟(宋)	61・662
段汝舟(清)	40・480
段汝厚	9・138
	34・87
段志元	40・543
	42・739
段芳林	38・36
段克己	41・573
	61・663
段克宗	15・230
段希堯	40・513
	42・473
	51・535
	52・407
段　豸	7・370
	30・68
	30・151
	31・18
	41・181
	51・561
	52・418
段良士	47・79
段君[illegible]	57・124
段青霄	32・115
段　玠	59・336
段其濱	38・901
段茂森	3・806
段　直	40・393
	51・299
	51・548
段東明	27・639
段尚義	29・345
段尚維	58・221
段昌祚	32・681
	50・89
	53・573
	53・628
段佩蘭	47・93

段金成	58·225
段金甌	8·774
	23·58
段念祖	58·223
段朋信	58·223
段承祚	41·619
	61·664
段承緒	47·819
段春風	41·660
段　珂	49·382
段　珍	41·143
段　玿	41·487
	49·438
段星若	13·229
段思恭	41·424
	51·536
	52·407
段思溫	41·576
	61·664
段思誠	41·576
	61·664
段思義	41·526
	61·664
段　保	41·425
	51·613
	52·316
段　信	7·338
段彥春	63·733
段　垣	61·662
段炳然	60·706
	60·766
段　洙	18·548
段飛熊	37·826
	37·873
段　真	32·377
	52·408
段　郴	65·154
段　恩	41·618
	55·476
	59·165
段　笏	46·464
段　釗	4·279
	7·359
段高翔	58·224
段高騫	58·224
段　浩	46·580
段書瀚	5·476
段　規	55·403
段　乾	45·482
	45·576
段國綱	60·788
段　敏	33·685
段　進	40·542
	43·525
	65·13
段章美	53·739
段惟精	43·324
段煥然	58·410
	58·742
段添嗣	50·980
段　寀	58·746
段　密	61·664
段　紳	58·403
段紹宸	37·506
段紹隆	52·408
段　琪	9·109
段　琛	31·150
	41·387
	43·625
段雲錦	60·786
段雲鴻	5·667
段■笏	58·762
段程式	43·167
段　鈞	41·573

61·662
段　勝 58·214
段　愔 25·711
段道超 34·328
34·506
34·532
段淵熙 41·610
61·738
段夢日 57·105
60·628
60·776
段夢金 58·220
段夢筆 58·222
段會宗 40·347
45·278
段愛民 34·773
段　準 27·907
段　補 31·806
34·210
段　綍 59·424
段綏祖 58·223
段　█ 43·207
段　輔 41·435
61·664
段爾發 9·180
32·741
段爾魁 56·263
段爾猷 56·263
段　緘 41·597
49·569
段鳴岐 43·180
段鳴鶴 59·424
段　銓 19·183
段廣瀛 12·415
段　韶 11·143
11·436
31·4

31·137
31·148
31·387
40·267
42·467
段　榮 31·146
40·565
40·661
64·510
65·159
66·27
段德祥 41·429
42·595
43·69
45·17
段德隆 8·289
37·143
段樹棠 53·751
段　樵 43·212
段　整 61·662
段　█ 30·667
段勵翼 61·672
段儒林 15·233
段　錦 7·388
32·670
33·68
33·195
40·420
50·84
50·926
段學一 31·813
34·47
段　穎 40·262
段　凝 24·744
段膺珪 58·223
段膺綬 58·224
段　應 54·741

段應元 41·536
49·569
65·236
65·525
段應規 61·659
段　濤 48·90
段濟國 61·156
段　藻 41·99
51·591
52·421
段鵬程 53·315
段　鶚 38·916
段　權 45·579
段　譽 27·637
段耀然 58·759
段騰龍 47·207
段騰藻 32·678
段　霸 23·742
45·576
段　鐸 41·431
61·662
段　鑑 20·360
段顯耀 59·424
段靈淵 57·568
段　讓(洪洞) 41·438
58·400
58·717
段　讓(沁水) 52·42
54·197

修

修　奇 33·635
修　禮 27·408

保

保定老姑 21·694
保　保 40·521
47·399

信

信中立 19·195
信　明 41·689
信都芳 10·625
27·903
29·116
46·553
47·536

皇

皇　全 8·217
11·244
皇志祐 41·690
61·686
皇甫玉 44·597
皇甫伯瑄 43·151
皇甫汸 31·801
32·669
34·209
皇甫忠 40·369
皇甫珃 46·635
皇甫真 16·179
16·323
皇甫振清 46·531
皇甫規 40·352
皇甫琰 52·378
皇甫遇 10·713
皇甫暉 33·104
皇甫嵩 4·245
7·281
31·2
31·299
40·349
54·643
63·419

皇甫誕 40·505
42·468
皇甫靖 41·678
55·619
56·2
皇甫德 40·521
40·834
45·485
45·570
皇甫謐 63·426
皇甫曙 52·369
皇甫繼明 7·833
29·541
29·615

泉

泉　企 40·266

禹

禹祥年 7·458
21·311
25·925
禹　顥 40·550
40·809
45·293
50·62
50·681
53·86

侯

侯一匡 16·451
18·131
侯七乘 56·216
56·220
侯三光 45·760
侯幹趙 45·755
侯于楚 59·340
侯于魯 40·429
54·728
59·366
59·445
侯士溫妻李氏 14·431
侯大晟 27·573
侯大節(汲縣) 21·295
25·923
侯大節(萬全) 13·712
15·810
侯小叔 40·519
40·799
62·574
63·17
侯王臣 60·383
侯天順 4·404
4·766
5·171
侯元勳 31·827
34·214
侯　五 50·192
侯日曦 28·319
侯日曬 46·667
侯仁矩 21·267
24·744
25·328
49·429
58·53
侯仁寶 41·173
47·195
49·341
侯文秀 1·141
19·134
19·182
侯文炳 34·687
侯世佑 46·144
46·448

侯世汾 60・305
60・362
侯世忠 41・468
62・407
侯世科 60・307
60・373
侯世卿 8・606
30・444
40・333
50・86
50・607
侯世祿 16・429
侯世勳(夏縣) 41・482
62・411
侯世勳(肥鄉) 35・443
侯世憲 9・243
30・227
侯世爵 40・442
60・191
侯本誠 28・432
侯本臨 28・322
侯　可 41・524
47・495
47・621
47・700
侯可大 31・826
34・49
侯　白 35・648
侯永衍 60・381
侯永泰 14・651
侯加地 60・304
60・380
侯加采 60・304
60・372
侯弘文 51・370
侯弘實 40・751
侯幼鉉 4・396
侯在容 41・504
60・311
60・363
侯有功 40・419
49・786
50・65
50・311
50・606
侯百祜 63・130
侯　存 34・586
侯　臣 60・302
60・360
侯光國 20・758
侯邦典 2・62
侯先德 21・275
22・676
侯廷訓 31・805
34・213
侯延廣 40・767
47・195
49・341
侯仲良 41・524
47・496
47・621
63・40
侯仲莊 7・794
14・364
15・27
15・182
侯汝寬 46・462
侯守正 28・343
侯安都 47・483
47・637
侯　祁 40・419
62・579
侯如勵 41・542
侯志公 60・383

侯　芬　34・684
侯　芭　7・572
36・431
37・819
侯　佐　60・307
60・362
侯作棟　55・874
侯希逸　7・720
16・296
侯　甸　55・481
56・219
56・221
侯君昭　35・413
49・315
49・488
侯君寧　8・479
11・285
侯君擢　8・516
32・60
33・71
33・198
34・679
34・725
侯青照　28・341
侯武陽　41・612
侯若源　28・321
28・529
侯　英　8・525
32・728
侯　東　5・301
5・391
5・473
侯長齡　44・362
侯尚文　62・476
侯昌域　13・241
侯　明　28・671
侯　忠　56・215
侯金崑　5・521
侯金鼎　16・171
16・305
侯念祖　11・503
侯　服　8・503
32・32
34・675
侯服周　7・393
27・517
侯於趙　40・328
42・491
侯治民　9・125
侯定邦　17・80
侯居艮　41・56
60・302
60・359
侯　封　47・487
47・643
侯封鎬　56・699
侯相奇　66・500
侯　柟　24・309
侯拱辰　1・821
3・739
8・339
侯思義　20・149
侯重輝　46・852
47・92
侯　保(明)　8・460
11・287
12・357
13・202
侯　保(清)　21・505
22・621
侯　俊　60・300
侯亮虞　29・349
侯度昭　30・192
侯庭樾　41・514

	55・805
侯彥實	45・285
侯炳墉	47・814
侯　洪	40・396
	42・508
	42・597
	46・85
	46・416
侯祖畬	28・327
侯祖錩	45・78
	50・939
侯　陟	32・632
侯　泰	8・483
	36・445
	39・810
侯莫陳乂	40・506
	45・280
侯莫陳相	31・152
	40・665
	43・625
	64・525
侯莫陳崇	40・682
	64・555
	66・39
侯莫陳順	40・682
	64・556
	66・41
侯莫陳穎	40・575
	41・399
	43・628
	45・892
	64・575
	66・43
侯晉元	45・142
侯配金	47・206
侯振東	27・646
侯恩遠	34・730
侯恩湛	30・367
侯　剛	14・182
	31・360
侯　秩	8・529
	32・730
	40・412
	54・734
	57・103
	57・274
	57・443
侯效謙	60・386
侯　益	41・423
	49・427
侯　能	5・158
侯　恕	51・399
侯盛烈	13・238
侯國正	27・442
侯國安	5・302
	5・392
	5・474
侯國治	7・365
侯國卿	26・349
侯國璋	12・688
	63・64
侯國顯	33・754
侯　進	2・742
	2・815
	8・114
侯　章	41・413
	42・577
	46・147
	46・426
侯康民	63・23
侯清彥	47・209
侯　深	40・647
	44・587
侯寅昇	41・655

	50・980
侯　瑛	3・580
侯　堪(明)	4・396
侯　堪(清)	28・336
侯萬里	41・625
	53・604
侯萬鍾	38・638
侯敬中	66・479
侯雲漢	37・718
侯鼎祿	40・534
	54・758
	59・80
侯　景	23・745
	31・159
	44・594
侯　策	8・123
侯　復	41・3
	43・638
	44・415
侯道華	41・675
	62・717
	63・191
侯道濟	41・427
	47・485
	47・640
侯　淵	1・129
侯　蒙	7・314
	12・335
	12・517
	36・772
	37・17
侯　楹	4・382
	28・329
侯虞棟	15・527
	15・565
	15・650
侯業熺	30・239
侯　鉞	40・318
	43・550
	43・773
侯溟鯤	34・509
侯殿明	5・679
侯殿國	21・309
	22・688
侯經畬	28・355
侯　瑱	47・483
	47・637
侯嘉晏	40・420
	49・311
	49・721
侯　壽	8・430
侯爾東	56・216
侯爾昌	28・432
侯　銘	56・214
侯榮圭	40・464
	47・272
	54・754
	59・88
侯漢臣	38・317
	38・563
侯肇安	4・410
	5・81
	5・215
	9・63
侯維世	45・779
侯維岳	28・367
侯維鈞	6・91
侯　綸	41・35
	42・603
	43・74
侯　璡	41・10
	51・556
	52・409
侯　璋	41・587

42・626
43・85
侯　摯　32・657
33・190
侯聚貴　24・261
侯　標　46・631
侯　儀　4・393
4・765
侯德峻　60・385
侯　慶　2・742
2・815
侯　潤　21・384
侯樹屏　40・446
44・486
44・580
侯　儒　61・555
侯錦雲　40・481
61・513
侯　贏　55・404
55・471
57・109
侯親賢　45・142
侯澤岳　28・337
侯　濂　63・63
侯應封　19・111
19・183
侯　爵　41・498
侯瞻思　11・145
侯　璧　15・429
侯　璽　41・31
50・223
52・690
52・856
侯職賢　15・517
15・549
侯　鐙　13・311
侯　贇　40・517
42・585
侯　瀾　43・152
侯繼周　45・646
侯　聽　34・675
侯鶴齡　12・729
12・779
23・240
61・556
侯體乾　40・432
53・90
53・261
53・298
侯　瓚　8・360
21・353
24・766
侯　觀　8・360
21・357
24・766

帥

帥　鑒　46・530
47・401

律

律清智　30・239

俞

俞一鵬　22・701
俞士真　40・401
62・15
俞大猷　40・579
43・549
俞子良　13・470
俞日誠　13・474
俞世德　27・628
俞光溎　9・168
33・401

俞廷獻 22・591
22・592
俞兆增 7・499
32・682
33・202
33・510
俞　充 62・573
63・211
俞汝爲 40・432
53・87
俞良臣 17・501
俞昌言 32・677
俞昌烈 2・64
俞秉直 49・582
俞金鼇 4・407
5・73
5・192
9・60
俞承奎 60・218
俞奎垣 2・63
俞　品 32・683
33・202
俞紀瑞 36・199
俞卿雲 42・520
俞　達 11・395
俞　鳳 7・464
21・312
俞　廣 11・395
俞　賓 13・495
俞調元 49・491
俞　諒 1・187
俞　憲 11・557
俞　懋 5・86
俞懋卿 49・26
俞　燦 24・412
俞鴻勳 33・180
俞鴻馨 7・499
31・8
31・544
31・827
33・181
35・706
36・6
俞　藎 7・348
俞　鎔 40・494
俞　瀾 27・324
俞躍龍 44・196
俞　覲 51・318
52・289
俞靈璸 10・675
俞　鸞 40・416
42・512

郗

郗士美 40・281
50・57
50・600
郗士陵 7・747
11・238
11・689
郗仲義 7・325
郗　隆 32・615
郗　詔 1・191
7・455
20・384
郗　賢 50・460
50・562
郗　儉 52・262
郗　聰 58・110
58・215
郗　鑒 51・604
郗　燦 47・480
郗雙保 1・842
郗　夔 47・455

俎

俎文盛 25·63
俎東璧 25·608
俎夏鼎 41·540
俎　琚 8·507
32·38
36·25

郤

郤　永 7·370
11·246
11·644
14·696
郤　至 55·408
57·35
57·108
60·686
61·540
郤　芮 55·407
56·674
郤　克 55·406
56·679
60·685
郤　忠 35·605
郤　缺 31·71
55·406
56·495
56·678
60·684
61·539
郤　豹 56·673
60·682
61·539
郤　溫 11·644
郤　溱 61·540
郤　廣 8·223
11·245
11·644
郤　縠 11·199
11·642
11·644
55·338
56·676
60·683
60·686
61·541
郤　犨 54·640
55·407
59·640
61·540

爰

爰　倩 31·325

負

負局先生 43·673
負苓者 48·125

昝

昝如思 40·418
54·711
58·360
58·371
58·706
昝鳳翔 44·725

風

風雷將軍 53·517

計

計宏謨 8·827
16·658
計　昌 50·80

50·610
計清元 17·524
計登瀛 53·725
計肇忠 6·10
計樹棠 17·538

哀

哀駘台 32·685

度

度生僧 50·256
度　尚 1·125
7·280
20·369
20·633

施

施大士 52·501
施大經 31·806
施　元 45·3
施文學 40·398
42·509
46·2
施允中 11·639
施世洪 16·462
施世綸 1·171
7·437
施永中 7·488
施　全 14·126
施我瑾 19·129
19·194
施伯誠 19·139
19·221
施伯謙 19·190
施昌言 32·645
施昌言妻徐氏 9·287
施承元 8·612
施珽寶 36·351
37·885
37·930
施　相(合肥) 11·491
施　相(代州) 45·287
施重光 45·307
施　信 21·348
23·48
施爲霖 19·136
19·150
19·193
施洪謨 11·285
11·492
施　純 2·102
19·136
19·191
施陽林 45·307
施敬宗 37·515
施朝卿 8·611
23·398
24·80
施敬勝 40·475
53·724
施揚林 41·607
施　溥 31·834
35·706
施　槃 4·276
施　誥 16·675
17·541
施肇元 11·473
施　聚 1·801
3·538
8·301
施　儒 7·364
施　禮 19·135
19·190
19·224

音

音登額 7·525
　14·540

彥

彥　琮 36·807

恒

恒　山 40·487
　59·81
恒　春 4·312
　7·477
恒　修 26·562
恒　倫 18·66
恒　海 59·246
恒　基 27·110
　27·222
恒　超 10·704
恒　福 3·154
恒嶽仙人 11·318
恒　齡 66·575

姜

姜一鳴 2·728
　2·758
　2·792
　40·428
　42·516
　49·172
　49·244
姜人烈 31·830
　34·212
姜士佐 40·436
　62·16
姜天錫 32·115
姜日新 56·732
姜文魁 31·800
姜允清 38·893
姜玉璽 33·686
姜生瑞 43·941
姜必昌 43·659
姜臣烒 7·483
　11·446
姜名武 7·412
　41·188
　45·714
姜名儒 39·420
姜秀芳 29·623
姜　佐 11·182
　12·123
姜佐周 35·640
姜作欒 58·310
姜希轍 32·680
　33·200
　33·509
姜宏德 9·109
姜　昂 7·354
　30·68
　31·18
姜　周 26·572
姜育楷 26·567
姜宗呂 41·103
　45·700
姜居廣 41·499
　43·659
姜思睿 40·334
姜思熹 49·577
姜　炤 31·823
姜　洪 40·311
　40·411
　42·484
　62·310
姜桂芳 34·554

姜桂林 3・793
姜振山 28・431
姜振岐 46・6
姜時敏 32・316
34・680
姜師度 4・252
7・782
16・155
16・269
24・408
26・246
27・756
29・44
32・716
33・86
33・346
34・548
36・523
40・367
60・247
60・329
63・12
姜宸英 5・86
9・275
姜 晦 40・509
姜鈞鰲 37・907
姜 密 29・363
50・84
50・684
姜朝周 21・292
24・750
姜雲龍 34・683
姜揚武 8・711
20・437
姜遇周 41・475
50・239
50・952
姜 貴 28・437
姜順蛟 9・167
33・147
33・399
姜順龍 8・718
9・167
33・147
33・398
姜 勝 4・408
20・371
姜 愃 50・297
50・612
姜善信 41・690
55・623
59・167
61・599
姜 閔 27・89
姜登選 37・724
37・774
37・776
姜 楫 49・722
姜 鉉 20・456
姜 銓 1・816
20・644
姜 實 40・409
54・733
57・103
57・273
57・443
姜 緒 53・496
姜 墨 22・692
姜德恒 39・421
姜調燮 41・693
姜錫蕃 36・753
姜 蓍 55・657
59・153
60・617

姜　樠　41·103
　45·700
　45·724
姜應科　11·188
　13·90
姜應麟　24·259
　24·419
姜　濤　7·334
　41·7
　44·788
　44·882
姜鴻德　38·274
姜　鎬　16·434
　18·130
姜　璧　1·816
　8·328
　20·639
姜　齡　26·280
姜寶誼　55·656

洪

洪一維　9·243
　30·235
洪一緯　8·607
　30·226
洪一謨　19·134
　19·182
洪子祥　7·331
　11·177
　11·444
洪天錫　5·82
　5·185
洪日章　30·228
洪允衡　40·340
洪世佺　55·793
　56·180
洪有第　21·291
　24·509
　24·571
　24·595
洪良範　40·430
　50·85
　50·606
洪厓子　41·676
　55·617
　56·1
　59·363
洪果玖珠　8·76
洪忠連　40·535
　57·276
　57·445
洪秉詰　23·236
　25·759
洪彥昇　40·398
　54·749
　56·199
洪　珙　3·733
洪　異　1·146
　3·355
　7·358
洪　密　41·676
　52·267
洪　智　41·685
　43·216
洪　皓　9·267
　40·568
　43·680
洪　鈞(明)　50·81
　54·314
洪　鈞(清)　45·76
洪　遠　7·359
　27·758
洪　蓮(太原)　41·690
　43·216

洪　蓮(東安)　19・139
19・200
洪　試　20・410
洪　誠　23・308
25・757
洪　源　1・117
2・245
洪殿宣　21・463
24・214
洪需魁　66・489
洪　漢　40・310
43・543
43・771
44・483
洪肇楙　1・186
5・620
6・208
洪　範　60・249
60・331
洪　璟　43・562
49・26
洪　樹　41・694
洪　鍾　1・145
5・348
5・458
7・355
18・13
洪　濟　41・691
62・718
洪濟遠　21・292
24・195
洪體仁　5・65

洞

洞　玄　31・102
洞明真人　43・135
洞清張真人　3・590

洗

洗　煒　33・147

活

活　女　63・16

宣

宣　珹　18・376
18・544
宣　敬　18・386
宣　斌　18・552
宣　銘　4・766
宣　麟　40・487
43・63

室

室　昉　1・108
1・743
2・567
3・723
7・315
8・35

宮

宮于宣　40・457
宮之奇　62・491
宮世昌　45・912
宮　廷　45・193
宮延澤　20・381
宮伯元　45・666
宮　昱　12・18
宮階三　45・916
宮懋言　40・453
54・698
宮繼蘭　4・388
5・724

6·71
8·457

突

突合速 43·532

扁

扁　鹊 10·572
28·781
28·784
37·608
38·192

祖

祖文明 22·203
22·379
祖允焕 7·507
13·772
15·681
祖允熹 7·509
18·22
祖永杰 13·314
祖台之 7·604
22·208
22·349
祖志伊 19·727
20·149
祖延泰 1·191
7·454
14·478
19·541
祖孝孙 1·698
10·668
22·169
22·333
祖孝隐 22·28
22·209
22·350
祖冲之 7·671
22·26
22·166
22·332
24·348
24·484
祖君信 10·649
22·27
祖君彦 1·107
22·28
22·212
22·351
祖　武 22·25
祖　茂 22·211
22·350
祖　述(昌黎) 8·403
16·508
17·61
祖　述(新河) 38·253
祖季真 22·27
24·459
祖建明 21·305
23·7
祖珍俭 12·485
祖　珽 10·646
22·27
22·210
22·350
24·346
祖　逖 1·95
7·602
22·26
22·47
22·216
22·353
22·451

	24・341
	24・459
祖　納	22・25
	22・149
	22・329
	24・340
祖崇儒	22・28
	22・212
	22・351
祖　敏	22・27
祖　朝	55・323
	59・406
	59・517
祖　皓	22・26
	22・218
	22・354
	24・349
	24・460
祖　湯	41・693
	52・270
祖咺之	22・26
	22・166
	22・333
	24・349
	24・460
祖　瑩	3・80
	7・670
	22・27
	22・209
	22・349
	24・345
	24・460
	31・378
祖　興	21・695
	22・470
祖　龍	7・488
	11・193
祖澤潛	4・318
	26・250
祖　嶷	22・27
祖應世	1・183
祖鴻勳	1・106
	10・609
	21・266
	21・457
	22・156
	22・331
	22・435
	25・139

祝

祝天保	36・457
	37・498
祝公道	50・204
	50・420
	50・595
	50・960
祝文光	45・83
	45・182
祝世昌	40・340
	42・496
祝世墉	26・766
	26・862
祝仲英	27・516
祝安上	11・167
	12・123
祝奉琬	50・203
	52・864
祝　昇	39・405
祝　明	8・290
	30・331
祝金聲	10・836
	36・467
	37・502

祝　春　41·440
62·721
63·45
祝思信　15·5
祝　信　41·438
祝洪籙　2·587
祝振遠　50·246
50·596
祝乾壽　31·802
34·210
祝掄元　4·450
26·267
祝國忠　14·494
14·566
祝　祥　51·358
54·141
祝萬祉　12·414
祝　雄　7·377
16·407
16·753
17·504
祝景灝　8·615
祝　塏　31·837
33·206
33·495
祝鳳鈞　29·588
祝　增　31·823
60·251
60·334
祝　暹　7·341
祝德全　9·51
27·442
40·485
48·292
祝慶穀　16·466
18·185
祝　鮀　7·266
32·686
祝　徽　40·338
42·493
祝繼元　4·288
祝　顥　40·305
42·482

弭

弭德超　10·753
弭　禮　22·236

韋

韋之瑗　40·482
61·629
韋元甫　32·630
韋元誠　1·134
韋　丹　54·659
韋文英　16·437
16·750
17·201
51·334
52·548
韋世康　40·360
60·616
韋永祥　36·268
韋弘機　3·37
7·290
32·621
韋　冲　16·155
16·268
40·360
49·291
韋安石　40·507
42·502
63·12
韋孝寬　42·501
韋　抗　40·364

韋　武　40·369
60·619
60·771
韋　玢　31·5
韋　述　9·266
32·128
35·490
韋　協　7·288
韋叔裕　40·270
60·768
61·621
韋　忠　40·624
55·444
56·168
韋　況　41·615
52·79
韋　宙　40·508
42·471
44·471
65·37
韋恒泰　59·248
韋炳文　20·159
韋　退　60·728
韋　陟　40·368
60·618
60·770
63·12
韋逞母宋氏　9·279
韋　師　12·606
40·271
韋　通　49·7
韋虚心　40·511
50·72
韋虚舟　32·629
韋　彪　32·610
韋　崇　40·357
53·91
53·407
韋雲起　16·154
16·267
韋景駿　12·418
31·786
32·629
33·64
33·186
33·507
35·410
韋　湊　40·274
42·469
韋　間　2·263
韋　楷　31·329
韋　義　7·279
31·783
38·294
38·377
韋　壽　11·158
34·324
34·478
韋調鼎　23·5
韋　澳　32·628
韋　閲　9·264
韋　穎　61·510
韋　濟　40·361
42·503
韋　縱　40·512
60·467
韋懷質　40·367

胥

胥　臣　55·344
56·675
胥　宇　2·703
胥持國　22·28
24·355

24・460
胥　純　19・539
胥梁帶　55・383
胥　琬　28・674
胥　鼎　7・320
40・295
40・808
45・484
45・573
45・654
49・301
49・485
54・671
胥　善　3・228

勇

勇　慎　40・429
63・21

姚

姚一麟　41・438
42・608
43・76
姚一讓　45・358
45・384
45・409
姚九功　50・225
50・666
姚三讓　8・514
32・52
33・761
34・67
姚大成　15・224
姚大謙　4・426
9・72
28・58
姚之愷　14・488
14・574
姚之夔　9・193
14・404
14・488
14・572
姚子愷　13・722
姚士泓　59・371
姚天福　7・327
11・173
16・160
16・278
40・300
40・835
42・478
60・693
60・757
61・663
61・704
姚元標　33・343
姚曰炘　28・69
姚內斌　10・751
16・488
17・190
姚丹山　32・751
姚文明　13・311
姚文彬　28・32
姚文清　4・9
32・665
姚文勝　32・736
33・384
姚文燮　7・463
21・307
24・753
姚孔鍹　4・318
7・479
26・15
26・250

姚玉田 12·639
姚世卿 14·486
14·569
姚世舜 45·195
姚　古 41·429
姚左庭 16·673
18·565
姚　平 41·547
63·29
姚平仲 41·429
65·498
姚永康 9·193
14·487
14·574
姚永煦 9·193
14·487
14·574
姚永燾 9·193
14·572
姚吉人 43·317
姚吉士 60·708
60·782
姚成都 58·367
姚光璐 16·780
姚同倫 28·31
姚廷佐 4·425
9·72
28·57
姚廷棟 28·31
姚廷儀 29·974
姚廷贊 28·29
姚延啟 40·449
61·628
姚延嗣 8·823
姚仲孫 7·305
32·644
33·188
姚行簡 40·301
姚企崇 53·116
53·286
53·304
姚兆元 28·69
姚名儒 28·29
姚　池 28·56
姚汝明 21·302
23·6
62·395
姚汝循 33·195
姚孝錫 40·517
45·284
45·454
姚志昂 33·771
34·96
姚　芳 63·217
姚克欽 62·410
姚步雲 58·752
姚　兕 40·795
44·531
64·624
65·496
66·286
姚希元 41·514
姚希尚 63·235
姚　沂 45·696
姚良卿 60·523
姚奉宸 28·68
姚武信 33·687
姚　坦 27·313
40·518
姚若采 62·218
姚茂坤 28·30
姚協于 8·823
16·557
18·235

姚　奇　61·254
姚長齡　27·522
姚　旺　59·144
姚昌祚　62·692
63·586
姚昌籙　63·582
姚　昇(元)　41·641
52·444
姚　昇(清)　9·136
32·74
33·747
34·98
姚忠亮　13·763
16·38
姚和尚　43·135
姚秉哲　45·674
姚命禹　4·425
28·57
姚　采　16·629
18·237
姚　泳　4·382
姚宗舜　11·645
姚定元　33·206
姚官澄　22·344
44·613
58·18
63·26
姚承恩　4·409
5·205
9·61
姚承豐　5·205
姚　政　18·97
姚南仲　32·626
姚柬之　35·608
姚　昱　40·405
49·307
姚思虞　4·382
28·32
姚思聰　40·391
62·575
63·351
姚庭鳳　16·751
姚洪烈　43·664
姚飛鵬　41·594
63·130
姚　珩　14·116
14·289
14·470
14·531
姚　恭　52·248
52·441
姚原濶　28·675
姚振鐸　3·695
姚　哲　53·305
姚時中(宣府)　14·398
14·490
14·568
姚時中(咸寧)　54·710
58·360
58·706
姚逢年　4·409
5·71
5·205
9·61
姚　唐　54·324
姚孫榘　7·407
32·678
33·198
姚　逵　60·696
60·759
60·779
姚　著　16·507
姚　崇　20·178
32·623

	40·364
	50·55
	50·309
姚　庸	61·664
姚清吉	21·806
姚啟崇	52·63
姚隆運	3·832
姚萬良	24·458
姚敬崇	54·170
姚　雄	40·796
	64·626
姚雄古	65·497
姚景元	47·165
姚景行	8·40
	14·106
	14·659
	16·167
	16·297
	16·403
	17·196
姚景圖	28·61
姚貴士	18·556
姚舜愷	34·223
姚　詠	28·31
姚運熙	34·332
	34·511
姚開先	40·444
	49·318
姚　鉉(宋)	40·288
	42·474
姚　鉉(明)	28·56
姚誠立	60·518
姚廕祖	28·69
姚　義	61·595
姚　滔	41·474
	63·583
姚　溥	28·29
姚　寬	14·120
姚　福(大同)	1·142
	20·370
姚　福(涉縣)	34·792
姚　翥	40·398
	42·509
	46·85
	46·416
	47·403
	47·616
姚壽山(新城)	24·702
姚壽山(固安)	20·187
姚　熙	16·629
	18·238
姚毓蘭	28·30
姚鳳詔	29·349
姚　誧	34·100
姚　榮	45·37
姚漢卿	58·216
姚維光	53·346
姚維城	21·306
	24·487
	25·577
姚維新	30·191
	36·341
	39·258
	39·326
	62·701
	63·582
姚維藩	40·485
姚　綬	41·627
	61·668
姚　樞	8·192
	16·174
	16·209
	16·310
	16·357

姚　暹　40·506
60·247
60·329
姚德重　40·427
42·515
46·87
46·417
姚　鋐　34·331
34·491
姚　諏　34·100
姚　慶　4·378
28·31
姚慶布　40·500
姚遵法　33·780
姚潤之　40·497
姚　闓　41·173
姚　興　24·677
姚學瑛　47·401
姚學鏡　65·90
66·239
姚　燧　8·195
姚　闇　62·492
姚　櫝　41·529
60·517
姚　擬　41·641
52·443
姚謙夫　45·693
姚謙吉　43·339
姚　謐　28·28
姚應虞　4·426
28·29
姚　█　45·32
姚鎮方　5·303
5·393
5·474
姚鎮雄　5·472
姚鎮瑞　20·158
姚　鍾　7·385
36·333
38·92
姚　鏜　29·306
41·57
61·666
姚　譢　9·137
32·74
34·106
姚繼可　7·392
姚　麟(宋)　40·795
44·531
64·625
65·497
66·286
姚　麟(明)　14·126
姚麟紱　12·415
姚　顯　40·410
54·731
姚觀峒　28·60
姚觀峰　28·30

紅

紅面長老　47·697
紅　線　50·252

紇

紇石烈良弼　43·634
紇石烈桓端　40·816
64·638
紇石烈執中　14·451
紇石烈德　11·264
11·471

紀

紀大緒　20·492
紀大綱　20·435

紀　元　1·873
8·711
20·627
20·654
紀　文　21·350
25·404
紀文光　21·293
24·612
紀　正　49·306
49·486
紀世楹　45·886
紀廷詔　11·196
13·314
紀汝佶　9·15
紀汝清　1·828
20·590
紀汝彝　20·590
紀安國　45·886
紀玘文(女)　4·527
6·120
10·9
20·615
20·628
紀克明　1·868
20·648
紀克家　20·454
紀克揚　1·830
20·627
20·647
20·702
紀宏謨　40·462
61·248
紀昌文　20·564
紀　昀　9·13
29·224
紀　炅　1·883
8·712
20·616
紀　昭　9·15
紀　信　55·410
59·154
紀宣猷　20·627
20·669
紀冠軍　45·888
紀　衵　20·626
紀　晉　1·880
20·627
20·671
20·704
紀　振　32·692
紀　紘　20·449
紀　純　32·39
36·22
紀逵宜　2·13
8·713
20·627
20·661
紀　著　10·819
32·692
紀黃中　20·670
紀盧中　20·442
紀　常　1·802
20·589
20·637
紀從龍　9·115
11·278
11·883
12·56
12·101
紀淑曾　2·32
8·715
20·627
20·672
20·699

紀　淦　8・716
20・627
20・673
紀瑛瑢　40・492
43・873
紀雲鶴(明)　53・92
53・410
紀雲鶴(清)　9・18
紀　傑　8・504
32・33
36・22
36・135
紀曾蔭　20・443
20・627
20・672
紀曾藻　2・34
8・716
20・627
紀巽中　20・615
20・628
紀　暘　20・444
紀　鈺　29・85
29・163
紀　愈　1・879
8・712
20・590
20・627
20・653
紀　資　28・735
紀　慎　20・627
紀爾忠　34・557
紀　誠　1・802
20・589
20・638
紀　寧　12・75
紀肇修　9・195
13・739
14・405
14・640
紀邁宜　8・714
20・627
20・662
20・703
紀　賢　8・436
紀　諄　1・112
19・136
19・191
19・224
紀遴宜　20・627
20・670
紀　澐　9・115
11・258
11・885
12・66
紀　澄　14・641
紀樹森　9・17
紀樹榆　9・18
紀　耀　8・721
21・387

十畫

泰

泰　寶　64・127
65・215

秦

秦一清　9・183
秦一鴻　49・318
49・723
秦三奇　62・403
秦士英　62・391
秦士奇　1・166

19・681
20・58
秦士柱 57・374
秦士鳳 59・331
秦　川 46・3
秦之柄 50・928
秦之鉉 41・163
53・740
秦之璧 53・602
53・643
秦之璽 53・639
秦天佑 46・50
秦文源 62・314
秦玉崑 12・269
秦世英 43・682
44・61
秦世禎 1・191
7・455
20・372
20・695
秦世顯 29・306
秦　本 33・65
33・191
秦可大 27・517
40・328
42・490
44・698
秦由義 11・293
秦四德 4・384
28・25
秦　立 46・630
秦立功 9・123
12・695
秦永陞 55・801
秦民悦 7・353
31・795
38・693
秦加兆 40・450
秦邦本 17・218
18・17
秦邦彦 32・47
34・218
秦邦紀 41・641
50・247
50・962
秦吉士(明) 32・48
34・219
34・291
秦吉士(清) 59・332
秦百里 41・148
52・427
秦光斗 63・427
秦光扆 4・319
26・251
秦廷奏 14・472
32・64
34・220
34・268
秦廷獻 41・456
57・114
57・555
秦自昌 58・216
秦伊衡 55・819
秦行師 41・405
42・556
秦守己 53・639
秦　安 34・317
秦羽明 32・62
38・564
秦　志 55・797
秦志安 41・687
秦克俊 51・721
53・740
秦邑岐 41・623

55·482
57·126
57·383
秦　秀　40·620
43·611
44·527
44·582
44·657
44·786
45·482
45·564
秦　佐　50·849
秦　穀　52·429
秦　亨　1·796
8·297
秦良弼　53·599
53·642
秦奉春　33·132
秦武域　41·589
57·562
秦茂林　36·198
秦松齡　46·713
秦東來　41·540
47·811
秦　郁　41·483
62·412
秦奇英　34·333
34·506
秦虎翼　9·124
38·35
秦尚志　47·813
秦　昊　47·405
47·716
47·745
47·783
秦秉直　59·343
秦秉範　53·748
秦金滕　12·327
秦金鐸　12·327
秦　周　7·580
秦　炘　53·749
秦宗文　40·533
61·247
秦定基　18·64
秦承霈　22·140
22·325
秦柏齡　41·649
57·164
57·429
秦星樞　33·749
秦重倫　50·579
秦恒柄　40·487
63·760
秦恒齡　27·408
秦　恪　9·146
32·88
34·221
34·272
秦爲龍　41·490
43·405
秦　宣　2·272
22·244
22·378
秦起宗　32·19
38·893
39·5
40·827
50·173
50·376
50·535
秦　恭　7·585
31·83
秦振嬴　40·481
61·249

秦效鵬 33·761
34·83
秦益謙 9·146
32·88
34·223
34·276
秦　朗 41·376
44·792
45·576
秦　紘 7·343
14·114
14·288
14·468
14·529
21·282
24·749
40·307
42·483
秦　略(唐) 52·243
53·754
秦　略(金) 41·570
52·68
52·84
53·732
秦國柱 15·819
秦　偉 7·358
21·286
40·313
45·286
秦　章 62·408
秦淩霄 41·703
60·730
秦越人 26·95
秦　敬 8·306
22·193
22·341
秦敬傅 3·746
秦　揚 9·146
32·89
34·222
秦雲鵠 20·617
秦　棠 40·453
54·692
55·793
秦裕伯 10·818
32·748
33·111
33·378
秦　開 14·98
秦開基 41·123
53·99
秦夢熊 34·568
秦業岐 63·844
秦誠通 61·115
秦　禎 34·329
34·490
秦際皞 31·816
38·379
秦嘉兆 54·689
59·84
秦熙祚 41·483
61·127
秦鳴雷 9·272
21·509
22·468
秦毓琦 7·503
14·477
22·137
秦　鉽 4·307
7·443
秦鳳芝 17·88
秦　綸 30·737
秦聚奎 7·448
33·205

秦　撰　7・366
秦　嶠　41・134
52・426
秦德光　32・517
33・764
34・84
秦　澍　57・368
57・449
秦樂天　40・439
45・730
54・724
59・26
59・85
秦樂德　40・449
61・248
秦　翰　10・760
秦　錡　57・122
57・360
57・447
秦錫玶　41・131
57・115
57・557
秦　鋼　41・592
秦學溥　33・74
33・203
秦學魁　53・211
秦　憲(晉)　57・119
57・298
秦　憲(元)　41・191
秦　擴　34・222
40・458
44・487
44・610
秦懋效　41・599
53・744
秦　駿　41・603
53・119
秦應選　55・817
秦　簡　1・193
秦　鎮　57・283
秦　璧　12・135
秦　鏡(襄陵)　60・180
秦　鏡(翼城)　56・709
秦　鏡(邱縣)　35・264
秦繼宗　29・305
秦　鑄　9・146
32・88
34・223
34・279

珠

珠隆阿　12・639
珠嘉臣嘉　8・81
16・168
珠嘉佛新　7・321
8・63

敖

敖　山　40・309
42・483
敖文瑞　8・430
27・438
敖　和　21・821
敖星煌　16・469
18・135
敖得義　60・625
60・774
敖　翮　22・137

班

班永年　29・262
班　伯　43・520
45・15
65・5

班　固　65·156
班　連(廣寧)　63·22
班　連(錦州)　7·472
27·759
班逢揚　41·210
45·583
班　彪　7·275
21·266
25·573
32·127
45·564
班　壹　40·593
班　嗣　41·612
班　穉　31·783

素

素布多爾札布　66·666

貢

貢以慎　11·246
11·693
貢旻坷　66·518
貢　珊　36·346
37·467
貢師泰　16·130
貢駿美　9·110
11·700

袁

袁一相　2·591
3·745
袁士美　10·827
21·684
24·771
袁士偉　40·322
袁士達　17·84
袁士廉　47·405
47·715
47·744
47·782
袁天秩　31·821
袁化中　32·674
40·334
袁　公　45·682
袁公衍　21·308
24·753
袁文元　25·97
袁文宗　19·475
袁文貴　35·605
袁文煥　47·273
袁文禮　19·476
袁正己　4·431
5·728
6·73
6·78
袁正林　7·497
31·833
33·613
袁正華　3·154
袁正瑺　4·436
6·79
袁世傑　44·485
袁世煌　21·404
24·776
袁　旦　33·384
袁生芝　8·668
袁　白　18·58
袁立相　9·196
袁弘道　19·478
袁弘德　60·468
袁邦化　19·474
袁邦彥(明)　45·181
袁邦彥(清)　25·55
25·119

袁有常 8·459
40·399
50·63
50·655
50·682
袁廷傑 26·797
袁仲選 40·445
51·309
52·381
袁兆元 26·340
袁名懿 8·616
袁芳杏 16·462
袁步青 35·750
袁　佑 9·180
袁　住 1·826
袁希璋 40·502
61·514
袁　汴 21·305
24·503
24·611
袁宏御 41·637
袁　良 50·658
袁良怡 31·824
袁奇珍 34·333
袁長庚 56·732
袁　昂 1·144
5·562
袁尚忠 38·915
袁　和 32·673
袁秉誠 9·196
12·63
袁佩理 48·87
袁　炘 20·389
袁宗岱 26·799
袁宗儒 8·366
21·363
24·766
28·782
袁承業 41·519
56·695
袁　信 44·704
袁　亮 37·819
袁　彥 41·421
62·669
63·39
袁彥通 7·326
11·747
21·279
袁　泰 41·1
62·680
63·422
袁起莘 30·27
30·122
袁起穎 30·122
袁　真 31·331
袁特立 37·598
袁　高 27·553
袁　益 18·151
袁　浩 4·446
26·265
袁流湧 12·519
袁書堂妻戚氏 39·185
袁恕己 7·730
27·553
袁　黄 1·158
5·563
6·206
7·397
袁　彬 3·730
8·306
袁　捷 1·864
3·752
8·618
袁國昌 30·579

袁國英　35·291
袁國梓　40·451
　54·691
袁崇煥　16·414
袁得才　63·422
袁得名　3·31
袁從義　41·681
袁　庶　3·594
　9·274
袁　袞　5·280
　5·358
　5·463
袁　煥　15·43
　15·221
袁　淮　8·431
　51·348
　53·721
袁　絅　41·468
　61·559
袁　紹　31·308
袁紹文　19·570
　19·654
袁　琥　24·791
袁　袠(明)　8·543
　32·795
　40·439
　58·371
　58·707
　62·312
袁　袠(清)　24·165
袁萬里(明)　41·583
　47·499
　47·723
　47·761
　47·813
袁萬里(清)　35·268
袁　敞　32·612
袁　敬　58·709
袁　景　40·525
　54·726
　59·368
　59·448
袁　傑　25·899
袁舜蔭　41·458
　56·691
袁象乾　8·668
袁　湘　41·433
　49·436
　49·783
　49·792
袁　滋　32·627
袁　裕　7·328
袁裕德　17·80
袁　道　63·693
袁道士　66·476
袁　綖　26·296
袁蔭元　26·339
袁　楷　45·74
袁　魁　8·513
　32·51
　34·725
　34·678
袁　詵　18·73
袁　寬　21·295
　24·751
袁靜山　26·566
袁嘉盛　13·741
　14·406
　15·813
袁爾梅　41·656
　52·444
袁　霆　41·529
　45·194
袁鳴鳳　43·842

袁銘旂　39・182
袁鳳諾　26・339
袁鳳藻　25・119
袁榮青　56・700
袁肇修　30・581
袁　綺　31・823
34・211
袁　震　8・581
30・14
30・108
袁　慶　11・183
11・638
袁　潔　21・354
袁　澍　18・556
袁履恕　24・154
袁　緯　29・239
31・22
袁　璣　9・230
30・19
30・114
31・128
袁　衡　25・404
袁學謨　40・467
49・320
49・722
袁　懋　47・499
袁懋功　1・852
8・674
19・474
19・496
袁　燮　19・473
袁應春　40・434
45・507
45・561
45・631
47・271
59・87
62・312
袁應泰　16・413
17・198
35・606
35・698
袁應絢　19・679
20・57
袁鴻謨　7・496
31・820
袁績懋　8・667
袁鏘珂　41・623
55・482
56・732
袁鯤化　36・343
39・334
袁　寵　32・615
袁繩武　26・95
26・555
袁繼忠　11・164
21・268
23・209
24・23
25・140
40・753
42・589
43・200
44・530
44・588
47・484
47・638
64・622
65・495
66・53
袁繼咸　40・339
42・493
袁繼美　46・53
46・70

袁體乾 26・339
袁　讓 8・581
30・13
30・100
31・82

耿

耿一培 22・467
耿九疇 41・7
47・478
耿三台 11・273
11・692
耿三麟 8・478
11・286
11・692
21・301
25・40
耿士公 35・273
耿大節 62・477
耿之光 13・92
耿　介(明) 32・694
33・381
33・529
耿　介(清) 7・444
33・201
耿介然 32・751
耿　丹 47・458
耿文光(靈石) 47・315
耿文光(成安) 34・698
耿文昭 17・84
耿文睿 57・39
耿允樓 11・687
耿　玄 10・653
12・485
耿老彪 15・300
耿再成 25・203
耿　光 11・795
耿光祖 35・264
耿廷芳 21・306
23・7
耿自然 17・208
耿全斌 8・21
21・270
25・41
耿爭光 47・316
47・353
耿守直 41・618
47・500
耿安泰 24・333
24・411
耿如杞 7・403
18・14
34・331
34・491
耿如桂 34・331
34・506
耿好仁 8・389
21・380
22・443
耿孝祖 11・787
耿步蟾 47・320
耿　玠 31・90
耿郁文 37・259
37・260
耿長江 34・699
耿　昕 49・310
49・672
耿　明 34・330
34・490
耿明德 23・596
24・82
耿　昉 40・550
47・398
耿垂紳 20・391

41・517
耿　秉　40・351
耿金釗　12・63
耿　況　2・727
7・275
13・765
14・99
14・279
14・524
耿宗舜　3・548
8・675
耿承祖　47・477
47・782
耿孟春　11・271
13・341
50・87
50・861
耿　春　29・265
耿　星　62・432
耿　弇　1・55
耿　恂　25・598
耿爲鑠　8・765
21・464
25・596
耿洛占　37・261
耿洛靈　12・555
耿　泰　57・46
耿倬漢　62・433
耿　純(漢)　10・581
11・157
12・349
12・437
12・606
25・201
27・514
32・610
36・430
37・812
38・253
耿　純(明)　41・9
57・39
57・122
57・360
57・447
耿　國　32・610
耿國才　17・485
17・540
耿　偉　7・716
耿　訢　12・466
耿章光　19・490
21・301
24・413
34・313
34・332
34・491
34・512
40・437
54・738
57・104
57・275
57・444
耿　望　11・563
耿　情　27・903
29・117
耿惟直　4・287
27・22
27・202
耿　煥　8・182
11・787
21・342
耿清梅　12・66
耿　啟　8・391
11・791
21・382

	60·468
耿　極	8·739
	21·448
	22·463
	22·574
耿　復	47·476
耿　舒	43·521
耿　漳	11·795
	21·458
	41·561
	62·704
	63·128
耿　裕(平定)	41·14
	47·478
耿　裕(盧氏)	7·344
	23·222
	24·27
耿蔭樓	8·478
	11·286
耿　煜	40·352
耿　福	11·795
耿福緣	7·336
	30·302
耿壽平	34·492
耿鳴世	36·578
	36·634
	40·528
	50·86
耿鳴雷	7·400
	31·808
	33·718
	34·46
耿　睿	38·254
耿毓孝	41·498
	49·577
耿毓青	48·656
	49·321
耿　豪	36·435
	37·825
	40·656
	64·505
	66·21
耿漢月	33·685
耿隨卿	32·732
耿隨朝	32·732
耿隨龍	32·732
耿維新	34·689
耿　邁	8·784
	11·795
	21·461
耿輝漢	41·542
	58·84
	62·433
耿德安	32·751
耿德芳	35·444
耿德盛	37·259
耿德章	11·272
	11·692
耿　橘	27·877
	29·92
耿　勳	40·503
耿　儒	40·418
	54·727
	59·366
	59·444
耿錫齡	37·215
耿學熹	38·272
耿應昇	41·624
	63·737
耿　襄	8·785
耿　熼	31·127
耿覲光	43·312
耿願魯	34·332
	34·491

耿瀛洲 18·560
耿繼元 11·787
耿繼玄 8·604
耿繼武 2·728
2·757
2·790
13·471
14·471
耿　夔 43·521
65·8
耿顯世 62·696
63·722
耿　麟 24·156

都

都文奎 29·47
都永思 53·736
都　任 40·339
42·494
都　祁 32·50
都　甫 51·343
52·551
都君錫 52·81
都長壽 53·746
都　桓 53·750
都格爾札布 64·698
65·261
都勒斡 8·45
都　貺 41·425
41·616
51·707
53·728
都　勝 8·428
都嘉猷 51·708
53·728
都賦三 53·748
都興阿 66·622
都　嚮 41·639
52·255
53·754

盍

盍　胥 55·396
57·125

華

華士捷 7·497
31·824
32·414
華光煒 4·413
5·82
5·232
華光鼐 4·414
5·232
9·65
華孝廉 2·271
3·812
9·271
22·244
22·378
華克勤 40·302
華長卿 4·414
5·231
9·64
華　典 44·732
45·645
59·245
華金壽 5·248
華　秋 7·666
華　津 7·361
31·798
華　珩 7·362
32·664
33·192

33・508
華　袞　7・397
華陰道人　41・699
55・879
華　黃　7・465
16・459
17・206
華　琳　5・250
10・834
華鼎元　4・414
5・232
華舜欽　32・668
33・67
33・194
華鳳章　53・725
華　賚　26・252
華　震　48・649
49・308
華　嶠　30・301
華　頣　31・329
華學瀾　5・249
華　濬　5・461
華嚴祖師　2・244
2・843

莽

莽鵠立　4・304
5・28
7・440

莊

莊一堂　38・652
莊一鶚　27・548
莊一絷　27・549
莊一夔　27・576
莊　子　9・261
莊允端　20・218
莊石璞　27・573
莊有昌　13・763
莊貞甫　38・702
莊清吉　37・21
莊　敬　7・326
21・279
24・195
莊鼎臣　38・579
莊鼎銘　38・577
38・729
莊晬然　38・568
莊　鈞　1・179
7・499
19・184
33・204
莊欽祖　54・681
59・26
莊　詠　28・810
莊蒞民　27・546
45・710
莊　搢　40・456
49・318
49・786
莊慎修　38・638
莊殿揚　38・579
38・638
莊殿傑　3・697
莊際盛　37・468
莊鳳池　38・579
莊廣憲　38・565
莊學曾　27・518
莊憲祖　27・622
莊應麒　40・537
48・176
49・316
莊　■　1・145
5・562

7・359
莊　鑑　40・555
莊　麟　49・800

莫

莫士桂　40・466
50・92
莫天麒　5・278
5・356
5・462
47・715
47・746
47・784
莫天麟　47・406
莫友仁　40・475
49・787
莫兆文　40・494
63・25
莫多婁貸文　31・150
40・266
40・660
54・651
64・508
莫如士　1・113
3・735
莫如善　1・113
莫　含　41・376
43・678
莫若琦　29・602
莫象年　7・491
莫　溥　40・481
莫　慕　6・4
莫爾嘉　6・239
莫　謩　7・469
16・464
18・330
18・476
莫　璿　5・301
5・391
5・473
莫　題　41・380

晉

晉大忠　59・35
59・159
晉文秀　12・555
晉　古　8・151
晉承忠　58・408
晉承命　12・275
12・520
58・408
58・724
晉承眷　58・409
58・724
晉承宿　58・413
58・760
晉承寀　58・411
58・742
晉承憲　58・408
58・741
晉承露　58・742
晉　罡　50・320
50・560
晉家肅　58・413
58・745
晉淑召　58・412
晉淑抃　58・425
58・724
晉淑昉　58・413
晉淑京　58・388
58・779
晉淑夏　58・384
58・742
晉淑軾　7・499

33・200
41・88
58・412
58・726
晉　偉　58・403
58・790
晉　婼　55・321
晉朝臣　41・43
58・405
58・722
晉朝顯　63・692
晉富山　25・246
晉　蒙　45・564
晉裴勲　50・350
50・573
晉　賦　59・35
晉調元　34・326
34・479
晉應兆　58・408
晉應槐　41・44
58・406
58・723
晉應麟　58・790
晉　瑨　41・475
50・331
50・572

真

真　玘　32・273
35・494
真　性　2・508
真　信　37・442
真　敬　19・139
19・201
真　慨　18・92
真道人　59・441
59・545
真際從諗　32・775
真　寶　41・174
45・310
45・399

桂

桂一枝　2・729
2・792
桂文芳　52・247
53・86
桂　林　44・65
桂　枝　19・490
桂彥良　40・523
42・742
桂逢春　2・729
2・792
桂　琳　40・421
43・552
桂超萬　7・486
13・473
桂敬順　44・365
桂　蕚　31・804
34・717
34・739
桂　輪　7・520

栲

栲　栳　36・808

桓

桓彥範　2・727
2・786
14・103
桓　譚　3・43

桃

桃　豹　22・150

22・329

格

格通阿 66・577
格　紳 64・114
格爾古德 4・294
7・419
23・112
23・228
38・144
格爾博羅 16・207

根

根　特 40・581
根　敦 64・668
65・560

索

索一書 20・822
索　沖 52・689
52・856
索　敞 44・640
索　紹 7・386
31・805
38・295
38・378
索　雄 27・628
索　湘 4・352
7・839
11・165
27・78
27・226
40・287
索殿庸 24・262
索　靖 40・355
45・279
索爾達查 66・575
索諾木納木 2・255
索盧放 7・578
32・742

軒

軒惟明 7・360
36・340
39・216
39・256
39・318

連

連士毅 50・668
連　元 21・301
23・5
連玉堂 37・41
連州牧 46・754
連步雲 41・646
43・675
44・61
連　枚 21・311
25・332
36・795
37・34
連佳樗 9・224
37・727
連承武 50・811
連貞符 37・633
37・646
37・760
連起鳳 41・601
46・754
連　真 5・280
5・358
5・462
連　格 40・432
43・555

	43・781
連　倜	7・488
	11・194
	11・677
連　盛	8・504
	32・33
	33・767
	34・64
連國奇	6・8
	9・138
	32・76
	34・100
連清源	50・827
連　報	37・700
連　登(明)	34・552
連　登(清)	7・490
	17・246
	18・27
	36・324
連　楹	41・2
	50・188
	50・664
連爾捷	46・754
連　肇	41・432
	50・198
	50・664
	53・526
連　綮	41・574
	50・198
	50・853
	50・863
連篤敬	50・768
連儒奎	50・670
連應鄭	20・759
連　簡	50・843
連　鑛	8・507
	32・39
	33・759
	34・65
	40・319
	42・488

速

速　哥	14・283
	40・299
	43・534
速哥察理	32・659
	32・854

栗

栗三台	41・654
	50・249
	50・575
栗千春	41・535
	50・345
	50・575
栗　元	32・101
	32・418
栗永祿	41・49
	50・239
	50・388
	50・552
栗永爵	31・805
	36・4
栗永馨	41・442
	50・226
栗弘志	34・585
栗邦棟	36・472
栗　祁	40・328
	42・490
栗　志	49・169
	49・240
栗秀蕃	41・541
	45・489

45·588
栗含章 25·597
栗法光 50·204
栗　柱 50·572
栗　剛 50·674
栗　烜 41·516
44·354
栗　容 32·84
栗　恕 41·2
52·689
52·852
栗培初 50·230
栗國華 44·373
栗　棠 33·413
栗　溫 50·346
栗　瑞 50·199
栗　瑢 50·429
栗毓美 41·158
44·321
栗魁周 41·582
51·665
52·583
栗　鉦 50·382
50·560
栗　銘 41·442
50·235
50·382
50·560
栗維垣 33·126
33·385
34·591
栗應宏 41·581
50·199
栗應麟 41·580
50·199
50·444
50·551
栗　燿 41·164
44·343
栗繼芳 41·182
43·644

夏

夏九皋 1·148
19·134
19·182
夏大亨 8·198
夏子鎏 18·28
夏子齡 7·510
夏日嚴 15·401
夏壬禮 66·509
夏仁沂 36·638
夏文廣 16·463
17·19
夏　正 43·155
夏永年 15·448
夏　臣 24·412
夏光顯 30·648
夏廷芝 18·334
18·475
夏廷器 40·530
47·400
夏守恩 42·590
46·149
46·427
夏守賢 40·774
42·590
46·125
46·427
夏　言 5·747
6·83
40·571
50·82
50·593

	53・632
夏長泰	42・519
	49・173
	49・244
夏尚金	18・16
夏　昂(餘姚)	3・354
夏　昂(吳縣)	8・314
夏　忠(雄州)	7・334
	24・766
	33・191
夏　忠(京衛)	2・788
夏禹英	38・274
夏宗堯	46・50
夏　承	31・302
夏昭德	15・448
夏侯惇	32・614
夏侯端	42・739
夏侯嬰	40・572
	43・519
	44・474
	65・113
夏侯觀	52・374
夏衍虞	35・606
夏　紀(明)	44・525
	44・585
夏　紀(清)	9・137
	32・75
	33・774
	34・99
夏　時(冀州)	31・73
夏　時(保安)	15・429
夏時美	7・465
	16・456
	17・498
夏益進	7・451
夏進德	28・32
夏惟勤	8・589
	11・514
	40・430
	48・650
	49・313
夏揚名	46・4
夏詔功	2・729
	2・759
	2・791
夏詒垣	12・18
夏詒鈺	31・839
夏道一	8・544
	9・164
	32・751
	33・133
	33・392
夏道仙	17・87
夏發榮	32・78
	34・91
夏殿松	29・349
夏嘉遇	21・299
夏　熙	7・464
	16・280
夏毓龍	21・306
夏　隨	40・774
	42・590
	46・149
	46・427
夏維藩	30・648
夏敷九	25・525
	25・611
夏　潛	32・733
夏樹敏	45・646
夏　勳	1・58
	1・144
	2・833
	7・344
	36・348

38・169
夏鍾震 30・660
夏　謨 9・126
39・634
夏鴻鈞 16・39
夏獻烈 7・463
11・446
11・818
21・314
夏寶晉 40・491

破

破六韓常 31・155
40・661
64・512

原

原一貫 52・583
原一魁 34・554
原大有 61・570
原世儒 61・454
原有良 36・202
原　臣 51・603
原廷璽 50・237
50・461
50・567
原自新 63・725
原如荷 61・156
原作煐 59・423
59・526
原明田 41・453
42・612
48・751
原秉謙 7・409
21・299
25・485
25・574
原宗憲 57・300
57・457
原宗禮 52・598
原育林 63・844
原　軒 16・435
18・211
原　柴 7・547
原　通 50・324
50・560
原敬德 41・491
46・135
46・437
原　過 55・402
原　傑 41・11
51・649
52・579
63・822
原集林 31・5
原　復 61・566
原　遠 56・675
原　軫 19・679
原　勵 20・57
33・65
原　鎔 33・191
60・682
原　黯 59・535
原　瓚 52・603
原體蒙

捏

捏　經 21・288
24・750

哲

哲成額 64・90
65・78
65・485
哲法師 43・215

馬

馬一化 39·269
39·415
馬二佾 11·702
馬人望 7·315
16·156
16·269
21·273
22·133
22·322
24·508
24·593
馬人龍(北魏) 30·368
馬人龍(清) 21·816
馬九和 56·695
馬九思 7·498
31·824
馬九韶 35·643
馬三接 59·331
馬三綱 24·90
馬三樂 40·424
61·67
馬士能 54·755
59·80
馬士偉 11·287
11·692
馬士超 17·520
馬士傑 3·580
馬士禄 11·287
11·692
馬士瓊 4·320
7·480
28·187
馬士瀛 56·722
馬大士 32·740
馬大來 14·124
馬大烈 43·404
馬大儒 7·401
31·809
34·210
馬上友 58·222
馬上及 7·457
21·306
25·924
58·120
58·219
馬上錫 45·709
馬上錦 45·707
馬上駿 58·224
馬之迅 41·202
50·192
50·351
50·414
50·570
馬之服 39·587
39·629
馬之美 53·641
馬之瑛 52·501
馬之馴 8·775
21·506
馬之駿 53·602
53·637
馬之騋 9·48
27·576
馬之■ 9·47
27·549
馬之驌 21·461
24·533
馬之麟 44·579
48·650
49·313
馬之驦 8·775
24·713

24·790
33·199
33·510
馬之驪　8·775
21·390
24·771
馬子聰　8·504
32·33
32·418
馬子鷺　11·700
馬子驤　9·110
11·700
馬天來　41·569
48·223
48·242
49·434
馬天俸　40·428
42·516
馬天閑　24·311
馬天驥　8·250
32·23
馬　元　12·133
馬元方　32·640
馬元臣　15·224
馬元凱　52·700
馬元愷　50·239
52·861
馬元調　19·118
19·183
馬元勳　64·682
馬友麟　13·758
馬少平　35·288
馬日郭　50·311
50·610
馬日磾　48·241
馬中豸　41·451
58·253
58·270
馬中良(建昌)　12·413
12·507
馬中良(福建)　27·758
馬中錫　8·424
14·115
14·288
14·469
14·530
30·638
30·703
馬　升　58·238
馬　仁　16·750
馬仁瑀　40·380
51·366
馬仁衛　24·327
馬化龍(新野)　50·296
50·314
50·611
馬化龍(保德)　45·713
馬化龍(岳陽)　56·259
56·453
馬化龍(夏縣)　62·394
馬化龍(永寧)　2·738
2·813
馬化龍(清)　50·350
馬　丹　55·615
63·190
馬　文　40·533
馬文升　40·305
42·482
馬文炳(祁縣)　48·91
馬文炳(懷仁)　43·915
43·946
43·947
馬文炳(民國)　18·556
馬文卿(明)　53·264

53・300
馬文卿(清) 38・583
馬文烇 61・511
馬文運 14・584
馬文煜 2・835
馬文閣 19・196
馬文學 21・371
馬文繡 44・60
馬文耀 17・527
馬文鑑 6・67
馬文驪 39・608
馬方伸 6・9
馬尹昌 58・252
馬孔任 9・48
27・550
馬孔英 8・562
馬孔昭 62・581
63・692
馬孔思 27・576
馬孔健 7・404
16・447
馬孔惠 8・424
27・545
馬孔揚 27・572
馬孔懷 9・48
27・572
馬允中 8・485
36・449
37・815
馬允卲 60・308
60・373
馬允尚 60・309
60・363
馬允剛 9・182
馬允登 8・436
27・547
27・622
馬玉麟 24・313
馬世忠 53・722
馬世龍 16・427
16・756
17・200
馬丕瑤 60・338
62・519
63・26
馬丕箴 19・197
馬可止 2・242
馬可居 24・90
馬可慕 24・333
24・411
馬占元 35・287
馬出河 33・771
34・96
馬出圖 46・630
馬仙姑 52・269
馬　伋 25・757
馬生鱗 41・484
61・263
馬令琮 10・765
32・721
33・360
33・522
馬　永 1・99
1・147
8・411
16・504
16・773
40・579
馬永亨 3・793
馬永命 27・550
馬永貞 35・310
馬永祚 27・578
馬永隆 17・529
馬民牧 8・494

	62・477
馬弘儒	9・201
	13・757
	14・405
	15・37
	15・105
	15・224
馬邦本	61・462
馬邦珍	60・517
馬邦瑞	60・523
馬邦優	60・376
馬地方	33・688
馬芝庭	9・206
	15・568
	15・646
馬　朴	24・413
馬在田	32・59
	32・418
馬存仁	22・161
	22・343
馬存亮	41・407
	63・35
馬有用	20・759
馬有助	17・530
馬有良	54・236
馬百度	41・609
	60・313
	60・375
馬百祿	1・57
	1・756
	5・667
	8・56
	17・152
	19・255
	31・492
	63・16
馬　成(漢)	2・497
	7・275
	11・157
	12・606
	23・199
馬　成(明)	50・79
	50・925
馬成圖	43・916
馬成龍	32・102
	32・419
馬成麟	18・63
馬匡武	7・289
馬　光(隋)	31・860
	33・776
	36・264
馬　光(清)	27・550
	46・531
	47・402
馬光斗	24・88
馬光祖(明)	33・618
馬光祖(清)	41・488
	43・658
馬光啟	41・467
	60・520
馬光裕	41・542
	60・520
馬光遠(大興)	2・106
馬光遠(海陽)	40・462
	61・512
馬光輝	32・680
	33・199
馬同書	1・177
	19・682
	20・60
馬廷佐	60・796
馬廷荊	21・294
馬廷宣	9・48
	27・566

馬廷梅 23・69
馬廷楠 31・16
38・273
馬廷翰 9・48
27・572
馬廷燮 9・16
馬廷贊 9・47
27・549
馬廷獻 30・98
馬延年 53・746
馬　仲 15・702
馬仲琥 45・632
馬仲礐 53・286
53・308
馬任信 50・346
馬任重 40・696
馬任遠(永年) 8・516
32・58
33・767
34・68
34・157
馬任遠(陽城) 52・31
52・597
馬任職 29・542
29・616
馬自誠 6・242
馬行敏 58・116
58・120
58・219
馬　全 41・139
42・616
43・94
馬全節 10・723
32・720
33・352
33・521
馬全義 1・97
1・730
2・567
3・723
5・296
5・470
10・737
51・377
馬合末 7・328
11・175
12・681
12・712
23・266
馬兆鰲 9・48
27・573
馬兆麟 16・649
17・143
馬名世 12・682
馬　旭 7・336
馬汝松 27・546
27・622
馬汝霖 38・34
馬汝墉 56・701
馬汝驊 61・256
馬汝驥 40・414
51・303
52・379
馬守明 60・729
馬安邦 62・218
馬如龍(蔚州) 15・46
15・222
馬如龍(延安) 37・921
37・928
51・351
53・722
馬如龍(清綏德) 7・468
16・457
18・329

18・475
馬如龍(清澤州) 41・464
51・59
51・596
52・423
馬如麟 7・495
31・830
34・212
馬志貞 14・584
馬　芳(蔚州) 8・556
13・715
14・387
14・564
15・29
15・67
15・96
15・191
16・407
16・753
40・557
43・549
43・775
馬　芳(靈州) 15・60
馬克昭 4・266
28・185
馬克禮 40・388
馬克燿 28・61
馬　甫 50・62
50・604
馬步衢 3・563
8・685
馬呈秀 43・647
馬呈書 8・508
32・43
32・417
40・421
43・552
43・781
49・311
49・672
馬呈瑞 27・633
馬呈圖 44・794
馬呈騏 60・388
馬　佐 46・714
61・263
馬作易 63・189
馬伯全 11・702
馬伯球 10・834
馬伯祿 40・385
馬希周 6・7
21・379
馬希顏 23・130
馬　豸(明) 41・53
43・643
馬　豸(清) 9・237
12・536
37・437
馬　亨 36・443
39・715
39・769
39・808
43・535
馬　忱 41・449
62・383
馬　快 32・41
32・417
馬沈清 19・197
馬宏壎 40・537
50・94
馬　良(明) 31・28
馬　良(民國) 64・703
馬良輔 40・544
馬良德 24・307
馬初登 48・226

	49・365
馬　壯	32・52
	33・619
馬壯圖	18・146
馬　武	62・206
馬　玫	27・577
馬　其	8・777
	21・464
	24・790
馬其昉	11・702
馬其倬	11・703
馬　英	40・520
	42・507
馬　林	13・757
	15・36
	15・104
	15・193
馬林芳	40・558
馬東屏	16・661
	17・175
馬東陽	44・591
馬　協	36・341
	39・219
	39・258
	39・325
馬　郁	1・716
	10・697
馬長海	26・766
馬尚鈞	18・64
馬尚義	27・439
馬尚毅妻陳氏	26・850
馬　昊	7・367
	11・183
馬　昆	14・124
馬　昇	44・533
馬明謨	8・512
	32・47
馬　昂	4・368
	8・447
	26・51
	26・258
馬迪吉	41・104
	41・467
馬　忠	36・193
馬知節	1・108
	1・731
	5・296
	5・385
	5・470
	7・826
	11・165
	23・210
	30・189
	32・636
	40・377
	50・76
	50・602
馬秉仁	66・243
馬秉文	24・314
馬佳寶琳	7・518
馬　信	50・359
馬　侗	2・7
	5・582
馬佩珩	41・542
	60・311
	60・375
馬　金	30・240
馬　周	56・271
馬周詳	37・777
馬　京(咸寧)	21・283
	25・483
	25・573
馬　京(蔚縣)	15・43
馬　河	37・932

馬宗文	60·374
馬宗平	20·300
馬宗孝	51·349
	53·722
馬宗沂	8·813
馬宗閔	17·77
馬宗濂	9·8
馬宜春	41·50
	50·236
	52·691
	52·699
	52·857
馬肩龍	1·98
	1·760
	3·748
	8·66
馬承河	62·231
馬承基	19·195
馬春坊	9·48
	27·566
馬春棠	29·586
馬春齡	29·623
馬　珍	31·811
	34·718
	34·741
	45·303
馬　政(青縣)	4·372
	8·449
	28·55
馬　政(廣平)	45·13
馬政和	11·273
	11·472
馬　相	11·186
	13·527
馬柱國	40·340
	42·496
馬咸厚	27·566
馬拱辰	16·561
	17·64
馬　貞	46·653
馬　星	22·139
	22·326
馬　昭(遵化)	8·568
	18·46
馬　昭(武功)	31·21
馬思忽別	40·390
	54·680
	59·641
	59·707
馬思敬	4·428
馬思裕	21·409
	22·448
馬思聖	24·262
馬思聰(莆田)	36·466
	39·541
馬思聰(青縣)	4·371
	8·449
	28·55
馬重續	41·636
	43·213
馬保忠	8·41
	16·167
	16·298
	16·490
馬　信	52·699
馬皇駒	41·485
	61·267
馬　俊	8·568
	18·53
	19·47
馬俊民	19·194
馬負圖(明臨汾)	7·334
	16·433
	17·201

55・797
馬負圖(清故城) 16・461
16・752
馬負圖(清永和) 58・225
馬胤昌 46・449
馬　亮(成安) 8・504
32・34
34・676
馬　亮(大城) 20・250
馬庭荊 25・142
馬彥文 11・174
13・470
馬恒謙 24・313
馬　恬 16・784
馬　恂 16・646
16・784
馬　炫 40・508
42・740
馬　炤 13・743
15・38
15・223
馬　宣 7・332
8・297
馬祖常 40・839
64・653
65・257
66・57
馬祚錫 40・536
50・92
馬　陞 65・138
66・244
66・287
馬　紀 21・287
24・749
馬　泰 52・429
馬起雲 60・764
馬　耿 61・670
馬華如 34・568
馬　恭(三原) 38・273
馬　恭(唐縣) 8・358
21・348
24・210
馬晉如 11・704
馬晉熙 16・32
16・42
馬眞一 17・541
馬桂亭 35・292
馬振邦 38・577
馬振海 44・611
馬振隆 12・553
馬振麟 43・651
44・60
馬致道 32・750
33・385
34・582
馬時中 37・815
馬恩桂 17・529
馬恩培 17・68
馬　剛 31・820
32・414
馬剛中 40・439
43・558
43・782
馬　峰 41・420
42・583
馬　健 8・489
36・457
馬健順 1・823
3・583
馬逢伯 9・121
11・258
12・130
馬逢造 61・258
馬逢臯(明) 54・705

59・646
59・717
馬逢皋(清) 8・618
馬　卿 7・368
32・665
33・193
40・312
42・485
馬　訓(益都) 58・360
馬　訓(遵化) 47・272
馬席珍 12・643
馬淩雲 41・505
60・312
60・383
馬家駒 12・643
馬　祥 29・537
29・606
馬書欣 41・497
48・379
馬　通 40・411
45・640
馬純仁 3・363
馬　逵(宋) 41・639
馬　逵(明) 60・300
60・379
馬　萊 15・702
馬　彬 62・380
馬　掄 21・291
25・137
馬掄元 44・797
馬　冕 27・639
馬國柱 43・558
馬國瑊 11・287
11・692
馬國徵 7・500
33・200
馬國藩 39・591
馬　進 60・519
馬得路 45・182
馬進德 50・951
53・639
59・600
馬　偉 30・638
馬得正 41・119
48・228
49・376
馬得臣 1・108
1・744
3・724
8・36
馬得通 24・752
馬從聘 8・471
11・286
11・685
馬從龍(靈壽) 11・287
馬從龍(杞縣) 7・330
19・539
馬從龍(安丘) 40・428
51・321
52・290
58・361
58・707
馬從繩 32・419
馬　健 37・497
馬翊宸 9・137
32・74
33・746
34・99
馬　炯 15・36
15・193
馬　清 37・795
馬清潔 38・577
馬淇理 48・239
馬淑援 41・608

60・307
60・373
馬　隆　40・529
43・545
43・771
馬隆羣　50・351
馬　紹　50・241
馬紹武　41・527
57・121
57・355
57・446
馬紹英　60・516
馬紹美　36・458
39・716
39・770
馬　琪　1・754
5・569
8・54
20・854
31・492
馬　琨　37・950
馬　瑢　16・315
馬塔剌海溫　19・678
20・57
馬　賁　41・639
馬斯才　60・517
馬萬乘　58・255
馬萬海　41・656
馬敬思　10・834
28・67
馬敬德　7・644
馬朝陽　41・62
42・607
43・202
馬朝幹　35・646
馬　森　8・555
15・683

15・685
馬　棟　13・715
15・45
15・206
馬惠迪　1・754
3・531
8・54
40・519
43・532
馬　雲(廣昌)　24・307
馬　雲(垣曲)　61・255
馬　雲(指揮史)　3・365
馬雲卿　41・641
馬雲瑞　48・655
馬雲輝　8・458
11・266
馬雲翺　48・134
馬雲龍　29・590
馬雲擧　45・730
馬雲霨　17・72
馬　援　40・574
43・521
馬　馭　62・384
馬　畢　39・678
馬遇菼　33・696
馬景文　8・293
23・590
馬貴騏　50・357
馬　傑　8・756
馬　復　40・392
50・63
馬復禮　31・521
馬循道　37・816
馬　鈇　50・687
馬鉅任　32・274
33・635
馬　欽　19・196

馬勝龍 9·192
14·401
14·494
14·571
馬象乾 2·587
8·338
馬猶龍 50·354
馬詒端 60·311
60·382
馬敦紀 12·643
馬敦詩 12·642
馬 惲 47·148
馬曾魯 11·701
馬 湘(宋) 3·148
7·828
馬 湘(清東光) 27·578
馬 湘(清廣昌) 24·313
馬 湘(民國) 26·306
馬 祿 7·366
馬裕霖 4·479
馬登科 25·599
馬登峨 34·508
馬登高 49·678
馬登鼇 7·411
馬發一 44·592
馬瑞聖 24·312
馬瑞麒 9·194
14·405
14·487
14·572
馬 瑀 41·140
43·93
馬 遠 41·639
馬載道 11·185
11·444
馬 塘 41·430
馬聘登 41·655
50·981
馬夢雷 20·674
馬蓬瀛 17·88
馬 馴(遵化) 54·752
59·88
馬 馴(永清) 20·820
馬 煦 32·22
36·18
馬嗣明 11·491
馬 僊 27·643
馬 魁 4·282
26·8
26·249
馬 慎 1·811
20·249
20·252
馬慎交 2·86
馬慎動 37·817
馬 煊 24·310
24·469
馬 煇 9·254
24·88
馬 湞 26·306
馬福田 33·631
馬福祥 65·98
馬 經 27·568
馬經綸 1·822
3·544
8·322
馬 瑢 8·809
馬 瑹 50·69
50·928
馬嘉運 7·778
馬邁原 30·649
馬爾恂 9·110
馬爾泰 48·90
馬爾楷 46·635

人名	卷·頁
馬爾楹	8·740
	22·464
馬暢熙	16·27
馬　戛	44·795
	60·627
	60·778
馬鳴世	58·361
	58·707
馬鳴佩	49·489
馬鳴珂	24·817
馬鳴陞	61·247
馬鳴樂	61·577
馬鳴蕭	4·425
	9·72
	28·28
馬鳴騄	61·261
馬　圖	40·409
	42·511
	53·87
馬毓秀	15·229
馬毓藻	37·663
馬　銓	8·485
	36·450
	39·716
	39·769
馬鳳兆	15·650
馬鳳桐	15·650
馬鳳超	9·128
	37·820
馬鳳翔	19·480
馬鳳鳴	60·304
馬　鼐	16·530
馬　詰	45·11
馬　韶	10·772
	12·486
馬適求	37·820
馬　榮(長汀)	49·721
	49·306
馬　榮(遵化)	8·568
	18·45
馬漢蛟	41·502
	44·795
馬聞天	35·287
馬緒熙	16·27
馬　綽	32·49
	32·417
馬維城	24·770
馬維揚	24·794
馬維道	61·748
馬維熙	8·825
	16·656
	17·533
	40·539
	42·518
馬維嶽	28·826
馬維藩	21·696
	25·70
馬維驥(明)	27·572
馬維驥(清)	63·225
馬　綸	40·413
	63·691
馬　綬	12·683
馬　瑾(明)	5·277
	5·355
馬　瑾(清)	41·460
	50·228
	52·696
	52·859
馬增基	16·34
馬增濂	16·34
	16·44
馬　樞	16·31
馬　震	4·427
	28·67

馬　賢　58・119
58・219
馬　駰　56・218
馬　駙　60・623
60・777
馬　輝　23・595
馬儀坤　46・652
馬德光　37・816
馬德良　13・732
15・445
馬德基　9・237
37・440
馬德崇　24・312
馬德潛　27・574
馬德潤　65・142
馬德謙　38・28
馬　魯　24・792
馬調理　50・241
53・602
53・643
馬調鸞　50・228
50・951
53・601
53・637
馬慶昌　17・78
馬慶恩　19・197
19・228
馬慶祥　40・813
65・179
66・79
馬慶餘　47・813
馬潛蛟　41・605
44・753
馬潤蓮　15・816
馬潤蘭　15・811
馬　寫　36・774
37・18
馬履豐　60・312
60・372
馬緝熙　16・26
16・42
馬　璣　53・599
馬翰如　7・400
16・442
17・202
31・808
33・718
34・45
40・443
62・582
63・22
馬翰忠　9・210
18・67
馬樹梅　12・176
馬　融　7・278
27・754
29・42
馬　霖　27・639
馬　舉　43・645
馬穎昌　46・145
馬　暾　40・410
50・64
馬　默　40・291
42・477
馬　儐　56・219
馬　衡　38・32
馬　錤　47・209
馬錫書　31・832
34・50
馬錫麟　19・195
馬　錦　11・488
馬錦襄　41・497
49・577
馬學曾　17・342

人名	卷·頁
	18·52
馬學賜	8·815
	16·568
	16·777
馬　録	40·318
	42·485
馬　諫	43·76
馬　諷	2·97
	3·530
	10·784
	21·273
	24·748
	29·46
馬　龍(河南)	21·284
	24·509
馬　龍(高陽)	21·357
	25·177
馬龍章	29·587
馬龍騏	19·195
馬　燧	7·293
	32·624
	42·470
	59·25
	59·83
	60·618
	62·570
	63·14
	63·390
	63·849
馬　遴	45·643
馬凝瑞	47·806
馬　澤	8·199
馬　縉	22·135
	22·323
馬　璐	8·819
	16·560
	17·64
馬　璵	9·225
	37·715
馬　聰(太平)	59·409
	59·524
馬　聰(永寧)	14·121
馬　聲	41·118
	50·192
	50·415
	50·570
馬　懋(安邱)	40·434
	61·626
馬　懋(館陶)	34·330
	34·490
馬懋德	39·594
馬　駿	21·397
馬鍾星	33·769
	34·71
馬鍾冀	60·383
馬　謙	8·483
	40·524
	42·509
馬謙益	41·483
	60·521
馬　襄(漢)	40·351
	65·8
馬　襄(清)	7·500
	32·683
	33·72
	33·202
馬膺書	58·224
馬應祥	40·312
	42·484
馬應圖	40·529
馬應賓	21·296
	25·39
馬應龍	7·373
	19·516

19・539
馬　燦　29・586
馬鴻逵　66・255
馬鴻勲　9・110
馬濟美　63・120
馬濟清　19・197
馬覲宸　17・71
馬　騏　8・485
37・814
馬　謹　8・460
11・227
12・685
12・715
馬　嬪　13・757
15・36
馬　璽　14・128
馬　驎(夏縣)　41・34
62・384
馬　驎(滄州)　26・849
馬鵾程　38・32
馬　鵬　60・522
馬鵬雲　34・727
34・728
馬　鐙(明)　53・533
53・635
馬　鐙(清)　39・774
馬懷德(宋)　32・648
馬懷德(明)　20・299
馬繩武(元)　50・234
50・950
53・641
馬繩武(清)　12・18
馬　繪　41・647
馬　翻　33・760
34・82
馬　譽　7・313
21・277
24・195
馬獻夫　34・486
馬獻圖　57・161
57・427
馬　嚴　32・611
40・574
65・118
馬騰陞　1・192
4・304
馬騰蛟(絳州)　60・711
60・785
馬騰蛟(忻州)　41・502
44・795
馬騰龍(明)　31・817
35・56
馬騰龍(清)　8・792
21・391
馬　繼　60・625
60・777
馬繼楨　46・465
馬繼瓊　46・483
馬　權　48・378
馬　聽　30・648
30・715
馬躋嶢　27・573
馬　鐸　8・390
21・382
22・443
馬　飈　15・37
15・195
馬　續　40・352
馬　驎　50・84
馬鑄式　52・501
馬　鑑　58・216
58・709
馬　巒　41・584
62・385

馬　瓚	54·709
馬　驌	56·698
馬　顯	8·501
	32·29
	32·416
馬體孝	41·626
馬　麟(元)	40·392
	49·303
	49·785
馬　麟(明廣平)	32·29
	32·416
馬　麟(明靈璧)	5·279
	5·357
	5·462
馬　麟(清)	15·495
馬麟友	41·463
	52·421
馬麟鳳	41·545
	61·459
馬衢亨	63·131
馬纘緒	31·10
	31·546
馬　驥(解州)	60·522
馬　驥(介休)	41·443
	48·225
	49·356
馬　驥(代州)	45·294
馬　驥(稷山)	61·669
馬　驥(龍門)	14·660
馬　驤	45·139
馬　鸞	41·438
	59·409
	59·520

柴

柴士元	11·184
	11·540
柴士珍	35·418
柴大伸	61·557
柴之棕	61·455
柴友芝	59·799
柴　文	35·256
柴文彪	61·561
柴文鑑	58·788
柴本立	16·433
	18·182
	18·213
柴可楨	61·577
柴平富	41·544
	60·720
柴甲桑	55·809
柴永圖	38·900
柴成林	60·564
柴成務	40·374
	62·572
柴廷望	4·461
	28·313
柴廷獻	58·788
柴守禮	10·716
	36·438
	36·753
柴汝爲	52·869
柴克振	4·460
	9·87
	28·330
柴　車	43·537
柴希貢	19·183
柴　良	59·666
	59·735
柴　武(漢)	11·235
	13·486
柴　武(民國)	28·355
柴　茂	31·490
柴長潤	55·816

名	卷·頁
柴　明	31·29
柴秉郁	57·129
柴京兆	59·398
柴京澤	59·398
柴宗慶	33·364
柴建業	60·564
柴居善	62·426
柴　政	37·817
柴禹錫	4·262
	8·9
	26·247
	31·789
	32·722
	33·95
	33·364
	40·377
	50·60
	50·602
柴　莊	41·443
	49·355
	49·509
柴　真	8·242
	36·443
	39·715
	39·769
柴連元	38·899
	39·387
柴　庭	40·520
	46·582
柴通元	41·678
柴常馨	41·624
	59·543
柴國柱	8·561
	16·428
柴國僑	60·571
柴從吉	24·449
柴從矩	62·529
柴從規	41·609
柴惟長	61·576
柴惟發	61·575
柴惟榮	61·575
柴　煥	62·528
柴　紹	40·698
	55·447
	56·168
柴堪棟	9·87
柴雲樫	30·667
柴勝任	34·775
	41·469
	61·557
柴　登	39·721
	39·796
柴登雋	44·539
柴登與	36·438
柴游洙	28·187
柴　誕	31·328
柴　義	3·734
	8·317
柴　溥	62·529
柴　禎	8·277
	24·367
	24·449
柴　廠	37·817
柴鳴鸞	61·574
柴　慶	58·403
柴潛道	41·618
	55·477
柴澤瀚	30·651
柴澤灝	30·651
柴應辰	30·590
	62·477
柴應豹	23·599
柴　灝	62·531

虔

虔禮寶 40·476
43·782
45·645

時

時大昕 13·240
28·188
時　升 43·826
時公權 40·553
58·12
58·54
時　化 40·435
61·68
時方昱 8·571
18·47
時立愛 10·786
21·680
22·190
22·339
24·537
24·567
24·676
24·725
時　雨 13·204
時雨暘 39·263
39·338
時尚儒 4·286
7·384
27·21
27·202
時　苗 10·591
36·431
37·812
39·628
時　通 40·422
44·726
44·738
時　習 20·370
時　敦 40·516
51·295
53·375
時　睽 53·116
時　鳳 19·2
時鳳翔 9·9
時　戩 4·358
8·90
26·285
時發祥 13·239
時寶柱 13·240
時躋舜 8·543
11·191
32·707

畢

畢一楝 52·21
畢力克圖 40·581
畢士安 40·377
40·770
43·632
44·530
44·658
50·75
畢士俊 27·550
畢士美 27·560
畢天能 11·186
畢　文(太原) 41·176
43·76
畢　文(和州) 42·606
畢　玉 23·308
25·757
畢世榕 12·275
12·521

	26・245
	31・784
	38・377
畢　震	31・796
	33・610
畢　諴	40・278
	42・472
畢　滎	41・598
	51・63
畢　璽	28・671
	41・25
	51・628
	52・312
畢　鵬	11・315
	12・616
畢　獻	6・1
畢　鑑	27・560
畢　鸞(鳳翔)	44・578
畢　鸞(井陘)	8・461
	12・609
	12・641

晁

晁冲之	32・747
晁　迥	8・10
	32・746
晁宗慤	8・11
	32・746
晁　政	37・705
晁國章	41・525
	52・68
	52・81
	52・322
晁詠之	32・747
	40・515
晁補之	32・746
	62・573
	63・15
晁　會	41・570
	51・618
	52・311
	62・575
	63・211
	63・573
	63・691
晁　璪	32・749
晁説之	7・313
	11・168
	13・89
	32・747
晁端友	32・746
晁端彦	32・746
晁端禀	32・746
晁　賦	37・705
晁　瀛	62・493
晁　繼	32・615
晁　讓	40・415
	61・510

晏

晏平仲	57・161
晏知止	52・374
晏宗望	40・495
	61・250
晏　賓	7・466
	16・459
	17・206
晏　嬰	55・648

骨

骨　只	44・390

員

員半千	55・658

56・14
員佩蘭 43・157
員祖千 14・663
員家駒 13・538
員　碩 62・496
員盡忠 46・4
員　彝 46・464
員觀光 47・61

恩

恩　成 55・319
恩　承 65・82
恩　泰 17・500
恩　符 2・794
12・17
31・834
35・706
恩　銘 14・544
65・72

剛

剛阿泰 7・523
14・540
剛載祁 27・754
29・42

郵

郵無恤 42・526
55・399

造

造　父 55・319

特

特　思 31・487
特爾格齊 8・151
特爾慶阿 66・679

秘

秘王正 30・662
秘王伊 30・662
秘王驥 30・742
秘元煃 12・125
30・649
秘元熙 30・724
秘心師 30・649
秘允錫 30・661
30・743
秘世貞 30・645
30・739
秘丕笈 9・54
30・642
秘自謙 12・55
秘延瑞 30・650
30・726
秘汝煥 11・275
秘汝煜 11・884
12・56
12・57
秘　箴 30・745
秘象山 30・741
秘象震 30・652
秘業捷 11・275
12・53
秘業廣 11・275
11・882
12・55
秘業興 12・55
秘應奇 30・649

俺

俺　答 13・848

倒

倒剌沙 40·392
50·63
50·655

倭

倭恒額 66·658
倭哩克 64·74

倪

倪三德 38·575
倪上述 8·824
16·636
倪天興 33·191
倪民望 42·623
45·293
倪光薦（平谷） 3·213
8·326
倪光薦（天津） 62·16
倪汝用 45·6
倪汝廉 3·213
倪克誠 35·642
倪呈炎 16·630
倪若水 7·750
11·260
12·126
12·192
倪虎榜 4·417
5·216
倪尚志 5·161
倪尚忠 13·737
14·689
倪昌燮 37·470
倪　岳 8·548
14·139
14·158
14·377
14·500
14·562
倪　岱 7·454
20·59
倪　炆 16·642
倪宗嶽 7·376
倪　政 40·528
50·82
50·610
倪爲炳 28·188
倪爲賢 18·27
倪　恩 42·520
倪祥麟 3·556
倪書林 35·643
倪　通 8·421
29·448
倪　敬 40·305
42·482
倪象愷 4·307
5·30
倪　湯 34·312
倪嘉璘 7·495
31·837
34·213
倪　誥 29·449
倪　實 31·29
倪　璣 7·389
23·223
24·27
倪　曙 16·636
倪　燿 16·643
倪贊清 19·199
倪　鵬 16·658
17·533
倪　鑑 12·326
倪　顯 9·193

	14・489
	14・574
倪　鸞	4・764

倫

倫之楷	8・418
	16・529
	18・349
	18・486
倫之模	16・664
	18・350
	18・486
倫可大	16・555
	18・356
	18・489
	40・457
	52・381
倫可經	16・630
	18・372
	18・541
倫品卓	8・822
	16・553
	18・352
	18・487
倫　浹	16・664
	18・370
	18・541
倫　彝	31・817

島

島淩雲	43・79
島　璞	29・47

烏

烏古孫良楨	33・374
烏古倫榮祖	40・520
烏古孫仲	32・752
烏古孫澤	8・256
	32・72
	33・178
	33・373
烏古論仲温	32・656
	40・293
	42・478
烏古論德升	40・294
	42・507
	49・301
	49・485
烏古論慶壽	32・657
烏延吾里補	32・752
烏克忠	32・413
烏把什	64・667
烏林荅暉	40・520
烏林荅與	32・726
	33・371
烏林答乞住	32・705
	33・370
烏林答吾千女	40・385
	42・507
烏承玭	40・543
	42・504
烏承恩	31・5
	31・413
烏承緒	12・17
烏重胤	4・254
	7・294
	26・246
	40・511
	50・57
	51・281
烏素珠拉	65・182
烏庫哩元忠	1・138
	7・319
烏庫哩榮祖	8・84

烏庫哩慶壽 8·95
17·152
烏庫哩尼嗎哈 17·152
烏淩阿奇珠 8·103
17·153
烏淩阿興 8·104
烏勒賀 64·74
烏勒圖 43·835
烏雅扎拉 17·152
烏　善 66·577
烏　塘 46·630
50·61
52·644
烏葉爾 16·158
16·274
烏爾貢札布 64·671
65·387
65·561
烏爾圖納遜 64·669
65·384
65·561
烏　震 7·823
12·411
30·188
31·85
31·438

師

師人淑 8·735
21·389
25·53
師　文 1·145
3·363
師　心 8·381
21·376
25·52
師正楷 40·469
45·644
師安石 4·357
6·69
8·89
28·52
師　佐 41·91
41·461
48·677
49·371
師兩助 21·380
25·53
34·569
師　服 55·320
師夜光 5·519
5·525
10·669
師　俊 25·99
師　泰 2·833
師　涓 60·731
師問忠 16·463
18·194
師敬謙 55·645
56·272
師朝讓 7·412
7·496
31·818
35·417
師雅助 21·385
25·61
師道行 58·756
師道南 8·378
師義方 25·59
25·105
師嘉言 61·555
師　頎 32·746
師　賢 41·665
師　範 40·372

42・506
46・1
47・306
55・453
59・167
師　翶　41・646
43・675
師　錦　50・80
50・682
師鍾元　56・267
56・469
師　謙　41・544
61・149
師　禮　27・516
師　曠　55・379
57・36
57・101
58・809
60・687

徒

徒單公弼　32・657
徒單航　21・274
徒單習顯　32・655

徐

徐一范　40・342
43・559
43・780
44・481
44・612
徐一貢　18・334
18・475
徐人望　1・180
3・359
徐三畏　8・437
28・723
61・447
徐三俊　46・581
徐三略　32・317
38・916
徐士煜　7・511
徐士鶚　40・541
徐大成　40・443
50・89
53・572
徐大壯　8・532
徐大咸　36・198
徐大海　63・693
徐大榮　58・214
徐大樑　63・211
徐大勳　2・56
徐之中　53・738
徐之登　35・413
徐之燧　40・535
54・713
58・364
58・712
徐子躍　19・45
徐天敍　41・541
45・425
徐天德　19・682
20・59
徐天寵　7・399
11・187
11・445
徐元孝　40・524
42・512
徐元佐　13・727
14・722
徐元英　11・320
徐元明　9・105
徐元泰　34・553
徐元道　40・420

	50・66
	53・568
	53・633
徐元瑛	14・474
徐元善	20・61
	20・191
徐日模	8・764
	21・463
	23・129
徐升階	4・378
	28・335
徐升聞	16・630
徐　化	61・627
徐化成	1・866
	2・666
	8・696
	46・48
徐化溥	13・777
	41・601
	43・655
徐丹錫	50・332
	50・572
徐　文	32・654
徐文泌	48・2
徐文珪	13・340
徐文烜	43・156
徐文遠	40・566
	42・739
徐文煒	60・251
徐文蔚	36・271
徐文駒	19・73
徐文德	24・311
徐文濬	45・76
徐文獻	50・191
	50・866
	50・915
徐　斗	39・721
	39・796
徐以貞	7・354
	12・338
	19・539
	37・138
	37・292
徐允薦	7・404
	11・638
	17・189
	17・244
	18・18
徐　玉	59・31
	59・156
徐玉田	43・148
徐玉珂	28・354
徐　正	45・11
徐正洛	46・582
徐正蒙	13・535
徐世彬	19・184
徐世登	31・808
徐世隆	7・324
徐世勣	32・690
徐　本（平陽）	40・398
	54・683
徐　本（蘇州）	2・271
徐丕修	38・914
	39・200
徐可成	9・197
	13・727
	14・401
徐可先	4・311
	7・469
徐可行	8・564
徐石峰	40・478
	47・404
	47・619
徐石麟	21・311

25・332
徐申寨 35・274
徐永吉 17・511
徐永年 8・736
21・402
25・93
徐永達 40・303
42・480
徐永順 4・308
4・751
7・444
徐永發 21・464
25・449
徐永鑑 5・187
徐邦振 25・876
徐　朴 17・494
徐在卿 25・409
徐　有 27・3
徐有壬 2・57
8・665
徐有功 40・509
62・568
63・12
徐有自 21・301
25・487
25・574
徐有聲 40・338
43・557
43・780
徐而發 4・314
5・29
徐成楚 32・673
徐成燕 18・6
18・63
徐光斗 44・538
徐光沂 38・915
徐光前 3・28
徐光晃 52・652
徐光弼 47・273
徐光楣 38・897
徐光照 60・217
徐光儀 28・338
28・537
徐光德 38・914
徐光澄 45・410
徐　廷 40・531
47・405
47・716
47・745
47・783
徐廷松 7・398
21・297
22・590
22・660
24・413
徐廷英 18・410
徐廷宗 7・404
31・813
徐廷楝 34・498
徐廷榮 65・144
徐廷錫 4・371
28・311
28・460
34・772
徐延榮 18・144
徐　休 53・736
徐任重 53・738
徐自拔 44・635
徐自爲 44・470
65・148
徐仲謙 1・141
徐　行（衛） 46・24
徐　行（博野） 8・376
21・369

徐　行(岢嵐)　41・526
42・625
徐兆任　2・587
8・347
徐兆極　3・754
8・618
40・442
徐兆熊　24・290
徐兆慶　3・743
5・163
8・617
9・56
徐兆舉　3・743
5・163
8・617
徐名甲　15・703
徐名立　46・778
徐　州　16・437
16・750
徐州平　45・93
徐州牧　4・323
徐冲善　43・135
徐守謙　40・427
42・515
43・61
徐　防　7・278
32・610
徐如松　32・270
徐如源　5・191
徐好諫　33・129
33・387
34・591
徐　芳　51・309
52・380
徐杏林　28・434
徐　步　32・674
徐步雲　39・270
39・404
徐我達　2・834
徐　佑　27・638
徐　伸　1・192
徐希茂　8・662
徐希高　49・710
徐　孚　63・19
徐彤雲　33・407
徐　亨(明)　21・352
徐　亨(清)　5・74
徐　忱　27・638
徐沛然　31・839
38・379
徐冲善　41・697
徐宏先　41・457
55・802
徐若霖　12・19
徐　英(三國)　40・353
63・10
徐　英(明)　21・285
25・131
徐英選　38・254
徐　松　2・48
8・643
徐來朝　11・692
徐來麟　40・441
47・272
54・690
59・88
徐　招　51・604
52・309
徐卓然　39・271
39・429
徐尚文　21・292
24・750
徐尚賓　55・479
徐　昆　40・538

	52・551
	55・813
徐昌祚	44・579
徐明揚	40・438
	50・67
	53・572
	53・628
	53・633
徐明弼	40・446
	44・487
	44・610
徐　固	50・83
	52・644
徐季龍	38・294
徐秉心	53・89
	53・265
	53・300
徐秉忠	32・680
	33・200
徐秉彝	54・715
	59・296
徐　佩	50・553
徐　究	40・402
	50・64
	52・644
徐　炘（蓬萊）	63・573
徐　炘（天津）	5・206
徐　炌	4・410
	5・67
	5・206
徐治民	31・17
	38・273
徐宗堯	20・372
徐　官	38・132
徐建猷	15・702
徐承堯	31・836
	38・379
徐承蔭	8・658
徐　珏（明涿鹿）	1・810
	2・728
	2・788
	13・758
	14・291
	15・432
	22・194
	22・341
徐　珏（清）	49・321
	49・490
徐　政（永年）	33・758
徐　政（大治）	40・398
	62・577
	63・18
徐　城	5・208
徐　柟	8・541
徐昭儉	46・669
	57・445
徐思寧	45・6
徐思穆	8・208
徐　秋	53・725
	63・218
	65・85
	66・278
徐秋祥	66・484
徐　科	30・100
徐　度	11・184
	11・841
	12・14
徐彦伯	32・623
	40・509
	52・244
徐　炳	7・376
徐炳華	40・496
徐炳麟	3・588
徐　炫	18・552

徐　洪　62・569
63・12
徐神翁　12・274
徐　祚　40・423
62・311
徐祚焕　40・540
61・448
徐祚增　7・494
36・349
38・172
徐紀堂　12・524
37・140
徐華年　3・810
徐　恭　23・116
23・159
徐振灝　48・655
徐桂芳　45・386
45・422
徐　桐　6・83
徐　連(明)　8・582
徐　連(清)　37・949
徐　原　21・281
徐致道　60・169
徐時作　4・318
7・498
26・250
31・827
34・721
36・333
36・533
36・636
徐　晃　40・606
55・437
58・714
徐　臬　21・295
25・38
徐師曾　40・534
49・32
徐逢時　16・452
16・751
徐逢聘　35・606
35・701
徐訓元　35・312
徐效奇　40・448
45・687
徐　衮　2・835
2・851
32・681
33・72
33・201
徐　浡　44・541
徐　浩　5・163
徐　容　40・464
54・725
59・84
徐通復　5・199
徐執中　28・341
徐　堉　4・413
5・74
5・210
9・65
徐　彬　36・752
徐　盛　3・538
徐　堅　40・511
49・293
49・479
徐處仁　7・313
32・652
33・189
徐　彪　40・525
54・684
徐國化　30・26
徐國泰　7・412
徐國楨　3・28

徐國顯 54·748
徐崇德 60·623
60·773
徐敏光 8·566
徐　進 3·215
徐進禮 17·517
徐　偉 3·153
徐從治 7·406
徐　章 9·197
14·688
徐　商 62·719
63·188
徐　焕 55·817
徐　烺 31·830
徐清平 32·84
徐　淶 33·402
徐　淮 7·362
29·304
徐　淳(東安) 19·195
徐　淳(遼東) 7·472
28·674
40·342
42·518
44·700
徐寅第 41·510
45·419
徐啟昌 53·738
徐　問 4·275
7·365
31·796
徐貫之 36·201
徐紹薪 8·816
16·567
徐　賁 42·479
58·17
徐　喆 9·221
24·303
24·470
徐　達(明) 1·57
3·365
5·347
5·458
7·329
12·212
16·407
17·198
17·493
40·578
43·841
65·130
徐　達(清) 50·246
50·596
徐萬全 29·350
徐萬詵 5·739
徐　敬 8·500
32·27
33·758
34·81
徐敬業 32·704
徐敬儒 41·503
45·416
徐朝元 36·350
37·882
37·926
徐朝宗 41·446
41·622
53·120
53·291
53·342
徐　棟(明) 2·662
徐　棟(清) 8·737
21·409
徐森華 28·354
徐　雲(蘇州) 5·88

	5・192
徐　雲(貴陽)	40・470
徐雲逵	16・777
徐雲翥	39・176
徐景嵩	24・412
徐景雒	9・130
	36・464
	37・522
徐　貴	52・246
徐順明	32・673
	33・197
	33・508
徐雋甲	32・270
徐欽明	33・626
徐鈞祖	37・470
徐　敦	45・6
徐　準	17・202
徐　渭	9・273
	13・780
	14・694
徐湛恩	5・739
徐開第	7・502
	32・684
徐開錫	12・769
徐登甲	37・821
徐登第	25・864
徐　瑗	35・261
徐　瑄	7・340
徐　遠	31・157
	51・723
	54・196
	64・539
徐夢松	9・152
	32・105
	33・632
徐夢陳	3・809
徐　幹	35・652
徐　楠(武進)	21・285
徐　楠(魏縣)	33・129
	33・389
	34・577
徐楠湖	66・511
徐　楨	7・384
	16・440
	18・327
	18・474
徐　槐	34・567
徐　感	32・704
徐　照	46・8
徐嵩年	13・778
徐　節(貴州)	40・311
	42・484
徐　節(臨汾)	55・799
徐　鈺	40・474
徐　愛	21・287
	25・330
徐誠身	36・269
徐　煇	4・409
	5・70
	5・206
	9・63
徐　準	7・383
	16・443
徐福麟	41・166
	44・791
	44・872
徐　禎	54・740
徐　璥	40・491
	52・552
徐　璉	30・502
	31・87
徐趙生	3・226
徐嘉禾	5・209
徐嘉言	53・302

徐嘉猷　5・209
徐嘉賓　8・631
徐嘉賢　5・209
徐嘉霖　5・209
徐　壽　45・506
45・561
徐壽朋　3・226
徐　標(明濟寧)　4・274
7・405
徐　標(明臨清)　11・191
徐　榑　53・737
徐爾峻　24・262
徐爾悟　50・915
徐爾壽　15・233
徐鳴陽　24・412
徐鳴瑶　60・190
徐鳴鶴　31・19
40・425
50・85
徐毓光　14・397
14・684
徐　僑　27・517
徐　銘(萊陽)　15・517
徐　銘(河南)　36・523
36・634
徐銘勳　26・252
28・23
徐維藩　38・171
徐　綬(明)　40・408
徐　綬(清)　30・193
徐　廣　27・749
29・33
徐　榮　7・339
11・178
12・123
徐榮曾　37・516
徐榮慶　3・697
徐養元　10・837
36・467
37・502
徐漸逵　45・95
徐肇文　18・8
18・68
徐肇興　3・845
徐聞濩　31・823
34・48
徐維藩　7・404
36・337
36・349
徐增美　3・744
徐增第　36・348
38・170
50・237
50・951
53・600
53・635
徐　遲　40・312
42・484
徐德元　38・273
徐德舉　59・31
徐　誼　40・410
63・691
徐　毅　55・468
59・31
59・155
徐養正　48・174
徐遵明　21・507
徐　澍　53・736
徐　潮　19・517
19・539
徐　潤　7・501
徐潤第　41・154
45・418
45・608

徐履謨　3・739
徐　樂　1・105
1・658
7・548
17・296
18・31
19・45
19・86
24・305
24・466
徐樂山　8・665
徐　璘　37・928
徐樹廷　37・663
徐樹松　33・403
徐　興　25・41
31・788
徐　穉　48・241
49・325
徐篤慶　55・806
徐　錫　22・15
徐　壆　25・593
徐學古　5・271
5・348
5・458
徐謂弟　9・184
32・740
徐龍雲　37・950
徐　澤　18・15
徐壎慶　41・519
55・806
徐　聰　36・754
徐聯芳　21・460
23・132
徐徽言　40・548
44・479
45・756
48・648
49・299
徐鍾任　9・165
33・149
33・399
徐鍾英　24・310
徐鍾溥　17・247
18・27
徐　邈　1・666
5・293
5・381
5・468
10・587
30・300
40・353
54・648
徐應奎　41・621
52・85
53・738
徐應登　18・141
徐鴻飛　38・254
徐鴻逵　7・494
37・930
徐鴻鳴　45・423
徐鴻儒　41・359
徐濟言　45・73
徐　孺　39・680
徐孺芳　47・162
徐麗生　40・494
60・252
63・760
徐　騏　21・285
21・800
徐燿然　33・144
徐攀桂　40・479
45・73
45・84
徐　鏞　7・348

徐　鵬　8・361
21・789
徐繩武　61・248
徐　懷　1・144
5・348
5・458
7・356
18・13
徐懷玉　51・282
51・365
52・371
徐　蘭（常熟）　65・235
65・524
66・117
徐　蘭（紹興）　4・401
4・771
5・252
徐　耀　63・212
徐騰芳　41・467
45・413
徐騰雲　53・738
徐　瀾（威縣）　32・113
38・894
徐　瀾（天津）　5・187
徐　謇　51・269
徐賚第　29・974
徐繼畬　41・166
45・427
50・596
徐繼煒　22・195
徐　鐸　40・398
54・684
徐　瓚　31・18
徐　顯　16・630
18・151
徐　麟　34・589
徐觀孫　4・406
5・70
5・191
8・663
8・680
9・60
徐觀瀾　51・571
52・415
徐鑫華　28・355
徐　讀　4・274
7・357
30・68
30・149
40・523

殷

殷一紹　31・102
殷大白　8・515
32・57
32・98
35・68
35・138
殷之紐　9・151
32・98
35・119
殷之英　31・827
34・49
殷天一　41・655
50・585
殷化與　43・339
殷玉衡　3・810
殷四端　9・35
殷立桐　30・667
殷邦寵　60・625
殷廷舉　40・525
42・515
殷仲温　40・834
45・664

殷伯宗 24・765
殷近仁 40・399
47・161
49・304
殷希文 5・89
5・198
殷壯猷 9・212
18・75
19・46
19・97
殷尚質 4・289
4・377
4・751
4・763
5・159
8・451
40・557
43・552
殷　忠 30・9
殷　和 19・59
殷秉銛 4・412
5・98
9・65
殷秉鏞 5・198
殷　岳 9・150
32・98
35・69
35・117
35・123
殷　侑 4・254
7・294
26・246
26・830
殷宗虞 43・898
殷　珍 45・664
殷奎章 39・446
殷飛熊 9・128

殷祖盤 3・812
殷時敏 3・809
殷　華 22・525
殷從善 3・809
殷　紹(南北朝) 10・650
殷　紹(清) 38・675
殷湘英 4・498
殷　淵 32・61
35・72
35・115
殷　富 46・531
47・401
殷　勤 35・79
殷　煉 8・532
61・626
殷　瑶 37・663
殷維玠 5・89
5・198
9・65
殷　嶠 40・367
42・502
46・789
47・47
47・398
47・616
殷　璞 4・288
殷樹森 28・23
殷　嶧 43・148
殷　衡 16・434
17・201
殷　謨 43・611
45・291
殷　謙(明) 2・101
8・302
22・193
22・341
殷　謙(清) 20・393

殷 禮(元) 8·114
13·744
14·145
殷 禮(明) 7·343
21·283
24·509
24·594
殷 鵬 10·723
33·352
殷體信 44·585

奚

奚士恂 40·538
51·363
54·146
奚子厚 54·716
59·297
奚 斤 14·357
15·85
40·637
43·617
奚 牧 14·356
15·90
43·616
奚和觀 31·345
奚 兜 9·265
16·180
18·326
奚康生 41·382
43·623
奚 眷 41·380
43·618
奚達武 15·94
奚 敬 31·134
奚 銘 2·579
奚 鼐 24·484

倉

倉阜元 44·61
倉 振 8·225
倉 義 44·63
倉爾爽 34·481

翁

翁九鼎 46·713
翁方綱 2·30
8·631
翁心存 1·173
7·473
翁式孝 12·275
翁年奕 28·674
翁叔元 8·811
翁承選 24·259
24·420
翁 相 7·385
31·800
翁萬達 7·377
14·292
14·532
40·316
43·775
44·56
44·473
44·578
翁葆昌 21·797
21·872
53·725
翁壽棠 38·902
翁樹培 2·31
8·632
翁應祥 44·580
翁 燿 7·499
33·203

狼

狼　譚　55・348
60・684

託

託　庸　40・344
託博克　64・665
65・559
66・70

衷

衷炳修　37・662
衷崇岱　2・729
2・793
衷興哲　28・433

郭

郭一元　9・167
32・739
33・143
33・395
34・578
郭一統　58・219
郭一綸　58・219
郭一鶚　34・592
郭人吉　43・202
郭九有　40・430
62・581
63・692
郭九同　41・496
63・730
郭九貢　12・265
郭九殷　62・709
郭九圍　20・149
郭九會　41・474
41・534
62・706
63・729
郭九經　37・516
郭九圍　19・728
郭九齡　58・290
63・774
郭　三　65・270
郭三省　45・14
郭士吉　31・84
37・599
37・727
郭士淳　61・125
郭士道　45・77
郭大巨　32・753
郭大經　47・493
郭大興　26・585
郭上林　17・538
郭之俊　13・736
16・470
17・497
郭之培　9・27
28・728
郭之梁　17・528
郭之楨　17・510
郭之麟　41・184
44・525
郭子治　22・137
22・324
郭子俊　15・684
郭子通　40・798
55・465
58・397
58・716
郭子章　40・331
42・491
郭子輝　48・438
郭子儀　40・275

42・469
43・529
44・471
44・611
51・275
53・85
60・618
60・770
62・569
63・13
65・29
郭子儀妻王氏 42・778
郭王化 13・537
郭天民 59・676
59・745
郭天培 17・143
郭天朝 46・714
郭天禄 8・372
21・367
22・441
郭天慶 34・100
郭天錫(明) 4・282
6・1
郭天錫(清) 20・372
郭　元 49・306
郭元長 41・684
55・622
59・167
郭元柱 63・21
郭元貞 41・378
郭元凱 41・497
48・378
郭　巨 36・495
郭　中 21・290
郭中鼎 43・655
郭仁義 16・433
16・750
郭仁蘭 57・368
57・448
郭　丹 40・261
42・499
郭　文 51・72
郭文炳 21・396
23・56
郭文祚 8・250
32・23
33・617
郭文恭 49・335
54・650
郭文振 40・294
40・797
42・595
43・201
46・580
郭文通 21・383
25・512
25・591
郭文■ 25・925
郭文雄 41・111
43・84
郭文署 45・720
郭文輔 2・581
8・326
郭文銓 34・686
郭文德 33・771
34・96
郭文濤 27・904
郭　斗 40・324
42・488
郭孔殷 63・725
郭孔昶 45・732
郭以保 16・37
郭允升 41・527
57・121

郭允文 19·584
郭允昌 4·428
5·725
6·71
9·68
郭允厚 20·381
郭允禮 13·89
郭　玉 27·438
郭玉香 12·553
37·260
郭玉衡 34·285
郭正一 7·747
11·206
11·876
12·65
23·385
郭正修 45·127
郭正誼 8·785
21·407
郭正璋 48·239
郭功儒 58·220
郭世元 41·645
50·248
50·566
郭世昌 35·269
郭世治 25·69
郭世珍 3·530
8·37
郭世隆 4·295
7·421
23·112
49·678
49·689
郭世禄(威遠衛) 41·528
44·538
郭世禄(内黄) 60·468
61·510
郭世榮 58·402
58·720
郭本生 34·684
郭　石 41·53
43·643
44·41
郭石麟 21·384
24·770
郭用中 41·586
55·810
59·296
郭用光 41·542
郭申錫 8·14
32·725
33·98
33·366
34·548
郭由中 59·535
郭四維 41·90
63·727
郭　伋 1·55
1·124
3·43
4·243
5·273
5·350
5·459
23·199
24·20
40·261
42·499
65·6
郭令宣 41·502
44·795
郭立經 38·572
郭　永(三國) 7·596
郭　永(宋) 8·17

32・705
33・368
33・526
40・373
42・505
46・789
47・47
郭永固 61・452
郭永清 17・526
郭永静 18・144
郭永寧 36・269
郭永豐 55・813
郭民敬 41・53
43・643
44・34
郭民翰 46・823
47・61
郭弘敬 8・165
21・332
22・437
22・543
24・333
24・367
24・411
郭弘敬妻張氏 22・544
郭在南 45・90
郭在逵 41・497
48・379
郭有成 9・188
郭存實 52・431
郭存謙 21・380
24・768
郭　成 21・273
郭成鈞 13・775
65・105
郭成德 35・289
郭　匡 61・459
郭光斗 41・531
48・788
郭光祐 43・318
郭光復 19・727
20・147
郭光遠 59・139
郭邦光 14・294
14・711
郭邦奠 45・720
郭邦驥 50・327
郭先生 5・158
郭廷佐 41・580
62・706
63・129
郭廷柱 43・344
郭廷郛 7・457
郭廷梧 57・274
57・443
郭廷堅 36・458
37・510
郭廷冕 49・143
49・205
郭廷綬 33・685
郭廷謹 20・394
郭廷獻 48・794
郭延魯 40・747
53・100
53・285
53・303
郭延樸 28・69
郭仲金 8・826
16・547
17・506
郭　份 50・235
50・951
郭自修 61・453
郭自勵 47・320

郭向宸 41·624
63·737
郭　后 44·402
郭全志 47·92
郭企忠 40·386
49·300
49·484
65·46
郭兆蓼 9·248
郭兆銓 19·403
郭兆藩 32·116
38·566
38·703
郭兆鏜 19·403
郭兆麒 16·464
18·185
52·594
郭兆麟 41·499
郭名世 7·366
20·757
郭名都 48·227
郭名揚 8·394
21·814
郭充實 41·624
57·126
郭　汝 28·672
郭汝舟 3·585
郭汝梅(遼) 3·674
郭汝梅(元) 1·774
3·532
8·138
郭汝清 39·262
39·329
郭汝衡 41·499
49·579
郭汝翼 41·431
45·714
郭守文 11·163
21·267
25·140
30·635
40·753
42·586
43·200
郭守邦(明) 59·674
59·743
郭守邦(清) 52·652
郭守道 31·29
郭守敬 2·572
3·728
8·233
36·442
36·742
郭守誠 45·142
郭守璘 43·631
郭　安 41·487
43·657
郭安世 54·743
郭安唐 45·90
郭安鈺 45·131
郭安齡 45·141
郭如阜 41·504
62·415
郭如柏 17·518
郭如嵩 44·579
郭如璋 9·182
郭好蘇 39·422
郭孝恪 31·786
郭　圻 28·736
郭　芳 15·43
15·222
郭芳蘭 24·688
郭克明 8·180
21·276

21·341
23·3
25·177
25·211
郭步衢 35·631
郭　秀(北齊) 2·113
3·142
郭　秀(金) 44·697
46·31
郭　秀(清) 49·105
郭伯英 50·544
郭伯琦 39·7
郭伯順 41·526
45·715
郭位臣 52·334
郭希湯 41·579
63·720
郭迎暄 41·543
60·569
郭迎褒 41·79
61·556
郭　沆 24·770
郭完固 34·700
郭　良(館陶) 34·330
34·490
郭　良(舞陽) 5·667
郭良時 8·392
11·795
郭良棟 46·22
郭　孜 41·40
61·256
郭青塏 21·464
郭　表 39·232
39·287
39·451
郭其沛 33·149
郭其章 60·566
郭茂林 3·31
郭　英(臨淮) 7·329
郭　英(婁煩) 45·196
郭英傑 1·57
4·255
7·281
郭松林 4·328
7·523
郭　東 51·632
52·312
郭東周 58·407
58·471
郭東皋 46·145
46·449
郭東陽 50·84
郭東藩 61·67
郭奇中 18·333
18·477
郭奇富 58·275
郭長安(成安) 34·700
郭長安(邯鄲) 33·689
郭長清 17·509
郭長齡 4·431
5·728
6·74
郭尚絅 35·465
郭　旺 47·490
47·648
郭　昊 51·659
52·581
郭　杲 58·403
58·778
郭　昌(漢) 7·571
43·610
44·541
64·464
65·487

郭　昌(明)　52・69
　52・603
郭昌雲　41・375
郭明威　41・658
　53・218
郭明善　41・631
郭明義　15・112
　15・214
郭明德　13・145
郭　昂(元)　32・752
郭　昂(明)　41・49
　63・722
郭　昂(清)　50・556
郭　昈　32・627
郭　典　7・282
　37・794
郭　忠　8・500
　35・426
　35・508
郭忠孝　40・515
　51・294
郭忠義　11・282
　11・491
郭■然　47・538
郭知彰　30・661
郭季良　7・313
　21・276
　24・195
郭秉忠　33・778
　34・104
郭秉聰　3・851
　50・666
郭佳鎮　8・512
　32・55
　33・620
　49・133
　49・219
郭佳鑑　33・632
郭　侃　32・659
郭金城(湖北)　56・17
郭金城(大興)　8・626
郭金富　58・261
郭金壽　14・663
郭金鉉　9・251
　30・327
郭金鑾　20・591
郭　周　41・432
　42・597
　46・21
　46・26
郭周藩　41・562
郭狗狗　56・706
郭　京　43・147
郭　郊　8・500
　35・427
郭　育　28・746
郭　況　12・606
郭宗伋　12・327
郭宗伊　33・68
　33・194
郭宗皋　1・148
　40・326
　45・286
郭宗賢　8・512
　32・47
　33・619
　40・428
　42・516
　49・172
　49・174
　49・243
郭宗儀　58・407
郭宗憲　47・406
　47・746

	47・784
郭宗夔	33・127
	33・386
	34・591
郭　定	52・315
	56・70
郭定生	40・496
	46・714
	58・709
郭定位	53・628
郭宜直	12・266
郭　建	44・525
	44・585
郭建本	62・214
郭建邦	36・272
郭建章（五河）	11・846
	12・16
郭建章（芮城）	41・522
郭建極	12・312
郭居易	2・834
郭承祐（宋）	40・775
郭承祐（沙陀）	23・753
郭承恩（潞城）	41・157
	53・590
郭承恩（盧龍）	17・500
郭　玳	54・695
	55・792
郭　珍	7・484
	13・316
郭　封	38・174
郭封伯	56・216
郭　城	52・333
郭南槐	45・573
郭　柏	40・527
	50・79
	50・925
郭思孝	50・237
郭思貞	41・574
郭思俊	52・431
郭思敬	40・392
	50・78
郭思極	8・534
	32・695
	33・124
	33・384
	34・576
郭　郜	53・305
郭　重	36・266
郭　俁	8・76
	16・169
	16・301
	40・801
	51・544
	52・408
郭信元	11・314
	12・616
郭皇后	11・134
	12・191
郭皇畿	7・509
	18・21
郭皇圖	59・332
郭　衎	11・144
	11・436
	40・272
	41・396
	43・527
	48・219
	49・424
郭　郛（金）	45・159
郭　郛（明）	8・500
	35・427
	35・510
郭　勉	7・331
	11・177

郭　奕　40·611
42·535
43·64
郭　亮　18·216
郭庭治　45·142
郭庭梧　40·418
54·736
57·104
郭　彦　41·389
42·550
43·65
郭帝都　61·453
郭恒辰　44·670
郭　恬　50·235
50·951
郭　恂　43·639
郭爲崍　63·775
郭爲瑛　27·4
郭爲霖　19·198
郭爲觀　63·774
郭　洵　33·749
郭　宣　45·561
郭宣道　8·97
36·441
36·567
36·741
郭　祚　40·628
42·547
43·194
46·123
46·424
郭祚昌　50·94
郭飛熊　41·626
郭　紀(大同)　41·582
43·640
郭　紀(沁源)　53·304
郭　泰　40·599
48·215
48·242
48·261
49·329
郭泰成　41·508
郭泰峯　56·190
郭　都(遼陽)　7·388
14·293
14·472
14·533
郭　都(朔州)　44·533
44·588
郭　都(雞澤)　35·65
郭　恭　41·641
42·625
46·144
46·448
郭帶淇　63·777
郭荷傳　9·188
郭　晉　40·484
43·63
郭　桂(明)　40·409
54·686
郭　桂(清)　41·657
郭桂鳳　41·697
43·214
郭連城(明)　62·394
郭連城(清洪洞)　45·646
58·413
郭連城(清文水)　41·623
42·736
49·132
49·219
郭連城(清平陸)　41·467
62·496
郭　彧　63·571
郭　配　41·376

42・533
43・64
郭振久 13・669
郭振寰 50・557
郭時正 41・595
53・602
郭時平 35・435
郭時昌 35・435
郭　晟 59・139
郭　恩 40・547
45・283
郭恩魁 34・700
郭　峻(明) 54・723
59・26
59・84
郭　峻(清) 19・682
20・59
郭　倫 18・354
18・488
郭　■ 35・463
郭逢吉 59・167
郭逢春 52・877
郭　效 35・433
郭　唐 31・302
郭　浩(明) 47・457
47・623
郭　浩(清) 2・729
2・793
郭海鵬 59・603
郭宸邦 21・305
21・802
郭家修 33・624
郭　容 41・26
43・640
44・208
郭　祥 63・586
郭書俊 40・493
47・619
郭　珊 41・580
50・198
50・947
郭　通(金) 40・520
54・710
60・621
60・772
郭　通(明) 58・711
郭　恕 8・500
32・27
35・63
郭　紘 41・583
47・493
郭　純 41・567
58・397
58・740
郭　逵(宋) 7・307
11・166
36・740
49・296
49・482
郭　逵(明) 27・632
郭培瑞 19・575
郭培榮 55・827
郭勒明阿 16・315
郭　菜 8・722
11・193
13・93
21・393
21・779
郭　乾 8・433
28・718
郭　盛 50・507
50・593
郭採芹 38・704
郭　晞 60・727

郭　冕　52·316
郭　崧　60·515
郭　昆　5·82
5·251
郭　崇(宋)　41·425
43·631
44·413
郭　崇(清)　59·158
郭崇仁　42·587
郭崇嗣　8·500
35·428
35·516
郭崇諒　47·72
郭崇韜　31·443
45·292
郭　敏　8·308
郭敏修　65·244
郭　進　10·748
21·679
23·134
31·788
35·410
36·523
40·546
44·721
郭進祿　58·405
郭　偉　45·93
郭偉羲　57·123
郭　息　35·426
郭從矩　50·558
郭從善(元)　40·392
50·63
50·310
50·609
郭從善(清)　9·182
郭從道　40·421
43·552
郭從義　41·414
42·577
郭　庸　2·526
3·707
7·325
郭　清　57·111
57·545
郭惟藩　53·571
郭清彦　56·216
郭　淮　42·533
43·64
郭　涼　7·580
16·472
17·188
18·34
23·571
40·350
43·521
44·611
45·278
郭　淳(高邑)　12·264
12·537
郭　淳(高平)　51·628
郭　寅　49·122
郭　密　8·2
32·6
38·898
39·1
郭習中　19·255
郭　隗　2·563
3·720
7·268
21·315
22·25
22·451
22·521
24·339

	24・444
	25・897
郭　貫	1・786
	8・178
	21・339
	21・777
	40・300
	42・478
郭　紹	27・877
郭紹曾	4・319
	26・251
郭　琪	40・392
	45・664
	49・302
	49・485
	54・680
	58・370
郭　琦	41・547
	42・617
	43・205
郭　琥	40・558
	43・554
	43・778
	44・473
郭　琠	47・76
郭　瑄	9・124
	38・31
	40・450
	58・289
郭堯都	7・459
	21・307
郭萬成	35・289
郭萬里	59・409
	59・520
郭萬貞	3・582
郭萬清	49・795
郭萬禮	56・219
郭萬鎰	35・288
郭朝輔	12・683
郭　楝	33・131
	33・391
郭　極	62・377
郭雄都	58・221
郭雲碧	33・417
郭雲慶	33・417
郭雲鵬	21・382
	25・178
郭鼎銓	58・413
	58・745
郭景石	28・354
郭景昌	61・511
郭景儀	13・315
	33・202
	33・511
郭景顔	47・199
郭　貴	36・498
郭堡宗	17・519
郭　傑	40・460
	45・642
郭循良	49・121
郭　欽(晉)	49・330
郭　欽(元保安)	15・400
郭　欽(元奉聖)	8・272
郭　然	40・431
	49・312
郭象巍	53・313
郭　鄗	8・500
	35・428
郭善繼	32・419
郭曾澤	17・529
郭　湛	40・359
	42・502
郭　滋	11・184
	13・526

郭運昌 43·651
3·731
8·306
40·554
43·539
43·768
44·471
45·82
郭登庸 41·37
43·641
43·726
44·31
郭發元 59·37
59·162
郭　絢 1·56
1·132
4·252
7·288
22·322
40·693
60·513
郭　瑀 44·540
郭　瑗 40·623
61·77
郭　瑄(邢臺) 36·744
郭　瑄(定襄) 41·529
45·20
45·117
郭　■ 8·500
32·27
38·906
郭載駷 8·607
30·225
郭聖藝 45·666
郭夢元 34·75
郭夢龍 41·126
郭照藜 41·504
62·213
郭椿壽 41·518
60·568
郭　輅 12·310
12·330
郭　嵩 30·650
郭傳名 33·685
郭傳芳 41·537
43·655
44·535
44·569
郭　魁 30·649
郭　鉦 50·338
郭　鉉 33·146
33·398
郭　誠(通州) 3·536
郭　誠(沁源) 53·285
53·303
郭　誕 51·707
53·727
郭　廉 37·795
郭　新 41·578
58·742
郭靖共 8·771
21·451
郭靖邦 65·165
郭意誠 41·536
49·566
郭　資 1·142
36·266
郭義從 55·816
郭源順 34·723
郭　準 22·203
22·379
郭　禎 21·288
25·487
郭殿元 35·631

郭殿雲 24·819
郭　預 22·133
22·322
郭　經(興前衛) 8·569
郭　經(豐潤) 18·53
19·45
郭經文 53·323
郭經邦 50·588
郭　瑨 41·449
62·380
郭　嘉 8·263
32·706
郭爾翼 53·342
郭　睿 59·139
郭鳴世 25·410
郭毓秀 12·266
郭毓湖 41·650
郭　儁 49·134
郭　鉷 24·260
郭　銓(明) 32·32
38·907
郭　銓(清) 41·651
57·430
郭　銘 61·459
郭　鳳 8·365
郭鳳山 34·334
34·507
郭鳳林 21·361
21·786
郭鳳翰 60·377
郭廣仁 37·38
郭廣田 65·109
郭　韶 41·35
59·139
郭　榮 41·396
42·552
43·195
郭　寧 5·279
5·357
5·463
郭　賓 12·265
郭聞禮 30·327
郭　紝 7·360
36·322
郭　維 9·248
郭維垣 25·599
郭維城(景縣) 29·621
郭維城(沁源) 53·318
郭維翰 59·152
郭維寧 30·193
郭維藩(河津) 53·526
郭維藩(臨汾) 55·820
郭　瑾(明) 43·642
郭　瑾(清) 16·565
17·460
郭　璡 8·353
21·346
22·734
郭　璋(興化) 3·851
郭　璋(洪洞) 58·404
郭　鋆 51·629
52·315
郭　鞏(明) 8·417
郭　鞏(清) 41·458
58·413
58·773
郭增光 8·541
32·737
33·129
33·388
郭增重 33·130
33·389
郭增輝 44·485
郭邁倫 32·270

38・638
郭　醇　8・594
郭醇章　41・511
60・567
郭　震(唐)　7・779
11・316
13・353
32・716
42・811
43・65
郭　震(金)　33・83
33・344
40・387
41・36
48・648
49・300
郭　賢　61・623
郭賢德　39・641
郭　輝　50・978
郭　儀　37・705
郭盤石　8・589
30・15
30・109
31・89
郭　質(元)　40・387
51・315
52・288
郭　質(明)　21・282
22・403
51・628
52・312
郭衛民　41・446
53・96
郭衛城　50・201
郭衛宸　41・81
41・440
59・410
59・521
郭衛鼎　52・45
郭　熟　16・593
17・519
郭　慶　34・588
郭　瑩　21・797
郭養民　44・539
郭養性　20・418
20・590
29・101
郭　遵　40・548
45・285
郭　潤　32・38
35・64
53・260
53・297
郭　澄　53・322
郭澄之　41・552
42・617
43・64
郭　璞　40・623
61・78
郭　璟　62・381
郭　璘　10・716
24・332
24・409
36・438
36・560
36・753
郭翰文　33・685
郭樹屏　14・583
郭樹義　61・151
郭樹勲　52・338
郭　樸　41・614
52・79
53・727
郭　霖　56・463

郭擇仁 41·656
郭　頤 41·7
41·445
43·639
44·415
郭興治 27·564
郭興讓 47·202
郭還陽 47·539
郭　儒 41·526
48·18
48·77
郭　錡 60·250
郭　錫 32·667
33·67
33·194
34·567
郭　錠 57·165
57·387
郭　壆 52·50
郭學書 30·302
郭學謙 55·794
郭　諮 8·28
12·354
12·444
31·458
31·789
32·647
35·410
40·377
44·722
50·76
郭　龍 19·584
郭龍戣 37·516
郭凝鼎 7·407
18·15
郭　澤 12·265
郭　縉 53·304

郭　聰 8·431
郭　薰 41·535
郭　懋 34·94
郭嶷然 41·593
郭徽祚 9·246
郭鍾秀 38·96
郭　爵 35·258
郭　謙(徐溝) 43·295
43·316
郭　謙(漳州) 8·500
32·27
34·81
35·426
35·508
郭　謙(清) 36·796
37·34
郭　襄 62·214
郭應元 3·553
8·678
郭應泰 49·129
49·197
郭應響 21·300
23·331
25·421
郭鴻霖 65·188
郭　濬(明) 8·464
11·268
13·653
郭　濬(清) 8·776
21·395
24·775
郭濟忠 22·435
22·498
24·354
25·35
郭　翼 40·355
50·71

郭　縱　33・688
郭豐裕　41・654
50・980
郭　瓊　10・750
16・489
17・190
郭　贊　32・633
郭　鏧　41・582
51・630
52・315
郭　鎮(雄縣)　8・372
21・368
24・767
郭　鎮(宛平)　8・307
郭　鎮(成安)　34・731
郭　鎬　63・723
郭　■　7・403
18・15
郭　鎏　58・403
郭攀斗　53・314
郭攀明　36・458
郭　璽　9・152
32・104
33・683
郭　鏗　49・308
49・486
郭　鏜　7・348
郭　鏞　8・407
16・512
16・776
郭　鏡　31・6
郭鵬翮　35・622
郭　贇　48・749
郭懷義　61・451
郭瀛洲　35・439
郭　齡　41・8
62・379
郭　曦　41・21
42・601
46・128
46・429
郭　巍(明)　60・175
郭　巍(民國)　53・346
郭　斆　19・47
郭　鐃　53・85
53・285
53・303
郭寶勳　13・91
郭寶鑚　14・714
郭繼先　46・459
郭繼昌　9・100
11・465
郭繼儀　41・498
49・577
郭　■　9・238
郭鐵子　46・485
郭鶴齡　47・821
郭　懿　28・674
郭　鑑(絳縣)　61・451
郭　鑑(咸寧)　40・420
郭顯道　52・444
郭顯龍　59・37
59・158
郭　麟　45・25
郭麟生　40・466
50・92
50・298
50・613
郭　靄　12・266
郭鱣堂　38・573
38・639
38・726
郭　驥　58・228

席

度元燦 40·535
59·654
席介麟 13·727
席　正 49·6
席必端 61·271
席老師 55·878
席光縉 7·486
13·473
27·408
席芝蘭 55·816
席尚清 61·131
席教事 55·800
席勤學 40·407
53·87
席　煦 27·899
席慎儀 61·257
席　豫 27·756
29·45
席翰玜 66·515
席　聰 50·82
50·610

庫

庫狄士文 31·786
38·293
38·378
41·398
庫狄干 31·144
40·666
64·512
庫狄伏連 31·149
41·387
64·523
庫狄昌 31·367
41·392
64·545
庫狄迴恪 31·155
40·271
43·625
64·524
庫狄峙 21·266
25·130
40·673
43·627
庫狄盛 11·143
41·389
庫狄嶔 27·751
40·691
43·629
庫　烈 16·203
庫庫春 40·394
庫庫特穆爾 40·552

唐

唐九緯 16·456
16·751
唐大陶 50·90
唐兀君 11·174
11·539
唐之靖 16·449
17·204
唐天眷 20·307
唐天壽太子 11·319
唐　介 4·260
7·307
28·670
42·475
唐公靖 65·169
65·516
66·115
唐文會 34·543
唐文德 40·461

45·687
唐玉書(清) 19·299
19·434
唐玉書(民國) 3·169
唐玉温 35·289
唐玉輝 35·287
唐玉藻 35·289
唐世臣 54·712
58·366
58·712
唐世英 14·649
唐世厚 45·73
唐世輔 2·834
唐世賢 46·713
唐古安禮 1·138
7·320
32·655
唐古德温 17·151
唐　永 54·654
唐在鎔 11·175
13·89
唐光先 59·410
唐廷琰 47·493
唐休璟 44·470
唐　交 36·194
唐充之 8·17
33·368
唐　次 41·558
42·555
43·195
唐汝迪 7·384
31·16
38·273
唐志潔 27·95
唐　扶 40·735
42·556
43·195
唐　佑 49·309
49·672
唐希介 41·20
42·600
43·72
唐若彝 32·50
34·679
34·725
唐　茂 31·380
唐叔虞 42·522
唐尚文 50·85
53·524
53·569
唐　昇 40·364
唐　忠 3·27
7·343
唐　治 22·11
24·416
唐　珍(咸寧) 27·324
27·405
唐　珍(成安) 34·679
唐　相 21·283
24·195
唐　持 40·735
42·556
43·195
50·74
唐則瑀 33·207
唐思贊 27·6
唐衍敬 36·339
39·545
唐　音 7·386
31·802
35·52
唐彦謙 41·559
42·621
43·207

	54·660
	60·619
唐奕恩	11·545
	59·447
唐　恪	4·261
	7·313
	26·248
	40·373
	42·506
唐爲岳	41·208
唐　陛	3·793
唐　珣	7·342
唐佩員	25·90
唐　素	40·414
	44·725
唐起元	35·441
唐　晉	19·64
唐祥興	23·224
	24·28
唐　邕	41·389
	42·548
	43·195
唐　純	7·483
	11·446
唐純素	52·446
唐執玉	4·297
	7·423
唐　彬	1·56
	1·129
	2·526
	2·727
	4·247
	7·284
	35·603
唐彬茂	41·632
唐　盛	7·486
	13·473
	20·374
	41·207
唐象三	41·501
唐　章	29·89
	29·155
唐淯心	19·61
唐　寀	53·523
	53·569
唐紹堯	1·165
	20·382
唐　琳	33·65
唐堤頭	28·782
唐敬一	7·465
	16·456
	17·205
唐　揚	7·489
	11·850
	12·20
唐斐然	7·512
唐景宣	32·618
唐順徵	29·305
唐　復	21·282
	25·483
	25·573
唐勝宗	44·697
唐善慶	41·688
	53·344
唐　肅	40·384
唐登儁	39·681
	39·767
唐　楷	46·668
唐　甄	40·455
唐嗣美	3·559
唐　鉉	23·227
	24·29
唐　溍	35·274
唐　廉	40·451

42・520
43・62
唐雍 3・34
唐寬 41・54
47・479
唐福 16・509
17・177
唐禎 34・326
34・479
唐綏 7・461
25・819
唐綏祖 40・344
42・497
唐壽朋 18・78
19・54
唐漢賓 40・511
50・592
53・91
53・407
唐潒 39・262
39・329
唐維釗 27・759
唐璋 44・585
唐儉 40・694
42・555
43・195
65・163
唐皞 41・567
唐慶餘 19・736
20・157
唐頤 41・42
42・605
43・75
唐勳 40・456
49・319
唐錦 7・361
32・664
唐龍 40・322
42・489
唐龍淵 19・435
唐澤 7・360
36・338
39・541
唐憲 42・555
唐臨 40・509
62・568
63・349
唐鍊 1・152
5・563
唐謙吉 8・514
32・53
34・219
34・264
唐襄 66・219
唐鵁 40・485
唐璿 40・512
65・23
唐瀛士 41・600
52・337
唐鑑 25・903
唐瓚 4・287

悟

悟悭禪師 58・21

凌

凌士燮 9・266
凌文質 40・533
54・720
59・84
凌世卿 16・464
17・499
凌必達 61・447
凌圭發 7・486

凌松林 7·463
24·753
凌泰交 7·501
33·204
凌　敬 61·595
凌　雲 36·496
37·527
凌　燽 4·313
7·440
凌　鸑 50·189
50·562

烟

烟霞真人 55·622

浦

浦朝柱 8·611
浦　鋐 40·412
54·709
58·706

酒

酒天培 9·102
25·55
酒道人 18·92
酒養澤 25·55

浩

浩天澤 52·408
浩　周 41·375
50·230
50·541

益

益篤護彌實 54·679
59·77

海

海上老人 9·270
26·97
海　全 66·674
海　林 26·629
海　金 46·152
46·491
海　風 41·691
海雲禪師 2·513
海　貴 41·694
53·518
海　寬 24·485
海鳳翥 7·506
14·661
海　燕 41·702
海　鯉 40·410
49·307
49·486
海瀆焦龍神 50·876
海蘭察 66·574
66·593
海　齡 17·533
海　鑑 27·110
27·222

高

高一元 40·541
45·120
45·162
61·250
高一雷 35·263
高一麟 43·178
高二爸 2·143
高九岩 33·131
33·391
高九萬 49·6

高三位 22・778
高三聘 45・683
高士望 59・672
59・741
高士達 42・613
43・85
高士貴 11・436
高士廉 55・449
59・138
高士談 1・109
10・784
高大任 61・671
高大經 8・491
36・451
37・904
37・945
高　山(明) 46・790
47・48
高　山(清) 41・657
46・636
高之恒 61・68
高天挺 8・818
16・555
17・63
高天祥 34・72
高天鳳 1・181
3・361
7・451
高天錫 7・323
高　元 43・898
高元裕 4・347
7・738
高元愷 2・9
5・581
8・691
高友隣 25・55
高友諒 59・283
高友璣 40・312
高少逸 4・348
高日午 41・591
高日直 50・895
高中杰 38・897
高中誠 35・271
高中嶽 35・272
高仁英 31・386
高　化 7・848
11・242
11・462
21・271
25・136
32・648
高丹桂 41・466
47・499
47・722
47・760
47・805
高　文 12・729
12・780
高文炳 37・249
高文彩 2・587
高文煜 17・143
高文璘 34・334
34・507
高文學 61・511
高文鑑 7・502
32・681
高斗光 7・404
36・337
39・767
高斗垣 45・665
高以升 45・715
高以位 58・414
高　允 7・624
27・95

	29·523
	29·565
高允元	17·144
高允中	43·168
高玉田	28·188
高玉堂(元城)	33·532
高玉堂(正定)	11·466
高玉琳	38·33
高玉富	18·380
	18·551
高正臣	7·773
	32·267
	33·770
	34·96
高正祿	60·789
高去奢	37·154
高世由	51·295
高世雨	31·807
	33·611
高世棟	28·351
高世儒	3·708
高世衡	4·342
	7·648
高　本	40·392
	47·160
	49·303
高可久	47·499
	47·723
	47·760
	47·804
高占魁	8·815
	16·778
高且明	24·310
高　甲(順天)	2·587
高　甲(中衛)	21·367
	21·826
高　生	19·580
高令喆	6·65
高用賓	11·272
	13·341
高市貴	11·143
	31·147
	31·381
	40·266
	40·659
	43·525
	54·650
高　永	1·758
	5·472
	8·67
高永貴	47·501
高永傑	19·194
高必大	4·313
	4·751
	7·489
	11·194
	13·90
	27·22
高必遴	49·319
	49·722
高弘裁	19·13
高邦佐	7·399
	16·424
	17·199
	41·64
	59·670
	59·723
	59·739
高吉昌	18·380
	18·551
高　共	42·527
高有鄰	8·69
	21·328
	24·354

	24・448
	25・45
高存誠	21・280
高成璉	39・263
	39・339
高成齡	9・30
	28・729
高光宗	9・173
	33・398
	33・525
高光祉	9・241
	12・548
高光祖	41・498
	48・378
高光烈	40・422
	47・399
高光國	9・240
	37・310
高光夔	1・865
	8・711
	20・590
	20・652
高年光	39・681
高廷俊	34・508
高廷璞	13・350
高廷獻	9・173
	33・398
	33・525
高　仲(行唐)	11・677
高　仲(萬全)	16・33
高仲仁	31・794
高仲倫	7・322
	13・309
高仲遷	45・577
高仲舉	19・679
	20・57
高　仰	56・700

高　位(鹽山)	4・386
	27・101
高　位(華州)	37・324
高自明	49・25
高自修	31・6
	31・520
高自卑	31・804
高自新	34・326
	34・479
高向台	41・113
	56・692
高向璧	41・472
高行周	2・736
	10・728
	14・449
高行珪	10・728
高汝行	7・385
	31・800
	43・202
高汝樽	31・824
高汝礪	40・389
	40・802
	43・635
	44・415
	48・648
	49・301
	60・621
	60・772
高宇泰	27・905
高守忠	50・186
	50・406
高守約(金)	7・322
	27・515
	32・655
高守約(明)	24・309
	24・469
高守貴	9・140

	32·78
	34·91
	34·173
高　安(睢州)	40·403
	42·510
	49·171
	49·243
高　安(晉縣)	11·267
	12·54
高　安(山陽)	31·13
高　安(安陽)	37·584
	37·659
高　安(湖州)	1·144
	2·527
	3·363
高　安(威縣)	38·893
高　防	47·490
	47·758
	47·801
高如梅	39·188
高如崧	16·652
	17·174
	17·495
高如崗	45·666
高如嶧	35·437
高孝思	50·200
	50·856
高克明	41·640
	60·786
高克恭	1·116
	2·268
	3·807
	8·153
	22·243
	22·378
高克照	48·92
高克謙	13·148

	13·173
高步蟾(明)	41·581
	50·200
高步蟾(清)	38·912
高　岑	21·372
高秀巖	61·657
高　佐	56·690
高　佑	7·334
	31·794
高作楓	17·143
高近道	29·376
高希古	59·157
高希雍	47·89
高　忱	29·532
	29·597
	31·4
	31·368
高　沐	4·347
	7·739
高　宏	11·257
	12·131
高良弼	15·29
	19·4
	41·484
	61·263
高君狀	40·367
高　邵	2·87
高阿那肱	31·154
高　坪	31·819
高其志	40·461
	62·313
高其偉	19·194
高其鎮	28·339
高若岐	42·626
	43·208
高若時	45·689
高若訥	40·776

	42・591
	42・790
	46・125
高若越	56・694
高茂枋	33・130
	33・390
	34・585
高　直	11・276
	13・343
高林山	14・683
高　松	2・142
	20・626
	20・653
高松年	40・495
	49・244
高　杰	3・810
高述祖	36・452
	36・529
	36・745
高來鳳	7・490
高長命	29・540
	29・614
高長恭	31・137
	40・267
	42・467
高叔嗣	40・324
	42・487
高　尚	2・115
高尚仁	4・286
	27・21
高尚志	40・535
	59・654
高尚禮	41・129
	43・86
高昌間閻	40・301
高昌福	1・109
	1・750

	8・50
高　明(晉州)	9・115
	11・276
	11・882
	12・55
高　明(歸化)	65・203
高明堂	11・466
高　昂	29・539
	29・613
	31・363
高　旻	22・747
	22・780
高　昉	8・263
	33・377
高　迪	3・831
	7・359
高　岡	40・521
	49・302
高知廣	8・159
	22・214
	22・352
高知彰	7・412
	11・190
	11・445
	37・661
高和仁	29・536
	29・605
高秉鏞	35・272
高育萬	29・589
高　岳	29・540
	29・614
	31・153
	31・367
高　岱	47・487
	47・642
高　金	41・444
	48・676

	49・360
高金鎔	17・539
高育中	38・34
高法昂	29・539
	29・615
高宗文	48・686
高　定	41・434
	43・638
	44・207
高建鈐	38・257
高建標(東明)	9・181
高建標(淶水)	22・52
高居仁	52・876
高居謙	49・154
高承埏	1・169
	5・565
	5・623
	6・206
	7・410
	16・448
	16・750
高承勲	44・589
高承簡	32・625
	32・826
高　拱	41・497
	53・602
高拱辰	61・555
高　厚(長治)	50・329
	50・565
	58・365
	58・711
高　厚(獻縣)	49・3
高　厚(清)	35・752
高厚德	56・18
高　奎	62・312
高奎照	27・902
高　郢	7・792
	29・536
	29・605
	32・699
	40・509
	62・571
	63・805
高映奎	63・63
高　昶	53・89
	53・284
	53・300
高　昭	25・768
高　毗	29・543
	29・581
高　思	5・302
	5・392
	5・473
高思孝	36・454
高思敬(明)	40・422
	46・666
高思敬(清)	8・115
高思愛	35・463
高思慜	28・320
高思繼	2・736
	14・718
高思讓	31・812
	34・47
高　适	19・559
高　科	38・134
高　重	7・734
	29・536
	29・605
高重光(明)	7・412
	21・422
	21・827
	36・776
	37・19
高重光(清)	34・332

34・491
高重倫 15・550
15・591
高　俁 21・274
25・35
高保寧 16・154
16・267
高　俊 40・528
49・307
49・486
高　亮 16・510
18・343
18・482
40・405
53・91
53・408
高　庠 32・618
高　彥 31・832
33・613
高彥暉 1・97
1・739
5・296
5・385
5・470
10・747
高彥儔 42・575
43・198
高　竑 7・323
14・107
15・344
高　恒 10・619
高恒豫 5・739
6・53
6・73
高恒懋 4・428
6・53
高姜氏 6・120
高首標 41・462
48・678
49・375
高宮璽 16・563
17・65
40・471
43・63
高　祐 7・630
29・524
29・566
31・372
高祚昌 56・701
高　柔 32・713
高　陞 19・580
高紅雲 29・262
高　泰 26・64
高　珪 7・835
高　珣 15・701
高起鳳 40・461
45・687
高晉彜 5・593
高　桂（清苑） 8・722
20・419
21・387
21・779
高　桂（祁州） 8・780
21・828
高　桂（成安） 34・694
高桂秀 45・585
高桂雲 25・876
高　格 30・235
高振宛 50・613
高振基 19・568
高時明 1・836
20・875
高　晟 31・21
高　峻 49・307

49・785
高乘雲 52・861
高　等 37・19
36・774
高　修 45・730
高　健 8・218
11・255
11・590
高師成 8・69
22・241
22・377
高　釗 20・150
高凌雲(成縣) 10・837
38・894
高凌雲(肥鄉) 35・438
高凌霄 5・249
48・632
高　益 2・140
22・242
高　浩 56・714
高　溦 4・250
7・287
26・245
31・137
高　涣(南北朝) 31・367
高　涣(宋) 45・682
高　翀(翼城) 56・687
高　翀(安陸) 7・379
21・289
40・324
42・489
高　翀(清) 61・737
高能宣 41・476
49・376
高純治 51・327
高　逵 35・256
高執中 12・550
高培元(安肅) 8・735
高培元(肅寧) 21・391
27・642
高　乾 29・539
29・613
31・136
31・142
高　爽 31・820
32・414
高　雪 21・285
高　盛 31・153
高　捷(明寧晉) 37・305
高　捷(明鄉寧) 60・209
高　捷(清) 7・459
21・304
高　推 8・601
12・547
37・149
高　堅(太原) 43・205
高　堅(南和) 36・450
39・716
39・769
高　彪 32・611
高　堂 18・327
18・473
高堂貢 61・563
高　冕 41・422
63・579
高國光 32・95
35・434
高　崧 41・58
49・364
高崑玉 60・387
高崗鳳 45・682
高　崙 50・224
52・698
52・856

高　崇(北朝)　7・640
高　崇(明)　14・688
高崇文　1・97
1・115
1・708
2・565
3・723
4・347
5・383
7・703
25・47
高崇佑　15・254
高崇武　11・270
12・610
12・642
高崇明　48・731
高崇祖　41・632
43・670
高崇基　4・433
6・74
28・98
40・500
44・733
48・632
高崇蕚　8・818
高崇熙　41・32
48・675
49・357
高　移　29・609
高　第(祥符)　48・650
49・313
高　第(灤州)　16・522
18・346
18・484
高　第(清洪洞)　58・411
高　第(清阜平)　9・106
11・275
24・154
43・178
高　第(清博野)　23・133
高敏學　1・813
5・573
8・326
高　進(明大城令)　7・330
20・213
高　進(明錦衣衛)　32・667
高　偉　6・3
高從吉　8・483
36・446
36・528
36・774
高從慶　51・364
高　釪　37・468
高象先　59・331
高象樞　40・447
47・406
47・746
47・785
高猛虎　29・543
29・576
高旌説　41・627
59・38
59・165
高惟岡　63・571
高惟聰　9・44
29・538
29・607
高煥章　15・282
高清典　11・604
高清儒　31・263
高　寅　28・742
高陽才　38・911
高隆之　31・148
高　貫　40・414

高紹曾 17·88
高紹廉 31·136
高登瀛 25·872
高　瑛 16·777
高　琳 61·621
高　琨 56·721
高　瑀 7·733
高　斑 9·233
高　琛(北齊) 23·202
高　琛(唐) 44·576
高項冉 24·310
高　越 1·723
2·566
3·722
高　超 47·816
高　喆 5·67
5·200
高喜臣 28·438
高斯誠 1·758
8·62
高萬翔 12·176
高敬猷 29·525
29·567
高　植 10·628
29·532
29·597
43·525
44·577
高　雲 16·194
高雲峯 27·517
高雲彩 27·883
高雲章 27·899
高雲程 61·447
高雲漢 3·584
高景蕃 46·531
高　揚 20·455
高　揆 7·332
29·46
高　撝 45·133
高撝謙 50·220
高棠萼 16·557
17·64
高　鼎 41·465
43·654
45·413
高鼎才 17·79
高　晫 41·458
59·678
59·747
高　景 8·793
21·387
22·747
高景阜 36·269
高景蕃 40·469
47·402
高黑子 8·640
高　嵐(明) 44·538
44·591
高　嵐(清) 9·47
29·584
高　策 43·648
43·812
43·819
高　傅 8·251
32·25
高　鳥 54·757
59·80
高復興 9·154
32·108
34·681
40·443
50·89
53·573
53·628

	53・633
高　鈞	48・175
	49・312
高勝吾	38・31
高　馮	7・728
	29・527
	29・569
高　斌	4・299
	7・426
高　善	49・800
高　道(邠州)	40・412
	42・511
高　道(蔚州)	15・219
高道悦	7・632
	29・524
	29・567
高　湖	10・619
	29・532
	29・597
高　湛	53・630
高　湝	31・387
	40・267
	42・467
高　湜	25・202
高　淵	19・679
	20・57
高　富	8・605
高　開	16・180
	16・324
高開道	14・183
高開鑑	24・312
高逷年	45・290
高登仕	24・814
高登明	41・63
	56・688
高登眼	61・749
高登符	24・771
	24・814
高登陞	42・521
	43・444
高登雲	32・60
	38・896
高登榜	37・517
高瑞麟	28・312
高　瑀	29・527
	29・570
高　瑄(明)	8・308
高　瑄(清)	41・544
	61・671
高　瑑	31・791
	35・51
高　遠	1・723
高　塘	40・477
	53・301
高夢尾	29・101
高夢箕	8・443
	29・101
高　幹	29・532
	29・597
高蔭章	5・251
高蔭爵	1・182
	7・462
	19・242
高　椿	29・611
高　楷(正定)	11・467
高　楷(瀘州)	13・91
	22・591
高　楫	7・333
	11・748
	21・281
高路雲	17・78
高嗣興	8・352
	21・345
	24・209

名	卷·頁
高　節(隋)	43·215
高　節(明)	40·418
	54·702
	59·644
高會元	3·582
高　鈳	21·378
	21·789
高　詡	9·264
	16·178
	16·322
高廓然	38·913
高　裔	1·881
	8·659
高愷基	6·91
	6·126
高　煓	11·544
高　義	40·424
	61·625
高義明	40·505
高　溥	29·92
高　源	4·265
	8·289
	11·266
	11·877
	29·312
	40·821
	55·461
	56·169
高　福(元天津)	4·363
高　福(元太谷)	42·597
	47·57
高　福(明揚州)	54·749
	56·199
	62·311
高　福(明東流)	31·18
高福昌	2·568
	3·724
高慇女	32·809
	33·438
高　璉	40·411
	53·91
	53·408
高　静	2·62
	6·233
高　嘉	14·101
高　翥	49·117
高壽名	40·461
	62·16
高　勱	10·622
	29·533
	29·598
	40·270
高熙喆	33·207
高　輔	19·47
高輔辰	16·551
	16·664
	18·350
	18·486
高　構	51·271
高爾行	62·16
高爾位	7·491
	39·681
	39·767
高爾秀	48·126
高爾修	4·428
	5·725
	6·71
	9·68
高爾絃	36·337
高爾憲	4·388
	5·739
	6·62
高爾儼	4·386
	5·739

6・61
6・91
高　竪　48・241
高　遷　50・81
高　嶺　9・268
高　鳴　8・214
11・224
11・450
高毓英　28・318
高毓澐　6・120
高毓麒　11・279
13・342
高　銖　40・508
42・740
高　銓　4・269
7・356
高　鳳　10・575
高鳳姐　36・148
高　誘　22・207
22・348
40・503
高　端　50・180
50・888
高　適　4・343
7・732
26・285
28・334
29・569
高漸離　7・531
24・445
高　演　11・144
11・436
高　肇　10・627
31・373
高肇培　4・431
6・78
高　閏　7・337
高　間　1・106
1・682
3・79
3・139
3・530
5・293
5・382
5・468
5・672
7・616
高熊貞　7・483
高熊夢　28・318
高熊徵　12・639
高　緒　31・383
高　綽　23・746
29・532
29・597
31・386
高維岡　40・429
高維岱　7・408
20・758
高維祺　18・144
高維新　9・241
高維墀　38・913
高　璁　16・512
高　璇　24・310
高　標　32・751
高　震　32・37
34・676
34・730
高　霄　16・625
18・350
18・486
高　賦　4・264
8・34
23・390
24・78

	26・247
高數仞	45・343
	45・391
	49・312
	49・673
高　儉	10・672
	29・526
	29・568
高　德	8・403
	16・650
高德亮	33・687
高德洪	18・153
高德純	33・416
高德基	16・157
	16・272
高　徵	18・373
	18・542
高調鼐	41・620
	57・126
	57・383
高　諒	4・340
	29・524
	29・567
高賡恩	20・61
	65・240
高慶龍	25・119
高　毅	13・343
高　遵	10・627
高遵約	28・21
高滿政	44・587
高潤生	20・147
高　澄(明)	20・146
高　澄(清)	7・517
	29・307
高　履	29・533
	29・598
高履行	7・729
高履豫	16・631
	17・142
高　選(明)	58・12
高　選(清)	8・825
	16・548
	17・505
	49・26
高緝武	41・657
高緝睿	4・428
	5・728
	6・71
	9・68
高樹生	29・522
	29・564
高勵登	56・694
高　霖(唐)	61・658
高　霖(金)	7・319
高　穎	61・669
高　駢	2・120
高　叡	4・251
	7・287
	7・291
	12・335
	12・410
	14・103
	14・282
	23・203
	29・525
	29・567
	40・268
	43・525
高　默	11・188
	13・312
高積厚	17・226
高勳業	21・313
	21・802
高　錕	34・327

	34・480
高　錫(宋)	41・567
	63・593
高　錫(金)	4・265
	7・322
高錫康	20・390
高錫琳	41・515
	47・206
高錫禄	34・334
	34・507
高學允	58・746
高學易	8・652
高　謀	7・323
	36・318
	39・683
高　龍	53・264
	53・300
高澤敍	63・212
高　憲	19・2
	24・309
	24・468
高　璩	10・675
高　環	50・322
	50・565
高　璲	45・665
高　聰(北魏)	43・679
高　聰(明)	18・342
	18・482
高聰山	38・908
高聯璧	41・471
	43・403
高　薦	50・298
高霞寓	1・97
	2・85
	10・667
	22・175
	22・335
	22・467
	40・283
	65・36
高　擢(太谷)	46・849
	47・91
高　擢(灤州)	8・413
	16・517
	18・343
	18・482
高　嶷	25・56
高　徽	29・522
	29・564
高　鍇	40・508
	42・740
高　謙(元)	8・250
	32・23
高　謙(明榆林)	22・11
	24・416
高　謙(明灤州)	8・408
	16・513
	18・342
	18・482
高謙之妻張氏	9・280
高　謚	7・632
	29・521
	29・564
	65・227
	65・520
高應元	41・644
	43・207
高應見	16・653
高應奎	54・758
	59・80
高應科	8・492
	40・434
	45・730
	58・289

高應通	28・830
高應聘	41・451
	61・668
高鴻逵	41・659
高鴻霄	18・548
	18・566
高　濬	19・540
高濬璜	5・88
高　濟(南北朝)	31・385
高　濟(明)	35・261
高濟美	59・164
高　禮(明)	27・280
高　禮(清)	41・506
	55・805
高　翼	29・34
	29・750
	31・361
高翼辰	31・821
高翼耀	43・898
高　鏊	1・113
	2・142
	3・734
高　瞻	2・262
	29・521
	29・563
高歸彦	31・137
	31・385
高　鎮(寧河)	6・173
高　鎮(遼東)	50・658
高　瓊	1・97
	2・566
	3・723
	22・188
	22・338
	25・135
	31・477
	40・285
	42・474
高攀蟾(明)	59・158
高攀蟾(清)	33・413
高　鏜	59・669
	59・738
高鏡蓉	26・301
高　鵬(山東)	40・556
	42・514
高　鵬(澧州)	19・517
	19・539
高鵬飛	52・866
高鵬起	41・458
	57・123
	57・561
高鵬翥	46・464
高鵬龍	28・543
高鵬齡	43・340
高懷貞	40・389
	45・682
高懷德	10・757
	11・238
	11・461
	24・744
	51・361
高　瀛	34・678
高馨岱	56・699
高　蘭	5・304
	5・394
	5・475
高　獻	41・595
	50・220
	50・889
	50・905
高　耀(博野)	21・373
高　耀(清苑)	8・372
	21・778
高　巍	41・3

高　鐈　8·724
21·448
21·815
高　騰　62·579
高寶寧　15·94
40·666
43·625
高繼允　47·51
高繼宣　40·371
高繼珩　2·53
13·473
16·644
16·784
33·205
高繼嵩　55·453
59·138
高繼勳　7·304
21·271
23·210
24·23
24·747
31·5
31·456
32·644
40·547
42·504
高　歡　44·593
高　顥　29·532
29·597
31·376
高　曦　59·678
59·747
高　巍　46·630
高　鐸　41·5
60·695
60·758
高鶴年　37·242
高　籙　41·692
高　儼　7·339
高　鑑　8·574
高　瓚　8·488
36·451
36·745
高　顯(明)　34·551
高　顯(清)　7·491
36·525
36·635
高顯光　54·202
高顯辰　8·821
18·353
18·558
高顯宗　8·368
21·365
21·787
高麟昭　41·656
43·677
高靈山　31·4
31·390
高　讓　10·818
13·516
高　鱗　41·432
50·234
50·460
50·529
高　驤　56·699
高驤雲　1·191
3·794
高　讜　31·372

涂

涂士煜　22·12
涂　山　26·92
26·764
涂尚忠　7·528

涂宗濬 40·330
43·555
涂時相 33·467
涂　禎 4·274
7·365

浮

浮邱公 52·259

凉

凉　茂 7·282
38·292

家

家鉉翁 4·359
9·267
26·91

容

容　照 7·525

朗

朗　知 41·699
56·9

扆

扆　昭 60·300
60·359

祥

祥　玉 40·491
祥　厚 7·527
祥　雲 41·666
43·215
祥　邁 17·87
祥　盤 16·183
16·330

閃

閃文繡 33·146
33·398
閃焕龍 15·493
閃欽辰 13·735
閃煜龍 9·207
13·759
15·423
15·434

展

展　毓 3·732
8·308

陸

陸　乂 14·363
陸士廉 52·367
陸之甲 2·598
陸子彰 4·250
26·245
31·362
35·612
40·659
陸　元 27·755
29·44
陸元鏸 48·632
陸化鵬 63·810
陸　卬 41·217
45·305
陸文衡 23·226
24·28
42·498
陸玉振 46·714
陸　本 41·690
43·214
陸　史 43·275

43・307
陸光旭 1・193
7・455
陸光祖 32・669
陸光曾 8・752
陸邦烇 12・21
陸廷陞 18・554
陸廷樞 40・495
61・449
陸　延 44・575
陸　旭 41・550
52・79
52・438
陸　位 40・283
陸希道 35・611
40・641
43・621
陸希質 32・618
35・612
陸　亨 45・285
陸　坤 1・149
7・377
19・540
陸　英 31・13
陸長華 40・469
45・393
陸長源 40・510
50・72
50・591
陸長廕 33・615
陸昕之 41・381
43・621
陸　府 16・437
18・333
18・475
陸定國 43・660
陸　東 32・670
33・68
33・195
34・552
陸拱辰 7・495
11・545
31・828
34・212
34・278
陸思鐸 32・720
陸　矩 11・178
29・448
陸保善 25・577
陸禹臣 41・670
陸　俟 4・249
7・285
14・361
15・91
31・4
31・345
40・639
43・524
43・620
陸彥師 15・104
陸洞雲 21・696
25・874
陸　珩 29・449
陸恭之 41・550
陸　真 14・360
15・90
40・641
43・619
陸　甡 63・777
陸　逢 40・505
陸　扆 40・512
60・620
60・771
陸扆箴 22・12

	24・417
陸　琇	40・640
陸　爽	35・644
陸　崑	7・362
	32・664
陸敏捷	41・72
	43・646
陸　偉	40・407
	51・302
	52・378
陸從平	18・328
	18・474
陸　康	4・247
	7・281
	27・20
	27・200
陸　淇	40・487
	61・250
陸　深	40・312
	42・485
陸張烈	40・454
	59・297
陸萬友	41・425
	43・631
	43・846
陸　菉	16・673
陸　凱	40・357
	40・640
	43・621
	60・615
	60・767
陸　雋	35・612
	43・621
陸象先	40・279
	62・569
	63・12
陸　愉	7・354
	12・338
	37・138
	37・292
陸遐昌	50・297
	50・613
陸費元鐄	4・315
陸費瑔	4・306
陸　瑜	44・635
陸　載	30・302
陸　楷	18・19
	19・3
陸　楙	16・458
	17・206
陸　暐	41・549
陸　榘	8・421
陸　詵	7・308
陸福宜	7・471
	29・352
	29・363
陸　瑶	44・635
陸壽光	45・507
	45・562
陸　僑	31・807
	32・413
陸　敿	15・91
	40・640
	43・620
陸　賓	38・132
陸　樟	4・411
	5・141
	5・219
	40・487
	62・518
陸　震	2・687
	2・728
	2・787
陸餘慶	32・625

40·516
51·329
65·164
陸養廉 30·649
陸　錦 49·310
49·672
陸龍成 35·612
陸　燧 19·134
19·182
陸　禧 7·510
陸　璪 40·365
49·293
49·479
陸　懋 7·466
陸濬睿 7·505
14·474
14·539
陸　禮 7·331
31·794
33·717
34·44
陸隴其 7·484
11·195
11·380
11·739
陸　麗 13·776
15·570
15·652
40·640
43·621
陸　鏞 40·405
45·682
陸　蘭 44·635
陸　騰 41·390
43·626
64·567
陸騰駿 2·835
陸　龞 7·364
陸　鰲 54·743

陳

陳一元 56·270
陳一本 49·120
陳一言 46·50
陳一理 30·192
陳一新 7·491
36·339
39·545
陳一德(明) 47·456
陳一德(清) 8·821
陳一龍 35·417
陳二樂 51·585
陳人第 50·299
陳人道 46·845
陳　乂 10·695
陳　力 63·722
陳九奏 31·78
陳九德(欒城) 8·468
11·271
13·491
陳九德(莆田) 28·674
陳九德(民國) 34·513
陳九疇(平湖) 39·543
陳九疇(内黄) 32·735
陳九疇(歷城) 50·87
53·522
53·569
陳又新 29·608
陳三晉 52·429
陳三捷 7·411
11·192
陳三接 41·177
49·149
49·197

陳三傑 9・228
陳三豪 19・183
陳三樂 52・418
陳三緯 16・528
18・348
18・485
陳三錫 48・691
陳于延 40・331
陳于宙 21・396
陳于帝 41・627
44・814
陳于宣 24・211
陳于陛 8・511
32・46
34・218
34・262
陳于階 8・514
8・569
陳士元 16・437
18・327
18・474
陳士全 7・460
25・576
陳士秀 31・17
38・273
陳士枚 41・516
陳士俊 49・320
49・723
陳士章 21・380
21・826
陳士凱 50・720
陳士銓 1・188
3・28
陳士鏞 3・35
陳大文 4・301
陳大方 24・774
陳大玠 35・607
陳大來 49・318
49・750
陳大夏 24・259
24・419
陳大烈(明) 40・533
61・627
陳大烈(清) 31・836
38・380
38・669
陳大經 7・472
陳大賓 33・195
陳大綱 40・323
50・65
陳大綸(明) 37・522
陳大綸(清) 8・740
陳大濩 58・54
陳大學 36・496
39・288
39・423
陳大謨 45・701
陳上年 8・722
21・429
陳上朋 29・49
陳之文 40・456
49・318
49・673
陳之伸 7・405
31・815
32・414
陳之銓 40・474
48・177
陳子王 34・554
陳子奇 32・727
陳子昂 52・439
陳子階 18・47
陳子履 40・374
54・666

陳子鑑 37・718
陳王庭 16・525
17・178
陳王前(明) 32・695
陳王前(清) 29・610
陳王紀 41・474
63・727
陳王道 41・444
49・364
陳王綱 60・700
60・762
陳天祐 51・566
52・413
陳天祥(元) 8・285
12・544
37・142
陳天祥(明) 4・276
4・749
陳天清 7・491
36・339
39・545
陳天植 16・454
17・498
陳天棟 7・505
15・518
15・549
陳天祺 4・772
陳天德 50・229
52・854
陳　元 52・430
52・605
陳元京 9・218
陳元康 10・640
31・857
36・432
38・891
39・1
39・226
39・264
39・367
陳元章 3・35
陳元達 41・377
44・786
50・183
陳元凱 40・823
63・580
陳元普 45・132
陳元禄 6・5
37・470
陳元龍 58・788
陳元璐 4・425
28・57
陳元謨 19・406
陳元燮 9・218
陳元謙 63・779
陳友璋 29・976
36・637
36・753
陳友諒 18・142
陳曰可 53・483
陳曰喜 53・483
陳月昌 62・232
陳中鉞 31・117
陳中嶽 19・299
36・9
陳　丹 7・465
16・455
17・205
陳文同 50・83
陳文合 7・463
21・312
陳文言 39・547
陳文佩 19・539
陳文周 44・484

陳文沛 19·516
陳文炳 37·770
陳文淮 31·798
陳文滔 5·562
陳文學 34·326
34·480
陳文憲 39·262
39·330
陳文濤 62·217
陳文瓛(滄州) 37·798
陳文瓛(山西) 24·714
陳心正 34·334
陳心鏡 11·190
13·471
42·609
43·296
43·317
43·338
陳孔輝 66·473
陳以見 9·271
20·307
陳以恂 47·162
陳以培 6·130
陳以魁 5·583
陳允升 59·762
陳允忠 40·539
53·87
陳　玉(元) 40·833
47·485
47·641
陳　玉(明) 45·303
陳　玉(清) 46·531
47·402
陳玉山 26·588
陳玉友 20·627
20·664
陳玉秀 10·22
陳玉策 28·188
陳玉麟 33·205
37·469
陳　正 21·791
陳正已 34·720
陳正心 21·376
22·443
陳正言 4·393
28·56
58·54
陳正樂 40·459
53·91
53·263
53·301
陳正諫 15·422
陳　功 44·790
陳世良 7·352
36·336
39·679
39·766
陳世昌(豐潤) 9·216
陳世昌(湖南) 40·536
63·24
陳世勣 28·31
陳世輔(明) 19·539
陳世輔(清) 19·517
陳世綸 28·59
28·105
40·502
60·628
60·777
62·314
陳世潤 9·241
陳世鏞 5·229
陳世寶 40·426
62·311
陳　本 14·544

陳丕烈 63·821
陳可大 23·310
25·757
陳可宗 36·346
37·797
陳　平 25·813
32·688
40·572
43·519
陳占財 66·537
陳印鈺 16·40
陳印蘑 35·84
陳立中 21·292
25·487
陳立行 2·505
19·182
陳立誠 40·399
43·537
陳永直 21·291
25·131
陳永春 8·821
16·662
17·82
陳永清 16·631
陳永皓 37·798
陳永壽 21·796
21·875
陳永圖 25·908
陳永湲 43·157
陳民中 66·503
陳弘勳 53·630
陳弘謀 4·309
5·29
7·446
陳式典 28·32
陳　吉 50·235
50·388
50·562
陳　芝 63·776
陳有守 52·249
陳有典 6·252
陳有慶 27·521
陳成烈 5·77
5·230
陳光大 4·395
陳光甲 13·780
14·723
陳光祖 8·620
陳光遠 49·710
陳邦彦 22·602
陳邦瑞 15·432
陳邦碩 20·627
陳邦齊 7·468
16·457
陳邦顔 34·553
陳先甲 20·61
陳廷相 50·301
陳廷柏 1·180
3·360
陳廷柱 4·475
9·96
陳廷科 40·472
陳廷扆 41·477
51·602
52·424
52·590
陳廷敬 41·97
51·59
51·592
52·422
52·589
陳廷策 1·162
7·397
陳廷弼 41·477

	51・116
	52・591
陳廷統	41・477
	52・590
陳廷愫	36・196
	41・122
	52・590
陳廷諫	34・680
陳廷謨(明)	8・517
	32・61
	34・679
	34・725
	40・338
陳廷謨(清)	16・470
	17・498
陳廷繼	41・478
	52・12
	52・435
	52・600
陳廷瓚	21・288
陳　延	52・850
陳延祚	9・179
	32・710
陳仲孝	52・27
陳仲弟	52・607
陳仲良	60・299
	60・358
陳仲孫	52・375
陳仲貴	58・216
陳仲謙	63・579
	63・642
	63・695
陳自德	7・460
	21・306
	25・486
	25・575
陳行義	60・629
陳兆基	20・266
陳兆侖	1・171
	7・438
陳兆熙	66・485
陳名華	7・399
	16・442
	17・202
陳　旭(明)	28・433
陳　旭(清)	7・519
	23・236
	25・760
陳次升	40・291
	42・477
陳池養	39・549
陳汝明	53・750
陳汝瑒	24・258
	24・420
陳汝厲	20・160
陳　宇	37・795
陳守中	46・669
陳守仁	21・289
	22・403
陳守創	21・310
	25・131
陳　安	33・413
陳安石	40・290
	42・477
	51・294
陳安策	62・219
陳如錦	18・19
	19・3
陳孝意	40・506
	40・689
	43・528
	44・611
	45・280
	62・649

	63·30
陳　志(遷安)	16·753
陳　志(元城)	40·411
陳志貞	21·390
	25·188
陳志緯	1·190
	22·139
陳志學	39·450
陳　芳	8·603
	30·313
陳更新	55·818
陳克昌	18·374
	18·543
陳克緒	20·627
陳步萊	37·932
陳　卣	34·330
	34·490
陳肖祁	41·480
	47·492
	47·761
	47·805
陳見智	40·454
	62·583
	63·357
陳見龍	29·363
陳迪恪	58·216
陳利貞	1·703
	7·700
	22·175
	22·277
	22·335
	22·467
陳　秀	14·123
陳希文	5·667
陳希古	40·374
	54·664
陳希平	38·256
陳希良	7·359
	41·34
	60·697
	60·790
陳希東	30·26
陳希亮	32·644
陳希敬	7·516
陳何龍	63·777
陳　佐	6·260
	20·462
陳伯安	40·326
	45·286
	45·545
陳伯祥	38·92
陳　孚(元城)	33·396
	33·531
陳　孚(河南)	37·469
陳　彤	31·6
	31·520
陳彤珥	56·710
陳彤揚	56·693
陳　言(鄞縣)	20·213
陳　言(長樂)	7·359
	21·286
	24·749
陳　序	32·675
	33·70
	33·197
	34·555
陳　灴	32·682
	33·72
	33·201
陳灼見	63·131
陳宏緒	11·190
	11·845
	12·16
陳宏勳	40·536

	53・579
陳良才	27・105
陳良知	1・159
	5・275
	5・353
	5・460
	19・540
	19・635
	30・191
陳良玿	20・659
	46・667
陳良瑛	20・659
陳良模	40・525
	42・516
	49・173
	49・245
陳良輔	16・440
	17・18
陳良圖	3・580
陳君舜	59・85
陳　孜	41・23
	59・301
	59・330
陳　壯	1・804
	2・576
	8・311
陳壯履	41・598
	52・605
陳　表	20・627
陳　玫	9・222
陳　玠(明)	52・333
陳　玠(清)	5・168
	9・56
陳　坦(宋)	41・637
陳　坦(清)	7・505
	14・479
	14・539
陳坤德	61・148
陳其才	45・693
	46・4
陳其昌	5・229
陳其柱	7・403
陳其皓	34・685
陳其愚	2・728
	2・756
	2・789
陳其猷	32・737
陳其濬	26・338
陳其蘊	62・217
陳若拙	7・832
	16・488
	17・190
	32・642
	40・288
陳若疇	28・811
陳　茂	40・691
	63・576
	63・612
	63・717
陳苗實	29・307
陳　英	31・799
	33・717
	34・45
陳英傑	12・549
陳　直	45・684
陳　松(任縣)	36・456
	37・904
	37・946
陳　松(青縣)	4・375
	28・56
陳　松(定州)	23・591
	24・58
陳松齡	50・660
陳　協	1・867

	8・711
	20・590
	20・627
	20・647
陳　奇(南北朝)	21・456
	21・814
	62・30
	62・206
陳　奇(清)	19・54
陳奇畧	59・334
陳奇瑜	45・700
陳奇福	11・645
陳來朝	7・402
	12・729
	12・779
	23・241
陳抱珍	34・79
陳叔坦	34・775
陳叔達	40・361
	60・616
	60・769
陳肯堂	8・178
	21・459
陳尚友	20・665
陳尚信	36・342
	39・258
	39・326
陳省躬	31・127
陳具慶	10・838
	32・750
	33・393
	33・534
陳　果	18・385
	18・554
陳昌言	16・446
	18・183
	18・214
	41・463
	51・587
	52・420
	52・588
陳昌祚	40・334
	46・48
陳昌期(澤州)	51・589
	52・420
陳明倫(明)	61・624
陳明倫(清)	13・90
陳明經	31・806
	35・412
陳　昉	25・42
陳　典(明)	8・376
	21・369
	21・826
陳　典(清大興)	10・826
陳　典(清魏縣)	34・599
陳　典(清南樂)	32・698
陳　忠(元隆平)	8・289
	37・441
陳　忠(元寧晉)	12・355
	37・141
陳　忠(明獻縣)	29・92
陳　忠(明莒州)	21・283
	25・141
陳　忠(明新城)	8・358
	21・350
	24・677
陳忠言	32・48
	34・678
陳　峕	4・358
	8・89
	26・65
	26・258
陳知白	42・506
	43・147

陳知舜 40·475
陳和志 13·492
陳季璩 31·389
陳秉直 63·23
陳秉忠 33·384
33·531
陳　佩 40·480
62·313
陳佩衡 14·689
陳所立 7·404
16·445
17·203
陳所行 7·401
31·808
32·676
33·197
33·719
34·46
53·103
53·475
陳所志(明通州) 3·576
陳所志(明魏縣) 8·540
33·128
33·387
34·583
陳所抱 41·469
61·455
陳所知 52·409
陳所聞(明文安) 1·829
20·590
陳所聞(明新安) 8·396
21·417
陳所養 24·259
24·420
陳所優 61·453
陳所蘊 59·82
陳　金 11·179
陳金駿 16·462
18·185
陳金鑑 50·887
陳　念 23·744
陳　采 8·382
21·378
21·789
陳周屏 60·226
陳周愷 60·224
陳　京 58·55
陳　忞 20·627
陳　府 31·802
35·411
陳　性 4·387
26·764
陳性天 8·823
16·549
18·235
陳　炬 25·48
陳　炌 5·65
陳　炎 32·723
陳法于 52·611
陳　泂 29·601
陳治邦 35·621
陳治典 63·20
陳治宣 20·628
陳治紀 11·190
11·639
陳宗仁 54·712
58·360
58·706
陳宗石 7·517
陳宗武 28·672
陳宗哲 54·731
陳宗海 50·660
陳宗堯 44·658
陳宗義 45·4

陳宗器 32・678
陳宗瞻 21・429
陳宗彝 9・222
31・74
陳定國 9・124
38・31
陳　建(北魏) 14・360
15・102
40・639
43・620
陳　建(清) 31・830
34・212
陳建中 30・122
陳居恭 8・394
21・386
25・48
25・110
陳承祖 34・327
34・480
陳承嫣 46・669
陳　珊 20・628
陳　珍 4・419
陳　玲 63・227
陳封舜 53・724
陳　政(隋) 63・576
63・717
63・733
陳　政(元) 49・436
陳　政(明番禺) 4・274
7・341
陳　政(明欒城) 13・490
陳　政(明修武) 50・250
50・897
陳　政(清) 59・298
陳政典 31・835
34・50
35・706
36・7
陳　荃 24・710
陳柄謙 47・311
陳　柏 60・699
60・761
陳　柱(明) 12・467
陳　柱(清) 37・719
陳柱國 16・657
18・217
陳　咸(漢) 31・293
32・609
陳　咸(宋) 34・791
陳咸受 52・605
陳　厚(明福建) 21・281
25・36
陳　厚(明鷄澤) 35・64
陳　奎 51・358
54・140
陳則清 21・288
25・330
陳昭衮 40・797
43・633
44・531
64・630
陳思伊 52・583
陳思忠 50・68
陳思謙 8・283
11・255
11・482
37・143
陳思讓(宋) 10・749
16・487
17・189
陳思讓(清) 7・458
22・406
陳思濟 40・394
53・86

陳　矩　21・689
陳利貞　1・96
陳　修　31・6
31・519
陳皇后　33・536
陳禹謨　22・136
22・324
陳　俊　61・510
陳　俎　7・385
31・800
陳爰諏　21・298
25・138
陳　胤　19・25
陳奕禧　5・86
9・275
12・781
40・540
60・469
陳　度　49・9
50・213
陳庭訓　1・156
3・793
3・823
陳　彦(元)　8・178
21・458
25・897
陳　彦(清)　20・388
陳　恂　9・187
陳洪昌　12・551
陳洪度　41・534
63・728
陳洪書　25・576
陳洪範　3・553
8・678
陳洪綀　49・723
陳洪蒙　40・324
42・490
陳洪疇　63・730
陳洛書　41・491
43・404
陳　宫　32・703
陳　冠　19・491
陳　祐　8・282
12・356
12・544
37・142
陳　祖　2・256
3・591
陳祖苞　7・404
16・446
17・496
陳祖法　7・489
12・17
陳祝升　19・681
20・59
陳　陞　19・680
20・58
陳　紀(明閩縣)　14・115
14・289
14・469
14・530
陳　紀(明臨汾)　41・438
55・797
陳　紀(明陝西)　45・684
陳　紀(清)　27・520
陳紀升　59・652
陳　泰(魏)　40・263
42・466
65・11
陳　泰(明)　4・268
7・340
11・179
40・304
陳泰來　37・700

陳泰華 53・725
陳泰階 30・353
陳　素(明桐鄉) 31・7
31・520
陳　素(明靈寶) 7・367
11・184
12・123
陳素抱 40・443
62・583
63・692
陳素學 31・88
陳　■ 40・535
54・746
陳　琰 8・14
陳起潛 40・447
47・400
陳　華(明) 11・395
陳　華(清) 18・29
陳恭錫 7・509
19・6
陳　莊(明徐溝) 43・324
陳　莊(明南道御史) 3・730
陳　桂 41・446
46・695
陳桂柯 47・315
陳桂齡 25・60
25・106
陳　原 61・598
陳　烈(明) 39・544
陳　烈(清) 9・186
陳振之 21・344
25・898
陳　哲 7・336
21・282
23・111
陳時春 54・723
59・85
陳時道 46・844
47・91
陳恩光 28・110
陳　倬 9・159
陳皋謨 19・239
41・38
45・295
陳師亮 41・527
59・761
陳師節 12・551
陳師錫 40・383
60・248
60・330
陳效元 8・758
21・390
24・211
陳效忠 3・808
22・195
22・342
陳　悃 39・679
39・766
40・412
42・512
46・86
46・417
陳益清 29・621
陳　浩(明) 50・81
52・645
陳　浩(清) 2・13
2・667
8・696
陳海峯 9・273
32・129
35・491
陳　淛 8・795
陳　容 32・613
陳書堂 35・271

陳　恕(宋)　4・257
7・300
32・635
33・187
40・381
45・282
陳　恕(明)　8・404
16・509
18・341
18・481
陳務滋　62・529
陳　能　61・446
陳純基　3・228
陳純德　40・335
42・495
陳　球　7・280
32・612
陳　規　41・573
61・660
陳　逵　7・341
陳執中　7・328
32・642
32・660
33・188
陳　梅　6・253
陳　桷　31・472
陳　勘　40・429
54・704
59・646
陳　晃　34・327
34・480
陳國直　63・24
陳國珍　40・445
52・551
陳國柱　41・579
63・725
陳國泰　62・477
陳國祥　9・161
32・124
35・750
陳國軫　51・343
陳國禎　27・8
陳國賢　61・670
陳國維　20・590
陳國寶　8・561
陳國籌　20・454
陳過庭　32・651
34・325
34・478
陳崑玉　47・165
陳崇迪　24・30
陳崇砥　20・60
27・522
33・206
陳崇虞　59・297
陳崇誥　9・1
陳崇慶　62・577
63・19
陳崇儒　54・717
陳　敏　58・110
陳敏祥　58・214
陳　偲　20・661
陳　偉(清莆田)　7・499
33・202
33・509
陳　偉(清閩縣)　11・195
12・682
陳從易　40・514
42・506
陳　逸　9・263
32・127
陳　庸　17・215
18・17
陳康侯　34・225

	34・284
陳　旌	30・720
陳章應	40・524
	42・509
陳　翊	26・94
陳　情(明永年)	33・761
	34・82
陳　情(明深州)	8・605
	16・519
	18・345
	18・483
	40・421
	49・311
	49・672
陳　情(明東平州)	20・381
陳　情(明咸寧)	50・81
陳　愓	1・184
	7・452
陳清震	37・724
陳　淇	40・489
	53・579
陳淑洛	19・585
陳　淳	31・73
陳　淬	7・313
	11・168
	31・791
	32・653
	38・293
	38・378
陳　梁	40・407
	43・543
	44・123
陳　寅	34・791
陳啟泰	33・207
陳啟盛	33・417
陳　貫	4・257
	7・301
	40・289
	42・476
陳紱麟	19・200
	19・566
陳紹吉	60・700
	60・762
陳琴友	20・615
陳　琪	24・158
陳　瑛	32・736
	33・378
	33・527
陳　琳(三國)	9・264
	31・103
	35・652
陳　琳(清)	16・281
陳　琦(明清源)	41・20
	42・600
陳　琦(明霍州)	41・6
	59・142
陳　琠	41・531
	48・70
陳　琮(明)	56・707
陳　琮(清)	1・177
	19・682
	20・60
陳　堯	1・810
	2・580
	3・541
	3・734
陳堯年	37・731
陳堯佐	32・635
	33・65
	33・187
	34・544
	40・288
	42・474
	51・286

52・372
陳堯咨 7・302
32・637
33・187
陳堯賓 8・571
18・47
40・533
50・87
61・626
陳超文 47・656
陳賁懿 41・478
52・425
52・592
陳　喆 8・615
陳　喜 4・474
9・95
22・139
陳彭年 51・368
52・374
陳　達 49・307
陳萬言(明元城) 32・694
33・380
陳萬言(明錦衣衛) 54・696
55・792
陳萬春 9・130
37・506
陳萬清 17・80
陳萬策 21・377
25・59
陳萬勝 5・197
陳萬藻 20・627
陳董德 40・530
陳葆中 60・312
60・375
陳葆光 47・325
59・177
陳悳正 8・799
21・401
陳悳華 8・798
21・401
陳悳健 63・775
陳悳敏 63・730
陳悳愚 63・731
陳悳榮 8・796
21・397
陳朝用 49・725
陳朝相 44・591
陳朝書 40・472
59・650
陳　植 6・252
陳　棟(明) 42・509
49・159
49・243
陳　棟(清) 9・13
29・100
陳　極 58・215
陳極新 18・352
18・487
陳　惠 49・218
陳雄藩 3・29
陳雲珊 41・625
52・611
陳雲臺 13・343
陳　揮 41・429
63・579
63・695
63・719
陳雅琛 12・781
陳　棐 32・668
37・139
51・400
陳紫閣 56・693
陳　鼎 20・820
陳鼎隆 60・376

陳鼎雯 40・489
58・709
陳遇貴 24・459
陳景先 18・45
陳景伊 3・216
陳景行 8・327
陳景曾 40・489
58・709
陳景賢 16・757
陳　智 3・811
陳　策(明霸州) 7・378
19・540
陳　策(明定邊衛) 3・366
陳　策(清臨漳) 35・649
陳　策(清安州) 8・797
21・402
陳　策(清阜平) 9・106
24・160
陳　筌 8・797
21・404
陳　傑(明蠡縣) 21・360
23・53
陳　傑(明仙遊) 39・262
39・329
陳　復 2・141
陳復新 28・676
50・193
53・592
陳　鉅 10・815
陳　欽(明會稽) 7・360
16・450
17・493
31・796
陳　欽(明壺關) 50・79
50・925
陳　欽(明莆田) 19・539
陳　鈞(明) 58・110
58・214
陳　鈞(清) 40・482
59・81
陳　舜 8・414
16・651
18・153
陳舜道 22・743
陳舜裔 41・479
53・478
陳　然 29・975
37・721
陳　詠 14・124
陳　詔 40・471
43・148
陳　斌 18・95
18・143
陳　竑 26・94
陳　翔 40・350
65・10
陳翔鸞 40・528
48・175
49・313
陳　善(元) 40・392
50・78
54・314
陳　善(明汝陽) 31・795
33・717
34・44
陳　善(明清苑) 7・378
21・291
21・801
陳　善(清) 10・826
陳善道(明) 21・382
23・50
陳善道(清) 2・273
3・594
陳　道 48・649

	49・306
陳道周	63・218
陳道基	1・58
	18・13
陳道瀛	22・30
陳孳念	63・727
陳曾公	9・218
陳湛念	63・725
陳渭川	39・337
陳　滋(元)	39・6
陳　滋(明)	47・405
	47・744
	47・783
陳　湧	3・35
陳　寔	40・351
陳祺齡	9・18
陳登峰	28・69
陳登雲	8・493
	12・532
	36・457
	36・514
	36・784
	37・499
	45・693
陳　彙	6・252
陳　瑞	40・323
	42・488
陳瑞昌	18・496
陳瑞鴻	21・688
	21・820
陳　瑄(明)	12・338
	13・532
陳　瑄(清)	5・279
	5・462
陳　瑋(明)	36・195
陳　瑋(清)	19・69
陳　遴	7・314
	11・169
	23・218
	24・25
陳　載	41・570
	52・68
	52・314
陳聖治	21・304
	40・444
	49・721
陳聖矩	41・193
	42・615
	47・62
陳聖俞	9・159
	32・118
	36・32
陳聖敬	45・394
陳聖瑞	8・736
	21・462
	25・57
陳勤墉	20・500
陳夢月	41・505
陳夢説	61・458
陳夢熊	7・466
	16・458
	17・206
陳　蒿	7・850
陳幹卿	29・589
陳　楚	7・820
	23・389
	24・77
陳　楨	20・396
陳　楫	43・917
陳　楹	37・732
陳　輅	45・3
陳與明	35・286
陳與郊	7・400
	36・328

人名	卷·頁
	36·509
陳與義	32·651
陳與權	63·775
陳虞裔	4·285
	28·187
陳　睦	60·701
	60·763
陳　盟	21·298
陳　煦	28·35
陳　暄	20·562
	20·628
陳　暉	33·378
	33·568
陳照乘	20·628
陳　筠(安州)	8·797
	21·403
陳　筠(鳳臺)	52·499
陳　愈	6·3
陳愈美	35·71
陳會麟	37·515
陳會極	28·102
陳　鈺(山西繁峙)	13·764
	16·37
	26·252
陳　鈺(滿城)	25·908
陳　鉞	29·125
陳　盟	22·703
陳　詩	58·84
陳　誠	31·33
	38·275
陳　詻	63·241
陳裔振	40·462
	61·448
陳新甲	7·405
	23·225
	24·28
陳　靖	5·83
	5·250
	10·834
陳靖華	16·652
	17·174
陳資壽	49·302
陳愫恩	62·33
	62·212
陳　慎	1·867
	8·710
	20·591
	20·646
陳　煒	32·682
陳義門	37·288
陳　滯	32·664
	33·193
陳　溥(明)	40·412
	42·512
	43·60
	53·91
	53·409
陳　溥(清)	5·279
	5·462
陳　源	13·93
陳　準	46·668
陳　寬(明)	8·581
	31·75
	38·253
	51·333
	52·548
陳　寬(清)	8·798
	21·411
陳　福(邢臺)	36·746
陳　福(浮山)	59·330
陳　福(清)	45·693
陳福先	28·432
陳福慶	36·755
陳福臻	60·778

陳殿邦 38・134
陳　頊 8・664
陳　遜 19・679
20・57
陳際新 8・664
陳際熙 43・562
43・834
陳　綍 41・474
63・730
陳　經 40・555
42・604
43・76
44・697
陳經濟 40・429
62・580
63・691
陳　璉(景州) 29・537
29・606
陳　璉(趙州) 41・647
61・685
陳　璉(東安) 19・191
陳　瑤 55・807
陳　嘉 8・523
32・693
33・378
34・586
陳嘉言 55・799
陳嘉音 39・329
陳嘉琦 43・77
陳嘉會 43・79
陳嘉猷 25・515
陳嘉謨(明翼州) 56・704
陳嘉謨(明長沙) 48・650
49・312
陳嘉謨(清廣昌) 24・458
陳嘉謨(清冀州) 31・240
陳嘉謨(清阜平) 9・106
24・159
陳嘉績 61・151
陳　壽 14・288
14・529
40・570
43・541
陳壽昌 7・451
陳壽祺 27・408
陳　墉 59・338
陳輔世 19・68
陳輔堯 16・424
17・199
陳爾道 18・55
陳爾達 34・685
陳　碩 1・152
5・563
陳　熙 31・816
34・719
陳熙昌 58・20
陳　睿 7・500
32・684
33・73
33・203
陳鳴謙 62・525
陳毓秀 63・727
陳　僖 8・725
21・462
21・815
陳僴儀 1・189
63・776
陳　銓 19・68
陳　鼐 16・515
16・776
陳　鳳 40・557
陳鳳友 20・627
陳鳳梧 40・312
42・485

陳鳳翔 4·313
5·33
陳鳳圖 9·107
24·157
陳　志(元城) 8·525
32·733
33·379
33·524
45·506
45·561
陳　志(武定) 4·286
27·22
27·202
陳　誨 12·339
12·523
37·139
陳　膏 49·299
49·484
陳廣心 8·543
32·707
33·390
33·527
陳　端 26·94
陳端夏 47·162
陳適月 63·728
陳適度 41·459
62·702
63·727
陳榮祖(元) 40·393
51·356
54·139
陳榮祖(明) 41·440
62·700
63·581
陳　熔 44·613
陳　漢 13·780
陳滿堂 36·467
37·820
陳賓鎬 41·535
63·809
陳　察 40·311
陳　實 21·790
陳肇慶 20·663
陳暨均 41·653
63·784
陳慰祖 32·121
陳　翠 7·268
陳　隨 3·357
陳隨貞 41·598
52·605
陳際昌 12·551
陳際熙 40·468
陳維城 7·398
16·442
17·202
陳維屏 40·488
46·714
59·298
陳維楨 37·14
陳維新 1·173
7·444
60·626
60·776
陳維墀 29·586
陳維嶽 63·774
陳維藩 41·439
58·16
陳　綬 33·380
33·526
陳　綰 16·438
17·495
陳　琯 2·14
3·554
8·679

	21・462
	24・215
陳　璋	7・411
陳增美	19・489
	43・152
陳增履	43・344
陳　聚	12・459
陳聚之	31・548
陳　蕃	25・201
陳蕊珠	20・615
陳　醇	9・222
陳　震(明)	40・310
	42・484
陳　震(清)	20・627
	20・668
	34・214
陳震元	8・677
陳　賢	8・318
	46・583
陳稼生	6・209
陳　範	4・282
	6・2
陳　箴	45・579
陳　篁	16・636
陳　億	7・509
	24・261
陳　儀	2・12
	8・714
	20・627
	20・660
陳儀妻王氏	20・615
陳　質	40・553
	43・537
	43・768
陳　德	40・529
	51・357
	54・140
陳德文	41・193
	47・62
陳德先	56・16
	58・800
陳德敏	41・474
陳德順	22・182
	22・356
陳德新	37・732
陳德溥	47・325
	59・179
陳德廣	19・436
陳德榮	27・905
陳德瀠	59・180
陳　鋭	28・738
陳　餘	9・263
	42・528
陳　魯	41・645
	52・256
陳調元	13・537
陳調鼎	29・157
陳　賡	41・574
	63・593
陳賡虞	28・188
陳慶正	62・478
陳慶書	28・68
陳慶祺	28・68
陳慶霈	28・68
陳　毅(金)	41・430
陳　毅(明晉江)	31・803
	32・413
陳　毅(明東莞)	4・283
	28・185
陳　熐	31・88
陳養源	17・68
陳澄度	63・728
陳履亨	55・808
陳履和	40・484

47・52
陳　璘(陽曲)　41・29
42・602
43・72
陳　璘(涉縣)　11・181
34・793
陳　璲　21・284
25・137
31・796
陳　璚　54・716
59・296
陳　璣　21・288
24・509
24・594
36・350
37・883
37・926
陳　壇　21・394
陳燕明　21・309
25・818
陳　薦　23・737
36・265
36・440
38・27
40・514
陳　翰　49・312
49・673
陳樹青　19・377
陳樹蓍　4・308
5・31
陳　霑　31・73
31・116
31・220
陳　興　4・262
陳　儒(新建)　40・333
40・430
50・85
50・606
63・21
陳　儒(錦衣衛)　2・580
3・735
8・321
陳　錡　52・651
陳　錕　20・444
20・676
陳錫綬　3・806
陳錫鎔　30・591
陳錫麒　6・5
陳錫鑫　28・431
陳　錦(高平)　41・621
52・84
52・322
陳　錦(鄉寧)　60・208
陳　錦(清)　28・98
陳錦華　41・541
45・308
陳錦榮　53・345
陳學彭　6・180
陳學穎　40・345
陳　諫　54・711
58・365
陳　諤　1・142
7・332
陳諤言　22・744
陳龍友　20・665
陳龍珠　20・615
陳　憻　23・56
陳　燝　27・336
27・406
陳　燧　58・84
陳　羲　21・286
陳　濂(明)　24・413
陳　濂(清)　28・69
陳　憲　9・205

陳憲道 31・823
34・211
陳豫朋 41・478
41・598
51・62
52・425
52・592
陳　縉(明) 22・15
24・417
陳　縉(清) 16・38
陳懋德 26・94
28・58
陳　■ 20・627
陳　矯 31・783
32・613
33・184
陳儲賢 40・446
46・713
陳　徽 29・363
陳　鍾 3・832
陳鍾元 30・666
陳鍾祥 4・320
26・281
陳鍾琛 16・463
18・133
陳　鍏 8・758
陳　講 40・314
42・488
陳　謨(明) 49・362
陳　謨(清霸州) 2・10
陳　謨(清聞喜) 61・149
陳　謙(明) 21・350
25・189
陳　謙(清) 11・445
38・134
陳　謐 43・134
陳應中 31・822
33・720
34・48
陳應武 28・351
陳應和 62・578
63・20
陳應夏 4・768
5・168
陳應道 66・279
陳應富 40・452
54・747
陳應瑞 5・587
陳應薦 43・279
43・311
陳鴻保 19・542
陳鴻恩 30・191
陳鴻翊 6・171
6・252
陳鴻翔 6・252
陳鴻雷 33・381
陳鴻詡 6・183
陳鴻翥 6・180
6・252
43・899
陳鴻翻 6・180
陳鴻儒 24・703
陳鴻翮 6・180
6・223
6・252
陳　翼 20・627
陳翼鶚 32・680
陳覲聖 40・454
陳　藎(丹陵) 38・94
陳　藎(魏縣) 34・578
陳　藎(清) 44・127
陳　蘊 20・627
陳　簡(明) 7・400
31・807

54・325
陳　簡(清)　8・799
陳　磐(江夏)　32・414
陳　磐(當塗)　18・19
陳鎮標　19・184
陳　鎰　40・405
40・407
42・510
46・3
陳　鎔　28・69
陳　黿　40・600
44・478
50・183
50・403
51・603
52・309
53・727
65・9
陳　賡　62・705
陳　璧(陽曲)　31・21
41・20
42・600
43・72
陳　璧(太谷)　41・30
42・603
46・810
46・822
46・842
47・64
陳攀龍　41・464
51・600
52・425
陳　璽　60・790
陳　爵　8・798
21・406
陳鏡堂　35・271
陳鵬年　1・174
7・445
陳　懷　40・553
43・538
陳懷道　51・342
52・551
陳懷璋　40・501
61・449
陳　瀚　12・20
陳　瀛　10・834
陳寵增　45・591
陳寵錫　52・868
陳　韜　43・642
60・698
60・761
陳蘭谷　20・628
陳蘭第　40・497
陳蘭澧　13・758
陳　獻　9・159
32・119
35・743
陳　耀　4・374
5・724
6・70
8・450
陳耀文　32・669
33・68
33・195
34・560
陳耀林　63・844
陳耀昌　8・797
陳耀堃　22・591
陳騰章　40・454
63・694
陳　瀾　2・579
陳竇氏　33・487
陳繼三　54・149
63・26

陳繼昌 46·831
陳繼祖 13·535
陳繼曾 31·127
陳繼虞 36·40
陳　顥 4·362
8·200
16·496
17·193
28·53
陳夔友 20·627
陳顧諟 4·384
8·456
27·83
27·231
陳　鶴 47·161
陳鶴年(清) 37·719
陳鶴年(民國) 47·317
陳鶴翔 7·497
31·829
32·414
陳鶴齡(安州) 8·796
11·445
21·454
陳鶴齡(聞喜) 61·152
陳懿典 41·654
陳　鑄 3·134
陳　鑑(元) 38·273
陳　鑑(明) 46·581
陳　瓚(博野) 21·443
23·127
陳　瓚(陽武) 21·282
陳　瓚(獻縣) 8·433
29·90
陳　顯(明) 14·718
陳　顯(清) 60·704
陳顯元 7·409
陳顯宇 60·765
陳顯際 11·287
11·492
陳顯彝 34·481
陳麟友 20·666
陳　瓛 7·350
21·283
21·800
陳　觀 39·386
39·527
陳　讓(山陽) 1·144
5·561
7·358
陳　讓(絳縣) 61·452
陳　讓(夏縣) 62·378
陳　灝(金) 63·695
陳　灝(清) 36·196
陳　讜 21·364
40·433
45·343
45·391
陳讜言 22·744
陳　鑾 26·588
陳　鑿 19·11

陰

陰世師 22·132
22·322
陰仲達 43·678
陰行真 20·179
陰　助 21·377
22·598
陰武卿 4·273
7·394
陰昌庚 41·211
62·431
陰秉暘 34·326
34·479

40・418
54・735
57・103
57・274
57・443
陰　盈　36・336
39・679
39・766
陰振猷　16・643
18・180
陰執競　49・86
陰國均　53・317
陰國珍　53・319
陰國華　53・324
陰國卿　53・318
陰望之　16・643
陰啓光　62・33
62・211
陰　琦　16・634
陰象坤　12・682
62・33
62・211
陰聖之　53・346
陰　揺　3・363
陰　壽　4・251
7・288
16・154
16・267
陰榮先　53・519
陰　標　21・368
22・596
陰慶元　53・320
陰　潤(明)　49・25
陰　潤(清)　62・34
62・212
陰積祚　41・473
58・413
58・728
陰學箴　62・233
陰應坤　58・408
陰應節　41・456
58・411
58・727
陰　霨　53・316
陰　鶴　32・49
32・417
陰鶴鳴　45・683

陶

陶士伋　45・73
陶天培　31・821
陶　氏　38・921
陶以銓　8・591
30・16
30・110
31・76
陶正中　4・309
5・30
7・446
陶世徵　41・107
60・702
60・780
陶世模　42・553
46・21
49・1
陶永淳　7・352
36・335
39・679
39・776
陶弘才　1・178
7・451
19・137
19・151
19・183

陶　成　9・271
陶成瑜　20・412
陶光寵　8・328
20・146
40・433
44・726
陶廷揚　40・487
47・272
59・89
陶自悦　40・454
51・311
52・381
63・694
陶汝霖　40・501
陶　安　7・334
16・433
18・326
18・473
陶孝華　12・326
12・329
陶志頤　41・685
46・152
46・491
陶　圻　20・213
陶東山　38・916
陶　易　40・478
陶季容　7・336
陶金殿　31・832
陶　治　60・714
陶宗儀　3・31
8・346
陶官保　15・62
陶　相　17・528
陶　俊　38・275
陶執中　62・310
陶　梓　41・530
60・698

60・761
陶崇古　11・273
陶　淑　7・515
陶　琰　41・29
60・697
60・760
陶喆甡　5・234
陶萬象　30・15
30・109
陶　楝　19・182
陶雲升　5・234
陶鼎鉉　7・512
12・414
陶景武　16・661
陶　注　60・701
60・780
陶善鼎　40・363
54・656
55・791
陶　滋　41・40
60・692
60・779
陶　登　60・700
60・762
陶節夫　40・372
42・478
陶福介　34・681
陶　模　42・502
42・504
陶爾德　50・86
50・315
50・612
陶　銓　41・12
60・695
60・758
陶滿場　34・731
陶　穀　41・566

	42・621
陶　盤	34・681
陶　翰	45・498
	45・608
陶　譜	19・539
	21・290
	25・141
陶　熺	7・453
陶應龍	8・583
	30・14
	30・108
	31・76
陶　璽(絳州)	41・18
	60・695
	60・759
陶　璽(威海衛)	40・528
	48・651
	48・712
	49・309
陶　鏞	40・479
	46・531
	47・402
陶瀛洲	32・113
	38・896

姬

姬士麟	41・478
姬　于	47・616
姬文郁	21・299
	25・39
姬世顯	36・749
姬光璧	63・63
姬自修	38・94
姬守中	53・731
姬志元	41・682
姬志真	41・682
	52・269
姬　均	1・191
	7・454
	19・542
姬宏基	28・676
姬　治	33・411
姬泰聚	40・494
	45・645
姬　珪	21・350
	23・134
姬登第	9・123
	36・560
姬鼎燕	52・74
姬　暉	40・540
	61・513
姬履泰	41・611
姬　淡	15・176
	41・171
姬　襄	36・749
姬　翼	5・416

娥

娥　清	41・380
	43・618

通

通　元	37・287
通古思忠	16・404
	17・197
通真子	52・269
	53・755
通　哥	8・68
通　智	65・170
	65・475
通　傑	2・256
通　義	25・926
通　境	41・698
	43・136

通　辨　21・694
24・794

桑

桑元美　8・571
17・355
18・51
桑田巫　55・639
57・163
57・429
桑　冲　27・755
29・43
32・689
桑安世　42・506
46・85
46・415
桑如芝　17・354
桑　芸　41・85
42・611
46・133
46・434
桑春榮　2・68
桑拱陽　55・820
56・181
桑　喬　40・319
42・487
桑　開　17・323
桑開基　17・343
18・52
桑開運　9・211
桑祺祥　63・419
桑　福　17・340
18・50
桑嘉依　7・325
桑鳳苞　17・361
18・52
桑鳳翥　9・211
17・329
18・52
桑維翰　43・161
55・4
55・451
59・328
桑學易　17・369

孫

孫九苞　24・313
孫九鼎　40・385
41・571
45・23
45・154
54・676
孫九經　38・914
39・212
孫九億　45・128
孫九疇　45・128
孫于璜　35・640
孫士亭　49・793
孫士美　7・412
30・191
孫士凱　24・314
孫士賢　7・467
孫士儀　11・270
13・491
孫大祈　7・402
孫大剛　21・817
孫大發　41・542
孫　小　31・347
40・264
42・501
孫之萍　8・802
21・451
25・186
25・233

孫之■ 8·803
21·461
25·188
孫之璧 35·640
孫子文 39·679
39·766
48·677
49·369
孫子袘 41·127
61·127
孫天祚 24·413
孫天繡 48·755
孫元霞 45·306
孫　五 30·735
孫　友 24·309
孫友直 21·350
孫友鰲 63·227
孫止孝 16·445
17·203
孫曰庠 40·490
50·660
孫日選 26·268
孫日嚴 41·446
44·539
44·583
孫　中 21·356
24·538
24·678
孫中孚 28·355
孫化龍 8·470
11·594
11·603
40·427
42·516
44·484
44·656
孫　公 37·287
孫公亮 41·434
41·642
43·674
44·206
44·266
44·531
孫公傅 63·217
孫　文(明) 44·524
44·585
孫　文(清) 32·420
孫文傑 34·501
孫文義 34·330
34·490
孫文澤 40·529
51·335
52·548
孫文驄 4·320
7·479
孫文顯 15·487
孫方泰 15·487
孫方諫 10·705
21·678
21·776
23·751
孫允中(兖州) 7·386
31·801
33·718
34·45
50·83
50·685
孫允中(太原) 42·606
43·74
孫允諧 44·591
孫以貞 44·579
孫以弼 28·434
孫玉汝 40·735
孫玉堂 19·573

孫玉清　28・434
孫玉琢　47・93
孫玉銘　21・796
孫玉璞　35・290
孫玉鎔　37・949
孫正勵　47・498
孫世芳　8・556
14・382
14・501
14・563
孫世忠　27・519
孫世貴　45・691
孫世瑩　22・626
孫世蕃　48・751
孫世藎　40・540
41・86
42・611
48・753
49・317
49・786
61・248
孫丕承　52・601
孫丕基(明)　21・384
22・602
孫丕基(清)　47・498
47・655
孫丕揚　4・272
7・395
孫丕猷　38・896
孫可大　43・846
孫可銘　18・360
18・492
孫巨鯨　54・710
58・360
58・706
孫甲元　56・263
56・460
孫由甲　26・303
孫　用　18・22
孫立雅　8・768
21・450
22・594
孫　永　7・310
12・355
12・445
40・295
孫永祚　9・241
孫永真　5・670
孫永會　6・251
孫必茂　1・185
5・566
孫必振　40・457
51・353
53・723
孫必達　58・365
58・711
孫民先　54・666
57・102
57・273
57・442
孫　弘　12・358
36・780
37・23
孫邦彦　31・21
孫邦傑　8・72
21・504
孫式廓　9・35
28・745
孫西園　38・652
孫　臣　21・371
22・598
孫　成　30・432
孫成基　59・685
59・754

孫光代 25・63
孫光祐 41・57
60・699
60・761
孫光祖 8・570
17・315
18・50
孫光祚 1・192
7・455
孫光裕 46・51
孫光鼎 15・701
孫光勲 48・750
孫光耀 50・68
孫廷才 61・560
孫廷相 19・240
孫廷瑛 9・138
孫廷銓 18・130
32・678
34・556
孫廷擢 24・313
孫廷璧(大興) 8・639
孫廷璧(徐水) 25・65
孫廷夔 47・68
孫延長 7・396
19・677
20・58
孫延洞 61・511
孫仲昱 54・684
孫任超 56・452
孫任道 56・266
56・468
孫　份 54・724
孫行友 16・748
21・679
21・782
24・332
孫全照 7・831
21・326
21・776
31・460
32・636
33・187
孫兆庭 43・170
孫兆禄 27・105
27・220
孫兆龍 15・819
孫多軒 3・226
孫多煌 65・92
孫多慶 26・570
孫汝忠 50・248
孫汝賢 34・552
孫汝霖(錦州) 46・669
孫汝霖(遵化) 18・66
孫汝聽 59・157
孫守恒 60・364
孫守真 41・689
孫守訓 48・750
孫守禮 40・322
孫　安 7・337
14・113
14・286
14・528
14・627
14・659
孫安樂 50・670
孫如粱 24・770
孫如爽 34・334
34・507
孫孝本 2・609
8・337
孫孝宗 15・59
孫孝愉 41・490
48・793
孫　志 60・300

孫　奇　41·594
50·200
50·215
孫奇逢　8·766
21·444
22·469
22·594
22·595
22·669
22·672
26·765
32·130
34·716
35·491
孫長卿　7·312
23·214
24·24
40·290
42·477
孫叔敖　28·355
孫卓曾　24·314
孫尚志　49·80
孫尚均　26·301
孫尚琦　26·309
孫尚勤　25·877
孫　杲　5·280
5·358
5·462
孫　昌　46·127
46·182
46·428
孫昌泰　38·581
孫昌壽　65·264
孫昌謨　37·312
孫昌齡　12·547
37·289
37·152
孫　明　7·326
16·433
18·326
18·473
孫明善　46·714
孫　昂(昌邑)　54·742
孫　昂(天津)　4·370
4·764
5·158
8·448
孫　固(宋)　7·310
11·167
32·315
32·649
40·384
54·666
59·77
孫　固(元)　41·641
55·644
56·4
孫忠厚　34·55
孫　和　31·32
孫季華　19·195
孫　岳　7·822
孫　侃　47·480
孫　佺(唐)　5·347
5·458
孫　佺(清)　47·489
47·647
孫　倌　61·625
孫金度　2·817
孫念祖　56·269
56·471
孫　究　7·402
54·744
孫　放　60·958
孫育豪　5·472

孫　泳(晉)	16・162
	16・290
孫　泳(清)	4・308
	5・32
	7・444
孫宗元	16・456
	18・329
	18・475
孫宗武	50・674
	50・809
孫宗楚	58・746
孫宗賢	59・419
	59・539
孫宜發	17・352
	18・73
孫　房	32・415
孫建宗	42・518
	48・2
孫建德	14・580
孫建勲	37・717
孫居直	36・431
	37・827
孫居相	41・69
	51・731
	54・181
	54・194
孫承宗	8・383
	16・418
	17・198
	17・496
	20・419
	20・616
	25・169
	25・219
	43・683
孫承祖	31・14
	37・660
	41・38
	47・479
孫承恩	41・579
孫承業	48・794
孫承緒	48・755
孫承勳	18・217
孫承澤	2・108
	3・740
	19・193
孫孟和	27・322
	27・405
	31・797
	32・413
	32・665
孫　拱	7・325
	21・275
	41・642
	43・674
	44・266
孫　垣	61・156
孫　政	49・8
孫　赳	48・759
孫　拯	7・284
	22・132
	22・322
孫　威	41・642
	43・674
	44・265
孫威直	7・573
孫厚均	35・608
孫厚德	13・745
孫貞勵	47・654
孫　星	18・30
	19・5
孫　昭	33・67
	33・194
	34・552

孫昭遠 40·568
孫昭還 32·653
孫思邈 55·657
56·13
58·800
孫重璜 62·221
孫　修 8·506
32·36
33·618
孫修曾 9·221
24·313
孫保元 56·260
56·454
孫　俊 37·817
孫　衍 47·497
47·654
孫胤奇 22·693
孫奕世 38·909
孫度雅 21·506
22·621
孫彦高 23·748
孫　恪 40·419
62·578
63·571
孫　炳 32·37
38·308
38·563
孫炳若 35·272
孫　炯 16·776
孫　美 30·590
孫　洪 40·308
43·543
孫洪基 35·259
孫洪圖 35·260
孫　洤 8·769
21·462
孫宣哲 50·574

孫祖壽 1·826
2·662
12·639
16·427
16·756
孫祖德 40·378
50·77
孫祇修 9·241
孫　泰 32·270
孫敖曹 16·201
孫　珠 56·15
孫起元 17·366
孫起棟 16·673
17·540
孫起鳳 47·162
49·314
孫起綸 40·459
47·406
47·747
47·785
孫　振 30·705
孫振邦 36·9
孫振基 48·756
孫　挹 41·480
47·489
47·647
孫　埈 24·713
孫　莊 47·76
孫　晉 32·677
33·198
33·509
孫晉康 31·84
37·598
37·730
孫桂芳 15·496
孫桂馨 15·496
孫桐圭 26·308

孫致祥 60・312
孫　晟 27・637
孫恩綬 26・796
孫　剛(元) 10・812
31・102
孫　剛(明) 2・742
2・787
8・547
13・760
14・374
14・559
14・626
15・35
15・60
15・218
40・558
孫　剛(清) 41・466
47・489
47・646
孫　修 40・311
42・484
孫　倌 54・703
孫　息 55・350
孫　健 31・812
36・3
孫豹章 48・796
孫逢吉 41・12
43・640
44・207
孫　遜 30・428
孫悦之 10・831
28・781
孫悦茂 28・354
孫　益(宋) 40・380
孫　益(元) 62・28
孫　浩 47・496
47・621
孫浩遠 41・693
孫家祥 50・201
孫　祥 7・339
24・411
41・182
43・640
孫書春 26・588
孫書堂 29・612
孫　珴 27・904
孫捷三 18・357
18・490
孫　掞 40・466
孫接武 31・21
孫培金 40・498
44・657
孫培曾 31・831
34・721
34・727
孫莒生 41・491
48・790
孫乾元 56・263
56・460
孫　盛 40・619
46・122
46・424
47・193
49・333
孫　晟 41・620
孫　略 40・480
45・644
孫　國 50・82
50・606
孫崇學 24・309
24・469
孫符乾 34・482
孫敏浦 4・470
27・85

	27・233
孫進修	47・272
	54・753
	59・89
孫進德	14・581
孫從度	8・395
	21・425
孫從教	50・83
孫象賢	41・454
	48・786
孫　許	38・133
孫　庸	38・274
	38・275
孫康周	18・15
	40・436
	42・517
孫章武	9・219
孫　翊	44・479
	44・576
孫惟中	7・393
	31・807
	34・45
	38・295
	38・377
孫惟允	28・100
孫惟謙	1・149
	5・563
孫　焕	36・496
	37・527
孫焕翔	4・433
	5・746
	6・65
孫　清（明）	5・679
孫　清（清）	24・312
孫清元	9・115
	11・464
	12・64
孫　淮	53・92
	53・409
孫淦元	56・467
孫啟後	31・22
孫榮紱	21・810
孫　隆（范縣）	5・667
	7・378
孫　隆（三河）	2・106
	19・406
孫　紹	16・193
	16・293
孫紹先（萊陽）	40・421
	51・348
	53・721
孫紹先（代州）	45・295
孫紹祖	41・38
	45・301
	45・335
孫　琦	41・7
孫　琡	27・517
孫　琰	63・572
孫　超（南通）	34・212
孫　超（解州）	41・482
	60・521
孫超武	59・654
孫超曾	9・211
孫　博（漢）	41・662
	55・615
	63・190
孫　博（明）	8・426
	29・528
	29・571
	40・570
	43・542
	44・480
孫博雅	8・768
	21・451

	22・621
孫博鑑	35・643
孫　達(猗氏)	41・620
	62・708
	63・719
孫　達(邱縣)	35・262
孫萬春	21・794
孫揚淦	41・530
	48・789
孫萬壽	10・661
	30・404
孫萬榮	16・201
孫萬鍾	21・817
孫葆元	27・28
	27・299
孫　敬	11・267
	11・472
孫朝弼	28・438
孫朝幹	18・72
孫惠蔚	7・685
	25・58
	30・384
	31・85
孫雲錦	63・844
孫雲襄	46・836
孫　揆	40・281
	50・600
孫　景	38・95
孫景元	41・682
	52・271
孫景曾	27・408
孫景擢	34・556
孫　晃	3・355
孫無終	31・330
孫　智	19・578
孫　程	22・260
	24・546
孫　集	63・571
孫　順	60・626
孫順之	48・792
孫　復(宋)	40・777
	56・169
孫　復(明)	44・581
孫　鈐	19・579
	19・656
孫　欽	1・725
	10・702
	19・185
孫　勝	41・622
	43・676
孫敦化	24・412
孫　善(元)	30・365
孫　善(明)	28・55
孫善守	41・601
	44・364
孫善繼	60・567
孫　湛	40・362
	42・502
	46・84
	46・415
孫　渤	50・77
	50・861
孫温如	58・13
孫　渭	40・454
	56・202
孫道士	21・697
孫道垣	25・515
	25・596
孫道温妻趙氏	9・282
孫　遂	30・650
孫　棨	7・502
孫　裕	10・818
	11・285
	11・492

孫開經	61・127
孫開緒	61・155
孫閎達	40・451
	42・519
	43・148
孫弼政	50・201
孫　發	47・497
	47・654
孫發緒	24・30
孫　統(晉)	41・548
	46・122
	46・448
	47・202
	49・331
孫　統(明)	60・715
孫瑞慶	24・313
孫　瑜	8・485
	36・447
	36・528
	36・744
孫　瑋(盩山)	27・107
孫　瑋(渭南)	4・273
	7・394
	11・186
孫　載	40・515
	62・573
	63・15
孫夢祥	41・649
	59・545
孫夢錫	8・281
	30・502
	31・85
孫夢熊	39・630
孫夢麟(平陰)	53・90
	53・262
	53・299
孫夢麟(昌邑)	29・240
孫　楚(晉)	41・547
	46・121
	46・423
	47・193
	49・331
孫　楚(清)	46・754
孫楚臣	30・659
孫　楫	37・308
孫　鼎	48・1
孫鼎臣	40・390
	61・510
孫鼎相	51・734
	54・181
孫　路	40・376
孫　嵩	27・92
	27・168
	27・211
	27・290
孫　筠	40・461
	62・313
孫　節	3・538
	8・312
孫　僅	40・375
孫傳庭	41・75
	45・296
孫　鉞	46・53
孫　鈐	25・188
孫會宗	41・375
	64・465
孫　誠	38・253
孫　鄜	28・671
孫　靖(明)	41・7
	47・478
孫　靖(清)	30・662
孫新慶	62・220
孫　資	40・607
	42・534

46・120
46・422
47・201
49・421
孫　慎　21・459
21・826
36・266
孫　煜　37・830
孫　煌　21・384
22・606
孫　慈　16・445
18・328
18・474
孫　寬　37・320
孫福全　25・877
孫福華　61・148
孫福清　40・497
50・660
孫　禎　28・735
孫殿元　61・560
孫際昌　9・3
孫　經　32・730
孫嘉淦　1・171
4・298
7・425
41・108
42・613
48・782
48・806
48・808
孫嘉會　9・241
12・553
37・260
孫　翥(元)　49・326
孫　翥(清)　27・95
孫　爾　22・621
孫爾舟　26・570
孫爾周　4・324
孫爾俊　53・321
孫爾祚　22・621
孫爾棫　35・645
孫爾禎　8・396
21・505
孫　睿　36・451
38・28
孫毓英　46・630
孫毓崑　27・904
孫僧化　42・738
孫　銜　40・488
47・52
孫　銓　21・384
25・178
孫　鳳　45・294
孫鳳立　7・491
38・95
孫鳳如　58・712
孫鳳藻　25・865
孫廣泰　3・582
孫廣翁　11・194
孫端已　24・312
孫　榮　41・436
42・598
46・127
46・448
孫榮仁　28・672
孫榮前　41・139
43・203
孫榮彬　36・638
孫　賓　27・876
孫　緒(故城)　8・430
30・639
孫　緒(蕭山)　7・331
29・304
孫緒祖　7・458

	21・311
	25・925
孫　綽	41・548
	46・144
	46・448
	47・193
	49・331
孫　維	44・704
	46・50
孫維城	7・393
	28・672
	32・671
	35・258
	40・331
	42・491
孫維清(明)	60・302
	60・360
孫維清(清)	38・638
孫維寧	4・425
	28・56
孫維龍	2・33
	8・663
孫維藩	41・450
	60・304
	60・372
孫　震	7・474
	27・520
孫　撰	34・725
孫　賢(豐潤)	19・70
孫　賢(臨榆)	17・487
孫　賢(灤州)	18・552
孫　嶔	27・87
	27・169
	27・219
	27・291
孫輝曾	41・490
	48・791
孫德文	18・360
	18・491
孫德有	4・457
孫德芳	10・808
	32・268
	34・107
孫德昭	64・604
孫德信	37・288
孫德彧	2・249
孫德淵	8・76
	16・170
	16・303
	22・15
	24・415
	36・318
	38・92
孫德溥	18・360
	18・491
孫德源	40・386
	50・77
孫德經	63・844
孫德懋	17・527
孫德謙	40・301
	43・536
	43・768
	44・479
孫　磐	40・410
	51・346
	53・721
孫　慶	21・415
	42・510
孫慶曾	28・189
孫慶槐	41・130
	48・787
孫慶銘	12・176
孫　毅(茌平)	63・18
孫　毅(知寧晉縣)	12・337

37・138
孫養魁 21・369
22・597
孫養默 40・434
62・312
孫　嶲 41・488
47・490
47・648
孫履道 63・217
孫履隨 27・88
27・180
孫　緝 40・404
42・510
49・2
孫　薈 38・909
孫　檠 28・671
孫　樾 9・210
孫樹新 40・486
孫興祖 1・58
3・365
孫儒敏 31・91
孫　錫 2・728
2・788
5・667
孫錫康 38・274
孫錫齡(絳州) 41・105
60・703
60・764
孫錫齡(宣化) 13・745
14・585
孫　錝 7・394
32・670
孫學仁 63・782
孫龍光 47・498
47・655
孫　憲 47・490
47・648
孫　綷 42・736
43・212
孫　璲 47・271
54・752
59・88
孫　聰 8・529
孫鍾岐 60・385
孫　謙 15・45
15・222
孫謙豫 40・491
54・149
孫應元 7・396
16・429
16・440
17・202
17・495
孫應明 56・701
孫應奎 40・529
51・319
51・370
52・290
孫鴻淦 41・485
48・788
孫應期 48・2
孫應麟 21・375
23・53
孫　燦 6・243
孫鴻志 15・254
16・39
孫鴻儒 34・557
孫　禮 1・106
10・587
21・319
22・147
22・328
27・755
29・43

	31・3
	31・321
	40・263
	42・466
	65・11
孫　瓊	27・637
孫　顒	53・101
	53・473
孫　鎮	41・573
	60・692
孫織錦	1・162
	19・680
	20・58
孫　璽（代州）	41・187
	45・294
孫　璽（居庸）	45・286
孫　璽（平湖）	40・325
	43・545
孫　璽（青城）	50・64
	52・649
孫　鏜	2・844
	41・13
	64・655
	65・508
孫　鵬（博野）	21・365
	23・116
孫　鵬（鳳翔）	7・412
	32・677
孫鵬九	27・94
	27・239
孫鵬儀	41・492
	48・785
孫懷玉	63・784
孫瀛甲	26・304
孫　繩	24・311
孫繩武	39・826
孫繩祖	30・665
孫繩曾	24・312
孫耀祖	51・492
	54・143
孫　騰	31・147
	31・367
孫　譯	28・781
孫　寶	31・294
孫繼先（孟縣）	21・293
	24・750
	32・671
	41・60
	47・488
	47・644
	47・705
孫繼先（偏關）	46・53
孫繼志	21・385
孫繼芳	45・11
孫繼曾	9・157
	32・115
	38・565
	38・697
孫繼榮	44・538
	44・590
孫繼賢	30・366
孫繼鄴	31・461
孫繼魯	40・313
	42・486
	49・309
	49・487
孫　覽	40・290
	42・477
孫　鐸	32・655
孫　鑒	41・493
	43・204
孫體元	43・555
	43・781
孫　鑑	37・825

孫　巖　3・365
3・677
7・333
孫麟育　62・214
孫靈暉　30・400
孫　鷺　38・271
孫　讓　31・799
33・718
34・45
孫　纘　7・493
36・347
37・468
孫纘緒　3・795
孫　讜　4・442

納

納合蒲剌都　32・705
33・370
40・298
50・61
50・604
納哈塔富拉塔　8・103
納速剌丁　32・706
33・375
納喇呼喇勒　8・104
納蘭伯祿　31・792
納蘭胡魯剌　12・419
32・726
33・370
40・549
60・621
60・772

紐

紐成甫　20・757
紐　因　60・513

十一畫

教

教　成　46・485
教其相　32・78
34・92

執

執失思力　64・598

壺

壺　叔　55・348

培

培　素　41・691
43・300

埽

埽　雲　2・257
3・592

黃

黃一中　60・626
60・778
黃一化　2・834
黃士通　39・768
黃士能　29・588
黃大元　2・822
黃久約　7・323
31・791
黃之孝　36・197
黃之琮　9・173
33・396
黃之鼎　33・396
黃子培　3・598

	10·825
黄子嘉	11·748
	21·282
黄元功	8·497
	36·467
	36·563
	36·746
黄元鼎	36·271
黄元會	40·432
	53·92
	53·410
黄　友	1·57
	3·27
	7·314
	32·652
	40·578
	42·506
黄文奎	45·75
黄六鴻	27·520
黄玉衡	46·668
黄正邦	28·343
黄正賓	43·683
黄世清	42·494
黄世發	4·308
	7·471
	27·630
黄本訥	43·156
黄可潤	7·505
	13·91
	13·766
	14·539
黄　甲(明)	40·413
	54·749
	56·199
黄　甲(清)	62·419
黄四海	26·577
黄立隆	4·312
黄立極	32·696
	33·388
	33·524
黄永臣	14·476
黄　弘	21·345
	24·538
	24·677
黄吉士	32·734
黄　圯	45·179
黄芝芳	19·194
黄在中	7·496
	31·826
	35·54
黄成彦	5·170
黄成章	1·180
	3·134
	3·360
黄光煒	40·527
	58·12
	63·693
黄同勳	53·726
黄廷柏	40·444
	49·317
	49·489
	49·616
黄廷桂	4·325
	5·29
	7·522
黄廷幹	41·542
	45·758
	45·828
黄廷槐	58·156
黄廷榮	31·20
黄廷範	40·491
	49·789
黄廷蘭	39·434
黄　任	9·173

	33・396
黄　伉	31・821
	35・56
黄行可	19・128
黄　旭	45・74
黄汝香	31・840
	38・380
黄汝爲	39・716
	39・770
黄汝鈺	40・456
	47・162
	49・318
黄宅中	41・608
	45・822
	45・831
黄　安	41・662
黄安瀾	31・836
	38・379
黄志士	32・697
黄　芬	46・791
	47・49
黄克昌	16・466
	18・331
	18・476
黄克念	32・671
黄步青	16・465
	18・334
	18・478
黄　里	40・524
	65・52
黄作孚	51・318
	52・289
黄伯陽	21・691
	25・69
黄希文	36・10
黄希聲	60・702
黄良棟	7・506
黄　茂（明）	63・571
黄　茂（清）	41・505
	62・419
黄英傑	36・154
黄　直	40・533
	54・721
	59・28
	59・84
黄　東	5・159
黄奇遇	1・167
	19・134
	19・183
	19・678
	20・59
黄郁章	33・204
黄叔琳	2・3
	8・626
黄叔璥	2・5
	8・627
黄明立	41・699
	55・633
	56・7
黄明臣	2・729
	2・792
	13・721
	14・485
	14・566
黄明良	11・185
	11・843
	12・15
黄　和	19・680
	20・58
黄秉銓	7・485
黄金詔	34・692
黄育楩	37・798
黄　炎	8・663
黄河光	16・465

	18 · 185
黄　泌	41 · 503
	45 · 305
黄　泓	10 · 603
	16 · 178
	16 · 322
	31 · 849
	34 · 673
	35 · 255
黄宗昌	21 · 300
	21 · 801
	24 · 752
黄宗周	19 · 136
	19 · 193
	19 · 222
黄宜之	40 · 495
	40 · 499
	49 · 245
	63 · 574
黄承宗(明)	21 · 302
	25 · 485
	25 · 575
黄承宗(清)	3 · 850
黄　珂	40 · 312
	42 · 485
黄持衡	4 · 284
	28 · 186
黄貞麟	4 · 321
	7 · 480
	27 · 23
	27 · 203
黄　映	43 · 821
黄映庚	50 · 670
黄思道	40 · 433
	45 · 288
黄　香	7 · 279
	33 · 183
黄衍相	9 · 272
	16 · 671
	18 · 390
	18 · 564
黄庭堅	7 · 311
	32 · 648
	50 · 244
黄庭槐	58 · 217
黄彦清	19 · 679
	20 · 57
黄　炳(明)	8 · 530
	32 · 695
	33 · 383
黄　炳(清)	37 · 798
黄　洽	41 · 155
	60 · 709
	60 · 766
黄　洲	10 · 840
	14 · 401
	14 · 495
	14 · 571
黄　祐(天津)	4 · 406
	5 · 170
	9 · 57
黄　祐(新城)	40 · 345
	42 · 498
	45 · 290
黄　昶	2 · 701
	2 · 753
	2 · 822
黄　陞	5 · 280
	5 · 358
	5 · 463
黄　紀	32 · 669
黄　珽	7 · 469
	16 · 464
	18 · 334

	18・478
黄華蕃	23・236
	25・759
黄茞若	9・173
	33・396
黄　莘	7・308
	31・790
	38・294
	38・376
黄　連	62・692
	63・425
黄連貴	3・850
黄　烈	12・176
黄振宗	37・41
黄振鳳	33・612
黄　卿	34・772
	40・416
	42・513
	43・546
黄益慶	16・315
黄　流	37・816
黄家宰	40・443
黄家棟(明)	4・387
	28・329
黄家棟(清)	5・276
	5・354
	5・461
黄家瑞	3・831
黄理中	1・189
	7・454
	22・138
	22・325
黄基固	34・561
黄　彪	40・403
	43・540
黄　堂	58・367
	58・712
黄常祖	40・303
	42・481
黄野人	21・691
	24・243
黄國璨	40・445
	51・353
	53・723
黄國璽	40・481
	61・448
黄崗竹	13・229
黄敏生	53・574
黄得焻	28・313
	28・481
黄從貴	33・391
黄象奎	16・671
	18・155
	18・390
	18・564
黄象謙	28・433
黄　訥	9・57
黄翊聖	59・152
黄　清	21・286
	25・37
黄　淑	12・559
黄啟愚	9・276
黄啟綏	36・753
黄紹魁	6・143
黄堯臣	2・743
	2・815
黄朝聘	42・742
黄　棟	40・423
	62・311
黄雲道士	56・9
黄掌綸(大興)	8・631
黄掌綸(閩縣)	5・88
黄鼎甲	5・680
黄鼎楫	9・194

13・722
14・407
14・573
黃景式 2・835
黃景澤 59・668
59・737
黃景夔 16・436
17・494
黃　傑(淮安) 58・54
黃　傑(涇縣) 21・285
黃復生 40・463
59・81
黃　鉄 14・494
黃　鉅 4・461
28・313
28・487
黃　詔 31・813
35・416
黃道亨 7・398
21・298
25・331
黃　淵 11・183
13・526
黃淵泉 45・811
黃運泰 17・223
18・27
黃開運 23・272
黃登賢 2・5
黃　載 8・484
36・446
39・628
黃孫若 27・519
黃槐森 33・206
黃　照 44・366
黃傳紳 40・499
56・201
黃　鉞(舒城) 40・404
46・580
黃　鉞(興濟) 54・702
黃　鉞(霍州) 59・143
黃　鉞(宣化) 8・562
14・494
黃　鉞(清東安) 19・194
黃　鉉 8・567
14・399
14・495
14・568
黃愛之 32・697
黃　誠 19・680
20・57
黃慎五 5・229
黃　義 53・86
黃　福(明) 40・524
42・509
黃　福(清) 16・676
18・565
黃際雲 11・818
黃　經 40・346
黃經世 28・28
黃　綱 31・14
31・639
37・586
37・661
37・755
黃靜臨 4・517
黃　嘉 7・339
黃　壽 40・402
50・80
50・310
50・609
黃壽徵 58・14
黃榜魁 43・558
43・842
黃圖昌(明) 40・438

51・308
52・380
黃圖昌(清) 40・460
黃銘新 38・900
黃鳳翩 31・264
黃　鼐 1・839
2・617
黃　寧 5・279
5・357
5・463
黃　實 7・312
23・217
24・25
黃　綱 43・147
47・272
54・752
59・88
黃維翰 61・447
黃　綬 3・210
8・296
黃　綰 40・571
43・547
43・772
黃　璇 14・720
黃賜履 13・91
33・205
黃　儀 9・173
33・396
黃德濂 63・24
黃　鋭(咸寧) 45・694
黃　鋭(臨漳) 46・713
黃　澍 8・626
黃潤玉 2・270
2・576
3・729
8・299
黃　緯(益都) 46・86
46・417
黃　緯(固原) 32・672
黃　璟 41・160
41・604
黃樹賓 49・27
黃　儒 60・624
60・774
黃　衡 22・135
22・323
黃　學 31・32
黃　錕 22・136
22・324
黃錫蕃 3・585
黃　錦 14・126
黃　龍 16・431
黃　澤 34・775
黃　縉(明) 8・360
21・354
黃　縉(清) 40・540
61・247
黃　懋 8・459
11・266
13・340
黃　霞 30・239
黃徽允 40・341
42・496
黃　鍾(隆慶) 2・700
2・737
2・813
8・551
13・725
14・136
14・381
黃　鍾(順天府) 12・339
12・519
黃　謙 4・406
4・769

5 · 170
9 · 57
黄　謐　2 · 833
黄應文　5 · 204
9 · 63
黄應甲　3 · 584
黄應諶　10 · 826
黄　禮　43 · 70
黄　贊　32 · 649
黄　簡　19 · 138
19 · 191
黄　蘅　19 · 194
黄蘅若　33 · 530
黄　璽　1 · 147
3 · 365
黄贊禹　19 · 683
20 · 60
黄　鵬　36 · 496
黄　贇　9 · 269
18 · 243
黄懷玉　47 · 162
黄　瀛　12 · 559
黄　繡　16 · 435
17 · 493
黄　驊　31 · 802
34 · 210
黄　鐩　21 · 352
23 · 53
黄寶琛　19 · 196
黄　霸　27 · 746
40 · 503
54 · 641
63 · 9
黄鶴舉　32 · 109
34 · 688
黄鶴齡　40 · 482
55 · 793
56 · 179
61 · 513
黄　體　41 · 436
黄　瓚　44 · 596
黄　巖　21 · 282
25 · 329

菅

菅時中　36 · 780
37 · 23

乾

乾　峰　2 · 256

曹

曹一中　46 · 750
曹一貞　19 · 193
曹一稔　33 · 144
曹一誠　34 · 562
曹一鵬　28 · 738
曹九州　41 · 658
53 · 218
曹九成　46 · 634
曹九齡　50 · 560
曹力大　58 · 346
曹力壯　41 · 660
58 · 348
曹力誠　58 · 347
曹力繩　58 · 346
曹于汴　41 · 78
60 · 517
60 · 537
曹士直　18 · 55
19 · 55
曹士奇　29 · 346
曹士法　12 · 560
曹士錦　58 · 311

曹士瀛	3·36
曹大俊	20·374
曹大章	7·404
	31·813
	35·53
曹之珩	53·738
曹之賢	40·441
	42·518
	49·172
	49·244
曹之謙	41·571
	43·636
	44·417
	55·660
	56·15
曹子明	43·638
曹天祿	5·222
曹天寵	61·454
曹元瑞	1·181
	3·361
	21·312
曹不器	13·204
曹曰英	49·524
曹　仁(三國)	50·593
曹　仁(清)	41·543
	60·708
	60·782
曹化雨	5·673
曹化淳	5·674
曹文英	21·312
曹文鬱	27·8
曹文昭	41·508
曹文度	5·673
曹文炳	46·697
曹文章	47·486
	47·641
曹文詔	40·558
	41·82
	42·492
	43·649
	43·913
	43·936
	44·476
	44·525
	44·659
	44·670
	45·806
	47·403
	47·620
	50·594
	50·862
曹文輝	58·110
	58·215
曹文魯	5·679
	8·688
曹文瀚	29·588
曹心海	58·751
曹孔嘉	26·325
曹允升	29·600
曹允芳	8·688
曹允源	14·543
曹　正	24·312
曹世表	7·666
	31·784
	32·714
	33·79
	33·341
	38·291
	38·377
曹世俊	9·176
	13·93
曹世卿	61·669
曹本一	24·714
曹可法	50·332

50·573
曹丕振 58·311
曹　代 3·589
10·825
曹仙媼 58·269
曹立身 41·135
47·480
曹立楷 61·737
曹永年 41·440
59·524
曹永淳 19·56
曹司宰 31·809
35·412
曹　邦 18·76
19·68
29·351
曹邦偉 51·721
53·740
曹邦輔 7·388
32·667
33·193
33·508
36·336
39·679
39·767
44·596
曹吉人 19·567
曹在梅 63·224
曹有光 40·455
50·91
50·927
曹　成 32·611
曹　光 60·515
曹光祖 19·2
曹光訓 40·497
曹光啓 59·377
59·485
59·584
曹光緒 46·754
曹光實 40·381
65·41
曹廷杰 46·669
曹廷彦 29·586
曹廷宣 59·581
曹廷瑞 3·150
3·165
8·150
曹廷隱 10·722
33·352
曹延齡 49·528
曹自性 46·7
曹自重 47·493
曹名成 58·310
曹　江 20·157
曹汝洵 49·518
曹汝淦 49·518
曹汝淵 49·518
曹汝涵 49·518
曹汝愚 41·516
曹汝瀾 49·518
49·641
曹守貞 31·801
34·210
曹　安 31·29
曹　玘 37·219
曹　志 40·355
46·530
47·401
曹志和 24·714
曹志彬 45·130
曹志清 25·903
曹芸陵 8·688
曹芳溢 63·25
曹克明 33·408

曹克忠 5·243
曹更新 41·657
46·635
曹步垣 45·80
曹利用 8·27
12·353
12·543
37·141
曹伯啓 11·174
31·510
43·535
曹近天 58·313
曹希舜 60·517
曹　亨(新蔡) 7·376
曹　亨(忻州) 31·813
35·413
曹　沂 41·499
48·379
曹良臣 3·365
40·302
42·479
曹良直 11·191
24·752
41·82
49·366
49·510
49·515
曹君佐 58·311
曹　孜 4·371
27·82
曹　玠 48·223
49·345
曹茂先 53·724
曹　英(五代) 10·714
曹　英(清) 49·620
曹松年 41·576
曹卓立 34·598
曹尚義 22·684
曹　昌 49·308
曹明生 24·310
曹明南 1·140
22·134
22·323
曹　昕(明) 21·297
23·5
曹　昕(清) 9·43
29·607
曹　忠 46·580
曹和銘 58·349
曹和鏘 58·349
曹季友 41·662
50·250
曹　佾 7·849
11·216
11·689
32·649
37·219
曹　命 47·493
曹命新 13·343
曹受培 65·73
曹育賢 21·296
曹　泌(明) 44·537
44·629
曹　泌(清) 58·311
曹建元 59·424
曹建章 31·89
曹春曉 45·757
45·814
曹　珏(金) 8·101
14·411
14·424
15·570
15·652
15·666

32・14
35・752
36・148
曹　珏(清)　49・217
曹封祖　22・324
曹柏齡　19・196
曹　昭　29・584
曹思忠　8・572
22・29
24・375
24・462
曹　科　19・240
曹　重　19・49
曹皇后　11・136
11・681
37・218
曹　俊(靜樂)　45・193
曹　俊(臨清)　1・146
3・356
3・793
曹　亭　44・802
曹彥軾　21・310
22・406
曹　恆(金)　41・617
曹　恆(清)　10・827
曹　炯　4・498
曹首望　9・213
18・77
19・100
曹　洪　27・748
29・31
曹祝齡　49・518
49・636
曹　班　36・51
曹　晉　53・215
曹　真　11・141
曹　連　5・589
曹連擢　45・4
曹致祥　47・89
曹時敏　16・551
曹時聘　8・470
11・271
11・590
曹時熙　11・287
11・596
曹時舉　19・241
曹恩光　18・77
19・48
曹　笏　7・498
31・834
38・379
曹　倬　58・348
曹　倧　2・259
5・671
曹　釗　9・213
19・55
曹席珍　41・461
49・373
49・793
曹淩雲　33・405
曹　恕　19・518
曹培哲　58・346
曹培棟　41・499
48・380
曹　乾　47・271
54・753
59・88
曹　幹　27・747
29・30
曹　彬　1・57
10・754
11・210
11・682
22・10

40・545
63・14
曹　梅　4・376
27・82
27・161
27・230
27・283
曹國珍　2・89
10・700
20・145
曹國柄　12・682
曹國勳　9・43
29・535
29・599
曹　敏　36・458
37・510
曹　偕　11・261
11・689
21・273
24・748
37・219
曹　偉　3・150
曹　得　43・652
曹　許　37・219
曹旌忠　53・745
曹望之　8・107
40・519
43・532
曹啟文　24・313
曹　琮　11・240
11・683
曹　琚　21・460
24・61
曹期嘉　3・793
曹　植　11・141
曹棫培　46・659
曹　森　40・490

44・732
44・887
49・710
曹雲昇　5・187
8・679
曹雲望　9・213
18・77
19・100
曹雲漢　26・311
曹撝謙　29・609
曹　鼎　27・754
曹鼎望　9・213
18・75
19・100
曹景郕　6・6
曹景珍　59・397
曹景彬　58・313
曹順天　58・310
曹　鈐　9・213
19・62
19・101
曹　鈖　9・213
19・53
曹　銃　13・758
15・431
曹　飭　20・158
曹　評　11・251
11・689
曹登瀛　53・748
曹瑞凝　47・89
曹　瑋　11・240
11・682
23・209
24・23
32・633
33・187
曹夢尾　39・721

39 · 796
曹夢筆 58 · 314
曹　楨(元) 41 · 575
曹　楨(民國) 19 · 300
曹　雷 47 · 479
曹　傳 5 · 674
曹　鈺 26 · 93
26 · 765
曹愈參 7 · 396
曹　溥 24 · 125
曹源洙 19 · 62
曹　溶 40 · 343
43 · 561
43 · 781
44 · 484
曹際飛 38 · 134
曹　嘉 11 · 141
曹　榕 55 · 807
曹爾章 27 · 900
曹爾擢 27 · 406
曹爾馨 19 · 195
曹　需 58 · 218
58 · 251
曹鳴雷 3 · 739
曹鳴謙 29 · 609
曹鳴鶚 1 · 829
3 · 750
8 · 346
曹　種 54 · 737
57 · 104
57 · 275
57 · 444
曹　錤 50 · 298
曹　鳳 40 · 312
42 · 484
曹鳳章 32 · 683
33 · 203
曹　鼐 8 · 592
12 · 357
12 · 545
37 · 144
37 · 289
40 · 531
45 · 285
曹　誘 11 · 251
11 · 689
31 · 790
37 · 220
38 · 293
曹廣櫶 1 · 840
曹　彰 43 · 522
曹　端 40 · 533
54 · 755
57 · 39
57 · 121
57 · 354
57 · 435
57 · 446
57 · 700
57 · 701
59 · 78
61 · 253
62 · 577
63 · 19
曹寧一 25 · 69
曹　瑾 7 · 472
曹　璋 16 · 33
曹　賢 1 · 147
22 · 136
22 · 324
曹　遲 40 · 334
曹養鯤 31 · 816
34 · 719
曹　潛 19 · 53

曹潤堂 47·79
曹　闓 19·55
曹　璣 50·79
曹　翰 10·768
21·267
24·744
32·722
33·91
33·359
40·576
曹翰秀 41·522
58·310
曹樹殷 20·150
曹樹穀 41·597
曹樹聲 60·626
60·778
曹　操 31·318
曹　臻 8·361
曹　興 32·723
曹學閔 41·147
49·516
49·627
曹錫齡 41·147
49·517
49·634
曹營基 38·912
曹　羲 50·243
50·874
曹　璨 7·844
11·240
11·682
23·209
24·23
25·134
65·130
曹　聰 53·260
53·297
曹聯城 7·511
22·15
曹聯第 5·522
曹　櫃 11·610
曹懋時 58·310
曹懋德 53·738
曹　輿 41·443
48·225
49·355
曹　謙 27·516
曹應爵 40·558
46·53
曹鴻文 53·748
曹鴻舉 53·747
曹　璧 61·665
曹　鵬 22·592
曹濯新 1·194
3·229
曹　韻 48·381
曹繩武 47·311
曹　蘭 40·321
40·527
42·486
50·81
50·683
50·925
曹　耀 24·310
曹　寶 49·81
曹繼祖 58·259
曹繼參 9·213
18·77
19·99
曹　鐸(金) 61·446
曹　鐸(明) 49·307
曹　鶴 41·442
50·175
50·378

50・560
曹鶴徵 41・660
61・458
曹續祖 41・546
58・274
曹　鑑 1・111
1・788
2・572
3・727
8・153
曹　鑛 9・214
18・77
19・49
曹夔蛟 41・83
40・560
43・650
43・913
43・937
44・525
44・612
50・862
曹顯宗 2・143
3・589
10・825
曹　麟 5・272
5・349
5・459
曹麟趾 60・468
曹　纕 34・480
曹靈秀 58・15

梅

梅士傑 40・481
62・313
梅友松 40・333
63・200
梅守相 34・554
梅守極 1・161
3・357
梅成棟 5・68
5・143
5・220
9・63
16・468
17・207
梅如玉 16・674
梅志仙 1・116
2・256
2・704
2・754
3・43
梅東益 26・253
26・877
26・896
梅和鼎 12・522
38・142
梅　建 40・457
51・325
梅朗中 21・309
25・331
梅國楨 1・158
7・403
14・296
19・677
20・58
40・330
43・554
梅　雲 49・2
梅雲騏 40・473
63・212
梅朝榮 17・524
梅開運 4・411
5・175
9・58

梅　寧　42・512
43・151
梅　鋗　40・463
梅調羹　37・934
梅應卜　9・58
梅應文　4・27
4・763
梅應武　5・161
梅應奎　45・11
梅寶璐　5・221

麥

麥士偉　40・467
49・320
49・722

戚

戚同文　32・747
戚　貞　31・834
38・379
戚崇進　7・463
21・306
24・753
戚朝卿　34・721
34・729
36・636
37・21
戚景通　21・290
戚維忠　23・298
戚　賢　7・379
21・289
24・195
戚繼光　1・154
5・527
16・408
16・753
17・495

盛

盛子思　40・373
42・506
46・85
46・415
盛本初　7・330
20・757
盛存仁　4・394
8・458
26・81
盛　英　8・663
盛　春　43・682
44・421
盛　禺　7・343
盛時珍　59・451
盛　庸　21・283
盛　期　9・181
32・751
32・803
盛　經　54・145
盛　鴻　25・820
28・22
31・839
盛　顒　11・748

掩

掩　都　8・160

區

區大倫　7・401
32・673
區龍禎　32・675
33・70
33・197
34・555

虛

虛　閑　32・273

彪

彪　傒　32・686

常

常八十　43・136
常乃綱　52・14
　52・436
常三多　58・346
常三錫　11・189
　12・682
　44・580
常大忠　7・457
　21・306
　21・802
　41・454
　42・612
　49・82
常山鳳　41・516
　44・362
常天祐　34・682
常天壽　41・681
　43・300
常　元　21・695
　25・70
常文魁　7・465
　16・457
　17・205
　27・340
　27・406
　27・492
常允恭　45・785
常玉書　6・231
常世成　21・413
常世經　3・578
常世德　56・457
常世勳　31・803
　35・52
　45・3
常世爵　8・392
　21・382
　21・827
常丕顯　56・457
常　目　61・256
常　仕　34・681
常用功　31・128
常立屏　46・460
常立紀　46・442
常立教　46・482
常立愛　46・459
常永合　33・688
常永澄　49・80
常弘機　1・56
常　在(遼)　1・117
　2・243
　5・670
常　在(元)　8・241
　36・443
　37・825
常　在(明榆社)　4・280
　7・410
　41・33
　46・748
常存仁　36・332
　36・524
　36・634
　51・632
　52・312
常先召　33・132
　33・391
常延信　41・419

42·587
43·200
常自立 61·455
常自修 45·684
常汝春 46·462
常守方 16·647
常守信 8·515
32·54
36·28
常安世 41·601
44·371
常安成 25·189
常　祁 46·54
常如松 15·681
常志强 43·654
常克念 40·526
54·689
常　何 7·768
36·437
37·814
常　伸 61·455
常　完 34·599
常青岳 9·40
27·900
常　垣 18·490
常　茂 49·79
常　林 11·141
25·201
39·678
39·766
50·240
50·595
常郁文 40·498
46·714
常奇珍 9·148
32·96
35·442
常　來 36·496
37·526
常來譽 8·776
21·392
24·773
常　忠 18·186
常秉仁 46·747
常秉謙 63·131
常秉彝 57·111
57·546
常官雲 38·255
常　垣 18·357
常貞吉 41·467
60·704
60·764
常省吾 34·699
常星景 41·456
56·691
常　思 41·409
50·232
50·543
常思言 2·140
常恆昌 41·164
52·498
常　洵 3·809
常　洲 3·589
10·825
常　陟 2·736
50·71
常　泰(寧夏) 23·222
24·27
41·437
常　泰(徐溝) 43·283
43·295
43·316
43·338
常晉錫 9·182

常桂月　45·195
常　軏　41·25
51·724
54·197
常　修　41·701
43·676
常　倫　41·581
51·726
54·230
54·238
常　師　11·144
常家權　56·724
常　純　8·702
常培泰　38·916
常執禮　56·258
56·451
常黃兒　61·748
常　爽(北魏)　15·569
15·652
43·679
常　爽(明)　44·640
常虛已　33·132
常第春　46·462
常進孝　20·875
常望春　46·461
常清任　17·509
常清和　9·237
12·549
37·36
常添壽　42·624
常　越　6·248
常敬業　45·285
常　惠　40·348
40·583
42·530
43·190
44·477

65·4
65·150
65·514
常雲鴻　29·618
常景周　41·506
57·564
常景星　41·602
46·635
常景駿　12·335
常遇春　1·57
3·27
3·365
14·110
14·465
常貴賚　66·506
常　皓　27·651
常　善　21·674
25·189
25·201
常道立　19·680
20·58
常運衡　46·446
常裕綸　43·329
常開運　9·238
12·538
常發祥　18·80
常　瑞　50·581
常　楷　24·690
常照和尚　41·698
48·94
常　煜　41·157
50·557
常　煒　9·264
16·180
16·325
常　源　6·146
常際泰　3·589

10・825
常鳴盛 24・682
常　鉽 56・262
56・460
常　鳳 15・517
15・549
15・587
常　實 5・524
常　綺 3・809
3・828
常維垣 33・414
常維城 33・414
常維翰 1・167
7・407
常維豐 46・487
常　瑾 32・776
常震東 27・574
常　輝 18・79
常　賜 11・182
11・638
41・444
51・726
常德萃 27・341
27・406
常　熟 39・269
39・413
常　毅 21・282
24・749
常　潤 6・230
常　澄 32・674
35・606
35・700
常履一 3・811
常履賢 3・811
常　興 31・32
常錦珂 38・256
常學海 20・632
常應文 41・33
46・747
常豐年 35・435
常覲芬 19・184
常懷禮 6・244
45・812
常　瀚 16・572
18・359
18・491
27・448
常　齡 46・476
常　顯 41・17
46・746
常麟書 46・463

眭

眭　夸 12・263
12・349
12・536
43・680

眼

眼　靈 21・697
24・245

野

野峻台 41・192
43・637
野　僊 7・327
28・670

婁

婁大方 7・730
16・433
18・130
婁伏連 14・357
15・86

40・634
43・618
婁仲選 41・601
53・747
婁　杰 4・407
5・197
9・61
婁　昭 31・144
40・658
43・624
44・60
婁師德 40・273
44・482
65・23
婁　國 14・184
婁　敬 40・564
44・470
44・607
45・310
65・147
婁　提 14・362
15・102
40・641
43・624
64・491
婁道南 63・425
婁　裕 53・735
婁毓英 9・249
婁鳳閣 31・837
32・415
婁　樞 39・218
39・320
婁　應 60・299
60・379
婁應奎 1・190
3・793
3・824
婁　寶 40・651
44・481
44・575
婁繼英 31・438
婁　鑑 8・428

鄂

鄂千秋 30・291
鄂木布 64・672
鄂屯茂 40・301
鄂通希愷 7・323
鄂通保和 7・323
鄂爾泰 7・415

國

國之光 37・440
國之蒲 30・238
國永章 30・503
國　淵 33・184
國麟書 39・777

唯

唯　德 41・689

啖

啖　助 7・803
12・351
12・480

將

將　渠 7・273

崧

崧　翰 33・206

崔

崔一淳 11・611

崔人槐 6·173
6·219
崔九園 8·794
崔三畏 8·371
21·366
23·50
40·416
42·513
46·790
47·48
崔士成 45·715
崔士昌 33·131
33·390
崔士俊 8·758
21·387
24·211
崔士偉 53·92
53·409
崔士章 33·395
34·599
崔士順 35·651
崔士瞻 8·704
19·562
19·663
崔大田 28·438
崔大德 29·306
38·275
崔上進 11·285
崔子玉 37·702
崔子明 41·463
51·636
52·315
崔子忠 1·840
2·616
8·337
崔子約 42·738
43·160
崔子朗 30·322
崔子樞 10·659
崔天祺 37·785
崔天寵 9·224
37·715
崔天護 63·64
崔 元(明) 41·448
45·301
崔元珍 30·305
40·264
54·649
崔元卿 19·489
崔元章 5·394
5·475
崔元森 9·165
33·142
33·400
崔元鼎 33·400
崔元裕 11·257
11·603
崔元嗣 34·583
崔元靖 46·567
崔元翰 30·319
40·508
42·740
崔元獻 30·331
崔五峰 41·153
崔巨倫 7·692
30·305
31·382
32·617
崔日用 32·690
40·274
40·512
42·469
62·15
崔日知 32·717

崔仁師	7・817
	23・383
	24・76
崔月卿	38・710
崔丹桂	38・571
崔丹書	30・665
崔文秀	28・431
崔文珍	26・627
崔文修	25・716
崔文煌	41・478
崔文選	3・154
崔文學	21・390
	24・211
崔文麟	6・243
崔允升（翼城）	56・690
崔允升（甘肅）	45・730
崔允弘	32・739
崔允昭	33・402
	59・245
崔允恭	60・190
崔允通	63・187
崔玉田	53・322
崔玉乾	1・827
	19・734
崔玉堂	53・317
崔正岳	52・71
	52・604
崔正音	6・171
	6・220
崔世華	6・186
崔世榮	40・558
	44・480
崔世勳	31・817
	35・56
崔可儀	47・716
	47・744
	47・782
崔占明	33・689
崔占鼇	45・75
崔甲鍠	9・251
崔田見	63・133
崔　玄	14・154
	14・717
崔玄伯	25・139
崔玄亮	7・774
	31・866
	36・16
	58・15
崔玄暐	7・811
	30・308
崔永祉	41・457
	59・680
	59・749
崔弘昇	10・655
	30・326
	31・402
	34・4
崔弘度	10・655
	23・581
	30・326
崔弘禮	7・816
	30・313
崔台符	10・749
崔邦亮	8・539
	32・737
崔　戎	7・815
	30・312
	40・508
	42・471
崔　吉	41・529
	62・494
崔存彫	61・251
崔成名	8・735
	21・391

25·53
崔　光　34·215
43·679
崔光昌　38·34
崔光笏　4·479
9·96
40·488
60·217
崔光弼　6·171
6·221
崔光遠　32·717
33·186
崔光■　9·96
崔因時　8·740
21·397
22·445
崔廷詔　19·576
崔廷槐　7·379
11·749
21·289
崔廷綬　19·576
崔廷翼　28·433
崔廷贊　35·719
崔　休　1·129
4·250
7·285
28·185
31·374
崔廷伯　10·653
30·323
崔廷壽　31·377
崔仲文　25·142
崔仲方　10·660
23·580
30·325
31·401
崔仲哲　30·304
崔仰之　34·731
崔自修　52·699
崔行功　7·747
11·249
11·611
12·641
崔　旭　4·478
9·96
58·321
崔汝孝　62·494
崔安域　11·604
崔如岳　9·104
11·258
11·603
崔如岱　11·611
崔如嵋　11·313
11·611
崔孝芬　30·328
崔孝直　30·322
崔孝政　30·329
崔孝暐　12·410
30·322
31·381
崔孝演　30·305
崔　均　30·307
崔　坊　63·131
崔志和　43·250
崔志乾　63·133
崔志端　2·253
崔克新　11·176
崔克廣　38·578
38·724
崔呈秀　2·136
崔呈德　41·622
60·729
崔　岑　21·470
23·49

崔作霖(永濟) 63·130
崔作霖(寧河) 6·245
崔作霖(故城) 30·650
崔伯玉 8·72
20·876
21·330
崔伯謙 10·656
37·794
崔伯驎 31·378
崔伯驥 31·382
崔近仁 12·269
崔近庚 50·192
53·592
崔 忻 30·304
崔 沔 32·624
33·185
崔 宏 31·9
崔宏毅 40·400
61·253
崔良佐 7·815
30·331
32·745
崔良儒 38·569
38·709
崔其俊 6·249
崔 英 28·55
崔苓瑞 13·147
崔 林 1·55
1·127
4·247
7·284
14·281
27·754
29·42
30·647
31·9
31·318
38·559
崔 述 9·168
33·401
崔述古 53·343
崔來福 37·785
崔雨疇 25·67
崔尚勤 37·259
崔尚義 8·527
崔尚質 40·448
崔尚樸 16·657
崔尚禮 21·365
25·50
崔 旺 24·817
崔昌明 6·249
崔 明 24·538
24·677
40·406
54·756
59·78
62·581
63·353
崔 昂 10·658
30·295
崔 忠(唐縣) 21·350
24·210
42·509
崔 忠(新城) 24·538
24·677
崔 岡 21·373
24·541
24·679
崔季良 30·324
崔季舒 10·656
30·316
崔 秉 14·282
30·321
31·361

崔秉仁 8·69
21·328
崔秉章 6·186
崔秉禮 63·187
崔　岳(明) 39·230
39·385
崔　岳(清) 41·591
57·369
57·449
崔岱齊 9·111
13·668
崔　侗 2·58
8·708
19·560
19·649
19·667
崔　侃 41·29
42·602
43·72
崔　佩 18·189
18·215
崔周田 6·227
崔　庚 8·389
21·380
22·598
崔育梗 59·673
59·742
崔泌之 7·409
21·302
21·801
崔宗之 32·745
崔宗岱 12·137
崔宗泗 63·130
崔宗城 56·698
崔宜枚 19·577
崔宜栻 19·567
崔宜樾 19·577
20·60
崔　官 31·14
崔居儉 10·719
31·868
38·307
38·561
崔承三 21·796
21·877
崔承宗 19·565
19·646
崔孟傳 41·691
崔　珏 31·786
32·623
33·185
34·543
36·1
40·365
40·702
46·532
47·481
50·55
52·644
崔　玲 46·531
崔赴闕 17·208
崔　咸 7·815
崔　挺 7·688
30·294
崔映長 41·52
44·753
44·791
崔昭緯 10·678
崔思恭 28·434
崔思韶 31·376
崔　峒 7·814
崔　矩 53·100
53·286
53·303

崔　科　21・377
23・53
崔修乂　31・9
31・378
崔保孫　32・106
33・684
崔信明　52・86
52・243
52・439
崔　俊(臨汾)　56・10
崔　俊(聞喜)　61・123
崔　俊(遼陽)　60・192
崔俊謙　30・311
崔胤弘　9・184
崔　衍(唐)　12・741
30・312
40・362
42・503
崔　衍(明)　4・279
7・334
6・1
崔　朏　31・382
崔　勉　30・329
崔　亮(北魏)　43・679
崔　亮(明)　10・817
11・226
崔彦昭　7・776
40・278
42・473
崔彦進　10・766
32・721
33・90
33・359
崔　恂　2・6
8・705
19・576
19・665
崔　炳　19・561
崔炳文　48・683
崔　洪　7・605
30・307
崔　冠　52・287
53・304
崔祐甫　30・309
崔祖詒　33・142
33・398
崔神慶　34・543
40・273
42・469
43・146
崔　陞　9・221
崔　紀　41・117
62・690
崔紀康　63・59
崔　泰　21・804
崔　珙　7・816
崔　珖　43・170
崔　珩　40・540
50・68
50・927
50・954
61・448
崔起潛　9・99
11・464
崔起鵬　58・12
崔　華(明)　44・567
44・640
44・647
52・875
崔　華(清)　9・111
11・246
13・654
崔華山　33・634
崔　恭　8・484

36·447
36·502
36·512
39·228
39·266
39·382
崔真人 55·625
崔　校 27·629
崔　彧(南北朝) 31·376
崔　彧(元) 8·268
13·729
14·369
15·522
15·559
15·644
44·629
崔　烈 22·207
22·348
崔　振 21·266
25·133
30·308
31·380
40·265
44·719
崔振東 34·485
崔振德 19·566
崔　挹 23·585
崔　哲 40·414
51·303
51·399
52·379
崔　換 38·312
崔致遠 41·113
57·115
57·556
崔時芳 51·91
51·682
52·585
崔時興 59·323
崔　晁 11·162
崔　哻 21·350
25·404
崔　造 7·814
30·309
崔笏堂 39·783
崔　倫 7·814
12·741
30·306
40·509
54·658
崔　豹 2·564
3·721
崔高客 7·660
38·560
崔　悛 38·294
崔　浩 31·9
31·372
崔浩母盧氏 9·281
崔　海 21·364
24·539
24·678
崔　浴 50·67
50·607
崔　渙 30·308
崔祥烈 6·12
崔書銘 30·696
崔理昭 11·604
崔培元 33·633
崔　梧 6·249
崔　棁 10·731
30·329
崔　接(魏) 31·380
崔　接(明) 5·302
5·392

人名	卷・頁
	5・473
崔　晨	9・96
崔　冕	30・328
崔異觀	55・814
崔　國	21・266
	25・133
崔國柱	11・595
崔國祚	6・236
崔國華	34・792
	34・815
崔國棟	9・104
	11・595
崔　崧	6・237
崔崧山	33・634
崔崇元	44・640
崔　偲	2・50
	8・706
	19・560
	19・668
	40・489
	58・133
	63・574
崔　進	54・741
崔　偉	57・567
崔偉觀	63・133
崔　得	11・491
崔　從	42・740
	43・161
崔從教	16・530
	16・770
	40・439
	45・755
崔象泰	19・565
崔　訦	10・655
崔望海	28・436
崔　■	31・145
崔惟允	40・487
	59・82
崔清彪	9・188
崔　淇	41・486
	50・667
崔　淳	3・134
崔　液	10・659
崔　深	40・367
崔涵■	51・642
崔涵璽	41・478
	51・641
崔　啟	19・572
崔啟元	1・191
	7・455
	20・372
崔啟亨	16・663
	17・186
崔　習	30・301
崔隆宗	31・372
崔紹聞	57・566
崔　琪	30・298
崔　瑛	4・367
	8・446
崔　琳(永濟)	63・60
崔　琳(任邱)	9・32
	40・466
	50・92
崔　琳(夏縣)	41・211
	62・424
崔　琳(清苑)	21・798
崔　琦	7・591
	22・207
	22・348
	30・304
崔　琨	63・60
崔　琰(漢)	4・246
	7・282
	31・9

31·318
38·558
崔　琰(明青縣)　4·367
8·445
28·55
崔　琰(明武安)　36·192
崔　琮　43·169
崔　琯　30·298
崔　琛　53·720
崔　琚　42·741
46·151
崔　彭　10·654
23·579
30·325
崔達拏　10·658
崔斯相　63·60
崔萬仞　38·183
崔　敬(元惠州)　4·266
7·326
8·190
16·176
16·312
40·300
43·536
崔　敬(元鎮陽)　7·326
21·279
25·922
崔敬保　31·377
崔敬邕　30·322
崔敬嗣　32·704
崔　朝　22·144
22·327
崔　植(南北朝)　31·376
崔　植(唐)　30·310
崔　棟(明)　5·301
5·391
5·473
8·326
崔　棟(清)　13·148
崔　棆　10·732
崔雲■　8·706
19·559
崔　敞　12·417
崔貽孫　32·278
崔景芬　41·651
56·11
崔景茂　31·376
崔景岳　13·147
崔景涑　63·139
崔景浩　33·402
崔景嵐　19·388
崔景會　41·502
44·795
崔景僖　63·138
崔景儁　30·316
崔景榮　8·538
32·737
32·790
40·331
崔景儀　63·62
崔景輝　49·797
崔　嵒　53·323
崔　尌　9·184
32·709
崔　鈞(漢)　40·349
48·647
49·288
崔　鈞(清)　41·507
崔　斌　40·832
44·532
44·629
崔　遊　30·305
32·619
40·356

40・607
50・194
50・365
62・567
崔　翔　21・354
23・53
崔道固　31・348
38・313
38・559
崔曾晉　63・131
崔　湜　10・692
23・747
崔渭源　9・187
崔　淵　31・380
崔　富　5・299
5・389
5・472
5・519
8・302
崔　登　58・366
崔登華　11・854
12・20
崔登雲　46・420
崔瑞麟　6・227
崔瑜之　30・322
31・378
崔　瑗　8・158
22・206
22・348
30・314
31・302
崔　■　10・675
11・260
11・876
12・54
崔　載　2・505
崔　遠　30・309
崔夢熊　52・866
崔　蒞　19・559
崔椿鶴　38・582
38・639
崔　楨　63・120
崔　楷　12・335
30・304
崔　損　10・691
30・327
崔虞齡　41・508
崔　暘　4・479
9・96
崔嗣達　41・530
崔　圓　40・365
49・293
49・479
崔　嵩　24・751
崔　筠　50・556
崔魁士　38・716
崔　廓(隋)　7・693
23・382
24・86
30・331
崔　廓(明)　40・439
43・558
43・898
崔　廉　33・417
崔　靖　41・127
61・124
崔資誠　19・563
19・671
崔慎獨　25・593
崔　義　58・41
崔　猷　10・659
30・296
崔　煜　8・197
16・506

	16・776
崔　溥	38・582
	38・759
崔　源	9・50
	27・441
崔　漷	50・666
崔　羣	31・355
崔　碧	16・507
	17・1
	17・62
崔　璉	21・290
	21・802
崔　嘉	28・737
崔臺符	21・679
崔蔚林	8・794
	21・446
	22・749
崔　嵒	7・294
崔　模	30・321
崔　碣	30・312
崔爾仰	7・489
	11・194
	11・846
	12・16
	41・105
	61・124
崔爾進	40・430
	50・87
	52・650
崔爾瞻	41・128
	61・124
崔鳴鶩	9・131
	40・462
	61・512
崔毓峯	52・870
崔　倜	19・577
	28・22

崔銓淦	41・203
崔　鳳	40・399
	50・79
	50・861
崔鳳翊	34・514
崔　説	30・324
崔　廣	30・329
崔彰德	11・462
崔　端	10・659
崔榮進	30・662
崔　熒	40・485
	53・579
崔漢衡	7・815
崔　實	22・146
	22・328
	30・315
	40・351
	44・481
	65・9
崔維充	6・219
	8・693
崔維律	21・300
崔維雅	9・164
	33・140
	33・394
	34・588
崔維嶸	7・501
	8・811
	16・551
	17・183
	32・679
崔　綸	63・63
崔　瑾	7・662
	38・306
	38・560
崔增源	21・795
崔增廞	15・702

崔　邁　9·165
33·143
33·402
崔　敷　45·688
崔　賢　7·412
31·17
38·274
45·303
崔　震　45·294
崔　暹　10·657
30·294
崔　篆　22·206
22·348
30·311
崔　億　19·576
崔　德　41·466
44·794
崔德昌　30·663
崔德寧　43·96
崔德興　55·839
崔徵璧　9·185
32·740
崔征麟　33·141
崔　諒　4·357
7·841
崔　論　23·586
崔誼之　1·173
7·445
16·456
崔　毅　61·124
崔養重　4·474
10·834
崔　遵　1·756
崔遵度　40·515
54·663
崔　澐　9·165
33·143
33·397
崔　澄　50·244
崔緝麟　9·165
33·142
33·397
崔　璟　53·319
崔　翰(唐)　7·815
崔　翰(宋)　21·267
25·136
40·576
崔樹基　19·560
崔樹寶　16·617
17·74
崔樹鶴　38·581
崔　霖(明)　21·362
崔　霖(清)　6·249
崔霍山　33·634
崔　舉　8·495
崔　駰　7·588
22·206
22·348
30·314
崔　器　10·691
30·327
崔　興　27·516
崔　嶸　41·605
44·753
崔　嶧　40·291
42·477
崔　儒　19·653
崔儒秀　1·162
20·381
20·694
40·434
61·447
崔　衡　40·264
62·566

崔錫珪 12·176
崔錫榮 41·143
59·336
崔錦峯 28·33
崔　錀 9·187
崔　濂 6·231
崔龍見 63·61
崔　淡 30·327
崔隱甫 40·274
40·511
42·469
49·292
49·478
崔　縉 61·143
崔　璵 42·473
崔　璨(唐) 51·345
崔　璨(清) 16·629
16·784
崔　璿 39·228
39·267
39·385
崔聯芳 8·825
崔　翳 40·363
54·656
57·102
57·273
57·442
崔　曙 11·491
崔　鍾 31·374
崔鍾英 38·94
崔鍾琚 41·486
崔鍾塘 50·666
崔　講 61·511
崔　謙(北周) 10·654
30·324
崔　謙(明) 51·627
崔謙光 34·582
崔謙亨 34·576
崔　膺 7·817
崔應階 40·467
49·320
49·490
崔應魁 5·417
5·525
崔應鳳 1·873
8·704
19·558
19·640
崔應韶 48·798
崔應龍 43·318
崔應麒 8·470
11·230
11·591
崔應麟 45·343
45·390
崔　燦 9·224
30·24
30·100
31·82
37·699
崔賽玿 56·176
崔　禮 1·762
3·531
8·68
崔　縱 30·297
崔　藝 37·731
崔　賾 23·382
24·76
30·317
31·346
40·504
42·739
43·160
崔　璽(明) 53·599

崔　璽(清)　53·320
崔懷英　12·560
崔　鏞　40·527
44·484
44·485
崔　鵬　32·745
崔　瀛　59·681
59·750
崔瀛洲　53·100
53·286
53·304
崔繩武　41·116
62·725
63·59
崔　繹　63·133
崔繡裳　41·57
崔蘭馨　37·722
崔　耀　30·652
崔耀宗　19·565
崔　巍　8·814
16·628
16·784
崔　纂　30·316
31·357
崔寶慶　30·123
崔　瓘　7·815
30·306
32·626
崔覽妻封氏　9·281
崔　權　13·148
崔　辯　7·285
30·316
31·20
崔　鶴　30·123
崔鶴庚　6·228
崔鶴儀　6·221
崔鶴齡　41·476
49·376
崔懿之　41·630
50·246
崔　鑒　7·687
30·321
崔體中　6·239
崔鑄善　46·669
崔　鑑　1·814
2·603
崔　巒　53·314
崔龍峰　41·541
崔　鷗　40·516
崔　顯　8·227
11·291
11·502
崔　讓　12·729
12·780
崔　灝　8·579
30·13
30·108
31·75

崇

崇　玉　66·578
崇如柞　26·908
崇　縉　36·199
崇　辯　11·320

移

移剌子敬　15·280
16·133
40·520
46·582
63·16
移剌阿里合　40·390
46·630
54·676

59・77
移剌胡剌 40・387
43・532
44・390
移剌益 19・517
19・538
40・294
移喇聶哷 19・584
移剌溫 14・283
14・526
移剌蒲阿本 50・594

笪

笪繼良 60・626
60・775

符

符天德 26・295
符　丕 31・3
符令奇 40・544
符令謙 12・411
37・431
符存審 4・255
7・295
符壯圖 40・495
符彥卿 33・186
符執桓 41・457
56・693
符　習 7・823
12・535
37・431
符　粜 56・689
符渭英 7・518
12・731
12・779
23・241
符　載 58・364
58・711
符　璘 40・544
42・740
符　融 31・3

第

第五居仁 41・525
42・625
第五倫 42・737
43・160
46・151
第五種 4・245
7・280
31・2
42・737

偶

偶家訊 65・140

偓

偓　佺 56・1

偉

偉　英 29・261

從

從　寬 33・782
34・107
從　諗 10・684
12・486
41・674
從履範 29・592

斜

斜　烈 65・576

鈒

鈒納錫彰 11·176

悉

悉羅騰 22·151

脫

脫日不花 11·176
12·606

脫烈海牙 11·145
11·265
11·471

脫　脫 19·239

脫脫帖木兒 3·820

脫　鎬 8·583
40·420
49·311
49·785

魚

魚仲修 21·272
25·483
25·573

魚周詢 32·639

魚思賢 28·670

魚俱羅 12·418
44·475

魚鸞翔 49·319
49·722

斛

斛律平 31·154

斛律光 31·137
40·269
40·663
44·528
54·652
61·623
64·529

斛律金 13·724
15·280
16·131
29·339
31·143
40·268
40·662
43·525
44·528
44·583
58·10
64·526

斛律羌舉 40·668
64·513
66·285

斛律羨 1·130
40·664
64·534

斛斯萬善 40·575
43·527
45·279

斛斯椿 11·143
11·436

斛斯徵 41·557
65·251

象

象　閣 32·274
35·494

祭

祭　彤 65·118

許汝都　44・580
許汝進　7・368
31・800
34・717
34・738
許汝霖　4・292
7・415
28・22
許汝謙　27・96
許　守　2・834
許守有　12・175
許守誠　12・175
許守謙　8・469
11・270
11・452
16・440
17・202
許　安　54・716
59・296
許安仁　8・83
27・875
29・83
40・387
49・300
49・484
51・297
51・315
52・376
許安石　7・312
12・728
12・779
23・239
許如楷　21・805
許好問　7・330
許赤虎　32・616
許孝恭　41・421
55・455

57・37
57・109
57・541
許志良　28・58
許志昇　58・12
許克猷　41・113
59・681
59・750
許　佑　25・779
許作霖　19・576
許希孟　40・328
43・553
63・20
許　亨　10・613
21・456
24・534
25・185
許　宏　21・321
許初學　44・613
許　孜　40・524
42・511
46・9
許其才　11・472
12・175
許其孝　11・472
許　茂　24・534
許　英　40・408
53・91
53・408
許東周　29・487
29・972
許　奇　21・320
25・175
許來音　7・518
12・766
12・779
23・242

許來學 37·795
許長庚 41·605
59·246
許明儒 9·220
許　忠 17·500
許　岳 58·216
許　侃 4·279
7·339
許法慎 4·344
7·738
許　泌 13·714
16·31
許宗之 21·673
23·742
25·201
許宗曾 21·296
25·484
許宗魯 4·271
7·374
7·398
40·319
43·546
44·483
許宗禮 8·542
32·736
49·314
49·673
49·695
許定邦 13·345
許建都 35·79
許孟和 40·528
48·652
49·306
許貞元 60·218
許昭先 32·692
許　毗 21·319
25·175
許思孝 12·315
許禹臣 28·61
許　亮 1·191
20·404
許庭桂 36·49
許　彦 7·624
21·321
24·535
25·201
許彦餘 43·898
許炳元 48·656
49·320
許洛仁 42·556
許泰徵 5·679
許　都 12·730
12·780
23·342
許　莊 8·408
16·627
18·342
18·482
18·565
許　莘 8·543
許時勤 48·81
許　畩 35·751
36·37
36·147
許　恩 41·61
60·699
60·762
許　倜 10·828
21·684
25·179
40·437
63·355
許師伋 57·128
許師賢 41·509

46・52
許效忠 31・28
許效廉 31・11
31・522
許　衮 7・827
許　唐 1・720
5・469
許　宸 61・512
許　扆 8・216
11・223
11・450
40・821
55・461
57・38
57・110
57・542
許　書 7・511
22・12
24・417
許　通 47・399
許　能 36・446
38・28
許純誠 22・456
許　琇 56・451
57・37
許　萃 33・390
許雪棠 9・857
許國秀 38・30
許國忠 14・494
許國柱 45・687
許國貞 40・820
42・742
55・459
許國栻 7・495
31・823
35・414
許國鼎 11・257
11・482
許國楨 57・38
57・110
57・542
許國璧 9・105
11・245
12・611
許　將 32・650
33・189
45・311
許　進 40・309
43・544
44・56
44・472
許　皎 21・321
許從誠 21・686
許　健 20・757
許　猗 21・504
25・190
許惟訥 40・467
43・562
許　惇 10・613
21・674
24・534
25・175
25・201
32・619
33・184
34・543
許涵度 21・794
21・875
許啓芳 41・483
60・705
60・765
許隆遠 13・769
14・713
14・749

許 紺 50·204
許 紳 2·142
10·814
許 琳 41·261
57·124
57·561
許 琦 50·65
50·925
許 琰 25·175
許 喆 50·723
許萬選 33·417
許敬宗 10·669
21·675
25·250
許雲翰 21·458
24·214
許鼎臣 40·335
42·494
許鼎鉉 57·128
57·375
許景先 32·625
許景淹 9·250
許 貴 40·554
43·539
許智藏 10·615
21·686
24·546
25·248
許 筠 41·649
57·429
許復禮 8·320
19·136
19·191
許 鈍 41·620
50·241
許 斌 28·671
許翔鳳 41·439
58·404
58·720
許善心 10·614
21·457
24·535
25·185
40·575
45·310
許善述 17·70
許善昌 6·174
許 道 25·248
許禄儕 66·513
許 瑜 24·751
許 瑗 25·203
許 瑄 58·807
許 遠 7·715
21·413
24·536
25·171
25·205
許勤修 17·70
許夢蘭 12·518
16·468
18·134
37·21
許 楫 40·834
44·740
44·860
45·148
許 碏 21·692
25·246
許 暉 10·615
許 蜕 41·572
45·293
許嗣永 61·448
許嗣復 11·286
12·609

許嗣興 40・454
40・460
44・730
44・739
62・583
63・23
許　筠 57・163
許　傳 6・7
許　鈴 6・234
許　詢(南北朝) 24・535
許　詢(晉) 21・504
25・190
許　廓 32・619
許靖民 21・686
25・248
許　愫 18・30
19・6
許義夫 40・395
62・310
許　資 21・348
24・210
許　溥 40・466
50・93
50・927
許源清 24・682
許　遜(魏) 21・321
24・534
25・175
許　遜(明) 57・42
57・111
57・547
許　瑶 8・368
21・365
22・441
許　遷 58・53
許爾忠 8・475
11・272
12・610
44・579
許爾顯 25・57
許　曄 25・142
25・175
許鳴謙 24・751
許毓芳 1・180
3・360
7・451
28・675
許　鋌 50・86
52・650
許　銘(宛平) 2・580
8・316
45・286
許　銘(新城) 31・32
許廣漢 34・215
許齊燕 57・124
57・365
57・448
許榮昌 4・318
26・250
許榮棣 24・683
許漢方 20・390
許　漸 60・175
許　綺 25・182
許維新 40・431
51・305
52・379
許維禎 8・174
21・338
25・51
許　奭 25・248
許　穀 40・462
61・249
許　聚 18・20
19・13

人名	卷·頁
許醇誠	21·417
許　燾	7·360
	11·182
	11·841
	12·14
	48·174
	49·306
許　儀	49·7
許德基	57·110
	57·541
許　鋐	12·415
許　論	1·150
	7·372
	14·459
	40·314
	42·487
	43·550
許　慶	31·797
許　遵	10·615
	21·686
	24·546
許潔銘	38·638
許　澄	10·616
	24·545
許履亨	60·707
	60·766
許　璣	25·175
許　翰	40·778
	55·454
	59·661
	59·730
許翰儒	57·113
	57·551
許　衡	9·269
	36·496
	37·526
許　錡	31·805
	33·610
許　錦	43·310
許錦春	63·760
許　濂	57·566
許　■	4·461
	28·330
	28·489
許　懋	10·613
	21·456
	25·187
許　謙	14·358
	15·87
	15·178
	16·180
	16·325
	25·201
	40·632
	43·613
許應奎	36·454
	38·30
許應科	23·235
	25·758
許應逵	7·396
	40·426
	46·581
許應詔	44·581
許應龍	54·712
	58·367
	58·712
許鴻程	48·18
許鴻綬	24·791
許澮源	35·741
	36·141
許　濟(寧河)	6·232
許　濟(東安)	8·672
	19·194
許　顒	12·264

12·315
12·356
30·302
許　鵬　40·406
63·19
許　鯤　38·639
許　繼　40·414
43·546
44·124
許體升　59·535
59·595
許　儼　54·704
許儼若　56·741
許鑑觀　63·584
63·653
許　贊　7·361
32·663
33·192
許　驤　5·387
5·471
7·826

訛

訛里也　4·265

麻

麻一鳳　58·12
麻九疇　8·87
24·354
24·447
28·710
28·792
麻元直　25·594
麻友椿　21·384
25·513
25·592
麻玉生　25·598
麻永吉　40·430
50·66
50·606
麻　吉　62·476
麻光宇　31·88
麻光濟　49·121
麻廷瓛　7·490
麻衣和尚　46·706
53·344
麻如蘭　34·583
麻　青　32·130
33·635
麻　直　50·84
50·684
麻　林　33·191
麻秉彝　40·798
62·676
63·217
63·579
麻承恩　45·738
麻承勳　44·533
麻　封　25·517
麻　革　41·569
55·810
62·713
63·223
63·593
65·230
65·522
66·113
麻迷吽　65·236
66·118
麻振揚　41·465
44·534
麻　焌　25·597
麻　貴　41·73
43·648

43・553
43・835
44・533
麻　禄　14・461
43・647
43・834
44・533
麻　强　17・217
18・17
麻　溶　40・333
49・313
49・488
麻　僖　40・523
42・492
麻　察　40・714
麻　錦　44・533
麻　襦　34・616

庾

庾邦正　41・627
58・269
庾廷寀　58・260
庾　珉　55・654
56・12
庾　凱　32・615
庾業延　14・357
15・86
40・643
43・616
44・89
庾　導　4・251
26・245
28・185
庾　璧　58・258

康

康一元　8・373
21・369
25・899
康乃心　25・902
康乃猷　25・903
康大典　41・471
49・83
康大猷　35・71
康天爵　41・43
55・798
康元弼　40・802
43・634
44・531
44・658
康太雍　48・799
康日知　7・294
11・161
12・335
12・410
30・188
54・658
康公弼　10・784
40・805
43・634
44・697
45・884
46・31
康文舉　13・341
康文鐸　41・648
48・794
康　玉　48・799
康正吉　46・49
康世徽　13・315
康四海　34・555
康四維　61・453
康永錫　1・843
康　民　17・142
康邦直　37・598

	37·730
康　朴	40·422
	46·713
康再遇	51·367
康成瑜	49·219
康　臣	15·35
	15·219
康廷杰	41·531
	48·793
康延孝	41·409
	64·612
康延昭	52·371
康延壽	1·743
	8·35
康仲芳	25·902
康行僩	41·611
	60·521
康汝驥	47·814
康守愚	32·49
	35·64
康　圻	33·686
康克昌	47·814
康作霖	17·84
康　忱	41·111
	48·786
康君立	10·727
	15·183
康君利	44·21
康若璡	48·756
康茂材	40·579
	62·576
	63·18
康　杰	34·795
	34·818
康承祿	11·702
康　厚	7·360
康映斗	48·797
康思立	43·530
	43·630
	44·389
	66·53
康保裔	7·301
	21·269
	25·132
	30·188
	32·637
康亮鈞	41·506
	48·797
康　洵	52·868
康飛熊	37·259
康泰真	16·183
	16·216
	16·330
康起梅	8·734
	21·396
	25·901
康華國	9·204
	15·231
康　莊	3·550
	8·676
	33·201
	33·511
康　海	10·819
	37·286
康書田	34·698
康基田	40·540
	41·139
	45·646
	48·789
康基命	48·788
康基淵	41·138
	48·791
康　栲	61·68
康惟時	63·693

康　惇　48・782
康　深　40・701
48・220
49・338
康紹鏞　41・155
48・795
康堯衢　4・421
5・67
5・202
9・61
康萬民　2・594
康萬春　14・687
康萬國　2・594
8・655
康貯民　48・754
康　鈞　5・202
康善述　60・706
60・766
康義誠　64・611
康　福　10・727
14・364
14・450
15・95
15・184
康綏遠　9・168
33・147
33・399
康爾祚　32・99
35・69
康鳳鳴　15・233
康綸鈞　41・492
48・797
康　賜　37・141
康　德　41・385
康德興　7・308
31・457
32・648
33・189
康　霖　35・72
康霖生　9・159
32・118
35・745
康霖鈞　48・794
康默記　1・743
5・388
5・471
8・35
康　錫　8・120
40・518
康錫新　28・810
康懋敷　2・53
8・702
22・163
22・265
22・344
康應乾　32・56
35・67
康應鸞　30・236
康鴻臚　26・796
康禮亨　15・58
康繼禮　8・281
31・84
37・598
37・727
康鶴年　29・262
康　麟　9・103
康　驥　7・342

鹿

鹿久徵　8・381
21・376
22・442
22・548
22・552

40・431
51・369
52・378
鹿久徵妻王氏 22・550
鹿化麟 22・557
鹿亢宗 22・447
鹿　正 22・572
鹿丕宗 8・751
21・430
22・447
22・568
鹿　府 22・519
22・546
鹿承宗 21・402
鹿承祖 8・739
22・446
22・564
54・147
鹿　荃 8・751
21・404
22・447
22・562
40・472
63・25
鹿恂理 21・410
鹿泰吉 21・402
鹿師祖 21・403
22・447
47・402
鹿遇明 9・125
36・469
39・717
39・771
鹿善繼 8・389
21・417
22・443
22・554
鹿聖敬 21・397
22・445
鹿聖權 22・464
22・562
鹿嗣宗 8・751
21・410
22・447
22・567
鹿傳先 8・752
21・410
22・448
鹿傳斌 22・456
鹿傳霖 65・173
鹿　賓 8・739
21・396
22・445
22・560
鹿邁祖 8・739
21・401
22・446
22・563
鹿輝章 23・594
鹿盡心 8・739
21・392
22・445
鹿學典 63・362
鹿謙吉 8・740
21・400
22・446
鹿獻陽 43・556

堃

堃　岫 65・66

章

章之傑 53・725
章允賢 31・804

34・717
章正岳 32・674
33・70
33・197
34・555
章正法 7・401
章存道 40・553
43・536
章同 65・95
章安 15・28
15・203
章甫端 28・719
章忱 7・354
12・338
12・521
38・141
章完之 7・385
36・331
36・523
36・633
章旺 15・56
章金牧 12・518
36・776
37・20
章宗源 2・38
章春驕 66・505
章律 7・350
21・283
章珪 7・337
11・178
章素郁 44・538
44・591
章時雨 40・539
45・344
45・398
章時震 2・602
章時鸞 21・293

章倫 8・721
章梯 28・674
章彪 3・228
章惟寶 31・10
章惇 23・753
章啟 28・782
31・798
36・3
章紹珠 13・92
章鈞 12・18
章曾印 1・183
章焞 13・773
14・661
章湖 5・74
章誠 40・827
章滂 31・801
35・411
章經 50・91
50・927
52・651
章壽嵩 63・25
章漢 9・29
18・29
章綸 12・14
12・338
12・413
40・404
43・540
章誼 43・681
章潮 9・63
章衡 7・311
章鴻鈞 14・541
章鎮 15・45
15・172
15・204

商

商士芝 5·522
商功懋 58·744
商永傑 12·414
商克勤 25·97
商邱子胥 12·274
商希禹 58·408
商希瞿 58·411
商良臣 18·333
18·475
商　玫 4·289
商　昌 41·592
58·751
商居士 2·237
商思孝 31·73
商基鏞 49·5
商朝衡 58·409
商萬鍾 58·403
商　裔 13·662
商　璉 13·669
商　誥 16·439
17·495
商　賓 4·282
6·1
商　璋 13·669
商　衡 4·322
27·23
27·204
商顯祖 61·712

牽

牽　弘 30·496
31·77
牽　秀 10·604
27·755
30·320
30·499
31·77
牽　招 10·593
14·281
15·253
16·126
30·320
30·495
31·77
31·317
40·353
43·522
45·279
50·593
牽　嘉 30·320

惟

惟　勤 7·521

烽

烽　子 44·522

清

清　安 40·492
清和真人 41·687
清　河 21·693
22·470
清　治 58·156
58·217
清　泰 26·63
26·253
清涼老人 41·702
清　源 41·702
清　碧 50·851
清隱禪師 11·320
清辯禪師 15·166

渠

渠永湜 48·71
渠殿揚 48·78

粘

粘士杰 36·754
粘合萬奴 12·274
12·336
12·520
粘割貞 14·108
14·465
14·659
15·281
15·344
16·134
32·656
40·549
64·642
粘 鵬 8·579
30·502
31·85

涼

涼 茂 31·783
38·377

淳

淳于長 10·579
32·777
33·549
淳于智 50·247

淡

淡春暉 16·469
18·186
33·205

梁

梁一道 61·669
梁一龍 59·672
59·741
梁九公 2·143
梁九疇 2·738
2·814
梁于淇 59·183
梁 士 3·753
梁士汫 39·263
39·339
梁士純 11·473
梁士淳 8·479
梁士瑋 24·160
梁士濬 11·483
梁大本 25·870
梁大有 8·290
梁才俟 41·461
48·227
梁上棟 66·226
梁之才 47·199
梁子直 8·88
29·112
梁王氏 24·90
梁天培 11·488
梁天翔 40·828
47·160
47·197
48·174
49·302
49·352
梁元捷 58·289
梁元壽 59·180
梁五棨 45·146
梁日新 47·198
梁中孚 45·78

47・313
梁中靖 47・310
47・352
梁　升 24・295
梁仁傑 32・802
梁化鳳 40・561
43・558
梁　卞 41・581
48・224
49・355
梁文山 48・231
梁文理 59・764
梁文煊 25・95
梁斗南 1・109
1・756
3・844
8・69
梁　心 11・285
11・492
11・500
梁以治 47・317
梁以樟 3・739
3・744
8・398
20・617
21・386
21・822
梁允植 9・98
11・278
11・474
梁玉珮 33・408
梁玉泉 25・903
梁玉棟 44・541
梁世勳 7・465
16・458
17・206
梁可培 21・386
22・602
梁可薦 4・324
梁右渥 11・487
梁　平 44・706
46・53
46・70
梁由靡 55・333
56・674
梁四靈 45・579
梁用直 47・199
梁用剛 47・199
梁用梅 9・100
11・476
梁永春 60・786
梁永純 55・807
梁永康 47・313
梁永淳 40・462
61・628
梁　民 62・477
梁加琦 42・517
梁邦英 59・680
59・749
梁　艺 13・472
梁　成 59・664
59・733
60・186
梁　有 1・791
梁成武 41・487
48・230
49・438
梁至剛 8・177
21・504
22・593
22・753
梁廷棟 16・426
17・200
梁廷幹 13・667

梁廷銘 58·33
梁仲衡 25·55
梁自耕 31·813
32·414
35·413
梁　舟 21·307
25·40
梁州杰 59·673
59·742
梁汝貴 44·706
46·54
梁　宇 40·521
40·833
46·746
46·773
梁　羽 47·197
梁如京 8·323
40·422
梁孝女 24·547
梁　志 11·483
11·489
梁志通 41·687
梁志盛 24·485
梁志學 45·665
梁　材(大城) 8·316
20·198
20·249
20·251
梁　材(昔陽) 46·551
梁見孟 8·382
21·377
25·52
梁秀生 29·591
梁　佐 27·628
梁伯常 19·517
19·539
梁英毓 59·527
59·594
梁　范 60·715
梁述孔 41·606
45·142
梁肯堂(鳳臺) 41·96
52·427
梁肯堂(錢塘) 4·300
5·354
5·461
7·431
梁　杲 40·404
49·306
梁明翰 49·362
49·676
梁　旼 41·132
48·230
49·438
梁　迪 40·461
62·478
梁秉鈞 41·433
47·195
梁周泰 41·642
56·4
61·685
梁　宗 8·361
21·356
梁建猷 24·312
梁承光 48·657
梁契孔 45·142
梁春江 2·795
梁　相 3·363
5·667
梁　軌 40·361
60·616
60·769
梁持勝 60·692
60·757

梁星慶 41·471
43·403
梁 昱 40·404
47·399
梁 思(唐) 40·720
47·194
49·339
梁 思(明) 11·482
梁思問 41·689
45·605
梁思敬 47·199
梁 迴 40·576
梁 矩 34·567
梁保素 52·441
梁禹甸 41·477
47·200
49·377
梁禹敷 45·29
梁彦光 12·418
32·320
梁 炳 21·380
22·594
梁炳宸 31·822
33·719
34·48
梁前遇 60·789
梁 洪 4·406
5·87
5·174
9·57
梁洲通 48·236
梁祖益 47·203
梁 祚 2·263
梁 昶 48·441
梁 陟 1·109
3·845
10·797

梁 紀 41·585
61·667
61·723
61·724
梁泰來 16·454
17·205
梁 珙 61·670
梁晉樸 29·591
梁 桐 32·42
35·428
35·515
梁桐滋 22·14
梁 格 41·585
61·666
梁振華 11·487
梁振翮 11·487
18·26
梁時中 47·198
梁時仁 47·198
梁時正 47·198
梁時義 47·198
梁師成 11·839
梁師安 8·177
22·593
梁 釗 11·256
11·482
梁逢辰 41·659
梁卿雲 40·471
43·148
梁高望 25·35
梁 庫 13·761
梁 悌 52·429
梁益美 35·643
梁浩然 27·630
梁通洛 41·475
48·229
49·375

梁　彬　11・475
梁　梗　41・461
48・678
梁　勗　39・274
39・399
梁國安　65・201
梁國林　8・615
梁國棟(明)　20・223
梁國棟(清)　8・618
梁　偉　47・198
梁象斗　47・313
梁惟純　18・51
梁　焕　20・779
梁　清　45・133
梁清宏　11・287
11・492
梁清宓　11・483
梁清適　11・483
梁清遠　9・97
11・453
梁清寬　11・453
梁清標　10・835
11・232
11・453
梁　渠(河南)　33・192
33・510
梁　渠(元城)　7・362
梁啟遠　11・488
梁隆吉　60・196
梁隆基　59・184
梁　習　40・262
42・466
梁參乾　61・68
梁紹素　41・119
48・684
梁　瑛　40・828
47・195
49・435
梁　琦　43・648
梁　琮(元)　47・196
梁　琮(明)　40・405
42・511
46・86
46・416
梁　琬　46・713
梁　琛　35・603
梁　琯　60・788
梁　越　40・357
44・536
44・590
44・752
45・279
梁萬方　41・543
60・706
60・781
梁萬稷　22・138
22・325
29・242
41・489
60・629
60・707
60・766
梁朝鼎　11・485
梁　葵　11・487
梁　棟　48・224
梁棟隆　47・210
49・369
梁雲構　14・472
梁雲龍　4・10
4・278
4・749
梁景先　22・594
梁景鶯　47・325
梁　敞　3・582

姓名	卷·頁
梁　傑	47・198
梁　御	48・243
梁欽構	41・118
	48・228
	49・437
梁　翔	47・198
梁　羨	8・73
	21・277
	21・458
	22・402
	25・51
梁　曾	1・98
	1・781
	3・725
	8・147
梁登第	62・422
梁登庸	52・504
梁瑞霖	9・100
	11・488
梁　瑜	41・433
	47・164
	47・195
	49・302
梁夢善	21・312
	23・8
梁夢熊	11・510
梁夢龍	8・468
	11・229
	11・451
梁　蒞	60・715
梁　椿	40・672
	43・626
	64・565
梁　楩	49・376
梁　鈺	11・476
梁　誠	5・277
	5・355
	5・462
梁　雍	9・99
梁　慎	60・714
	60・790
	61・658
梁　慈	11・273
	11・472
	11・477
梁　溥(明)	41・450
	61・666
梁　溥(清)	41・487
	48・231
	49・438
梁　肅	4・264
	7・323
	8・105
	14・365
	15・399
	16・157
	16・272
	32・654
	33・190
	40・390
	61・446
梁殿邦	47・210
	49・364
梁　翥	47・198
梁　塶	47・312
梁毓奇	13・777
	15・64
梁鳳山	9・109
梁鳳呈	58・33
梁鳳翔	40・455
	50・90
	50・608
梁志通	48・243
梁　適	32・645

40・372
42・476
梁　憻 40・352
梁　棨 60・697
60・760
梁漢璋 31・443
梁　潢 49・201
49・375
梁肇文 7・468
梁肇宋 60・701
60・763
梁　綱(嵩縣) 1・162
20・216
44・727
61・247
梁　綱(稷山) 41・585
61・667
梁　維 61・667
梁維本 9・97
11・277
11・473
梁維屏 59・171
梁維純 17・356
梁維基 8・469
11・273
11・472
梁維樞 10・835
11・277
11・473
梁維麗 11・483
梁　綸 41・577
57・41
57・111
57・546
梁　綵 45・129
梁　■ 1・756
8・57
梁　璇 22・467
梁　蕙 61・669
梁　樞(元) 8・267
14・157
14・500
14・558
梁　樞(清) 41・610
45・646
59・175
梁　震 40・557
43・548
43・774
44・483
梁墨林 28・70
梁德珪 1・110
1・787
3・844
8・150
梁調元 41・624
57・126
57・384
梁　璟 41・17
45・480
45・485
45・570
梁　橋 11・256
11・482
梁　皋 47・198
梁皋修 24・350
24・408
梁　興 51・544
51・746
梁　穆 9・99
11・476
梁學海 49・570
梁學端 56・699
梁錫珩 41・596

48·228
48·263
梁錫璵 41·146
48·377
梁錫藩 17·498
梁錦陽 49·205
49·247
梁銀峯 37·41
梁　濩 5·185
梁　懃 11·463
梁　檀 41·648
43·134
梁　輿 48·90
梁　禦 31·138
40·266
40·655
60·615
60·767
66·18
梁鍾豫 41·596
梁　襄 40·811
60·692
60·756
62·31
63·208
梁應元 7·466
16·451
17·204
梁應宸 24·260
40·470
47·272
59·88
梁應澤 1·824
2·581
3·737
8·334
21·378
21·790
梁　燦 7·458
21·310
22·406
梁　濬 48·229
梁　濟(新繁) 31·7
梁　濟(淶水) 22·30
24·463
梁濟生 11·475
梁　翼 47·197
梁　燾 40·378
50·60
50·602
梁鎮韓 53·597
梁　鏜 22·190
22·340
40·519
50·77
梁　鏞 3·810
梁　繪 57·111
57·546
梁蘭生 11·475
梁譽佐 48·380
梁寶書 21·313
22·407
梁寶常 4·412
5·72
5·215
9·65
梁繼祖 21·308
40·460
45·344
45·392
梁繼素 49·375
梁體壯 60·719
梁靈毓 59·535
梁　讓 12·339

12・517
37・20
梁纘素 20・372
41・120
48・678
梁　驥 12・729
12・779
23・240

寇

寇天敍 41・30
42・603
46・129
46・430
46・467
寇天與 42・605
46・467
寇　化 46・132
46・433
寇永泰 20・160
寇光裕 19・134
19・182
21・297
25・39
寇　治 14・144
寇修己 46・145
46・449
寇朏之 2・652
寇　恂 1・95
1・660
2・649
5・667
7・550
14・100
14・355
14・418
寇　洛 2・83
2・652
14・689
40・655
64・503
66・19
寇祖訓 2・652
寇　恭 46・128
46・467
寇原然 15・2
寇　猛 14・182
寇　深 8・353
21・415
24・212
寇　陽 31・803
32・413
41・42
41・605
46・431
寇貴印 9・222
寇　準 7・301
31・788
32・636
33・187
34・717
34・726
寇　瑊 4・257
7・301
寇　義 8・460
11・273
13・653
寇　源 21・352
24・210
寇　儁 1・691
2・653
寇　榮 1・662
寇　儉 41・437
42・602

	46・467
寇養蒙	34・334
	34・507
寇遵典	36・194
寇　臻	1・678
	2・652
	14・144
	14・717
寇　謙	41・7
	43・639
	44・415
寇謙之	1・116
	2・238
	14・175
	41・664
	43・672
寇蘭皋	5・81
	5・213
寇　贊	1・678
	2・651
	13・726
	14・361
	14・717
	32・616

寂

寂　滋	53・755
寂　慧	50・255
	50・961
	53・645

宿

宿　石	64・487
宿成允	33・686
宿　晃	44・793
宿應陽	44・814

扈

扈文韜	63・223
扈立業	30・101
扈周卿	40・374
	54・666
	59・640
扈彦珂	41・410
	45・292
扈　純	30・101
扈喆士	30・169
扈　載	1・722
	7・821
	19・135
	19・146
	19・185
扈　蒙	1・738
	10・746
	19・135
	19・186
扈維藩	30・97
扈　暹	8・459
	11・267
	13・340

逯

逯永錫	9・181
逯光輝	56・214
逯同仁	12・175
逯合芳	56・215
逯艮峯	34・748
逯　杲	30・306
逯　明	47・483
	47・637
逯宗偁	34・696
逯映堂	47・823
逯　源	15・62

逯 範 34・743
逯 韜 34・687

尉

尉 元 14・361
15・91
40・642
43・623
尉友誠 58・790
尉古真 14・356
15・102
40・634
43・614
尉地千 40・634
尉光霞 41・592
58・750
尉 聿 40・642
43・614
尉 陀 11・129
尉長命 1・130
31・146
40・660
64・509
尉相願 43・625
尉拱樞 62・429
尉 泉 59・534
尉 眷 40・634
43・614
尉清廉 62・446
尉 涵 59・393
59・523
59・610
尉 景 31・4
31・136
31・366
41・387
尉登策 58・754
尉 溥 59・524
尉維梓 59・613
尉維模 59・534
尉 標 40・666
尉 撥 14・360
40・641
43・619
尉 諾 1・129
40・634
尉遲天澤 60・693
60・758
尉遲迥 15・104
31・396
40・674
43・626
尉遲恭 31・245
40・701
43・161
44・529
44・555
44・599
44・627
48・241
59・408
59・519
尉遲崇 43・628
尉遲運 40・675
43・627
尉遲勤 27・751
29・35
尉遲寬 31・138
尉遲綱 40・675
43・626
尉遲德誠 40・835
42・479
60・694
60・758

尉鍾咸 41·473
59·393
59·524
59·591
尉鍾益 59·591
尉懷遠 61·454

屠

屠之申 4·302
屠仁彬 58·137
58·217
屠文正 9·270
16·142
屠安民 40·529
屠 沂 13·764
15·1
屠 直 40·455
50·90
屠 南 7·512
屠祖賚 6·208
7·504
屠 琛 21·284
25·330
屠斯立 31·816
34·719
屠嘉正 40·468
43·562
屠 墉 22·688
屠 僑 21·290
屠 餘 55·398
屠 勳 7·356
屠 濟 50·83
52·650

閆

閆 理 39·777
閆 源 15·527

張

張一良 45·687
張一英 21·378
25·513
25·592
張一相 56·689
張一厚 11·184
11·540
張一清(明) 61·155
張一清(清) 17·81
張一敬 60·190
張一貫 9·148
32·94
35·464
張一魁 7·473
29·488
29·973
張一誠 54·727
張一諤 7·467
16·457
16·751
張一廪 39·636
張一龍(明) 53·93
53·410
張一龍(清) 40·447
53·90
53·262
53·300
張一謨 41·655
張一鶚 8·602
12·535
37·433
37·455
張一躍 8·823
18·235
張 七 12·314

張卜昂 61·269
張人龍 8·571
張　力 32·708
32·800
張力卓 40·490
50·659
50·700
張又新 10·691
12·740
張乃曾 28·344
張九功(明沁州) 53·96
張九功(明涇陽) 24·259
24·419
張九功(明武安) 36·194
張九功(清) 40·477
44·657
張九成 22·205
22·348
22·452
張九州 24·771
張九河 46·132
46·468
張九思(金) 24·410
張九思(元) 1·110
1·783
8·149
張九鼎(明崞縣) 45·488
45·579
張九鼎(明藁城) 12·175
張九鼎(清) 16·648
張九瑚 48·686
49·360
張九罭 45·22
45·119
張九經(景州) 29·528
29·572
張九經(長治) 50·337
50·561
張九經(文縣) 40·525
42·513
張九賢 49·314
49·488
張九德(明) 59·331
張九德(清) 15·685
張九鍵 7·513
張三成 9·95
張三同 29·367
40·527
50·310
50·610
張三省 45·507
45·561
張三晉 61·258
張三傑 8·543
32·708
33·119
33·390
34·584
張三銓 60·766
張三綱 53·525
張三謨(隆平) 37·430
張三謨(平定) 41·80
47·480
張三豐 29·266
43·214
56·4
張于陛 8·590
30·15
30·110
張于鼎 47·161
49·315
張于德 41·601
張于鑄 41·611
張士元 21·687

	21・694
	25・70
張士完	47・641
張士垍	3・552
張士英(鎮朔衛)	5・303
	5・393
	5・474
張士英(偏關)	46・53
張士奇	3・357
	20・757
張士俊(明)	63・724
張士俊(清肥鄉)	35・434
張士俊(清介休)	41・487
	48・230
	49・380
張士俊(清偏關)	46・52
張士彦	60・382
張士浩	53・575
張士彪	1・175
	3・832
	40・442
	60・191
張士第	8・564
	13・736
	14・391
	15・683
張士隆	7・367
	11・184
	11・842
	12・14
	40・311
張士堯	3・552
張士達	52・500
張士雅	19・557
張士凱	38・95
張士貴	47・483
	47・637
張士傑	56・700
張士甄	1・864
	8・676
張士遜	4・257
	7・301
張士壽	1・830
張士模	35・465
張士粹	58・255
張士翠	62・418
張士範	15・683
	15・685
	44・596
張士衡	10・675
	29・83
張士學	19・734
張士濂	11・187
	13・90
張士儼	18・327
	18・474
張士顯	5・280
	5・358
	5・463
張大川	3・153
張大仕	5・210
張大行	30・191
	54・723
	59・85
張大辰	13・241
張大壯	4・433
	6・65
張大武	21・379
	24・768
張大奇(明)	50・684
張大奇(清)	62・212
張大威	29・47
張大亮	41・659
	47・699

張大爲	51・361
	54・144
張大勇	5・732
張大素	7・779
	32・745
張大復	4・462
	28・336
張大道(明)	39・716
	39・770
張大道(清)	20・412
張大禄	49・360
	49・675
張大統	59・332
張大業	40・493
	45・397
張大節	4・264
	7・322
	26・248
	40・389
	40・807
	45・357
	45・406
	45・506
	45・560
張大猷	18・4
張大經	41・148
	52・428
張大韶	34・582
張大綸	59・332
張大舉	53・408
張大爵	40・520
張大鵬	41・123
	53・99
張大權	50・87
張　才(元)	41・619
	52・83
	52・322
張　才(清)	22・15
	24・334
	24・417
張才安	8・606
	30・225
張上和	16・37
張乞驢	50・77
	54・314
張之才	40・380
	51・329
	52・547
張之洞	28・323
	28・551
張之屏(介休)	41・508
	48・380
張之屏(清河)	38・586
張之紀	36・470
	37・515
張之萬	28・320
張之淵	28・322
	28・535
張之銘	34・582
張之鳳	40・450
	58・289
張之綱	34・325
	34・478
	34・490
張之賢	8・198
張之翰	8・243
	32・17
	33・616
	33・691
張巳榮	36・160
	36・267
張子良	1・109
	1・778
	10・797

22・191
22・340
32・658
張子奇 13・144
張子厚 58・313
張子思 26・258
張子信 38・315
張子華 33・689
張子特 41・591
57・357
57・447
57・712
張子皋 32・723
張子清 8・478
13・146
40・427
42・516
46・790
47・49
張子寅 28・187
張子雅 19・635
張子發 9・225
37・716
張子德 43・655
張子憲 32・723
張子麒 12・214
張子麟 8・462
11・228
12・128
12・215
張天斗 41・627
44・814
44・868
50・897
張天心 50・353
張天生 41・432
55・445
56・685
張天任 44・801
張天佑 45・582
張天位 34・502
張天相 41・30
42・603
43・73
張天保 56・263
張天祐 41・641
52・443
張天紀 38・562
張天清 56・267
56・469
張天植 41・531
43・91
張天棐 46・767
張天馭 50・85
50・605
張天祿 41・438
58・402
58・720
張天瑞 59・329
張天福 39・773
張天經 59・332
張天壽 59・423
59・534
張天綱 1・98
1・762
8・62
19・525
19・556
張天錫(明) 19・518
40・524
42・513
張天錫(清) 60・525
張天憲 40・524
42・512

	43・147
張天爵(明)	31・817
	34・213
張天爵(清)	43・92
張天翼	37・141
張天彝(明)	36・453
	36・745
張天彝(清)	45・130
張天寵	41・595
	50・555
張天麟	8・605
	30・225
張天衢	8・362
	21・358
	25・168
張　元(北周)	62・30
	62・207
張　元(元)	36・779
	37・22
張　元(明)	40・526
	54・699
	59・653
張元方(明)	5・303
張元方(清)	9・225
	37・717
張元功	43・317
張元甲	41・546
	59・174
張元孝	36・323
張元芳(閩)	1・159
張元芳(薊縣)	5・393
	5・474
張元成	47・70
張元良	15・222
張元茂	31・370
張元英	4・324
張元林	41・129
	43・86
張元來	28・340
	28・548
張元珍	52・75
	54・232
張元素(唐)	29・44
	60・292
	60・352
	61・596
	62・652
	63・215
張元素(金)	16・404
	17・196
	22・133
	22・322
張元素(元)	10・791
	24・374
	24・451
張元恩	45・822
張元健	9・43
	29・537
	29・606
張元淳	40・381
	47・405
	47・715
	47・744
	47・782
張元超	23・607
張元傑(清)	29・611
張元傑(民國)	17・88
張元復	16・558
	17・64
張元電	7・366
	21・287
張元模	21・408
張元賓	13・141
張元樞(良鄉)	1・864

	3・845
	8・668
張元樞(交城)	40・536
	50・91
張元德	61・271
張元慶	7・399
	16・442
	18・328
	18・474
張元翰	28・349
	28・546
張元翰妻湯氏	28・550
張元勲	24・457
張元錫	32・680
	33・200
張元聲	41・89
	59・680
	59・749
張元徽	36・264
張元懷	13・779
	14・414
	14・578
張　木	31・14
張五友	32・750
	32・802
張五全	59・253
張五典(明)	41・70
	51・733
	54・180
	54・189
張五典(清)	40・478
	53・412
張五美	33・762
	34・83
	53・92
	53・410
張五桂	47・90
張五倫	8・726
張太亨	41・655
張太奇	62・36
張太和(翼城)	56・702
張太和(清河)	38・569
張太春	41・697
張太復	9・87
	16・466
	16・752
張友三	35・465
張友直(明芮城)	62・15
張友直(明三原)	40・413
	50・82
	50・926
張友程(明)	46・631
張友程(清)	41・472
	56・694
張友資	45・596
張友鳳	43・656
張日升	49・307
	49・672
張日用	32・641
張日新	8・670
	20・778
張曰珂	34・496
張曰斑	34・507
張曰璉	23・671
張中行	41・486
張中孚	42・741
張中寅	2・60
	8・650
張內含	55・812
張午陽	59・344
張　升	40・520
	41・175
	43・635
	44・522

44·658
60·621
張　仁(蘄州) 21·290
24·509
24·594
張　仁(平原) 19·240
張　仁(崞縣) 45·486
45·578
張仁義 19·189
張仁願 1·132
40·282
44·470
65·24
張仁檝 62·493
張仁憲 2·507
張仁聲(明) 32·57
36·29
張仁聲(清) 9·245
30·354
張仁覆 8·491
36·746
張仁蠡 19·542
張化中 29·537
29·606
張化民 16·571
18·145
張化光 2·13
張化蛟 45·80
張化鳳 27·904
張化樞 44·707
46·55
張化龍 4·326
44·103
張化鵬 35·265
張　介 10·788
16·626
17·211
張介然 40·715
62·691
63·732
張公佐 41·640
46·485
張公素 2·123
3·81
3·145
10·668
17·151
22·179
張公著 27·515
張公爵 8·289
37·143
張公瑾 10·678
32·715
40·282
45·280
張公鐸 40·751
張勿執 18·329
18·475
張　文(元) 41·434
47·486
47·641
張　文(明) 34·551
張文元 4·770
張文田 19·580
張文芊 8·605
30·224
張文成 8·412
16·515
16·777
張文光(明) 54·738
57·104
57·275
57·444
張文光(清) 24·458

張文行	8・605
	29・309
張文全	8・367
	21・364
	24・540
	24・678
張文收	32・745
張文芳	53・751
張文佐	40・409
	54・685
	54・700
	59・643
張文英	19・139
	19・193
張文明(陽曲)	41・35
	42・603
	43・73
	43・162
張文明(祥符)	19・134
	19・182
	24・412
張文明(清)	3・743
	8・617
張文沛	27・219
張文治	62・434
張文奎	40・321
	42・486
張文昺	38・171
張文星	12・688
張文美	3・551
張文炳(高陽)	25・177
張文炳(灤州)	18・346
	18・484
張文炳(薊州)	5・302
	5・392
	5・474
張文炳(南皮)	28・357
張文炳(大寧)	58・272
張文炳(清滄州)	9・73
	26・58
	26・287
張文炳(清澤州)	41・625
	52・76
	52・610
張文珠	9・249
張文莊	36・346
	37・797
張文卿	37・466
張文烶	1・830
	3・547
	8・346
張文浩	21・301
	25・40
張文規	41・633
張文彬	33・684
張文煥(明白洋鎮)	40・530
	43・537
	44・479
	44・689
張文煥(明掖縣)	4・281
	28・21
張文煥(明榆社)	46・754
張文煥(清)	47・315
張文焌	3・547
張文啟	13・237
張文紹	62・415
張文琮	32・715
張文達	27・518
張文敬	4・341
張文欽	16・452
	18・334
	18・478
張文焞	35・263
張文淵(通許)	31・18

張文淵(深州) 8·604
30·224
張文富 17·540
張文運(三河) 19·256
張文運(昌黎) 17·71
張文弼 8·605
30·224
60·624
60·774
張文瑞 8·215
11·265
11·471
張文暉 21·299
22·703
張文照(明) 3·367
張文照(清) 12·639
41·203
張文魁(明) 40·313
42·485
張文魁(清) 44·659
張文詡 62·646
63·31
張文煋 9·32
張文煇 3·560
張文蔚 10·706
張文熙 29·528
29·571
張文曄 37·906
張文銘 56·269
張文鳳 22·13
張文誥 6·174
6·222
張文榮 61·148
張文質(昌黎) 8·404
16·508
17·61
張文質(章丘) 45·694
張文質(扶風) 40·407
43·543
44·123
51·399
張文質(清肅寧) 27·638
張文質(清昌黎) 17·83
張文德(宋) 41·427
47·485
47·640
張文德(明) 28·186
張文德(清) 40·449
61·247
張文舉(南北朝) 41·613
52·65
張文舉(明) 19·136
19·191
張文舉(清) 3·579
張文衡 9·195
14·402
14·639
張文錦 31·28
張文燧 8·409
16·515
16·777
40·411
44·486
44·609
張文謙 8·232
32·658
36·442
38·27
張文燦 41·477
51·141
52·424
張文禮 2·124
張文璧 49·25
張文韜 31·821

張文耀(安澤) 56・265
56・466
張文耀(大同) 41・656
43・677
張文璀 7・777
32・715
40・506
張文顯 41・434
43・638
43・912
張文鱗 50・929
張六材 47・489
47・645
張　方(晉) 29・121
張　方(清) 25・58
張方平 32・641
張方灼 63・777
張方杲 55・817
張方理 8・726
21・405
21・791
張　亢(晉) 30・316
30・498
張　亢(宋) 7・307
21・271
25・42
張　斗 12・730
12・780
23・342
40・438
54・724
59・85
62・582
63・355
張斗辰(永和) 58・219
張斗辰(大寧) 58・252
張斗星 41・81
58・253
張心泰 65・538
張心悟 28・674
張心廣 33・145
33・397
張巴圖 1・779
2・661
8・124
張孔生 22・699
27・297
張孔修 32・733
32・787
33・112
33・383
33・468
張孔原 7・491
7・517
23・230
24・29
38・95
張孔時 32・695
33・112
33・384
張孔孫 7・324
32・660
33・190
張以南 26・305
張以智 6・239
張以興 4・378
28・335
張　允(五代) 10・713
11・261
11・449
32・631
張　允(明) 2・743
2・815
張允中(明) 41・647

張允中(清翼城) 56·734
張允中(清崞縣) 41·102
45·488
45·580
張允中(清霍州) 59·165
張允伸 1·714
3·81
3·145
7·708
16·402
17·196
22·178
22·336
22·468
張允亨 15·212
張允協 59·424
張允重 63·812
張允亮 45·78
張允炫 45·4
張允執 12·21
張允捷 20·758
張允清 63·241
張允煓 32·741
張允濟(唐) 25·130
張允濟(明) 19·727
20·146
40·426
60·624
60·774
張　玉(宋) 1·740
7·828
23·134
32·648
張　玉(元) 1·777
8·135
張　玉(明吳橋) 8·423
27·438
張　玉(明易州) 10·816
張　玉(明徐水) 25·59
張玉友 8·542
張玉册 28·317
張玉珮 33·626
張玉堂 30·654
張玉清 12·551
張玉紱 35·746
張玉琳 26·563
張玉輔 32·269
張玉德 47·657
張玉潤 47·657
張玉履 52·652
張玉衡(清) 18·375
18·543
張玉衡(民國) 65·109
張玉龍 53·744
張玉鑑 54·208
張　正(元) 8·181
21·342
25·898
張　正(清) 23·56
張正任 48·237
張正風 33·403
張正堉 28·340
張正蒙 12·682
張正儒 21·377
22·743
40·432
張去華 40·373
54·663
張　功 38·275
張甘棠 8·778
21·410
24·777
張世良 38·188
張世英(元) 8·242

36・443
38・28
張世英(清) 4・468
張世昌 9・108
13・493
張世忠 8・413
16・651
17・532
40・556
42・513
張世法 7・454
張世威 40・532
62・311
張世則 1・156
3・28
張世彥 9・108
13・493
張世桐 19・734
20・154
張世恩 9・46
張世珅 54・710
58・367
58・712
張世培 49・787
張世烯 40・498
60・252
60・337
張世清 39・443
張世淳 40・540
60・627
60・778
張世隆 56・264
張世傑 1・97
1・740
3・748
7・828
22・183
22・219
22・354
22・457
張世善 26・71
張世禄 41・606
45・142
張世瑞 30・226
張世德 12・484
張世篤 31・88
張世澤(元) 8・124
張世澤(明) 31・817
34・719
張世駿 28・436
張世鐸 39・774
張　本(南北朝) 13・726
14・717
張　本(金) 8・120
30・502
31・82
張　本(明) 21・357
25・49
張本順 41・622
45・308
張本熊 29・575
張　丕 42・572
43・67
張丕亨 11・595
張丕基 62・219
張丕欽 34・515
張丕猷 41・484
60・706
60・766
張可久 9・167
33・144
33・395
34・599
張可用 41・681

50・252
50・898
張可立 4・313
4・751
7・478
張可成 29・364
張可實 38・257
張可舉 21・300
22・685
張可曇 41・688
43・674
張可興 17・518
張　丙 28・733
張丙厚 9・158
32・120
35・742
36・33
36・143
張丙震 4・462
9・87
28・314
張丙嘉 24・600
張　石 38・275
張右峯 9・18
張右銘 27・902
張布妻 9・278
張　平(晉) 5・274
5・351
5・460
31・335
張　平(明) 30・306
張平高 40・543
42・739
43・161
張北極 57・128
張占鰲 42・613
43・202
張　旦 8・22
12・353
12・467
32・638
張甲元 50・253
50・877
張甲徵 62・709
63・135
張　田 8・14
21・271
31・465
32・725
張由仁 12・175
張四端 60・703
60・764
張四維(蒲州) 41・47
62・685
63・53
張四維(陽曲) 41・437
42・604
張四箴 41・500
張印立 11・191
12・124
張印塘 9・215
18・81
張印潭 4・473
27・95
27・239
張印徵 34・75
張仕敬 40・541
47・272
59・89
張令臣 40・389
45・682
張令名 45・297
張令聞 45・297
張令瑾 62・723

張令儀 9・107
11・277
13・492
張令鐸 19・538
32・631
張用中 39・831
張用直 8・74
張用濟 28・331
28・523
張主敬(明) 11・231
11・452
12・532
36・785
37・26
40・430
50・86
50・314
50・611
張主敬(清) 25・925
張立政 56・268
56・470
張立效 33・688
張立道 8・254
32・727
33・106
33・371
張立愛 8・611
12・743
12・750
12・791
23・616
張玄素 27・756
63・576
張玄錫 21・685
張必科 4・322
7・481
張必達(清邯鄲) 32・105
33・626
張必達(清應山知縣) 19・56
張　永(宋) 40・381
44・722
張　永(明新城) 10・814
21・689
24・546
24・684
張　永(明遼東) 2・788
張永年(明) 21・372
25・512
25・591
張永年(清) 56・11
張永昌 12・176
張永茂 59・331
張永通 40・807
45・360
45・421
張永康 29・598
張永清(明) 40・533
47・272
54・753
59・87
張永清(清) 50・669
張永淑 22・470
張永祺 8・619
張永弼 38・917
張永蔭 28・351
張永漣 18・26
張永德 32・638
41・416
42・579
43・67
51・364
張永諤 59・336
張永諧 59・335
張永燮 21・821

張永譽 4・378
28・312
張永鑑 59・335
張民範 39・218
39・257
39・325
張弘仁 12・175
張弘志 7・412
31・816
32・414
張弘彦 22・466
張弘略 8・162
21・330
22・435
24・361
張弘策 1・106
1・675
19・722
20・144
22・166
22・333
24・534
張弘道 8・543
32・738
張弘靖 40・714
62・654
63・718
張弘綱 8・162
19・137
19・190
19・223
張弘範 21・331
22・436
22・499
24・362
32・659
33・190
張弘襟 21・801
張召棠 26・298
張幼安 31・816
張式芸 5・200
張式璘 32・111
38・896
張　迂 21・308
22・406
張吉元(臨榆) 17・539
張吉元(平定) 44・367
張吉午 17・246
18・27
張　老 55・369
57・109
張　考 41・489
62・414
張　耳 11・139
11・435
張　芃 58・746
張芝郁 4・464
28・337
張芝眉 29・534
29・599
張芝馨 9・87
28・351
張　朴 32・33
張西園 39・534
張　在 41・138
46・134
46・436
張在田 41・509
47・649
張在東 18・64
張百齡 16・314
16・381
張有光 7・494
37・930

張有恒妻董氏 28·561
張有振 5·731
張有傑 20·759
張有聞 7·335
24·411
張有德 5·731
9·72
張　存 8·21
11·166
21·273
25·41
30·223
31·72
51·368
52·375
張存仁 4·293
7·417
32·679
33·199
張存敏 57·128
張存性 21·291
24·611
張存智 17·18
張成元 60·248
張成功 42·613
43·339
張成績 56·452
張成教 32·41
33·683
張成福 10·839
32·698
張成德 40·481
60·628
60·778
張成瀚 36·750
張　臣(山東) 17·495
張　臣(榆林) 1·153
16·410
張至發 7·399
17·244
18·18
張光先 25·93
張光宇(明) 41·63
59·409
59·521
59·580
張光宇(清) 59·253
張光孝 47·486
47·641
張光岳 45·687
張光豸 37·730
張光奎 41·181
51·580
52·417
張光前(明澤州) 21·298
25·39
25·88
41·71
51·574
52·416
張光前(明彰德) 7·398
21·295
張光華 8·804
21·398
25·244
張光烈 9·193
13·721
14·489
14·575
張光益 5·475
張光第(祥符) 7·492
39·551
張光第(滄州) 26·571
張光曾 7·504

張光遠 22·740
22·792
張光煊 25·610
張光輝 11·467
張光漢 30·190
36·266
張光熊 29·601
張光德 24·794
張光縉 51·574
52·416
張光鍔 12·639
張光燦 41·114
59·332
張光簡 28·332
28·539
張光藻 37·933
張光耀 38·910
張曲江 61·269
張同心 34·515
張同第 49·724
張同德 38·917
張 屺 60·525
張邦立 50·236
50·389
50·562
張邦奇(明) 14·486
14·569
15·45
15·221
張邦奇(清) 32·414
張邦彥(臨朐) 24·412
張邦彥(長治) 50·236
50·389
50·562
張邦政 21·377
21·826
25·900
張邦祚 43·208
張邦紀 1·825
3·738
張邦烈 41·646
張邦基 8·73
21·458
24·214
張邦教 41·579
張邦寄 31·8
31·543
31·820
張邦達 4·427
張邦貴 23·224
24·28
張邦經 3·740
張 先 40·400
47·271
54·752
59·88
張先基 7·515
30·70
31·20
張廷元 41·141
43·203
張廷玉(金) 8·117
24·448
張廷玉(明) 21·298
22·698
張廷用 27·516
張廷奇 41·518
張廷奏 41·601
46·754
張廷相 40·532
61·246
張廷柱 5·170
張廷昭 32·97
張廷拱 16·445

	16・750
張廷珪	7・292
	32・623
	33・186
張廷琪	47・164
張廷琛	5・87
	5・252
張廷貴	4・767
	5・169
張廷傑	12・551
張廷湘	31・224
張廷裕	64・610
張廷弼	4・449
	26・274
張廷槐	8・556
	40・422
	53・89
	53・260
	53・298
張廷楹	9・8
	30・193
張廷槮	43・97
張廷魁	43・211
張廷鉞	28・432
張廷試(明)	8・381
	21・376
	21・788
張廷試(清)	41・500
	46・747
	46・752
張廷愷	12・551
張廷縡	41・601
	46・754
張廷輔(永濟)	63・130
張廷輔(邯鄲)	33・621
張廷對	28・739
張廷僚	46・752
張廷鳳	33・118
	33・382
	34・581
張廷賓	34・509
張廷緒	4・464
張廷綱	8・406
	16・511
	17・177
張廷養	47・489
張廷選	5・210
張廷翰(冀州)	10・772
	31・440
張廷翰(陵川)	41・424
	51・707
	53・727
張廷禮	29・306
張廷藩	49・382
張廷蘊	32・630
	40・545
	60・620
	60・771
張廷璧	63・595
張廷勷	31・822
張廷鶴	33・131
張廷鑑	56・178
張竹林	66・293
張　休	1・703
	7・700
張　延	8・217
	11・254
	12・127
張延年	9・107
	13・492
	49・320
	49・489
張延庭	12・517
	36・775

	37・19
張延通	41・422
	50・233
	53・587
	53・528
張延登	32・673
張延禔	33・140
	33・394
張延壽	59・142
張延緒	4・440
	9・73
	26・84
	26・289
張延賞	40・714
	42・470
	62・654
	63・718
張延齡	33・417
張仲文	8・573
	40・408
	46・530
	47・401
張仲安	8・65
張仲武	1・713
	3・80
	3・144
	5・469
	7・707
	16・401
	17・195
	22・176
	22・336
	22・450
	40・576
張仲周	35・639
張仲明	59・708
張仲容	41・567
	50・198
	50・443
	50・544
張仲彪	62・420
張仲淳	28・332
張仲琮	45・484
	45・577
張仲温	40・369
	54・660
張仲銘	12・337
張仲賢	21・285
	21・801
張仲儀	40・836
	60・693
	60・757
	61・451
張　任	3・708
張任學	40・435
	42・517
	43・148
張　份(南皮)	28・490
張　份(解州)	60・526
張　价(明)	22・15
張　价(清)	15・113
張仰南	56・700
張仰垣	47・629
張仰泰	44・657
張仰賢	43・919
張自正	25・600
張自明	15・703
張自修(曲沃)	57・46
	57・127
張自修(廣宗)	36・466
	39・271
	39・397
張自德	9・213
	18・77

張自興	41·128
	58·252
	58·253
張自蘊	40·436
	53·722
張自騰	17·216
	18·17
張行五	57·128
張行中	8·83
	16·494
張行成	10·669
	21·674
	23·584
	25·402
	25·524
張行信	3·354
	31·489
張行恕	13·203
張行遠	33·390
	33·534
張行義	39·275
	39·419
張行簡	7·320
	21·273
張　全(元)	8·282
	36·779
	37·22
張　全(明)	22·11
	24·416
張全懋	4·464
	28·338
張兆元(明)	1·160
	5·564
	5·618
張兆元(清)	56·702
張兆泰	41·513
	55·804
張兆祥	5·251
張兆基	56·264
	56·461
張兆曾	1·164
	3·357
張兆鳳	52·866
張兆勳	3·578
張兆衡	40·489
	46·668
	57·275
	57·444
張兆齡	14·662
張兆麟(景州)	9·47
	29·601
張兆麟(岳陽)	56·260
張　旭	34·224
張旭東	17·194
張名世(明)	44·525
	44·631
張名世(清)	14·489
	14·574
張名印	44·635
張名昭	40·396
	61·624
	61·712
張名遠	34·683
張多學	51·700
張夙抱	26·855
張旭燨	17·70
張　旨	7·309
	40·517
	44·722
張亦堪	61·126
張　交	20·157
張充國	7·507
	15·519
	15·550

	15・590
張衜霄(明)	38・143
張衜霄(清)	21・794
張次公	41・375
張　江	57・560
張　池	24・311
張汝舟	1・146
	7・366
	20・213
	20・214
	41・182
	43・642
	44・209
張汝言	39・220
	39・262
	39・329
張汝亨	56・267
張汝雨	36・784
	37・26
張汝明	40・516
張汝亭	56・469
張汝恭	16・653
張汝皋	25・901
張汝能(歷城)	3・793
張汝能(灤州)	16・628
	18・371
	18・541
張汝乾	40・420
	40・426
	50・66
	61・511
張汝訥	29・584
張汝清	34・492
張汝雯	47・649
張汝弼(元)	41・619
	52・83
	52・322
張汝弼(清)	1・190
張汝勤	33・403
張汝楫(元)	3・807
張汝楫(明)	22・744
張汝樂	41・510
張汝静	36・458
	37・515
張汝賢	8・418
	16・529
	18・350
	18・486
張汝霖	41・645
	63・737
張汝衡	50・92
	53・579
	53・632
張汝霜	62・715
張汝濬	44・610
張汝濟	3・542
	8・328
	40・431
	53・722
張汝蘊	29・47
張　宇	41・569
張　守	7・358
	7・383
	16・436
	17・201
	18・327
	18・473
張守大	41・618
	55・478
	58・798
張守中	1・151
	3・356
	7・378
	41・57

	61・116
張守仁	45・590
張守正	27・942
張守身(永嘉)	22・683
	27・332
	27・406
張守身(永清)	20・821
張守沂	28・432
張守直	8・569
	18・2
	18・46
張守忠(元)	43・638
張守忠(明)	46・53
張守度	25・732
張守約	23・214
張守珪	1・133
	4・253
	5・347
	5・458
	7・291
	40・721
	62・492
張守訓	44・579
張守智	65・276
張守道	45・720
張守蒙	54・712
	58・361
	58・706
張守誠	28・350
張守僥	58・792
張守樞	38・893
張守諫	34・675
張守樸	32・123
	36・44
張守謙(金)	8・83
張守謙(清)	41・488
	45・581
張守禮	58・215
張　安(和州)	41・26
	43・640
	44・533
張　安(環縣)	40・406
	62・578
	63・571
張安上	21・272
	25・137
張安世(漢)	55・427
	59・657
	59・726
張安世(清)	19・682
	20・59
張安民	33・409
張安甫	7・409
	21・285
	23・329
張安寧	45・37
	45・133
張那鈎	39・772
張　羽(山陰)	41・7
	43・639
	44・23
張　羽(南鄭)	4・276
	7・368
	31・799
張　羽(武功)	40・400
	42・509
	49・171
	49・243
張羽亮	29・995
張羽絨	9・44
	29・534
	29・600
張羽翔	63・21
張羽豐	28・30

張　弛　33・626
張丞祚　35・429
張如門　29・598
張如宗　8・524
32・693
33・111
33・379
張如岡　37・821
張如鈺　37・436
54・723
59・26
59・84
張如鉽　5・65
5・163
10・834
張如騫　18・30
19・5
張好仁　12・175
張好古（元）　37・704
張好古（明陽城）　33・193
33・508
41・51
51・658
52・581
張好古（明沁州）　53・95
張好生　13・737
15・685
張　巡　7・292
13・215
31・787
38・294
38・376
62・30
62・208
張　玘　8・316
40・403
40・407
42・510
53・86
張孝沆　13・775
張孝忠　4・253
7・293
7・718
11・160
16・165
16・296
23・205
24・22
24・332
24・408
張孝思　22・502
張孝捏　53・212
張孝時　7・486
13・472
張孝純　42・478
張孝掞　53・105
張志仁　12・175
張志尹（明）　21・298
22・698
張志尹（清）　7・459
21・305
張志立　25・66
張志樸　41・690
61・686
張志芳　7・404
29・488
29・972
41・69
51・671
52・584
張志奇　4・314
5・30
22・138
22・325

張志和 56·258
56·451
張志俊 3·697
張志連 25·608
張志高 45·642
張志清(元) 14·178
41·685
55·624
56·4
張志清(清) 29·587
張志敬 2·247
張志詠 28·316
張志善 61·254
張志遠 41·588
42·626
43·85
張志廉 28·316
張志寬 60·514
張志寧 8·609
23·591
24·59
張志賢 45·430
張 坊 40·472
43·563
43·834
57·275
57·444
張 芸 28·498
張 芮 41·28
60·515
張 芹 49·362
49·676
張克己 57·163
57·429
張克昌 12·728
張克明(滄縣) 26·577
張克明(深州) 9·243
30·238
30·261
張克柔 41·616
52·81
52·322
張克敬 12·780
張克溫 41·527
55·798
張克裕 43·295
張克誠 1·111
3·807
22·192
22·341
張克寬(元) 40·824
張克寬(明) 21·370
22·598
張克戩 40·378
49·298
49·483
張克睿 41·500
46·747
張克嶷 61·155
張克儉 41·81
50·190
50·411
50·539
張克嶷 41·127
61·126
張克纘 9·43
29·544
29·576
張 材 21·366
張 甫 4·265
25·202
張甫明 24·375
張更化 49·363
49·510

張吾貴 7·695
23·731
24·86
張吾瑾 5·670
張扶陽 38·897
張仰之 32·697
張步圯 25·119
張步蟾 19·200
張吟香 46·556
張岐鳳 36·267
張我繩 33·619
33·692
張我繼 33·619
張我續 33·619
張我觀 41·472
59·411
59·524
張利一 21·271
24·747
25·42
31·457
張利貞 29·88
張利勇 39·635
張季玉 18·2
張 伾 7·294
31·787
40·720
50·56
張 佐(定興) 21·689
張 佐(臨潼) 38·141
張佐成 8·242
36·441
36·526
張佐武 45·583
張 佑(唐) 7·736
張 佑(明) 4·20
4·372

4·764
5·158
8·450
張 伸 47·498
47·622
張作式 47·631
張作肱 34·778
張作法 33·409
張作彥 41·167
45·585
張作楫 38·913
張作礪 9·211
18·72
張伯玉 40·372
42·504
46·789
47·47
張伯用 1·785
8·151
20·616
張伯行 7·415
張伯端 41·677
55·618
56·733
張伯儀 7·787
32·718
33·346
張伯謙 4·451
張伯麟 28·339
張 希 20·157
張希一 4·260
24·747
31·456
張希孟 18·387
張希崇 1·96
1·720
5·295

	5·383
	5·469
	10·701
張希達	4·371
張希載(永年)	34·108
張希載(長治)	50·350
張希載(廣昌)	24·310
	49·317
張希顔	24·753
張含瑾	41·90
	41·460
	63·58
張甸青	59·338
張　劬	29·991
張　奐	40·262
張迎芳	7·509
	17·248
	18·27
張　言	51·282
張　亨(溮陰)	1·753
	3·531
	8·52
	14·107
	14·710
	15·517
	40·293
	42·478
張　亨(蒲縣)	58·312
張　亨(明)	32·26
	33·617
張亨甫	53·89
	53·260
	53·298
張　序	50·337
	50·561
張　況	7·276
	11·157
	13·309
	13·469
張　忻	32·676
張　灼	8·737
	21·406
	25·47
	25·103
	25·118
張　沅	25·65
張　沐	41·527
張　沚	37·717
張　冲	9·158
	32·119
	35·749
張冲魁	41·521
張　泛	40·378
	50·75
張　汶	32·60
	33·625
張　沆(清)	34·731
張　沆(民國)	36·754
張沆度	34·688
張　完	21·352
	25·52
張　宏(宋)	7·299
	25·35
張　宏(明)	8·465
	11·268
	11·472
張　宏(清)	8·817
	16·554
	17·63
張宏仁	12·522
張宏初	30·238
張宏昌	12·551
張宏備	39·273
	39·418

張其廷 32・56
張其郁 41・468
61・263
張其明 66・477
張其命 11・790
21・378
張其珍 7・458
21・308
22・406
張其信 41・514
張其庭 33・620
張其哲 41・543
61・738
張其恕 44・733
張其綱 41・540
45・361
45・431
張其實 21・298
25・923
張其維 41・485
58・314
張其籍 60・711
60・784
張若谷 32・641
40・371
42・476
張若叟 45・359
張若愚 24・258
24・419
張若瑾 24・709
張若錕 29・579
張若麒 16・447
17・203
21・302
21・801
22・701
張　茂 58・792
張茂生 41・122
51・704
52・592
張茂林 21・357
張茂和 10・672
張茂宗 10・672
張茂華 4・388
28・330
張茂桂 37・796
61・257
張茂蘭 7・367
28・793
36・344
37・795
張　英(潞州衛) 50・189
50・563
張　英(金吾衛) 7・366
張　英(儀封) 27・516
張　英(臨汾) 41・644
55・645
56・6
張　英(解州) 60・300
60・379
張　英(民國) 28・438
張英奇 9・243
30・235
張英華 9・112
13・342
張英翰 47・498
47・656
張直方 2・120
3・668
10・668
張　林 41・515
52・594
張林茂 25・899
張林蔚 5・69

張　枚　41・589
張松年　61・212
張松齡(明)　58・119
58・218
張松齡(清)　50・301
張　栴　21・296
25・39
張　杰　7・516
30・194
張　述　7・832
25・48
張述昌　62・426
張述榘　9・37
張東周　19・546
張東銘　58・746
張雨蒼　24・601
張　協　27・755
29・43
30・315
30・496
張　奇(光州)　4・283
7・367
26・8
26・249
張　奇(長子)　21・290
24・509
24・594
50・225
52・857
張　奇(清)　36・748
張奇抱　40・456
49・318
49・489
張奇逢　9・104
11・257
11・603
張奇勛(明)　1・825
5・574
8・334
張奇勛(清)　57・104
57・444
張奇璧　58・368
張來鳳　37・243
張來儀　19・525
19・557
張來麟　46・456
張　披　31・333
張招覲　9・47
29・608
張長年　43・345
張長林　5・251
張長庚　39・429
張長遜　65・20
張非濁　2・243
張叔渠　63・24
張叔鶴　28・341
張肯堂(明)　32・677
張肯堂(清孟縣)　41・604
47・498
47・655
張肯堂(清良鄉)　3・850
張虎士　9・58
張虎臣　38・36
張虎拜　4・408
5・79
5・172
9・58
張　尚　54・689
張尚古　46・53
張尚哲　34・100
張　旺(榆次)　46・489
張　旺(興縣)　41・111
42・613
42・799

	44・705
	46・51
	48・752
	48・807
張　杲	22・12
	24・416
張杲之	40・383
	60・248
張　果	10・676
	11・319
	12・610
	24・484
	41・669
	43・672
	47・538
	48・94
	49・110
	52・263
	57・165
	59・184
	62・716
	63・191
張果中	8・393
	22・469
	24・685
張　昌(元)	41・577
	55・811
張　昌(明)	34・675
張昌吉	59・297
張昌宗	10・671
	23・749
張昌祚	29・350
張昌慶(清)	60・196
張昌慶(民國)	28・325
張昌齡	7・796
	37・726
張　昇(宋)	60・620
	60・772
張　昇(元)	8・196
	16・494
	17・192
	18・231
	23・395
張　昇(明薊州)	51・357
	54・140
張　昇(明陽城)	41・52
	51・664
	52・582
張　明(明)	19・259
張　明(清)	41・485
	59・34
	59・158
張明倫	53・211
	53・308
張明惠	56・734
張明遠(元城)	8・542
	32・696
	33・390
張明遠(開州)	24・751
張明豫	14・153
	14・717
張易之	10・671
	21・676
張　昂	45・580
張　旻(宋)	32・639
張　旻(明遷安)	16・776
張　旻(明臨汾)	37・467
張　旻(明廣昌)	24・309
張　旻(明大城)	20・222
張　昉	41・614
	62・712
	63・426
張　固	31・867
	38・307

38・561
張　忠　11・311
11・510
23・376
24・58
張　忠(宋)　32・648
張　忠(明任邱)　28・717
張　忠(明大名)　33・385
張　忠(明甯都司)　7・330
張　忠(明霸州)　2・130
張　忠(明泰安)　54・741
張　忠(明魏縣)　34・582
張忠輔　40・577
45・506
45・560
張　岫　41・28
60・515
張岫桐　29・611
張知白　4・354
7・840
25・42
26・50
26・258
32・637
張知名　47・486
張知言　17・218
18・17
張知泰　2・114
19・725
32・622
40・361
42・503
張知遠　25・871
張知謇　1・107
1・700
2・265
3・722
19・722
20・144
22・170
22・334
24・536
31・786
40・368
張　和(元)　41・433
50・234
50・559
張　和(清)　22・141
22・325
張和鳴　55・819
張　季(保定)　8・162
21・330
張　季(孟縣)　47・486
張季子　37・461
張季珣　40・505
張　忝　27・638
張　秉　32・632
張秉仁　6・172
張秉同　58・12
張秉忠　8・593
12・358
12・546
37・145
張秉誠　44・797
張秉鋭　5・75
5・237
張秉德　41・508
張秉澤　16・39
張秉霞　58・771
張秉禮　24・752
張秉曜　21・505
21・823
張秉彝　3・549
張佳胤　14・296

14・535
32・669
32・839
40・418
62・578
63・20
張　佶(燕人)　1・739
張　佶(渭南)　44・722
張　岳　31・21
張岳生　17・142
張　佾　41・622
60・728
張佩芝　63・594
張佩芳　41・152
張佩珊　12・312
張佩訓　4・465
28・321
張佩書　54・216
張依仁　12・175
張所尚　62・529
張所聞　21・377
24・210
張所養　2・587
張所學　17・365
張所蘊(明)　1・163
19・241
張所蘊(清)　8・803
25・190
張金芝　36・39
張金泊　56・5
張金城　35・438
張金奏　32・123
35・714
張金鉉　61・262
張金煜　33・204
張金管　32・123
35・714
36・36
張金銘　35・444
張金錞　35・444
張金鐘　61・152
張金鑄　34・722
張金鑑　61・262
張　侖　26・93
張　郃　10・588
28・641
張采翼　49・218
張受中　53・321
張受長　4・461
28・314
張受道　31・810
35・52
張念同　25・64
張念祖(絳州)　41・483
60・705
60・765
張念祖(安平)　30・281
張念槐　66・499
張　肱　2・14
張　服　37・587
37・659
張朋來　16・635
張　周　8・227
30・301
張　京(明)　24・752
25・138
41・462
51・588
52・420
張　京(清)　12・524
37・295
張京瓚　21・310
25・575
張　庚　8・589

	37・597
	37・688
張庚昶	21・310
	25・331
張育栴	41・545
	61・673
張育德	38・638
張　冽	25・98
張　炌(明)	25・49
	25・101
張　炌(清)	25・118
張法保	8・300
張　沐	32・681
張　河	40・694
張泗源	51・326
張　沛	25・58
張沛仁	45・589
張　泮	41・75
	44・790
	44・885
張　泓	26・59
	26・316
張治孝	53・751
張治道(長安)	7・369
	32・665
張治道(唐山)	37・498
張治綱	61・257
張　宗(漢)	40・573
張　宗(明)	34・781
張宗之	31・348
張宗文	41・151
張宗孔(明)	32・49
	35・429
張宗孔(清)	41・499
	52・498
張宗古	41・616
	52・80

張宗仕	18・380
	18・551
張宗式	59・526
張宗孟	45・24
張宗信(河南)	11・186
張宗信(寧武)	44・704
張宗瑛	28・341
	28・563
張宗舜	45・495
張宗榜	4・431
	5・729
	6・73
張宗輔(明)	34・568
張宗輔(清)	41・486
	57・559
張宗誨	32・723
	45・311
張宗稷	27・645
張宗慶	28・434
張宗衡(明)	14・462
	40・336
	43・556
	43・778
張宗衡(清)	41・494
張宗彝	54・236
張宗夔	45・574
張宗顥	57・366
	57・448
張　定	45・295
張定亨	17・70
張定基	62・218
張定遠	19・678
	20・57
張　官	21・355
	25・865
張　祉	40・416
	42・513

張祉生 9·128
37·820
張建文 32·111
38·894
張建立 7·822
張建功(懷來) 14·662
張建功(遷安) 16·662
張建庚 63·844
張建封 40·508
張建斿 41·652
63·784
張建基 19·584
19·650
張建鎬 21·311
張　居 8·393
21·385
21·778
張居仁(景州) 29·533
29·598
張居仁(趙州) 12·455
張居忠 45·577
張居彥 40·532
61·446
張居敬(元) 8·288
31·792
36·779
37·23
45·484
45·577
張居敬(明保定) 8·351
21·344
張居敬(明趙州) 12·455
張居壽 47·214
張居翰 50·74
張居謙 6·7
張　弦 53·92
53·409
張　詔 60·525
張承仁 12·175
張承宗 47·480
張承相 49·361
張承敘 19·727
20·146
張承祖 40·460
45·509
45·563
張承祚 32·49
張承恩(明) 24·453
張承恩(清) 8·695
張承基 5·280
5·358
5·463
張承惠 8·574
24·453
40·417
42·514
46·790
47·48
張承蔭 16·412
16·755
張承業(後唐) 42·504
42·792
44·478
49·75
張承業(明) 59·382
59·486
59·581
張承綸 41·599
52·337
張承熊 46·421
張承憲 8·566
13·761
14·639
14·683

張孟兼　40·302
　42·479
張孟談　42·527
　43·145
張孟繡　29·242
張附翔　53·599
　53·635
張　春（正定）　8·461
張　春（同州）　7·403
　11·227
　11·451
　17·199
　17·496
張春先　45·666
張春臺　25·599
張春慶　41·482
　45·666
張　珂（明）　31·800
張　珂（清）　33·417
張　珍　21·300
　25·924
張　垚　41·114
　59·334
張　赴　28·21
張　政　40·303
　42·481
張　垣（撫寧）　4·401
張　垣（遼東）　7·499
　32·679
　33·71
　33·199
張　垣（稷山）　41·543
　61·671
張　南　37·498
張南史　2·565
　3·722
　7·702
張　柟　60·518
張柳南　40·490
張柳朔　7·267
　37·466
　55·400
　57·119
　57·297
張　軌　40·358
　62·476
張連魁　39·777
張　勅　21·366
　25·863
張柬之　20·145
　40·507
　42·502
張　厚　14·119
張厚璟　28·326
張　奎（宋）　40·289
　42·475
張　奎（明武强）　8·605
　30·355
張　奎（明裕州）　47·399
張　奎（明延慶）　2·700
　2·753
　2·822
張奎昇　32·104
　33·620
張奎祥　4·318
　7·479
　16·462
　16·751
　26·16
　26·250
張奎震　28·331
張奎璧　56·173
張　拱　62·219
張拱端（翼城）　56·695

張拱端(完縣) 40·449
61·628
張拱霍 28·187
張　挺 21·462
24·215
張指南 31·812
張　貞 19·679
20·57
張貞教 60·702
60·763
張貞範 26·646
張　昺 1·141
7·332
41·3
51·550
52·409
張則友 61·152
張則堪 56·699
張映斗 46·456
張映臺 36·197
張映壽 49·712
張　星(宣城) 4·280
4·750
張　星(金堂) 30·191
張星法 9·245
張星炳 17·187
張星煥 61·460
張星煌 16·552
17·183
張星標 47·489
47·646
張星輝 9·247
張星燦 27·576
張星耀 9·244
30·354
張　昭(五代) 10·751
40·513
張　昭(清) 1·188
6·210
張昭允 7·299
21·267
24·744
25·142
張昭芹 13·773
14·662
33·208
張昭遠 4·354
11·166
21·270
24·747
張昭瑩 24·331
24·408
張冑元 10·625
張冑玄 29·536
29·605
張　畇 29·602
張　思 28·736
張思中 50·79
50·610
張思永 9·237
37·437
張思孝 41·531
43·91
張思伯 7·644
27·897
29·83
張思明 40·301
43·536
65·168
張思忠 1·780
8·132
20·773
張思信 41·655
張思恭 61·627

張思達　29・307
張思敬(元)　8・251
32・19
38・312
38・562
張思敬(清)　27・904
張思進　50・158
張思鈞　10・762
36・438
38・37
張思溫　33・686
張思誠(明)　53・523
張思誠(清遼陽)　7・527
16・470
張思誠(清翼城)　56・698
張思溥　33・613
張思齊　31・824
32・414
張思濂　32・683
張思熊　29・608
張思聰　53・569
張思鐙　40・494
45・563
58・709
張　秋　45・14
張重光　9・108
13・494
張重振　9・32
28・746
40・480
張重恩　48・175
49・312
張重倫　11・593
張重德　44・709
張重貌　38・274
張修己　41・627
47・493
張修身　7・411
11・190
32・66
34・216
張保民　7・398
21・299
41・75
45・22
張保忠　3・565
張保洛　31・150
64・516
張保泰　12・415
張　信(元)　21・278
25・922
張　信(明)　31・72
張信民　43・898
張皇政　50・575
張皇輔　41・475
50・229
50・574
張　禹　7・572
7・574
11・141
31・845
36・430
36・526
36・740
38・306
38・558
張禹昌　25・903
張禹珪　7・303
21・270
25・135
31・789
32・641
張　俊(唐)　50・849
張　俊(明靈邱)　43・846

張　俊(明博野)　21・365
23・115
張　俊(明宣府)　14・379
14・483
14・562
14・660
40・555
43・544
張　俊(明濱州)　38・144
張俊士　62・214
張俊民　59・423
59・526
張俊亨　17・143
張俊英　29・259
張俊峯　34・483
34・502
張待問　61・154
張　衍(金)　1・746
8・40
19・473
張　衍(元)　52・440
張　衍(清)　9・158
張衍正　17・365
張衍瑞　7・369
40・526
54・686
張衍義　17・365
張衍壽　37・470
張衍齡　41・491
43・339
張後胤　40・506
42・739
43・161
張敘典　32・124
張敘賓　36・39
張胤征　28・732
張勉學　12・517
37・20
張　奕　41・430
51・620
張　亮(北朝)　40・665
49・424
49・572
張　亮(明)　43・316
張　席　41・621
張　度　14・716
16・154
16・266
張　庭　41・67
62・688
63・57
張庭奇　62・213
張庭珍　8・186
16・175
16・215
16・311
16・366
65・167
張庭瑞　8・187
16・311
張庭養　41・466
47・646
張　彥　47・497
47・655
張彥文　8・181
21・342
張彥威　41・409
50・232
53・528
張彥珩　51・640
52・244
張彥哲　30・101
張彥紳　45・182
張彥達　30・97

張彥誠 53·528
張彥遠 41·633
張彥綱 11·271
11·643
張　咨 22·135
22·323
張　恒 7·515
29·241
31·214
張恒裕 41·493
43·339
張恒德 59·762
張　恢 41·534
58·736
張　恂(北魏) 7·285
11·158
31·784
張　恂(明) 52·247
張　恂(清景縣) 9·42
29·537
29·606
29·990
張　恂(清成安) 34·696
張　恪(金) 40·387
51·329
52·547
張　恪(明) 61·246
張　恪(清南皮) 4·464
9·87
28·317
張　恪(清涇陽) 40·456
47·162
49·318
張　恪(清河津) 41·545
61·559
張　炳(定州) 23·627
張　炳(玉田) 18·93
張　炳(景縣) 29·585
張　炳(民國) 28·434
張炳綬 28·366
張炳題 31·828
張爲基 41·600
52·611
張爲章 33·206
張爲矱 9·46
29·601
張　差 2·134
張　美(宋) 4·262
10·762
26·247
32·3
38·315
38·561
張　美(明) 41·442
50·224
52·690
52·856
張前光 25·484
25·574
張首標 8·571
17·321
18·51
40·436
42·517
49·26
49·315
49·488
張　汧 23·7
張　洪(邯鄲) 33·620
張　洪(馬邑) 44·635
張　洪(定襄) 45·29
張　湑 29·485
29·970
張　洞(邯鄲) 32·66

33・632
張　洞(阜城) 50・63
張　洞(明知沁水) 54・143
張洙才 49・712
張　洵(金) 32・657
張　洵(明) 33・386
張　津 20・213
張津源 4・464
28・337
張　宣(開平) 13・761
14・639
張　宣(濟南) 2・728
2・787
張　宣(盂縣) 47・486
47・653
張宣子 40・619
張宣軌 13・141
24・58
張　宧 8・364
21・360
25・887
張冠諫 44・640
張　祜 7・775
27・898
31・865
38・561
張祖良 33・130
33・390
34・585
張祖岱 32・94
35・431
張祖恒 35・464
張祖詠 12・174
張祖詒 58・710
張祖堪 4・450
9・80
26・275
張祖繼 28・339
張　祝 8・525
32・729
33・113
33・379
34・580
張　祚 19・240
張　既 40・574
54・644
張　珁 61・664
張　柔 10・797
21・680
22・191
22・340
22・464
22・525
24・357
25・922
張　飛 1・95
1・668
7・593
22・146
22・328
張　紀(明知霍州) 54・756
59・79
張　紀(明棠邑) 40・405
42・510
46・3
張　紀(明鉅野) 37・795
張　紀(明遼州) 46・630
張紉荃 63・224
張紉茳 63・224
張　耕 7・324
36・319
張　泰(三國) 7・596
張　泰(明樂亭) 8・405
16・510

18・233
張　泰(明肅寧)　8・426
27・674
27・675
40・310
張　泰(清)　53・312
張泰交　41・120
51・697
52・591
張泰孚　40・456
49・319
49・673
張泰來　4・425
28・57
張泰階(明)　40・435
50・88
50・607
張泰階(清)　30・192
張　素　1・795
8・300
19・726
20・149
張素志　7・490
11・196
11・541
13・90
張　珪(易州)　8・169
21・336
22・437
22・532
22・538
24・369
張　珪(涿州)　22・192
22・340
張　珪(東安)　22・134
22・323
張　珥　40・442
59・648
張　珠　12・269
張　珽　9・160
32・121
35・748
張　珩(石州)　41・37
48・676
48・723
49・359
張　珩(趙城)　59・34
59・157
張　珣　46・149
46・431
張　琉　2・728
2・788
張起亭　17・75
張起雲　41・136
張起運　63・844
張起龍　60・251
60・333
張起鵴　4・311
5・35
張起巖(濟南)　7・324
11・176
14・452
張起巖(澤州)　41・618
52・82
52・322
張　都　21・307
張　耆　7・303
25・525
40・547
張　華(晉)　1・96
1・670
3・79
3・137
4・247

10・594
19・721
20・144
21・507
22・148
22・329
25・45
63・30
張　華(明)　37・215
張華年　29・575
張華原　15・94
31・151
40・658
43・625
44・60
張華銑　59・338
張　晉(元)　16・506
18・339
18・480
張　晉(清安肅)　8・736
21・397
25・54
25・91
25・118
張　晉(清陽城)　41・600
52・606
張晉亨　8・279
37・704
張晉榮　17・70
張　恭　18・19
張恭祖　32・742
張莘如　29・590
張　莊　13・241
張莊臨　17・142
張　真(巨川)　12・336
12・517
36・773
37・18
張　真(汜水)　44・724
44・738
張真一　41・687
張真人　2・514
3・84
3・159
張真方　3・80
張　桂　8・483
38・28
張桂廷　20・264
張桂芬　37・935
張桂林　66・473
張桂岩　28・434
張桂齡　58・120
58・219
張桂巖　26・566
張　郴　24・20
張　桓(元)　11・284
12・128
12・211
32・661
張　桓(明)　15・806
張　桓(清)　20・373
張　桐(南皮)　28・323
張　桐(天津)　5・172
張　桐(民國)　20・160
張根樸　41・365
61・125
張　軏(陽城)　41・33
51・658
52・581
張　軏(清澗)　40・401
49・306
49・486
張　軏(清)　60・625
60・778

張連祖	7・796
	31・86
	37・600
	37・702
張　彧	11・268
	13・340
張　烈(北魏)	30・647
張　烈(清鳳臺)	51・60
	52・435
張　烈(清大興)	1・880
	8・621
張　振	62・382
張振玉	38・575
	38・730
張振秀	31・808
	34・46
張振東	29・586
張振宗	21・294
張振威	3・154
	8・698
張振新	41・521
	44・796
張振義	7・501
	32・683
張振瀛	29・619
張　哲(明)	8・357
	21・350
	23・48
張　哲(清)	41・472
	56・692
張致和	38・910
張致遠	47・538
	47・698
張虔威	40・504
	42・739
張虔雄	40・360
	51・329
張　時(蒙陰)	7・412
張　時(易州)	8・575
張　時(館陶)	34・331
	34・506
張時中(元)	7・328
	37・795
張時中(明)	50・86
張時升	30・192
張時行	13・496
張時雨	6・176
張時治	28・433
張時敘	4・372
	8・449
	26・56
	26・259
張時泰	13・472
張時棟	41・497
	48・377
張時傑	14・690
張時髦	41・433
	50・198
	50・950
	53・641
張時顯	16・443
	17・496
張　晟	43・156
張　晊(蔚州)	15・96
	15・223
張　晊(廣宗)	39・274
	39・419
張　晏	7・605
	11・310
	11・510
	23・376
張　蚝	41・377
	50・231
	50・457

張　恩　41·604
47·494
張恩世　29·608
張恩煦　7·464
張恩溥　31·833
張恩聰　53·633
張恩霨　6·6
張峻德　37·732
張　牲　39·777
張　特　7·594
張特立　8·104
14·108
14·283
14·465
14·526
32·726
張　俠　15·113
張　倬(安平)　9·251
張　倬(臨汾)　53·726
張　倫(大名)　8·524
張　倫(邢臺)　36·446
36·528
36·744
張　倫(沁水)　16·437
17·494
54·201
張　倌　49·309
49·486
張　健　41·503
45·582
張射斗　45·720
張師孔　12·688
張師伊　8·531
32·749
33·118
33·381
張師孟　32·55
34·219
34·263
張師寅　30·359
張師聖　8·815
16·657
16·783
張師穎　41·430
51·622
張師載(保安)　13·758
15·432
張師載(蠡縣)　21·385
23·54
張逢辰(磁州)　9·160
32·122
35·750
張逢辰(景縣)　29·622
張逢辛　56·183
張逢隆　18·566
張逢堯　4·444
26·271
張留孫　2·247
張　訓　6·175
張　記　10·715
張席珍　52·438
張效仁　8·367
21·363
22·738
張　袞(北魏)　7·666
14·358
14·716
張　袞(明)　19·680
20·58
張　旄　3·356
張凌雲　37·524
張凌漢　33·634
張凌霄(宣府)　14·486
14·569

張凌霄(南宮) 37·730
張凌霄(清) 41·193
張凌霞 42·615
47·61
張　悅 35·427
張　益(遼) 5·667
張　益(元) 41·574
49·436
49·565
張　益(明) 30·306
張　烜 25·119
張　浹 8·227
張　洊 21·310
22·703
張　涉 41·562
62·704
63·128
張　浩(金) 12·419
40·385
54·670
張　浩(明) 8·448
張　浩(清馬邑) 44·540
44·631
44·650
張　浩(清清苑) 21·406
張　浩(清南宮) 37·783
張浩然 25·68
張　海 2·527
3·707
7·349
張　浴 13·92
張　浵 25·58
張　渙(霸州) 8·300
張　渙(定州) 23·397
24·80
張宸極 61·556
張家本 41·507
59·337
張家琦 61·261
張家聲(威縣) 32·111
38·896
張家聲(洪洞) 58·411
張　容 41·618
55·478
58·798
張　祥(隋) 40·505
42·502
43·145
張　祥(明洪洞) 21·285
25·330
張　祥(明滹縣) 3·543
8·331
張祥鳳 41·627
45·308
張祥誥 9·108
張祥麟 27·521
張書田 33·416
張書訓 30·21
30·117
張書紳(明) 51·323
張書紳(清任縣) 37·970
張書紳(清汾陽) 41·498
49·578
張書紳(清三河) 19·404
張書紳(清霸縣) 19·578
張書紳(民國) 36·638
張書聖 41·544
60·709
60·723
張書簡 54·236
張書璽 47·653
張展翎 61·459
張　珅(寧晉) 37·147
張　珅(壽陽) 47·499

47・723
47・760
47・803
張　通　4・283
28・185
張通古　10・790
24・352
24・446
張務朝　7・820
張孫鉉　60・192
張　陵　24・243
張陳詩　9・245
30・356
張　恕(霸州)　8・314
19・525
19・531
19・557
19・636
張　恕(冀城)　56・707
張　恕(█陽)　40・410
47・161
49・308
張　恕(清文安)　20・627
張　恕(清寧河)　6・228
張恕禎　52・10
52・435
張能麟　8・618
張　紘　14・293
14・473
14・533
15・345
張　純(漢)　2・497
23・741
張　純(清)　19・480
張純仁　12・175
張純臣　8・382
21・378
21・790
張純修　41・100
53・98
53・123
張純熙　9・98
11・473
張純德　30・240
張純儒　8・397
22・739
38・145
張　納　4・334
7・570
28・308
張　█　41・574
50・198
50・664
張　珵　31・796
張　理　25・898
張　琇　60・293
60・379
張赦提　7・695
23・743
43・525
張　都　22・406
張都甫　40・457
張　逵(明)　8・485
36・450
37・496
張　逵(清)　8・804
21・463
張　教　55・799
張　執　8・281
張執中　21・369
21・788
張執琮　47・649
張執凱　30・166
張　域　52・606

張　培　58・746
張培菱　56・701
張培緒　35・465
張　堉　23・60
張　基　13・354
張　著(霍州)　41・573
59・152
張　著(陽曲)　40・797
張　著(元)　41・525
59・662
59・731
張　菉　26・90
26・318
張　萃　23・55
張　乾　58・221
張　埜　51・723
54・196
張　彬(穎上)　35・426
張　彬(威縣)　39・5
張　彬(清南皮)　28・434
張　彬(清武安)　36・269
36・302
張　彬(清太谷)　63・761
張　桯　1・781
張　梅(明)　7・379
21・289
22・698
張　梅(清灤縣)　17・79
張　梅(清唐山)　9・130
張梅鼎　58・751
張梓蔭　5・199
張　梯　41・436
42・602
張　盛　8・812
16・591
17・208
張　敔　31・794
張盛世　41・488
45・581
張　捷　59・677
59・746
張捷三　56・720
張捷清　61・152
張掄秀　41・546
61・270
張　■　37・258
張　掞　7・307
11・166
張　堅(明)　55・478
張　堅(清)　36・200
張　鹵　4・272
7・394
40・421
51・321
52・290
張處恭　7・331
11・177
12・123
張　彪(磁州)　4・287
張　彪(南和)　36・450
張　彪(清)　46・445
張　堂　16・647
17・142
18・375
18・543
張常順　34・514
張常經　56・217
56・218
張　晟　40・407
51・316
52・288
張　冕(長垣)　8・525
張　冕(孝義)　41・581
49・360

	49·675
張　晃(清曲沃)	57·113
	57·376
	57·439
	57·710
張　晃(清肅寧)	9·19
	27·639
張　晙	15·231
張　署	29·48
張　國	12·175
張國士(靈壽)	15·4
張國士(東安)	19·196
張國化	37·502
張國成	30·227
張國臣	32·677
張國光(曲沃)	41·63
	41·440
	57·112
	57·550
張國光(大興)	3·750
	8·345
張國光(清大城)	20·302
張國秀	37·502
張國英	17·527
張國昌	29·621
張國珍(鹽山)	27·101
	27·218
張國珍(介休)	41·595
	48·235
	48·393
張國柱(平原)	7·401
	32·675
	33·70
	33·197
	34·555
張國柱(宣府)	14·486
	14·567
張國柱(蔚州)	15·46
	15·223
張國柱(清石埭)	7·459
張國柱(清鉅鹿)	9·127
張國彥(明邯鄲)	8·512
	32·47
	33·618
	33·691
	40·418
	54·703
	59·722
張國彥(明襄陵)	59·645
張國彥(清大興)	3·753
	8·620
張國威	14·395
	14·638
張國紀	60·702
	60·763
張國泰(新城)	8·755
	21·393
	24·682
張國泰(榮河)	62·709
張國卿	8·706
張國浚	16·39
張國祥(明)	16·522
	17·62
張國祥(清)	12·551
張國紳	39·721
	39·797
張國棟	37·820
張國瑞	16·524
	18·235
張國猷	16·453
	18·334
	18·478
張國槐	41·657
張國銘	20·151

張國維(元) 37·744
張國維(明邢臺) 39·721
39·796
張國維(明大興) 3·752
8·346
張國綱(金) 51·622
52·309
張國綱(元) 11·637
張國綱(明) 52·313
張國賢 8·657
40·539
42·518
張國範 29·616
張國慶 38·256
張國璞 27·642
張國翰 16·652
17·174
張國儒 46·132
46·468
張國憲 2·597
張國選 60·305
60·372
張國璽 28·738
40·433
47·403
47·617
張國纓 40·562
44·700
張崧齡 18·94
張崑璧 21·795
張　侖(真定) 30·458
張　侖(扶溝) 57·103
57·273
57·443
張　侖(清) 26·765
張崇功 32·733
33·111
33·383
張崇祐 40·513
51·286
60·247
張崇真 52·268
52·446
張崇雅 33·111
33·384
張崇貴 10·761
11·516
25·134
張崇嗣 41·427
47·485
47·640
張崇榮 41·448
張崇德(咸陽) 40·417
42·514
49·2
張崇德(明州) 15·428
張崇德(清) 44·174
張崇樸 41·498
48·229
49·438
張崇儒 61·511
張崇衡 57·560
張崇禮 41·448
張　第 31·807
33·611
張第才 58·156
58·217
張　敏(漢) 7·566
28·733
張　敏 40·390
60·249
61·66
62·476
張　敏(明海鹽) 40·312

42·485
張　敏(明永清)　1·112
2·101
8·301
20·820
張　敏(晉州)　8·459
11·266
11·877
12·60
張敏德　31·802
35·411
張　進(唐)　7·809
29·317
張　進(宋)　7·303
32·639
40·286
42·474
張　進(清)　27·94
27·240
張進言　15·680
張進策　12·175
張進祿　40·308
42·483
張進誠　37·817
張進德(沙河)　38·31
張進德(靜海)　6·52
張進寶　37·699
張　偃　37·577
張　偉(北魏)　42·546
43·84
46·123
46·424
張　偉(明慶雲)　4·373
張　偉(明孝義)　17·219
18·17
張　偉(明定襄)　41·447
45·21
45·55
張　偉(明米脂)　7·368
31·800
33·610
張　偉(清)　9·127
37·818
張偉績　59·424
張得所　33·143
33·395
張得凰　43·96
張得祿(大城)　20·281
26·281
張　銜　38·315
張從元　38·274
張從仁　37·820
張從先　11·175
12·123
張從虎　33·621
張從政　7·488
張從信　7·326
25·36
37·466
張從恩　41·415
張從恕　50·245
50·960
張從道　7·334
張從儉　40·832
43·638
張從諫　55·600
56·741
張從龍(明)　18·20
張從龍(清)　41·515
張　斛　5·519
10·784
張　逸(宋)　40·289
張　逸(清)　31·819
張　訢　50·86

張　庸　37·609
37·730
張康寧　4·473
27·94
27·240
張康慰　46·767
張　章　5·185
26·271
張商英　40·291
42·477
張望洛　58·751
張望濂　58·751
張　悱　32·745
張惟一(徐水)　21·368
25·56
張惟一(東安)　19·128
19·193
張惟一(清景縣)　29·616
張惟吉　40·568
張惟康　7·331
張惟寅　4·462
9·87
28·314
28·500
張惟善　41·619
44·814
張惟誠　20·821
45·288
張惟精　32·751
33·390
33·534
張炳麟　17·83
張　煥(益都)　40·419
50·83
50·312
50·611
張　煥(霸州)　19·525
19·557
張　渙(定州)　8·610
張　煥(浮梁)　5·278
5·356
5·462
張　煥(清廣昌)　65·84
張　煥(清山陰)　7·457
21·310
25·925
張煥光　40·485
40·495
49·710
58·84
張煥乾　63·725
張煥然　33·634
張煥暘　54·234
張煥雒　62·219
張普惠　29·114
張　清(婺源)　7·355
12·338
12·522
38·142
張　清(萊州)　54·744
張　清(沁水)　52·47
張清士　13·172
張清元(澤源)　41·159
44·348
張清元(滄縣)　21·816
26·276
張清文　34·512
張清佐　56·462
張清典　48·437
張清波　9·255
23·598
張清荃　37·732
張清宧　62·220
張清廉　12·312

張清源 9·190
張清漳 62·430
張清瀛 41·519
62·430
張　淇 32·104
張淞霖 18·82
張　渠 9·246
張淑元 65·238
65·527
張淑名 47·487
47·643
張淑身 37·524
張淑渠 40·473
47·407
47·748
47·786
50·93
50·608
張淑魁 37·524
張淑綱 45·583
張淑勵 47·487
47·643
47·703
47·704
張淑燕 45·583
張淑謇 47·497
47·653
張　淮 4·372
8·449
28·311
張　淳(元) 8·259
32·751
張　淳(明) 4·270
7·357
張　液 7·713
22·179
22·336
張　涵(明) 58·405
58·772
張　涵(清) 41·515
52·499
張　寅(明) 7·379
21·289
張　寅(清) 47·494
張寅樞 59·38
59·165
張啓元(東安) 19·196
張啓元(沁水) 54·203
張啓學 44·634
張視明 33·688
張　問 4·259
7·305
26·248
32·647
33·188
40·290
50·76
張問之 4·373
8·450
張問仁(邢臺) 8·497
40·431
張問仁(藁縣) 12·175
張問仁(興安) 27·517
張問仁(西寧衛) 51·335
52·548
張問行(邢臺) 49·312
49·785
張問行(内黄) 32·731
40·424
61·67
張問明(明) 41·48
62·701
63·721
張問明(清) 5·732

張問官 49·677
張問政 59·422
59·534
張問達 51·370
52·328
張　習 60·300
張　弴 60·525
張　隆 25·888
張隆基 31·826
33·612
張　貫(蠡縣) 8·361
21·357
23·49
張　貫(靈壁) 1·142
2·527
3·707
7·333
張　組 41·657
43·677
張　紳(寧津) 10·817
張　紳(臨邑) 11·177
11·540
張　紹 45·579
張紹先(唐) 7·699
22·212
22·351
張紹先(宋) 41·567
47·496
47·653
張紹先(清) 10·836
36·467
37·818
張紹仲 61·559
張紹芳(明陝西) 45·343
45·390
54·145
張紹芳(明崞縣) 51·318
54·702
張紹杰 40·541
張紹栻 21·826
張紹烈 8·365
21·470
22·593
22·594
張紹堂 19·369
張紹堯 37·506
張紹曾(清河) 38·741
張紹曾(大城) 65·96
張紹載 37·729
張紹齡 63·360
張　琴(鷄澤) 40·526
54·742
張　琴(繁峙) 45·665
張　琴(清盧龍) 8·812
16·565
17·184
張　琴(清徐溝) 43·331
張　琴(清贊皇) 9·114
張琴書 34·697
34·758
張　琪 8·279
24·374
24·451
張　瑛(明) 8·483
36·445
36·528
36·744
張　瑛(清) 49·522
張　琳(明) 62·577
63·19
張　琳(清夏縣) 41·610
62·434
張　琳(清崞縣) 45·571
張　琳(清館陶) 34·493

張　琳(清偏關)　46・52
張　琦(明孟縣)　47・486
47・642
47・702
張　琦(明解州)　41・449
60・515
張　琦(明咸寧)　43・154
張　琦(清徐水)　25・119
張　琦(清陽湖)　34・481
張　琦(民國)　65・222
張　琡(交城)　41・532
49・105
張　琡(任邱)　9・32
張琡璋　30・21
30・116
張　琨(樂亭)　16・636
張　琨(太和)　34・722
張　琨(廣宗)　39・403
張　琮　47・480
張　琛(霸州)　19・519
張　琛(容城)　21・366
張　琛(南和)　36・446
39・715
39・769
張　琛(清威縣)　38・897
張　琛(清館陶)　34・535
34・536
張　琚(隋)　7・288
張　琚(金)　41・569
張堯行　40・433
44・727
45・180
張堯卿　45・730
張堯弼　21・292
24・750
張堯輔　16・443
18・328
18・474
51・351
53・722
張　超　7・567
張超著　61・559
張超鹿　47・498
47・654
張　博　41・532
49・106
張博學　13・313
張彭齡　31・250
張　■　59・662
張　達(涼州)　40・556
43・551
43・773
張　達(蒲州)　41・24
張　達(靈石)　47・308
59・169
張　達(清)　3・849
張　彀　58・53
張　堪(漢)　1・55
1・124
3・43
3・129
4・246
5・273
5・350
5・459
7・275
張　堪(明)　7・403
20・758
62・16
張　堪(清)　37・731
張斯光　58・310
張　萬　11・839
張萬公　40・386
62・574

	63·16
張萬邦	43·648
	44·60
	44·63
張萬進	31·788
	64·615
張萬福	7·788
	32·718
	33·346
	33·440
	33·520
張萬壽	15·518
張萬糧	13·725
	15·282
張萬鵬	58·241
張葆誼	28·434
張　敬	31·839
	32·415
張敬一(明)	40·425
張敬一(清)	8·820
	16·658
	17·4
	17·82
張敬元	13·237
張敬書	56·463
張敬達(後唐)	40·746
	44·609
	45·300
張敬達(明)	31·7
張敬詢	64·608
張　萱(明)	40·413
	50·64
	50·311
	50·610
張　萱(清)	32·697
張悳立	40·500
張悳榮	26·276
張朝臣	14·302
	15·681
	16·657
	17·533
張朝珍	27·519
張朝相	6·236
張朝卿	58·406
張朝琮	1·191
	5·354
	5·461
	7·455
	19·242
	20·385
張朝新	18·383
張朝綱(廣通)	44·125
張朝綱(元城)	33·381
張　楝	21·375
	25·48
張楝梁	43·345
張　楷(通州)	3·577
張　楷(江寧)	19·6
張　棣(元)	21·279
張　棣(清)	6·5
	41·518
	45·584
張　極	8·602
張　惠	7·324
張惠明(唐)	12·486
	41·676
	55·617
	59·166
	63·191
張惠棠	29·613
張雁題	28·336
張奇勛	57·275
張厥修	9·27
張　雄	14·187

張雄飛 50·245
50·596
張　雲(平谷) 40·403
49·306
49·785
張　雲(信陽) 40·410
54·701
59·644
張　雲(清) 14·404
14·640
張雲松 48·154
張雲城 11·467
張雲亭 17·5
17·76
張雲恩 28·438
張雲峯 37·288
37·319
張雲倬 34·785
張雲翔 21·293
24·611
31·810
張雲會 39·425
張雲路 51·631
張雲德 12·468
張雲霈 20·392
張雲龍 29·601
張雲翱 24·503
張雲翼 41·64
59·409
59·521
張雲藻 7·448
張雲鷚 15·37
15·104
15·223
張雲鶴(絳州) 60·702
張雲鶴(章邱) 2·728
2·789
張　揖 31·847
38·306
張　揆 22·188
22·339
張　瘠 7·596
36·431
37·830
37·957
50·240
50·595
張　耒(邯鄲) 8·507
32·40
33·618
張　耒(龍門) 14·129
張　敞 7·274
31·2
31·292
40·589
55·427
56·165
張貽祺 48·93
張貽緒 17·522
張　鼎(河津) 61·598
張　鼎(咸寧) 4·269
7·348
40·405
42·511
張　鼎(永城) 32·678
張鼎慶 28·434
張鼎錫 29·585
張鼎彝(清) 8·784
21·398
張鼎彝(民國) 65·100
張　叝 4·252
10·621
28·642
31·4

31·399
張　遇(天津) 8·451
張　遇(項城) 50·81
53·521
53·566
張遇祥 9·123
12·693
張遇清(新樂) 9·123
12·693
張遇清(灤縣) 18·555
張　景(汝寧) 43·60
張　景(岳陽) 56·264
56·465
張　景(清) 36·270
張景仁 16·492
17·192
張景玉 17·350
張景杓 9·227
張景沂 29·603
張景良(清) 27·355
27·407
張景良(民國) 48·623
張景芳 22·515
張景芳妻李氏 22·516
張景武妻毛氏 22·545
張景岩 50·78
50·609
張景官 3·795
張景春 34·75
張景星 26·577
張景哲(明) 45·193
張景哲(清) 60·708
60·782
張景倫 25·118
張景憲 7·310
40·289
42·476
張景鮮 5·521
張景覽 30·102
張　貴 13·759
張貴妃 11·136
11·442
張貴清 12·551
張貴霖 29·620
張　勛(完縣) 8·361
21·356
25·863
張　勛(永寧衛) 2·743
2·815
14·380
張　嵒 26·299
張　買 37·577
張凱元 9·128
37·819
張嵓起 49·352
49·508
張　■ 58·361
張無妄 41·652
63·226
張　智(遷安) 16·517
16·777
張　智(鉅鹿) 37·815
張　智(成安) 32·37
36·675
張　智(盩厔) 45·343
45·390
張智壽 44·580
張　程 53·314
張傳楷 28·33
張　順(明) 23·286
張　順(清) 3·695
張順治 12·744
12·791
23·617

63・692
張　傑(涞水)　22・29
24・462
張　傑(鳳翔)　40・533
54・720
59・84
張　傑(洪洞)　58・401
58・778
張　傑(清長安)　4・326
5・28
張　傑(清安鄉)　7・489
張　集　8・467
11・270
11・879
12・54
張集馨　40・492
張集鑑　58・749
張　僎　47・200
張象甫　7・774
31・865
38・561
張　御　38・637
張復宏　26・766
張循憲　40・274
張舒翰　40・495
張舒錦　16・642
張舒翹　58・13
張　鈇　22・30
24・463
張　釿　12・68
張　鈞(後漢)　7・592
23・374
24・70
張　鈞(明)　49・359
張　鈞(清)　17・70
張　欽(元)　41・573
42・624
46・144
46・448
張　欽(明通州)　1・806
3・733
8・320
張　欽(明代州)　12・160
張舜元　8・371
21・366
25・510
25・591
張舜臣　40・419
63・571
張舜典　32・673
張舜命　18・15
張舜舉　8・615
張創基　20・262
張猴公　4・426
9・72
張勝亭　17・5
17・67
張　解　49・5
張象仁　41・616
47・500
47・659
張象舒　47・321
張象焜　3・795
張象蒲　55・813
張象賢　41・427
47・485
47・640
張象儀　47・464
47・625
張象燦　20・216
張　詔　36・323
張敦仁　41・148
52・593
張　斌(合肥)　1・141

3・30
張　斌(永年)　8・501
32・29
34・64
張　斌(莆田)　30・190
張　斌(祥符)　7・338
張　斌(解州)　60・515
張　斌(清)　1・179
3・358
張　旃　39・777
張　翔(吳橋)　27・438
張　翔(澤州)　41・645
張　翔(清)　31・830
張翔梧　59・183
張　善(明)　31・20
張　善(清)　47・490
47・647
張善略　2・834
張善慶　58・754
張善繼(清)　18・378
18・545
張善繼(民國)　20・193
張　羨　28・642
張普惠　7・649
11・201
張尊美　37・522
張尊賢　9・130
36・468
36・505
張　道　58・404
58・720
張道人　44・597
45・145
張道昇　3・880
張道祥　40・343
45・289
張道陵　21・691
張道湜　41・598
51・743
54・203
54・232
張道溫　52・268
52・446
張道渥　41・590
59・337
張道源(唐)　48・50
張道源(清浮山)　41・495
59・336
張道源(清皖江)　39・171
張道寬　2・249
2・843
3・43
19・200
張道碩　46・487
張道濂　54・247
張道濬　54・201
54・231
張　遂　21・297
40・435
54・758
59・80
62・16
張　曾(唐)　28・795
38・687
張　曾(元)　8・289
張　曾(清)　41・608
45・591
65・237
65・570
66・118
張曾伯　19・393
張曾堉　29・601
張曾敏　40・482
47・272

	59・89
張曾裕	7・490
	11・196
張曾斆	28・324
張曾壥	9・47
	29・617
張　焜(孟縣)	41・480
	47・489
	47・646
張　焜(昌黎)	17・66
張　焞(明)	39・262
	39・329
張　焞(清)	7・495
	31・823
	34・211
張焴乾	62・701
張焱光	9・182
張　湘(明)	48・680
張　湘(清)	4・408
	5・66
	5・199
	9・61
張　溫(五代)	10・722
	33・351
張　溫(金)	41・569
	50・544
張　渭	46・459
張　渡	40・470
	61・513
張　滋(元)	5・275
	5・347
	5・458
張　滋(明)	61・666
張　渾	38・769
張運亨	53・115
張運泰	9・255
	23・762

	25・777
張　祺(明)	21・284
	23・3
張　祺(清)	16・451
	16・751
張　裕	41・35
	59・409
	59・524
張裕乾	38・274
張　祿	7・377
張祿徵	60・192
張　■	21・364
張　開	8・87
	27・515
	29・570
	40・298
	50・77
	50・664
	51・379
	52・376
張開東	45・162
張開雲	4・462
	28・316
張　弼	34・329
	34・489
	34・532
張弼明	12・553
張　■	7・506
	14・302
	14・629
張　■	40・517
	60・248
張登高	7・372
張登第	17・66
張登雲	51・682
	52・587
張發長	4・462

28・336
28・507
張發祥 9・194
張結緑 34・579
張　瑃 41・94
51・687
52・588
張　瑚 31・249
張　瑞 27・560
張瑞生 9・148
32・94
35・432
張瑞珍 9・131
37・524
張瑞雲 20・265
張瑞蔭 28・325
張　瑀 11・256
11・482
張　瑜(明) 11・269
11・878
12・61
張　瑜(清) 41・607
45・307
張　瑄(明) 4・286
27・21
27・201
張　瑄(清) 33・394
33・535
張　瑋(明) 8・423
29・527
29・570
張　瑋(清) 31・825
35・57
張　載(晉) 7・604
30・315
30・496
35・347
35・409
張　載(宋) 7・310
21・271
25・328
40・514
張　遠 41・638
46・485
張遠游 41・632
41・666
張　■ 17・151
張　塏 32・120
35・754
36・150
張　塘 19・239
張　蓁 40・422
46・581
張聖大 42・626
48・756
張聖夫 43・562
張聖言 24・311
張聖學 24・311
張　蓋 9・134
32・71
33・781
34・105
張　蓮 9・99
11・455
張夢元 5・242
張夢斗 31・803
32・413
張夢吉 15・45
15・221
張夢周 35・417
張夢梧 38・576
張夢魚 38・638
張夢筆 3・29
16・752

張夢蓮 4·432
6·55
張夢蓉 7·467
16·468
16·752
21·313
24·196
張夢輔 2·687
2·728
2·788
7·354
31·796
張夢維 33·409
張夢龍 13·501
張夢鯉(蒲州) 7·371
張夢鯉(萊陽) 40·332
42·492
張夢鯉(絳縣) 61·451
張夢鯨(絳縣) 61·451
張夢鯨(蒲城) 54·758
59·80
張夢蘭 8·796
22·748
張夢齡 28·674
36·467
39·634
張夢鶴 12·541
張夢麟(徐州) 1·177
19·683
20·60
張夢麟(清河) 32·270
38·638
張夢麟(銅川) 27·521
張　蒼 7·273
25·922
32·688
43·519
張蓬萊 38·913
張蒲璧 41·502
張　■ 47·489
47·646
張蓉第 3·810
張　蓀 28·494
張蔭松 33·418
張蔭達 44·540
張蔭溥 44·540
張蔭樓 28·432
張　幹 21·284
25·329
29·306
張椿蔭 6·174
6·224
17·19
張椿齡 6·251
張楚金 7·772
38·310
38·560
48·65
張　楷(明) 21·786
33·779
張　楷(清盂縣) 41·659
47·699
張　楷(清江寧) 17·499
張　楨(元大梁) 7·328
張　楨(元崞縣) 45·577
張　楨(清固安) 8·670
張　楨(清永清) 2·9
20·778
張　楊 43·611
張　楫(三國) 38·559
張　楫(元) 12·336
12·517
36·773
37·17

張　楫(明正定)　54·711
58·364
58·711
張　楫(明安肅)　21·350
25·51
張　楫(清夏縣)　62·413
張　槐　4·449
26·266
張　軾　40·420
49·309
張　輅　41·481
張甄卿　26·881
張感熊　29·601
張與行　4·283
7·398
21·294
22·590
22·660
26·249
60·699
60·761
張業書　13·147
張　曉　50·81
張　晸　26·557
張　煦(宋)　4·262
7·299
11·164
11·563
40·546
張　煦(清)　8·737
25·118
張　晅　38·315
張　暄　21·392
25·180
張　暉　1·730
10·737
20·281
25·328
31·5
31·440
40·545
50·75
50·594
張暉吉　41·500
46·748
張　暐　31·488
32·655
張　愚　4·20
4·374
4·765
5·159
張照乘　32·121
張號曾　11·486
張嗣陶　28·332
28·533
張嗣榮　41·486
59·333
張　圓　40·510
60·619
60·771
62·572
63·14
63·211
63·303
張圓蓋　16·209
張　署　7·734
29·97
張嵩年　29·535
29·600
張　榘　22·29
24·462
張　氳　41·668
55·617
張　筠　4·495

	9・859
張筠亭	23・772
	24・60
張　節	8・217
	11・643
張僅言	8・82
張傳炌	54・235
張傳華	66・248
張傳焲	41・133
	54・211
張傳煇	54・235
張　鈵	47・826
張　鉞(平度州)	7・366
	21・288
	21・800
張　鉞(夏縣)	62・386
張　鉞(萬全)	14・564
張　鉞(清)	28・332
張　鈐(明)	52・45
	54・219
張　鈐(清)	58・258
張　梟	21・289
	23・4
	50・656
	50・686
張　愈	41・616
張愈廣	33・146
	33・398
張會元	41・524
	56・706
張會文	27・221
張　頌	4・281
	28・21
張　詩	1・808
	2・610
	8・409
	16・627
	17・211
	57・161
	57・427
	57・502
張詩言	21・821
張　誠(元)	1・791
	3・847
張　誠(明)	59・142
張誠之	31・113
張誠德	15・255
張　誕	14・716
張　詮	4・469
	9・89
	27・85
	27・233
張　詢(南北朝)	13・726
	14・716
張　詢(明)	40・532
	61・67
張　詡	45・24
張　廉(寧津)	8・420
張　廉(温縣)	31・21
張　廉(泰安)	40・402
	54・694
	62・577
	63・19
張　鄘	40・523
張　新	55・847
張新政	41・655
	48・377
張新猷	12・558
	37・37
張靖一	61・672
張　資	50・885
	50・888
	53・641
張資禄	50・79

張　慎　40・459
47・400
張慎行(明)　32・60
張慎行(清)　9・224
37・591
37・713
張慎言(明)　41・71
51・679
52・586
張慎言(清錢塘)　32・684
33・73
33・203
張慎言(清南皮)　28・437
張慎思　10・718
32・280
張慎修　9・130
張慎發　41・114
62・406
張慎學　11・191
13・447
41・467
62・407
張　愷(明)　7・348
16・435
17・493
張　愷(清)　9・158
張　煜(永濟)　63・804
張　煜(稷山)　61・671
張煋壎　27・651
張　煊(清)　41・460
48・227
48・261
49・437
張　煊(民國)　28・354
張　煇　41・527
張　煒(金)　10・789
32・284
張　煒(清臨汾)　55・814
張　煒(清東光)　27・576
張　煒(清五臺)　41・540
張　義　20・148
張　溥　3・210
張　源(五代)　41・173
張　源(清)　8・737
張源溥　19・404
張源德　7・295
31・787
41・408
張源澄　49・171
49・243
張　溍　9・158
32・118
36・31
張溯源　60・569
張　寬　45・577
張　福　41・6
62・700
63・132
張福時　19・192
張福康(安澤)　56・454
張福康(岳陽)　56・259
張福慶　39・768
張福臻　11・188
11・638
張福藴　28・357
張　禎(元)　32・660
張　禎(清)　8・774
張　禓　7・734
張　禕　20・157
22・208
22・349
張　肅(明)　18・45
張　肅(清)　57・368
57・449

張殿士 14・582
張殿元(藁城) 12・176
張殿元(清苑) 21・783
張殿甲 29・584
張殿如 3・170
張殿英 38・915
張殿奎 26・589
張殿叙 54・236
張殿華 30・119
張殿榮 28・437
張　餗 7・506
14・302
張　頇 27・575
張際昌 59・651
張　遜(臨清) 45・684
張　遜(無錫) 22・135
22・323
張　經(任邱) 28・735
張　經(興左) 8・569
17・312
18・50
張　經(指揮僉事) 1・146
3・365
張　經(綿州) 23・226
24・29
張　經(長治) 50・336
張　經(清贊皇) 9・114
11・275
13・203
張　經(清曲沃) 57・450
張經世 2・728
2・787
14・712
張經綸 21・288
25・137
張　綉 58・403
張　綏 40・415
張綏遠 58・55
張　静 11・180
12・681
張静山(清) 46・754
張静山(民國) 19・480
張　璉(龍津) 24・416
張　璉(曲周) 34・218
張　璉(彭城衛) 5・271
5・348
5・458
張　璉(清) 50・960
張　瑤(華陰) 40・532
61・447
張　瑤(曹州) 21・295
23・4
張嘉生 5・580
張嘉臣 45・507
45・561
張嘉孚 40・419
50・65
50・312
50・611
張嘉貞 39・659
40・274
40・713
42・469
62・653
63・717
張嘉祐 63・718
張嘉楨 65・93
張嘉瑞 52・597
張嘉琭 60・312
60・375
張嘉嗣 44・539
張嘉會 58・752
張嘉猷 38・909
張嘉賓 41・441

63·736
張嘉樂 58·407
張嘉德 25·59
張嘉翰 22·751
張嘉謨 49·25
58·54
張嘉禮 58·405
張嘉績 58·752
張　臺 56·697
張　翥(元) 40·822
51·546
52·409
59·731
張　翥(明) 38·906
張　翥(清) 53·745
張　慤 7·837
29·88
32·650
33·189
張　壽(漢) 57·109
57·540
張　壽(宋) 32·646
張　壽(明) 40·405
42·511
45·640
46·789
47·48
張壽山 38·257
張壽朋 9·273
14·413
14·503
14·577
張壽亭 17·75
張壽椿 29·621
張　墉(良鄉) 3·849
張　墉(昌黎) 17·79
張　墀 19·194
張　慕 12·314
張蓴亭 17·68
張　戩 40·383
62·309
張　蔚 16·556
17·63
張　模(武强) 9·247
張　模(宛平) 8·663
張榜掄 30·123
30·163
張榕端 9·158
32·119
35·742
36·32
36·142
張　輔(元) 40·393
53·115
張　輔(明新城) 8·420
24·538
24·569
張　輔(明仁和) 22·691
張　輔(清) 50·400
張輔世 57·568
張輔國(明) 8·554
15·35
15·219
15·807
張輔國(清) 3·581
張　醻 7·278
32·611
33·183
張碩抱 4·323
7·481
張　願 33·385
34·591
張爾中 58·791
張爾忠 35·606

33・112
33・388
張　銓(沁水)　7・398
41・70
51・736
54・170
54・175
54・230
張　銓(清清苑)　21・794
21・872
張　銓(清交城)　49・84
張　銓(清良鄉)　1・843
3・847
3・882
張　銓(清崞縣)　45・589
張　銘　15・60
張銘勳　19・573
張　鼐(明)　40・410
54・700
59・642
張　鼐(清)　19・242
張　鳳(安平)　8・603
30・298
張　鳳(安定)　19・2
張　鳳(霑化)　31・21
張　鳳(兩當)　50・80
張　鳳(宜春)　32・663
張鳳山　20・708
張鳳元　12・551
張鳳友　41・478
張鳳池(明)　45・507
45・562
張鳳池(民國)　28・432
張鳳林　26・799
張鳳羽　45・689
張鳳奇　16・446
17・203
42・609
43・76
50・88
50・612
張鳳來　60・786
張鳳和　28・432
張鳳起　31・20
41・89
56・691
張鳳梧　47・814
張鳳逸　49・798
張鳳詔　47・316
張鳳翔(招遠)　31・21
張鳳翔(堂邑)　7・401
31・808
35・414
張鳳翔(清)　41・591
張鳳翥　43・77
張鳳鳴　46・50
張鳳舞　61・250
張鳳閣　28・434
張鳳霄　40・414
47・403
47・617
張鳳儀　36・128
張鳳翼(南和)　36・459
39・716
39・770
張鳳翼(代州)　41・448
44・793
45・302
張鳳翼(長安)　30・191
張鳳翼(曹州)　13・534
張鳳翼(清)　41・469
60・704
60・765
張鳳嶺　28・354

張鳳翮	5・173
張鳳齡	19・579
張　志(明)	58・402
	58・778
張　志(清)	45・572
張　誠	40・408
	47・405
	47・744
	47・783
張誥西	24・90
張誥祥	13・496
張　誨	52・245
張　説	9・266
	14・104
	14・659
	20・145
	21・507
	22・171
	22・273
	22・334
	22・381
	25・926
	40・274
	42・469
	44・470
	65・27
張　誦	7・413
張　豪	38・127
張　廣(盂縣)	47・659
張　廣(絳縣)	61・451
張廣奇	11・467
張廣泗	22・33
	26・264
張廣渡	37・215
張廣榮	38・897
張廣德	29・260
張　鄘	42・481
張　端(明)	14・119
張　端(清霸縣)	19・566
張　端(清廣宗)	39・443
張端城	4・463
	28・315
張齊賢	32・723
	40・381
	44・738
	45・282
張　燁	32・672
	33・196
	33・508
張　榮(元)	4・358
	10・802
	28・53
張　榮(明)	40・423
	45・18
張榮貴	39・432
張榮實	1・111
	1・776
	8・134
張　漢(明)	42・742
	46・25
張　漢(清)	13・725
	15・282
張漢文	41・479
	46・747
張漢臣	28・433
張漢松	31・829
	32・414
張漢卿	7・369
	32・665
	33・66
	33・193
	34・551
張漢傑	25・426
張漢節	58・407

	58・778
張漢標	47・497
	47・622
張　滿	7・403
	18・15
張　漪(唐)	20・148
	20・177
張　漪(清)	9・198
張　演	37・703
張　賓	10・603
	36・431
	39・715
	39・800
	50・243
張　寧(元氏)	11・270
	13・341
張　寧(大名)	32・701
	33・113
	33・379
張　寧(夏邑)	60・250
張　寧(清苑)	57・103
	57・273
	57・443
張　寧(清大名)	33・405
張　寧(清景縣)	29・617
張　寧(清景州)	9・47
張肇元	6・179
	6・221
張肇辰	7・513
張肇林	1・163
	3・793
	3・823
	7・404
張肇昌	51・116
	52・430
張肇基	28・431
張肇隆	15・595
張肇斌	43・559
	43・780
張　聞	13・342
張　閣	7・596
	32・689
張　隨	41・8
	62・31
	62・209
張　熊	9・125
	36・521
	39・819
張熊詔	49・711
張　緒	3・153
張緒宗(明)	19・726
張緒宗(清)	12・550
	20・149
張　綱(南北朝)	23・378
	24・58
張　綱(元)	40・394
	53・91
	53・408
張　綱(明)	18・13
張　維(霸州)	2・106
	19・582
張　維(襄陵)	59・675
	59・744
張　維(祥符)	40・527
	50・80
	50・925
張　維(清)	41・540
	45・587
張維正	58・255
張維世	40・428
	54・688
張維東	34・695
張維垣	25・119
張維城	7・490

11・196
13・90
41・489
45・581
張維則（宋） 41・424
51・613
52・316
張維則（明） 19・52
張維恕 24・412
張維訥 20・821
張維寅 21・818
張維揚 61・459
張維鼎 63・583
張維祺 33・74
33・204
張維裕 45・573
張維槼 41・601
46・635
張維誠 40・333
張維樞 44・656
張維德 34・485
張維衡 34・487
張維藩 12・69
張維璽 34・484
張維鑑 27・880
張維鐸 34・507
張　綸（公信） 4・258
7・300
26・248
張　綸（昌言） 21・272
25・135
張　綸（明順天） 4・286
7・351
8・314
27・21
27・202
張　綸（明陽城） 41・444
51・656
52・580
張　綸（明汶上） 1・155
4・281
7・393
19・240
28・21
張　綸（明臨朐） 4・289
張　綸（明任邱） 28・735
張綸世 41・124
45・299
張　綬（盬山） 27・105
張　綬（保德） 41・449
45・713
張　綰 1・676
19・725
20・144
22・168
22・333
張　璜 16・438
18・327
18・474
張　璉（偏關） 46・49
張　璉（延津） 22・11
張　瑢 40・465
55・593
張　璡（澤州） 51・47
51・746
52・410
張　璡（安仁） 7・339
21・282
22・590
張　璡（解州） 41・450
60・515
張　璇 32・122
35・714
36・34

張穀英	8・120
	12・482
張鋆衡	25・58
張　增	11・181
	12・681
張增寅	40・535
	54・691
張增裕	12・683
張聚奎	46・752
張　蕙(忻州)	41・447
	44・788
張　蕙(清苑)	21・804
張蕙田	23・761
張蕙圃	47・90
張　蕎	25・69
張　樞	28・324
	28・556
張　敷	15・447
張敷華	40・309
	42・483
張　確	40・378
	49・298
	49・483
	50・605
張　遼	40・608
	44・527
	44・586
	44・626
張　震(元安肅)	8・182
	21・342
	25・56
張　震(元高唐)	39・215
張　震(明慶都)	25・516
張　震(明肅施)	31・13
張　震(清承德)	21・313
	24・197
張　震(清崞縣)	41・608
	45・590
張　震(清沁源)	40・535
	41・109
	53・307
	58・712
張　震(清霸縣)	19・577
張震鏞	33・685
張　播	50・241
	50・545
張　撤	38・560
張　賢(廣昌)	8・574
	24・306
	24・468
張　賢(祥符)	40・409
	54・701
張　賢(邢臺)	36・453
張　輝	31・795
	38・281
	38・378
張輝堂	31・273
張賜寧	4・456
	10・834
張　暹	32・692
張　幟	48・395
張　骼	55・396
	57・109
張　嶢	25・923
張稽古	21・293
	40・416
	42・514
	47・164
	49・311
張稽全	38・582
張　穆	46・86
張　黎	40・644
	45・576
張　箴	33・684

張　儉(唐)　16・155
16・268
43・841
43・529
44・482
44・576
45・281
張　儉(遼)　1・108
1・744
2・567
3・724
8・37
14・104
14・659
40・518
43・530
張　儉(元)　40・396
42・508
45・7
46・85
46・416
張　儉(清)　24・754
張　億　31・9
張　皞　1・145
20・214
張樂田　9・255
23・599
23・785
24・88
張　盤(崞縣)　45・487
45・571
張　盤(静樂)　45・193
張　質　54・697
張　德(唐)　22・273
張　德(元)　8・197
18・339
18・480
張德化(明)　49・361
張德化(清)　50・980
張德成(保安)　13・751
15・440
張德成(定襄)　41・659
張德地　18・58
張德延　20・160
張德祁　16・460
18・184
18・215
51・104
52・424
張德冲　25・866
張德直　41・429
41・569
55・458
張德明(宋)　41・638
55・641
張德明(清)　29・622
張德牧　50・84
張德政(明)　4・394
28・439
張德政(清)　45・586
張德咸　19・574
張德昭　8・241
36・443
36・527
36・744
張德信　57・165
57・386
張德洪　33・408
張德陞　17・76
張德華　24・312
張德臯　51・745
張德豹　58・13
張德峻　18・58
張德渠　52・76

54・250
張德裕 18・58
張德遠 4・326
26・92
張德榮 1・190
7・454
22・138
22・325
張德鄰 40・394
53・89
53・259
53・297
張德輝 40・299
40・818
42・595
49・76
張德慶 26・557
張德潛(河曲) 45・833
張德潛(静海) 6・18
張德懋 8・735
21・464
25・902
張德謙 7・512
張德馨 28・432
張　徵 7・331
11・177
張　徹 1・135
5・422
7・775
31・865
38・688
張　鋡 41・598
51・743
張鋭義 28・97
張　頫 29・609
張諸之 17・19
張調元(滿城) 21・377
25・900
張調元(唐縣) 21・383
24・210
張調元(元城) 32・750
33・394
33・534
張調鼎 53・639
張調鼐 32・750
33・394
張　諒 40・405
61・624
61・714
張諒先 6・206
張　諄 3・807
張賡甫 25・119
張賡麟 66・224
張　慶 41・651
張慶成 13・763
25・576
37・663
張慶長 4・462
9・87
28・330
28・484
張慶恩(滄州) 26・940
張慶恩(南皮) 28・437
張慶椿 19・480
張慶德 9・232
張慶臻 2・586
3・751
8・339
19・150
張　毅 8・241
36・443
37・814
張　瑩 56・258
56・451

張　養　41・62
42・609
46・433
張養元　61・670
張養心　54・745
張養志　21・294
24・195
張養所　8・338
張養奎　32・105
33・684
張養清　28・186
張養蒙　41・68
52・414
張　遵　63・211
63・309
張遵信　41・525
56・697
張遵誨　10・727
33・351
張遵德　56・463
張　澍　41・545
61・672
張　潛(金)　1・761
5・679
8・68
張　潛(明)　7・368
31・798
張　澂　9・44
張　潡　9・44
29・399
29・534
張　濂　13・721
張　潤(明)　7・362
41・30
55・797
56・185
張　潤(清)　4・468
27・92
張潤民　41・123
62・409
張潤身　8・506
32・37
34・676
張潤德　13・496
張　澄　2・742
13・758
14・718
張澄清　37・516
張　潑　31・809
34・210
40・334
張　閱　59・32
59・158
張履泰　62・220
張履旋　51・683
52・597
張履鼎　17・351
張履謙　17・350
張　翬　41・430
51・621
張　鷺　20・179
張　緬　1・676
20・144
22・167
22・333
張　緝　51・369
52・378
張　█　19・724
張緯文　41・568
張　璞(明贊皇)　12・339
張　璞(明滑縣)　32・728
張　璞(明夏縣)　41・450
張　璞(明徐溝)　43・338
張　璞(明猗氏)　41・580

62·706
63·725
張　璞(清)　32·111
張　璟(沁州)　7·339
11·178
13·525
張　璟(臨漳)　35·639
40·402
50·80
53·521
53·566
張　璟(清)　24·311
張　璠(滄州)　26·269
張　璠(蒲縣)　41·451
58·309
張　璠(清)　25·119
張　璲(滿城)　8·734
25·900
張　璲(肥鄉)　35·465
張　璣　41·437
42·601
49·205
張　磬　43·147
張　■　9·233
張燕緒　17·522
張獲吉　49·721
張　薦(晉)　27·906
張　薦(唐)　12·740
30·222
張　翰(金)　40·807
44·787
張　翰(明平陸)　41·28
62·493
張　翰(明宛平)　2·580
張　翰(明柏鄉)　8·596
36·783
37·26
張　翰(明太谷)　54·724
59·85
張　翰(明慶都)　21·35
25·510
25·590
張翰才　47·488
47·659
張翰芳　41·451
61·258
張翰宸　8·818
16·556
17·63
張翰揚　8·784
21·397
張翰弼　20·757
張樾蔭　5·251
張樹本　4·451
26·276
張樹侯　41·482
62·34
62·212
張樹屏　58·14
61·515
65·139
66·246
張樹基　20·158
張樹槐　60·788
張　樸(明)　36·24
張　樸(清)　24·82
張橋恒　9·158
張　橓　27·519
34·728
39·717
39·771
張　機　4·443
張　翮　58·119
張　勵　53·100

53・285
53・303
張勵堂 25・865
張　確 50・60
張　霖(天津) 5・69
5・172
9・57
張　霖(臨榆) 17・507
張　霖(撫寧) 4・401
16・554
張　霖(嘉興) 16・467
18・186
張　霍 59・762
張　霆 4・401
5・173
9・57
16・629
17・537
張擇交 35・435
張擇鄰 35・435
張　擧 8・462
11・268
13・490
張　頤 41・436
43・71
張冀如 62・434
張　盧 33・780
張　曉(唐) 62・30
62・208
張　曉(明) 40・406
50・655
50・683
張曉村 5・520
張　曇 27・560
張曎樞 41・113
57・115
57・557
張　興 7・714
11・783
21・413
29・304
張興祖 13・145
張興家 13・146
13・170
張興賢 41・657
53・216
張興鵬 46・551
47・495
張　積 32・692
33・377
張積素 41・652
62・716
63・784
張積慶 28・434
張　穆 21・362
40・412
42・512
46・416
張穆之 1・674
19・724
20・148
22・166
22・332
張穆初 41・605
張　築 11・257
12・63
張篤行 41・545
61・265
張篤敬 13・445
張學古 8・584
37・589
37・709
張學林 40・467
49・320

	49·489
張學周	53·116
張學都	40·454
	54·730
	59·371
	59·447
張學道	40·426
	45·180
張學詩(盩厔)	58·364
張學詩(魏縣)	33·119
	33·382
	34·581
張學詩(清)	31·834
	38·379
張學廣	5·251
張學德	57·428
	57·502
張學默	9·32
張學韓	34·774
張學禮	8·488
	36·453
	39·629
張學顏	8·509
	32·43
	35·428
	35·517
	40·418
	54·735
	57·103
	57·274
	57·443
張學權	7·474
	30·591
張　儒(玉田)	8·568
	17·313
	18·49
張　儒(枝江)	40·432
張　儒(趙城)	59·157
張　儒(商邱)	31·816
張　衡(漢)	7·279
	27·753
	29·41
	29·147
張　衡(清)	9·42
	29·531
	29·574
張　鋏	4·464
	28·317
	28·514
張　錕	41·651
	56·11
張　錫(宋)	32·640
張　錫(明)	8·502
	32·30
	33·617
張錫文	40·443
	62·583
張錫申	46·486
張錫侯	33·413
張錫紱	30·504
張錫祿	25·119
張錫綬	13·495
張錫蕃	40·346
張錫餘	66·218
張錫錦	41·488
	45·581
張錫齡	36·129
張　錂	54·231
	54·244
張　錦(崞縣)	45·486
張　錦(岷州)	14·114
	14·288
	14·468
	14·530

張懋仁 12・175
張懋忠 32・54
35・430
張懋官 35・431
張懋惺 28・434
張懋勤 35・430
張懋煌 52・653
張懋勳 21・390
24・772
張 ■ 41・607
45・589
張興利 18・25
張 ■ 45・581
張 霞 57・368
57・449
張擴庭 28・318
張 擢 36・497
張擢奎 28・337
張 臨(唐山) 37・506
張 臨(徐水) 25・96
張臨豐 28・68
張 黻 7・352
11・181
41・444
51・656
52・580
張嶺梅 38・913
張 儲 40・486
43・783
張 徽(明) 60・695
60・758
張 徽(清) 17・351
張徽典 30・696
張 鍔 30・663
張鍾秀 59・447
張鍾英(遼東) 8・812
16・552
17・183
張鍾英(忻州) 44・794
張鍾萃 41・533
57・128
張鍾琛 19・570
張 鍰 8・449
45・286
張 鍧 45・7
張 鍵 48・675
張 邈 36・431
36・613
37・812
37・819
張鮡化 41・79
59・410
59・424
59・521
59・544
張 謙(元) 8・288
張 謙(明臨朐) 62・373
張 謙(明清苑) 8・361
21・356
21・778
張 謙(明慈谿) 7・387
32・667
33・194
張 謙(明平鄉) 39・596
張 謙(明夏縣) 40・400
60・249
62・476
張謙祖 27・545
50・950
張謙歲 59・152
張 燮 21・305
31・821
34・720
張 謐(明) 4・377

	8・451
	28・311
張　謐(清)	58・414
	58・779
張膺眷	52・877
張應斗	62・217
張應辰	2・527
張應武	1・151
	20・215
	41・582
	43・644
張應昌	45・180
張應春	58・12
張應奎	3・84
	3・151
張應科	20・149
張應時(懷慶衛)	11・185
	11・843
	12・15
張應時(四川總兵)	3・367
張應宿	23・93
張應蛟	45・141
張應詔(明)	40・431
	51・337
	52・549
張應詔(清)	20・386
張應翔	34・481
張應登	21・374
	25・512
	25・591
張應發	5・593
張應楸	9・211
	17・371
	18・70
張應嵩	52・435
張應魁	44・797
張應福	32・733
	33・120
	33・383
	34・575
張應鳳	32・734
	33・389
	33・524
張應誥	8・495
	39・717
	39・771
	39・813
張應標	7・527
	16・470
張應徵	41・579
	63・724
張應舉	48・2
張應麒	32・43
	35・428
	35・513
張應譽	28・330
張應麟	7・491
	36・339
	39・545
張　旟	41・185
張　燦(棗强)	9・230
	30・23
	30・112
張　燦(正黄旗)	58・12
張　燦(民國)	18・547
	18・566
張燦門(昆明)	45・757
	45・802
張燦門(大名)	33・406
張燦然	61・670
張　瀞	9・160
張　鴻	54・743
張鴻佑	33・396
張鴻飛	55・479

	59・425
	59・543
張鴻符	25・119
張鴻翔	44・589
張鴻猷	3・551
張鴻漸	17・88
張鴻儀	33・396
張鴻儒	53・120
	53・494
張鴻績(徐水)	25・119
張鴻績(平魯)	44・539
張鴻彝	25・119
張鴻衢	53・315
張　濤	40・495
	60・628
	60・776
張　濬(唐)	7・735
張　濬(明南皮)	8・449
張　濬(明代州)	25・923
張　濬(清滄州)	4・442
	9・76
	26・59
	26・316
張濬川	28・354
張　濟(北魏)	40・631
	49・335
張　濟(唐)	7・718
	21・504
	24・221
張　濟(明黄岡)	31・805
	38・295
	38・378
張　濟(明陽曲)	16・435
	16・750
張　濟(明魏縣)	35・589
張濟世(明)	49・25
張濟世(清)	41・503
	45・582
張濟民	62・409
張濟遠	41・520
張　濯	45・588
張　禮(元)	3・807
張　禮(明)	41・32
	48・675
	49・359
張　禬	1・805
	3・211
	8・316
張闇然	55・480
	55・425
	59・543
張　翼(元)	8・217
	11・266
	12・728
	12・780
	13・489
張　翼(明介休)	41・24
	48・225
	49・357
張　翼(明靈石)	47・271
	54・752
	59・88
張　翼(清盂縣)	41・124
	47・490
	47・647
張　翼(清肅寧)	27・638
張　翼(清通縣)	3・695
張翼星	8・720
	21・505
	21・828
張翼翀	41・591
	57・369
	57・449
張翼舒	61・557

張　績	21・287
張　豐	36・197
張豐玉	38・576
張　璿(晉州)	8・465
	11・269
	11・879
	12・61
	12・98
張　璿(代州)	21・283
張　瓊(北齊)	11・143
	40・658
	43・625
	64・514
張　瓊(宋)	34・328
	34・488
張　璸	9・97
張　贊	8・489
	36・745
張　燾(宋)	4・261
	7・308
	40・291
張　燾(清)	25・119
張藝林	17・143
張　藩	7・458
	21・304
	22・405
	47・489
	47・645
張　蘊	24・413
	47・488
	47・644
張蘊古	7・776
	32・745
	33・344
	34・548
張蘊道	45・358
	45・410
張　■	37・587
	37・659
張　礎	3・352
	8・214
	11・264
	11・471
	29・46
	31・792
張　礇	61・455
張　韙	20・157
張韙儒	22・208
	22・349
張　曜(北齊)	1・106
	14・363
	14・717
張　曜(清)	65・137
張　鵠	63・19
張　簡	4・377
	5・723
	6・70
	8・449
張　雙	6・225
張　翱(明鉅鹿縣令)	37・795
張　翱(明武功)	34・44
張　翱(清)	2・703
張歸弁	10・717
張歸厚	10・717
	32・279
	38・314
	38・561
張歸霸	10・717
	32・279
	38・314
	38・561
張　鎮(武强)	9・244
	30・466
張　鎮(海豐)	17・226

18·27
48·177
49·321
張鎮午 21·818
張鎮南 41·163
49·711
張鎮嶽 33·683
張　鎧(明) 4·31
4·763
4·794
5·157
張　鎧(清) 34·566
張　鐸(壺關) 50·948
50·951
張　鐸(蘭州) 49·6
張　鐸(清唐山) 37·506
張　鐸(清盂縣) 47·649
張　鎬(定州) 8·610
23·397
24·80
張　鎬(定興) 8·372
21·368
22·441
張　鎰 20·563
張　鎔(安陽) 61·245
張　鎔(良鄉) 3·878
張　鎔(清) 18·28
張　鯉 5·82
5·251
張　謹 38·92
張謹言 16·493
17·192
18·338
18·479
張　燻 41·540
45·359
45·378
45·424
張　瑩 7·340
11·181
張　璧(元) 8·245
32·22
38·562
張　璧(明) 40·399
50·79
53·521
53·566
張　彝(魏) 31·373
張　彝(明) 8·572
22·29
24·375
24·462
張彝訓 16·441
張彝鼎 47·321
張　■ 57·109
張藹林 17·143
張攀月 59·176
張攀桂(灤州) 18·358
18·491
張攀桂(廣宗) 39·275
39·419
張攀桂(河津) 61·560
張　礪 10·778
31·868
張礪修 62·435
張　璽(冀州) 31·83
張　璽(山東) 21·286
張　璽(清) 53·321
張　騤 41·639
50·247
50·543
張　黼 51·345
53·720
張鵾翼 4·764

張　曝　40・450
47・272
54・753
59・88
張羅俊　8・394
21・424
張羅彥　21・830
21・865
21・868
張羅喆　8・725
21・448
21・823
張　贊　36・451
張贊元　49・577
張　纂　13・141
23・575
24・74
張　鐙（宣府）　14・136
張　鐙（安邑）　3・793
張　鏞　8・500
32・26
35・426
張鏞妻于氏　4・522
張　鏡　9・9
張鏡心　8・517
32・62
36・30
張鏡淵　15・692
15・722
張　鵬（五代）　10・714
12・63
張　鵬（沁州）　41・54
53・96
張　鵬（明淶水）　8・573
14・287
14・528
22・29
22・49
24・375
24・462
43・540
張　鵬（明汲縣）　16・751
張鵬元　28・62
張鵬年　28・60
張鵬羽　61・261
張鵬珁　11・795
張鵬飛　25・863
張鵬起　58・409
58・742
張鵬翀　8・393
11・792
21・385
張鵬翎　9・130
張鵬雲　7・405
18・14
51・676
52・586
張鵬程　24・165
張鵬翥（安邑）　41・468
50・91
53・576
60・520
張鵬翥（稷山）　61・671
張鵬翰　40・413
50・81
50・655
50・684
張鵬翮　40・342
65・170
65・517
66・116
張鵬翼（元）　40・392
50・63
54・314

張鵬翼（明虞城） 31·801
34·209
張鵬翼（明天津衛） 5·159
張鵬翼（明灤州） 18·347
18·484
張鵬翼（明垣曲） 61·258
張鵬翼（清） 8·696
張鵬翱 8·603
張　譓（兖州） 45·73
張　譓（滋陽） 52·327
張　贇 31·21
張　旟 41·6
42·597
46·149
46·428
46·746
張　麒 5·277
5·355
5·462
58·401
張懷堃 9·67
24·307
40·498
62·519
張懷瑁 53·632
張懷達 39·607
張懷遠 30·26
30·124
張懷鈺 41·602
46·755
張懷器 40·363
54·657
張懷璟 22·212
22·351
張懷瓘 1·702
22·212
22·351
張　瀚 32·668
33·194
33·459
張瀛基 59·424
張　寰 7·388
張　鷚 45·490
張　繪 38·94
張繪章 54·233
張　繩 47·488
47·644
張繩皋 50·927
張　瓏 8·804
21·464
張　蘭 9·187
張蘭皋 41·659
張蘭畦 19·199
張　權 28·367
張鷗冲 45·581
張齡九 19·479
張齡昌 19·479
張獻廷 37·516
張獻甫 40·722
62·492
張獻素 40·443
50·89
52·651
張獻恭 40·721
62·492
張　耀（南北朝） 1·689
2·654
10·610
31·389
張　耀（唐） 22·181
22·355
張　耀（明） 40·435
61·68
張　耀（清江夏） 31·822

	34・49
張　耀(清密雲)	8・702
張　耀(清涿州)	2・64
張耀先	14・663
張耀廷	43・333
張耀祖	40・444
	49・317
	49・789
張耀曾	9・46
	29・600
張耀樞	13・149
張懸錫	10・827
張　罍	4・403
	5・69
	5・184
張　蠙	10・720
	31・867
	38・307
	38・561
張鶚舉	60・788
張　纂	11・259
	40・665
	44・60
	46・646
張鍾萃	57・375
張　錚	9・44
	29・537
	29・606
張　騰(晉)	41・378
	42・541
	43・193
張　騰(唐)	41・408
	62・207
張騰表	36・304
張騰雲(明)	52・31
	52・597
張騰雲(清)	34・75
張騰寬	25・174
張騰霄	41・518
	45・420
張騰霓	21・377
張　瀾	29・306
張　寶(元)	40・831
	51・622
	52・316
張　寶(明薊州)	5・301
	5・390
	5・473
張　寶(明盂縣)	35・605
	47・487
	47・642
張　寶(明靈石)	47・308
	59・169
張寶田	26・917
張寶書	38・639
張寶善	36・7
張寶瑜	26・306
張　繼	7・352
	36・322
張繼文	27・516
張繼先	56・266
	56・468
張繼志	33・632
張繼芳	29・47
	30・590
張繼良	27・647
張繼東	60・626
	60・775
張繼昇	14・133
張繼官	31・73
張繼祖(金)	63・586
張繼祖(明)	3・30
張繼祥	13・148
張繼能	41・420

	42・594
	43・201
張繼善	39・338
張繼聖	2・730
	2・793
	7・528
張繼勲	49・3
張繼鏣	33・200
	33・511
張　瓘(魏)	31・370
張　瓘(明)	32・695
	33・380
張露鋒	25・119
張　顥	31・86
	31・492
	37・600
	37・704
張躍龍	34・682
張　鐸(宋江西)	19・538
張　鐸(宋河朔)	25・41
張　鐸(明壺關)	41・580
	50・199
張　鐸(明全椒)	27・319
	27・405
張　鐸(明陝西)	40・409
	42・511
	46・86
	46・416
張　鐸(清盂縣)	47・490
張　鐸(清南皮)	28・496
張　夔	1・176
	7・499
	19・682
	20・59
	22・702
	33・202
張夔典(清)	13・731
	15・646
張夔典(民國)	46・470
張　鶴(明)	47・496
	47・621
張　鶴(清)	4・475
張鶴年	21・373
	25・511
	25・591
張鶴青	57・570
張鶴鳴(明)	50・238
	53・601
	53・640
張鶴鳴(清)	39・427
張鶴齡	59・374
	59・483
張鶴騰	40・430
	46・87
	46・417
	50・87
	53・569
張　掄	2・103
	3・211
	8・317
張體仁(藁城)	12・175
張體仁(绛縣)	61・451
張體仁(清)	41・131
	59・335
張體壯	44・614
張體嵩	12・455
張體誠	8・721
	21・461
張　籛	9・161
	32・122
	35・714
	36・35
張　鑄(南宮)	37・732
張　鑄(廣宗)	39・432

張　鑑(宋)　1·734
7·826
22·187
22·338
22·452
40·760
62·672
63·811
張　鑑(明陽谷)　54·757
59·80
張　鑑(明涇陽)　21·295
22·403
46·3
張　鑑(明河間)　42·511
張　鑑(清天津)　5·214
24·262
張　鑑(清長治)　22·13
50·350
張　鑠　28·319
28·520
張　巒　28·56
張　鷟　7·809
12·739
30·222
張　瓚(明垣曲)　31·13
39·678
61·254
張　瓚(明陵川)　51·719
53·736
張　瓚(明當塗)　40·407
49·307
張　瓚(明滄州)　26·259
張　瓚(明武功衛)　48·174
張　瓚(明孝感)　40·402
42·510
張　瓚(明陽曲)　39·766
張　瓚(明高陽)　25·174
張　瓚(明蔚州)　15·43
15·220
張　顯(漢)　1·125
3·131
4·247
5·274
5·350
5·459
7·278
張　顯(北齊)　52·407
張顯宗　20·429
張顯祖　59·424
張　巘　59·331
張　巖　44·60
張巖叟　40·808
45·407
張　鱕　47·721
47·762
47·815
張　麟(明淶水)　24·463
24·464
張　麟(明南皮令)　4·283
28·185
張麟化　41·457
56·693
張　瓛(明)　40·529
54·140
張　瓛(清)　9·161
32·122
張　觀　7·308
32·644
40·792
61·450
張觀岳　44·373
張觀鈞　44·361
張觀準　44·361
張觀藜　41·516

張　讓(盂縣)　47・487
47・642
張　讓(諸誠)　40・419
62・579
張讓泉　28・431
張鷹揚　32・68
34・216
張　灝(明)　36・744
張　灝(清)　25・96
張　鶱　25・59
25・104
25・119
張　纘(梁)　2・75
19・724
20・144
22・167
22・333
張　纘(清)　41・113
41・472
55・802
59・682
59・751
張纘榮　37・515
張　驥　35・427
張　鑽　3・878
張　讜　31・378
32・617
張鑾山　38・908
張　鸞(清澗)　43・151
張　鸞(咸寧)　7・353
33・65
33・192
張　鸞(寧羌)　38・132
張鸞詔　47・319

習

習　仁　21・454
習　成　8・403
習全史　54・759
59・82
習振邦　11・645

隋

隋大用　26・863
隋正脈　6・1
隋光啟　4・399
4・766
5・170
9・58
隋　府　16・750
隋承業　58・361
隋洛超　25・605
隋　翥　36・523
36・633

隗

隗　辨　10・812
22・28
24・368
24・461

陽

陽　介　31・381
陽文翰　3・810
陽　旦　1・146
陽　尼　1・106
1・685
7・615
17・300
18・36
19・51
陽尼妻高氏　9・280
陽休之　2・81
17・302

	18・38
	19・51
	24・21
陽　冲	34・773
陽　明	2・254
陽　固	1・685
	17・301
	19・89
陽承慶	17・301
陽　城	7・716
	21・322
	23・387
	25・862
	62・323
	62・719
	63・188
陽　荆	22・132
	22・322
陽　昭	2・82
	17・305
陽　畢	55・397
	56・684
	57・101
陽翁伯	2・236
陽　球	1・105
	2・74
	3・529
	5・568
	7・553
陽處父	42・523
	46・821
	47・54
陽惠元	16・484
	18・228
陽　斐	1・687
	17・304
陽　惲	1・684
陽　裕	1・673
	10・597
	16・321
	17・296
	18・35
陽　弼	19・46
陽　嶠	1・700
	7・291
	27・311
	32・629
	33・186
陽德潤	17・241
	18・12
陽　藻	19・46
陽　鶩	1・673
	10・597
	16・178
	16・321
	17・299
	18・35
	19・58
陽　瓚	32・619

隆

隆文良	19・521
	19・557
隆安選	2・517
隆　英	7・336
	37・584
	37・659
隆　珠	36・809
隆　應	41・700

貫

貫　公	7・574
	27・753
	29・40

	31・845
貫　如	3・813
貫　高	33・609

紹

紹　祺	65・173

十二畫

琴

琴　高	2・235
	32・270
	53・344

斑

斑　璉	40・341

堯

堯君素	40・359
	62・568
	63・11
堯　雄	4・250
	7・287
	40・656
	50・158
	52・845
堯　傑	27・750
	29・35
堯　暄	40・630
	50・157
	52・688
	52・844
堯　奮	31・152
	40・269
	58・11

塔

塔木尹拉古爾	16・275
塔　本	16・159
	16・404
	17・197
塔布囊希爾達	64・113
塔永寧	42・497
塔　海	47・402
	47・616
塔清阿	66・105
塔斯哈	64・702
塔察兒	16・134

項

項一科	43・559
項士鋐	9・225
	37・717
項日登	31・819
	33・719
	34・48
項　父	55・320
項　易	54・738
	57・104
	57・275
	57・444
項　忠	7・348
項桂輪	4・320
	26・251
	27・522
項惠年	6・2
	6・6
	29・977
項龍章	40・457
	51・344
	52・551
項　籍	32・818

越

越名瞻 25・758
越鷹揚 47・164

賁

賁　通 18・45

博

博木博果爾 66・585
博　文 40・482
58・84
博果密 7・327
博森內 66・575
博爾術 66・573
博爾多 31・831
35・706
36・6
博爾奔察 66・590
博囉哈雅 7・327

喜

喜　禄 16・467
18・134
18・331
18・476
喜　寧 14・185

彭

彭　二 7・332
彭人瑛 1・189
7・454
7・510
22・138
22・325
24・414
41・483
60・521
彭九思 35・648
彭了凡 8・400
彭三益 11・257
12・129
彭士弘 7・412
31・15
37・586
37・641
37・662
37・763
彭士奇 8・771
21・461
彭大有 44・421
彭大訓 23・127
彭大鵬 35・645
彭之炳 8・771
21・461
彭之燦 21・505
23・50
彭天相 9・121
彭元照 34・482
彭友梅 13・720
彭友德 16・777
彭化鳳 38・133
彭月孫 15・550
彭玉雯 5・35
21・313
21・802
31・832
34・50
彭世勲 9・203
彭可權 35・83
彭　弘 4・243
7・274
彭而述 40・436
42・517

	43·61
彭延壽	60·787
彭仲德	61·446
彭　份	7·404
	16·448
	17·204
彭好古	7·379
	21·291
	24·509
	24·595
彭作邦	41·156
	56·182
彭希武	8·515
	32·316
	34·225
彭希曾	41·437
	42·604
	43·74
彭希賢	31·814
	34·719
彭良騫	4·314
彭　枏	9·256
彭　杰	7·368
	31·798
彭　述	43·316
彭昌允	21·422
	23·59
彭定澤	24·753
彭承祖	47·273
彭　柱	18·547
彭思永	7·309
彭拜晗	21·313
	21·802
彭信古	44·581
彭度華	8·774
	23·52
	23·336
彭庭桂	55·818
彭　洙	40·465
	60·251
	60·469
彭　津	24·751
彭　祖	50·874
彭　原	23·609
彭　倬	33·614
彭　涚	3·673
彭　通(明)	40·302
	42·479
彭　通(清)	21·506
彭國光	4·10
	4·278
	4·750
	7·396
彭　偉	19·134
	46·530
	47·401
彭　翊	40·497
	50·976
彭　超	23·52
彭萬里	60·191
彭蕚來	7·454
彭景直(唐)	1·57
	7·752
彭景直(金)	19·538
	20·854
彭景曾	40·467
	52·551
彭舜安	41·642
	41·689
	45·498
	45·605
彭運章	7·494
	37·932
彭開宗	29·101

彭　發　50・80
50・610
彭瑞騏　6・211
20・217
彭　搏　21・376
23・53
彭虞孫　22・407
彭　源　25・776
彭滌源　60・788
彭殿臣　28・434
彭　經　18・382
彭嘉炯　58・709
彭　榶　27・438
彭遷道　35・646
彭爾年　7・465
16・459
17・206
彭毓宗　29・107
彭　韶　7・347
18・13
彭　稷　46・490
彭德元　3・38
彭德潤　46・696
彭　誼　7・341
彭　霖　55・803
彭　澤（蘭州）　7・367
11・183
彭　澤（南海）　43・682
44・596
彭憲祖　9・145
32・89
34・222
彭爵麒　29・975
彭應參　31・809
35・412
彭　燦　60・624
60・774
彭　鎬　1・143
5・562
彭　鏞　40・404
48・174
49・306
彭　鵬　1・182
7・452
19・240
彭　寵　3・129
5・273
5・350
5・459
彭繼先　66・529
彭鶴齡　49・39
彭　鑑　41・624
55・880
彭　鑾　41・651
55・815

達

達　天　38・271
達石帖木兒　7・328
達米林扎普　13・769
15・254
達其道　8・491
36・451
37・905
37・946
達　素　40・580
達連和尚　41・697
55・632
達奚武　25・202
40・673
43・627
60・615
60・767
61・621

	64・561
達奚長儒	41・399
	43・628
	64・577
達奚震	40・673
	43・626
達密蘭	66・578
達　喜	15・486
達　貴	27・943
達斯呼勒岱	66・577
達爾瑪	7・324
達摩僧	50・256
達禮麻識理	8・274
	14・110
	16・137
	16・161
	16・279

葉

葉九思	40・463
	54・759
	59・81
葉士敦	61・119
葉士寬	40・468
	45・73
葉子安	32・662
葉世英	16・444
	17・203
	17・495
葉世經	2・35
葉　申	59・153
葉圭祥	4・448
	9・79
	26・331
葉圭書	4・452
	26・275
葉　臣	40・580
葉廷秀	7・403
	32・676
葉廷桂	63・21
葉廷推	46・714
葉仲章	53・528
	53・641
葉企顏	40・391
	40・393
	51・301
	52・377
	54・682
葉汝芝	4・448
	9・78
	26・272
葉汝蘭	4・448
	9・78
	26・272
葉好文	7・399
	27・757
葉志寬	4・316
	28・22
葉伯巨	40・528
	49・304
葉伯英	24・754
葉伯瑾	32・661
葉伯儉	26・294
葉　茂	27・318
	27・405
葉林椿	26・295
葉長春	41・546
	60・711
	60・785
葉法盛	50・251
葉　治	4・463
	9・79
	26・273
	28・315

葉宗蔭 7・383
16・440
18・130
葉居昇 47・163
葉孟鄰 28・434
葉 梲 9・32
28・745
葉思華 41・127
61・128
葉思蔭 61・155
葉重第 17・243
18・17
葉 信 5・32
7・447
葉恒嵩 31・14
37・750
葉爲珪 63・232
葉華晫 40・465
57・104
57・275
57・444
葉 桂 33・780
34・87
葉桂芬 40・498
50・609
57・276
57・445
60・252
60・337
葉 砥 40・400
45・17
葉時秀 32・681
33・71
33・201
34・562
葉時敦 4・288
葉 培 28・432
葉 盛 7・341
13・774
14・113
14・286
14・468
14・527
14・627
14・660
40・305
42・482
44・483
45・755
葉 堃 8・667
葉 清 3・355
葉清臣 32・645
葉 淇 1・58
1・144
5・561
7・350
葉紹本 5・34
葉 楝 34・733
葉鈞生 28・367
葉道荼 6・12
葉夢熊 7・375
16・442
葉 椿 28・338
葉 楫 61・131
葉鈺生 28・349
葉 溥 7・387
32・666
33・193
葉溶光 13・317
葉福棠 20・854
葉際春 5・68
5・200
葉毓蔭 28・341
葉 榮 49・311

	49・672
葉維屏	61・133
葉維清	34・759
葉增慶	27・522
葉震生	41・79
	61・119
葉樹德	3・744
	8・618
葉　穆	40・405
	49・306
	49・486
葉戴天	17・247
	18・27
葉矯然	16・453
	18・212
葉濟英	4・451
	9・78
葉麗中	61・150
葉璽文	37・471
葉鵬雲	49・321
	49・673
葉蘭生	28・432
葉騰鳳	32・316
	34・87
葉露新	40・426
	45・287

葛

葛九調	13・780
葛大紀	11・185
	40・527
	44・485
	44・657
	50・83
葛士達	46・719
葛之覃	28・340
葛　木	4・277
	4・749
葛文栻	60・571
葛方榮	20・627
葛正華	58・17
葛本圖	18・93
葛永凝	16・643
葛守禮	16・437
	17・494
	42・487
	49・310
	49・487
葛　宏	8・194
	18・551
葛長信	18・134
	29・974
葛周玉	58・216
葛性醇	53・265
	53・300
葛宗鄒	60・570
葛亮升	13・316
	13・769
葛　洪(晉)	9・265
	21・507
	21・691
	24・243
	50・251
葛　洪(明)	1・145
	3・355
葛　真	59・300
葛時夏	39・721
	39・796
葛　健	60・522
葛唐麟	16・574
葛書舉	7・311
葛理麻	41・695
葛　清	37・949
	40・472

	60・193
葛朝陽	41・504
	60・564
葛　覃	8・506
	32・38
	36・24
葛舜元	59・331
葛登墀	28・364
葛勤崧	29・618
葛蔭梓	7・489
葛愛民	44・484
葛　誠	1・141
	7・332
葛　禋(文安)	40・396
	61・624
葛　禋(平定)	47・492
	47・696
葛鳴陽	41・155
	60・564
葛　僑	2・580
葛鳳翔	41・609
	60・522
葛　榮	62・476
葛　寧	40・412
葛德新	41・513
	59・337
葛德溥	41・154
葛德潤	41・489
	60・563
葛　鵾	14・131
葛凝秀	47・456
葛　縉	40・420
	50・84
	50・656
	50・686
葛應旂	63・693
葛燦然	30・370
葛　禬	40・413
	54・734
	57・103
	57・273
	57・443
葛　鵾	14・131
	14・484
	14・569
葛懷敏	4・262
	7・846
	11・282
	11・491
	21・271
	58・41
葛　蘭	40・424
	58・288
葛　霸	11・241
	11・462
	21・268
	25・136
	31・475
葛　龔	40・349
	54・642

萬

萬一本	40・526
	50・596
	54・688
萬一豸	53・92
	53・410
萬一肅	20・759
萬人傑	16・529
	17・62
	21・301
	25・331
萬化孚	46・50
萬文梓	17・142

萬文彩 31・804
34・717
萬世忠 50・462
50・574
萬世祚 32・697
萬世輔 46・50
萬世德 33・463
41・60
44・702
45・715
46・49
46・65
46・71
萬申祺 31・826
35・414
萬代芳 50・191
50・412
50・567
萬代新 44・580
萬　永 17・65
萬永年 16・563
萬永福 31・830
35・415
萬民英 8・575
24・454
萬百齡 35・714
萬有孚 65・233
萬邦翰 9・50
27・441
27・488
萬廷仕 35・607
萬廷言 31・801
34・45
萬廷揩 31・809
35・412
萬　任 16・457
17・18
萬自約 21・294
24・196
41・62
42・607
43・75
萬　全 1・185
5・566
5・619
萬安師 39・287
39・453
萬　杞 29・592
萬　英 1・112
3・84
3・151
8・317
萬松老人 2・246
32・272
萬和寅 13・764
16・39
萬物育 24・458
萬承岑 7・466
12・275
12・521
16・462
17・206
萬　春 41・699
56・9
萬　修 7・277
萬　信 8・404
17・61
17・510
萬炳南 47・657
萬　恭 40・314
42・488
46・772
萬逢時 40・491
47・165

萬執樞 20·159
萬　國 14·141
萬國宣 40·470
60·627
60·776
萬國寧 32·697
萬鼎勳 45·75
萬象新 40·432
46·666
48·2
萬湘林 20·192
萬　瑄(明) 41·645
50·248
50·564
萬　瑄(清) 16·557
17·63
萬　煦 20·159
萬　嵩 3·746
萬　慓 32·741
萬毓倬 29·604
萬　選 24·454
萬樹梅 29·604
萬錦雯 36·342
39·259
39·331
40·535
54·714
58·364
58·712
萬　鍊 46·54
萬鎮之 29·602
萬　鏜 7·372
萬繼先 2·743
2·814
萬　觀 40·401
54·684

董

董一元 8·560
14·484
14·565
16·411
16·755
董一奎 14·389
14·484
14·565
44·485
44·657
董一桂 62·33
董一經 12·682
董九川 54·710
58·365
58·712
董九成 41·651
57·430
董九叙 28·673
董三齊 8·543
32·708
32·798
董士元(元) 8·205
11·284
12·128
12·207
董士元(明) 35·80
董士元(清) 46·486
董士珍 8·210
11·222
11·369
12·128
12·156
董士廉 11·255
12·128
董士選 8·205

	11・223
	12・128
	12・207
董大化	28・186
董大信	23・272
	31・821
	58・412
董之表	40・436
	51・361
	54・144
董之章	6・243
董之弼	37・139
董之璠	60・311
	60・375
董之燧	40・461
	62・478
董子和	1・795
	3・536
	3・679
董　元(元)	8・282
	12・355
	12・531
	36・779
	37・22
董　元(明)	41・695
董元亨	7・832
	11・783
	21・414
	30・227
	31・789
	38・293
	38・376
董元英	60・312
	60・375
董元會	63・424
董元儒	7・401
	32・674
	33・70
	33・197
董五禮	2・834
董友筠	4・450
	13・777
	26・275
董曰春	34・514
董仁傑	61・246
董　父	61・72
董文用	8・206
	11・221
	12・127
	12・152
	12・197
董文甫	1・760
	8・61
	41・569
	50・223
	50・444
	50・544
董文直	8・209
	12・200
董文明	41・593
	57・372
	57・449
董文忠	8・209
	11・222
	12・127
	12・200
董文炳	8・202
	11・172
	11・220
	12・127
	12・148
	12・203
董文海	21・797
董文渙	41・519

	58・737
董文寀	24・532
	24・713
	24・713
董文蔚	8・206
	12・197
董文廣	10・715
董文錦	18・7
	18・63
董文燦	41・593
	58・753
董　方	1・798
	3・536
	3・681
	8・304
董允霖	35・607
董玉琳	20・408
董正位	9・196
	14・408
董正紳	41・119
	48・227
董功聯	28・676
董世寧	5・521
董　仕	40・427
	42・517
董用威	8・440
董　印	60・519
董　永	63・419
董永祉	19・61
董　朴(元)	8・240
	36・565
	36・743
	41・575
	44・536
	44・590
董　朴(明)	21・285
董有才	12・550
董有聲(清)	11・192
	13・314
董有聲(民國)	66・220
董　成	8・592
	37・434
董光甲	9・8
董光裕	58・407
	58・724
董　因	55・638
	56・736
	59・440
	59・545
董廷恩	1・193
	5・354
	5・461
	5・529
	7・456
董廷揩	50・297
	50・613
	59・371
董廷對	32・730
	33・380
	33・529
董廷榮	7・515
董廷翰	58・792
董廷儒	42・497
董仲舒	7・581
	29・521
	29・563
	30・1
	30・121
董　伉	21・460
	25・249
董兆奎	25・865
董兆祥	26・856
董汝梅	35・273
董汝漢	41・48

	62·722
	63·422
董汝霖	58·406
董守思	31·792
董守簡	11·255
	12·154
	31·22
董安于	42·499
	43·145
	57·119
	57·297
	60·688
	61·72
董　志	8·181
	21·341
	24·765
董志平	21·693
	25·874
董志舉	21·275
	25·36
董　芳(唐)	20·249
董　芳(明元城)	8·523
	32·693
	33·378
	33·529
董　芳(明忻州)	44·793
董　芳(清)	3·697
董芳三	37·732
董　杜	41·597
董作序	58·388
	58·744
董作楫	57·164
	57·429
董希孟	40·422
	47·403
	47·617
董　沔	40·380
	51·345
	53·720
董宏彪	63·424
董良性	7·480
	27·22
董　玫	52·430
董其旨	26·93
	26·766
董其英	24·790
董其昌	52·441
	57·427
	57·502
董其鈿	60·381
董茂林	26·563
董直愚	48·226
董英奎	25·868
董　林	28·30
董長發	39·400
董長齡	8·686
董　叔	57·122
	57·359
	57·447
董　果	9·215
	18·79
董　昌(明)	31·16
	38·273
董　昌(清)	43·316
董昌齡	9·160
	32·121
董　昇	43·540
	43·825
董　旻	41·447
	46·533
	47·483
董　忠	9·111
董季舒	12·683
董秉忠	23·7

董　岱 4·408
5·83
董佩衡 62·477
董　命 44·487
44·610
44·615
董　郇 9·237
37·435
董　狐 45·128
55·351
56·677
57·122
57·359
57·447
59·407
59·518
60·684
61·72
董宗孔 40·468
46·714
董建中 7·363
董居中 41·562
63·223
63·593
董承業 41·68
48·226
49·364
董承勲 4·308
5·31
18·22
董春萍 28·70
董　珏 8·802
21·393
25·181
董　珊 54·695
55·792
董　政 3·680
董　威(威縣) 8·504
32·33
38·907
董　威(信陽) 31·804
32·668
33·67
33·197
33·610
34·552
董　威(同州) 61·624
董　昭(魏) 31·321
37·466
39·538
董　昭(唐) 62·269
董思任 4·318
26·250
董思源 41·168
58·736
董重進 44·522
44·584
45·132
65·494
董修和 18·74
董修業 58·763
董　信 25·750
董　俊(元) 10·802
11·171
11·283
11·365
12·127
12·145
12·196
23·219
24·26
董　俊(明) 8·525
32·730
董衍祚 44·731

董奕光 41·536
48·228
49·375
董庭紹 27·758
董　炳 19·266
董洛生 14·362
15·102
15·181
43·660
董　祚 37·430
董　泰 58·403
58·741
董　珪(元) 8·180
21·459
25·409
董　珪(清) 8·218
11·255
11·695
11·740
13·353
董起運 1·183
董　莫 59·426
59·543
董　晉 40·716
62·658
63·219
63·301
63·577
董晉良 17·88
董振祖 49·375
董振策 47·75
董　柴 41·596
48·231
48·394
49·439
董時中 40·519
47·160
董時增 53·723
53·739
董　晟 34·684
董　倫(宛平) 1·111
2·574
8·295
董　倫(恩縣) 2·268
3·729
董　師 50·505
董時中 8·97
32·11
33·757
34·58
49·300
51·368
52·376
董　航 34·692
董海川 65·268
董　祥 11·245
董陳策 48·24
董純嘏 19·68
董教清 28·431
董　培 26·94
26·765
董　梅 60·627
60·778
董　常 61·595
董國忠 8·558
14·564
14·711
董國鈞 34·697
董國楨 17·144
董崇德 15·487
董　第 21·367
25·174
董敏修 39·603
董進第 8·529

	32・731
	33・380
	33・523
董　訥	12・356
	36・779
	37・23
董清佑	6・254
董清標	4・455
董淑典	41・933
	48・232
董　梁	44・732
董　■	7・339
董　陽	50・84
董隆祚	16・459
董紹儒	14・661
董　琦	40・414
	51・314
	52・288
董　琮(明)	2・700
	2・753
	2・821
董　琮(清)	50・895
董萬清	59・253
董萬福	43・345
董朝相	59・164
董厥修	40・435
	54・722
	59・26
	59・84
董　雯	60・375
董揆敘	15・111
董景秀	21・304
	22・686
董　筆	40・536
	41・604
	47・494
	63・693
董　傑	7・359
董復亨	8・536
	32・749
	33・386
	33・533
董復勝	3・355
董　鉅	8・811
	9・212
	16・554
	17・183
	18・76
	19・49
董象賢	41・484
	46・49
	61・149
董猶龍	57・450
董　遂	40・420
	50・84
	50・656
	50・687
董遂昇	9・4
	40・538
	43・561
	51・365
	54・145
董開沅	19・184
董開運	19・48
董　瑜	40・408
	58・54
董　楫	20・628
董　輅	36・745
董摶霄	4・267
	8・248
	32・24
董業棟	19・74
董　暘	14・492
董　暄	18・80

董　園　48・90
董　魁　47・61
董　鉉　8・289
37・144
董　誠　50・174
50・377
50・559
董　新　47・493
董　愷(内邱)　8・484
董　愷(沔縣)　49・311
49・672
董資建　22・29
董　煜　8・803
21・394
25・179
董福遐　38・913
董　戣　41・524
董　經　41・375
董嘉言　44・578
董嘉謨　52・419
董　翥　21・285
25・137
董　勱　44・60
董　榕　9・214
18・78
董輔卿　40・391
62・576
63・691
董爾性　40・449
61・248
董爾猷　21・307
24・753
董賑祖　48・374
董鳴韶　9・237
12・559
董　圖　24・775
董　桀　34・794
40・422
46・713
董　銓　37・144
董鳳林　38・652
董鳳儀　48・652
49・312
董鄰幾　62・309
董　榮　4・405
董漢儒(明)　8・539
32・735
董漢儒(民國)　28・434
董　寧　14・123
董寧川　16・658
18・155
董　緒　51・97
52・500
董維舒　14・641
董維璉　49・315
49・721
董　綸　41・176
42・606
46・823
47・60
董　綬　41・655
董　瑾　41・443
48・225
49・335
董　璋(明)　21・295
25・142
董　璋(清)　32・681
董　增　33・382
33・529
董　樞　10・754
11・239
13・340
董醇儒　47・494
董　遲　22・513

董德妃 11·136
11·681
董德昌 28·353
董德潤 20·150
董　徵 32·744
董　銳 17·311
18·49
董餘三 53·302
董餘慶 45·12
董慶咸 40·498
44·657
董養聰 4·282
6·1
董遵晦 1·107
1·729
10·746
22·187
22·338
22·468
51·366
董　澍 10·835
董翰芳 27·521
董　樸(金) 36·441
董　樸(明) 7·359
董　興 8·524
32·728
董積厚 5·728
6·72
董積善 11·468
董積慶 57·430
董　錫(元) 37·144
董　錫(明) 44·168
董　錕 20·759
董　錦 8·531
32·735
32·786
董學詩 40·458
43·562
43·899
董學禮 7·510
24·414
董凝川 8·816
董凝極 41·501
董懋中 21·368
25·177
董　壎 58·407
58·778
董　翳 61·72
董　謙 48·224
董應魁 8·814
16·548
董應徵 10·828
21·685
25·179
董　璿 35·640
董　鎮 20·628
董　勸 21·385
24·768
董　璽 14·586
董　鏜 24·768
董　鵬 6·187
董鵬翱 16·567
17·65
董懷新 5·211
董　寵 7·567
董　齡 49·356
49·383
49·509
董獻策 8·611
12·753
12·792
23·617
49·173
49·245

董　瀾　7・473
董繼允　25・866
董繼祖　61・626
董繼書　45・36
董繼舒　14・638
董　鐸　9・214
18・78
19・50
董　麟　58・737
董觀光　35・84
董　讓　19・47
董纘譜　57・430
董　鑾　20・628

敬

敬元長　24・372
24・450
敬延祚　2・509
敬君洪　40・703
60・690
60・754
敬明舉　59・143
敬　珍　41・316
63・30
敬　括　40・716
敬　信　41・612
敬　釗　40・689
45・639
62・691
63・119
敬　晦　40・736
62・663
63・36
敬　暉　32・622
40・698
45・281
55・448
56・169
59・408
59・519
敬嗣輝　8・117
24・353
24・448
敬會真　41・560
55・796
敬　鉉　10・812
24・367
24・450
41・574
敬滌心　41・615
42・735
46・150
46・490
敬　肅　7・288
27・310
40・689
62・648
63・31
敬　播　41・56
62・659
63・32
敬　儼　8・277
24・450
40・823
敬顯俊　31・148
40・664
敬　讓　55・450

朝

朝承義　2・256

森

森　格　64・674

棟

棟羅布 64・682

棧

棧　濳 35・603

椒

椒山翁 24・244

極

極爾古德 14・713

惠

惠之翰 40・529
43・552
惠　年 3・832
惠承芳 31・812
34・213
34・278
惠　始 38・316
38・769
41・665
43・671
惠　都 21・281
惠　真 48・244
惠　海 41・695
惠能即盧 2・614
惠　寂 41・682
惠　隆 7・367
惠景陶 16・630
18・374
18・543
惠　愔 41・671
52・445
惠　勤 45・145
惠　詮 41・683
52・446
惠　瑱 41・666
50・254
惠　賓 47・161
49・308
惠　寗 19・491
惠　實 11・320
11・515
惠慶滋 18・145
惠聯甲 35・270
惠應詔 10・828
16・657
18・154
惠　■ 30・333
惠　馨 40・492
53・191
59・245

棗

棗　據 31・325

覃

覃光先 27・232
覃克思 49・79
覃克修 49・79
覃恩晉 60・629
覃資用 49・78
覃資榮 49・78
覃　澄 49・24
49・78
覃應元 43・644
44・533
44・630

硯

硯彌堅 11・317
11・514

雄

雄辨大師 55·631

雲

雲山禪師 2·249
雲五色 39·630
39·669
雲茂濟 45·564
雲定禪師 24·244
雲連陞 65·578
雲　棟 2·728
2·789
雲　潤 62·717

提

提國卿 28·28
28·107
提　橋 10·830
28·25
提　録 4·441
26·93
26·763
提彌明 60·713

揭

揭延齡 40·468
53·93
53·411
揭　規 38·273

雅

雅　浩 34·317
雅　喇 64·114
雅爾堅雅里 8·151
雅爾鼐羅密克 2·251

斐

斐建章 62·446

紫

紫柏大師 2·255
紫團真人 50·251
50·960

掌

掌禹錫 40·291
42·476

貽

貽　谷 65·64

暎

暎元上人 41·702

喇

喇嘛札布 64·658

景

景一元 61·116
景士秀 13·739
景士銓 13·344
景　山 58·752
景　丹 7·276
14·99
14·279
14·524
景　文 30·193
景四維 41·482
60·520
景永祚 60·518
景百康 62·233
景成先生 55·617

56・1
景　芳　35・605
40・414
47・399
景　佐　41・441
62・701
63・133
景　明　60・517
景　昉　7・398
21・299
25・816
60・517
景素陽　55・625
景振沅　13・345
景　哲　28・673
景得勳　37・821
景淑範　62・693
63・119
景寅亮　62・235
景象煒　44・614
景蔭梁　13・345
景　溱　7・363
41・36
62・696
63・121
景　遵　63・212
景應熊　41・126
60・521

貴

貴　清　65・264

單

單　元　14・712
單可大　3・793
單可繼　47・163
49・317
單青林　28・438
單者昌　5・581
8・689
單明詡　28・672
單宗楷　28・341
單承祿　21・368
25・50
單　信　32・26
32・416
單素倫喇嘛　65・275
單務嘉　7・462
21・307
23・8
單　訥　8・584
30・14
30・108
40・418
54・744
單　烺　7・451
單雄信　44・627
45・196
單　須　28・359
單　惺　9・228
30・16
30・112
40・449
60・627
60・776
單道開　35・651
單道臨　9・220
單傳及　33・614
單　鈺　9・220
單德林　18・150
單德茂　29・588
單　鉉　7・497
31・826
33・612

單慶雲 33·206
單聯正 5·588
8·692
單　熺 40·471
40·482
43·63
59·81
單　鵠 41·574
55·811
單　繼 36·268

喻

喻三元 16·471
喻元升 7·501
21·313
22·582
33·205
喻成龍 16·544
18·357
18·487
喻茂堅 4·279
7·367
喻思恂 12·518
36·775
37·19
喻　時 40·320
喻　嶽 31·6

喀

喀爾吉善 40·343
42·497

黑

黑　子 32·774
黑天池 9·196
13·722
14·409
14·573
14·641
黑虎居士 56·9
黑　珍 9·195
黑　能 44·523
黑斯公 7·325
21·275
黑雲龍 8·564
14·398
14·493
14·568
黑廝彥明 5·561

無

無　可 10·669
無私真人 55·626
56·226
無　涅 2·252
無終子 18·92
無　業 41·671
47·538
53·344
無　慮 49·111
無疆道人 57·165

智

智一中 45·141
智　山 41·667
智　元 47·148
智仙姑 45·49
智　朴 5·312
5·316
5·520
19·436
智如愚 45·22
智　佑 13·342
智秉乾 5·279

5・357
5・462
13・342
智　阜　41・701
46・645
智性成　45・141
智重顯　45・87
智彦容　11・256
13・343
智　浹　7・850
11・283
13・340
40・796
智　通　21・694
智　崇　15・301
16・144
智惟静　37・798
智　楫(金)　40・389
47・402
47・616
智　楫(元)　57・52
60・729
智嘉禪師　2・242
智　榮　36・499
智漸達　45・141
智　滿　41・668
43・215
智　儀　13・342
智　審　11・255
13・342
智履坦　46・460
智　樸　2・257
5・525
智　興　41・676
55・630
59・167
智　鍵　13・341
智　聰　14・127
智　顔　13・855
智　鐩　13・343
智　錀　43・74

嵇

嵇承志　4・308
嵇　康　9・265
29・456
嵇　巔　15・345

程

程九鼎　21・281
24・749
程三光　9・153
32・106
33・625
33・693
程三錫　40・539
46・583
程士數　22・13
程大夏　50・69
50・887
程大猷(明)　16・777
程大猷(清)　17・517
程大禧　7・467
16・461
18・133
程上瑞　1・183
程千里　40・365
44・478
50・55
50・598
程之玿　41・594
50・202
50・446
50・569

程之鼎 50·330
程子溫 31·521
程天才 5·395
程天祐 5·395
程　元(隋) 41·524
60·690
60·779
程　元(唐) 4·348
程元白 7·830
21·325
程元英 34·684
程元直 40·390
40·395
42·508
49·24
60·622
60·773
程不識 40·573
45·278
程日華 7·818
23·134
23·389
24·76
程仁育 16·37
程文章 58·367
程六藝 50·576
程亢宗 58·755
程　孔 49·680
程玉瑲 9·143
程　正 17·504
程正己 41·67
50·178
50·394
50·553
程正性 7·503
程正家 41·67
50·228
50·395
50·565
程正階 7·496
27·408
31·830
35·415
程正蒙 22·139
22·326
程正緒 41·594
50·200
50·398
50·569
程世文 50·78
程世昌 31·815
40·437
54·689
程　本 36·430
57·36
57·121
57·353
57·446
程可式 1·887
8·675
程可登 12·730
12·780
23·342
程　生 13·239
程印古 17·505
程永堂 12·560
程必達 53·477
程　式 19·190
程式金 8·649
程式孟 51·579
52·417
程式洛 17·538
程式濂 17·538
程　芝 50·504

	50·542
程有成	21·311
	23·164
程百里	35·270
程百朋	35·289
程光遠	40·513
	54·661
程光漢	32·48
	33·771
	34·96
程光瀅	36·7
程邦彥	40·521
	41·574
	42·625
	48·70
	49·303
	49·485
程先達	54·691
程廷恆	33·209
程廷智	16·30
程廷瑞	37·516
程廷楷	40·537
	50·929
程　仲	33·749
程仲良	12·359
程仲昌	37·517
程行駉	40·482
	61·513
程全忠	65·279
程兆桂	41·206
	44·358
程兆桐	21·812
程兆祥	21·793
程名振	16·155
	16·268
	31·861
	34·217
	35·50
	35·255
程汝梅	53·600
	53·635
程汝濤	40·499
程　羽	10·772
	21·325
	23·113
程羽肅	22·135
	22·323
程好生	40·540
	60·627
	60·778
程志保	41·685
程克明	40·396
	42·508
	46·85
	46·416
程材傅	7·470
	29·48
程見周	32·709
	32·801
程伯啟	62·476
程希道	37·753
程希聖	35·434
程　亨	51·553
	52·409
程序鏞	17·509
程　良	12·70
	12·95
程良球	40·439
	43·558
	44·125
程青山	23·599
程　玠	53·105
程林宗	53·216
程　杰	3·587

8·683
程　述　21·280
程尚勤　41·442
50·227
50·394
50·565
程　采　1·109
程宗道　40·399
47·399
程　珌　38·896
程　垍　50·350
60·627
60·778
程　昱　11·141
32·713
程思岱　19·540
程思廉　40·300
42·478
44·532
64·650
65·506
程　信　8·421
程　俊　3·359
程衍洙　53·497
程勉學　61·510
程炳章　40·534
49·245
程飛熊　50·588
程　珦　7·306
31·790
36·1
程　珩　32·741
程起蛟　45·643
程軒舉　61·149
程恩錫　45·563
程皐績　41·479
53·104
53·477
程師伊　11·177
11·638
程師孟　40·291
42·476
程逸人　50·247
程畜德　16·516
程　涣　31·307
程家駿　7·483
程務挺　31·862
34·217
34·256
35·256
40·282
43·529
65·21
程　純　31·806
33·718
34·45
程　瑍　17·508
程處默　7·293
12·335
12·523
37·138
程國觀　59·298
59·652
程敏政　8·422
程康莊　41·602
53·104
53·482
程　章　8·360
21·354
54·708
58·360
58·705
程惟遠　1·842
程　寀　1·747

	2・567
	3・724
	10・786
程啟南	41・74
	53・103
	53・426
程啟泰	59・338
程啟斌	17・507
程啟運	17・506
程　紳	40・325
	42・489
	50・83
	50・314
	50・611
程　琳	23・113
	23・154
	23・587
	32・643
	33・188
	40・381
	47・405
	47・715
	47・744
	47・782
程　琢	43・533
程期遠	27・218
程萬里(明)	39・816
程萬里(清)	9・237
	37・435
程　棋	16・777
程　雲	61・70
程雲鷺	41・530
	43・402
程景山	14・686
程　策	50・238
	53・600
	53・635
程　焯(山東)	7・485
程　焯(長治)	50・343
	50・573
程　普	3・33
	3・79
	3・136
	7・580
	18・34
	19・58
	19・89
程道東	30・190
程道南	4・381
	27・83
	27・163
程道真	18・156
程尊賢	34・515
程　遐	31・3
	31・333
程　弼	53・600
	53・639
程　戡	7・307
程楚金	32・271
	32・436
程　試	8・587
	38・256
程　愫	7・461
	41・471
	48・70
程　煒	38・256
程　禎	39・220
	39・262
	39・328
程　經	41・536
	50・344
	50・576
程嘉績	53・104
	53・476

	53・518
程　熙	43・310
程　睿	59・139
程鳴伊	16・440
	17・202
程　端(明)	40・411
	44・486
	44・576
程　端(清)	17・508
程　榮	59・79
程榮凱	35・443
程　鄭	57・36
程　緒(東漢)	7・580
	40・600
	43・611
程　緒(明)	58・360
	58・706
程維世	61・748
程維屏	32・741
	43・441
程　瑾	34・326
	34・479
程　璇	1・186
	5・567
程　鋆	16・328
程　震	40・815
	44・531
	64・634
	65・499
程震佑	43・873
程　輝	8・109
	14・365
	14・451
	15・95
	15・187
	31・791
程　範	59・173
程篆濂	61・516
程德明	43・97
程德炯	40・475
程德輝	4・504
	9・851
程　衛	7・600
	31・848
	32・614
	34・217
程　頤	23・126
	47・537
程儒珍	17・522
程　衡(明)	30・228
程　衡(清)	40・442
	54・729
	59・371
	59・446
程錫播	47・83
程學孔	49・566
程學禮	32・94
	35・432
程　澤	2・817
程　憲(明)	49・161
程　憲(清)	40・446
	40・460
	45・289
	53・88
程憲文	21・305
	22・687
程　禧	29・347
程　豫	40・500
	43・308
程　駿	10・639
	34・215
	34・217
程　嬰	47・696
	55・355

57・119
57・296
59・407
59・518
60・713
程　謙　41・438
42・608
程應琦　16・449
17・204
程應登　2・757
2・789
41・580
50・225
50・391
50・553
程應愛　43・825
程應寵　41・645
52・256
52・444
程　燦　38・271
程鴻詔　8・651
程蘊隆　21・376
24・210
程　鎮　12・70
程　爊　50・346
程　鵬(明)　41・39
60・301
60・359
程　鵬(清)　17・518
程鵬搏　12・522
38・144
程鵬搏　61・156
程懷直　23・586
程　■　29・485
29・970
程繩武　7・455
程蘭言　17・508
程蘭芳　17・538
程繼賢　16・655
17・516
程　顥　7・311
11・736
23・126
23・157
32・129
32・644
40・379
47・537
51・291
52・373
程囊錦　35・433
程體乾　17・505
程體常　47・325
程　顯　28・673
程觀光　17・517
程觀頤　8・826
17・537
程　讓　46・3
程　鑰　4・400
4・770
程　鸞　54・712
58・712

稅

稅　新　25・923

喬

喬人傑　4・310
5・33
43・317
43・339
喬于泂　40・538
54・148
喬于溙　63・775

喬于瀛 41·117
62·723
63·731
喬于齡 50·88
喬士容 41·116
63·729
喬士增 41·474
63·729
喬巳百 9·240
12·543
喬天翼 42·507
45·408
喬元相 8·492
38·190
45·507
45·561
喬　木 40·528
50·86
50·607
喬　友 19·256
喬中和 8·492
36·459
61·247
喬　文 1·112
喬文錦 30·238
喬允升 40·435
43·555
47·49
61·68
喬玉瑗 41·493
48·71
喬世綱 47·306
55·477
59·167
喬丕顯 17·80
喬可大 15·221
喬可興 59·675
59·744
喬永升 46·791
喬永欣 20·421
喬光大 45·24
45·56
喬光烈 42·498
喬　同 24·244
喬因羽 40·428
58·361
58·371
58·706
喬邦俊 61·155
喬邦哲 1·188
6·210
43·331
喬邦憲 43·316
喬廷秀 59·340
喬廷松 15·43
喬廷桂 41·104
60·307
60·372
喬廷棟 8·562
14·390
15·30
15·221
喬廷楹 56·455
喬廷福 13·761
喬廷駱 47·164
喬竹亭 38·200
喬仲常 41·639
喬　份 45·38
45·119
喬　伊 1·810
8·326
19·256
喬行可 41·651
喬全進 59·254

喬冲杓 49·83
喬　宇(金) 58·397
58·716
喬　宇(明) 41·27
46·482
46·532
46·563
47·696
喬守中 41·521
61·132
喬　玘 59·669
59·737
喬　芝 8·492
38·190
喬步州 58·313
喬佐洲 60·710
60·784
喬作新 61·132
喬序■ 63·776
喬　良 7·355
23·234
25·757
44·788
喬君章 41·64
55·799
喬壯受 41·473
63·729
喬壯居 63·730
喬　玠 39·429
喬若雯 8·601
12·542
38·156
喬　英 8·368
11·789
21·365
喬　直 38·155
喬松年 41·161
43·316
43·339
43·357
喬東皐 59·343
喬昌齡 41·532
59·332
喬明柟 34·211
喬　岩 63·724
喬岱峰 41·650
喬受之 55·467
59·139
喬　育 50·80
喬　宗 46·551
喬建堂 59·763
喬承恩 44·196
喬承詔 41·68
48·226
49·364
喬　柏 59·669
59·738
喬　柱 38·202
喬挺然 40·537
47·163
62·498
喬映伍 51·691
52·599
喬信武 45·37
喬奕純 63·778
喬炳南 61·152
喬　宫 32·59
34·679
34·725
喬起鳳 60·516
喬耿甫 4·422
5·68
5·200
喬晉芳 41·168

61·131
喬振翔 31·820
33·612
喬振霄 59·337
喬　峻 59·253
喬特立 55·879
喬　宸 40·386
41·568
50·655
52·440
58·397
58·716
喬書年 5·77
喬　恕 62·476
喬梅占 58·781
喬　梓 63·723
喬國柱 61·262
喬國棟 7·470
29·48
喬國楨(明) 60·518
喬國楨(清) 37·729
喬　崧 14·650
喬康侯 58·768
喬惟忠 10·799
21·682
22·465
22·530
22·571
喬惟岳 4·262
喬　淳 34·47
喬　深 8·593
喬寅吾 39·149
喬　密 43·554
44·66
喬紹武 65·212
喬　琳 42·811
喬堯仁 59·676
59·745
喬堯典 59·676
59·745
喬超五 24·599
喬　達 22·242
喬萬春 58·781
喬萬應 63·781
喬雲名 63·774
喬雲蕺 63·774
喬雲鳳 62·494
喬雲閣 62·712
喬雲綬 63·774
喬景華 44·23
喬智明 41·377
喬集祥 58·781
喬集鵷 40·541
61·513
63·776
喬　焞 7·514
31·8
31·544
喬運開 41·624
喬運閬 41·458
59·679
59·748
喬　祺 59·669
59·738
喬　瑞 41·58
59·140
喬聖居 50·88
喬　楩 59·673
59·742
喬虞建 41·534
63·726
喬　嵩 15·684
喬　鉢 9·131
喬　誠 40·303

42·480

喬詳訓 58·755

喬　煌 48·78

喬際明 35·437

喬壽愷 60·311

60·374

喬輔世 12·593

38·155

38·164

喬　遷(洪洞) 19·2

41·439

58·404

58·721

喬　遷(介休) 48·227

喬遷高 41·187

45·29

45·42

45·156

喬　鳳 41·17

46·532

47·482

喬鳳翥 37·821

喬鳳鳴 59·324

喬榮春 55·816

喬翠秀 63·725

喬維藩 39·269

39·404

喬　瑾 17·215

18·17

喬　震 13·470

45·21

45·119

喬震蕃 41·459

62·702

63·727

喬　撰 34·679

喬稽緒 16·34

喬　儀 21·353

23·53

喬德玉 17·80

喬德徵 59·300

59·334

喬　毅 41·12

46·532

46·562

47·482

喬養正 45·14

喬　寓 20·759

喬錫齡 29·611

喬學尹 62·689

63·773

喬學詩 16·441

17·202

40·333

63·21

喬龍光 45·79

喬憶傑 58·781

喬　聰 16·435

17·201

喬鍾秀 45·64

喬應甲 63·723

喬應庚 8·667

喬應萃 40·432

46·530

47·401

喬　鴻 58·756

喬璧星 8·598

12·542

12·595

38·156

38·165

喬　彝 41·175

55·466

56·170

喬　璽 7·369
喬騰甫 34·679
34·726
喬繼宗 62·709
63·721
喬繼科 21·295
25·131
喬　巖 37·586
37·661

答

答里麻 11·174

傅

傅士亨 12·687
傅大來 16·757
傅小霖 16·43
傅　山 41·86
42·612
42·803
43·82
43·162
44·751
44·867
46·151
46·554
47·223
47·536
47·697
48·242
49·327
49·800
53·497
57·162
57·427
57·502
傅王雯 61·70
傅王琛 26·131
26·289
傅天寵 41·507
56·216
傅　元 3·364
傅友德 40·579
傅　文 45·713
傅正業 66·539
傅世隆 32·691
傅世榕 12·174
傅丕基 33·206
傅　田 41·534
56·216
傅　永 7·661
31·856
38·560
43·679
傅永貞 56·219
傅永康 41·440
56·215
傅永淳 8·475
11·231
11·686
40·423
62·16
傅永賚 15·44
15·229
傅永錫 40·539
46·531
傅式訓 27·93
27·211
傅　吉 1·111
20·249
傅成明 9·220
傅廷俊 4·437
26·73
26·315

傅廷宣 34·682
傅廷琦 58·85
傅廷贊 26·70
26·289
傅　伏 41·392
60·616
60·768
64·540
傅延耆 7·398
21·294
25·331
40·426
43·554
傅　仲 27·111
27·222
傅仲禮 50·63
傅自銘 8·616
傅行忠 53·90
53·263
53·299
傅汝鈞 66·233
傅汝楫 56·204
傅宇香 13·776
16·36
傅好禮 1·820
8·328
19·723
20·146
24·260
24·420
傅孝孫 32·413
傅克欽 40·472
63·573
傅　求 7·308
32·646
傅肖形 32·696
傅作楫(明) 41·91

49·367
49·677
傅作楫(清) 1·176
3·832
傅作衡 21·301
24·752
傅伯成 32·748
傅希孟 41·47
傅希聖 47·804
傅希摯 8·583
29·258
31·78
60·468
傅　良 65·55
傅良弼(唐) 7·774
27·756
29·45
31·865
38·314
38·560
傅良弼(明) 21·362
25·510
25·591
傅青雲 56·215
傅　虎 41·172
傅明遠 49·677
傅明德 34·682
傅育吾 4·446
26·67
26·288
26·914
傅治國 44·540
傅宗龍 7·405
18·14
傅建業 41·657
傅承問 8·468
11·256

	11·691
傅承樾	40·488
傅　珏	32·691
傅南山	38·256
傅　相	44·738
傅　咸	31·326
傅　星	49·244
傅思讓	8·21
	31·85
傅　修	7·509
	18·23
	40·476
	43·782
傅信之	34·325
	34·479
傅皇謨	12·688
傅　奕	35·613
傅　宣	31·128
傅　眉	41·587
	43·83
傅　柔(江西)	61·624
傅　柔(完縣)	21·383
	25·865
傅　珪	8·363
	21·358
	21·778
傅　原	47·405
	47·716
	47·745
	47·783
傅恩齡	3·122
傅　容	7·594
	40·354
傅納誨	45·22
傅培基	28·188
傅基孔	11·701
	31·827
傅基賜	11·701
傅乾元	41·165
	47·810
傅　梅	8·494
	36·466
	36·562
	36·746
傅進忠	9·3
傅商衡	20·151
傅清泰	33·686
傅淑訓	40·428
	51·305
	52·379
	54·688
傅堯相	20·821
傅堯俞	32·724
傅萬春	27·105
傅葛天	4·473
	27·93
	27·239
傅朝用	49·309
	49·673
傅朝選	32·79
	34·95
傅雲龍	30·503
傅雲鵬	21·391
	25·515
	25·593
傅　貴	36·745
傅順孫	31·807
傅　傑(元)	56·214
	56·228
傅　傑(明)	3·363
傅　皓	1·144
	3·355
	7·349
傅復石	46·695

傅　道　45・27
傅道重　26・268
傅　棨　21・383
21・789
傅　弼　53・745
傅登棨　7・492
36・345
37・797
傅夢弼　11・184
12・123
傅傳習　18・379
18・546
傅誠誨　56・215
傅稟直　29・259
傅新德　41・583
45・24
45・42
45・61
傅雍言　3・115
傅慎微　14・451
16・158
16・273
40・389
44・723
49・300
49・484
傅　愷　4・370
8・448
傅猷著　63・761
傅　漣　16・637
17・537
傅　寬(漢)　15・73
43・519
傅　寬(清)　55・806
傅輔之　8・116
17・337
傅爾正　26・269
傅　鋌　8・475
11・272
11・692
傅　鼐(明)　8・581
31・75
38・253
傅　鼐(清)　8・665
傅　鳳　36・452
36・561
36・745
傅　志　45・397
傅　榮　54・733
57・103
57・273
57・442
傅榮齡　3・123
傅　潢　7・460
傅　察　32・705
傅　寧　47・815
傅維杞　9・110
11・700
傅維栒　11・700
傅維楧　9・110
11・278
11・693
傅維鱗　9・109
11・233
11・688
傅　聚　11・701
傅德玄　36・441
傅德宜　40・491
52・327
傅德謙　17・461
傅徵源　38・275
傅　鋕　11・272
11・692
傅慶貽　21・794

傅　濳　8·20
23·752
25·142
傅　霖(金)　8·114
17·337
傅　霖(明)　41·55
44·789
44·862
傅　霈　41·74
44·790
44·864
傅　衡　40·532
傅錫九　8·123
傅澤洪　1·180
3·359
11·195
11·846
12·17
傅聯崇　66·512
傅懋修　9·110
11·703
22·16
傅鍾秀　50·88
50·297
50·315
50·612
傅鍾瑑　7·491
38·95
傅燮詷　9·110
11·700
傅燮鈞　11·701
傅燮雝　9·110
傅應星　38·94
傅應期　45·58
傅應鳳　41·84
43·651
傅鎮邦　22·137
22·324
傅　顔(晉)　31·3
31·335
傅　顔(元)　40·833
47·477
傅鵬翔　9·182
傅繼先　47·490
47·648
傅續祖　45·95
傅　巖　52·409
56·214
傅　鑰　40·321
42·486
傅鷟祥　40·534
42·518

雋

雋不疑　4·329
7·567
26·48
26·255
28·307
雋不疑母　9·278

焦

焦一鵬　22·406
焦久生　51·360
54·143
焦元卿　1·156
7·397
焦日茂　38·271
焦以敬　40·473
50·93
焦以寧　44·754
焦玉綸　35·649
焦古思　43·152
焦生露　36·463

39·630
焦　用　24·764
焦立志　41·650
焦　先　12·712
40·601
55·475
55·616
56·1
56·167
63·184
焦廷節　61·510
焦廷壽　32·609
焦　旭　1·138
3·707
3·831
8·120
12·531
32·657
36·778
37·22
焦守已　60·190
焦良貴　52·335
焦長發　25·768
焦　昇　44·630
焦　昉　7·334
32·661
焦金臺　52·501
焦　星　34·563
焦　亮　2·270
3·682
焦彦賓　10·712
焦恆馨　40·458
44·66
焦洽宇　23·407
焦連登　9·188
焦捌思臺　3·365
焦　浴　40·438

61·627
焦家麟　7·503
焦　球　40·355
46·530
焦國棟　11·510
焦崇功　50·228
50·413
50·567
焦崇德　38·255
焦　雄　58·228
焦　晛　40·350
54·642
焦景新　4·410
5·72
5·145
5·216
9·64
焦　傑　39·628
焦　勝　41·446
46·532
47·482
焦道士　50·251
焦　勤　23·228
38·145
焦源清　31·808
40·338
43·780
焦源溥　7·400
11·189
32·675
36·334
38·94
40·336
43·557
43·779
44·698
62·577

63·21
焦鳳翥 33·754
焦　端 44·474
63·583
焦維域 41·510
44·795
焦　瑾 7·334
焦德用 7·327
27·627
焦德裕 8·164
11·145
11·244
12·609
21·332
24·764
焦慶延 16·652
17·174
焦潛修 44·871
焦　潤 27·516
焦頤齡 6·13
焦錫齡 36·271
焦　澤 40·556
43·551
43·644
焦　濂 13·242
焦　禮 2·270
焦　豐 48·244
焦　馨 7·407
32·674
33·197
焦騰鳳 41·650
56·737
焦繼勳 42·741
焦　鰲 40·439
51·361
54·144

鄔

鄔大成 45·816
鄔克忠 31·803
鄔　萃 21·302
22·703
鄔客生 12·549

舒

舒本謙 47·399
舒仲誠 27·516
舒守位 50·88
舒　位 2·39
8·642
舒　向 7·358
舒希忠 10·826
舒其紳 9·36
28·826
舒其緒 28·832
舒其縉 33·204
舒　尚 2·527
3·708
舒穆嚕元毅 7·322
舒穆嚕卞 7·323
舒穆嚕明安 10·811
舒穆嚕拜達勒 2·267
10·796
16·160
16·278
19·556
舒穆嚕額森 16·160
16·277
舒　聲 52·248
舒　蘇 8·224

鈕

鈕克讓 40·829

48·224
49·353
鈕炳綬 41·604
47·813
鈕祜祿守愚 8·93
鈕祜祿貞 7·323
8·115
鈕楞額 66·658

番

番　公 2·497
番吾君 11·199
13·522
45·310
番　係 40·348
54·641

鄒

鄒一麟 54·758
59·80
鄒元標 9·273
鄒汝魯 7·502
32·682
鄒汝謙 40·465
鄒　■ 7·458
21·307
22·405
鄒　均 59·245
鄒希孟 17·144
鄒來學 1·143
7·337
18·13
鄒尚易 7·487
鄒秉淳 46·52
鄒　春 12·125
鄒　衍(戰國) 2·562
3·84
3·720
9·261
鄒　衍(明) 7·389
鄒　洪 46·53
鄒連山 25·876
鄒振岳 13·773
13·768
15·682
21·803
鄒　祥 31·13
鄒梓生 37·663
鄒野漁 8·430
27·576
鄒國楨 17·144
鄒　森 14·382
15·29
15·66
15·96
15·118
15·205
鄒登嵋 60·728
鄒嘉生 40·339
42·493
鄒　瑾 31·6
31·520
鄒　魯 34·333
34·506
59·289
鄒樹寧 40·484
46·90
46·420
鄒學書 54·727
鄒學禮 21·293
25·487
鄒蘊賢 40·448
60·251
60·333

鄒　勷　18・144

然

然燈和尚　41・691
55・632
56・7

斌

斌　良　64・93
65・172
65・482

童

童士勷　8・657
童光紹　30・192
童尚友　14・583
童珧起　37・469
童　華　7・487
童　紱　60・627
60・776
童葵圃　5・68
5・172
童　瑞　4・275
7・357
童　焯　31・821
34・720
童銘彝　7・471
29・364
童漢臣　32・667
34・552
40・319
42・487
童　潮　7・350
21・284
25・329

馮

馮三元　2・106
19・258
馮士林　59・246
馮士甄　52・854
馮士勷　52・868
馮士翹　52・854
馮士嚴　45・12
馮大中　41・508
49・581
馮大任　31・814
馮大觀　49・530
馮上知　21・295
25・87
馮久照　41・639
馮之京　45・307
馮子振　9・269
36・496
37・526
馮子琮　31・71
馮子履　19・677
20・58
馮子翼　8・75
馮天才　50・192
53・592
馮　元　50・241
50・451
50・508
馮元方　41・488
45・304
馮元亨　50・237
52・699
52・858
馮元淑　7・291
31・787
35・400

馮元興 32・276
32・617
35・422
馮　友 40・416
42・514
44・738
50・64
馮仁恭 30・372
馮化成 12・269
馮　氏 31・101
馮　文 37・952
馮文止 41・536
50・948
馮文海 63・429
馮文智 41・637
43・214
52・254
馮文蔚 24・711
馮文燦 8・650
馮亢宗 63・428
馮斗華 8・416
16・627
18・347
18・485
馮允升 45・307
馮　玉(五代) 10・732
23・750
馮　玉(明) 58・119
馮玉祥 66・256
馮　未 46・667
馮世昌 11・853
12・20
馮世基 40・691
50・232
50・367
50・457
馮世熙 21・385
馮世榮 32・698
馮世選 50・238
50・414
50・568
馮右京 41・102
45・298
馮主敬 58・309
馮　立 40・349
40・591
50・222
50・364
50・860
50・913
53・586
65・5
馮　永 60・719
馮永和 28・435
馮永貴 38・271
馮永榮 19・390
馮　弘 16・196
馮台星 52・860
馮式蘧 53・746
馮　吉 29・125
馮有經 2・584
3・736
8・332
馮光裕 41・125
45・304
馮光禐 32・698
馮　廷 63・582
馮廷丞 41・153
馮廷荆 25・37
馮廷輔 41・478
43・656
馮廷賓 25・518
馮延登 40・798
58・15

馮　仲　31・330
馮仲烰　9・174
馮仲舒　32・698
馮仲學　25・59
馮仰璧　53・725
馮　伉　7・790
32・718
33・347
33・520
40・567
50・244
50・592
馮行己　21・272
23・214
24・24
25・140
31・457
40・287
45・283
馮兆麟　37・157
馮兆觀　40・479
46・531
47・402
馮汝龍　50・978
馮守信　21・269
25・130
32・722
馮守道　21・330
23・53
馮守禮　41・179
47・400
62・692
63・732
馮　安(元)　36・772
37・17
馮　安(明)　28・781
馮安瀾　60・218
馮　祁　41・541
馮　聿　31・101
馮如圭　19・3
馮如京　7・464
16・451
17・204
18・328
18・474
41・606
45・298
馮　辰　8・725
21・816
馮孝慈　40・506
45・280
馮志沅　40・536
63・27
63・213
馮志沂　41・167
馮志良　21・694
25・70
馮志昭　36・789
37・29
馮志恩　41・617
62・713
馮呈秀　41・72
馮　冏　31・101
馮希進　45・29
馮亨期(代州)　45・298
馮亨期(新樂)　12・687
馮　沂　19・182
馮完我　32・115
馮　忌　50・230
馮　壯　8・718
馮壯猷　33・754
馮奉世　40・590
50・153
50・362

50・858
50・910
53・582
馮武臣 49・527
馮若翼 9・222
31・88
馮　英 37・304
馮英芳 38・271
馮英淑 24・809
馮　直 31・295
馮　杰(明) 43・682
馮　杰(清山陰) 16・457
17・205
馮　杰(清高陽) 10・827
21・178
21・684
25・178
馮　郁 41・154
馮奇遇 52・85
53・737
馮尚德 45・179
馮　昇 58・228
馮明相 27・519
馮明期 45・297
馮　和 50・243
馮季曾 27・408
30・591
41・514
馮秉直 50・202
52・864
馮金甲 21・821
馮　受 41・6
58・16
馮　京 32・650
40・370
42・505
馮　泮 45・181
馮宗雍 4・764
馮　祉 40・539
53・88
馮居焕 49・800
馮　珍 18・19
19・2
馮　埏 22・161
22・343
馮　相(明) 8・464
11・269
13・491
馮　相(清) 19・569
馮奎顯 62・313
馮　拯 51・367
馮昭儀 50・865
50・916
馮　冑 41・612
50・240
50・451
50・914
52・850
53・587
馮　思 43・274
馮思翊 41・528
馮秋元 38・760
馮　保 10・820
馮　俊 34・326
34・479
61・246
馮　衍 23・233
25・754
40・349
42・499
43・60
50・193
50・441
馮　風 31・101

馮　亭　34・792
50・70
50・593
50・949
51・372
馮　彦　38・273
馮　宬　47・517
馮祖悦　41・136
45・304
馮　紀　53・264
53・299
馮泰運　18・144
馮索弗　10・604
31・108
馮　珪　8・356
21・348
25・51
馮　華　41・37
49・359
馮桂芳　58・225
馮格恩　59・611
馮連科　6・94
馮配京　45・303
馮　原　21・504
25・190
25・215
馮致中　33・687
馮時化　8・598
36・782
37・25
馮時亨　41・52
51・720
53・737
馮時彦　8・600
36・787
37・28
馮時泰　8・415
16・521
17・503
馮時雍　8・425
27・876
馮　恩(元)　41・432
42・597
43・69
馮　恩(明代州)　16・443
17・18
馮　恩(明完縣)　43・306
馮恩仕　17・72
馮乘雲　60・700
60・763
馮　倬　63・423
馮皋疆　41・90
62・688
63・58
馮師孔　7・406
11・191
11・539
馮　豹　50・194
50・364
馮逢皋　40・429
馮　唐　12・348
12・437
13・714
15・174
38・177
43・610
55・433
馮　恢　30・331
馮祥聘　8・825
16・548
17・505
馮祥龍　28・354
馮　逡　7・274
31・782

	38·377
	40·591
	50·222
	50·441
	50·913
	53·585
馮　純	42·597
	43·69
馮　統	10·604
	30·321
	32·614
馮　彬	8·592
	38·154
馮　鄄	41·607
馮盛明	8·333
	22·194
	22·342
馮盛時	32·40
	38·313
	38·563
馮野王	50·154
	50·363
	50·860
	50·912
	53·584
馮　冕(束鹿)	8·389
	11·791
	21·380
馮　冕(孟縣)	11·177
	13·470
馮　異	7·275
	9·263
	32·320
	51·266
馮國英	3·556
馮國華	15·230
馮國琮	32·270
馮國楨	37·950
馮　崧	11·471
馮　偉	23·381
	24·75
	24·214
馮　術	25·928
馮從吾	4·275
	7·396
馮脱別台	32·837
馮　章	7·485
馮章宿	41·482
	45·305
馮惟敏	22·11
馮惟訥	7·401
	33·194
	34·552
馮惟賢	53·522
	53·569
馮　焕	1·125
	4·244
馮　清	8·407
	16·512
	18·342
	18·482
馮清聘	41·161
馮淑安	32·810
	33·457
馮　淦	18·375
	18·543
馮　寅	29·616
馮啟宗	53·630
馮隆運	18·144
馮　貫	8·360
	21·354
	23·48
馮　參	40·347
	40·591

43・520
50・181
50・402
50・859
50・914
53・580
馮紹韓　15・255
馮　琨　5・275
5・353
5・460
7・358
馮　琚(明興濟教諭)　4・281
28・21
馮　琚(明順天)　8・318
馮堯天　16・456
16・752
馮萬泥　31・340
馮　敬　58・221
馮敬玉　13・765
馮敬先　56・702
馮敬典　41・496
馮朝彦　45・6
馮植蘭　3・588
馮　森　28・186
馮雲輝　11・471
馮雲熼　40・455
40・537
49・320
49・489
50・92
50・927
馮雲驌　41・607
45・299
馮雲驤　41・606
45・299
馮　揚　32・688
馮　斐　41・614
50・542
馮鼎樞　40・539
53・88
馮　景(北魏)　25・202
27・636
馮　景(清)　41・205
44・355
馮景星　52・859
馮　跋　16・195
31・108
馮　智(元)　36・441
38・179
馮　智(明)　13・490
馮　傑　22・220
22・355
馮　復　31・83
馮　翕　13・204
馮　欽(明)　18・365
18・537
馮　欽(清)　41・607
45・307
馮　勝(定遠)　40・579
馮　勝(新樂)　12・687
馮　詔　50・238
52・858
馮　道　10・707
29・123
29・152
馮道亨　37・316
40・439
46・713
馮道隆　37・307
馮　温　35・272
馮運泰(灤縣)　16・528
18・347
18・485
馮運泰(汾陽)　49・512

49・615
69・368
馮運隆 7・411
16・653
18・350
馮運皞 18・353
18・488
馮　裕 11・183
11・842
12・14
馮登鰲 11・191
馮　瑞 32・739
馮聖兆 10・827
11・794
21・685
50・67
50・607
馮聖教 21・301
22・703
38・274
馮聖朝 9・1
馮蓮池 28・342
馮　勤 32・712
馮夢槐 41・607
45・496
45・589
馮夢麟 63・423
馮　蒙 10・732
馮　楷 25・61
馮　晡 24・412
馮　暉 10・726
32・720
33・103
33・354
馮當世 42・819
馮　誕 31・101
馮資深 41・569
馮　義(新樂) 12・688
馮　義(任縣) 8・483
37・903
37・944
馮慈明 10・649
31・81
馮　源 38・95
馮源淮 22・196
22・342
馮源濟 2・142
8・698
22・197
22・342
馮殿邦 20・194
馮　經 53・751
馮經邦 63・428
馮嘉祥 43・303
馮嘉會 63・22
馮嘉蘭 5・81
5・199
馮　翥 19・571
馮　壽 35・640
馮壽金 63・804
馮爾藹 36・807
37・13
馮　熙 7・672
23・743
31・101
馮毓華 13・204
馮僧集 35・422
馮　銓 2・107
22・195
22・342
馮廣清 4・226
26・832
馮端孝 50・895
馮　熊 35・347

馮　瑾(明)　30・277
馮　瑾(清)　8・721
　21・399
馮　賢　1・844
　3・812
　22・241
　22・377
馮德岱　58・346
馮德峋　1・175
馮　徵　40・555
馮　鋭　7・362
　11・182
　29・240
　31・23
馮餘慶　18・346
　18・484
馮　魴　32・610
　46・821
　47・54
馮調鸞　41・81
馮　■　58・310
馮　慶　31・112
　31・217
馮慶長(代州)　41・481
馮慶長(隆平)　12・559
馮慶曾　41・481
馮慶鏞　28・188
馮養志　51・634
　52・313
馮遵祖　40・461
　62・477
馮　澐　4・317
　6・5
　7・479
馮盡心　19・582
馮履豐　41・153
馮　樾　27・521
馮樹勤　19・572
馮樹勳　19・572
馮騂駿　40・486
　47・286
馮積德　29・533
　29・598
馮　穆　31・101
馮　錦　13・245
馮學古　37・31
馮　龍　50・222
　50・366
馮　濂　9・241
　37・157
　37・242
　37・299
馮　憲　49・143
　49・205
馮　鄘　41・503
馮　徽　50・82
　50・610
馮　爵　50・239
　52・853
馮　謙(順德)　49・29
馮　謙(保德)　45・720
馮應泰　40・463
馮燦彰　15・255
馮　翼　11・170
　11・470
　13・89
馮　瓊　43・79
馮　■　4・284
　28・186
馮　騏　36・445
馮　鏄　13・241
馮　鍾　12・359
　12・532
　36・781

	37·24
馮鍾宿	41·125
	45·299
馮　鎬(長子)	50·236
	52·691
	52·857
馮　鎬(深州)	30·239
馮　璧	8·94
	11·263
	11·470
馮　勸	40·453
	54·706
	59·649
馮　藻	52·867
馮　璽	41·607
馮　鑒	41·481
馮　翽	19·571
馮　顗	51·631
	52·312
馮　鏜	7·384
馮　鏦	18·379
	18·545
馮　鏞	40·444
	50·90
馮　譚	41·374
	50·154
	50·457
	50·912
馮繩武	41·433
馮繩祖	52·431
馮　蘭	8·364
	21·360
	21·825
	23·50
馮蘭亭	34·502
馮繼元	20·295
馮繼周	56·452
馮繼京(襄垣)	50·238
	50·666
馮繼京(永平衛)	16·653
馮繼祖(明)	40·414
	53·89
	53·260
	53·297
馮繼祖(清)	41·544
	60·704
	60·765
馮繼業	10·769
	32·691
	33·357
馮　露	16·441
	16·750
	17·202
	18·183
馮　顥	31·101
	31·135
馮　續	7·342
馮　顯(徐水)	21·361
	25·46
馮　顯(夏縣)	62·310
馮顯宗	53·112
	53·487
馮　讓	8·425
馮　驥	16·506
馮纘京	33·200
	33·509

惲

惲光宸	8·650
惲東生	40·453
	54·706
	59·649
惲源濬	19·184

勞

勞乃宣 17・500
21・803
25・821
勞有學 37・796
勞沅恩 23・757
勞宗發 31・828
34・212
勞敦樟 33・74
33・204
39・260
39・335

善

善　本 30・333
善　果 46・768
善　岩 32・776
善　定 21・695
25・874
善　昭 41・677
41・678
43・216
善　慧 41・683
45・607
善　慶 18・156
善　瑩 41・683
善選師 2・247

羡

羡繼品 31・275

普

普　仁 56・272
普　化 21・275
22・676
普化和尚 2・242
5・312
5・415
5・524
普　安 36・499
普　汰 41・701
普　香 59・184
普　泉(明) 59・363
普　泉(民國) 20・162
普　真 2・754
10・684
14・180
普　寂 41・669
普　琳 36・808
普　敬 52・505
普　惠 41・688
47・538
普　遠 41・695
普　暉 41・15
61・254
普　資 41・690
普　慈 3・593
普　滿 41・671
50・254
52・264
52・445
普　還 47・538
普　龍 52・446
普濟時 6・2
普顏不花 40・395
62・476
普顏帖木兒 51・300
52・377
52・378
普顏特穆爾 40・393

道

道　同 8・419

道　因　10・684
　32・775
道　安　31・101
道　宗　5・416
　5・524
道　衍　2・249
　3・812
道　宣　41・674
道　植　25・247
道　雄　21・691
　25・247
道　登　41・665
道　圓　26・627
道　慎　21・691
道　銓　41・677
道　悉　41・669
道　興　41・703
道　豐　32・271

曾

曾大升　18・29
　19・5
曾友直　43・151
曾文炯　62・314
曾文彬　4・772
曾世槐　19・542
曾世儀　7・468
　17・19
曾可毅　12・779
曾　布　11・444
曾　成　18・382
曾　旭　40・461
曾守成　37・883
曾　直　21・284
　24・509
　24・594
曾　泮　44・579
曾　政　60・250
曾　梃　29・47
曾　皋　50・85
　50・606
曾逢聖　27・356
　27・407
曾乾亨　32・671
　40・571
　43・554
　43・778
曾國藩　7・435
曾　琛　27・516
曾　惠　3・227
曾　喦　43・134
曾　開　38・293
　38・378
曾傳貞　17・81
曾傳莢　18・384
　18・553
曾　瑶　21・283
　23・111
曾　銑　40・313
　42・489
曾　肇　40・372
　42・506
曾維柱　18・384
　18・553
曾維道　12・642
曾　鞏　4・264
　7・310
　26・247
曾　暹　40・530
　53・86
曾　德　1・110
　5・299
曾豫謙　7・468
曾應速　9・273

32・129
35・491
曾　濬　1・142
7・332
曾寶銓　25・761
曾寶■　28・434
曾繼先　27・519
曾　鑑　8・310

湛

湛若水　9・272
21・508
湛　輝　24・327
湛鏡心　36・136

減

減　宣　58・714

湯

湯大紀　21・686
湯之相　54・722
59・85
湯之舜　3・577
湯之聘　59・86
湯元龍　59・165
湯曰漣　58・321
湯文焕　55・794
湯文瓊　9・271
湯以霖　31・813
34・47
湯永寬　4・441
26・92
26・765
湯兆京　14・297
14・536
40・331
43・555
湯兆慶　25・599
湯其昌　15・550
15・590
湯來聘　59・440
59・544
湯　旺　16・456
17・205
湯　和　14・111
14・466
湯　宗　8・576
湯　昭　15・487
湯俊升　25・599
湯俊選　25・599
湯　勇　2・729
2・790
湯　殷　4・375
湯家相　40・107
59・33
59・156
湯　紘　25・60
25・115
湯國紀　20・590
湯　淳　9・86
28・336
湯啟祥　40・436
42・517
湯登泗　40・482
61・249
湯　聘　7・486
11・194
13・529
湯　鉉　4・460
9・86
28・312
湯愛鼎　7・457
湯裔振　4・460
9・86

28・312
湯銘鼐 3・169
湯　賓 4・375
8・452
28・311
28・463
湯維新 40・439
62・477
湯調鼎 9・157
32・114
湯履忠 34・481
湯樹棻 28・340
湯豫誠 40・343
45・290
湯應武 9・197
湯　彝 16・459
18・214
湯　霳 27・324
27・405

温

温　于 35・621
温大有 40・361
40・695
42・555
48・51
温大雅 40・695
42・554
48・50
温子昇 9・265
42・617
48・44
温正春 52・876
温可掬 8・615
温而厲 41・86
42・613
43・402
温光涵 43・402
温仲舒 32・637
温仲謙 34・325
34・479
温　充 41・376
42・539
48・62
温池鴻 9・233
温如玉（成安） 9・154
32・108
34・681
温如玉（盧龍） 8・816
16・631
17・211
18・144
温如春 7・388
32・670
温克敏 18・141
温　岐 41・559
42・621
温希嶠 58・321
温　序 40・595
48・40
温序斌 8・813
温　良（陽曲） 34・325
34・479
温　良（盂縣） 47・501
温　良（山陰） 43・639
温其鏞 27・881
温尚武 20・380
温尚禮 58・367
温迪罕完 12・337
12・413
12・504
温迪罕達 19・678
20・57
温迭罕蒲覩 15・253

16·127
温忠彦 47·71
温忠善 47·78
温忠翰 47·72
温季春 40·532
61·625
温秉喆 14·661
温　佶 35·654
40·709
42·735
48·65
温放之 41·376
42·539
48·62
温性生 33·683
温　沛 48·441
温宜鋭 41·156
43·405
温承志 41·492
47·59
温承訓 45·79
温承惠 41·493
47·58
温承弼 41·493
43·340
温承蘭 48·90
温　厚 16·507
温奎振 28·438
温泉醴 23·596
温庭皓 41·191
48·65
温庭筠 42·816
48·76
温彦博 40·695
42·554
44·478
48·51

65·227
65·515
66·113
温　恢 40·603
42·532
48·60
温　恂 9·154
32·108
34·683
温　洵 14·398
14·568
15·807
温素知 41·80
61·120
温素能 61·155
温　珪 50·609
温　華 46·635
温　恭(天城衛) 43·542
43·825
温　恭(平遥) 41·444
47·200
49·437
温　原 8·403
18·233
温振賢 16·658
温致中 44·371
温　晁 41·633
温　造 4·254
40·567
40·733
42·570
48·54
50·58
50·592
温特赫雅齊堪 1·139
温　訓 40·525
42·515

温常綬 47·67
温旌光 54·748
温　淮 61·150
温紹棠 47·73
温　敬 40·524
42·511
46·88
46·418
温　敞 61·155
温景泰 14·651
温景葵 7·375
16·438
17·201
41·53
43·642
温　欽 16·665
温　羨 31·327
40·615
42·535
48·61
温　幾 42·540
温　鉞 43·651
温　廉 41·24
41·443
48·225
49·356
温　煒 31·12
温福順 16·661
温　厲 50·239
50·864
温毓泰 32·105
33·683
温粹之 18·8
温　璋 42·570
48·65
温　嶠 40·615
42·538
48·41
48·126
50·308
53·522
53·566
温　璠 52·370
温　憲 41·560
42·621
48·77
温　徽 41·645
48·242
温鍾金 46·634
温鍾洛 58·217
温應奇 19·491
温　顒 42·540

滑

滑　恭 21·352
21·786

淵

淵逸真人 56·226

游

游　元 10·638
36·435
37·908
37·943
游　吉 55·651
游　完 45·569
游明根 7·656
36·432
37·902
37·942
游師雄 40·376
62·573
63·15

游　祥　37・902
37・943
游清彦　34・100
游啟運　5・354
5・461
游　酢　37・903
游　雅　7・655
36・432
37・902
37・942
游智開　17・207
18・332
18・477
20・60
游　皓　37・943
游　楚　40・353
游新祐　1・148
19・489
游　僑　32・619
游　肇　32・616
37・902
37・942
游　德　36・523
遊　興　38・34
游鯉化　32・57
35・430
游觀第　3・846

渾

渾　侃　4・254
26・246
40・737
45・328
渾　瑊　40・279
45・300
60・619
62・517
63・14
65・31

寒

寒　朗　38・291
38・377

富

富　山　21・691
富陞額　7・497
31・833
33・613
富珠哩福壽　7・322
富淮禪師　61・274
富　弼　40・518
60・620
60・772
富嘉謨　40・507
42・502
43・146
富察世傑　7・322
富察阿裏　8・80
16・168
16・300
17・152
富察通　8・55
富察鼎壽　7・321
富察濟色　7・321

褚

褚士奇　4・381
9・88
27・106
27・177
27・210
褚士權　27・902
褚天門　40・473

	63・212
褚元良	24・509
	24・594
	27・321
	27・405
褚不華	40・829
	49・353
褚老生	10・675
褚伴哥	49・354
褚君實	49・740
褚東山	20・821
褚虎臣	66・251
褚季穎	27・93
	27・239
褚承亮	11・311
	11・491
褚　相	40・424
	54・757
	59・79
褚晉喬	49・105
褚　爽	4・473
	10・834
	27・92
	27・238
褚國旺	53・345
褚　堯	27・87
褚景説	27・902
褚無量	40・566
	55・659
褚　鈇	41・42
	42・606
	42・793
	46・131
	46・432
褚遂良	40・566
褚齊亮	41・590
	57・367
	57・448
褚　緒	57・124
褚　綬	14・408
褚鋭夫	66・252
褚應于	46・434
褚寶訓	39・421

裕

裕　雲	16・202
裕　誠	7・519
裕爾伯特	8・77
	16・167
	16・299

尋

尋步月	41・156
尋鑾晉	15・682
	28・188
尋鑾煒	41・521

開

開　濟	2・574
	3・728

間

間仲宇	41・38
	45・295
	45・498
	45・608

閒

閒　雲	41・692
	48・244
	59・184
閒　静	27・945

閎

閎　孺　40・503

閔

閔三元　4・318
7・479
26・250

閔以仁　40・414
49・308
49・672

閔仲名　43・811
43・824

閔自寅　40・437
62・579
63・571

閔　貢　40・595
42・734
43・212
60・512

閔荷生　33・207

閔　峻　7・466
16・454
17・205

閔　益　2・274
9・274

閔　純　31・307

閔崇熙　29・975

閔　湛　41・549
42・617
43・206

閔　槐　28・735
54・686

閔　楷　28・716
40・321
42・489

閔　煦　8・433
28・717
40・323
42・488

閔齊華　38・94

閔　舉　29・343

閔　孺　40・503

閔繼迪　34・568

强

强上林　40・491
53・725

强自省　40・533
54・721
59・85
62・15

强自修　62・477

强　伸　40・800
62・675
63・41

强　珍　4・370
8・449
26・56
26・259

强　勉　21・282

强致中　2・835

强　恕　45・180

費

費　于　43・623

費甲鏸　40・438
47・161
49・314
49・488

費長房　52・260

費映魁　40・477
46・714

費宫人　9・370

費紹忠 40・486
45・74
45・85
費揚古 40・562
64・94
64・95
65・52
65・462
66・155
費蔭樸 4・427
28・67
費　鋐 4・321
27・22
費摩亨 7・323
8・77
費　臻 21・354
費　穆 40・542
44・576
費　露 5・159
費　瓛 17・493

賀

賀一孝 58・309
賀九成 35・68
賀士珍 28・782
賀才泰 49・794
賀太平 40・836
賀仁傑 13・774
14・108
16・128
40・836
賀仁聲 9・248
賀　方 41・176
55・466
59・139
賀方泰 41・487
49・378
賀允中 40・386
50・77
賀世封 7・518
12・781
23・343
賀世禄 8・489
賀世熙 35・622
賀有敬 60・626
60・775
賀成功 33・687
賀光謙 46・531
賀邦泰 40・333
賀廷琨 39・431
賀廷璋 39・407
賀廷錫 53・321
賀廷鑾 22・15
賀延年 3・228
賀狄干 41・380
43・616
賀良爵 41・647
賀君恩 32・56
35・429
35・519
賀君卿 19・490
賀若敦 43・626
64・493
賀松齡 40・497
48・657
賀拔仁 31・152
40・666
賀拔允 31・146
40・660
44・587
64・477
賀拔岳 40・646
44・528
44・587

64・482
賀拔度拔 40・646
44・587
64・476
賀拔勝 11・143
11・436
11・563
40・652
44・528
44・587
64・478
賀虎臣 8・392
21・424
21・827
賀秉智 39・274
39・419
賀秉鉞 8・396
21・425
21・827
賀　泥 15・554
15・643
賀定國 49・311
49・785
賀承祺 19・371
19・406
賀　昭 38・187
賀思温 45・587
賀思聰 8・504
32・32
33・767
34・81
賀庭來 45・93
賀美章 49・798
賀　勇 51・159
賀　莊 20・444
20・627
20・705
賀　悦 14・363
15・86
15・554
15・643
40・646
43・613
64・468
賀家駿 20・628
20・679
賀　能 14・464
15・680
賀　納 41・380
賀盛瑞 40・431
51・305
52・379
賀常昱 21・798
賀婁子幹 40・272
40・691
43・526
43・628
64・588
賀國定 40・421
54・721
59・84
賀國泰 15・496
賀　訥 43・613
賀　庸 48・750
賀惟忠 24・332
24・409
25・328
40・381
41・428
44・721
45・41
45・153
賀寅炳 62・531
賀　貫 59・33

	59・156
賀　琳	40・525
	54・715
	59・296
賀敬同	11・827
賀雲舉	9・248
賀雲鴻	9・248
賀揚庭	7・320
	31・791
賀　勛	58・738
賀　欽	8・549
賀　勝	14・109
	16・129
	40・836
	58・218
	58・64
賀　解	58・259
賀敦修	58・748
賀道昶	60・518
賀　裕	45・590
賀遐齡	45・667
賀登科	41・700
賀瑞徵	35・72
賀聖時	48・757
賀　梗	41・469
	58・309
賀　愈	45・487
	45・579
賀　溱	7・388
	13・770
	15・345
賀福田	33・688
賀　禎	7・335
	33・65
	33・191
賀殿恩	18・566
賀殿閣	26・580

賀　瑶	45・486
賀瑶光	14・395
	15・809
賀嘉兆	58・243
賀壽仁	39・432
賀　銀	2・527
	7・330
賀　榮(明)	1・149
	7・383
	17・242
	18・17
	22・135
	22・323
賀　榮(清)	60・625
	60・777
賀榮驥	12・275
	55・794
賀　環	41・448
	45・578
賀　賁	58・64
賀德仁	40・505
賀德揚	45・589
賀　鋭	55・798
賀餘慶	24・752
賀澍恩	43・241
	57・276
	57・445
賀　勳	7・494
	36・351
	37・885
賀錫冕	41・540
	45・140
賀錫福	21・792
賀凝祚	49・376
賀　環	45・486
賀應旌	9・148
	32・94

	35・431
賀 濤	31・548
賀懷浦	40・577
賀 瓌	10・720
	32・630
賀 蘭	32・272
	52・268
賀蘭祥	40・681
	64・550
	66・37
賀 嚴	58・748
賀 鑄	40・514
	42・476
賀 鑑(明)	62・577
	63・19
賀 鑑(清)	18・555
賀觀光	34・561
賀靈秀	48・686
賀 讚	21・827

絳

絳 人	57・125
	60・687

絡

絡頭和尚	61・274

十三畫

瑚

瑚爾起	66・575

瑞

瑞 來	27・619
瑞 恒	16・469
	24・754
瑞 雲	43・676
瑞 斌	40・501
瑞 聯	64・91
	65・63
瑞巖禪師	21・695
	24・244

瑕

瑕丘仲	2・704
	2・754
	10・684
	14・176
瑕邱江	32・742
瑕 吕	60・683
聖灼和尚	45・774

鄢

鄢玉堂	26・343
鄢汝渭	26・889
鄢桂枝	54・743
鄢敏學	1・177
	19・682
	20・60

蓋

蓋大卿	45・689
蓋大統	59・331
蓋文達	7・795
	29・256
	29・281
	31・83
	38・895
蓋文懿	7・772
	29・282
	31・863
蓋光宙	33・761
	34・82

蓋　延　1・95
1・124
1・659
3・33
3・79
3・135
5・381
5・468
7・563
30・292
蓋志勤　59・363
蓋　苗　8・260
32・727
33・376
33・523
蓋宗堯　11・644
蓋星符　57・372
57・449
蓋國士　8・515
32・54
33・767
34・82
蓋紹仁　59・331
蓋　寓　7・822
15・182
蓋運長　41・506
57・565
蓋　椿　35・650
蓋寬饒　32・712
33・75
33・336
34・546
蓋　■　60・695
60・758
蓋豐洛　51・272
52・368
蓋　聶　46・147
46・490
蓋繼富　59・330

蓮

蓮　如　19・267
蓮　筏　2・260

靳

靳大章　33・405
靳大義　58・119
58・219
靳之隆　41・533
58・729
靳文蔚　41・543
60・569
靳　斗　60・519
靳玉如　18・549
靳世芳　39・272
39・415
靳廷恩　32・420
靳廷策　35・264
靳廷棟　10・837
39・449
靳廷鈺　9・111
11・703
40・487
45・563
47・165
54・149
63・574
靳廷對　35・264
靳　用　40・822
55・465
57・37
57・110
57・543
60・249

靳汝霖 34·493
靳安漢 57·540
靳志仁 58·119
58·219
靳芝亭 34·492
靳克正 2·729
2·791
靳克忠 40·391
40·827
50·187
50·348
50·406
50·545
62·576
63·18
靳作霖 20·628
20·678
靳伯廩 9·111
11·702
靳壯猷 50·584
靳　青 60·786
靳尚端 50·219
50·889
靳　和 40·395
41·432
55·459
57·37
57·110
57·542
60·622
靳和中 57·370
57·449
靳秉璋 9·240
37·313
40·443
50·67
50·315
50·612
靳　泌 40·827
50·174
50·863
靳宗説 4·264
27·20
靳柏齡 58·751
靳　柱 41·574
59·664
59·733
60·622
靳　昺 57·38
靳思顔 53·643
靳　科 50·86
53·264
53·299
靳　亮 49·307
靳庭池 58·228
靳　宣 18·18
19·2
靳　勇 5·159
靳　柔 58·221
靳　連 4·405
4·772
靳致堯 63·733
靳師孔 35·262
靳家相 4·772
靳家修 4·772
5·175
靳家讜 57·540
靳　祥 8·253
33·371
40·826
50·205
靳　能 37·215
靳第選 41·157
50·556

靳惟精 50·200
50·864
靳紹謙 30·327
靳朝鮮 53·739
靳紫垣 33·774
34·99
靳復性 50·556
靳曾培 25·60
25·106
靳　富 41·536
50·579
靳　强 57·36
57·109
靳登瀛(長治) 50·579
靳登瀛(寧河) 6·188
靳聖居 8·543
32·708
32·797
41·180
50·413
50·607
靳會昌 53·604
53·607
靳　詳 41·375
靳　榜 8·780
靳碩德 61·461
靳　睿(明) 31·21
靳　睿(清) 53·602
53·638
靳　榮 57·38
57·110
57·543
靳榮藩 7·506
13·765
16·463
16·751
41·595
50·890
靳實穎 37·259
37·260
靳肇文 50·556
靳　瑋 50·683
靳　頡 55·467
57·30
57·120
57·298
靳　撰 30·330
靳　賢 40·432
40·528
50·86
50·607
53·89
53·261
53·298
靳德昌 57·122
57·360
57·447
靳德進 8·253
32·726
33·108
33·371
41·641
50·171
50·531
靳　魯 50·213
54·336
靳養性 58·221
靳　璞 18·554
靳　頤 32·729
靳學曾 40·324
42·487
靳　襄 4·307
5·27
靳懷德 4·262

7・303
28・670
32・642
靳　疆　42・529
55・410
靳　權　53・529
53・599
靳　獻　58・218
靳　蘭　34・508
靳　競　21・402
23・136
靳繼昌　41・433
50・234
50・559
50・863
靳　顯　54・742
靳　讓　1・180
3・360
7・451
40・453
54・751

蒯

蒯永■　41・538
44・592
蒯　恩　27・755
29・43
蒯遐齡　7・512
12・518
37・21
蒯漢基　44・659
蒯　徹　2・563
3・721
10・573
21・673
22・144
22・327

22・462

蒿

蒿長清　33・417

蒲

蒲三善　60・303
60・361
蒲生汶　17・220
18・18
蒲昌迪　60・627
60・776
蒲季鄂　60・312
60・375
蒲　昭　60・301
60・371
蒲　哥　19・473
蒲益霂　41・485
59・143
蒲察乣舍　5・274
5・352
5・460
蒲察婁室　40・386
蒲察鼎壽　21・273
蒲察鄭留　32・656
40・388
43・534
44・482
44・576
蒲　機　40・395
42・507
47・403
47・616
62・15

蒙

蒙　恬　43・518

43・841
44・469
44・577
44・607
45・277
63・111
蒙括特末也 1・138
5・560
蒙德厚 8・116
17・338
18・43

蔭

蔭　曾 63・213

楚

楚文傑 12・554
楚孔生 16・439
17・18
楚孔清 24・412
楚建中 40・376
楚　書 1・58
5・563
40・417
53・735
57・103
57・274
57・443
楚　瑁 50・79
54・314
楚興宗 50・309

楊

楊一正 34・480
楊一奇 41・576
42・625
49・81
楊一桂 7・397
21・296
24・196
60・518
楊一峯 10・838
32・115
38・513
38・707
楊一昆 4・410
5・211
楊一清 40・309
42・483
楊一棫 38・573
38・638
楊一魁 41・56
60・516
楊一輝 45・361
45・410
楊一藻 52・38
53・740
楊一鶴 38・573
38・715
楊二酉 41・130
42・615
43・202
楊九盛 5・583
楊九經 22・194
22・341
楊九韶 30・68
30・152
楊九澤 54・711
58・360
58・706
楊三多 34・508
楊三宅 2・594
楊三知 1・856
3・846

8・667
40・441
42・518
46・89
46・419
楊于陛 16・445
17・18
楊于國 43・76
楊于階 41・624
楊于楷 46・630
楊士元 41・619
53・120
53・493
楊士英(明) 40・439
楊士英(清) 49・318
49・722
楊士奎 32・419
楊士烜 45・687
楊士純 36・754
楊士登 31・88
楊士魁 25・598
楊士箴 3・565
8・684
楊大年 5・519
5・595
8・718
楊大崑 13・772
15・682
15・748
楊大章 7・374
楊大德 40・400
45・178
楊大縉 9・18
楊大賓 40・369
61・509
楊大觀 17・85
楊上林 33・687
楊上達 41・514
50・557
楊千古 10・836
37・817
37・870
楊之柄 1・876
3・845
3・882
40・449
61・628
楊之皚 8・668
19・728
20・149
楊子益 61・65
楊子崇 40・360
48・647
49・291
楊子鳳 11・285
13・146
楊子器 40・410
51・317
52・288
楊子儀 38・274
楊天民 41・63
59・409
59・521
59・578
楊天吉 50・77
楊天佑 7・502
32・679
楊天奇 58・770
楊天培 63・224
楊天精 54・713
58・362
58・707
楊天璋 40・430
47・161

49・313
楊天霖 63・425
楊天錫 30・649
楊元芳 39・817
楊元玠 45・644
楊元昌 47・320
楊元琰 7・290
40・364
楊元溥 6・2
楊元澤 45・686
楊木源 48・2
楊木篤 60・717
楊　友(元) 41・434
45・646
楊　友(清) 35・719
楊尤奇 41・602
53・117
楊巨源 41・562
62・704
63・128
63・193
楊日升 7・502
32・682
楊日昇 37・594
楊日嚴 32・645
楊中和 58・408
楊中科 32・749
楊中桂 11・818
41・514
楊升秀 57・375
楊　仁 44・537
楊仁長 24・744
楊仁風(元) 41・432
50・198
50・664
楊仁風(明) 33・386
33・471

33・573
楊　化 8・509
32・43
33・760
34・82
楊化麒 58・221
楊公恕 51・622
楊月桂 44・360
楊丹誠 22・658
22・659
22・672
楊及龍 12・326
楊六藝 34・684
楊文郁 38・256
楊文昌 8・542
楊文奎 40・414
43・545
43・842
楊文昭 41・644
62・715
63・186
楊文思 31・4
31・399
32・621
33・184
楊文炳(鉅鹿) 37・827
楊文炳(忻州) 44・870
楊文華 9・137
32・74
33・774
34・99
楊文彩 7・470
29・49
楊文卿(鹽山) 4・374
8・450
27・91
27・162

	27・237
	27・284
	61・625
楊文卿(鄞縣)	40・310
	42・484
楊文鼎	18・477
楊文魁	16・549
	17・183
楊文翮	7・830
	21・325
楊文廣	40・755
	42・584
	43・199
楊文選	40・553
	47・271
	54・682
	59・87
楊文衡	21・506
	24・221
楊文熻	11・279
	11・886
	12・67
楊文寶	52・581
楊文灝	9・197
楊方晃	9・160
	32・121
	35・747
	36・34
	36・144
楊方培	28・34
楊允中(遵化)	8・570
	18・47
楊允中(清河)	38・563
楊允升	22・745
楊允成	34・586
楊允恭	32・638
楊允懷	13・345
楊　玉(明)	45・686
楊　玉(清)	40・462
	61・512
楊玉乾	41・653
	63・186
楊玉儀	61・156
楊玉樹	44・815
楊正中	1・874
	3・551
	8・677
楊正木	21・343
	25・43
楊正春	49・368
	49・615
楊正達	40・430
	49・312
楊世芳	41・579
	62・705
	63・129
楊世卿	36・334
	38・93
	41・50
	50・225
	52・691
	52・857
楊世彬	19・539
楊世揚	1・809
	3・584
楊世增	7・398
	21・296
	25・39
楊本古	54・737
	57・104
	57・274
	57・443
楊本厚	38・379
楊本深	39・783

楊本濬 31·831
33·613
楊可棟 50·190
50·954
楊可喬 4·322
27·23
27·204
楊石渠 7·462
楊布哈 40·300
楊占春 17·69
楊　旦 7·362
楊四奇 41·602
53·119
楊四易 50·228
50·952
楊四重 41·460
50·238
50·948
50·952
楊四教 8·516
32·60
楊仙枝 41·477
51·592
楊令琢 40·473
楊用舟 36·473
36·567
36·748
楊印昌 34·557
楊　立 21·345
22·742
楊立言 24·777
楊永吉 21·311
25·332
楊永思 18·93
楊永祐 41·38
41·446
46·630
楊永祥 17·84
楊永清（明） 41·437
42·604
43·74
楊永清（清） 23·761
楊永斌 22·138
22·324
楊永寧 41·105
61·122
楊永錫 59·337
楊玄感 32·778
楊　弘 40·359
62·567
63·11
楊吉甫 25·68
楊　芊 31·8
31·544
楊芝生 10·837
37·825
楊　朴 41·511
楊在汶 16·646
楊芝茂 10·826
楊存中 40·786
45·567
楊有成 62·394
楊有志 13·496
楊百之 8·551
14·137
14·379
14·483
14·563
楊　成 15·813
楊　臣 5·301
5·390
5·473
楊光世 38·257
楊光明 30·590

楊光祖 44·707
楊光國 58·748
楊光遠 24·744
31·439
楊光儀 5·240
楊光龍 19·729
20·151
楊光澤 40·409
42·511
44·724
54·708
58·360
58·705
楊光夔 19·728
20·149
楊 早 23·234
25·757
楊邦基 40·384
42·507
49·24
楊先元 34·778
楊廷秀 40·387
楊廷彦 46·768
楊廷亮 43·170
楊廷棟(明) 16·653
楊廷棟(清通州) 3·582
楊廷棟(清永和) 58·222
楊廷詔 9·271
20·616
楊廷福 41·694
46·645
楊廷樺 22·203
22·379
楊廷遷 34·553
楊廷璋(宋) 10·757
11·238
11·461
32·631
40·545
54·661
楊廷璋(清) 41·485
61·123
楊廷標 40·448
45·731
楊廷選 7·388
32·669
33·68
33·195
楊廷擢 53·99
楊廷謨 8·382
21·379
40·430
47·161
49·314
楊廷簡 61·149
楊廷瓛 41·485
61·123
楊延昭 7·301
21·268
22·695
25·41
25·139
27·514
28·670
40·755
42·583
43·199
44·476
45·505
45·560
楊延昭妻玉環女 9·287
楊延亮 40·495
59·246
楊延壽 13·495

楊仲元	40・379
	51・355
	54・138
楊仲仁	46・554
	47・536
楊仲安	49・159
	49・243
楊仲昌	40・366
	49・293
	49・671
楊仲業	40・558
楊仲經	21・291
	22・699
楊仲榮	63・692
楊仲禮	8・523
	32・693
	33・378
楊仲續	42・503
	48・1
楊自升	62・396
楊自化	25・865
楊自立	61・259
楊自牧	1・849
	2・667
	8・695
楊自然	58・110
	58・215
楊自强	7・503
楊自實	34・589
楊向順	63・64
楊向榮	41・595
楊行中	1・808
	3・540
	8・322
楊行健	8・792
	21・392
	22・746
楊全興	31・231
楊　兆	1・155
	3・28
	5・458
	7・373
	16・440
	17・201
楊兆吉	37・825
楊兆位	48・659
楊兆崧	17・530
楊兆熊	63・820
楊名世	40・442
	54・718
	59・297
楊名時	1・194
	4・303
	7・439
楊名聲	45・494
	45・573
楊名顯	14・651
楊州彦	28・674
楊州鶴	4・395
楊冲斗	19・226
楊　江	28・673
	29・345
楊汝舟	50・895
楊汝雨	17・522
楊汝典	17・521
楊汝楫	7・507
	13・770
	15・347
	18・70
楊汝誠	1・142
楊汝經	11・191
	11・539
楊汝榮	28・434
楊汝諧	35・436

楊汝翼 5・521
楊守川 60・699
60・761
楊守中 41・620
62・714
63・736
楊守介 43・898
楊守正 8・327
楊守珍 21・270
25・135
楊守則 55・467
56・686
楊守信 45・641
楊守敬 17・145
楊守業 33・69
33・195
34・568
楊守愚 8・532
32・732
33・119
33・382
楊守謙 4・272
7・374
40・313
42・487
楊守禮 14・137
41・36
62・680
63・45
楊　旭 31・10
31・522
楊如皋 7・399
17・220
18・18
楊如樟 8・699
22・216
22・353
楊如蘭 60・569
楊戒盈 38・638
楊孝忠 60・300
楊　志 17・17
楊志誠 17・151
楊志學(徐州) 3・733
40・311
43・545
楊志學(河南) 40・525
54・699
59・653
楊均治 9・204
15・233
40・537
53・581
楊克公 40・396
42・508
楊克茂 44・753
44・883
楊克儉 17・73
楊克慧 41・481
44・795
44・884
楊克讓 32・632
楊　芳(明) 18・187
18・215
楊　芳(清肥鄉) 4・324
楊　芳(清松桃) 7・523
楊芳春 4・426
9・72
楊芳聲 9・196
楊步蟾 19・737
20・157
楊呈芳 16・653
17・532
18・96
18・153

楊呈瑞 8·530
32·695
楊呈藻 52·292
楊岐正 41·653
楊秀文 36·755
楊我奇 46·51
楊　佐 58·405
楊　佑 3·33
楊佑之 40·521
54·680
楊作材 30·191
楊作梅 40·494
45·397
楊作楫 40·429
54·704
59·646
59·715
楊作禎 41·127
60·705
60·765
楊伯元 22·133
22·323
31·488
40·384
40·388
42·507
46·85
46·416
46·580
楊伯仁 11·252
12·126
12·194
楊伯通 8·110
楊伯雄 8·90
11·218
12·126
12·193

40·385
54·671
楊伯淵 11·263
12·126
楊希孔 20·821
楊希曾 12·560
楊希震(明) 8·544
32·708
楊希震(民國) 47·321
楊　谷 41·683
楊彤庭 4·383
27·92
27·238
楊　奐 2·267
楊　辛 35·604
楊恒占 4·410
楊沃衍 40·805
44·523
44·583
楊沂中 45·483
楊宏志 40·469
45·290
楊宏符 17·527
楊宏裕 10·715
楊宏緒 52·864
楊宏器 21·306
62·34
62·212
楊宏聲 9·237
37·35
楊良臣 40·420
50·84
楊　孜 1·144
19·489
楊奉春 3·539
楊　武 7·363
40·571

43・550
楊玢陽 46・836
楊　坦 37・816
楊其莊 47・536
楊其煥 13・92
楊其淦 17・521
楊其廉 34・795
楊其籍 40・534
42・519
46・791
47・50
楊若柏 37・816
楊若桐 3・559
8・339
楊若梓 1・817
3・546
8・335
楊　茂(鳳翔) 50・80
楊　茂(洪洞) 54・707
58・359
58・705
楊茂亨 45・27
楊茂英(明) 13・341
楊茂英(清) 53・88
楊茂林 66・543
楊茂松 15・43
楊茂春(大同) 41・445
43・649
楊茂春(懷安) 13・759
14・398
15・704
楊茂謙 7・774
31・864
32・629
33・717
34・44
38・560
楊茂續 58・408
楊　英(隆慶) 14・124
楊　英(淶水) 22・15
24・417
楊林秀 58・756
楊　松(燕山) 21・281
楊　松(河南衛) 40・523
42・492
楊　杰 53・197
楊　述(明) 8・487
36・445
36・561
36・745
楊　述(清) 41・480
44・791
44・869
楊述中 50・87
50・657
50・690
楊　東 29・306
楊東山 1・147
19・678
20・58
楊郁烒 19・367
楊　奇(壺關) 41・24
41・442
50・223
50・950
楊　奇(保德) 45・707
楊奇昌 1・186
6・207
楊長山 3・850
楊長春 53・748
楊長達 53・750
楊長森 53・750
楊長齡 48・798
楊卓林 26・942

28・60
28・109
楊　虎　47・624
楊尚文　47・311
楊尚志　25・597
楊尚希　40・359
62・567
63・11
楊　果　10・800
21・683
25・402
楊果布　42・605
43・74
楊昆祚　2・729
2・790
楊昌江　7・498
31・839
34・721
楊昌業　43・339
楊　昇　49・355
楊明善　16・34
楊明錦　5・174
楊　昉　47・314
楊　忠　32・29
楊岷源　4・457
楊　和(固安)　8・315
19・726
20・148
40・530
46・583
楊　和(臨城)　8・592
12・357
12・541
38・154
楊和尚　2・257
3・43
楊　秉　4・363
楊秉仁　30・302
楊秉和　35・605
楊秉信　19・47
楊　佶　1・108
1・745
2・567
3・724
7・316
8・37
13・765
14・105
14・282
14・526
14・659
14・710
24・333
24・410
65・44
楊　岱　39・815
楊所憲　62・424
楊金聲　44・613
楊　采　52・858
楊周書　21・464
24・215
楊庚辰　36・751
楊於陵　40・567
楊性成　45・77
楊性魯　32・55
36・28
51・322
52・290
楊　炓　12・779
楊　河　50・235
50・951
楊　沛　35・602
楊　泌　7・494
楊　治　61・129

楊　宗(唐)　55・660
楊　宗(明)　24・456
楊宗昌　9・233
12・456
楊宗雁　56・740
楊宗智(肥鄉)　35・463
楊宗智(襄陵)　60・176
楊宗閔　45・483
45・566
楊宗業　62・722
63・58
楊宗賢　58・405
楊宗器　40・314
42・488
楊定遠　21・412
24・211
40・501
57・276
57・445
楊　宜(元)　40・390
40・821
54・679
55・463
56・685
56・791
楊　宜(明)　8・582
11・514
29・258
31・78
40・423
62・311
楊宜崙　11・702
楊宜準　9・138
34・94
楊居仁　8・61
楊居敬　38・576
38・756
楊承志　59・82
楊承芳　32・61
38・563
楊承信　40・374
63・14
楊承湛　2・49
20・147
20・181
楊承誨　35・741
36・142
楊承熹　9・222
楊始昇　41・507
63・809
楊　春　42・510
49・160
楊春元　1・826
8・336
19・732
20・152
楊春芳(明)　62・580
63・693
楊春芳(清)　28・57
楊春茂　1・849
2・666
8・695
楊春林　66・543
楊春霖　26・587
楊　珏　41・655
49・568
楊起元　13・491
54・712
58・361
58・706
楊起皋　65・207
楊起鳳　48・176
49・314
58・55

楊起麟 59・174
楊　政 9・263
43・677
楊　相 41・48
62・721
63・57
楊咸弼 25・287
40・379
51・313
楊　威 41・640
60・786
楊　奎 45・15
楊　貞 40・549
41・174
58・13
58・53
楊映河 45・667
楊映奎 41・515
楊星階 13・752
楊昭德 31・267
楊思忠(元) 40・821
41・54
55・464
56・686
楊思忠(明) 47・456
楊思庭 15・747
楊思琦 61・577
楊思智 32・735
楊思聖 9・127
36・468
37・783
37・818
37・866
楊思誠 50・463
楊思義(金) 41・431
45・484
45・577
楊思義(明) 4・287
楊思賢 3・363
楊思選 47・406
47・715
47・746
47・785
楊　峙 41・584
61・554
楊　峒 61・155
楊重進 7・299
21・267
25・132
42・587
43・200
楊　信(宋) 7・833
21・268
楊　信(明邢臺) 36・453
36・745
楊　信(明六合) 43・541
楊皇珍 44・686
楊　俊(魏) 42・737
43・160
楊　俊(明) 14・185
楊俊民(元) 8・226
11・255
11・482
楊俊民(明) 41・48
62・721
63・48
63・57
楊俊彥 18・547
楊　衍 58・11
楊　勉 21・358
楊勉學 21・292
楊　盈 40・413
50・64
53・521

	53·568
楊胤昌	26·764
楊庭秀	51·298
	52·376
楊　音	23·236
楊音雲	25·759
楊彦詢	41·408
	62·668
楊帝培	61·263
楊恢基	41·649
	58·790
楊　恂	41·75
	45·296
楊　炳(明)	60·518
楊　炳(清内黄)	32·698
楊　炳(清永濟)	4·645
	62·715
	63·186
楊炳桀	19·365
楊　美	41·418
	42·587
	49·142
	49·204
楊　洪	7·338
	13·737
	14·375
	14·457
	14·560
	14·636
楊洪譽	22·789
楊　洛	50·224
	50·951
楊　津	7·287
	23·202
	24·20
	40·357
	44·719
楊　宣(晉)	36·495
	37·526
楊　宣(明)	8·359
	21·353
	24·538
	24·677
楊冠玉	37·819
楊　祖	44·580
楊　祕	41·446
	46·630
楊飛熊	40·475
	49·787
楊　約	41·592
	59·338
楊　秦	1·807
	3·845
	3·880
	8·321
楊　泰(明)	32·693
楊　泰(清)	44·707
	46·55
楊泰時	44·707
楊　素	43·526
	45·280
	47·476
	59·78
楊素藴	32·680
楊　珪(元)	12·454
	38·132
楊　珪(明朝邑)	11·181
	11·540
楊　珪(明武邑)	31·29
楊珠泉	12·687
楊珠樹	60·225
	60·233
楊　貢	7·339
	27·758

楊　著(漢)　21・266
楊　著(金)　41・571
41・617
47・500
楊　恭(金)　31・9
31・493
楊　恭(明)　40・411
51・317
52・288
楊恭仁　34・543
楊　晉　37・437
楊　桂　12・688
楊桂森　7・503
13・770
楊　桐　26・568
楊格濟格　1・773
楊　砥　41・3
51・555
52・2
52・409
楊原澄　41・104
60・307
楊致平　26・569
楊致安　17・530
楊致祥　40・443
50・67
50・607
楊致道　40・396
42・508
49・171
49・243
楊　晉(金)　56・451
楊　晉(清)　9・237
楊　振　51・45
楊振榜　40・562
61・248
楊振綱　22・202
楊振藻　16・553
17・183
楊　時　40・385
41・429
54・671
55・456
56・685
楊時中　35・263
楊時化　51・686
52・604
楊時芳　41・46
62・721
63・720
楊時茂　49・39
楊時雨　13・725
15・282
楊時泰(乾州)　5・563
楊時泰(高郵)　8・467
52・289
楊時泰(高平)　51・318
楊時教　34・681
楊時萃　3・363
楊時盛　16・665
楊時晦　31・813
35・412
楊時棟　46・457
楊時照　8・275
18・45
楊時寧　40・425
54・736
57・274
57・443
楊時舉　9・127
37・868
楊時薦　9・127
36・468
37・818

37・869
楊恩溥 33・404
楊恩樹 60・221
楊　乘 26・66
40・392
48・174
49・302
楊　俸 3・151
楊　倫 32・743
楊師厚 33・186
楊師程 40・331
楊師震(明) 34・312
楊師震(清) 63・429
楊逢泰 61・145
楊凌雲 52・870
楊　浩(荆州) 7・334
31・794
楊　浩(濟寧) 40・523
楊海峰 21・696
楊家鳳 53・93
53・410
楊家龍 8・612
23・406
25・778
40・437
40・438
60・191
楊家麟 4・415
5・89
5・237
楊　祥(盧龍) 8・406
楊　祥(灤州) 16・512
楊書玫 34・515
楊書春 26・348
楊　珅 28・673
楊　通 5・277
5・355
5・462
楊務廉 41・633
楊陸凱 8・520
32・67
34・71
楊　陶 60・233
楊　隆 8・525
楊　能(六合) 7・338
楊　能(壺關) 41・442
50・223
50・950
楊　恕(金) 41・575
46・551
47・494
楊　恕(元) 60・249
楊　純 34・680
楊純禮 33・404
楊　球 5・381
5・468
5・672
楊　現 24・412
楊　理 7・33
21・281
25・36
楊理範 7・517
楊　琇 31・21
楊　逵 40・538
44・481
44・577
44・603
楊　教 7・397
63・581
楊執中 39・540
39・663
楊　培 60・302
60・360
楊　堉 43・181

楊　基　42・479
楊基鵬　29・617
楊　棻(文安)　20・628
楊　棻(聞喜)　41・28
61・123
楊　萃　21・297
24・196
楊乾初　41・509
53・745
楊　彬　50・714
楊梧聖　60・181
楊　梅　37・817
楊　爽　43・526
65・121
楊　盛　11・444
楊　捷　14・403
楊處綱　40・359
64・585
楊　彪　37・827
楊　堂　25・597
楊勛肖　61・115
楊　晙　9・144
32・87
34・220
楊國士　14・661
楊國召　8・380
21・460
22・462
楊國柱　7・406
14・472
14・537
14・712
楊國泰　41・537
楊國梅　30・503
楊國琦　41・591
楊國楝　22・202
22・379
楊國楨　43・306
楊國聲　9・196
14・408
15・832
楊國寶　17・77
楊崇喜　8・264
楊崇善　32・692
楊崇煓　61・150
楊崇勳　2・94
5・298
5・387
5・471
7・827
楊　稠　2・667
8・695
楊　動　32・663
50・80
50・925
楊笙階　15・495
楊敏中　40・519
50・77
楊　偕　4・258
7・304
40・375
62・572
63・15
楊　進　28・56
楊進道(河内)　61・597
楊進道(曲周)　8・511
32・45
34・218
楊　得　41・537
楊得三　7・501
楊得安　36・335
39・678
楊得春　23・754
楊得時　56・700

楊從書 45·687
楊從龍 40·490
53·581
楊　庸 50·234
楊惟中 8·266
13·729
15·522
14·369
14·430
15·558
15·644
15·666
楊惟平 37·589
37·709
楊惟治 1·817
3·544
8·333
楊惟相 2·729
2·792
楊惟則 45·19
楊惟洪 3·583
楊惟清 1·816
3·542
楊惟聰 40·321
42·489
楊惟齡 28·355
楊　清(平定) 47·478
楊　清(青城) 63·19
楊清臯 12·552
楊清瑞 26·587
楊清魁 21·796
楊清澄 44·523
楊清麟 39·777
楊　淑 45·591
楊淑妃 11·135
11·442
楊淑暢 31·10
45·119
楊淑蔭 33·207
楊　淮 31·327
楊　深 25·115
楊深秀 61·133
楊　涵 59·178
楊　寅 5·593
楊宲學 19·727
20·149
楊啟允 40·423
44·486
44·578
楊啟辰 9·157
32·117
楊啟春 45·343
45·390
楊啟曙 15·487
楊問奇 32·697
楊　弸 21·364
24·539
24·678
楊　習 38·566
楊　隆 33·379
楊隆禮 40·365
49·292
49·478
楊　紹 21·345
22·742
楊紹先 8·195
16·626
18·237
楊紹寅 33·409
楊紹震 8·541
32·736
楊　瑛 22·193
22·341
楊瑛昶 1·186

	7·515
楊　琦	11·751
	21·302
楊　琯(明)	60·523
楊　琯(清)	12·518
	36·777
	37·20
楊　琛(元)	40·821
	55·464
	56·686
楊　琛(明)	7·340
	30·69
	31·26
楊　琚	16·433
	17·493
楊　越	40·366
	48·647
	49·292
	49·478
楊超凡	9·157
楊超倫	56·702
楊超嶺	61·157
楊　博	1·149
	3·27
	5·458
	7·373
	14·293
	14·533
	40·317
	41·44
	43·549
	43·773
	44·56
	44·473
	62·681
	63·46
楊　達	7·288
楊達仁	12·124
楊達生	61·149
楊朝晟	64·601
楊朝棟	30·98
楊朝麟	7·490
	11·195
	12·125
	20·386
楊萬全	16·33
楊萬清	35·286
楊葆和	16·450
	17·496
楊葆和	6·128
楊敬止	37·13
楊敬儒	41·124
	44·790
楊　惠(洛陽)	40·414
	46·581
楊　惠(沁州)	53·95
楊惠元	7·724
楊惠心	9·154
	32·108
	34·680
楊惠芳	62·709
	63·135
楊　森(明)	50·235
	50·950
楊　森(清)	40·460
	45·5
楊　植(陽城)	14·450
	17·496
	41·68
	51·666
	52·583
楊　植(蘄州)	60·469
楊　棟(渾源)	45·675
楊　棟(蒲州)	63·186

楊　晢　1·108
1·745
8·38
19·135
19·188
楊　雄　18·333
18·474
楊雲梯　62·312
楊雲興　27·904
楊雲龍(清)　31·91
楊雲龍(民國)　36·755
楊雲翼　40·805
46·532
46·553
46·558
47·481
楊雲■　24·773
楊雲鼇　7·489
12·18
楊　撝　54·738
57·104
57·274
57·444
楊斐然　33·686
楊　棠　1·188
18·30
19·5
楊　敞　30·291
楊鼎昌　47·273
楊鼎陞　35·643
楊鼎樞　45·303
楊　最　40·571
42·486
楊遇堯　30·191
楊遇春　46·530
47·401
楊　景　22·193
22·341
楊景芬　37·826
37·871
楊景芳　19·394
楊景春　26·571
楊景素　4·299
7·428
楊景彬　7·464
楊景震　62·724
63·423
楊　智(棗强)　30·26
楊　智(介休)　49·355
楊智勝　61·249
楊　策　37·440
45·4
楊　傅　5·348
楊　順(魏)　31·362
楊　順(明)　14·459
52·289
楊　傑(明平定)　41·26
47·492
楊　傑(明樂平)　46·530
47·401
楊傑只哥　5·570
楊　集　7·342
21·282
楊復亨　50·299
楊復楚　53·115
楊循理　22·742
楊　舒　53·751
楊詠春　24·599
楊　敦　41·8
楊　斌(代州)　22·512
楊　斌(長子)　52·690
52·856
楊　斌(清)　41·652
63·784

楊 ■	32・115
楊　愔	9・265
	11・142
	31・144
	42・738
	43・160
	44・640
楊翔鳳	53・740
楊翔慶	59・246
楊　善(明)	1・99
	2・100
	3・731
	8・297
楊　善(清)	50・301
楊善會	7・288
	31・786
	38・292
	38・376
楊善慶	52・551
楊粹中	7・850
楊道一	66・226
楊道人	26・627
楊道亨	7・384
楊道楫	36・795
	37・33
楊　曾	36・796
	37・34
楊　湜	8・217
	11・264
	12・128
	12・211
楊　渭	30・148
楊　閏	40・550
	40・810
	45・301
	50・62
楊開甲	19・373
	19・388
楊開泰	16・653
楊開基	8・824
	16・632
	18・355
	18・489
楊開第	8・700
	22・182
	22・355
楊開溥	24・704
楊　弼	31・297
楊 ■	38・566
楊登山	15・684
楊登科	45・181
楊　統	41・574
	55・478
	58・798
楊瑜顯	1・189
	7・453
	22・136
	22・324
楊　瑋	58・55
楊載溶	60・567
楊遠翮	17・80
楊　塤(陽城)	52・580
楊　塤(京師)	1・804
	2・578
楊夢弼	41・75
	45・359
	45・409
楊夢熊	20・758
	41・79
	61・119
楊夢錫	59・320
楊夢龍	20・382
	50・227
	50・951

楊幹沂 37・42
楊蔭廷 47・316
楊蔭增 63・810
楊　椿 7・286
44・576
楊　楠 40・435
54・758
59・80
楊楚龍 28・673
楊楚麟 59・38
楊　楷(東晉) 31・338
楊　楷(清) 12・687
楊　楨 9・266
23・736
楊　損 60・619
60・771
楊　業 40・286
40・754
42・583
43・199
43・530
44・478
44・576
44・612
45・282
45・698
楊　暢 34・783
楊　愚 41・137
48・787
楊　暄 41・181
51・634
52・310
楊　照(明) 1・150
3・27
楊　照(清) 25・876
楊照藜 24・89
楊　嗣 25・134
楊嗣奇(良鄉) 3・832
楊嗣奇(知阜城) 7・471
楊嗣昌 16・447
17・497
19・541
楊嗣勇 48・792
楊筠松 53・754
楊　魁 40・422
46・666
楊　鉞 54・710
58・360
58・706
楊　鈐 36・452
36・746
楊　愈 2・728
2・760
2・816
楊愈岊 60・307
60・373
楊　愛 46・50
楊亶騏 12・69
楊亶驊 12・69
楊亶騄 12・70
楊　廓 40・360
44・482
44・578
44・608
楊　廉 1・146
7・362
楊新期 41・71
51・675
52・586
楊　靖 20・147
20・183
楊　愫 5・580
楊　慥 41・572
45・359

45 · 407
楊　義　41 · 87
58 · 410
58 · 726
楊義臣　12 · 418
40 · 691
43 · 527
43 · 628
44 · 576
64 · 585
楊　漣　3 · 27
楊源澄　60 · 380
楊　溢　40 · 434
62 · 312
楊　寬（明）　8 · 318
楊　寬（清）　12 · 522
楊寬學　19 · 736
20 · 157
楊福五　9 · 208
13 · 732
14 · 493
楊福隆　15 · 495
楊殿一　25 · 599
楊殿元　19 · 364
楊殿邦　9 · 140
32 · 78
34 · 85
楊際春　12 · 553
37 · 259
楊際運　8 · 700
楊　經（夏邑）　43 · 154
楊　經（寧鄉）　49 · 362
楊　瑫　50 · 951
楊　嘉　41 · 483
61 · 123
楊嘉運　8 · 702
22 · 182

22 · 355
楊蔚堃　37 · 13
楊　戩　44 · 789
楊　需　5 · 35
楊　霆　3 · 151
楊爾昌　38 · 639
楊爾淑　8 · 796
21 · 395
22 · 748
楊爾敬　4 · 426
楊爾楨　42 · 742
楊　熙（漢）　1 · 125
楊　熙（明）　31 · 6
31 · 519
楊　睿　40 · 401
54 · 684
楊　鳴　7 · 467
16 · 454
16 · 751
楊鳴謙　57 · 572
楊　秘　1 · 178
7 · 454
19 · 682
20 · 59
22 · 138
22 · 324
楊毓成　14 · 581
楊毓林　44 · 360
楊毓栫　13 · 91
31 · 838
楊毓楫（明）　7 · 411
29 · 488
29 · 973
楊毓楫（清）　32 · 678
33 · 199
楊毓藻　41 · 195
46 · 136

46・438
楊毓靈 34・681
楊　銜 8・702
22・181
楊　鳳 56・707
楊鳳年 35・290
楊鳳岐 7・487
11・193
11・639
楊鳳起 46・4
楊鳳陽 16・437
18・183
18・212
楊鳳墀 20・299
楊鳳鳴(三河) 19・364
楊鳳鳴(鳳臺) 52・504
楊鳳儀 46・531
47・402
楊　鼐(明) 18・326
18・473
楊　鼐(清) 32・680
33・200
楊　端 59・343
楊齊賢 1・139
3・354
楊榮序 51・695
52・589
楊榮和 15・702
楊榮祖 40・398
42・509
49・29
楊榮蔭 41・97
楊　熒 17・143
楊　熥 20・150
楊粹夫 4・395
楊粹中 11・282
11・491
楊粹玉 37・831
楊　賓 2・687
2・728
2・787
7・335
楊　察 42・593
楊　寧 41・8
44・788
楊肇泰 6・3
楊肇基(明) 16・430
16・757
楊肇基(清) 16・676
楊肇魁 59・534
楊　綱 40・392
50・63
楊維卿 12・522
楊維棟 41・623
59・683
59・752
楊維喬 7・445
14・301
14・475
14・538
楊維傑 8・315
19・727
20・149
楊維楫 34・222
楊維聰 8・315
19・723
20・146
楊維嶽 40・433
44・727
44・738
楊　綸(明) 27・628
楊　綸(清) 36・196
41・469
61・125

楊　綵　11・270
11・472
楊緑綬　9・186
楊　璜　1・853
2・595
28・56
楊　璇　4・247
7・282
28・185
楊　璋　2・835
楊　鞏　47・476
楊增基　32・115
38・564
楊增鑑　52・876
楊　樞（新城）　24・688
楊　樞（陽城）　51・666
52・583
楊　樞（臨潼）　62・310
楊　敷　40・271
楊　震（漢）　1・55
7・278
22・131
22・321
楊　震（宋）　45・483
45・566
楊震國　19・372
楊　播　43・524
楊遺白　9・159
32・118
楊　嶟　17・539
楊　範（北魏）　10・639
32・277
39・232
39・287
39・451
楊　範（明）　40・411
51・358
52・141
楊　德　6・226
楊德心　34・733
楊德安　39・766
楊德明　58・770
楊德幹　51・274
52・369
楊德賓　16・675
楊德潤　18・10
楊德馨　61・251
楊德蘭　17・526
楊　磐　60・467
楊　鋭　16・777
楊　鋐　9・197
15・810
楊　魯　49・217
楊調鼎　8・519
32・66
34・681
楊廜虞　62・221
楊　慶（南北朝）　7・645
楊　慶（明）　3・151
8・304
46・3
楊慶桂　26・795
楊慶鋆　30・119
楊　瑩　62・680
63・45
楊養正　15・446
楊遵勗　1・109
2・687
2・727
2・787
8・39
14・106
22・189
22・339

22・451
楊遵程 41・659
62・530
楊　潔 1・844
20・157
20・875
楊潮觀 40・471
楊　潭 8・363
楊　澐 52・866
楊　澈 7・296
楊　潤(金) 50・664
53・86
楊　潤(元) 20・370
楊　潤(明盧龍) 16・512
楊　潤(明安州) 48・650
楊　潤(明河津) 41・530
61・554
楊潤芳 26・342
楊　澄 40・311
42・485
楊履坦 61・150
楊履昌 38・736
楊　選 1・150
楊　璥 1・853
2・596
28・56
楊　璞 34・224
34・282
楊　璲 4・275
7・364
楊燕緒 2・36
8・699
22・162
22・343
楊　蕃 19・239
楊樹元 44・707
46・54
楊樹年 40・492
楊樹屏 35・502
楊　樸(明) 52・586
楊　樸(清) 31・834
35・706
62・425
楊　橘 54・727
楊　機 31・784
38・377
楊　勵 20・820
楊　霖(明) 17・215
18・17
楊　霖(清) 41・601
楊霖川 40・485
47・164
楊　霈 7・444
楊頤昌 38・577
38・734
楊曉昀 46・698
楊　曇 61・155
楊　暹 16・27
楊　穆 40・503
楊穆成 17・73
楊　篤 60・221
楊儒魯 63・19
楊　衡 46・11
楊　錫 36・158
36・266
楊錫朱 36・270
楊　錦 31・32
楊錦江 38・894
楊錦安 17・529
楊　鋸 34・730
楊學士 6・94
楊學程 40・438
48・651
49・315

楊學詩 60·517
楊學顔 41·506
57·566
楊 諶 41·527
楊 龍 29·617
楊 雍 1·884
5·578
5·631
8·691
楊懌曾 5·88
楊 燝 7·502
楊 澤(河間) 40·412
61·66
楊 澤(定興) 8·353
21·346
22·466
楊 澤(絳州) 21·287
24·509
24·594
60·698
60·760
楊 澤(鄠縣) 54·709
58·364
58·711
楊 澤(即墨) 31·21
楊 澤(清) 45·508
45·562
楊 濂 21·368
楊凝輝 40·537
48·658
61·150
楊 憲 41·436
43·69
楊 寰 45·13
楊 禧 7·334
16·433
17·17
楊豫成 41·163
53·746
楊隱君 22·577
楊 縉(聞喜) 61·115
楊 縉(壽張) 40·421
51·334
52·548
楊 縉(瀧州) 45·179
楊 璵 38·312
38·562
楊聲遠 45·289
楊聯芳(西充) 19·241
楊聯芳(太平) 59·382
59·583
楊 薰 12·58
楊 檀 6·223
楊懋盛 41·479
44·706
46·52
楊 霞 4·316
28·22
楊儲鈐 37·820
楊 謨 52·372
楊謨顯 46·446
楊 謙 41·34
61·115
楊謙柄 3·832
楊 謐 14·115
14·289
14·469
14·536
楊應丁 36·347
37·468
楊應元 61·573
楊應丙 38·143
楊應辰 45·701
楊應芳 49·117

楊應角 19・489
楊應尾 8・376
21・384
楊應枚 1・191
19・542
20・391
楊應昂 61・560
楊應時 4・373
8・450
楊應詢 1・136
7・313
19・538
20・854
21・272
22・696
24・748
32・653
楊應震 2・666
楊應龍 32・106
33・685
楊應薦 63・586
楊　燭 40・469
45・644
楊　燫 16・446
18・328
18・474
楊鴻儀 6・6
楊鴻謨 61・448
楊　澮 3・355
11・183
12・682
44・793
楊澮源 27・301
楊　濟(明) 8・506
32・38
36・25
楊　濟(清張家口) 13・713
15・811
楊　濟(清長子) 52・866
楊　禮(元) 4・363
8・200
26・56
26・258
楊　禮(明) 24・377
24・452
楊翼清 12・58
楊　績 1・108
1・745
3・844
8・38
楊　璿 4・269
27・21
40・304
42・481
楊　瓊(宋) 41・423
49・344
楊　瓊(元) 25・783
楊　瓊(明) 29・485
29・970
楊爇元 26・304
楊　嚅 41・208
47・624
楊雙成 37・782
楊　鎮 41・541
45・308
楊鎮原 40・438
51・341
52・550
楊　鎬(通州) 1・809
3・545
楊　鎬(商丘) 16・443
21・295
23・4
楊藻春 38・197

38·902
楊藻鳳 60·203
60·728
楊攀桂 60·373
楊　麗 41·208
楊　璽 40·411
51·347
53·721
楊羅漢 41·668
55·629
59·363
楊贊元 26·303
楊贊襄 7·507
楊　鏓 40·421
43·552
楊　鯤(總兵) 7·521
楊　鯤(知縣) 16·465
17·499
楊譚真 41·676
50·252
楊　贇 8·267
13·854
14·437
15·169
15·203
楊　麒 32·666
楊懷照 47·63
楊懷震 20·393
楊　瀚(廊州) 3·227
楊　瀚(陽城) 51·674
52·585
楊　瀛 13·758
楊鵬飛 58·261
楊鵬翔 61·579
楊鵬翼 41·621
51·684
52·610
楊　繩 7·331
31·13
37·583
37·659
楊繩武 40·338
楊繩震 47·498
47·656
楊　繪 17·310
楊耀林 21·796
楊耀東 24·779
楊耀祖 41·658
47·538
楊　黨 44·803
楊　贍 41·36
62·681
63·46
楊　鶚 40·338
楊　巍 40·327
42·490
楊　纂 31·154
64·544
楊騰芳 15·226
楊魔頭 41·690
46·830
楊　灌 54·710
58·712
楊　瀹 1·810
8·323
22·215
22·352
楊　瀾 21·366
楊　寶 31·20
楊寶臣 61·515
楊寶賢 5·230
楊　繼 20·149
楊繼芳 39·717
39·771

楊繼宗 7·347
18·13
41·16
51·651
52·580
楊繼卿 38·144
楊繼盛 8·373
21·415
22·468
22·595
楊繼善 21·383
24·541
24·682
楊　權 56·686
楊　鐸 45·79
楊　鶴 61·151
楊鶴年 20·277
楊鶴林 66·543
楊續時 36·269
36·307
楊　懿 31·784
楊聽德 34·674
楊體乾 9·123
楊　籠 45·361
45·422
楊　儼 7·342
29·240
31·23
楊　瓚(明) 8·357
21·349
23·48
40·401
楊　瓚(清) 41·489
61·129
楊　麟 61·156
楊觀履 47·476
楊觀曜 53·746
楊　灝(昌平) 2·668
16·465
楊　灝(陵川) 53·745
楊驥徵 51·352
53·722

甄

甄于廷 48·751
甄玄成 23·573
24·73
甄　有 45·23
45·128
甄成德 41·54
47·479
甄　邯 13·138
甄奇傑 14·396
14·494
14·567
甄法崇 13·150
23·573
甄　昭 47·494
甄皇后 11·134
甄　恬 11·290
13·150
24·58
甄時濟 6·143
甄　逢 11·290
甄　祥 8·566
甄　彬 13·150
23·377
甄　逸 7·595
13·138
甄　庸 1·112
1·793
8·295
甄　密 11·203
13·143

	23・379
甄　琛	7・652
	11・202
	13・141
	23・575
甄　敬	7・387
	32・669
	33・68
	33・195
	47・480
甄棲真	55・618
甄　惠	13・139
甄　尊	54・642
甄　楷	11・248
	13・143
甄　詡	23・579
甄　暢	11・141
甄　實	4・366
	8・445
甄　■	41・604
	47・494
甄　濟	7・752
	11・207
	13・144
	23・387
甄　璧	8・217
	11・311
	12・697
甄　譓	11・794
	21・349
甄　鐸	7・342
	20・371
	22・402

酬

酬泥貲	1・774
	8・135

賈

賈一之(明)	21・381
	23・54
賈一元(清)	30・662
賈一奇	19・681
	20・59
賈一璋	61・151
賈三光	46・54
賈三近	4・273
	7・394
賈三策	34・727
賈三槐	20・186
賈于廷	32・66
	33・625
賈士彥	30・661
賈士章	52・875
賈士璋	2・743
	2・815
	9・207
賈大夏	47・69
賈大剛	21・344
	25・898
賈大隱	31・863
	34・53
賈之鳳	51・673
	52・28
	52・585
賈之龍	52・603
賈子嶲	41・652
	59・338
賈子翼	8・586
	37・711
賈天鳳	58・756
賈天衛	57・273
賈天爵	50・236
	50・666

賈元芳 43・170
賈五舍 51・626
賈五會 52・310
賈太初 8・441
賈太禎 41・196
43・340
賈少沖 1・98
1・752
3・530
8・50
14・106
14・285
16・157
16・272
63・16
賈　中 59・422
59・525
59・584
賈仁元 7・397
21・294
41・48
62・686
63・422
賈公侯 56・737
賈公彥 7・772
31・863
33・776
34・94
賈文備 8・165
21・333
25・404
賈文運 5・394
賈文蔚 50・578
賈文龍 1・194
7・456
賈六奇 9・53
30・652
賈六榮 41・531
43・93
賈以教 50・237
52・699
52・858
賈以祿 3・559
賈允恪 45・696
賈玉鳳 61・153
賈正儀 41・584
61・114
賈世珍 59・535
賈世祥 23・309
25・757
32・666
賈世陶 47・71
賈世達 59・534
賈世模 41・499
48・379
賈丙勳 27・305
賈四維 58・16
賈生芝 57・128
57・374
賈生遇 11・645
賈　用 1・790
20・775
賈立坊 37・524
賈　永 41・652
賈永言 49・579
賈永昇 11・275
11・883
12・66
25・142
賈吉齡 37・722
賈西土 46・790
47・49
賈有光 31・90
賈存仁 41・590

賈光明 20·160
賈光前 18·60
賈光祖 32·41
32·417
賈光籍 41·492
47·68
賈同芳 38·909
賈邦直 44·485
賈邦獻 40·813
55·456
59·138
賈邦鐸 43·316
賈廷珍 53·605
賈廷彥 41·490
43·89
賈廷桂 12·137
賈廷琳 20·159
賈廷瑞 8·289
36·780
37·23
賈廷顯 59·535
賈延泰 9·53
30·656
賈任洙 30·653
賈自希 46·768
賈自恭 45·778
賈名儒 11·256
11·492
60·468
賈多男(明) 8·586
31·74
37·591
37·62
37·712
賈多男(清) 9·112
13·666
賈汝棟 58·65
賈汝楫 9·126
39·631
賈汝愚 9·53
30·657
賈汝霖 37·242
賈汝壎 27·240
賈宇熙 13·719
賈守亨 49·368
49·512
49·615
賈安貞 46·51
賈如式 8·606
30·450
賈如誼 52·871
賈如璽 9·53
30·662
賈孝彰 29·976
賈克明 41·607
45·496
45·587
賈克寬 45·587
賈見陛 50·202
52·859
賈　秀 7·673
30·9
31·373
賈希成 34·75
賈希顏 50·66
50·656
50·686
賈含真 52·651
賈　辛 42·499
48·1
賈良吏 38·910
賈良翰 38·909
賈青霖 61·135
賈　玭 4·351

28・356
賈昔剌 2・573
賈若瑚 40・540
賈　茂 14・121
賈茂林 62・432
賈茂宣 8・198
29・541
29・616
賈茂源 62・433
賈直言 40・511
50・58
50・591
賈　枉 50・343
賈松年 58・311
賈東才 57・120
57・301
57・457
賈東旭 21・464
24・215
賈　郁 36・268
36・303
賈奇林 48・799
賈卓立 57・568
賈昌朝 7・845
11・213
11・589
32・638
33・188
賈　忠(崞縣) 4・282
26・249
41・448
45・487
45・587
賈　忠(冀州) 8・579
賈和尚 55・633
56・272
賈秉粟 53・603

53・608
賈　佶 49・516
賈　侃 41・447
47・491
47・722
47・759
47・803
賈佩徵 41・532
57・124
57・363
57・448
賈念祖 9・53
30・656
賈　郇 36・303
賈　炎(宋) 11・214
11・592
賈　炎(清) 34・224
賈　河 60・175
賈　泓 9・54
賈　定 24・411
40・408
60・623
60・773
賈宋仁 62・708
賈宗孟 44・539
賈宗彥 50・578
賈宗洛 61・459
賈居奇 45・713
賈居貞 8・215
11・220
11・589
賈承福 45・590
賈　珍 8・771
21・462
賈　柏 1・795
20・776
賈柳溪 30・694

賈　威　21・352
賈面槐　59・535
賈　奎　16・436
18・188
18・215
賈拱辰　27・304
賈　貞　1・143
3・363
21・284
25・329
賈　昭(濟陽)　40・533
賈　昭(河津)　61・597
賈品重　38・572
賈　信　1・794
20・775
賈　侯　55・324
賈　俊　8・359
11・789
11・808
21・352
40・307
42・482
賈俊傑　38・271
賈俊德　9・239
賈　屋　8・182
11・174
12・336
21・278
21・342
25・56
25・922
賈待旌　50・213
賈待問　8・513
32・51
38・907
賈待聘　41・125
62・409
賈亮采　40・492
賈庭瑞　12・356
賈　彥　13・531
賈　恪　7・338
賈前席　45・587
賈　洲　35・78
賈　冠　41・553
59・759
賈　珪　54・749
賈　珩　29・618
賈　耽　4・344
7・736
26・257
28・310
28・456
32・626
40・366
49・294
49・480
賈華平　41・589
57・124
57・366
57・448
賈恭曾　34・727
賈連葉　61・458
賈　振　41・649
57・163
57・429
賈哲宣　47・404
47・619
賈　倬　52・861
賈倬恒　59・424
賈　健　41・132
49・516
賈　島　1・107
1・711
3・80

3・144
3・807
7・706
21・507
22・213
22・351
22・464
29・550
29・623
賈師逵　12・508
賈　益　3・531
8・57
賈益謙　8・119
賈涇澍　50・329
50・566
賈書升　29・589
賈通德　43・181
賈　珺　3・218
賈　逵(東漢)　35・603
40・353
40・605
55・433
57・102
57・442
59・658
59・727
賈　逵(宋)　7・848
11・241
12・126
12・192
賈　逵(清)　49・375
賈執中　58・111
58・215
賈黄中　4・351
7・839
28・310
32・635
賈國傑　3・215
賈國楨　41・473
57・114
57・555
賈國楹　57・705
賈敏夫　55・465
59・661
59・730
賈　偉　38・255
賈從正　41・593
57・371
57・449
賈從先　45・583
賈從哲　56・170
賈從淮　56・170
賈從誼　56・170
賈　訥　21・378
23・54
賈　章　47・722
賈　清　45・179
賈清輝　38・272
賈　淑　40・600
48・216
49・383
賈淑誼　53・265
53・300
賈　混　55・439
59・658
59・727
賈　涓　7・461
21・305
23・7
41・459
62・725
63・59
賈紹聞　9・209
賈　琪　54・681

59・79
賈　琳(明)　1・794
8・295
20・775
賈　琳(清)　46・440
賈　琰(後晉)　28・356
賈　琰(宋)　11・262
11・592
賈　琰(明)　54・708
58・360
賈　琮(漢)　4・245
7・281
31・3
31・298
32・712
40・353
賈　琮(元)　13・146
13・167
賈　琮(明)　47・457
47・759
47・802
賈　琛(唐)　11・444
賈　琛(清)　36・473
36・567
36・748
賈　越　41・180
48・686
49・360
賈塔剌渾　8・279
31・86
賈董侣　52・860
賈朝臣　46・12
賈朝相　47・496
47・621
賈朝宦　7・400
36・341
39・219
39・257
39・325
賈朝卿　23・592
賈　植　13・670
賈雲程　47・499
47・723
47・761
47・813
賈雲龍　62・396
賈雲鸞　21・385
23・54
賈　棠　9・54
30・651
賈鼎勳　38・566
賈　景　30・99
賈景儁　30・10
31・82
31・382
賈景興　30・10
30・105
31・75
31・377
賈　貴　19・680
20・57
62・380
賈　崑　40・548
42・478
賈　智　10・630
13・143
23・576
賈　復　9・262
12・335
25・85
40・573
賈　循　1・134
7・292
16・402

	17・196
	30・301
	40・367
	45・281
賈　鈞	8・216
賈敦實	29・304
	32・716
賈敦頤	7・290
	26・245
	31・5
	31・410
	32・716
賈　斌(薊州)	1・806
	5・299
	5・389
	5・472
賈　斌(商河)	8・604
	30・331
	42・742
賈焯然	28・676
賈　道	8・367
賈道醇	40・534
	42・518
	46・791
	46・834
	47・50
	62・694
	63・120
賈　淵	41・553
	59・660
	59・729
	59・758
賈　渾	40・355
	48・173
	49・288
賈　運	21・363
賈裕昆	30・660
賈弼之	41・547
	59・757
賈登科	39・406
賈登雲	29・618
賈登瀛	59・367
	59・446
賈　統	44・728
	45・19
賈　瑀	15・218
賈　瑄	59・33
	59・157
賈聖檜	18・22
賈夢鯨	52・858
賈　楠	50・202
賈摶霄	65・51
賈　節	40・415
賈傳芳	32・51
	38・894
賈魁元	27・304
賈　鉚	8・382
	21・378
賈　鉞(元)	5・472
賈　鉞(明)	1・794
	8・312
	20・775
賈　鉉(金)	31・489
賈　鉉(清)	41・473
	41・648
	55・802
賈　詡	31・299
賈　亶	49・299
	49・484
賈　廉	46・13
賈瘞芳	38・909
賈　源	3・548
賈　福	24・161
賈　禎	30・10

	30・87
	31・84
賈殿元	30・583
賈際熙	30・693
賈　榛	1・794
	19・540
	20・776
賈　模	40・617
	55・440
	59・658
	59・727
賈　輔	10・800
	21・683
賈輔金	25・404
賈爾梅	8・724
	21・461
賈爾霖	21・460
	21・815
賈　霆	30・189
賈熙載	8・514
	32・53
	35・66
賈熙績	35・66
賈鳴璽	41・589
	57・124
	57・364
	57・448
賈毓祥	40・427
	42・516
	46・791
	47・49
賈　儁	30・9
賈　銓(邯鄲)	8・500
	32・28
	33・617
	33・619
賈　銓(霸州)	19・518
賈雒英	9・3
賈　韶	16・519
	17・61
賈　漢	20・627
賈漢復	41・456
	57・113
	57・552
賈漢勷	59・165
賈　漸	46・714
賈　賓	32・619
賈實喇	1・773
	8・135
賈　聞	52・378
賈維正	30・503
賈維城	44・540
賈維貞	13・146
賈維教	30・238
賈維楨(清)	12・327
賈維楨(民國)	19・580
賈維新	59・32
	59・157
賈維藩	50・343
賈維鑰(汾陽)	49・569
賈維鑰(遵化)	18・20
賈　璇	41・31
	49・357
	49・509
賈　樞	50・84
	50・656
	50・686
賈樞蔭	15・230
賈　質	3・753
	8・619
	10・822
賈　德	10・801
	29・541
	29・615

	30・589
賈德潤	8・507
	32・40
	40・422
	53・89
	53・260
	53・297
賈　銳(明)	49・361
賈　銳(清)	8・721
	21・390
	21・790
賈　鉉	2・7
	8・669
	20・776
賈　魯	40・831
	51・623
	52・312
賈慶檀	2・8
	20・854
賈　憘	59・534
賈　澎	2・7
	8・669
	20・777
賈　潤	9・52
	30・641
	30・710
	30・728
賈　澄	18・215
賈履中	41・506
	59・523
	59・592
賈　緯	10・715
	11・251
	11・602
	12・418
賈　緣	53・92
	53・409
賈璚升	52・860
賈薇垣	43・96
賈　翰	12・21
賈樹勳	36・270
賈　樸	9・53
	30・651
賈　霖	7・485
賈　臻	9・53
	30・653
賈　興	24・259
	24・419
賈還樸	31・81
	37・603
	37・700
賈　穆	9・225
	31・84
	37・728
賈　衡	11・790
	21・369
賈錫穎	29・545
	29・577
賈　錟	9・53
	30・666
賈　錠	49・171
	49・243
賈學易	56・722
賈龍文	3・228
	3・230
賈凝禧	41・660
賈　燝	20・822
賈澤洛	41・590
	55・813
	56・177
賈聯芳	40・488
	49・28
	59・246
賈聯珠	41・655

	49・568
賈聯堂	13・718
賈聯琦	49・569
賈懋功	62・423
賈懋賓	15・214
賈擴基	41・473
	55・800
賈　穉	30・694
賈儲芳	38・893
賈應元	8・569
	18・3
	18・47
	40・330
	41・53
	43・555
	44・484
賈應春	8・467
	11・230
	11・452
	40・419
	50・82
	50・606
賈應乾	21・307
賈應鶴	1・828
	20・875
賈鴻洙	8・382
	21・382
	21・789
賈　濬(明)	1・159
	2・834
	5・276
	5・353
	5・460
	7・403
賈　濬(清)	29・584
賈　瓊(隋)	23・732
	24・86
	61・596
賈　瓊(宋)	45・400
賈　鎔	41・473
	55・802
賈　燿	47・406
	47・716
	47・746
	47・784
賈　璧(元)	1・790
	20・775
賈　璧(明)	61・155
賈璧玉	34・515
賈　彝	10・649
	30・9
	30・105
賈　鏞	45・589
賈懷芬	38・272
賈　瀛	45・580
賈　權	41・33
	49・380
	49・515
賈寶廷	43・316
賈繼之	41・37
	49・359
	49・509
賈顯度	10・630
	11・238
	13・143
	23・576
賈顯智	11・238
賈　麟(曲陽)	8・609
	23・406
	25・766
賈　麟(壽陽)	47・499
	47・722
	47・761
	47・812

賈麟書 62·417

感

感禪師 2·244

雷

雷一龍 1·865
3·550
8·676
雷大壯 44·726
雷之榆 18·22
雷仁育 42·626
43·208
雷化龍 19·266
雷文基 3·581
雷　正 53·724
雷百順 57·166
57·388
雷有終 40·286
60·248
60·329
雷　志 43·635
雷汪度 49·492
雷沖霄 47·206
雷明祥 35·288
雷　宗 45·506
45·561
雷門英 57·123
雷　思 7·322
21·274
22·590
41·571
43·635
44·212
雷起龍 3·546
雷　振 48·174
雷　翀 60·626
60·775
雷　通(宣德) 2·251
3·590
雷　通(正德) 3·366
雷　紹 40·653
45·890
64·484
66·10
雷棣棨 46·421
雷　復(寧遠) 40·307
42·482
雷　復(金縣) 45·694
雷復豫 61·68
雷　湛 3·550
雷　淵 40·804
43·635
44·214
雷發慶 56·464
雷夢澤 50·862
雷　霆 13·147
雷　雩 62·310
雷　暢 40·474
47·164
雷嘘和 13·472
雷鳴春 28·672
雷明時 36·349
38·171
38·197
雷徵一 31·814
34·47
雷　潔 47·200
49·360
雷樹垣 16·34
雷　興 4·292
7·417
雷錫晉 31·258
雷學海 3·586

雷學淇 2·33
3·587
雷學淦 3·586
雷學濤 3·587
雷　澤 41·17
45·41
45·155
雷　縉 40·403
62·310
雷　聲 16·444
16·750
雷　燮 3·578
雷　膺 32·659
40·831
43·637
44·217
雷應科 3·545
雷應禹 3·547
雷應時(濟寧) 29·364
雷應時(芮城) 16·442
18·130
62·32
62·209
雷應暢 41·498
47·205
雷應震 19·266
雷鎮鈺 47·207
雷　鐏 2·33
3·586
8·681

頓

頓　鋭 1·807
8·321
22·214
22·285
22·352
22·384
頓　權 9·187

裘

裘行簡 4·301
7·433
裘君弢 16·461
18·133
裘宜倫 25·874
裘寶芳 12·524
37·140

訾

訾　玉 36·774
37·18
訾　祐 55·378
57·109

虞

虞文詡 58·13
虞　延 32·712
虞仲文 41·430
44·542
44·595
虞　松 32·743
虞　放 32·703
虞　奕 7·312
虞奕綬 40·483
47·272
59·89
虞　卿 7·538
31·781
33·609
虞　集 36·496
37·526
虞　煐 37·469
虞　溥 51·535

51・604
52・311
虞　倮　52・369
虞　潢　33・182
虞慶則　48・647
49・290
65・160
虞　聳　27・755
29・43

業

業　清　1・146
業普鑑　66・701

睦

睦大用　49・302
49・485
睦　夸　7・685

睢

睢　坤　35・260
睢　珍　37・515
睢炳文　43・827
睢　讓　32・728

照

照　正　41・699
56・272
照　寧　19・436
照　謎　41・698
56・734

路

路一麟　8・600
36・786
37・27
47・272
59・88
路士桓　37・723
路王道　32・670
35・605
35・697
50・178
54・322
路天亨　22・11
24・416
路天衢　46・3
路　元(漢)　52・311
路　元(金)　41・430
51・622
52・408
53・754
路元升　9・144
24・275
34・227
路　中　3・212
路文廣　33・115
33・380
路　正　27・637
路去病　29・304
31・785
32・715
34・717
路可大　34・85
路生春　35・270
路印章　16・661
16・783
路永聰　40・530
53・87
路有讓　40・393
51・330
52・547
路光魁　15・681
路廷琦　34・224

路仲顯 8·117
31·72
路自純 19·183
路名區 29·314
路如瀛 51·720
52·63
53·739
路　車 33·767
34·64
路步月 60·778
路步青 32·90
34·224
34·281
路伯達 17·151
31·251
31·488
路　迎 7·365
路　坦(東安) 19·194
路　坦(三韓) 1·185
路東璧 38·911
路來賀 39·717
39·771
路思令 31·360
路思略 31·382
路　陞 29·310
路連元 19·198
路　砥 36·450
39·716
39·769
路振飛 8·518
9·143
32·63
32·86
34·216
34·269
路　皐 41·638
路　邕 32·617
路　逵 58·221
路　捷 50·669
路國治 27·579
路崇謙 53·600
53·643
路進興 8·196
18·537
路得奉 37·705
路從中 27·560
路博德 7·274
16·400
17·195
41·375
64·464
路敬淳 42·620
路敬舒 41·558
路　雲 8·432
路雲瞻 27·552
28·318
路　蛟 36·338
39·543
46·581
路　智 27·651
路　欽 8·506
32·37
40·412
54·749
56·199
路普亨 27·637
路　斌 53·91
53·408
路溫舒 7·572
36·430
37·812
37·853
路登庸 46·54
路瑞符 35·290

路　義　41·470
58·120
58·219
路　曄　29·310
路　瑭　27·637
路鳴竹　9·226
37·716
路鳴珂　29·613
路綏若　9·210
18·67
路德延　40·513
路　遴　7·464
路遵制　33·130
33·389
34·592
路審中　40·361
42·504
路縣圃　14·445
15·550
15·591
路澤農　9·143
32·86
路趨光　33·146
33·397
路　聰　27·651
路鴻翀　50·192
53·592
路鴻逵　50·179
53·589
53·637
53·642
路躋垣　53·603
53·638
路躋瀛　53·603
53·643
路　鐸　8·118
11·283

11·491
27·515
31·252

圓

圓　印　59·363
圓　行　41·699
59·545
圓　通　41·701
圓　朗　19·139
19·201
圓　琛　32·775
41·690
圓　蓋　16·183
16·330
圓　滿　41·682
43·674
圓　鏡　41·691
55·632
56·7

嵩

嵩　溥　7·520

奥

奥　屯　21·280
22·590
22·662
奥敦世英　11·171
奥敦希愷　31·507
奥敦醜和尚　45·285

敫

敫廷舉　45·15

鉏

鉏　麑　60·713

鉉

鉉　默　4・384
5・724

愈

愈明菘　19・194

愛

愛松古　40・561

詹

詹天佑　13・852
詹成功　25・71
詹　廷　8・418
16・530
17・504
詹作舟　23・758
詹思虞　40・333
詹　俊　7・331
31・794
詹　度　25・134
詹　洲　14・712
詹　桂　3・695
3・703
18・26
詹　盛　50・246
詹從方　18・53
19・47
詹道溥　35・417
詹　嘉　55・350
詹輔德　57・428
57・502
詹　榮(明)　8・412
16・501
17・502
40・320
43・547
43・772
44・483
詹　榮(清)　3・587
詹　儀　19・241
詹　瑩　40・322
詹鶴齡　22・13

解

解一清　8・561
14・389
14・485
14・566
解一貫　32・667
41・35
42・604
49・81
解一經　41・30
42・603
49・80
解元才　44・589
解元爔　29・575
解化龍　63・427
解　生　2・743
2・791
解延年　4・275
7・358
解兆青　19・195
解志善　62・530
解　英　43・73
解長泰　25・870
解昌言　63・427
解昌道　63・427
解秉智　4・407
5・66
5・140
5・198

	9・62
解宗義	24・310
解　狐	48・40
解承先	41・544
	61・672
解　城	29・602
解　炫	29・573
解炤鄰	29・613
解　通	62・379
解　侖	41・605
	46・583
	47・810
解進美	45・3
解脫和尚	41・668
	45・309
解啟衷	61・669
解　張	55・364
	59・141
解　琬	4・255
	7・782
	26・246
	32・717
	33・345
	35・520
	40・702
解雲龍	63・427
解　揚	45・654
	55・357
	59・141
解　發	17・537
解　結	32・615
解　暉	10・763
	32・4
	33・778
	34・103
	40・381
	44・721
解　誠	8・178
	21・339
	22・465
	24・365
解　經	31・797
	33・610
解經邦	43・555
	43・781
解經傳	21・299
	25・817
解鄭巖	19・229
解鳳岡	4・479
解　榮	63・421
解維純	17・523
解　幟	20・425
解　霖	39・5
解錫桂	19・198
解學禮	60・517
解　縉	44・596
解鴻漸	61・151
解　璿	45・361
	45・421

鳩

鳩巢大輪	16・183
	16・330

獅

獅道人	26・95

誠

誠　然	26・630
誠意道人	2・254
	3・591
誠　慧	41・672
	41・677
	43・673

廉

廉九經 40・489
62・314
63・574
廉大坊 6・173
廉以誠 6・179
6・231
廉世官 41・654
50・249
50・575
廉可風 52・871
廉可旌 41・595
50・556
廉永年 6・173
6・220
廉永倫 6・186
6・221
廉兆綸 6・171
6・222
廉汝爲 40・421
廉汝鈺 6・174
6・224
廉希憲 11・145
13・781
16・140
廉　沅 6・246
廉　范 4・246
7・277
40・351
43・521
44・470
廉奇志 53・602
廉和斯哈雅 7・326
16・406
17・198
廉　洙 6・173
廉承芳 50・462
廉　政 41・16
50・223
50・381
50・548
廉　桐 6・234
廉　彪 15・549
廉國維 59・423
59・526
廉　隅 58・216
廉　琨 6・238
廉　琮 6・238
廉景孫 41・315
廉答失蠻 40・394
53・91
53・408
廉　瑞 17・511
廉　節 6・230
廉　靖 7・401
31・809
35・412
廉　煒 50・236
50・461
50・561
廉　頗 12・348
12・435
31・778
33・608
46・746
46・771
51・373
60・199
61・684
廉德惠 6・241
廉德懋 6・241
廉　選 6・228
廉　璧 6・236

廉驥元 6·174
6·215

痴

痴和尚 2·255

鄘

鄘世澍 5·88
鄘希誠 2·754

靖

靖四方 40·528
50·85
靖安民 8·113
14·367
15·430
31·490
靖希賢 12·275
12·520
靖　嵩 2·239
20·162

新

新垣平 10·575
32·275
新　道 43·421

雍

雍　子 57·427
雍　季 55·347
雍　泰 14·116
14·289
14·458
14·469
14·530
雍　陶 45·498
45·608
雍　焯 53·92
53·409
61·511
雍學詩 40·432
46·713
雍獻策 40·431
53·722

慎

慎　到 7·540
31·844

煙

煙霞真人 41·685
56·226
煙蘿子 52·267

義

義玄禪師 11·319
11·515
32·775
義　甫 40·379
51·313
52·287
義　金 41·690
43·216
義　淨 2·239
10·669
義　福 41·672
50·254
義　縱 45·1
63·30

豢

豢虎道人 21·697

慈

慈　卿　40・384

溥

溥　福　31・839

源

源子恭　32・618
源子雍　31・359
源　奐　31・368
源　洧　35・616
源海和尚　58・21
源乾曜　35・614
源　彪　1・130
22・132
22・322
源　崇　40・506
50・72
源　雄　31・396
40・272
43・526
44・576
源　賀　4・249
7・285
15・570
15・652
31・4
31・347
源　楷　31・390
源　懷　13・763
15・253
16・127
40・564
43・524
44・470
44・575

65・157

準

準　台　16・218

塗

塗時相　7・401
32・673
33・196
塗雲路　45・642
塗　廓　32・320
塗應旂　24・752

溟

溟　渤　2・259
5・670

福

福文明　19・136
19・193
福地和尚　45・774
福克金布　16・281
福　泰　59・364
福　格　64・73
福　時　1・814
8・325
福　祥　64・126
65・214
福　運　41・675
45・309
福　登　41・692
62・718
63・192
福　興　19・139
19・200

辟

辟閭嵩　43・522

際

際　泰　13・739

經

經學參　40・430
50・87
50・862

十四畫

瑪

瑪努勒　16・307

瑤

瑤光和尚　32・776
瑤里孛迭　32・654

靜

靜修和尚　45・774
靜　海　5・525
靜　琬　2・239
3・812
靜　學　3・592

瑣

瑣青繙　32・678

趙

趙一心　41・463
53・740
趙一亨　46・631
趙一杰　27・651
趙一桂　1・170
趙一峰　29・622
趙一貫　20・448
趙一敬　43・345
趙一寧　35・78
趙一聚　41・544
61・149
趙一德　52・59
趙一鶴　7・401
32・674
33・70
33・197
趙人龍　8・734
25・901
趙九思　41・59
51・566
52・414
趙九卿　56・262
趙九德　61・512
趙力檢　59・535
趙三長　1・188
40・442
54・713
58・362
58・707
趙三聘　41・61
61・555
趙三誥　46・51
趙三麒　41・466
41・602
53・104
53・478
趙于敏　50・237
50・383
50・562
趙于蕃　30・238
趙士元(明)　53・102

53・474
趙士元(清) 7・488
趙士吉 46・548
47・463
趙士奇 55・479
59・671
59・746
趙士珍 6・233
趙士俊 52・589
趙士桐 24・261
趙士晤 7・315
31・790
趙士傑 15・495
趙士魁 8・698
趙士機 9・219
趙士舉 39・406
趙士龍 24・774
趙士翹 53・484
趙士麟 7・461
21・307
22・591
22・665
趙大本 34・581
趙大邦 36・788
37・28
趙大經 16・464
18・185
40・484
59・650
趙大端 47・223
趙大綸 5・186
趙大鯨 4・303
7・439
趙大顯 59・424
趙才卿 8・293
23・733
24・87

趙上交 1・727
10・734
22・186
22・337
22・451
趙千之 7・403
19・489
趙　及(宋) 7・308
32・646
33・188
34・544
40・375
趙　及(清) 50・201
52・862
趙之城 8・737
趙之符 1・874
5・164
5・673
5・694
8・686
趙之達 34・48
趙之鼎 8・733
21・392
趙之傑 16・170
16・304
趙之道 9・227
38・271
趙之篆 1・875
5・678
趙之選 9・126
39・630
趙之璿 62・724
趙之韓 40・432
44・125
趙之藺 8・691
趙之璽 46・547
趙之驊 37・502

趙子元 52・408
趙子真 52・408
趙子財 37・444
趙子堯 43・156
趙子鼎 25・900
趙子晝 52・375
趙子瑷 47・318
趙子諒 46・488
趙子禧 30・502
趙子璪 47・318
趙子翼 16・170
16・304
趙天賜 32・658
趙天麒 41・100
53・121
53・494
趙　元(涿州) 1・749
3・153
10・782
22・190
22・339
22・451
趙　元(定襄) 41・571
45・19
45・148
45・154
趙　元(明大名) 33・133
33・379
趙　元(明涇陽) 40・526
54・741
趙元方 52・407
趙元圻 9・219
趙元述 21・365
25・50
趙元宸 27・94
趙元章 7・492
趙元凱 54・721
59・85
趙元福 27・93
趙元勳 48・647
趙元儼 11・145
趙友琴 35・606
趙日瑛 7・452
趙日輝 51・141
52・430
趙曰爌 21・304
46・533
47・483
趙中元 49・797
趙仁本 40・703
62・492
趙仁舉 7・327
11・174
趙　介 51・639
趙　文 32・269
趙文斗 47・501
47・660
趙文沂 22・33
趙文昌(陵川) 41・570
51・708
53・731
趙文昌(平陽) 41・568
55・797
趙文思 12・554
37・260
趙文度 5・296
5・385
5・470
10・747
19・186
趙文恪 42・556
趙文炳(任邱) 40・331
42・492
趙文炳(任縣) 8・492

	36・456
	37・904
	37・946
	61・246
趙文振	41・539
趙文彬	47・491
	47・722
	47・759
	47・802
趙文冕	21・280
趙文清	12・553
	37・259
趙文涵	9・221
	22・33
趙文博	41・15
	41・448
	45・293
趙文傑	24・458
趙文源	22・34
趙文粹	27・522
趙文徵	41・648
	43・134
趙文錦	37・798
趙文濂	22・53
趙文憲	3・809
趙文燿	8・576
	24・469
趙方升	5・679
趙方頤	5・674
	5・704
趙方觀	5・164
	5・674
	5・703
趙斗南(贊皇)	9・114
	13・205
趙斗南(長子)	41・595
	52・876
趙心忭	59・371
	59・446
趙心銘	45・591
趙尺璧	49・794
趙孔昭	8・489
	36・454
	36・529
	36・745
	40・327
	42・490
趙毋卹	42・526
趙允光	8・618
趙允亨	8・371
	21・366
	25・52
趙允昌(涿州)	1・842
趙允昌(清)	21・395
	25・901
趙允涵	24・457
趙允植	16・447
	17・203
趙允澍	9・219
趙　玉(後唐)	3・152
	5・295
	5・383
	5・469
	10・699
	19・185
	26・91
	26・762
	42・741
	43・161
趙　玉(明桃源)	11・177
	11・638
趙　玉(明遷安)	8・404
	16・508
	16・776

趙　玉(明偏關)　46・54
趙玉堂　17・71
趙玉琦　26・345
趙玉暉　18・72
趙玉璽　28・432
趙世正　41・478
52・425
趙世延　40・570
40・838
43・637
44・536
44・658
54・677
64・646
65・255
趙世英　32・268
34・107
趙世杰　39・261
39・340
趙世和　13・727
趙世相　8・595
12・542
38・155
趙世亮　19・134
19・183
趙世淮　12・328
趙世楨　51・601
趙世雍　41・655
48・243
趙世猷　8・614
趙世福　41・469
60・704
60・765
趙世顯　7・482
11・445
趙本忠　45・485
45・577
趙丕承　9・121
12・135
趙　平　63・211
趙　可　41・570
52・66
52・314
趙可化　27・517
趙可進　50・238
50・666
趙北辰　3・154
趙占鼇　13・778
趙　叶　7・322
11・169
12・336
趙　田　54・722
59・85
趙甲科　57・454
趙申中　15・533
15・566
趙申寵　10・828
16・547
18・351
18・487
趙由仁　24・261
趙生春　37・41
趙生時　9・20
27・651
趙生鈺　46・488
趙生蘭　37・42
趙　伋　1・842
3・808
趙　白　8・460
趙　仝　5・251
趙令岳　41・612
趙　用　52・429
趙用光　41・585
趙用熙　7・459

	21・310
趙冬旦	60・312
	60・383
趙冬曦	7・750
	11・207
	11・876
	12・59
	12・69
	23・385
趙立身	38・584
趙　永	8・317
趙永安	32・41
	35・65
趙永昌	21・363
	25・49
趙永祚	41・91
	49・371
	49・513
趙永祥	6・252
趙永淳	28・735
	50・685
趙必詵	7・493
趙　尼	40・641
趙弘燮	3・134
	5・27
	5・668
	23・229
	25・818
趙民望(元)	52・247
趙民望(明)	8・459
	11・255
趙吉士	40・450
	49・26
趙吉庚	17・527
趙吉徵	8・619
	30・193
趙老同	65・266
趙老醫者	46・553
趙在禮	2・125
	10・699
	22・184
	24・744
趙有初	8・486
	38・28
趙有剛	11・467
趙有勝	12・639
趙有誠	36・749
趙百祥	12・269
趙　成	45・133
趙同泰	58・741
趙　匡	41・561
趙匡贊	1・727
趙　臣(唐)	63・36
趙　臣(明隆平)	37・434
趙　臣(明肥鄉)	35・511
趙　至	7・602
	14・355
	15・101
	15・175
	16・476
	17・187
	41・548
	43・612
趙至剛	37・37
趙　光	19・331
	19・438
趙光前	36・795
	37・33
趙光搢	41・518
	45・585
趙邦清	58・408
	58・724
趙廷伋	41・44
	56・258

	56・451
趙廷臣	9・274
	17・540
趙廷抃	53・104
	53・477
趙廷佐	43・344
趙廷玠	30・227
趙廷玜	30・227
趙廷松	33・618
趙廷官	63・236
趙廷柱	46・715
趙廷彥	32・79
趙廷珩	30・239
趙廷瑛	30・239
趙廷棟	10・837
	32・269
	35・714
趙廷瑞	8・529
	32・731
趙廷熙	28・65
趙廷對	32・68
趙廷輝	32・113
	38・897
趙廷儀	34・686
趙廷翰	27・90
	27・211
趙廷隱	40・750
	42・575
	43・198
趙廷襄	28・188
趙廷璧	47・498
	47・655
趙廷儼	3・364
	56・258
	56・451
趙　延	61・685
趙延珍	23・593
趙延進	10・769
	11・163
	32・722
	40・546
趙延溥	10・759
	11・239
	11・462
	31・455
	31・465
趙延壽	10・776
	31・444
趙延慶	47・488
	47・645
趙延澍	49・789
趙仲卿	43・528
	44・581
	65・17
趙仲容	66・228
趙仲輝	61・115
趙任重	11・444
趙　向	13・146
趙向奎	41・484
	61・128
趙似祖	37・504
趙　全	40・551
	53・86
趙全璧	19・568
	19・655
趙　合	65・228
趙令岳	52・80
	52・438
趙孕奇	44・534
趙名卿	57・127
趙名善	61・257
趙　夙(周)	55・330
	57・34
	60・682

趙　夙(金)　25・724
趙　旭　21・308
23・8
趙　充　56・453
趙充國　43・520
趙　汲　7・466
16・452
17・204
趙汝芳　15・567
趙汝和　9・219
趙汝斌　7・513
12・523
41・114
56・258
56・451
趙汝勵　52・408
趙汝蘭　22・404
趙守印　37・444
趙守律　21・505
25・866
趙守斌　22・28
趙守鈺　66・250
趙守贇　8・278
24・374
24・461
趙　安(明)　27・627
趙　安(清)　2・701
2・817
趙安易　2・92
趙安時　53・731
趙安榮　53・731
趙　祁　47・498
47・655
趙如崑　36・454
38・30
趙如瑾　8・776
21・391

24・772
趙　巡　8・457
趙　戒　7・279
27・754
29・42
趙　志　8・281
31・74
37・588
37・705
趙志和　29・610
趙志恬　27・578
趙志寬　48・758
趙志學　20・757
趙芳增　38・580
趙克己　41・450
62・388
趙克中　30・226
趙克溫　9・243
30・238
趙克勤　58・405
58・722
趙克溥　30・239
趙克寬　53・116
53・485
趙克謙　59・424
趙　抃　7・305
趙　岐(漢)　9・262
29・114
40・262
42・500
61・509
趙　岐(金)　41・571
46・630
50・77
趙　佑　40・312
42・484
趙　佃　47・78

趙作霖 36·202
趙伯成 1·757
8·61
趙伯淳 34·785
趙伯敬 3·33
5·275
5·352
5·460
8·158
趙伯臻 40·516
趙　佗 11·435
11·438
趙佛保 36·446
趙希壯 40·525
42·517
趙希益 54·702
59·645
趙希達 12·536
37·436
趙希鼎 53·102
53·474
趙希曾(滿城) 25·903
趙希曾(襄垣) 50·669
趙希賢 56·215
趙希夔 7·379
21·289
41·49
50·224
50·386
50·561
趙希贊 44·578
趙含貞 34·90
趙含章 1·133
趙含爵 63·778
趙　迎 31·7
趙亨鈐 9·219
趙　忱 52·408
趙　沅 32·682
趙　汴(明) 56·266
56·468
趙　汴(清) 54·173
趙　汶 56·258
56·451
趙完璧(天津) 5·162
5·673
趙完璧(趙州) 12·465
趙完璧(陜州) 29·47
趙完璧(肥城) 21·296
25·923
50·87
53·571
53·633
趙完璧(沁水) 52·44
趙宋乾 31·816
34·719
趙宏化 41·102
47·806
趙宏偉 32·21
38·562
趙宏毅 8·226
11·284
12·65
趙宏燮 4·296
7·445
24·196
趙　良(上谷) 14·125
趙　良(萬全衛) 14·127
趙良玉 41·460
41·594
50·201
50·446
50·571
趙良材 13·257
趙良棟 4·324

4・751
7・524
趙良貴 33・410
趙良弼 7・328
8・211
11・219
12・356
13・200
36・319
趙良嗣 2・127
10・747
趙良璧 40・451
42・519
43・275
43・307
50・657
趙君錫 30・436
32・648
趙　初 41・528
50・196
50・875
趙　孜 31・16
38・273
趙　武 42・524
47・537
47・696
55・351
57・98
59・407
59・518
60・686
趙　玭 10・765
32・721
趙　玥 38・273
趙　玫 8・733
21・395
25・900

趙其昌 58・772
趙其峙 30・226
趙　英 7・350
21・284
趙英璧 58・216
趙　苞 7・281
16・401
17・195
20・590
30・643
趙苞母 9・278
趙東秀 4・468
趙東昕 9・220
趙東魁 27・93
27・238
趙東齊 46・713
趙東魯 61・256
趙協中 66・263
趙　奇 52・861
趙來聘 32・749
33・117
33・380
趙來震 41・503
45・582
趙長玉 52・504
趙長庚 9・108
13・498
趙叔期 52・259
趙　尚 11・267
趙尚友 9・174
32・741
40・455
40・470
46・531
47・402
50・91
50・659

62・313
趙尚寬 40・375
62・572
趙尚賓 45・690
趙果熉 62・529
趙　昌 12・60
趙昌言 7・300
32・633
33・187
40・766
49・342
49・674
趙昌晉 47・79
趙昌期 44・580
趙昌業 41・603
53・216
趙昌運 45・800
趙　昇 2・703
趙明國 36・748
趙明徵 1・850
趙明鏡 20・385
趙　昂(開州) 8・527
趙　昂(大興) 3・730
趙　昉(漢) 41・661
趙　昉(清) 40・441
54・746
趙　迪 10・803
11・243
12・127
12・202
趙　固 43・518
趙　忠(漢) 30・340
趙　忠(錦衣衛) 60・250
趙　忠(明新河) 8・579
趙　岵 47・698
趙　岢 14・294
14・533
40・557
43・551
44・485
44・657
趙　岸 40・429
62・579
63・571
趙知己 61・258
趙知希 34・480
趙和尚 2・259
3・593
趙秉中 50・337
趙秉文 8・98
32・12
33・609
36・17
37・466
40・388
46・553
47・399
52・440
趙秉正 19・198
趙秉恆 26・252
趙秉忠(明) 49・133
49・219
趙秉忠(清) 14・581
趙秉祝 12・339
趙秉貴 16・665
趙秉溫 8・267
14・156
23・589
24・79
趙秉衡 22・14
趙　岱 23・235
25・758
趙　侗 41・623
58・745

姓名	卷·頁
趙依中	18·81
趙　采	24·71
趙　肱	50·572
趙京仕	54·728
	58·362
	58·707
趙京錫	7·485
趙育溥	41·463
	54·204
趙　怡	61·670
趙　炓	12·730
	23·241
	46·12
趙法遈	32·267
	38·637
趙　沛	56·258
	56·451
趙　泌	5·88
趙宗元	41·619
	52·82
	52·438
趙宗文	41·152
	47·807
趙宗禹	53·264
趙宗祐	27·752
	29·35
趙宗閶	34·697
趙宗璧	44·485
趙宗瀛	3·806
趙　定	10·575
	26·95
	28·328
趙定宋	59·422
	59·525
趙　官	45·27
趙建中	15·528
	15·566
	15·650
趙建門	57·572
趙建桓	59·535
趙建極	32·675
	40·338
	42·495
趙居申	9·221
趙居貞	12·54
趙居禮	3·354
趙孟乾	53·721
趙孟弼	60·176
趙承元	8·84
趙承芳	8·538
	32·696
趙承祖	5·521
趙承基	49·793
趙承業	4·768
	5·169
趙承閣	65·110
趙承謨	21·401
趙春林	38·912
趙春堂	3·217
趙春熙	9·220
趙春曦	56·741
趙　武	57·34
趙　珏	25·900
趙　垣	46·531
	62·528
趙南英	21·464
	24·215
趙南星	8·596
	12·265
	12·313
	12·318
	12·319
	12·538
	45·312

趙相如 8·764
21·463
23·133
趙 枬 24·751
趙 柄 15·254
趙 敇 21·293
25·330
趙 奎 41·539
46·533
趙持基 61·268
趙挺元 40·537
41·485
54·146
61·128
趙括母 9·277
趙 昺 20·285
趙 昞 45·585
趙映斗(明) 8·478
11·257
13·342
趙映斗(清) 8·814
16·552
16·777
40·446
44·487
44·610
趙映辰 6·6
趙 星 53·605
趙思文 8·71
16·506
17·177
21·329
趙思本 4·395
趙思孝 39·220
39·262
39·328
趙思明 36·450
趙思桂 35·268
趙思敏 53·92
53·409
趙思商 21·292
21·801
49·676
趙思植 41·533
59·411
59·523
59·589
趙思溫 10·776
16·489
50·86
趙思誠 41·55
46·533
47·483
趙思義 54·715
59·296
趙思聰 43·898
趙 矩 32·660
趙重文 56·269
56·471
趙重信 56·265
56·467
趙重章 56·268
56·470
趙重福 4·265
7·322
26·248
40·814
64·630
65·502
65·571
66·80
趙保安 13·454
趙保純 18·83
趙皇梅 32·751

	33·144
	33·396
	33·481
趙　盾	47·616
	55·335
	56·677
	60·684
趙　律(明)	21·688
	24·792
趙　律(清)	46·531
	47·402
趙食其	65·117
趙胤昌	31·809
	34·211
趙　亮(明)	4·287
趙　亮(清)	17·520
趙庭芝	17·81
趙庭荃	8·700
趙庭琰	62·16
趙庭椿	7·454
	22·140
	22·325
	31·834
	34·721
趙庭對	35·71
趙　庠	31·115
	31·256
趙　彦	40·334
	42·517
	44·698
	45·693
	46·48
趙彦章	23·592
	24·80
趙彦復	40·428
	54·737
	57·104
	57·274
	57·443
趙　恆	46·547
趙恆褒	39·630
趙　炳(元)	8·187
	16·130
	16·174
	16·310
	16·497
	16·772
	40·301
	43·535
趙　炳(明)	8·600
	12·535
	37·432
趙　炳(清廣元)	7·486
	13·472
趙　炳(清成安)	34·693
趙炳烺	56·265
	56·466
趙炳然	14·292
	40·317
	43·548
趙　烔	4·467
	27·92
	27·238
趙美石	19·566
趙咨中	15·535
	15·566
趙　洪	60·174
趙　津	46·440
趙　昶(後周)	31·137
	40·565
	40·672
	43·627
趙　昶(清)	50·297
趙　祜	8·526

趙祖元 40·325
42·489
趙祝崇 2·834
趙　珏 2·727
2·787
7·332
14·112
14·284
41·5
趙　柔(北魏) 43·678
趙　柔(元) 8·275
22·28
22·135
22·323
24·360
24·461
趙飛熊 41·486
52·862
趙　約 32·267
38·315
趙　泰(金) 41·572
41·618
47·500
47·659
趙　泰(明) 41·6
50·222
50·379
50·546
53·589
趙泰振 12·327
趙　珩(密雲) 29·456
趙　珩(長子) 52·875
趙　珣(宋) 24·763
趙　珣(清) 1·875
5·164
5·674
5·699
8·686
趙　起(北齊) 10·642
31·149
31·857
32·431
33·778
34·53
51·271
52·368
趙　起(清) 5·241
趙起新 36·797
37·34
趙　華 9·266
趙　恭 12·65
趙晉卿 56·453
趙　桓 21·826
趙　桐(明) 60·698
60·761
趙　桐(清榆次) 46·462
趙　桐(清南宮) 9·226
37·720
趙連芬 37·42
趙連和 29·623
趙連城(房山) 3·811
趙連城(邱縣) 35·273
趙連城(洪洞) 58·755
趙連登 25·903
趙連璧 4·766
5·162
5·673
趙　彧 8·282
36·778
37·22
趙破奴 41·374
44·541
64·464
65·487

趙　原　11・268
13・202
40・531
47・403
47・618
趙　振(宋)　7・827
24・762
趙　振(金)　53・729
趙　振(清)　41・624
59・425
59・543
趙振玉　8・185
12・411
12・511
趙振祚　8・666
趙振基　41・624
59・426
59・543
趙振朝　50・667
趙振業　31・814
33・611
趙振豪　39・630
趙振鏞　61・153
趙致安　13・773
14・110
14・625
趙時可　54・732
趙時吉　31・803
33・610
趙時春　40・314
42・489
趙時通　53・92
53・409
趙時傑　31・827
35・418
趙時濟　58・367
趙　晟　21・274
24・508
24・593
趙　晁　10・758
趙恩慶　17・186
趙　剛　47・55
趙剛中　15・535
15・566
15・650
趙　倫(昌黎)　17・3
趙　倫(高平)　52・20
趙師商　49・364
趙師魯　1・111
1・789
8・156
20・589
趙師譽　60・714
60・790
趙逢年　41・165
47・651
趙逢坦　59・535
趙逢時　52・868
趙逢彩　60・376
趙　卿　7・407
趙　衰　42・523
55・333
56・675
59・406
59・518
60・683
趙　勍　39・6
趙　旃　55・360
趙悅學　9・238
12・266
趙　益　41・174
42・595
46・126
46・428

47・782
趙　朔　47・616
55・351
趙　涓　7・797
31・72
趙　浩　32・749
趙　海(明)　19・134
19・183
趙　海(清)　15・495
趙海清　50・668
趙　浮　31・307
趙　宸　8・373
21・369
22・441
58・360
58・706
趙家駿　44・802
趙　朗　41・6
61・253
趙　祥　41・435
45・662
趙祥星　37・884
37・927
54・725
59・27
59・86
趙祥錫　46・460
趙　書　4・381
27・87
趙書麟　15・255
趙　珅　25・892
趙桑虞　32・689
趙　紓　46・533
47・483
趙　琠　59・424
趙執信　5・87
9・275
趙　培　28・186
趙培之　4・471
27・86
趙培基　9・126
39・630
趙基復　8・757
19・184
21・465
24・689
趙　著　8・67
趙　萃　32・732
趙　埜　4・421
5・220
9・65
趙　彬(元)　41・618
42・736
46・150
46・448
趙　彬(清)　12・176
趙　梓　40・530
47・403
47・616
趙　奢　7・269
12・348
12・436
14・98
31・779
33・608
53・85
55・409
趙捷陞　56・270
趙常勝　38・571
趙常餘　47・313
趙　晦　40・520
45・285
趙　貴　7・404
趙國良　49・309

	49・672
	49・693
趙國忠	14・296
	14・535
趙國相	61・668
趙國柄	57・562
趙國柱	57・430
趙國鼎	1・168
	5・564
	46・533
	46・548
	47・456
趙國輔	15・527
趙國璧	60・712
	60・785
趙國寶	53・95
趙國麟	7・504
	32・683
趙　堈	46・446
趙崇文	46・436
趙崇韜	40・750
	42・575
趙　敏	46・551
	47・494
趙　進(五代)	10・732
趙　進(明)	41・439
	56・688
趙進修	37・157
趙進禮	8・615
趙　偉(金)	45・37
趙　偉(明)	41・11
	50・223
	50・380
	50・546
趙偉品	53・483
趙得秀	32・273
	35・493
趙得佑	8・412
	16・516
	17・177
趙從心	12・313
趙從昭	61・268
趙從學	36・454
	38・30
趙　猛	31・137
趙　訥(明)	21・291
	22・403
	41・581
	49・363
	49・676
趙　訥(清)	41・514
趙　章	45・686
趙率教	16・430
	17・200
趙惟卿	36・783
趙惟煥	7・498
	31・837
趙惟賢	45・485
	45・570
趙惇修	52・871
趙　煥	28・674
趙　清	41・28
	45・294
趙清玉	34・75
趙　淑	25・597
趙　淦	46・489
趙　密	40・777
趙　紱	16・445
	17・203
	46・533
	47・483
趙　紳	40・303
	42・481
趙　絅	47・486

趙　鼎(宋)　40・792
61・110
趙　鼎(金欒城)　8・92
11・253
13・487
趙　鼎(金定襄)　45・19
趙　鼎(清)　29・544
29・582
趙　景　40・720
51・535
52・407
趙景伯　4・467
9・89
27・84
趙景岱　47・90
趙景垣　57・430
趙景星(明)　29・48
趙景星(清)　37・435
趙景阜　4・387
9・88
27・90
27・167
27・210
27・289
趙景益　27・92
趙景溫　40・385
54・676
59・641
趙景閎　39・634
趙　貴(北周)　40・680
64・548
66・34
趙　貴(明)　7・330
18・15
趙貴謙　19・375
趙　蛟　50・83
趙　黑　31・354

趙無忌　40・503
趙喬年　8・606
30・225
趙　傑　58・404
58・741
趙集成　40・499
趙御衆　16・628
18・371
18・541
趙　復(唐)　40・509
62・570
63・13
趙　復(元)　1・116
2・266
9・269
趙復元　50・667
趙復亨　27・651
趙復鋭　50・230
53・603
趙　循　21・362
24・766
趙欽順　3・794
趙欽舜　19・297
趙欽湯　41・60
60・303
60・360
趙舜賓　21・461
25・59
趙　勝(周)　12・435
31・841
33・608
35・419
35・506
趙　勝(明遷安)　8・404
16・503
16・772
趙　勝(明沙河)　38・262

趙勝剛 22・134
22・323
趙象峰 20・296
趙猶龍 41・209
44・802
趙 評 46・531
47・402
趙 翔(元) 63・719
趙 翔(明) 41・182
43・640
趙 善 40・654
64・502
66・15
趙 普 1・97
1・726
2・566
3・722
5・297
5・386
5・471
5・519
11・144
11・316
11・436
趙奠麗 32・740
趙道元 7・492
趙遂良 25・610
趙曾楝 22・36
趙曾標 22・35
趙 湛 9・152
32・71
34・98
趙 湘 40・375
趙湘桂 12・328
趙 溫 4・468
27・85
27・233
40・466
趙 渭 35・65
趙 滋(宋) 7・306
21・271
23・212
24・24
24・747
25・42
40・548
趙 滋(明) 21・695
25・70
趙 淵 46・444
趙開心 12・414
趙 弼(明) 7・353
31・797
33・610
趙 弼(清) 7・491
39・546
趙 强 61・131
趙 賀 40・517
趙 登 11・508
趙登明 46・488
趙登科 41・473
59・681
59・750
趙登高 7・509
18・29
19・4
19・96
趙登第 35・417
趙登舉 9・193
趙 隘 40・798
趙 統 40・417
54・695
55・792
趙 瑞 16・516
17・61

趙瑞城 20·161
趙　瑜(高邑) 12·269
12·541
趙　瑜(垣曲) 61·270
趙　瑗 5·572
趙　瑄 52·876
趙　載 41·40
61·255
趙　塘 24·261
趙夢竹 39·630
趙夢蓮 41·500
47·490
47·648
趙夢熊 12·176
趙夢旟 13·242
趙夢麟 8·515
32·54
33·762
34·67
40·428
42·517
趙　楠 40·802
51·621
趙楚卿 52·429
趙　楨 15·525
趙槐符 18·355
18·409
18·489
趙　輗 51·630
52·310
趙　輅 28·735
趙虞保 33·199
33·510
趙　歇 42·527
趙　暉(五代) 10·725
32·721
趙嗣彥 52·430
趙嗣美 41·656
52·444
趙嵩年 41·517
47·652
趙魁升 31·282
趙　誠 54·757
59·80
趙　新 5·238
趙資隆 54·716
59·296
趙　愫 33·746
34·85
趙慎修 32·672
33·196
趙煜宗 19·386
趙　愷 40·405
61·510
趙　煌 22·33
趙　輝 1·169
7·407
19·541
趙　義 3·354
趙　溥 41·599
52·337
趙　寬 7·350
16·436
18·183
18·212
趙福辰 60·787
趙　禕 49·793
趙綏之 46·442
趙　瑨 8·266
14·370
15·104
15·190
趙　瑫 8·3
32·6

38·315
38·562
趙　瑭　41·599
趙臺憲　47·497
47·654
趙壽彭　34·730
趙　鞅　42·525
55·385
趙　蔚　41·626
趙　輔　45·179
趙輔之　8·97
趙輔和　35·651
趙爾守　2·728
2·790
趙爾孫　4·467
27·85
27·238
趙爾楷　9·205
15·567
15·646
趙爾儒　16·34
趙爾覲　46·697
趙　需　41·620
55·478
59·425
59·543
趙　睿(宋)　49·674
趙　睿(明)　39·329
趙毓楠　28·60
28·106
趙毓槐　34·691
趙　銊　9·219
趙　銓(明)　41·581
50·199
50·666
趙　銓(清)　50·201
52·863
趙　銘(明)　4·83
6·58
趙　銘(清金堂)　38·95
趙　銘(清臨汾)　56·10
趙銘堂　56·737
趙　鳳(幽州)　1·718
5·383
5·469
10·695
趙　鳳(棗强)　30·13
30·106
趙鳳昌　38·583
趙鳳集　49·722
趙鳳詔　51·363
54·146
趙鳳翔(雄縣)　24·792
趙鳳翔(景縣)　29·610
趙鳳儀　36·755
趙　廣　11·282
11·491
趙廣漢　7·557
21·316
22·144
22·327
23·46
趙　韶　24·119
趙　端　7·467
16·458
18·132
趙榮秀　47·212
趙榮林　65·220
趙榮華　17·78
趙榮顯　30·589
趙　精　49·793
趙鄰魏　45·573
趙　漢　40·313
趙漸磐　35·632

趙　漁　37・504
趙　漪　46・696
趙　寧(宋)　45・714
趙　寧(明)　8・523
32・727
33・113
33・379
趙　熊　56・724
趙　綽　62・648
63・30
趙　綱(明)　21・288
趙　綱(清)　35・438
趙　維　47・488
47・643
趙維貞　38・583
趙維卿　37・25
趙維乾　19・541
趙維煥　38・380
38・670
趙維新　19・406
趙維賢　41・575
趙維藩(元氏)　11・268
13・340
趙維藩(冀州)　8・591
31・81
趙　綸　7・504
23・237
25・760
趙　綰　7・580
41・374
43・610
趙　瑾(明)　21・284
22・702
趙　瑾(清陽曲)　41・587
43・85
趙　瑾(清遼陽)　46・4
趙瑾文　27・574
趙　璜　7・365
趙　璋　9・232
趙　鋆　9・221
22・33
趙　增　40・461
60・469
趙　墀　28・30
趙蕙芛　9・220
趙　標(明)　60・304
60・361
趙　標(清)　41・472
43・84
趙　醇　52・877
趙震一　28・67
趙　撫　59・416
59・538
趙　璛(蒲州)　41・1
趙　璛(鷄澤)　8・516
32・38
35・63
趙　輝　61・556
趙輝斗　17・143
趙輝璧　49・789
趙　億　45・37
45・133
趙　儀　18・410
趙　質　1・757
8・83
16・663
趙　德(明)　59・412
趙　德(清)　40・454
62・584
63・692
趙德光　1・155
20・215
趙德俶　30・227
趙德温　45・1

趙德鈞	2·124
	3·364
	4·256
	5·560
	6·205
趙德殿	46·452
趙德漳	43·899
趙德轍	41·518
	60·313
	60·363
趙徵庸	44·803
趙　魯	11·178
	12·123
趙魯源	6·91
趙熟典	59·393
	59·423
	59·523
趙賡揚	56·265
	56·466
趙　慶	46·465
趙慶祥	8·251
	33·776
	34·105
趙　■	9·130
	37·504
趙　瑩	49·782
趙養冲	8·416
	16·523
	18·348
	18·485
趙養志	61·453
趙養蔚	8·416
	16·523
	18·347
	18·485
趙　潔	12·682
趙　潤(鹽山)	27·92
趙　潤(平鄉)	36·453
	39·641
趙履豐	12·559
趙靜桀	3·830
趙　璞	44·608
趙　璘	1·875
	5·164
	5·673
	5·698
趙　憙	43·521
趙　翰	11·844
	12·16
趙　樾	24·420
趙樹棠	3·31
趙懋本	59·650
趙　融	13·352
趙　霖	5·586
趙　叡	41·567
趙叡冲	40·701
	63·300
	63·577
趙　曦	9·48
	27·573
趙　興	48·60
趙興祥	8·81
	16·181
	16·327
	16·492
	17·191
趙興運	41·652
	62·715
趙興嗣	8·96
	11·283
趙　默	41·496
	50·667
趙　範	31·812
趙　儒(金)	45·37

	45・133
趙　儒(明)	3・356
趙　錫	12・359
	38・155
趙錫蒲	5・354
	5・461
	7・456
趙錫榕	24・89
趙　錦(良鄉)	2・103
	3・845
	3・881
	20・180
趙　錦(曲陽)	25・776
趙　錦(柏鄉)	8・594
	12・359
	12・532
	36・780
	37・24
趙　錦(清成安)	34・689
趙錦城	61・150
趙錦堂(河間)	9・8
趙錦堂(趙州)	12・483
趙　録	3・154
趙學普	24・310
趙學曾	60・170
	60・783
趙親仁	13・241
趙龍門	41・514
	52・876
趙澤藻	24・458
趙　憲(金)	45・139
趙　憲(明)	38・253
趙憲鼎	41・469
	61・125
趙憲普	41・483
	61・126
趙　禧(明)	40・525
	42・515
	49・163
	49・173
	49・175
	49・245
趙　禧(清)	63・120
趙　豫	8・353
	21・346
	25・51
趙　縉	47・207
趙　璐(長垣)	9・186
趙　璐(成安)	34・690
趙　聰	31・87
趙　檜	8・459
	11・266
	13・202
趙懋功	57・430
趙懋本(大興)	40・465
趙懋本(山陰)	46・667
趙懋誠	31・82
趙　擴	41・538
趙　擢	11・258
	12・135
趙　黻(保定)	8・734
	21・406
	25・902
趙　黻(陽曲)	41・648
趙　曙	60・305
	60・380
趙　興	31・248
趙　徽	2・95
	7・316
	8・39
	14・106
	14・283
	14・526
	14・659

趙　駿　15・569
15・646
趙鍾偉　43・843
趙鍾濂　47・488
47・623
趙鍾麟(臨榆)　16・642
17・538
趙鍾麟(鹽山)　27・212
趙　講　61・257
趙　謙　11・174
13・202
13・525
趙謙尊　46・436
趙謙德　43・208
趙　燮　7・461
趙襄宣　59・534
趙應斗　32・51
35・68
54・717
59・297
趙應式　19・540
趙應垣　21・382
25・863
趙應祖　30・228
趙應珠　9・243
30・235
趙應聘　12・687
趙應龍　8・581
29・257
31・78
趙　燦(明)　37・440
趙　燦(清)　16・465
18・185
趙　鴻　46・487
趙鴻運　41・533
59・682
59・751
59・760
趙鴻溥　25・409
趙鴻熙　57・572
趙鴻賓　35・292
趙鴻儀　60・363
趙鴻儒　25・119
趙　濤　32・684
趙　濬　12・358
38・154
趙　濟　47・90
趙　璿(明)　11・187
12・682
48・175
49・315
趙　璿(清)　8・719
趙　璸　32・113
38・896
趙覲舜　52・878
趙　瞿　41・661
50・250
50・960
52・843
趙　瞻　40・296
40・376
40・516
49・482
62・309
63・350
趙　顒　1・144
趙　曜　40・333
趙　馥　47・406
47・716
47・745
47・784
趙　鎔　4・262
26・247
趙　鏘　24・454

趙龜頤 41・668
趙揚言 22・33
趙　熿 12・136
趙　燿(解州) 60・717
趙　璧(金) 8・119
趙　璧(元) 40・832
43・636
43・912
43・934
趙　璧(明) 8・594
12・358
12・531
36・780
37・23
趙　璧(清) 19・573
趙璧完 46・630
趙　彝(金) 41・430
47・457
47・623
趙　彝(明沁州) 53・95
趙　彝(明指揮使) 18・215
趙　難 31・785
趙蘇門 38・95
趙攀龍 41・502
44・797
趙　璽(明) 36・266
趙　璽(清) 34・688
趙　翻 18・374
18・543
趙　贊 1・97
2・567
3・723
5・296
5・384
5・470
10・735
10・777
40・373
54・662
趙贊元 26・307
趙贊極 46・435
趙　穩 59・142
趙　鏜 4・275
7・375
趙　鏞 61・253
趙鵬祥 9・234
趙鵬程 43・152
趙鵬翔 12・543
趙　譔 46・823
47・61
趙　瀚(昆明) 19・542
趙　瀚(榆社) 46・749
趙　瀛 56・262
趙繩祖 40・393
51・331
52・547
趙蘭馨 52・867
趙　驊 40・509
62・569
趙　耀(明) 8・592
12・356
12・545
37・144
趙　耀(清) 9・105
趙耀甲 25・410
趙鍾彥 47・497
47・622
趙　鐩 2・131
趙　騰 7・566
趙　護 54・641
63・9
趙繼先 19・198
趙繼孟 51・49
52・429

趙繼唐 41·496
57·115
57·558
趙繼普 45·5
趙繼鼎 35·261
趙　鰲(武邑) 30·576
趙　鰲(興國) 50·93
趙　驂 41·475
50·239
50·572
趙躋昌 60·305
60·362
趙　鐸(元) 47·485
47·641
趙　鐸(明) 15·45
15·218
趙　鶴(遼州) 41·446
46·630
趙　鶴(瓜州) 7·356
趙　鶴(清) 41·648
46·451
趙鶴年 37·502
趙懿源 5·673
趙體敬 41·42
42·606
46·811
46·822
46·847
趙　鑄 1·139
趙　鑑(金) 22·133
22·323
趙　鑑(明) 7·349
36·322
趙　鑑(清) 27·170
27·293
趙　瓚(清武清) 1·875
5·164
5·674
5·701
8·687
趙　瓚(清柏鄉) 37·31
趙　欐 41·473
趙　麟 43·295
趙麟國 45·79
趙麟清 43·338
趙麟臺 34·369
趙　觀 41·472
56·692
趙觀德 56·268
56·470
趙觀瀾 56·268
56·470
趙　灝(滿城) 8·734
21·396
25·901
趙　灝(新安) 22·741
趙　曬 22·214
22·352
趙　纘 7·498
31·825
36·5
趙　贊 49·677
趙　鸞 40·408
46·530
47·401

赫

赫舍哩志寧 16·157
16·271
赫舍哩和勒端 17·152
赫舍哩執中 17·152
赫舍哩德 8·93
赫舍哩鶴壽 8·96
赫連子悦 31·159

赫連達　11·143
40·683
44·528
44·587
64·558
65·491

嘉

嘉　父　60·198
嘉　祥　40·476
43·563
嘉　彬　40·827
50·173
50·375
50·559

臺

臺　佟　35·650
臺　亨　62·368
臺鋒顯　58·346

壽

壽　山　66·578
壽　公　30·333
壽　頤　13·91
壽　麟　65·78

綦

綦汝舟　2·835
綦連猛　40·268
40·665
64·521
綦　儁　4·250
26·245
41·381
43·624

慕

慕容三藏　1·96
2·565
3·721
10·611
41·399
慕容友　31·335
慕容延釗　32·632
41·418
42·580
47·484
47·638
慕容赤土　41·172
慕容孝幹　7·289
慕容昇　52·367
慕容盛　16·192
31·338
慕容紹　31·338
慕容紹宗　40·267
40·659
42·467
慕容俊　31·334
慕容溫　31·339
慕容遐　7·289
慕容楷　31·339
慕容農　1·129
9·264
16·194
32·127
35·490
慕容會　16·194
慕容熙　16·193
慕容鳳　31·339
慕容精　31·338
慕容德　31·4
31·339

31・340
32・777
慕容德琛 40・756
42・581
47・485
47・640
慕容德豐 4・262
40・755
42・580
慕容寶 16・192
慕容霸 31・334
慕容儼 10・640
31・858
34・673
40・269
60・768

蔡

蔡一麟 5・280
5・358
5・463
蔡士英 16・533
17・180
28・98
蔡之逵 24・459
蔡子璧 41・510
蔡天祐 40・314
43・547
43・771
44・472
蔡元禧 39・549
蔡方升 28・675
蔡孔泮 2・834
蔡允節 3・584
蔡本謙 38・95
蔡可大 24・770
蔡可行 34・724
蔡可教 8・511
32・46
34・676
34・724
蔡可賢 32・46
34・677
34・724
蔡必昌 22・202
22・378
蔡有麟 9・267
蔡成己 3・544
蔡廷斗 7・463
21・312
22・406
蔡廷玉 1・704
2・654
7・704
蔡廷弼 47・401
蔡延慶 21・272
25・140
蔡汝楙 20・421
蔡如梁 20・628
蔡志修 16・469
蔡　抗 7・309
23・214
24・24
蔡　邑 9・262
蔡含靈 9・240
12・545
37・155
蔡完者不花 5・571
10・813
蔡　邵 59・79
蔡英輔 3・31
蔡松年 10・788
11・252
11・481

人名	卷·頁
蔡秉元	4·283
	26·250
蔡秉健	28·187
蔡金斗	34·699
蔡　京	23·754
蔡宗德	5·304
	5·394
	5·474
蔡　珏	3·554
	8·679
蔡　珍（正白旗）	16·554
	17·183
蔡　珍（夏縣）	41·126
	62·410
蔡思續	34·774
蔡　衍	4·245
	7·280
	31·2
	31·297
蔡亮茂	40·475
	47·164
蔡爲章	31·833
	34·212
蔡　祐	51·610
蔡　珪	8·91
	11·145
	11·253
	11·482
蔡　珽	4·296
	7·422
	16·542
	17·182
蔡真人	21·693
	25·926
蔡　彧	37·825
蔡　根	34·680
蔡時鼎	7·401
	32·672
	33·196
	33·508
蔡　倖	40·422
	47·399
蔡　豹	31·329
蔡　通	2·271
蔡　邕	29·114
	65·225
	65·519
蔡理勤	61·628
蔡　彬	8·579
	30·502
	31·77
	40·303
	42·481
蔡　常	7·510
蔡國偉	44·658
蔡國熙	8·511
	32·45
	33·776
	34·65
蔡國勳	16·653
蔡　笠	29·112
蔡　淇	54·711
	58·712
蔡　深	40·529
	51·333
	52·548
蔡啟源	47·319
蔡　隆	15·807
蔡紹先	32·39
	34·676
蔡　琰	65·284
蔡　雲	8·574
	22·30
	24·463

蔡景武 50・79
50・310
50・609
蔡復一 40・334
42・492
蔡曾源 19・434
蔡　湛(漢) 7・282
蔡　湛(清) 8・705
蔡開周 52・875
蔡瑞清 18・68
蔡　瑄 41・440
62・700
蔡　蓁 61・446
蔡夢齊 22・444
蔡　椿 1・148
3・356
蔡　楠 60・625
60・775
蔡壽臻 5・520
19・542
20・218
蔡毓秀 8・818
16・556
17・63
蔡毓榮 16・535
17・148
17・180
蔡　僑 31・148
40・660
64・507
66・25
66・283
蔡廣生 49・390
蔡　演 40・392
49・303
蔡　賓 22・356
蔡維寅 7・465
16・459
17・206
蔡維儀 7・474
30・590
蔡　璜 40・459
47・404
47・618
蔡增祿 19・389
蔡　墨 55・391
57・102
蔡審廷 11・163
31・5
31・452
36・265
蔡　整 45・179
蔡曉嵐 25・875
蔡興周 16・455
17・205
蔡　勳 51・579
52・417
蔡錫祺 40・460
47・404
47・618
蔡凝福 60・386
蔡　澤 1・91
2・71
2・563
3・720
7・531
42・737
蔡　顒 18・326
18・473
54・756
蔡懋昭 31・16
38・273
蔡懋德 7・406
11・189

11·539
23·226
40·335
42·494
42·797
45·755
45·801
蔡　謙　27·438
蔡應中　16·328
蔡鴻章　9·252
蔡濬源　20·680
蔡瓊枝　32·679
蔡繼榮　45·684
蔡　襲　51·609
蔡　瓚　5·394
蔡　𩐊　8·595
12·357
12·546
37·145

蔣

蔣一鳴　40·474
50·94
53·579
蔣三捷　1·173
7·444
蔣士元　5·275
5·353
5·460
11·186
12·682
蔣士璋　33·615
蔣士鎔　31·831
33·613
蔣士麟　22·444
蔣大鏞　24·753
蔣上欽　21·294
25·141
蔣之奇　7·312
蔣元瑞　1·178
20·853
蔣元霖　5·522
蔣元縉　7·457
蔣少游　41·631
43·671
蔣文煥（明）　43·537
蔣文煥（民國）　66·255
蔣以忠　7·400
31·807
蔣玉虹　4·421
5·68
5·213
蔣　正　19·540
蔣印周　35·263
蔣式璘　23·60
蔣吉人　41·458
55·801
蔣成功　19·567
蔣光祖　36·197
蔣先裕　28·676
蔣廷瓚　32·693
蔣汝霖　20·160
蔣守浩　2·834
蔣岐鳳　42·626
蔣攸銛　4·302
7·435
20·161
蔣伯敢　15·60
蔣迎春　44·540
蔣宏道　55·801
56·187
蔣　良　15·220
蔣　芾　7·500
32·683

33・72
33・202
蔣 林 4・307
7・443
蔣來賓 35・288
蔣秉采 40・439
43・557
蔣 周 41・638
蔣治田 28・432
蔣承勛 16・757
蔣春芳 40・331
蔣 珊 30・693
蔣拱宸 4・480
蔣貞吉 35・265
蔣 昺 35・256
蔣香農 18・548
蔣 炳 7・437
蔣炳彩 43・842
43・850
蔣洪澍 7・518
12・779
蔣 袓 3・34
蔣 祝 7・489
12・17
蔣起龍 62・313
蔣振周 35・264
蔣 琬 40・579
43・544
蔣 琅 35・261
蔣 堅 52・441
蔣 堂 40・375
63・15
蔣國正 7・460
21・309
25・575
蔣將明 40・509
蔣 偕 31・458
蔣敘倫 18・72
蔣 淦 7・372
蔣紹宗 28・25
蔣 琮 2・131
蔣超曾 33・204
蔣 達 24・314
蔣朝貴 66・242
蔣 勛 8・504
32・33
35・427
35・509
蔣御珽 30・664
蔣欽緒 32・624
蔣舜元 41・638
蔣舜民 7・369
蔣 渡 44・613
蔣夢綸 35・266
蔣 楷 6・7
蔣 暘 58・13
蔣 暉 39・797
蔣 詩 5・88
蔣赫德 18・56
18・351
18・487
蔣嘉霖 20・392
蔣壽春 27・521
蔣 輔 11・179
12・124
蔣 熙 5・521
蔣鳴龍 40・452
54・750
56・201
蔣 滿 50・54
蔣維澧 40・471
43・63
蔣範化 21・422
23・59

蔣　儀　4·20
4·372
5·159
蔣德宏　33·191
蔣衛平　17·175
蔣　論　30·589
蔣樹培　8·764
蔣頤秀　63·572
蔣　曇　35·262
蔣學成　21·293
22·699
蔣聯芳　35·288
蔣　槦　11·446
蔣懋德　5·521
5·529
蔣　擢　7·499
31·825
36·5
蔣臨照　4·479
9·97
蔣鍾尹　5·87
蔣燮明　8·545
蔣應奎　41·52
43·642
蔣應泰　3·745
蔣勸善　7·410
蔣　斆　8·721
21·396
23·56
蔣　儼　40·364
62·568
63·12
蔣　瓚　40·413
45·640
54·742
蔣纖祖　35·261
蔣　驥　16·753

蔚

蔚之煥　8·620
蔚友誠　41·650
蔚文炳　44·591
蔚可大　44·591
蔚　宙　44·534
44·588
蔚　垍　44·592
蔚昭敏　7·303
21·270
25·135
31·461
蔚　恕　50·609
蔚　楷　60·624
60·777
蔚嘉宗　44·589

輔

輔　超　41·428
44·792
輔　廣　12·482
輔　躒　55·396

斡

斡勒合打　43·533
斡　魯　43·531

熙

熙　昌　7·519
16·281

監

監伯陽　7·659
31·856
38·306

厲

厲汝進 8・413
16・502
18・344
18・483
厲能官 25・41
25・89
25・104
厲　鶚 9・275

奪

奪　魁 4・327
7・529

爾

爾朱天光 41・378
44・720
爾朱羽健 42・545
45・36
45・482
45・576
爾朱度律 11・142
11・436
爾朱京纏 31・158
爾朱彥伯 41・379
爾朱敞 11・144
41・396
42・551
爾朱新興 40・629
爾朱榮 45・36
45・132
45・482
45・576

臧

臧　丙 8・9
32・723
33・96
33・363
40・380
46・580
臧　石 44・579
臧仲學 20・757
臧含璧 54・748
臧　旻 40・349
42・500
臧　洪 7・282
32・613
臧　宮 14・101
臧致和 21・819
臧焴昌 21・818
臧爾心 41・114
59・411
59・522
臧爾令 13・313

需

需弗山人 9・273
14・413
14・503
14・577

裴

裴一諫 41・78
62・389
裴士淹 41・635
裴大夏 32・105
33・620
裴大鵬 32・106
33・684
裴千鈞 40・364
61・99
62・569

63・349
裴之平 41・395
61・85
裴之高 41・395
61・84
裴之横 41・191
61・85
裴之禮 61・84
裴子烈 61・85
裴子野 41・554
61・82
裴子餘 7・292
31・5
31・413
40・724
61・655
裴　元 63・223
裴元長 53・194
裴元證 41・634
52・254
裴仁基 40・504
41・402
42・739
裴文安 41・402
61・94
裴文躬 55・800
裴文舉 40・359
40・679
60・616
60・769
61・92
裴世兆 41・486
57・124
57・561
裴世均 33・686
裴世傑 63・809
裴　尼 61・91

裴夷直 61・108
裴光庭 40・725
61・97
裴　回 61・99
裴邦奇 41・585
61・155
裴廷琚 16・27
裴廷楹 18・549
裴　休 40・728
42・472
43・161
50・73
裴延休 41・634
裴延儁 2・526
3・706
4・249
7・286
40・645
51・268
61・86
裴仲規 40・356
51・267
52・366
61・87
裴　向 40・363
40・508
40・727
42・471
49・295
49・481
61・100
裴行立 40・367
40・725
61・657
裴行儉 40・705
44・475
61・95

65・127
裴　夙　40・357
61・87
62・475
裴　宇　51・565
52・413
裴守一　50・235
52・690
52・857
裴守貞　40・707
61・655
裴安祖　40・503
41・613
61・88
裴　聿　40・645
61・87
裴　羽　41・411
61・143
裴孝仁　52・368
裴志濂　57・561
裴志灝　57・564
裴　均　40・726
裴　秀　40・621
61・75
裴秀通　61・145
裴伷先　40・706
61・98
裴伯茂　41・550
61・153
裴　佗　7・286
60・286
60・348
61・89
裴希先　61・101
裴希度　41・453
42・611
43・82
裴希惇　27・757
29・45
61・97
裴　良　40・646
49・290
49・477
61・89
裴君弢　7・467
裴　忌　41・391
61・85
裴　邵　40・623
裴奉鈞　57・569
裴奉鐸　57・569
裴青藜　35・437
裴　坦　40・729
61・107
裴　茂　41・375
61・72
裴松之　41・552
61・80
裴叔業　31・357
61・81
裴叔義　41・550
61・87
裴　果　40・358
40・678
60・615
60・767
61・92
裴　迪　41・411
61・108
裴　嶺　40・602
64・467
65・488
66・7
裴　佶　40・725
41・635

61·658
裴　部　61·78
裴念諆　57·565
裴　炎　32·622
40·706
61·97
裴宗智　16·626
18·237
裴宗錫　4·306
7·441
41·144
57·558
57·710
裴定宗　41·383
61·154
裴居敬　40·824
41·574
62·678
63·43
63·207
裴居道　61·98
裴承榮　7·486
11·192
13·528
裴　政　41·556
61·93
裴　垍　40·728
61·101
裴昭明　41·553
61·81
裴　胄　40·727
61·101
裴　矩　60·287
60·410
裴　俠　32·617
40·358
40·679
60·285
60·368
61·621
62·475
裴　修　41·217
61·86
裴　衍　40·357
41·384
51·268
52·366
61·88
裴　度　11·161
40·739
42·471
47·535
61·102
61·143
裴彦士　33·634
裴彦先　4·251
61·88
裴　美　40·645
61·86
裴　炯　29·34
29·750
32·617
41·172
裴　宣　61·86
裴宣明　61·87
裴　約　40·545
50·74
51·284
52·371
61·88
61·109
裴　泰(唐)　55·449
57·109
57·540

裴　泰(明)　41・15
41・406
47・307
59・168
裴　莊　4・257
7・299
11・165
32・632
40・516
44・721
裴莊伯　40・645
61・153
裴　沓　41・402
61・655
裴　振　41・494
57・564
裴　倩　40・726
61・97
裴　倫　21・283
25・37
裴　航　41・675
裴　衷　60・518
裴家鐍　62・414
裴　祥　41・449
62・378
裴黄裳　62・495
裴掞之　40・705
裴　晞　41・523
61・148
裴　冕　40・715
63・33
裴國佐　57・298
57・456
裴國禎　7・457
21・309
25・924
裴國熙　9・214
18・78
19・50
裴訥之　41・217
60・286
60・378
裴章美　41・584
62・390
裴　寂　62・650
63・576
裴　紳　4・275
7・374
62・683
63・48
裴紳之　53・197
裴紹芳　41・452
47・307
59・169
裴琰之　7・290
31・786
33・717
34・44
61・95
裴　琛　50・202
52・863
裴喜年　48・795
裴敬憲　40・645
61・153
裴敬彝　41・222
61・136
裴　植　41・383
61・88
裴　楝　15・221
裴景泰　25・610
裴景融　61・153
裴景鵬　43・81
裴　復　40・729
41・564

61・102
裴　渥　61・108
裴　遐　41・549
61・153
裴　瑜　40・602
裴　椿　51・560
52・410
裴　楷　40・622
61・77
裴　粲　40・646
裴　詢　40・645
61・89
裴　寬(北周)　7・291
40・364
40・678
40・727
42・503
61・90
61・98
62・569
63・12
裴　寬(唐)　4・253
43・146
裴福德　63・134
裴　肅　7・288
31・785
40・272
40・694
40・728
43・527
44・576
61・93
裴　墐　61・107
裴毓華　36・201
裴　儆　41・635
裴　儁　40・602
裴▮度　41・114
57・114
57・556
57・705
裴　説　41・565
61・154
裴　漢　41・552
61・91
裴滿亨　31・488
32・655
33・190
40・293
42・478
43・533
裴　漼　40・726
60・690
60・754
61・99
裴　緋　18・372
18・542
裴　瑾　63・420
裴　樞　61・108
裴　賜　41・61
61・668
裴　稹　40・726
61・97
裴　皞　41・411
61・109
裴德裕　40・379
40・759
51・286
52・371
61・659
裴衡度　41・496
57・114
57・556
裴　頠　40・621
裴諏之　41・385

60・287
60・369
61・154
裴　諗 41・191
61・106
裴慶孫 40・357
41・384
58・10
61・245
裴養修 38・567
裴　遵 41・375
43・610
44・527
44・657
60・512
64・467
65・488
裴遵慶 40・567
40・726
61・99
裴　潛 14・280
15・74
40・350
40・609
43・522
61・73
裴　潾 40・740
61・106
裴　潤 43・82
裴　邃 40・686
61・83
61・92
裴　畿 61・85
裴　駰 41・553
61・80
裴　嶰 41・529
裴　諝 40・283

40・727
61・100
裴　諶 41・675
裴謀之 41・388
61・154
裴　誠 62・392
裴謁之 41・388
50・71
50・925
60・286
60・348
61・90
裴　澤 40・666
61・90
裴　憲 31・333
40・625
裴　寬 40・729
裴　駿 40・644
61・85
裴　嶷 40・625
61・79
裴　徽 31・3
31・321
40・610
61・73
裴　爵 27・323
27・405
52・6
52・433
裴　謙 41・615
裴　燦 48・224
裴　鴻 41・391
61・91
裴鴻志 38・638
裴　濟 7・299
11・164
23・208

24·23
32·633
40·729
40·758
61·109
61·142
61·658
62·670
63·39
63·188
裴　贊　40·729
61·107
裴　揚　41·383
裴　藻　41·391
61·93
裴　顗　61·80
40·685
裴鏡民　61·93
裴　識　40·740
61·106
裴懷古　1·133
4·252
7·29
40·273
41·383
42·469
裴　繡　7·514
31·15
37·586
37·662
裴繡標　41·473
57·115
57·557
裴獻廷　61·151
裴耀卿　23·205
31·411
40·725
61·656
裴　鶱　51·563
52·412
裴繼芳　41·40
47·307
59·169
裴　驄　41·513
57·569
裴　顧　61·76
裴鶴章　41·529
62·391
裴　鑑　35·604
裴　瓚　40·623
61·78
裴顯相　8·726
21·406
21·791
裴　觀　4·255
裴讓之　31·785
38·377
41·388
60·286
60·378
61·90
裴　驤　41·513
57·568
裴讞之　41·311
61·154

暢

暢一鵬　61·557
暢文秀　55·807
暢文藻　13·771
14·544
33·208
暢　亨　7·344
32·662

	41・28
	61・555
暢　茂	58・251
暢和會	61・584
暢和聲	61・584
暢　華	40・325
	42・486
暢　當	41・561
	62・659
	63・36
暢　璀	40・716
暢應吉	58・242
暢應登	51・322
	52・290
暢　■	41・489
	61・559
暢體元	41・546
	61・557

嘛

嘛■吽	43・216

圖

圖　巴	64・675
圖克坦公弼	7・320
	8・84
圖克坦巴噶	17・152
圖克坦航	7・321
圖沁布哈	1・774
	8・135
圖　罕	16・208

箕

箕　子	42・522
箕胥餘	47・54

管

管一舉	43・780
管石麟	41・654
	50・249
	50・596
管近修	20・392
管尚勳	15・682
管　珍	9・271
	17・187
管　革	43・673
管　律	51・319
	52・289
管祖式	34・482
管時中	8・592
	12・357
	12・531
管師仁	7・314
	23・218
	24・25
管　清	58・110
	58・214
管　輅	9・264
	32・127
	34・716
	35・489
管嗣章	8・388
	21・380
	21・827
管嘉禎	36・341
	39・217
	39・256
	39・319
管德升	8・397
	21・386
管盡善	32・106
	33・684

管學畏 21·377
22·743
管聲揚 16·547
17·183
管應鳳 1·157
管　簡 22·740

僚

僚　安 12·335
12·522
37·138
54·640

僕

僕人贊 57·108
僕散忠義 40·389

僧

僧名盧 2·238
僧　芥 26·628
僧　伽 5·670
僧　具 41·700
僧　格 64·671
僧　善 41·676
僧慶和尚 27·619

銚

銚　期 7·276
32·610
33·183

銘

銘　山 64·118
65·183
66·85

銀

銀　沆 40·499
43·309
銀器重 40·443
50·89
50·607
銀錫齡 41·606
44·754
銀　鏡 31·799
35·52
35·130

鳳

鳳　翔 4·327
7·528
鳳　綱 2·242
5·525

頗

頗廷相 8·563
14·567

雒

雒于仁 32·315
32·673
雒克敏 55·816
雒　倫 40·460
45·643
雒　潤 41·533
56·177

廣

廣成子 2·235
5·415
5·524
廣　度 41·698

59・441
59・545
廣　恩　32・272
廣　裕　41・690
56・790
61・686

瘋

瘋和尚　21・697

廖

廖之諒　22・12
24・418
廖永量　41・450
62・389
廖自顯　8・411
廖均卿　16・674
廖君簡　63・212
廖重訓　13・533
廖　泉　21・306
24・196
廖　俊　40・523
廖　紀　8・429
27・545
27・617
廖逢節　7・375
16・439
17・201
廖　梯　37・796
廖國遴　21・302
廖堃元　40・499
61・449
廖雲興　36・750
廖　瑄　27・568
廖與善　20・371
廖　謨　4・279
7・339
廖　翱　40・493
45・74
45・85
廖　寶　44・658

端

端木元會　9・174
端木長泓　16・462
16・751
27・362
27・408
端木叔　7・542
端木賜　7・541
32・687
端　宏　7・343
端　澄　29・343
29・456

齊

齊一經　49・25
齊一德　6・240
齊人奇　46・132
46・433
齊三畏　8・584
37・709
齊士琬　40・460
45・643
齊士雄　23・57
齊大岳　19・681
20・59
40・459
47・400
齊大勇　8・818
16・577
17・4
17・65
齊之祥　21・380

23・53
齊之璠 37・731
齊元輔 8・784
21・399
齊元彝 40・396
42・508
齊中林 28・354
齊仁美 8・580
齊化鵬 45・90
齊文振 37・720
齊文道 46・3
齊文蔚 20・414
齊文綱 37・732
齊斗南 58・711
齊玉珂 28・434
齊　正 9・126
39・631
齊正訓 21・408
齊正誼 8・800
21・408
齊世名 5・227
齊世松 9・226
齊世卿 12・335
12・523
37・138
齊世寧 21・293
齊可魯 23・56
齊布森 65・67
65・478
齊佔魁 19・228
齊仕坤 7・331
31・16
38・273
齊立祥 37・731
齊至盛 59・341
齊廷和 17・79
齊廷詔 13・699
齊守信 16・626
齊如漢 1・844
3・812
22・241
22・377
齊如穎 37・729
齊孝若 7・716
21・458
25・186
齊志道 3・228
齊克中 8・181
21・342
22・439
齊　抗 21・322
23・586
25・176
25・207
25・403
齊伯顏 8・88
齊君問 40・419
62・580
63・691
齊君榮 50・86
50・315
50・612
齊秉鈞 4・288
齊秉節 4・359
齊宗堯 8・414
16・520
17・2
17・61
40・420
45・3
49・311
49・487
齊宗閔 32・59
35・67

	35・113
齊宗滸	30・98
齊建中	45・130
齊建功	37・731
齊承彦	4・414
	5・73
	5・226
齊承道	37・722
齊　政(大同)	43・639
齊　政(山陽)	40・399
	41・445
	49・305
	49・671
齊　相	37・587
	37・659
齊　映	7・717
	21・323
	25・176
	25・251
	32・626
齊思古	40・392
	47・160
	49・302
齊思恭	40・396
	42・508
齊保森	28・433
齊　恢	7・832
	21・327
	25・403
	25・862
	40・291
	42・477
齊祖望	9・151
	32・99
	35・70
齊祖項	9・152
	32・99

	35・74
齊　泰	8・197
	16・506
	18・232
	50・79
齊　珩	37・785
齊都爾	1・139
齊　恩	40・423
	45・756
齊　陶	9・268
	10・788
	16・581
	18・242
齊　彬	11・196
齊國琳	8・800
齊國賢	59・331
齊國璽	25・188
齊　皎	21・687
	25・248
齊　章	8・405
	18・341
	18・481
齊淮寧	25・37
齊紹甲	9・226
	37・719
齊琭圻	37・732
齊　喆	41・533
	59・333
齊雲慶	27・905
齊　喇	40・819
齊景芳	3・808
	22・194
	22・341
齊　凱	47・406
	47・716
	47・745
	47・784

齊　湘　17・69
齊　塏　35・79
齊　慎　7・523
齊福丕　37・723
　37・780
齊殿甲　17・79
齊　經　48・649
　49・307
　50・80
　50・610
齊　壽　8・361
　21・357
　44・486
　44・609
齊鳴珩　59・332
齊鳴雷　16・529
　17・2
　17・62
齊鳴鳳　16・529
　17・62
齊鳴嚶　59・332
齊　鳳(浮山)　59・331
齊　鳳(德平)　37・918
齊廣立　8・820
　16・661
齊聞道　40・530
　50・88
　50・862
　53・92
　53・410
齊聞韶　46・696
齊維新　28・61
齊維禮　9・225
　37・716
齊維藩　9・225
　37・728
齊德榮　3・37
齊　諾　7・324
齊　龍　9・101
齊　澣　7・713
　21・321
　23・386
　24・536
　25・175
　25・251
　25・402
　40・363
　40・509
　54・658
　62・569
　63・13
齊　礄　8・88
　28・733
齊　謙　7・329
　12・337
　12・413
　12・504
齊應選(明)　35・72
齊應選(清)　8・800
齊濟河　45・131
齊贊元　21・686
齊鵬年　17・142
齊耀林　21・803
齊　寶　47・485
　47・641
齊寶書　28・432
齊繼程　6・8
　37・731
齊　麟　41・4
　45・359
　45・408

榮

榮乙楷　35・650

榮玉璞 19・579
榮邦達 19・577
榮邦棟 39・272
39・405
榮　昌 64・75
64・683
榮建緒 10・646
17・306
榮　柱 46・531
榮星吉 16・674
18・155
榮　毗 1・106
1・697
10・646
17・305
18・39
19・91
40・505
榮　恒 3・794
榮　泰 15・5
榮　格 17・151
榮　捷 46・456
榮國棟 39・405
榮植芹 19・371
榮　楫 4・358
榮　溥 8・199
榮爾奇 39・545
40・445
43・559
44・126
44・319
榮體仁 19・194
榮　瓚 19・680
20・57

滿

滿　保 27・363
27・408
滿宣立 31・293
滿　泰 66・234
66・289
滿　桂 8・564
14・395
14・567
16・139
16・429
40・558
43・556

鄭

鄭一元 7・497
31・820
34・720
鄭一俊 26・269
鄭三才 27・521
鄭三俊 13・311
13・446
鄭士俊 42・614
鄭士美 12・518
37・21
鄭士蕙 6・6
27・408
鄭士震 34・327
34・481
鄭大元 43・212
鄭大中 8・223
11・266
11・471
鄭大采 47・657
鄭大進 4・300
7・429
31・828
35・415
鄭大歡 31・402

鄭上珍 39·430
39·531
鄭之城 19·111
鄭之望 32·62
33·772
鄭之游 43·236
鄭之楩 28·431
鄭之僑 1·162
7·397
20·371
20·694
49·144
49·206
鄭之鍾 9·216
18·82
鄭　巳 16·510
17·502
鄭子聃 8·75
16·169
16·302
鄭王弼 41·502
45·427
鄭天民 43·202
鄭天叙 8·280
30·12
31·86
鄭天眷 40·537
51·343
52·551
鄭元良 39·431
鄭元復 21·292
25·138
鄭元晫 30·27
30·124
鄭元善 32·131
39·388
鄭元箸 39·424
鄭元獻 39·401
鄭太沅 42·736
鄭友周 41·75
45·24
45·42
鄭中選 18·350
18·486
鄭仁誨 40·748
42·573
43·198
鄭　文 38·143
鄭文炘 59·424
鄭文彬 62·578
63·20
鄭文欽 65·71
鄭文煒 41·624
59·426
59·543
鄭方坤 7·497
31·826
33·612
鄭方侯 58·414
58·745
鄭　公 60·249
鄭以誠 19·111
19·183
鄭允中 41·433
49·353
49·727
49·739
49·743
鄭允先 40·399
43·536
44·122
鄭　玉 7·733
鄭玉振 46·668
鄭玉乾 62·425

鄭本公 41·37
44·533
44·588
鄭　札 12·682
鄭可教 8·493
37·501
鄭可權 51·302
52·378
鄭　平 8·696
鄭四端 40·449
62·312
鄭　立 24·411
鄭　玄 9·263
31·103
42·737
鄭永春 7·473
27·519
鄭永修 41·511
45·583
鄭永祥 9·195
鄭必揚 43·99
鄭民悦 3·808
22·194
22·342
鄭　芃 16·646
16·785
鄭西甫 37·701
鄭有成 8·619
鄭成基 8·642
鄭光陛 14·651
鄭邦彦 45·361
45·421
鄭先民 34·326
34·479
鄭廷才 24·414
鄭廷任 21·301
25·40

鄭廷英 22·701
鄭廷相 58·407
鄭廷楫 41·485
49·212
鄭廷錦 62·434
鄭竹田 66·236
鄭延慫 25·49
鄭仰元 8·542
33·390
34·584
鄭　向 58·412
58·760
鄭　名 9·240
12·548
37·156
鄭州俊 58·410
58·742
鄭汝成 6·86
6·139
鄭汝敬 7·333
鄭汝璧 7·393
40·330
43·553
鄭守道 32·45
33·760
34·82
鄭　安 3·808
鄭安濤 39·447
鄭　阮 10·719
32·281
鄭　辰 40·302
42·480
43·538
鄭志鯨 57·105
鄭　均 9·262
鄭　材 21·374
25·47

	25・118
鄭　甫	8・280
	30・12
	30・107
	31・500
鄭　秀	25・410
鄭邱緩	55・364
	56・680
鄭　佐	9・214
鄭　伸	7・468
	16・451
	18・329
	18・475
鄭　位	32・709
鄭希古	41・640
鄭言慎	59・246
鄭　亨	13・766
	14・284
	14・526
	14・710
	15・254
	16・131
	40・553
	43・537
	43・768
鄭沅其	8・652
鄭宏圖	40・534
鄭宏慶	9・225
	37・728
鄭　良	15・434
鄭良士	37・767
鄭良相	41・439
	58・403
	58・778
鄭其志	8・590
	37・602
鄭其昌	9・219
	24・457
鄭　茂	9・136
	32・73
	33・746
	34・99
鄭茂之	59・424
	59・544
鄭　英	18・54
鄭　茆	60・302
	60・371
鄭述祖	4・251
	12・410
	26・245
鄭松齡	60・205
鄭事天	45・430
鄭長年	31・831
	32・414
鄭長善	33・623
鄭尚義	6・243
鄭　杲	16・781
鄭　昌	7・274
	22・131
	22・321
	40・353
	42・500
鄭　昕	7・293
鄭明良	41・457
	59・410
	59・522
鄭明保	5・241
鄭明翊	59・422
	59・534
鄭　昂	1・170
	6・206
鄭昂霄	51・748
	52・579
鄭　旻	7・387

鄭　忠（隋）　2·501
鄭　忠（元）　41·619
47·501
47·659
鄭制宜　40·300
40·830
51·647
52·578
鄭知芳　30·122
鄭知寵　30·102
鄭牧民　13·764
60·205
鄭　和　54·742
鄭秉恬　40·488
57·275
57·444
鄭　岳　41·31
62·680
63·45
鄭岱鍾　41·490
49·213
鄭　金　4·376
8·452
28·329
鄭金銘（鄉寧）　60·223
鄭金銘（民國）　6·57
鄭金聲　66·251
鄭　命　41·57
61·669
鄭采宣　41·478
54·209
鄭　郊　41·644
60·209
鄭　放　7·293
23·205
24·22
鄭　注　56·736
鄭宗仁　8·427
28·713
鄭宗周（明）　41·62
42·608
49·150
49·207
鄭宗周（清）　47·499
47·656
鄭　宜　50·658
鄭居敬　40·399
47·403
47·617
鄭　城　31·830
32·130
35·415
鄭　垠　37·516
鄭　相　41·135
45·118
鄭相僑　9·212
18·76
19·69
鄭　咸　60·248
60·330
鄭奎士　9·195
鄭奎雄　2·795
鄭　昱（明）　21·460
25·56
鄭　昱（清）　7·459
鄭　畋　40·508
鄭思皇　38·256
鄭思魯　24·414
鄭重壽　17·212
鄭　俊　41·477
51·60
51·642
鄭俊彦　37·215
鄭彦秀　62·217

鄭　恢　22·136
22·324
鄭　恂　9·212
18·76
19·49
58·55
鄭爲龍　49·210
鄭　洛　8·376
14·296
14·535
21·370
25·46
25·108
25·118
40·330
43·554
43·774
鄭　冤　41·17
46·533
47·483
鄭祖僑　44·540
44·572
66·155
鄭　陟　41·601
鄭　陞　21·372
25·56
鄭　紀　40·410
49·306
49·726
鄭　珙　40·514
鄭　恭　57·111
57·544
鄭晉泰　60·222
鄭　莊　5·587
6·236
鄭桂庭　12·176
鄭原璹　9·216
鄭時昌　41·524
58·397
58·740
鄭時慶　41·485
49·212
鄭時舉　44·580
鄭　晃　12·274
12·510
鄭恩紱　45·141
鄭　氣　4·373
5·723
6·69
8·450
鄭　倬　9·216
鄭　健　59·527
鄭　皋　52·578
鄭師元　33·123
33·390
34·603
鄭師昌　45·90
鄭師虔　12·468
鄭師健　45·140
鄭逢辛　40·501
鄭　卿　16·627
18·343
18·483
鄭悦民　53·722
鄭　海　5·157
鄭家作　18·359
18·491
鄭家屏　18·357
18·490
鄭家騏　6·233
鄭純禮　40·461
60·469
鄭　█　47·497
47·621

鄭基隆 60·209
鄭　菜 8·382
21·460
25·56
鄭埜岩 41·642
41·688
52·269
54·255
鄭專知 58·397
鄭　冕 16·507
17·62
鄭國才 11·304
11·694
鄭國仕 8·534
32·733
33·123
33·384
34·576
鄭國昌 7·406
16·424
17·199
40·338
42·492
鄭國俊 8·571
18·54
19·48
鄭國彦 38·30
鄭國泰 2·135
鄭國棟 6·173
6·220
8·693
鄭國選 46·667
鄭國勲 54·722
59·26
59·84
鄭崑瑛 41·471
49·210
鄭崑璜 41·471
49·210
鄭崑璧 41·454
42·612
49·210
鄭崑璽 41·108
41·471
42·612
鄭崇岳 19·110
19·182
鄭崇厚 41·64
53·570
鄭崇雅 44·540
鄭崇義 60·209
鄭崇儉 60·201
鄭得元 22·139
22·326
鄭得書 32·673
33·69
33·196
鄭從周 49·198
鄭從讜 40·279
42·472
鄭　釭 8·214
鄭　鈇(明) 21·385
24·540
24·679
鄭　鈇(清) 27·153
27·204
鄭　堃 6·234
鄭　章 40·443
63·356
鄭惟一 11·855
12·21
鄭　寅 61·669
鄭啟祥 9·103
鄭啟發 11·467

鄭郿漢 45・89
鄭　陽 8・365
21・361
25・45
鄭　紳 1・112
2・580
8・573
22・29
24・463
鄭　瑛 7・459
21・304
鄭　琬 47・486
47・653
鄭敬賓 32・619
鄭朝相 58・407
鄭朝楝 31・7
31・520
鄭朝輔 29・240
31・23
鄭　植 21・399
23・135
鄭雲生 5・523
鄭雲梯 45・431
鄭　棐 21・384
25・52
鄭　鼎 40・299
40・830
51・645
52・578
58・359
58・705
鄭遇春 44・581
鄭景洛 8・761
鄭景福 58・710
65・83
66・279
鄭　傑 41・23
58・401
58・719
鄭　奥 11・169
11・539
鄭　衆 44・477
65・155
65・514
鄭　會 40・363
鄭　欽 32・670
鄭欽天 60・223
60・231
鄭　斌 45・362
鄭斌選 45・425
鄭　愉 19・54
鄭　愔 10・675
鄭善述 1・176
19・682
20・59
鄭善果母崔氏 9・282
鄭　温 8・213
11・244
11・684
鄭　渾 33・184
40・349
50・54
50・71
鄭富民 19・242
鄭運昌 40・534
42・518
鄭　棨 14・455
鄭　開 6・223
鄭　登 61・665
鄭登仕 61・258
鄭　遨 32・751
鄭夢珠 28・66
鄭　匯 18・93
鄭當時 58・740

鄭　愚　18·359
18·559
鄭蜀江　28·108
鄭　僅　7·311
32·647
33·189
鄭魁士　13·723
14·586
鄭廉善　6·54
鄭　衮　31·784
32·619
鄭　雍(宋)　32·640
鄭　雍(清)　9·224
鄭　義　8·197
鄭　溢　46·713
鄭　福　8·604
30·224
鄭　預　9·225
37·716
鄭　經　24·510
24·596
鄭　瑶　41·509
鄭　戬　40·371
42·476
鄭　嵎　2·727
2·786
鄭鳴岡　16·781
鄭　僑　50·657
鄭僑生　18·21
鄭　銓(元)　8·214
11·265
11·691
鄭　銓(清)　22·626
鄭　銘　8·503
32·32
33·617
鄭鳳翔　16·631
鄭　端(棗强)　9·229
30·17
30·113
31·76
31·118
鄭　端(洪洞)　58·414
鄭　寧　7·348
40·308
43·541
鄭熊佳　4·408
5·66
5·141
5·192
9·62
鄭維孜　9·225
37·715
鄭維新　31·795
33·717
34·44
鄭維寧　9·233
鄭維翰　19·575
鄭　璇　54·709
58·365
58·711
鄭增修　32·78
34·101
鄭蕙圃　34·158
鄭　賢　8·503
32·31
35·426
鄭　輝　41·104
62·408
鄭　賜　7·330
43·682
鄭賜圖　40·473
鄭　■　41·481
45·414

鄭　德　14・712
鄭德本　7・289
鄭德佩　15・419
鄭德崇　40・412
　42・512
　46・86
　46・416
鄭德隣　21・278
　25・42
鄭德興　58・793
鄭　鏗　19・54
鄭　慶　8・182
　21・343
　25・42
鄭慶成　14・662
鄭養吾　46・789
　47・48
鄭潤章　47・662
鄭　閲　6・224
鄭　選　58・360
鄭適元　8・698
鄭　縈　21・384
　25・53
鄭翰卿　17・83
鄭樾林　30・124
鄭　樸　4・421
　5・220
　9・65
鄭輯之　32・618
鄭　據　32・688
鄭頤津　16・752
鄭　臻　25・69
鄭　興　49・337
鄭　默　32・614
鄭還雅　46・747
鄭儒元　45・590
鄭儒泰　18・16
鄭錫abbrev　13・93
鄭錫爵　41・471
　49・210
鄭學曾　18・18
鄭獨復　45・508
　45・562
鄭穎園　28・30
鄭　濂　28・735
鄭　憲　47・405
　47・716
　47・745
　47・783
鄭　壎　41・590
　58・747
鄭懋洵　7・400
　35・606
　36・334
　36・336
　39・680
　39・767
鄭嶽鍾　49・213
鄭　穉　31・128
鄭爵魁　5・276
　5・353
　5・460
鄭　謙　40・490
鄭　襄（明）　21・353
　24・766
鄭　襄（清）　19・298
鄭　燭　7・359
鄭　鴻　54・148
鄭鴻甲　30・99
鄭鴻任　41・490
　49・213
鄭　濤　41・433
　51・649
　51・750

52・579
鄭　濟　31・425
鄭　瓊　22・132
22・322
鄭　鎬　40・416
42・512
49・25
鄭　翻　41・613
42・734
43・212
鄭　雛　12・417
鄭　熜　40・487
61・449
鄭攀龍　44・539
鄭　璽　18・381
18・552
鄭　羆　25・184
鄭羅漢　1・132
鄭繹曾　30・94
鄭獻詩　8・544
32・707
鄭繼芳　4・381
8・454
27・82
27・231
鄭繼宗　38・282
鄭繼修　45・75
鄭　鐸　3・579
鄭鶴年　18・73
鄭　儼　9・216
鄭麟友　34・515
鄭　灝（大興）　58・216
鄭　灝（南宮）　37・731
鄭　驤（士龍）　7・305
鄭　驤（濬翁）　40・514
42・506

漁

漁仲修　7・310

演

演　教　32・273
演　覺　28・68

賓

賓漢傑　59・535

察

察剌吾歌　52・287
察　克　17・151
察克都爾色楞　66・288
察　罕　40・835
察罕帖木耳　50・78
察罕特穆爾　40・552

寧

寧九思　46・487
寧三瀚　41・586
61・119
寧元伯　31・806
寧友直　44・484
寧化龍　8・381
21・375
22・739
寧允琉　3・808
22・215
22・352
寧世■　41・106
61・125
寧世琁　41・469
61・125
寧世福　28・62
28・110

寧弘舒 49·117
寧光祖 33·780
寧守箴 61·157
寧　安 43·642
寧完福 3·358
寧述俞 46·454
寧　知 41·524
寧　河 3·539
8·317
35·605
寧承烈 8·344
32·677
33·70
33·198
34·569
寧承勳 3·743
寧　俞 7·262
寧祜昌 16·634
寧晉封 48·651
寧　桂 41·57
61·668
寧時文 61·671
寧奚琴 66·491
寧國公主 65·300
寧從周 12·336
12·523
37·138
寧煥文 20·160
寧煥章 63·131
寧　瑛 41·12
61·665
寧堯采 61·128
寧朝鼎 8·811
16·556
17·183
40·458
43·560
寧鼎軾 61·127
寧　智(宋) 57·37
57·121
57·353
57·446
57·708
寧　智(明) 50·81
50·655
寧曾綸 8·825
16·659
寧詩文 41·484
寧　靖 40·407
51·302
52·378
寧嘉勛 40·512
寧爾講 9·137
32·73
33·764
34·70
寧爾讀 9·137
33·747
34·88
寧鳳翔 41·544
61·119
寧衛卿 53·745
寧　舉 24·539
24·678
寧錦芳 13·345
寧鴻音 3·40
寧　■ 61·670
寧攀龍 22·744
寧蘭森 16·570
寧獻誠 61·563
寧獻禎 61·669
寧　鑾 20·145

禡

禡瑞錫 28·434

聞

聞吉庵 3·594
聞志學 24·463
聞　著 60·563
聞　紹 22·34

閭

閭大肥 31·345
閭　染 31·347
閭　愷 54·741
閭　閭 7·329
31·13
37·583
37·659

翟

翟乃慎 2·599
8·659
翟　升 9·233
12·482
翟公佑 59·172
翟文卿 2·185
45·3
翟文彬 8·161
25·898
翟文鳳 9·250
翟文標 59·253
翟方進 63·753
翟正經 16·590
17·208
翟世寧 41·494
57·562
翟永固 1·750
3·844
10·784
翟必玨 57·289
翟廷楠 41·445
43·645
44·210
翟全仁 40·541
58·84
翟兆熹 30·503
31·128
翟守素 32·634
40·546
47·398
翟秀先 61·150
翟　辛 35·605
翟長清 41·496
57·563
翟尚儒 17·541
翟宗瑛 9·233
12·482
翟居誠 9·250
29·314
翟孟道 39·396
翟　垣 61·119
翟貞儀 61·121
翟　亮 9·232
翟庭俊 39·181
翟恂儀 61·121
翟洛梧 32·113
38·897
翟宫槐 31·833
34·212
翟師有 59·674
59·743
翟師程 41·644
55·645
59·672

59・741
翟師偃 59・674
59・743
翟　釗 36・754
翟　唐 8・526
32・729
翟凌雲 16・529
18・141
翟　彬 34・101
翟國桓 9・232
30・503
31・78
翟國棟 30・503
翟　庸 9・233
12・456
翟清雅 39・180
翟期古 41・530
61・119
翟萼雲 7・474
30・591
翟　敬 41・31
62・702
63・719
翟　貴 8・459
11・644
翟　淵 4・400
5・186
9・60
翟裕後 15・682
翟遐觀 61・155
翟登雲 9・228
翟夢杰 41・451
61・118
翟夢桂 61・118
翟夢槐 61・118
翟夢標 41・189
61・118
翟　廉 9・233
12・456
翟　愷 34・781
翟　義 32・610
翟際華 6・233
翟壽椿 16・27
翟鳴岡 34・367
翟鳴陽 52・500
翟　鋼 9・233
12・482
翟　雒 11・272
13・341
翟鳳翀 7・399
27・332
27・406
27・470
28・672
40・523
42・492
翟鳳翥(聞喜) 61・121
翟鳳翥(盧龍) 16・552
17・183
翟鳳翱 47・310
翟維藩 41・532
59・682
59・751
59・760
翟　熠 40・538
44・485
44・656
61・118
翟樹華 63・586
翟　整 7・334
21・345
25・898
32・661
翟　舉 15・220

翟　興　51·296
翟學易　9·234
　12·483
翟學程　51·571
　52·415
翟聲玉　41·513
　57·563
翟聲煥　41·145
　57·563
翟　聰　37·945
　63·691
翟徽之　12·483
翟鴻儀　41·484
　61·127
翟　鵬　8·409
　14·291
　14·531
　16·500
　18·137
　40·315
　42·487
　43·548
　65·460
翟鵬辰　63·243
翟　麒　8·610
翟繡裳　24·750
　61·118
翟寶書　29·618
翟觀承　32·85

隨

隨正脈　4·282
隨　昱　44·541
　65·437

鄧

鄧一秀　8·564
鄧士楚　7·517
鄧之松　38·143
鄧之梗　50·89
鄧天一　20·257
鄧天符　20·280
鄧元文　57·428
　57·502
鄧元英　7·458
鄧巨川　8·225
鄧中和(宋)　8·14
鄧中和(明)　40·532
　61·246
鄧文廣　40·459
鄧玉成　58·774
鄧半仙　56·10
鄧必安　40·475
　49·710
鄧永清　55·820
鄧永豐　18·556
鄧光復　5·575
鄧延齡　20·263
鄧名山　53·318
鄧汝翰　20·269
鄧　宇　3·793
　3·821
鄧守恩　41·421
　42·594
　43·201
鄧　攸　40·617
　55·442
　59·659
　59·728
鄧希皋　1·826
　20·271
鄧希曾　30·667
鄧希夔　20·272
鄧良甫　47·212

鄧　英 15・681

鄧　林 9・273
14・158
14・413
14・714
15・539

鄧林喬 44・484
44・579

鄧承瀫 44・727

鄧咸中 9・108

鄧修業 9・108

鄧　禹 37・608
63・9

鄧洪震 8・561

鄧　洛 41・546
61・737

鄧　殷 55・439
59・659
59・728

鄧　訓 3・130
5・274
5・351
5・459
7・277
11・157
13・763
14・280
14・525
15・253
16・126
32・611
42・500

鄧祥麟 9・108
13・495

鄧　盛 7・275
11・157
23・198
24・20
40・262
42・500

鄧　淳 3・355

鄧啟元 5・240

鄧　郟 10・815
21・687
25・249

鄧　隆 3・364

鄧　琛 58・321

鄧萬斛 16・436
16・750

鄧雲峯 43・848

鄧　嵐 24・697

鄧欽楨 1・183
7・452

鄧夢魁 9・108
13・493

鄧　椿 32・670

鄧　煦 33・615

鄧　■ 40・453
54・714
58・708

鄧　義 42・502
48・1

鄧福生 3・576

鄧　廣 46・714

鄧　璋 2・102
8・315
22・193
22・341

鄧　翰 4・283
28・186

鄧樹基 58・792

鄧　諸 9・107
13・492

鄧　燧 7・331

鄧憲璋 46・667
鄧　鴻 43・520
鄧　壐 28・674
鄧　鏞 21・287
鄧　鏻 4・476
鄧繼禹 53・324
鄧　儼 8・75
16・168
16・299
鄧麟元 37・472

熊

熊士晉 4・322
7・480
27・23
27・203
熊中砥 53・724
熊耳槐 44・657
熊耳源 40・473
熊存瀚 7・471
熊廷弼 16・413
熊廷獻 34・510
熊　衣 53・264
53・300
熊安生 29・455
31・83
熊伯龍 1・194
4・303
7・439
熊直宋 24・260
熊　枚 4・300
7・431
熊秉元 31・19
熊宗德 7・353
36・350
37・882
37・919
37・925
熊恩紱 4・314
5・31
熊炳離 7・510
熊　祥 33・192
熊　珅 7・358
熊國俊 30・192
熊國棟 34・512
熊　偉(宣府) 8・550
14・135
14・159
14・379
14・500
14・563
15・831
熊　偉(商城) 40・431
51・338
52・549
熊　亳 21・294
25・141
熊　鼎 40・523
42・479
熊開楚 21・309
22・688
熊　瑶 36・194
熊嘉志 18・350
18・558
21・302
22・405
熊輔周 3・216
熊毓才 44・540
熊毓英 41・123
44・535
44・589
熊　僎 47・406
47・747
47・785

熊　綸　7・497
31・824
33・612
熊德潤　34・508
熊錫祺　7・506
13・769
14・713
熊　鎡　58・361
58・706
熊應■　46・531
47・402
熊　懷　7・344
31・795
熊繹祖　1・183
4・312
5・30
19・242
21・311
25・332
熊　繡　7・353
32・662

維

維　海　21・696
維惠禪師　58・21

緑

緑　珠　9・279

十五畫

慧

慧　月　2・249
慧　文　56・8
慧　可　32・271
34・716
慧　印　41・689
慧　冲　50・961
慧　英　41・683
慧　持　41・663
45・607
慧　峯　52・445
慧　悟　41・679
慧　涉　41・676
60・729
慧　海　41・667
慧　朗　15・116
慧　能　22・245
慧　添　21・696
25・927
慧　淨　10・676
慧　雲　2・238
3・159
慧　遠　41・663
41・666
45・497
45・606
52・265
52・445
慧　覺　41・679
52・446
慧　觀　41・668
52・445
慧　靄　16・183
16・330

璀

璀　亨　40・478
47・401

墳

墳　雲　41・681

頡

頡　光　8·724
21·392
21·790

鞏

鞏元衡　9·237
鞏永固　1·833
2·586
3·750
8·337
鞏邦固　29·346
鞏邦畿　30·192
鞏良定　45·129
鞏思容　7·389
31·14
37·584
37·660
鞏皇圖　7·411
39·681
鞏彥暉　8·276
24·365
24·449
鞏振翮　38·900
鞏　恩　43·202
鞏　信　8·277
24·450
鞏　朔　55·359
鞏維城　20·822
鞏獻德　45·126
鞏懿修　41·153
45·118

樊

樊一夔　58·365
樊又安　21·878
樊士瀛　45·131
樊士鑑　41·495
55·804
樊大元　41·482
62·413
樊大有　45·19
45·128
樊大基　52·611
樊大節　45·19
樊大臨　45·19
樊之域妻李氏　56·174
樊子英　42·609
樊子蓋　25·250
樊子鵠　40·643
43·623
樊王稷　52·75
54·233
樊天用　45·37
樊天勝　40·551
44·482
44·723
45·37
樊　友　31·89
樊文煥　63·586
樊正域　32·108
34·683
樊世元　45·591
樊可九　45·129
樊丕勳　56·175
樊生基　63·225
樊永底　46·52
樊司鐸　21·791
樊邦正　62·693
63·119
樊吉人　8·544
32·708
33·391

33・527
樊光裕 56・262
樊光瀛 41・702
45・147
樊先瀛 41・605
45・130
樊自新 40・426
46・666
樊守愚 31・83
31・115
樊志增 9・102
樊芳春 19・111
19・183
樊步瀛 45・89
樊伯東 45・129
樊希先 41・652
63・226
樊初荀 41・487
54・210
樊　郁 46・719
樊奇遇 4・443
樊奇勲妻黄氏 56・175
樊叔畧 32・690
樊尚文 31・90
樊尚簡 45・129
樊　忠 8・359
19・561
21・415
樊珮玉 45・140
樊金泰 34・508
樊効才 4・282
6・7
樊沾文 56・174
樊　沉 45・91
樊宗師 40・369
41・562
60・619
60・771
62・660
63・35
63・193
樊宗浩 4・421
樊宗禮 49・528
樊　相 47・488
47・643
樊　昺 21・363
樊度中 41・598
45・12
45・77
52・76
54・233
樊起鳳 53・343
樊恩煦 46・714
樊恩慶 65・88
66・240
樊　恕 19・579
樊　彬 4・421
5・226
樊進學 56・262
樊得仁 61・511
樊從簡 49・160
49・243
樊　深(後周) 62・644
63・717
樊　深(明) 43・642
樊啟東 45・120
樊問仁 50・683
樊紹祚 32・682
樊紹閔 41・653
63・131
樊　琮 47・487
47・659
樊達滙 21・805
21・874

樊森然 61·461
樊景温 62·31
樊裕發 40·140
41·605
樊　瑀 20·590
樊萝斗 1·844
20·616
20·645
樊　靖 3·366
樊　溧 8·432
樊源達 45·140
樊　準 4·244
7·278
37·794
樊福恒 45·162
樊　遜 35·604
41·550
62·643
63·716
樊嘉猷 47·657
樊　睿 45·21
45·117
樊鳳三 9·122
樊棨祖 45·160
樊維屏 24·261
樊維域 39·545
樊德元 60·788
樊慶寅 12·176
樊　瑩 40·406
54·685
樊　翰 41·540
45·117
樊　噲 43·519
43·841
44·474
59·154
65·112
樊錫桂 45·141
樊　澤 40·717
62·659
63·35
樊懋侊 8·223
樊　嶷 41·458
55·801
樊　鎮(明) 40·302
42·480
樊　鎮(清) 3·589
10·825
樊　鎧 55·798
樊　鎔 47·497
47·654
樊　霦 47·498
47·656
樊　鵬 21·288
樊騰鳳 25·596
36·458
37·514
樊繼祖 7·374
樊顯祖 33·147
33·401
樊　灝 34·727

摯

摯　虞 40·356

邁

邁　努 2·268
8·183

樓

樓伏連 40·264
42·501
樓希昊 46·48
樓尚崢 31·823

樓　毅　11・142

撒

撒大經　36・451
39・229
39・268
39・408
39・529
撒君賜　61・452
撒夢元　41・545
61・459
撒　曜　61・461

撤

撤　俊　41・445
43・641
撤里帖木兒　16・130

歐

歐廷試　31・7
歐思誠　5・301
5・391
5・473
歐思賢　5・301
5・391
5・473
8・314
歐　信　5・300
5・390
5・472
8・314
40・310
43・543
歐　復　29・240
31・22
歐陽主生　31・815
歐陽枚　7・506
歐陽建　4・335
7・599
26・68
26・284
28・334
歐陽秬　51・280
歐陽修　4・260
7・306
21・272
32・643
33・188
40・567
42・475
43・162
60・248
60・330
歐陽保　19・111
19・183
歐陽莘　7・331
歐陽倩　21・298
25・38
歐陽棻　11・818
22・14
歐陽超　16・461
16・753
歐陽棐　40・378
50・77
歐陽■　30・440
歐陽瑜　7・378
歐陽詹　42・740
43・161
歐陽維藩　7・471
歐陽調律　31・811
33・611
歐陽勳生　5・566
歐陽鑑　30・368
歐　鴻　45・182

賢

賢聖僧 20・616

劇

劇可久 1・735
10・733
22・185
22・337
22・450
劇　辛 7・541
劇清泰 12・176
劇　鵬 10・617
21・688
25・250

暴

暴所養 50・237
暴孟奇 41・50
50・226
54・322
暴　昭 7・332
11・177
41・2
45・145
50・188
50・408
50・536
59・300
59・329
暴　煜 41・496
暴　煊 41・496
暴謙貞 41・68
50・178
54・322
暴　顯 12・418
31・151
41・389

噶

噶　賴 64・115

墨

墨　春 40・408
58・54
墨默理 64・113

稷

稷邱君 41・661
52・260
52・444

黎

黎文輝 59・371
59・447
黎玉章 62・314
黎永明 36・322
黎永瓚 19・184
黎式儀 7・500
33・202
黎　侯 9・260
50・361
黎　晨 28・736
黎　密 47・273
黎景熙 10・619
黎遇春 28・782
黎　顒 28・734
黎　嶷 28・642
黎　鎮 28・642
黎　瓊 28・642

儀

儀長孺 52・251
55・640

儀　威　45·508
45·563
儀　埥　41·649
儀　溥　31·32

樂

樂　丁　55·398
樂元聲　32·672
33·196
樂氏二女　50·961
53·755
樂玉鮒　55·381
樂玉聲　9·160
32·120
樂立本　9·63
樂　臣　11·310
11·695
樂　羊　11·139
樂克山　3·226
樂　叔　11·689
樂政和　59·440
樂彥禎　10·682
32·705
33·186
33·349
樂　恢　62·719
63·187
樂　乘　11·688
樂　進　32·713
樂　勝　11·242
11·643
樂　善　7·523
樂　間　11·234
11·688
樂　瑕　10·573
11·310
11·695
樂　詳　40·602
樂　遜　40·671
62·644
63·717
樂　廣　7·284
32·615
33·184
33·507
樂　賓　57·32
樂　樟　9·63
樂　霄　53·85
樂　毅　1·95
3·843
7·534
11·234
11·681
24·329
24·407
29·336
46·705
樂體元　9·157
32·117
36·31
樂　護　7·387
32·667
33·193
樂觀韶　17·19
17·207
22·591

德

德　生　65·82
德　成　4·326
7·527
德　沛　42·497
德　明　45·674
德崇禪師　41·682

50·255
50·877
德　倧　2·754
14·180
德　清　41·696
德　貴　40·475
47·164
德　勝（乾隆）　63·212
德　勝（同治）　66·578
德　善　64·74
德　禄　59·363
德　蔭　40·489
47·165
56·201
德　楷　41·700
49·690
德　睿　41·700
49·690
德　綸　65·67
65·479
德　寶（元）　21·694
22·470
德　寶（明）　2·254
2·614

徵

徵　瑞　4·304
5·33
7·440

徹

徹里鐵木兒　27·544
40·396
61·624

衛

衛一鳳　41·68
51·667
52·583
衛九疇　59·332
衛士樞　63·774
衛大經　41·615
60·293
60·369
衛之琯　35·606
衛子剛　41·527
63·185
衛子豪　7·592
衛子醇　57·562
衛天民　51·728
54·199
54·218
衛天禄　57·429
衛天鵬　41·593
衛元凱　41·526
41·619
52·69
52·83
52·603
衛支彰　59·422
59·525
衛日新　58·406
衛仁豐　61·151
衛公孫　3·589
10·825
衛　心　51·665
52·582
衛正心　52·9
52·434
衛正身　4·439
26·315
51·605
衛可久　59·39
59·166

衛立鼎 7·466
16·457
17·205
41·120
51·696
52·591
衛　玄 32·621
33·184
衛永耀 41·656
52·444
衛　民 53·600
衛民牧 41·588
衛台揆 41·115
57·114
57·554
衛台擢 57·283
衛　邦 51·45
52·535
衛邦直 63·721
衛光輝 61·749
衛先範 54·728
59·445
59·647
衛先覺 54·705
衛　廷 59·158
衛廷憲 41·82
51·683
52·584
衛仰璠 58·792
衛自立 45·689
衛自省 45·181
衛　全 16·630
18·372
18·542
衛次公 40·717
62·661
63·34
衛守先 39·445
衛安泰 53·605
衛如圭 60·723
60·797
衛　芳 52·431
衛吾良 51·684
52·599
衛佐康 63·844
衛佐堯 41·513
57·567
衛　青 40·583
43·520
44·474
45·48
45·277
55·410
56·161
65·113
衛　玠 41·549
60·513
衛其傑 51·605
衛　英 41·14
58·400
58·422
58·423
58·717
衛英華 53·604
衛　述 41·14
62·700
63·132
衛東吳 51·318
52·289
衛　昆 58·406
衛昌績 52·604
衛侶瑗 41·649
55·646
57·163

	57・429
衛周胤	41・454
	57・113
	57・435
	57・551
	57・701
衛周祚	41・455
	57・113
	57・552
衛育鯤	59・523
衛性存	57・371
	57・449
衛宗康	59・32
	59・158
衛建藩	20・385
	41・483
	61・558
衛承德	56・690
衛封濟	4・440
	9・75
	26・60
	26・135
	26・264
衛　貞	41・463
	51・691
	52・588
衛思洛	52・45
衛庭芝	41・527
	63・721
衛帝典	57・366
	57・448
衛　恒	41・549
	60・513
衛　洪	63・728
衛　宣	41・628
衛既翕	63・729
衛既濟	1・171
	20・59
	41・116
	62・689
	63・728
衛根陽	57・123
	57・361
	57・447
衛　健	40・528
	49・306
	49・671
衛　逖	42・739
衛浚都	41・600
	45・735
	45・815
	52・595
衛　展	41・376
	60・513
衛執蒲	7・490
衛捷鋒	41・651
衛　清	5・279
	5・357
	5・462
衛　淮	58・403
衛啟傳	45・75
衛紹芳	41・90
	62・723
	62・762
	63・726
衛　瑛(明)	11・180
衛　瑛(清)	4・441
	26・59
	26・271
	51・608
	52・443
衛雲桂	62・445
衛　雄	15・176
衛景瑗	11・89

40・337
43・557
43・780
44・480
衛鄖善 59・164
衛　鈍 16・665
18・374
18・543
衛　鈞 36・350
37・883
37・927
41・47
62・701
63・582
衛聖疇 41・458
58・771
衛　蒿 41・532
57・121
57・355
57・446
衛　楷 52・12
52・435
衛　鈳 59・165
衛　鈿 41・47
63・582
衛　詣 40・477
46・581
衛　廉 63・722
衛嘉孚 57・127
57・374
衛嘉遇 57・127
57・374
衛　境 59・165
衛爾福 41・514
57・568
衛　曄 57・122
57・356

57・446
衛鳳池 59・165
衛榮簡 55・806
衛養政 59・401
衛　滿 2・73
衛　寧 63・185
衛緒渙 41・513
58・736
衛　綸 28・672
53・600
衛　縉 7・273
27・752
29・39
40・583
42・529
49・134
49・200
衛　蕃 16・629
18・354
18・488
31・825
34・212
34・296
衛　樞 52・435
衛　嶠 63・728
衛　誼 63・774
衛　璠 4・441
9・75
26・70
26・271
51・607
52・443
衛　璣 52・581
衛　融 50・594
衛　操 14・356
15・177
40・631

41·376
43·612
衛冀隆 16·625
17·211
衛儒奎 57·562
衛儒傑 39·433
衛學詩 25·575
衛　璪 4·440
9·75
26·54
26·270
51·606
52·442
衛濟世 56·16
衛　顏 31·18
衛　顗 40·609
60·512
衛　鏻 41·47
63·582
衛鵷鳴 33·403
衛繼康 53·96
衛　瓘 2·526
3·706
4·248
7·284
40·620
60·512
衛麟貞 57·436
57·702

虢

虢　射 55·333

滕

滕一龍 5·303
5·393
5·474
滕元發 4·261
7·310
11·167
23·215
24·25
滕安上 8·292
23·396
24·86
滕　甫 40·371
42·504
滕茂實 40·568
43·681
44·479
45·311
滕桂芳 3·581
滕致和 3·695
滕致祥 3·696
滕　浩 41·449
滕　雅 38·571
38·712
滕善國 4·285
28·187
滕　淵 40·524
42·510
44·697
49·9
滕開勳 16·469
18·135
滕　經 32·273
38·563
38·770
滕　撫 1·125
7·279
22·131
22·321
滕懋德 9·19

膠

膠　倉　7·574

魯

魯一化　61·258
魯之賢　12·729
　12·779
　23·241
魯文龍　9·213
　19·61
魯文鵬　18·77
　19·48
魯　玉　45·710
魯世任　61·259
魯　丕　7·278
　31·783
　32·611
魯本淑　18·78
　19·50
魯式古　30·228
魯　芝　40·263
　42·466
　65·12
魯有開　31·5
　32·641
　33·189
　33·508
魯　成　56·497
魯成龍　7·453
魯光國　51·323
　52·290
魯廷芝　61·261
魯廷彥　61·258
魯仲連　9·261
魯守成　21·292
　24·503
　24·611
魯克恭　18·81
魯伯能　12·336
　12·411
魯　述　18·62
魯　直　40·468
　46·714
魯郁文　61·272
魯　昌　15·203
魯　炅　1·96
　1·702
　2·565
　3·722
　5·294
　5·382
　5·469
　7·700
　22·173
　22·334
魯　明　41·465
　43·653
魯宗藩　50·722
魯昭公　34·716
魯祚明　30·240
魯班禮　54·690
魯　恭　32·611
魯振東　28·432
魯　峻　32·612
魯　能　21·283
　25·137
魯執中　60·249
魯　捷　16·630
　18·373
　18·542
魯國男　2·137
　10·821
魯崇謙　61·263

魯習之　41・497
　48・380
魯紹芳　9・272
　16・671
　17・540
魯植械　18・367
魯　傑　7・511
　22・14
　38・95
魯貽谷　30・228
魯　欽（永陵衛）　2・663
魯　欽（長清）　40・558
魯　勝　7・602
　14・355
　15・85
　15・176
　41・548
　43・612
　44・658
魯道焜　2・595
魯聖學　41・485
　61・263
魯　頌　3・753
　8・621
魯　煒　28・676
魯　僖　7・490
魯　銘　29・91
魯　潢　44・732
魯　璠　29・92
魯擎柱　9・243
　30・226
魯鴻志　27・905
魯鴻疇　63・574
魯　蘇　16・200
魯　耀　30・238
魯　鐸　8・409
　16・514
　18・136

諸

諸元良　21・287
諸仙禪師　48・94
諸弘道　32・661
諸來晟　59・649
諸崇儉　21・816
諸　偁　7・387
　32・666
　33・66
　33・193
諸葛伯衡　7・332
諸葛昇　40・431
　49・314
　49・786
諸葛恢　30・292
諸葛覃　59・300
諸葛誕　55・654
　59・361
諸葛銘　5・679
諸葛諟　43・899

諾

諾木歡　24・262
諾延温都烏達　7・319
諾　岷　40・343
　42・497
諾　們　64・677

諒

諒　毅　32・126

談

談九乾　7・491
　38・95
談化育　35・265

談有序 6・237
談其極 6・245
談其儀 6・230
談其學 6・229
談　茂 5・280
5・358
5・463
談　英 7・820
談松林 6・234
談素勳 40・488
談振海 35・268
談　倫 7・342
談　清 6・219
談照煦 6・245
談嘉修 6・172
6・219
談嘉勳 6・173
6・218
談德純 35・288
談　穎 6・180
6・223
談聲聞 6・228
談　謐 6・245
談應春 40・525
42・516
49・3
談　鎔 7・511
22・12
24・418
談　謹 6・230

摩

摩　斯 48・244

慶

慶　怡 65・56
慶　春 64・91
65・63
慶　祥 7・519
慶　瑞 7・528
慶　鄭 55・332
60・682
慶　鍾 59・298

潭

潭　澄 13・726

潘

潘一桂 4・464
28・337
潘士良 21・298
23・5
潘士奇 7・411
11・189
11・445
18・16
32・678
潘士閏 7・405
32・676
潘子雨 35・606
潘子晃 39・287
潘天符 31・71
潘　中 51・723
54・197
潘中矩 7・367
32・665
36・340
39・217
39・256
39・319
潘　仁 27・521
潘　文 41・74
44・703
潘文本 16・644

16・785
潘世芳 61・131
潘世英 41・505
61・130
潘世美 44・579
潘世澤 41・545
61・130
潘甲第 8・392
21・383
潘永春 11・467
潘永基 7・660
31・4
31・369
31・853
36・432
38・898
39・225
39・264
39・367
潘永圖 1・193
5・461
7・456
18・14
潘民表 57・428
57・502
60・728
65・242
潘光煒 7・519
23・237
25・761
39・549
潘廷玠 45・688
潘廷侯 40・452
59・297
潘仲驂 32・670
33・195
潘　夙 32・721
33・90
33・366
40・376
41・421
41・427
47・485
47・640
潘汝愈 46・12
潘守恒 10・786
潘守器 43・135
潘好禮 7・774
31・864
32・625
36・436
38・310
38・892
39・226
39・264
39・372
潘志溥 25・593
潘佐廷 3・565
潘　佑 1・724
潘希孟 8・101
32・14
潘玟印 38・755
潘　林 40・527
潘　松 28・673
潘昌祚 28・339
潘　迪 8・264
33・377
潘　忠 31・805
潘宗顏 8・563
14・720
15・431
潘拱辰 7・516
潘思敏 39・607
潘俊三 9・88

潘　炯　3・555
8・679
潘　美　10・766
11・165
32・721
33・88
33・358
40・285
42・473
43・530
44・612
47・638
潘　洪　7・354
12・338
12・413
12・506
潘　珪　51・315
52・290
潘　班　4・441
9・77
26・70
26・310
潘貢疇　41・512
60・710
60・723
潘原英　40・398
42・509
43・147
潘　恩　7・379
21・290
25・330
潘師正　7・772
31・863
36・437
38・316
38・909
39・232
39・287
39・452
潘　高　41・54
41・576
44・702
潘國詔　4・319
26・251
潘　偉　31・28
潘從哲　34・327
34・480
潘惟吉　8・12
32・721
潘　清　18・66
潘清照　16・37
潘紹烈　7・483
13・315
潘朝紳　43・233
潘朝選　40・447
47・403
潘朝還　47・618
潘　傑　33・408
潘敦復　16・443
18・183
18・212
潘道南　4・472
潘道毅　7・289
33・185
潘　滋　8・323
潘開基　7・501
潘　瑍　47・814
潘　塤　7・369
32・666
潘夢龍　61・131
潘　愚　38・638
潘　煒　28・367
潘爾德　26・882
潘　槐　8・559

潘毓瑞 41・163
潘毓儁 41・645
62・715
63・728
潘　銓(明) 63・720
潘　銓(清) 25・593
潘　鳳 21・463
25・515
25・597
潘　綸 34・563
潘慧田 28・431
潘震乙 4・465
28・338
潘賜仁 48・680
潘德昌 13・539
21・404
潘　鋐 3・584
潘　閬 8・11
33・363
44・709
潘　樂 31・149
36・435
38・898
39・225
39・264
39・371
40・269
40・667
64・284
64・518
潘　錦 54・739
57・104
57・275
57・444
潘　澤 8・267
13・721
13・770
14・372
14・432
14・481
14・559
15・517
15・548
15・585
潘　縉 40・525
42・514
43・148
潘聯桂 26・568
潘藏山 9・201
15・208
潘　覬 21・288
24・502
24・610
潘　鍾 40・453
潘應椿 7・506
潘　鎰 19・516
潘　鏜 21・285
25・923
32・664
潘鵬翥 61・130
潘　濟 20・405
潘鹤年 28・367
潘　鑑 19・539
40・322
42・486
潘　鑪 31・802
35・411

澄

澄　空 41・667
55・628
澄　觀 41・674

審

審配 31・9
31・312
33・338
審晃 32・713
33・338

察

察罕 43・534
察罕帖木兒 42・479
50・594
察剗吾歌 40・387
51・320
察廉 31・497

實

實古 16・203
實德 18・155

遲

遲日益 40・444
48・655
49・317
遲日巽 40・449
62・312
遲日豫 7・459
遲廷燊 26・556
遲伯壎 27・221
遲英 57・103
57・273
57・443
遲明遠 26・936
遲焞 46・4
遲發長 26・798
遲肇修 26・794
遲諒 2・729
2・789

選

選公 57・165
57・386

豫

豫讓 9・261
36・495
36・753
45・48
45・143
47・457
50・181
50・362
50・661

線

線曲律不花 11・173
13・310

緱

緱西生 31・821

編

編筐和尚 41・700
53・755

劉

劉一松 2・587
劉一佺 40・430
49・313
49・488
劉一相 40・431
40・434
51・321
52・290

	61・626
	61・722
劉一貞	2・833
劉一通	45・2
劉一清	40・529
	50・82
	51・333
	52・548
劉一蛟	17・72
劉一鳳	3・826
劉一龍	22・746
劉一麟	2・662
劉人睿	6・171
	6・213
	8・693
劉人龍	4・462
	28・331
劉　幾	7・310
	21・272
劉幾捷	30・118
劉　九	59・157
劉九中	37・157
劉九功	19・734
	20・154
劉九成（明）	8・515
	32・56
	34・219
	34・266
	46・4
劉九成（清）	29・99
劉九官	30・103
劉九叙	36・754
劉九淵	53・523
劉九德（明）	53・531
	53・600
劉九德（清大名）	32・750
劉九德（清大興）	10・826
劉乃文	24・793
劉乃桂	42・519
	49・172
	49・244
劉三元	11・191
	13・471
	41・82
	47・208
	49・366
劉三畏	34・682
劉三重	56・264
	56・466
劉三宣	41・622
劉三章	9・41
	29・530
	29・573
	43・898
劉三楷	56・267
	56・469
劉三樂（冀州）	31・73
劉三樂（大名）	33・126
	33・384
劉三錫（大興）	61・627
劉三錫（邱縣）	25・263
劉于台	10・818
	21・688
	24・243
	37・515
劉于京	19・266
劉　士	8・181
	21・341
劉士玫	31・824
	35・54
劉士英	9・4
劉士型	58・779
劉士俊	24・793
劉士彦	41・601

	52・338
劉士原	1・111
	1・793
	2・661
	8・296
劉士通	21・460
	24・214
劉士偉	50・351
劉士清	12・63
劉士琨	60・520
劉士貴	25・184
劉士傑	59・298
劉士璉	40・526
	54・689
劉士銘	2・29
	40・468
劉士毅	30・27
劉士縉	35・267
劉士龍(明)	41・625
	47・200
劉士龍(清)	41・655
	50・584
劉士麟	50・897
劉下元	39・778
劉大川	24・455
劉大仁	19・58
劉大武(江陵)	50・83
	50・607
劉大武(襄垣)	41・442
	50・227
	50・666
劉大受(大城)	20・250
劉大受(泰和)	40・334
劉大信	8・566
	13・758
	15・432
劉大泉	2・259
劉大夏	7・358
	14・115
	14・289
	14・469
	14・530
	40・570
	43・544
	43・771
	44・56
	44・472
	44・657
劉大純	37・436
劉大愨	58・780
劉大程	24・312
劉大道	15・43
	15・222
劉大淵	45・506
	45・561
劉大寧	8・362
	21・358
	25・863
劉大綱	25・58
劉大懿	41・495
	58・732
劉大實	51・319
	52・289
劉大機	49・6
劉大謨(明)	40・313
	42・488
劉大謨(清)	4・437
	9・74
	26・58
	26・270
劉大懿	41・495
	58・732
劉大鑑	41・643
劉大觀	35・268

劉　才　36·779
37·23
劉才巍　18·384
18·553
劉上林　25·595
劉上達　34·514
劉山人　49·800
劉之正　46·531
47·402
劉之恒　37·470
劉之屏　8·721
9·196
21·429
40·448
62·312
劉之紀　19·679
20·57
劉之琦　32·104
33·620
劉之凱　27·95
劉之睿　16·635
16·784
劉子夫　12·313
劉子元　49·529
劉子文　59·143
劉子正　9·50
27·440
劉子台　36·498
劉子秀　63·810
劉子城　4·452
26·276
劉子振　3·584
劉子猛　26·285
劉子清　19·198
劉子惠　31·307
劉子誠　4·286
7·399
27·22
27·202
劉子廉　19·391
劉子雍　23·373
24·86
劉子銓　26·311
劉子賢　56·219
劉子儒　19·197
劉子麟　3·124
劉天元　65·211
65·526
65·567
劉天名　50·585
劉天佑　60·525
劉天孚　8·259
32·706
33·109
33·375
40·391
62·575
63·18
劉天叙　45·3
劉天禎　19·195
劉天與　7·398
21·298
25·484
25·574
劉天誼　28·29
劉天錫　16·658
17·82
劉天衢　59·157
劉　元(寶坻)　2·140
劉　元(淶水)　24·374
劉元一　41·604
47·813
劉元士　19·197
劉元吉　17·508

劉元芳 8・722
21・391
劉元亨 20・279
劉元貞 11・464
劉元書 26・346
劉元梁 19・577
劉元凱 26・278
劉元復 47・652
劉元運 32・680
33・200
劉元瑜 7・304
劉元暉 7・518
12・781
劉元鈺 26・277
劉元熙 28・31
劉元鳳 59・157
劉元慧 9・98
11・278
11・455
劉元震(明) 8・436
28・722
劉元震(清) 37・783
劉元駟 17・72
劉元徵 9・167
33・395
劉元慶 11・467
劉元霖 28・724
劉元勳(臨漳) 35・645
劉元勳(咸陽) 40・343
42・497
劉元錫 41・132
48・679
49・378
劉元龍 9・250
29・310
劉元禧 26・279
劉元馨 35・272
劉元鶴 58・782
劉不盈 8・382
21・377
21・788
劉不息 1・155
劉不疑 11・139
11・435
劉　木(東晉) 31・340
劉　木(明) 8・567
劉五教 41・596
49・798
劉五龍 58・16
劉巨敖 42・740
劉　止 8・373
21・459
21・814
劉少堂 65・109
劉少卿 36・201
劉曰珩 22・136
22・324
劉曰梧 7・406
18・14
劉曰淑 1・163
劉日示 43・324
劉日光 7・472
28・675
劉　中 1・752
5・519
8・60
劉中正 34・333
劉中立 54・747
劉中柱 34・72
劉中敷 1・112
1・796
3・729
8・298
30・223

劉中鰲 35·261
劉　升 40·356
49·289
劉分桂 28·738
劉　公 21·504
劉公弁 7·321
劉　仁(元) 31·792
34·717
34·738
劉　仁(明) 53·532
劉仁之 43·624
劉仁罕 32·631
劉仁軌 27·751
劉仁恭 10·689
17·151
24·743
27·757
29·121
30·234
劉仁恩 34·324
34·478
劉仁廣 45·12
劉　化 42·513
劉化育 61·454
劉化南 13·746
14·581
劉化風 5·520
劉化龍 29·240
31·24
45·642
劉月溪 66·250
劉　氏 28·368
劉　文(容城) 21·359
劉　文(大同) 41·445
43·640
劉文太 38·271
劉文田 24·791
劉文告 47·200
劉文英 40·543
劉文述 30·21
30·117
劉文明 9·12
29·92
劉文忠 9·16
劉文奎 53·594
劉文彥(永清) 19·584
劉文彥(清河) 38·732
劉文彥(唐縣) 4·322
21·464
24·215
27·23
劉文炳(順天) 1·832
2·586
3·751
8·339
11·145
28·840
劉文炳(寧晉) 8·600
12·546
37·147
劉文炳(民國) 28·353
劉文炤 8·654
劉文陞 39·261
39·262
39·340
劉文華 60·203
劉文莊 8·462
40·402
42·510
劉文振 4·317
28·22
劉文通 49·300
劉文彬 45·666
劉文進 49·798

名	卷·頁
劉文煥	11·318
	12·133
劉文陽	43·643
劉文煐	3·580
劉文會	33·127
	33·385
劉文魁	27·521
劉文溥	17·522
劉文煊	4·407
	5·88
劉文靜	40·361
	42·502
	43·146
劉文熙	8·680
劉文蔚(明)	31·82
劉文蔚(清)	37·40
劉文誥	9·230
	30·115
劉文質	7·829
	21·324
	21·776
	40·382
	45·283
劉文衡	25·64
劉文龍	15·681
劉文燦(鑲紅旗)	7·462
	21·308
	23·8
劉文燦(通州)	2·18
	3·553
	8·678
劉文濟	50·309
劉文寵	8·568
	18·49
劉文霽	45·720
劉 亢	30·14
	30·107
	31·75
劉亢涇	2·742
	15·343
劉 方	11·854
	12·20
劉方溥	58·780
劉六符	16·298
	16·490
	17·191
劉六德	9·167
	33·393
劉 斗	8·721
	21·390
	21·779
劉心台	3·561
劉引孫	26·70
	26·286
劉尹卿	58·783
劉孔彰	61·447
劉以文	40·401
	51·332
	52·547
劉以平	62·722
	63·723
劉以守	40·436
	43·556
劉以莊	29·364
劉以衡	41·651
	58·792
劉允之	7·289
劉允元	16·665
	17·516
劉允中	4·442
	29·453
劉允恭	4·316
	28·22
劉允桂	4·476

劉允燦 24・713
劉　玉(磁州) 8・502
32・31
劉　玉(偏關) 46・50
劉玉林 16・461
17・18
劉玉昇 16・662
劉玉笈 26・291
劉玉豹 9・228
38・263
劉玉書 15・231
劉玉章 41・657
46・635
劉玉貴 28・354
劉玉策 27・105
27・220
劉玉渟 34・509
劉玉璋 35・442
劉玉璣 55・794
劉玉樹 34・689
劉玉衡 41・509
52・499
劉玉瓚 40・539
44・700
劉　正(元) 4・360
8・199
28・54
劉　正(清) 9・25
28・727
28・800
40・447
45・289
劉正臣 7・699
劉正志 24・307
24・469
劉正法 9・125
38・774
劉正寬 60・516
劉正衡 50・88
50・606
劉去過 46・668
劉世安 12・356
36・779
劉世芳 33・775
34・169
劉世豸 8・777
21・395
24・772
劉世英 22・191
22・340
40・298
劉世昌 48・264
劉世忠 40・305
42・482
劉世治(明) 24・259
24・420
劉世治(清) 7・504
劉世承 25・60
25・105
劉世祚 29・307
劉世珩 58・413
劉世祥 24・310
劉世盛 8・594
12・359
12・482
劉世清 43・625
劉世朝 44・487
44・610
劉世傑 4・389
10・833
26・57
26・262
劉世祿 4・328
9・95

劉世載　58·54
劉世輔　8·576
24·306
24·468
劉世綰　2·821
劉世賢　27·579
劉世熐　28·439
劉世燧　28·439
劉世繡　24·772
劉世讓　40·273
42·468
44·611
45·505
45·560
劉　本(玉田)　17·310
18·49
劉　本(郴州)　51·351
53·722
劉本裕　18·156
劉本經　44·797
劉本夔　13·147
13·171
劉丕文　26·302
劉丕承　25·107
劉丕謨　20·627
劉　可　47·485
47·641
劉可成　33·407
劉可興(樂亭)　18·238
劉可興(深州)　30·228
劉　丙　41·509
52·595
劉　平　41·1
56·687
劉占寅　28·432
劉占富　17·79
劉佔魁　20·301
劉　旦　17·312
18·49
劉　田　7·360
13·311
劉　甲(宋)　27·543
劉　甲(清)　9·236
37·35
劉申錫　29·106
劉四科　18·14
40·425
50·85
50·313
50·611
劉四端　54·723
59·26
59·84
劉生中　36·464
劉生和　26·268
劉生瑞　15·229
劉印昌　13·768
15·254
劉仕望　49·581
劉仕遠　24·351
24·448
劉白墮　41·631
55·641
劉令譽(平凉)　49·313
49·673
劉令譽(洪洞)　58·409
58·726
劉　用(宋)　25·134
劉　用(明)　27·306
劉立登　37·506
劉立誠　6·247
劉立謚　6·231
劉玄佐　7·789
32·719

劉玄英 2·242
20·616
20·634
劉　汀 8·581
31·88
37·592
37·708
40·423
60·468
劉　永 18·341
18·481
劉永一 62·367
劉永生 9·236
劉永臣 15·701
劉永年 40·382
40·757
45·283
劉永安 19·387
劉永亨 14·474
劉永昌(鹽山) 27·101
劉永昌(安東衛) 41·183
43·651
劉永昌(臨汾) 55·799
劉永昌(東萊) 61·510
劉永祚(韓城) 14·472
劉永祚(真定) 49·316
49·652
劉永脈 31·811
34·718
劉永彬 3·850
劉永清 50·340
劉永祺 9·229
30·17
30·112
31·76
劉永誠 10·813
劉永寬 19·517

劉永嘉 1·852
3·34
劉永寧 52·696
劉永德 39·269
39·397
劉永麃 28·736
劉永錫 8·544
9·164
33·133
33·392
34·585
37·950
劉永禧 30·23
30·112
劉永譽 58·120
58·219
58·222
劉必紹 7·394
14·712
15·346
劉必達 49·315
49·488
劉　尼 14·362
15·103
43·618
劉民瞻 40·459
53·88
劉　弘 1·55
2·526
4·248
7·284
劉弘化 40·416
49·25
60·468
劉弘基 40·575
劉弘緒 15·110
15·224

劉弘德 46・51
劉弘憲 46・52
劉召式 28・348
劉　弁(金) 21・274
24・195
劉　弁(明) 4・281
6・1
劉邦重 21・384
22・745
劉邦俊 49・789
劉邦彥 12・275
12・520
16・441
18・187
18・213
劉邦聘 49・25
劉邦輔 16・785
劉　吉(漢) 11・139
劉　吉(明) 21・352
21・825
23・113
劉　吉(清) 4・408
5・186
9・62
28・314
劉世安 37・23
劉再珙 8・612
23・414
24・70
劉西園 9・41
劉西嶠妻潘氏 26・886
劉芝田 17・210
劉　朴 57・42
57・112
57・548
劉在明 2・90
10・702
劉有昂 28・347
劉有誠 41・581
49・362
劉有廉 28・332
劉有銘 4・465
28・319
劉有綸 41・585
61・555
劉有餘 11・472
劉有慶 4・464
9・87
28・319
劉有瀾 8・591
37・700
劉而介 58・259
劉而介母馮氏 58・273
劉而位 41・476
49・376
49・514
49・631
劉存禮 9・144
34・224
劉成紀 49・800
劉成椿 16・33
劉成龍 16・32
劉　光 32・63
38・894
劉光宇 38・133
劉光秀 43・166
劉光采 38・182
劉光昱 58・780
劉光祚(晉縣) 12・63
劉光祚(榆林) 7・407
40・559
49・314
49・488
劉光祚(景州) 8・438

29・529
29・572
劉光祚(清永年) 9・136
劉光祚(清滿城) 21・393
25・901
劉光晉 58・780
劉光晟 58・730
劉光彩 37・527
劉光啟(明) 13・146
13・169
劉光啟(清) 11・645
劉光煥 46・421
55・794
劉光裕 65・243
66・473
劉光遠(元) 34・489
劉光遠(明) 40・418
54・744
劉光蔚 41・626
53・119
劉光縉 12・456
劉光謨 9・44
21・310
25・488
25・578
29・533
29・599
劉早譽 41・456
劉同蘅 10・834
27・109
27・239
劉　因(元) 3・812
8・175
11・317
11・611
21・443
21・825
22・468
22・593
22・668
22・671
22・730
25・85
劉　因(明) 40・402
42・510
43・60
劉廷芝 54・727
59・445
劉廷臣(瓊山) 4・284
28・186
劉廷臣(洪洞) 4・277
7・374
41・43
58・405
58・721
劉廷佐 53・604
劉廷杰 3・589
10・827
劉廷直 8・180
21・341
25・898
劉廷相(明) 58・405
58・721
劉廷相(清) 6・239
劉廷彥 53・603
劉廷宣 8・417
17・504
18・243
劉廷祚 9・231
30・122
劉廷訓(明) 1・830
3・359
8・336
27・405

劉廷訓(清)　9・220
22・31
22・50
24・464
劉廷瑛　32・75
34・85
劉廷楝　13・713
15・819
劉廷瑞　27・476
劉廷瑗　7・455
劉廷楠　9・16
劉廷鉞　38・911
劉廷煜　63・760
劉廷璋　45・507
45・561
劉廷梁　38・569
劉廷儀　40・421
51・347
53・721
劉廷征　16・530
劉廷翰(宋)　32・633
劉廷翰(清)　41・476
49・378
劉廷諫　1・826
3・547
8・335
劉廷璐　4・412
5・69
58・708
劉廷璧　6・180
劉廷蘭　25・64
劉廷鶴　35・261
劉廷瓚　9・138
32・76
34・100
劉廷麟　35・263
劉廷讓　2・93
22・185
22・337
劉休賓　31・348
劉伏玘　8・556
13・731
15・525
15・563
43・661
劉延祉　14・491
劉延皓　33・186
劉延弼　6・239
劉延煌　37・602
37・713
劉延璐　40・488
劉延齡　17・506
劉　仲(漢)　42・529
劉　仲(遼)　8・38
劉仲尹　8・119
劉仲信　20・450
劉仲洙　1・755
8・56
12・728
12・779
21・239
21・273
25・329
40・519
43・533
劉仲原　49・359
劉仲殷　55・468
61・623
劉仲祥　8・177
21・443
25・56
劉仲海　4・450
26・275
劉仲隆　58・223

劉仲植 58・223
劉仲誠 54・676
劉仲福 1・152
3・227
劉仲誨 1・98
1・748
3・725
8・53
劉仲篪 4・434
5・742
6・79
劉仲禮 27・577
劉 任 29・545
劉任原 50・79
50・310
50・609
劉仰斗 61・152
劉向生 11・488
劉自省 32・663
33・68
33・194
劉自修 27・326
27・405
劉自然(元) 11・513
劉自然(明) 4・389
27・107
劉自潔 9・246
劉似鵬 43・314
劉似鼇 8・390
21・381
25・178
40・427
42・516
46・88
46・418
劉 行 45・360
劉行素 21・370
21・826
25・169
劉行簡 21・384
25・187
劉 全 8・248
32・19
38・899
劉全柱 32・679
劉全諒 2・669
劉兆東 19・128
劉兆基 32・65
32・418
劉兆騏 8・690
劉兆蘭 26・905
劉兆麟(寶坻) 5・576
劉兆麟(青縣) 28・64
劉 旭 5・530
劉名世(明) 38・274
劉名世(清) 22・470
劉名言 30・191
劉名會 45・89
劉名儒 45・27
劉亦坦 49・581
劉衡霄 45・777
劉 江 16・530
17・502
18・216
劉 汲 58・288
劉汝升 12・768
12・780
劉汝朴 2・665
劉汝江 51・350
53・722
劉汝松 21・292
25・815
劉汝明 58・787
劉汝教 8・382

21・460
24・221
劉汝梅 53・106
劉汝訢 49・794
劉汝康 12・519
劉汝植 9・26
28・741
劉汝登 7・388
14・294
14・711
劉汝楫 58・749
劉汝漣 26・794
劉汝豪 29・543
劉汝霦 29・610
劉汝賢 45・28
劉汝器 21・443
24・214
劉汝諧 41・640
劉汝翼 40・474
50・94
50・928
劉宇揚 3・851
劉　守 62・494
劉守元 22・45
24・486
劉守仁 41・58
58・407
58・723
劉守成(成安) 34・730
劉守成(寧河) 6・171
6・217
劉守光 29・122
劉守全 53・643
劉守名 32・90
34・225
34・295
劉守達 8・527
劉守德 65・92
劉守讀 32・242
33・128
33・386
劉　安(明山陽) 7・336
劉　安(明廣昌知縣) 24・259
24・419
劉　安(明武安知縣) 36・193
劉　安(清) 53・609
劉安仁 31・812
36・4
劉安世(宋) 8・15
11・167
32・747
33・98
33・367
33・522
34・549
40・378
50・60
劉安世(元) 8・282
劉安世母 9・288
劉安定 21・277
劉安國 21・307
25・818
劉安儉 27・627
劉　祁(元) 41・575
劉　祁(清) 41・501
劉祁孫 6・237
劉羽國 21・295
22・590
22・664
24・751
劉如式 20・288
劉如熊 28・434
劉如壎 21・407
24・215

劉好德 40·393
40·835
45·485
45·570
51·320
52·288
劉好謙 41·575
劉好禮 8·166
21·334
24·421
25·863
劉　玘 53·723
劉　孝(安陽) 54·736
57·104
57·274
57·443
劉　孝(高唐) 7·359
29·47
劉孝孫 34·107
劉孝勗 52·13
劉　志(順天) 1·802
8·311
劉　志(冀城) 56·689
劉　志(館陶) 34·313
劉　志(歷城) 3·134
劉　志(清) 28·336
劉志成 13·334
劉志高 3·30
劉志道 23·407
劉志淵 41·686
53·344
劉　址 28·188
28·477
劉　圻 61·625
61·718
劉　均 3·585
8·678
劉　蕓 35·465
劉　芳(趙州) 12·467
劉　芳(朔州) 28·674
44·537
劉　芳(清太原) 41·194
43·204
劉　芳(清寧河) 6·244
劉　芳(清長治) 50·331
劉　芳(清南宮) 37·729
劉芳大 53·90
53·262
53·299
劉芳久 19·541
61·68
劉芳周 9·240
劉芳振 39·206
劉芳喆 1·869
8·699
22·197
22·343
劉芳遠 21·306
劉芳聞 15·517
15·549
劉芳範 4·467
27·87
劉芳譽 7·400
31·807
劉芳躅 1·868
8·658
22·196
22·342
24·422
劉克一 8·764
21·397
23·135
劉克用 3·216
劉克昌 58·780

劉克昇 28・31
劉克家 1・855
8・718
劉克敏 58・781
劉克望 16・548
17・183
17・467
44・487
44・610
劉克勤(莊浪) 7・402
24・259
24・285
24・420
劉克勤(臨榆) 16・573
17・458
劉克順 55・806
劉克肅 17・458
劉克邁 7・453
劉克讓(保定) 1・856
劉克讓(延慶) 2・820
劉杏五 12・76
劉　甫 19・538
劉抑之 41・658
劉步方 26・302
劉步青(磁州) 32・124
劉步青(安澤) 56・265
56・466
劉步青(大名) 33・417
劉步青(成安) 34・688
劉步崑 38・578
38・744
劉步雲 33・417
劉步嶺 38・574
38・714
劉見曾 31・812
34・47
劉見龍 49・795
劉　旰 5・470
劉迪穀 41・467
60・520
劉　岑 60・469
劉　秀 32・819
劉我義 58・729
劉我禮 58・729
劉希孔 7・397
20・757
50・328
劉希召 54・702
59・644
劉希周 60・383
劉希孟 40・426
60・468
61・511
劉希道 58・366
劉希準 45・683
劉希顔 11・170
劉　佐(元) 41・436
58・64
劉　佐(明) 19・2
劉佐世 40・537
41・457
51・326
57・114
57・554
劉　佑 9・144
32・87
34・221
34・274
劉　伸(遼) 1・108
1・746
2・567
3・724
劉　伸(明) 1・166
19・680

	20・58
劉　佚	26・90
劉作民	44・579
劉作霖	41・600
	52・595
劉　伶	9・264
	21・507
	25・85
劉伯川	27・628
劉伯生	31・806
	32・413
劉伯林	15・254
	16・128
	40・551
	43・535
	43・834
	65・50
劉伯宗	7・488
	11・640
劉伯蒸	26・296
劉伯熙	8・69
劉伯銓	39・445
劉伯綬	54・717
	59・297
劉伯壎	6・51
劉伯齡	52・498
劉伯驂	8・441
劉　豸	21・291
	24・503
	24・611
劉含真	2・259
	5・670
劉言史	7・775
	12・481
	31・103
	31・866
	33・683
	33・690
劉　亨	8・568
	18・45
	54・749
	56・199
劉亨安	8・185
	16・174
	16・309
	22・191
	22・340
	40・552
	60・622
劉亨霖	12・718
劉亨禮	21・463
	23・131
劉　灼	6・173
	6・218
劉　兑	21・373
	22・736
劉　沔	40・283
	42・472
	43・529
	44・475
	65・33
劉　沛(明)	34・563
劉　沛(清)	58・224
劉沛然	30・191
劉　冲	9・251
劉　沂	8・392
	21・383
	25・863
	40・433
	45・180
劉　沆	27・651
劉　沉	1・96
	1・106
	1・672

	2・563
	2・600
	3・748
	5・293
	5・381
	5・468
	7・598
劉完素	10・788
劉宏遇	40・340
	42・496
劉宏興	30・27
	30・124
劉宏譽	11・474
劉宏讓	40・536
	50・91
劉牢之	31・331
劉良臣(明)	41・34
	62・31
	62・209
	62・279
劉良臣(清)	16・657
	17・175
劉君成	4・311
	5・30
	7・477
劉君佐	38・271
劉君良	7・728
劉君賜	25・98
劉　劭	10・591
	27・746
	31・846
	33・615
	35・420
劉妙成	32・774
劉奉世	7・312
	11・168
	23・218
	24・25
	32・652
	40・518
劉奉先	25・873
劉奉璋	26・344
劉武元	2・589
	3・744
	8・654
劉武周	29・121
	44・542
	44・594
	44・626
劉青甸	20・276
劉青蓮	41・497
	50・953
劉青綬	3・811
劉　玢	23・437
劉　坦(明)	22・135
	22・323
	27・628
劉　坦(清)	4・479
劉　坤(明)	40・420
	49・309
	49・486
劉　坤(清)	34・692
劉坤亨	58・406
劉　協	4・340
	27・104
劉其化	9・115
	11・280
	11・887
	12・57
劉其綸	34・689
	34・749
劉若虛	61・154
劉若曾	14・546
劉若愚	10・819

	14・463
劉若鼐(滄州)	4・438
	9・75
	26・137
	26・263
劉若鼐(臨汾)	41・113
	41・472
	55・802
劉　茂	7・274
	14・102
	14・279
	40・595
	42・530
	43・208
	47・537
	47・696
劉茂成	65・206
劉茂桂	41・453
	43・402
劉茂遠	13・670
劉　英(元)	8・177
	21・504
	22・593
	22・753
劉　英(明寶坻)	1・99
	1・793
	5・572
	8・296
	40・400
	45・640
劉　英(明掖縣)	21・285
	24・749
劉　英(清應州)	61・251
劉英魁	5・239
	11・466
劉枝彦	5・461
	19・184
	22・326
劉　杳	4・256
劉　松(漢)	5・667
劉　松(明)	18・214
劉松山	4・328
	7・523
劉松屏	28・320
劉　枋	41・651
	58・792
劉　述(金)	8・73
	21・458
	30・332
劉　述(明新安)	21・351
	22・737
劉　述(明襄陵)	59・665
劉述宗	60・696
	60・759
劉東星	4・273
	7・393
	41・59
	51・728
	54・180
	54・187
劉東美	18・495
劉東書	21・432
	24・213
劉雨亭	35・287
劉　奇	56・689
劉奇政	32・690
劉奇遇	40・444
	49・316
	49・721
劉奇鋒	62・218
劉奇聲	52・40
	53・740
劉長春	26・282
劉長亭	38・638

劉長卿 7·729
劉叔宗 31·152
劉肯堂 6·227
劉　卓 8·372
21·368
21·788
50·84
53·522
53·568
劉卓彦 58·120
58·219
劉尚志 35·312
劉尚忠 41·444
49·359
49·509
劉尚信 32·738
劉尚倫 22·345
劉尚卿 32·315
33·762
34·83
劉尚義 41·51
49·361
49·509
劉尚質 40·396
41·574
57·38
57·110
57·543
劉　果 7·470
40·534
42·519
劉果實 4·440
9·76
26·67
26·129
26·288
劉　昌(唐) 24·331
24·408
劉　昌(明祥符) 32·676
33·198
33·509
劉　昌(明新安) 22·745
劉　昌(明成安) 34·675
45·686
劉　昌(清) 51·362
51·494
54·145
劉昌胤 8·383
21·379
24·768
劉昌祚 7·848
11·242
11·462
劉昌泰 22·405
劉昌裔 40·711
42·563
42·786
43·67
劉　昇(明) 21·294
22·699
60·190
劉　昇(清) 8·806
劉昇祚(汾陽) 41·461
49·371
49·513
劉昇祚(霍州) 59·164
劉　明(明濮州) 28·673
40·413
50·64
50·656
50·685
劉　明(明蓬萊) 34·567
劉明文 24·786
劉明善 31·792

35・51
35・127
劉明德 49・782
劉　易 41・616
44・814
劉易從 31・805
劉　昆 32・742
劉　昂(金) 8・76
14・155
14・500
14・558
16・170
16・303
41・568
48・749
劉　昂(明) 7・353
劉昂霄 41・570
52・67
53・729
劉　旻 51・376
劉　昉(金) 8・123
劉　昉(明) 27・438
劉典三 26・302
劉忠誠 47・477
劉　岸 36・194
劉垂緒 41・510
劉　制 60・299
60・370
劉知信 7・300
7・850
32・633
36・440
36・740
40・546
劉知遠 46・151
劉知微 8・352
21・345
21・777
劉　和(唐) 58・218
劉　和(明) 46・583
劉　牧 9・32
劉秉仁 24・213
劉秉文 14・583
劉秉心 4・433
6・79
劉秉直 1・792
8・158
劉秉忠 2・572
3・727
8・228
11・145
13・781
14・653
16・140
36・441
36・499
36・527
36・741
43・681
65・230
65・523
66・114
劉秉政 31・819
劉秉恬 41・143
58・731
劉秉恕 8・231
36・527
36・742
40・390
54・677
劉秉堃 66・217
劉秉琳 20・217
劉秉愉 41・495
58・730

劉秉鉞 41・500
47・494
劉秉慎 41・650
58・791
劉秉德 8・73
21・330
22・594
劉秉憻 41・494
58・731
劉秉禮 35・267
劉　岳 41・536
52・871
劉　佩(晉) 16・180
16・325
劉　佩(清) 29・546
29・582
劉佩蘅 4・418
劉依仁 40・392
50・63
53・521
53・566
劉　迫 58・12
劉所説 19・24
劉　金(明) 19・256
劉　金(清) 25・119
劉金柱 21・429
22・456
劉金策 34・691
劉金瑞 35・622
劉金聲 35・642
劉金鏞 29・620
劉采蓉 61・151
劉　受 45・180
劉受益 35・641
劉争光 9・19
29・454
劉周南 58・414
劉　京 37・785
劉京會 45・89
劉享霖 38・380
劉享禮 8・764
劉　放 2・75
10・586
20・144
22・207
22・349
劉　庚 40・533
60・625
60・775
劉庚運 56・267
56・469
劉於義 4・297
7・424
劉育萬 29・622
劉育德 26・297
劉　怦 1・96
2・84
2・655
7・702
17・151
22・133
22・322
劉　炎 46・52
劉法孔 12・550
37・36
劉法唐 50・573
劉法照 25・734
劉法顔 24・778
劉　泮 4・395
5・745
6・77
58・367
劉　沼 13・150
23・731

劉治平 2・668
劉治安 2・668
劉宗仁(大名) 8・530
32・731
33・117
33・381
劉宗仁(藁城) 47・164
49・315
劉宗周 1・164
7・405
劉宗波 24・730
劉宗孟 7・494
36・349
38・172
劉宗哲 55・798
劉宗爽 19・194
劉宗儒 19・518
劉宗顏 53・738
劉定安 24・593
劉定華 61・263
劉 官 60・175
劉建邦 22・137
22・324
劉居仁 41・644
劉居正 27・575
劉居敬 41・533
59・683
59・752
劉承元 15・527
劉承光 58・409
58・778
劉承芳 15・526
15・564
15・649
劉承宗 4・258
7・302
21・270
24・747
25・134
36・526
劉承祚 58・221
劉承烈 58・754
劉承堯 58・365
劉承寬 40・491
53・725
劉承福 6・230
劉承緒 58・410
劉承摯 9・44
29・537
29・607
劉承爵 53・116
劉承謙 37・949
劉承寵 58・408
58・741
劉孟易 16・457
16・752
劉孟和 26・61
31・152
劉孟純 20・192
劉孟揚 36・8
劉孟儒 45・179
劉降卿 29・97
劉春榮 26・798
劉 珏(金) 8・73
劉 珏(明) 40・303
42・481
劉 珂(遼) 22・189
22・339
劉 珂(明) 8・530
32・731
劉 珂(清) 33・409
劉 ■ 56・698
劉珍瀛 29・226
劉 政(漢) 41・612

劉　政(金)　8・101
34・86
劉　政(明元氏)　11・267
13・340
劉　政(明永寧衛)　14・141
劉政會　32・715
40・506
42・468
劉　垣　40・492
劉　荀　27・572
劉南枝　21・804
劉南星　29・621
劉　相　21・287
22・590
劉　柟　8・804
劉柏林　17・529
劉柏齡　41・149
劉　柱　17・84
劉　勃　28・719
劉　軌　31・330
劉軌思　4・341
7・645
劉柬之　15・550
15・590
劉　迺　9・266
劉奎耀　8・367
21・363
40・417
42・514
46・790
47・48
劉　拾　27・746
劉　拯　9・229
30・18
30・114
31・127
劉　貞(唐)　33・770
劉　貞(金)　60・249
劉　貞(元)　45・360
劉　貞(明)　44・537
44・590
劉　昞(漢)　11・140
劉　昺(宋)　32・747
劉星煒　38・917
劉　昣　66・547
劉　昫　4・350
10・704
21・677
22・184
22・337
24・761
26・91
26・762
劉　昱　34・779
劉　昶　53・599
劉　昭(明潞州)　41・10
50・223
50・379
50・560
劉　昭(明新安)　21・357
22・742
劉　昭(明海州)　31・798
38・282
38・378
劉　思　39・778
劉思問　9・234
12・482
劉思誠(乾州)　45・730
劉思誠(山海衛)　8・415
16・521
17・503
劉思聰　58・787
劉哈剌巴圖魯　40・823
劉　矩　8・524

	32・693
劉重進	2・94
	10・737
劉重陽	34・75
劉重慶	29・48
劉　适(宋)	40・372
	42・506
	46・1
劉　适(清)	27・170
	27・211
	27・292
劉　叟	32・267
	34・730
劉保垣	20・247
劉保勳	11・839
	40・515
劉　信	8・526
	32・730
	33・113
	33・379
	34・580
劉信成	34・730
劉信斯	6・231
劉禹錫	7・819
	23・586
	24・86
	42・812
劉　追	31・6
劉　俊(新鄉)	36・340
	39・216
	39・255
	39・318
劉　俊(饒陽)	8・603
	29・309
劉　俊(深州)	8・604
	30・223
劉　俊(淮安)	40・401
	42・509
劉　俊(保安州)	14・118
劉　俊(陜西)	48・174
劉　俊(清)	2・28
劉俊升	18・557
劉俊臣	28・431
劉俊聲	55・801
劉衍民	45・689
劉衍祚	40・526
	54・687
劉衍疇	49・491
劉衍齡	12・457
劉　勉	5・279
	5・462
劉計安	31・127
劉奕翰	16・31
	16・41
劉　亮	24・75
	40・266
	60・615
	60・767
劉庭宣	16・526
劉庭照	21・411
	22・449
劉　庠	4・261
	7・309
	40・290
	42・477
劉　竑	7・355
	23・222
	24・27
劉彦妻吕氏	26・138
劉彦宗	1・748
	10・782
劉彦達	3・589
劉彦温	21・330
	21・785

劉恒祥 23·56
劉　恬 58·223
劉　美 40·757
劉栩基 62·219
劉　炳(金) 8·71
21·329
25·186
劉　炳(清) 9·35
劉炳青 40·490
53·580
劉　炫 10·622
27·897
29·94
30·412
劉炤巌 20·301
劉　爲 32·708
劉爲可 34·271
劉爲庚 4·468
27·93
27·239
劉爲楫 19·557
劉　汧 41·472
56·693
劉洪進 7·492
36·345
37·796
劉派久 9·156
32·111
38·894
劉洽禮 58·784
劉　洛 24·58
劉　洋 63·571
劉　宣(元) 40·825
42·741
44·787
44·860
50·188
50·319
50·406
50·529
劉　宣(明) 9·272
16·671
17·187
劉客奴 22·243
22·377
劉　冠 16·674
17·541
劉　祐(漢) 7·562
21·319
23·373
25·401
40·350
54·642
62·565
63·10
劉　祐(明) 40·317
43·551
43·777
44·473
劉祖光 3·217
劉祖年 6·229
劉祖舜 45·700
45·724
劉祖慶 4·418
5·239
劉祖謙 40·810
41·572
60·514
劉祝永 20·278
劉祝谷 5·239
劉祚印 34·774
劉祚全 41·453
43·402
劉祚長 41·86

	43・402
劉既裕	58・766
劉　陟	58・787
劉飛虎	29・617
劉蚤譽	58・412
	58・773
劉　勇	11・140
劉約禮	47・48
劉　紀	30・652
劉紀雲	19・672
劉幽求	7・812
	30・424
劉　耕	50・83
劉　泰	62・366
劉泰耿	61・130
劉　素(深澤)	12・743
	12・789
	23・410
劉　素(西平)	4・281
	28・21
劉　珪(元)	33・108
	33・377
劉　珪(明)	40・401
	62・310
劉　珰	23・590
劉　珩(明)	19・539
劉　珩(清)	19・517
劉起聲	23・68
劉斯濯	52・549
劉　華(明)	40・531
	47・399
劉　華(清)	45・675
劉華祝	9・176
劉　恭	11・140
劉恭鑑	33・131
劉　真(唐)	7・776
	31・867
	32・438
	34・105
劉　真(明)	14・111
	14・466
	14・711
劉真人	27・110
劉真譽	58・412
劉桂林	28・68
劉桂楨	47・652
劉桂馨	30・123
劉　桓	60・521
劉栖楚	10・676
劉　桐(隰州)	41・660
劉　桐(滄州)	26・327
劉桃符	7・695
	23・379
	24・74
劉　格(饒陽)	8・603
劉　格(巴縣)	29・306
	29・309
劉　格(安陽)	21・289
劉　連	7・335
劉連提	12・66
劉砥中	2・611
劉砥柱	26・295
劉　原	4・335
	26・68
	26・284
	40・356
劉振元	21・422
	25・514
	25・592
劉振中	41・519
	60・570
劉振世	8・570
	18・54
	19・45

19·95
劉振采 34·730
劉振威 41·475
47·202
劉振基 4·466
27·84
27·177
27·232
41·471
劉振乾 29·618
劉振德 47·316
劉振聲 55·801
劉振鏞 21·796
劉振鐸 34·691
34·753
劉哲明 28·355
劉　致 41·642
52·255
劉致中(清) 7·458
21·312
22·406
劉致中(民國) 56·465
劉致文 25·605
劉致祥 37·971
劉　晉(臨漳) 35·645
劉　晉(汾陽) 49·565
劉晉泰 58·746
劉晉榮 26·312
劉時俊 41·470
59·158
劉時美 7·329
31·13
37·583
37·659
38·893
劉時敏 32·660
32·837
劉時庸 58·20
劉時幹 31·815
34·211
劉時濟 21·297
22·702
劉　晏(唐) 7·784
32·718
40·367
劉　晏(宋) 43·919
劉　啤 38·143
劉　恩(元) 8·245
32·19
38·899
39·4
劉　恩(明高陽) 8·368
21·364
21·825
25·174
劉　恩(明撫寧) 18·143
劉　恩(明陝西) 49·29
劉恩溥 27·905
劉　剛(任邱) 8·428
劉　剛(山海衛) 17·493
劉　峩(單縣) 1·175
4·300
5·32
7·429
25·759
劉　峩(襄陵) 41·494
59·684
59·753
劉峯曉 35·270
劉　峻 23·731
24·86
劉峻度 23·784
劉峻峯 26·589
劉峻堂 16·33

劉　牲	12・416
劉乘龍	22・467
劉　倜	44・539
劉　健(元)	8・261
	32・748
	33・377
	34・550
劉　健(明)	6・236
劉倔子	2・257
	3・592
劉　皋	61・156
劉師貞	35・82
劉師峻	7・518
	25・759
劉師陸	41・591
	58・747
劉師道	32・723
劉師寵	57・576
劉　殷	40・624
	43・611
	44・521
	44・582
	44・805
	48・749
劉　航	7・310
	32・725
	34・549
劉　釗	12・688
劉　翁	2・258
劉逢侗	36・806
	37・12
劉逢源	9・143
	32・86
	34・223
劉　卿	3・808
	22・194
	22・341
劉　訓	41・316
	58・218
劉訓陳	47・814
劉凌雲	7・487
	13・538
劉　衷	58・780
劉　衮	58・780
劉高位	58・224
劉高第	59・165
劉效禹	27・906
劉效祖	1・813
	2・581
	3・84
	3・735
	8・326
劉效曾	59・535
劉　旁	48・175
	49・311
劉　悟	17・151
劉　悦	5・272
	5・349
	5・459
劉兼濟	7・306
	21・271
	24・747
	51・293
	52・374
劉炯文	26・307
劉　涇	40・325
	50・82
	50・605
劉　浩(廣平)	32・38
	32・417
劉　浩(阜城)	29・367
劉　浩(清吉州)	1・190
	22・140
	22・325

劉　浩(清永年)　34・101
劉　浩(清奉天)　54・759
59・80
劉　海(遼)　45・49
劉　海(金平順)　53・641
劉　海(金興州)　8・81
16・171
16・305
42・595
48・749
劉　海(元安肅)　21・343
25・43
劉　海(明)　7・388
8・554
13・760
14・384
14・638
劉　浴　31・128
劉　涣　21・271
21・324
40・514
42・505
46・580
劉　涌　21・348
25・404
劉　宴　62・309
劉　容　7・328
31・792
劉　祥　34・772
劉祥道　32・719
劉祥瀚　59・247
59・254
劉　書　31・16
38・273
劉書琴　28・432
劉書麟　28・338
劉　翀　41・39

62・479
62・493
劉　通(宋)　42・582
劉　通(明蔚州)　15・221
劉　通(明利津)　45・694
劉通曾　6・234
劉通源　6・234
劉陶斯　6・231
劉　恕　7・309
37・795
40・374
54・666
56・331
劉　純　42・510
49・2
劉　理(元)　8・281
37・705
劉　理(清)　27・900
劉　琢　8・123
劉　焉　31・3
31・298
劉　教　7・386
31・803
劉　逵　28・673
劉執德(邱縣)　35・268
劉執德(孝義)　41・655
劉　埥　7・509
18・22
劉　培　3・551
8・677
劉培元(清苑)　8・733
21・816
劉培元(山陽)　40・466
63・211
劉培棠　26・302
劉培運　7・491
36・337

	39・681
	39・767
劉　基(明)	47・199
劉　基(清)	8・670
	20・779
劉基振	43・403
劉　黄	5・522
劉萊閣	25・66
劉　乾(靖江)	5・272
	5・349
	5・459
劉　乾(唐縣)	8・372
	21・460
	24・214
劉乾粹	26・572
劉　彬	20・263
劉　梅	9・52
	30・641
劉梓材	49・798
劉捷元	28・317
劉接武	27・107
劉處讓	4・349
	10・711
	26・65
劉　常	21・274
劉　晤	32・628
劉　晞	2・90
	8・36
	10・698
	22・188
	22・339
劉　冕	61・510
劉　跂	27・559
劉　累	56・1
劉國臣	35・622
劉國全	34・484
劉國安	34・486
劉國英	8・780
	21・390
	25・405
劉國治	40・563
	61・251
劉國柱	11・463
劉國重	3・851
劉國棠	58・414
	58・779
劉國楨	9・44
	29・544
劉國會	31・817
	35・418
劉國榮	18・83
劉國樞	9・222
	31・74
劉國樑	9・35
	28・834
劉國興	9・195
	13・739
	14・404
	14・638
	15・539
	15・652
劉國憲	44・726
劉國鶱	6・231
劉唯齋	39・6
劉　崧	1・141
	7・329
劉　崑	7・463
	21・307
劉　崇	28・736
劉崇元	59・371
	59・447
劉崇文(高平)	38・170
劉崇文(解州)	41・529
	60・518

劉崇文(清) 8・772
23・55
劉崇望 32・720
劉崇輝 48・751
劉崇儀 5・730
劉崇龜 40・508
42・473
劉　敏(元) 8・264
13・720
14・371
14・481
14・558
劉　敏(明肅寧) 8・420
27・643
劉　敏(明大興) 40・402
42・510
43・147
劉　敏(清慶雲) 9・95
劉　敏(清寧河) 6・237
劉敏行 8・82
16・492
17・191
31・791
35・411
40・387
51・320
52・287
劉敏寬 41・77
60・517
劉敏學 11・189
12・124
劉　動 36・197
劉　側 11・141
劉　進 8・631
劉進忠 49・726
劉進魁 11・467
劉進義 49・726
劉　偉(朝邑) 40・405
41・694
42・511
47・538
49・171
49・243
劉　偉(關中) 45・309
50・253
劉　偉(清灤州) 16・554
18・353
18・488
22・469
劉　偉(清濰縣) 7・514
37・662
劉偉人 47・812
劉得力 11・468
劉得亨 21・280
劉得裕 32・660
劉得寬 60・516
劉得寧 4・765
5・162
9・56
劉從仁 13・311
16・443
18・328
18・474
60・302
60・360
劉從益 40・804
43・635
44・213
劉從堯 6・247
劉從廣 7・308
31・789
40・757
劉從謙 40・518
60・514

62・575
63・351
劉衔祿 55・819
劉　敍 40・490
47・165
劉　悉 23・225
24・28
劉　許 22・208
22・349
劉鹿鳴 34・554
劉　章(漢) 42・530
劉　章(明) 14・126
劉　章(清) 41・487
43・657
劉章甫 45・684
劉　翊(漢) 32・612
劉　翊(宋) 7・314
劉　商 10・692
劉望之 32・667
33・67
33・194
34・560
劉惟恆 50・83
劉惟恂 21・822
劉惟極 35・589
劉惟蕙 20・821
劉惟德 21・686
21・782
劉　炳(冀州) 31・127
劉　炳(任邱) 28・830
劉炳烈 50・897
劉　煥(宋) 45・178
劉　煥(金) 1・137
8・122
16・158
16・273
23・392
24・79
28・671
40・389
劉　煥(明槀城) 11・269
12・129
劉　煥(明郟縣) 35・417
劉　煥(清大名) 33・144
33・395
劉　煥(清豐潤) 19・69
劉煥章 29・619
劉煥然 19・473
劉煥衢 50・661
劉　清(元) 36・744
劉　清(明壽張) 40・408
44・724
44・738
劉　清(明新安) 22・742
劉清元 33・625
劉清秀 29・350
劉清俊 31・201
劉清淵 24・485
劉清祺 31・201
劉清漣 9・52
30・641
30・708
30・723
劉清鼐 20・674
劉清梁 4・455
26・328
劉清潭 27・103
劉清寰 54・145
劉清駿 26・300
劉　渠 1・823
16・449
16・756
17・496
劉　淑(漢) 7・566

	27・897
	29・28
	29・82
劉　淑(清)	55・803
劉淑相	7・372
劉淑原	41・592
	59・338
劉　淮(元)	5・472
劉　淮(明)	7・359
	41・448
	45・486
	45・578
劉　淮(明)	2・833
劉　淮(清)	63・130
劉淮洲	33・416
劉　淳	28・673
劉　深(元)	5・571
	8・159
劉　深(明臨汾)	7・334
	29・485
	29・969
劉　深(明潞州)	50・319
劉　深(明易州)	8・572
	24・455
劉　深(清南皮)	4・460
	28・330
劉　深(清淄川)	1・179
	19・491
劉　梁	7・280
	21・266
	24・508
	24・593
劉　涵	13・777
	15・64
	40・461
	60・627
	60・776

劉　寅	41・583
	45・485
	45・570
劉　啟	23・573
劉啟元	29・608
	29・1000
劉啟先	46・631
劉啟坤	34・773
劉啟智	41・128
	58・95
劉啟復	24・414
劉視遠	41・517
	44・796
劉　晝	7・644
	29・454
劉　問	7・309
劉　陽	28・737
劉陽勝	45・360
劉　參	42・529
劉紱曾	13・317
劉組會	41・494
	55・804
劉　終	11・140
劉紹宗	40・435
劉紹恤	40・420
	49・316
	49・721
劉紹祖	7・328
劉紹榮	7・827
劉紹璇	8・543
	32・709
	33・30
	33・390
	34・584
劉　琴	9・34
	28・828
劉琴材	33・405

劉琴琪 33・417
劉　瑛 11・467
劉　琳 60・169
劉　琦 24・540
24・679
劉琦正 41・601
44・363
劉　琨 1・56
4・248
5・347
5・458
10・600
11・236
13・139
19・136
19・144
23・374
31・331
40・263
42・466
43・145
44・474
44・611
劉琨耀 58・749
劉琰號 49・800
劉　琯 30・27
30・122
劉　琛(明) 21・354
24・210
劉　琛(清) 9・252
劉堯卿 21・459
21・789
52・328
劉超凡 9・137
32・74
33・765
34・70
劉　越 8・14
33・101
33・364
劉　喆 30・22
30・117
劉　博(應州) 50・90
53・574
53・631
53・633
劉　博(鹽山) 27・95
劉　喜 11・140
劉喜東 35・632
劉喜喆 38・585
劉彭齡妻王氏 28・561
劉　達(濬縣) 32・698
61・512
劉　達(永和) 58・219
劉斯邵 28・331
劉斯裕 40・484
40・486
43・63
43・783
59・82
劉斯潔 8・574
24・453
劉斯濯 51・338
劉萬山 15・300
劉萬里 1・842
3・33
劉萬言 58・367
劉萬勝 26・602
劉　蕁 2・130
10・783
劉　敬 19・679
20・57
劉敬之 17・74
劉敬承 6・240

劉敬宣 31・330
劉敬賢 11・673
劉敬德 35・266
劉　朝 12・695
劉朝任 8・394
21・386
劉朝書 6・251
劉朝海 62・532
劉朝逸 49・792
劉朝愛 38・183
劉朝賓 5・679
劉朝麒 40・424
60・624
60・774
劉　葵 8・328
劉　植(漢) 7・564
36・431
29・339
29・447
37・813
劉　植(清) 57・566
劉　棟(任邱) 28・737
劉　棟(洪州) 15・524
劉　棟(新城) 24・713
劉　棟(清任縣) 37・970
劉　楷(明) 31・805
劉　楷(清) 33・780
34・88
劉　楗 1・855
8・716
20・198
20・255
20・362
劉　惠 7・592
23・571
劉　韬 58・753
劉　雄(周) 1・131
劉　雄(元) 10・811
13・750
14・146
15・436
劉　雲 32・64
33・618
劉雲峰 20・246
劉雲錦 39・276
39・420
劉雲鴻 2・687
2・728
2・789
劉雲翼 17・369
18・71
劉雲鶴 47・822
劉雯曠 26・315
劉揖濟 45・562
劉　搗 41・571
43・635
44・213
劉　揮 4・476
9・95
劉　虡 5・459
劉　鼎 39・604
劉鼎文 40・456
49・319
49・750
劉鼎甲 56・702
劉　遇(宋) 4・352
10・753
26・61
26・257
32・634
劉　遇(金) 8・96
劉　景(遼) 8・41
劉　景(明) 19・192
19・225

劉景文 44・722
劉景芬 29・621
劉景芳 29・619
劉景沂 54・708
58・364
58・711
劉景周 16・627
17・211
18・371
18・541
劉景泗 35・286
劉景基 49・797
劉景略 34・486
劉景雲 9・242
30・226
劉景曾 25・876
劉景曜 7・407
16・447
17・203
劉　貴 41・385
42・548
43・64
44・792
劉黑馬 43・535
劉　智 40・403
61・446
劉　銑 40・533
58・288
劉　程 23・733
24・87
劉　喬 31・327
劉喬松 35・416
劉喬齡 41・126
60・521
劉　策(北朝) 23・378
24・74
32・619
劉　策(明) 7・398
21・297
24・509
24・573
24・595
24・730
劉　筈 2・96
10・783
劉　備 31・102
劉　傅 8・554
14・628
15・35
15・219
劉　順(明) 47・486
47・642
劉　順(清) 2・14
8・615
劉順昌 24・262
劉　傑(明知唐縣) 7・330
21・281
24・195
劉　傑(明靜樂) 45・193
劉　傑(明沁水) 21・284
24・749
劉　復 41・572
45・293
劉復亨 52・377
劉復初 40・430
50・66
50・606
50・861
53・632
劉復鼎 41・470
59・33
59・158
劉復興 58・66
劉復禮(山海衛) 16・519

	17·484
	17·503
	40·426
	43·553
	44·124
	50·85
	52·645
	52·650
劉復禮（安邑）	60·514
劉　舒	40·374
	60·189
劉舒坤	24·312
劉　鈞（宋）	34·329
	34·489
劉　鈞（元）	36·523
劉　欽	40·415
	58·111
	58·214
劉　銃	44·195
劉　舜	11·139
	11·435
劉舜卿	7·310
	21·272
	24·748
	40·382
	45·284
劉象孚	28·30
劉象瑤	13·775
	14·297
	14·536
	14·628
劉　詠	30·504
劉　詞	10·726
	32·720
	33·354
	33·521
劉　詔	46·52
劉敦若	29·607
劉　斌（晉）	16·162
	16·290
劉　斌（宋）	8·34
劉　斌（明）	38·187
劉　斌（清寶坻）	5·588
劉　斌（清夏縣）	41·511
劉　竧	11·168
劉翔儀	33·145
	33·397
劉　善	12·97
	36·195
劉善經	7·645
劉善慶	55·817
劉　道	41·445
	43·640
	43·912
劉道立	7·357
劉道秀	21·694
	25·70
劉道亨（明）	8·368
	21·376
	24·541
	24·574
	24·679
劉道亨（清）	47·536
劉道泰	50·908
劉道符	2·252
劉道斌	7·674
	30·500
	31·77
劉道源（明）	49·81
劉道源（清）	58·222
劉遂昌	12·728
	12·779
	23·239
劉曾珂	4·471

9・89
27・86
劉曾璥 4・471
27・94
27・237
劉曾璇 4・469
9・89
24・30
27・90
27・172
27・237
劉曾璇妻吴氏 26・646
劉曾璞 27・94
劉　焯(隋) 7・675
27・897
30・408
31・83
31・402
劉　焯(明) 11・184
11・842
12・15
劉　焜 32・708
劉　湛(明) 29・543
29・581
劉　湛(清) 3・560
8・683
劉　湘(建昌) 12・518
37・21
劉　湘(涿州) 8・700
22・239
劉　渤 39・818
劉　湜 41・509
52・594
劉　溫 8・603
劉　淵(明孟縣) 47・486
47・642
劉　淵(山海衛) 16・531
17・504
劉　淵(徐水) 21・362
25・49
劉　滋(金) 41・568
42・623
劉　滋(清) 37・948
劉滋之 27・87
劉　湧 6・223
劉湧濤 4・436
5・736
6・79
劉　寔 31・329
劉　棨 40・452
54・693
劉運灝 7・488
劉　祺(景縣) 29・619
劉　祺(南和) 39・824
劉　開 27・747
29・27
劉開文 19・241
劉開甲 9・228
劉開第 20・268
劉　遐 7・600
31・848
34・52
劉　弼 48・749
劉弼寬 60・516
劉疏泗 21・308
25・488
劉　登(明) 58・403
劉　登(清) 23・594
24・82
劉登元 34・100
劉登朝 60・302
60・360
劉登雲 40・496
47・165

	59・651
劉登榜	41・510
劉登鼒	33・72
	33・302
	34・562
劉登瀛	37・729
劉　發	48・684
	49・438
劉際圖	58・222
劉貫一	8・763
	21・454
	23・129
劉綎煜	40・475
	52・382
	57・105
	57・275
	57・444
劉　絢	7・849
	11・251
	11・481
	40・378
	50・60
	52・644
劉　統（漢）	38・306
	38・558
劉　統（清）	7・472
	28・676
劉統勳	40・572
	64・92
	65・171
	65・477
劉　瑞	26・560
劉瑞遠	8・685
	19・258
劉　瑜（元城）	32・698
	33・381
	33・525
劉　瑜（阜城）	29・456
劉　瑜（唐縣）	21・459
	24・210
劉　瑀（明）	8・361
	21・356
	23・49
	40・310
	42・484
劉　瑀（清）	37・933
劉　瑄（深州）	8・604
	30・223
劉　瑄（鐵嶺）	22・135
劉　瑄（涞水）	24・465
劉　瑄（洪洞）	58・793
劉　瑄（館陶）	34・507
劉　瑋	32・656
劉　瑑（唐）	42・472
劉　瑑（明）	19・150
	19・193
劉　載	1・738
	10・736
	22・214
	22・352
	22・450
劉　塏	8・680
劉　夢	4・394
	8・458
	9・73
	26・625
劉夢卜	13・699
劉夢元（明南皮）	28・311
劉夢元（明安州）	21・368
劉夢元（清夏縣）	62・427
劉夢元（清肥鄉）	35・437
劉夢松	25・865
劉夢楫	4・475
劉蒙正	31・456

劉蒙亨 19・679
20・57
劉　幹(竹山) 39・219
39・257
39・325
劉　幹(南宫) 37・643
劉燕雯 36・636
劉蔭亭 17・145
劉蔭渠 27・298
劉蔭楷 26・303
劉蔭榮 26・296
26・887
劉蔭榜 26・297
26・888
劉蔭榛 13・782
劉椿林 20・302
劉　楠 27・179
劉　楷 9・138
劉　楨(魏) 35・653
劉　楨(明) 8・523
劉楫濟 40・433
45・507
劉槐棶 5・741
劉楓林 28・59
劉　楹 41・651
58・792
劉　楧 41・483
60・521
劉　頍 2・98
8・53
劉　碱 62・421
劉　虞 1・55
1・126
3・43
3・132
4・246
5・351
7・281
14・280
14・525
31・783
38・292
38・376
劉虞夔 41・582
51・633
52・315
劉業成 52・407
劉業長 41・115
58・415
58・728
劉業嶸 13・313
劉　煦(明) 59・143
劉　煦(清趙城) 4・317
6・1
7・503
21・313
27・24
33・205
41・168
劉　煦(清大城) 20・256
劉　煦(清慶雲) 4・476
劉　照 4・281
6・1
劉照松 26・568
劉嗣昌 23・307
劉嗣俊 9・194
14・405
14・572
劉嗣美 40・341
42・496
劉嗣晏 45・689
劉嗣漢 41・605
45・130
劉圓僧 41・4

劉　溱(蒲州)　41・441
劉　溱(安陽)　24・412
劉溎年　20・268
劉　溥　7・360
劉溥元　41・503
45・417
劉　源(博野)　8・181
21・276
21・342
23・111
劉　源(翼城)　40・521
54・679
劉　源(館陶)　34・329
34・489
劉　源(明)　8・352
21・345
25・898
劉源清(明)　7・377
14・117
14・291
14・470
14・531
14・627
40・315
劉源清(清)　9・124
38・31
劉源深　32・739
32・808
劉源澄　20・149
劉源濬(滑縣)　32・739
劉源濬(永清)　2・55
8・671
20・856
劉源灝　2・55
8・670
20・856
20・880
劉　滄　22・742
劉　溶　24・771
劉　寬(徐州)　22・134
22・323
劉　寬(大城)　20・249
劉　寬(潞城)　53・528
劉　寬(明)　32・413
劉　福(宋)　21・268
24・745
31・788
劉　福(金)　47・399
劉　福(明)　4・9
4・276
4・749
劉福宋　12・18
劉福林　16・660
劉　禎　32・706
劉　裕　31・332
劉　羣　23・572
劉　肅　10・805
11・173
32・15
38・906
劉殿元　19・389
劉殿英(保安)　15・495
劉殿英(霍州)　59・249
劉殿衡　1・886
5・584
5・628
8・690
劉殿揚　5・587
劉辟疆　27・745
29・24
劉　頊　60・695
劉　遜　21・311
22・406
劉　經(北平)　1・142

	7·330
劉　經(宛平)	40·409
	42·511
	43·147
劉　經(寶坻)	51·314
	52·289
劉　經(清)	11·466
劉經理	37·468
劉靜年	4·466
	27·88
	27·211
劉　瑱	17·340
劉　璉(江寧)	14·112
	14·467
	14·529
劉　璉(大興)	1·112
	1·796
劉　碧	38·92
劉　瑤	43·167
劉瑤廉	24·87
劉　瑢(遼州)	46·635
	46·651
劉　瑢(徐水)	25·64
劉嘉兆	25·66
劉嘉祥	35·258
劉嘉梧	34·317
劉嘉遇(明)	35·259
劉嘉遇(清)	16·649
	17·143
劉嘉注	7·464
	21·304
	25·131
劉嘉會	59·535
劉　臺	59·34
	59·158
劉　墉	40·345
劉　熙	59·143
劉熙貞	47·406
	47·747
	47·786
劉熙載	17·458
劉　蔚	43·248
劉　榛	40·500
劉　模(南北朝)	7·674
劉　模(清)	25·57
劉　輔(漢)	7·565
	29·25
劉　輔(明)	5·279
	5·357
	5·463
劉　遷	40·422
	53·92
	53·409
劉爾科	18·48
劉爾浩	35·265
劉爾涓	35·261
劉爾發	3·550
劉爾潢	35·264
劉爾潔	35·268
劉爾藻	35·261
劉爾瀾	35·264
劉　鳶	27·906
劉　睿	2·728
	2·787
劉　皞	10·705
	21·678
劉管城	4·476
	26·280
劉毓珊	20·278
劉毓珍	2·20
	6·171
	6·217
	8·693
劉毓珣	2·20

6・228
劉毓偕 66・225
劉毓崑 20・856
劉毓琪 6・218
劉毓邑 40・467
51・311
52・382
劉毓增 35・292
劉毓德 13・90
劉毓鑫 26・915
劉　銅(清) 25・596
劉　銅(民國) 20・159
劉　銑 9・212
18・73
劉　銘(明) 35・257
劉　銘(清) 40・536
50・92
53・579
53・630
劉銘幾 34・509
劉鳳山 38・910
劉鳳池 51・319
52・289
劉鳳昌 24・704
劉鳳章 34・696
劉鳳朝 62・388
劉鳳翔(晉縣) 12・68
26・277
劉鳳翔(利津) 40・444
48・655
49・317
劉鳳鳴 58・255
劉鳳舞 26・337
26・873
26・874
劉鳳儀 41・31
50・224
50・665
劉鳳翱 8・440
29・529
29・572
劉鳳鏕 13・769
劉　頗 1・709
劉　志 58・729
劉　説 11・139
劉　廣 50・233
53・599
劉廣才 66・247
劉廣玉 38・910
劉廣和 24・713
劉廣居 53・646
劉廣恕 4・476
劉廣國 40・445
51・323
52・291
劉廣漢 11・139
劉　端(襄垣) 50・199
50・665
劉　端(寧鄉) 41・443
劉　端(清) 40・494
46・668
劉端臣 22・753
劉齊賢 40・509
54・656
劉養威 29・101
劉養浩 46・3
劉養恕 36・445
劉　燁 61・510
劉　榮(洪洞) 41・439
58・401
58・721
劉　榮(灤州) 5・280
5・358
5・463

劉　榮(霍州)　41・452
59・142
劉榮祖　4・362
12・337
12・519
37・454
劉榮嗣　8・516
32・58
34・220
34・265
劉榮賓　21・342
23・53
劉　漢(平魯衛)　14・294
14・533
41・54
43・552
43・778
44・476
44・797
劉　漢(完縣)　21・352
25・863
40・422
46・713
劉　漢(清)　30・27
30・122
劉漢臣　21・275
劉漢昇　41・627
58・76
劉漢美　41・514
53・605
53・609
劉漢卿　41・89
56・693
劉漢鼎　41・652
63・226
劉漢弼　4・441
9・76
26・67
26・130
26・190
劉漢黎　7・498
31・829
38・379
劉漢儒　1・846
10・821
20・254
劉　演　23・572
32・615
劉　滬　21・325
劉　賓　32・694
33・113
33・379
34・574
劉　寧(永寧)　11・463
14・378
14・562
40・554
43・542
劉　寧(定州)　23・592
24・87
劉肇孔　2・835
劉肇坤　58・747
劉肇基　16・431
17・201
劉肇崑　20・667
劉肇淮　41・591
58・736
劉肇豐　58・782
劉肇疆　58・749
劉　禟　33・382
34・589
劉　閎　27・151
劉　隨　40・515
54・665

劉際堃 5·731
9·72
劉緒久 9·220
22·32
22·52
劉緒宗 24·452
劉　綱(任邱) 28·734
50·81
劉　綱(山海衛) 16·450
劉　鋼(清) 11·466
劉維仁 33·71
33·199
34·556
劉維正 22·136
22·324
劉維坤 24·314
劉維屏 58·787
劉維祺 38·916
劉維楨 35·269
劉維寧 49·5
劉維蕙 20·875
劉維翰 29·604
劉維嶽 12·339
12·517
37·20
劉　綸(明) 35·416
劉　綸(清) 1·171
劉　綬 40·531
劉　綜 32·635
40·759
42·475
62·670
63·578
劉　瑾 1·142
7·333
20·370
劉　■ 20·275
劉　璇 8·811
9·137
33·770
34·72
40·447
53·90
53·262
53·300
劉　璋(中部) 7·368
19·539
36·336
39·766
劉　璋(高邑) 8·595
劉　璋(清) 7·518
12·781
23·344
劉　摯(宋) 7·835
27·554
27·627
31·13
32·650
37·583
37·659
劉　摯(金) 41·524
劉　穀 45·707
劉穀萬 9·234
12·276
12·457
劉增華 38·916
劉增發 50·586
劉增壽 26·572
劉　聚 32·728
劉　蕘 7·353
31·796
34·717
劉　賁 1·712
2·655

7・708
劉 邁 23・571
劉 藃 36・450
劉 賢(涿州) 47・406
47・716
47・745
47・784
劉 賢(山陰) 41・528
43・652
44・25
劉 樞 2・97
8・50
19・255
劉 標 20・276
劉 梁 20・297
劉 震 40・403
42・510
46・85
46・416
劉震亨 8・110
14・156
15・203
15・523
15・558
15・647
劉震孫 27・544
劉震霄 6・236
劉 遲 32・718
40・365
49・294
49・480
劉墨林 16・783
劉 嶢 21・285
25・923
劉稼書 27・219
劉 儀 30・661
劉儀恕 54・691
劉 德(漢) 11・140
11・435
27・746
29・24
劉 德(元) 22・134
22・323
劉德仁 26・626
27・221
劉德宏(奉天) 22・137
22・324
劉德宏(開原) 7・454
劉德炎 44・730
劉德振 10・831
29・546
劉德修 39・6
劉德基 1・759
8・63
劉德温 1・788
2・570
3・726
8・153
16・130
16・405
17・197
劉德淵 8・232
36・441
38・177
劉德裕 34・593
劉德新 40・395
45・17
劉德寬(元) 19・679
20・57
劉德寬(民國) 14・664
劉德潤 40・466
50・92
50・659
劉德操 40・490

	53・581
劉德濆	1・836
劉德麟	26・346
劉　徵(明)	41・620
	50・241
	50・665
劉　徵(清)	40・455
	53・578
	53・628
劉徵廉	7・470
	29・48
劉餘祐	2・108
	2・591
	40・428
	54・688
劉餘澤	41・469
	58・66
劉　魯	20・820
劉魯生	40・418
	54・735
	57・103
	57・274
	57・443
劉魯泗	58・222
劉調贊	38・908
劉　談	4・222
	26・829
劉　賡	8・245
	32・21
	38・906
	39・5
	39・380
劉　慶(元)	40・836
	41・435
	61・562
劉　慶(明)	8・359
	21・351
	24・677
劉慶元	4・470
	9・89
	27・86
	27・233
劉慶孫	32・65
	33・771
	34・97
劉慶凱	27・27
劉慶祺	3・695
劉慶藜	20・264
劉慶藻	4・436
	9・74
	26・263
	26・921
劉慶麟	4・322
	7・480
	27・23
	27・204
劉　毅	55・655
	56・12
劉養恕	8・483
劉養德	61・453
劉　遵	8・198
劉遵羣	10・600
劉遵憲	33・124
	33・387
劉　熠	47・480
劉　潔(南北朝)	10・650
	31・108
	31・135
劉　潔(明襄垣)	41・14
	50・223
	50・665
劉　潔(明沁源)	41・446
	53・100
	53・286

53・303
劉　潔(明臨漳) 35・639
劉　澍(清鹽山) 4・466
27・102
27・219
劉　澍(清臨縣) 49・798
劉　澍(民國) 66・222
劉澍淵 15・652
劉澍榕 22・34
劉　潮(平陸) 41・39
劉　潮(蠡縣) 21・361
23・53
劉　澐 7・495
31・830
34・212
劉　潛 6・173
6・229
劉　潼 32・719
40・281
50・74
劉　潤 4・432
5・736
劉潤之 6・226
劉潤民 58・220
劉潤堂 26・558
劉潤普 58・223
劉審交 1・721
2・566
3・722
10・703
20・589
劉審瓊 1・107
2・93
7・826
22・188
22・338
22・450
40・576
劉慰祖 26・16
劉履和 47・207
劉履謙 61・446
劉　翰 7・315
11・168
劉緝堯 41・457
57・114
57・553
劉　緯 13・732
劉　畿(徐溝) 2・833
43・319
劉　畿(長洲) 1・150
1・151
7・372
劉　璟(青田) 14・111
14・284
14・466
14・526
劉　璟(鄢陵) 7・365
劉　璟(徐水) 25・61
劉　璟(固安) 51・324
52・292
劉　璜 9・238
12・536
37・441
劉　環 41・451
劉　璠 30・22
30・110
劉　璣(金) 11・170
13・524
劉　璣(明) 40・406
54・733
57・103
57・273
57・443
劉　翰(晉) 2・564

2・601
3・721
劉　翰(宋)　10・752
28・430
劉翰池　47・273
劉翰周　18・82
劉翰書　61・265
劉　整　41・447
47・486
47・642
劉　樾　40・485
劉樹菜　58・749
劉樹森　26・349
劉樹樟　37・43
劉樹勳(清)　15・682
劉樹勳(民國)　20・158
劉樹藩　25・58
劉　檦　41・483
60・521
劉　樸　57・367
57・448
劉橋東　41・646
劉　橘　54・756
59・79
劉　機　1・113
1・796
劉奮庸　40・332
42・490
劉　操(唐)　5・525
劉　操(宋)　41・679
劉　舉(魏縣)　32・729
33・114
33・379
34・574
劉　舉(寧武)　44・705
劉　曉　21・306
25・486
25・575
劉　噋　40・355
42・500
劉器之　1・791
3・847
劉　興(漢)　15・74
43・520
劉　興(明)　2・753
2・822
劉興元　34・499
劉興邦　37・523
劉興秀　26・67
劉　默　8・534
32・736
33・124
33・384
劉積德　24・310
劉　穆(臨汾)　41・439
55・798
劉　穆(蠡縣)　21・346
23・48
劉　勳(金)　41・571
43・636
劉　勳(清)　29・618
劉　儒　21・292
25・815
60・468
劉儒鳳　53・745
劉　衡(明)　34・330
34・490
劉　衡(清)　23・757
劉衡詔　40・541
47・272
59・89
劉　錫(雞澤)　8・509
32・43
35・64

35・136
劉　錫(南宫)　8・581
37・707
51・359
54・142
劉　錫(清)　4・422
5・69
5・223
9・65
劉錫之　13・719
劉錫元　19・241
劉錫五　41・596
48・380
劉錫友　20・615
20・628
劉錫光　26・312
劉錫名　3・560
8・683
劉錫周　28・436
劉錫信　2・18
3・586
8・681
劉錫祚　26・303
劉錫恭　3・588
8・683
劉錫組　26・347
劉錫祺　5・249
劉錫鉞　41・657
46・635
劉錫福　19・367
劉錫嘏　10・827
劉錫穀　12・415
劉　錕　40・477
53・301
劉　錦　8・365
21・361
23・50
劉錦濤　28・341
劉　錞　5・223
劉　歙　11・140
劉學坦　7・498
31・825
38・377
劉學曾(遵化)　18・47
劉學曾(光山)　32・673
劉學博　11・486
劉學詩　58・756
劉　龍(南北朝)　10・625
劉　龍(明)　41・31
50・176
50・665
劉　濉　7・704
劉羲叟　12・419
41・567
51・539
劉　熺　9・222
劉　燝(平定)　47・494
劉　燝(豐潤)　19・61
劉燉若　9・46
劉　蒙(唐)　32・719
劉　蒙(宋)　31・84
劉　澤(元汾西)　56・214
劉　澤(元瑞縣)　36・496
36・574
36・753
劉　澤(明濟寧)　40・326
42・485
45・692
劉　澤(明吉州)　58・16
劉　澤(明平陰)　11・178
劉澤民　47・217
劉澤長　61・261
劉澤厚　9・49
27・436

27・485
劉澤深 7・396
13・312
16・445
17・203
劉澤嗣 27・441
劉澤節 27・95
27・212
劉澤溥 40・341
50・68
50・607
劉澤霖 4・466
9・88
27・83
27・166
27・231
27・287
劉　濂(明) 8・581
31・74
37・595
37・707
劉　濂(民國) 28・438
劉　憲 59・168
劉憲孟 17・187
18・391
18・564
劉　豫 29・339
32・780
劉　縉 1・144
20・371
劉　環(明) 59・33
劉　環(清) 2・701
劉環洲 34・691
劉環耿 59・157
劉聲遠 15・444
劉　聰 1・801
5・300
5・389
5・472
8・321
劉聯芳 53・92
53・410
劉　檝 7・493
36・342
39・259
39・331
劉　懋 24・750
劉懋中 34・576
劉懋德(清沂鎮遊擊) 54・690
劉懋德(清霍州) 59・252
劉　輿 10・600
11・236
13・140
23・572
32・615
劉　駿 45・5
劉駿譽 11・483
劉　曠 7・288
劉　鯈 7・567
29・28
劉　儲 36・774
37・19
劉　徽 61・553
劉徽典 28・433
劉徽柔 1・752
8・51
11・169
13・470
19・122
19・135
19・138
19・189
40・385
54・670

	58・370
	58・705
劉　鍊	20・821
劉鍾郁	58・753
劉鍾洛	8・827
	17・509
劉　鵬	41・505
劉鵬舉	41・499
劉　謙(武强)	9・245
劉　謙(寧河)	6・229
劉應元	58・407
劉應中	9・105
	11・276
	12・611
劉應民	30・190
劉應兆	4・288
劉應奇(明)	40・431
	51・339
	52・549
劉應奇(清)	1・188
劉應坤	19・111
	19・183
劉應科(洪洞)	58・406
	58・723
劉應科(垣曲)	41・451
	61・259
劉應祖	41・657
劉應時	41・44
	58・406
	58・722
劉應宿	61・257
劉應琦	15・224
劉應軫	39・276
	39・405
劉應瑞	15・682
劉應聘	56・688
劉應節	1・153
	3・27
	7・389
	36・323
劉應誥	58・408
	58・741
劉應錫	16・452
	17・18
劉　燦	41・480
	47・489
	47・647
劉羹和	9・175
劉　鴻	27・576
劉鴻都	7・512
劉鴻逵	17・70
	63・804
	65・85
劉鴻章	33・409
劉鴻儀	26・295
劉鴻儒	8・813
	16・539
	16・773
劉　濤(明)	3・27
劉　濤(清)	4・444
	9・77
	26・77
	26・136
	26・274
劉　濬(元)	40・820
	42・596
劉　濬(明臨川)	40・401
	54・694
	55・791
劉　濬(明唐山)	8・485
	36・447
	37・496
劉　濬(明德平)	42・514
	49・2

劉濬泗 7·517
劉濬源(明) 7·404
16·448
31·816
33·612
劉濬源(清大城) 20·364
劉　濟(唐) 2·84
5·419
28·670
劉　濟(元) 8·198
27·637
劉　濟(明騰驤) 8·609
23·397
24·80
劉　濟(明趙州) 12·358
劉　濟(明合肥) 21·296
23·4
劉　濯 17·342
劉濯理 60·570
劉　禮 27·746
劉禮典 40·448
60·469
劉　翼 29·27
劉翼之 47·812
劉　總 2·119
劉　縱 41·559
42·620
43·67
劉　璿 49·786
劉　瓊 3·151
8·314
劉　贊 59·423
59·523
劉　燾 4·374
4·765
5·160
8·451
26·62
26·121
26·261
26·843
劉覲成 12·269
劉藎言 35·265
劉　礒 30·24
30·112
31·127
劉　瞻 40·278
42·472
劉　曠 39·658
劉　顒 20·667
劉　鏄 34·489
劉　鎮(明) 39·542
劉　鎮(清) 41·473
58·414
58·729
劉　鎧 25·451
劉　鎰(永年) 34·87
劉　鎰(羅山) 7·354
31·13
37·584
37·660
劉　謹 4·282
26·249
劉　騫 22·345
劉　璧 40·552
44·793
劉璧奎 26·300
劉璧星 8·542
32·708
32·800
劉　彝(明) 4·370
8·448
27·82
劉　彝(清) 11·467

	12·524
	37·140
劉■堯	41·649
	57·163
	57·429
劉　瓆	40·349
劉　藻	7·660
	31·855
	34·53
劉攀桂	56·721
劉攀梅	16·662
	18·364
	18·559
劉　璽(密雲)	1·147
	3·30
劉　璽(遷安)	40·554
劉　霦	8·802
	21·388
	25·180
劉羅辰	14·363
	15·85
	43·613
劉　贇	10·722
	32·720
	33·103
	33·351
	42·741
劉　鏞(元)	40·396
	42·508
	44·793
	46·85
	46·416
劉　鏞(明)	36·451
	36·745
劉　鏡	33·764
劉　鵬(明)	27·83
劉　鵬(清)	61·129
劉鵬振	29·576
劉鵬舉	49·579
劉　勷	41·489
	58·729
劉　贇	8·161
	21·330
	25·898
劉　麒	21·357
	25·863
劉懷玉	41·435
	45·664
劉懷志	9·245
	30·470
劉懷恕	8·538
	32·734
	32·794
劉　類	21·321
劉　瀚(明)	62·493
劉　瀚(清)	40·540
	45·689
	57·124
劉　瀛	65·94
劉　寵	2·132
劉　繹(代州)	41·33
	45·294
劉　繹(邠州)	1·58
	1·147
	3·356
	28·21
	29·364
	31·805
劉繩伊	58·784
劉繩祁	58·747
劉繩武(良鄉)	28·862
劉繩武(屯留)	41·654
劉繩祖	61·447
劉　馨(天津衛)	4·20

劉　馨(冀州)	31・127
劉　馨(清)	7・467
	16・456
	18・132
劉　蘭	7・674
	24・350
	25・59
	31・85
劉蘭德	4・445
	26・271
劉驊良	4・441
	9・76
	26・70
	26・287
劉獻之	7・686
	29・313
劉獻廷	2・1
	8・623
劉耀武	7・403
	19・489
劉　黨	27・247
	29・26
劉鶚翔	26・324
劉　鏚	8・781
	21・393
	25・405
劉敦寓	10・838
	32・269
	34・108
劉騰霄	25・63
劉　瀾(明)	21・291
	25・137
劉　瀾(清)	8・703
	19・662
劉寶珍	20・161
劉寶楠	1・183
	7・455
	13・316
	20・373
劉寶第	41・156
	58・630
	58・784
劉寶筏	58・747
劉寶鍔	25・865
劉鶴鳴	4・447
	9・78
	26・291
	27・110
劉繼文	40・747
劉繼本	16・757
劉繼光	62・478
劉繼先	8・226
	11・175
	11・637
	12・684
	12・714
劉繼志	21・373
	22・598
劉繼昌	8・770
	21・390
	23・55
劉繼祖(元)	45・360
劉繼祖(明)	1・813
	2・602
劉繼殷	45・195
劉繼容	45・405
劉繼善	33・124
	33・381
劉繼聖	39・263
	39・339
劉繼廣	66・228
劉繼寧	5・581
	6・227
	8・689

劉繼德 26·626
劉霸王 25·876
劉躍龍 1·168
2·834
劉　鐸(金) 8·119
劉　鐸(元) 7·320
19·239
劉　釋 4·281
劉　夔 4·271
7·387
41·36
50·177
50·666
劉　灃 45·686
劉續邵 9·152
32·104
33·632
劉續唐 41·610
61·130
劉　懿 44·878
劉體中 4·320
7·461
25·576
劉體仁(魏縣) 33·114
33·383
34·595
劉體仁(交城) 49·81
劉體仁(清) 1·185
7·452
劉體舒 39·337
劉體乾 1·811
8·323
19·136
19·148
19·192
劉體智 43·153
劉體臨 27·85
劉　儼 9·41
劉儼然 35·267
劉　鑑(明) 34·335
34·494
劉　鑑(明河曲) 41·504
45·789
劉　鑑(清常州) 34·562
劉　鑑(清高郵) 2·703
劉　瓚(漢) 42·499
劉　瓚(晉) 9·264
劉　瓚(明) 8·361
21·357
21·786
40·406
50·64
50·655
50·683
劉　瓚(清) 45·79
劉顯祖 4·765
5·163
劉顯第 60·627
60·776
劉顯道 28·312
28·465
劉顯績 3·741
劉　鑣 9·26
28·741
28·801
劉　麟(新城) 11·182
12·682
劉　麟(南京) 4·270
7·373
劉麟瑞 63·227
劉　觀(雄縣) 8·351
21·244
24·765
40·398

	42・509
	46・789
	47・48
劉　觀(平度)	39・216
	39・255
	39・318
	39・340
	40・408
	60・623
	60・773
劉觀樂	38・579
劉觀瀾	7・465
	16・453
	17・497
劉靈助	2・112
	7・623
	14・181
劉　讓	3・227
劉　灝	34・696
劉　鸞	7・369
	32・664
劉鸞翔	26・569

十六畫

璞

璞山上人	41・702
	45・774

燕

燕臣仁	16・463
	16・751
	32・684
燕汝靖	48・226
	48・268
燕尚華	20・783
燕　忠	1・805
	5・300
	5・390
	5・473
	8・314
燕帖木兒	3・364
燕　度	32・641
燕　泰	26・252
燕　崇	2・736
	7・669
	15・427
燕　瑛	44・485
燕　雲	50・80
	50・311
	50・610
	57・103
	57・273
	57・442
燕　鳳	15・178
	40・631
	43・613
燕增元	36・158

薳

薳　罷	57・160

薛

薛一鶚(定興)	8・388
	21・417
	22・444
薛一鶚(芮城)	41・56
	62・31
	62・209
薛三才	1・163
	7・396
薛三桂	8・416
	16・651

	17・174
	43・152
薛于瑛	41・542
	62・214
薛于璜	62・217
薛士傑	32・270
	35・434
薛大川	50・235
	52・856
薛大昉	21・344
	23・47
	40・525
	54・740
薛大烈	4・325
	5・34
	7・525
薛大鼎	4・255
	7・289
	26・245
	27・20
	27・200
	40・365
	40・699
	49・292
	49・478
	62・652
薛之周	28・432
薛之珩	17・186
薛之彬	41・90
薛子璋	57・105
	57・275
	57・444
薛及泉	63・424
薛天相	41・146
	63・583
薛天培	1・188
	3・28
	15・682
	18・22
	19・7
薛元才	59・153
薛元超	40・700
	62・655
薛元敬	41・560
薛元統	59・143
薛元瑞	20・224
薛元穎	23・203
薛元曖	40・511
薛元曦	41・686
薛五緎	49・797
薛仁附	41・649
	57・163
	57・429
薛仁貴	40・282
	40・704
	43・529
	44・475
	45・281
	61・546
	65・126
薛化光	41・640
	60・731
	60・785
薛　公	31・844
薛公惠	34・586
薛　方	37・145
薛方士	41・523
薛　引	40・357
薛　允	41・379
	62・475
	62・640
薛允隆	40・443
	50・89
	50・927

薛世昌 19·679
20·57
薛世美 13·734
薛世望 60·627
60·776
薛世雄 40·689
薛可久 56·192
薛可化 58·119
58·218
薛　平 32·627
40·729
61·548
63·419
薛　甲 21·290
薛　田 40·760
62·673
63·40
薛田玉 22·581
薛用勉 41·511
薛永寧 31·17
38·274
薛　戎 40·718
62·662
薛存誠 40·718
62·662
薛廷老 40·364
40·735
62·663
薛廷珪 40·737
薛廷弼 15·569
15·647
薛廷熙 4·286
27·22
薛廷魁 41·495
57·560
薛廷選 56·270
薛延年 55·811
薛　向 7·311
21·272
23·215
24·24
25·136
40·292
40·779
62·673
63·420
薛兆麒 59·682
59·751
薛　字 62·754
薛安仁 16·574
17·184
薛安都 31·348
薛　收 40·699
62·650
薛孝通 40·649
62·641
薛　志 62·217
薛志勤 7·822
15·184
薛困勉 62·213
薛希璉 7·337
11·178
薛　亨 40·332
42·490
薛良心 1·185
5·565
薛良和 60·250
薛良孺 32·647
薛初古拔 40·629
薛阿檀 40·544
薛茂桂 22·607
薛茂卿 40·544
50·73
薛　苹 62·658

薛東海 41・581
48・677
49・363
薛　郁 21・345
薛長孺 32・647
薛　肯 63・426
薛虎臣 21・373
22・466
薛　昌 2・614
5・312
5・415
5・524
薛昌胤 61・557
薛昌幽 1・116
薛昌潤 14・639
薛知仁 41・523
薛和尚 32・274
35・715
薛季昌 41・670
63・191
薛季宣 40・780
薛季昶 4・252
7・290
11・158
40・511
40・707
61・548
薛　侃 41・441
62・700
薛珮玉 62・34
62・212
薛所本 12・275
薛所蘊 54・705
59・647
59・719
薛　庚 60・388
薛　放 62・664
薛治安 58・219
薛宗濂 6・91
薛居中 35・639
薛居正 4・256
26・247
薛承宗 37・307
薛承教 40・435
61・627
61・727
薛孤延 31・150
40・665
43・625
64・515
薛　珏 40・718
62・660
63・34
薛　胡 40・630
薛歪兒 61・749
薛　相 38・143
薛柱斗 4・308
4・751
7・445
27・22
薛　奎 40・518
40・791
58・53
60・691
60・754
薛　貞 18・18
41・529
61・553
薛　映 40・778
42・475
薛映奎 12・687
薛昭緯 41・563
薛　胄 41・555
62・645

薛香泰 26・334
薛修義 41・387
薛　信 40・395
54・680
60・249
薛　俣 40・458
43・561
43・898
薛炳元 61・584
薛　宣 25・201
薛　强 40・626
薛起鳳 40・444
50・89
薛　莊 31・10
31・521
薛真度 41・379
薛　振 62・750
薛振山 33・625
薛　逢 41・563
62・704
63・36
63・128
薛　悌 32・689
薛　祥 1・141
7・329
薛陳偉 40・342
62・582
63・22
薛　能 49・426
49・564
薛姬人 34・532
薛　邕 41・634
薛　規 47・405
47・716
47・745
47・783
薛彪子 14・361
24・306
24・467
40・641
43・623
薛國柱 40・436
42・517
49・26
薛國彦 11・845
12・16
薛國琮 16・631
17・211
薛國璋 56・260
56・455
薛敏忠 46・51
薛進賢 45・13
薛　從 40・365
40・730
49・293
49・479
61・549
薛　訥 1・133
40・274
40・707
61・547
薛清賢 62・219
薛　深 40・685
薛紹光 34・581
薛紹彭 41・639
62・705
63・129
薛紹韓 34・589
薛　超 40・772
41・426
43・530
44・60
44・612
46・630

薛塔剌海 1·773
2·570
3·727
8·124
薛萬均 9·266
薛萬徹 40·364
61·684
62·568
薛敬之 40·411
43·544
薛　雲 41·613
44·814
薛雯錦 58·95
薛　提 31·345
40·627
42·546
43·193
薛貽矩 41·637
薛景泰 34·493
薛景晦 37·732
薛　貴 1·99
薛　傲 46·126
46·428
薛循義 31·158
32·618
薛　鈞(清) 56·268
56·469
薛　鈞(民國) 34·732
薛　勝 41·563
薛　斌 1·99
2·269
2·669
8·299
15·282
16·139
薛　善 40·670
41·315

63·10
薛道人 18·92
薛道紀 41·688
45·605
53·344
薛道實 49·291
薛道衡 40·690
62·646
薛　温 41·632
薛富春 18·566
薛　祺 11·318
12·133
薛　禄 2·727
2·787
7·335
14·112
14·285
14·467
14·527
14·626
薛　裕 40·650
薛登五 41·536
47·204
薛瑞麟 33·625
薛　瑄 9·271
11·317
13·353
17·427
41·8
61·553
薛　塏 40·454
58·363
58·708
薛　幹 8·593
12·357
12·542
38·154

薛　業　41·614
薛　嵩(漢)　5·417
　5·525
薛　嵩(唐)　7·293
　61·548
薛嵩齡　60·364
薛　僅　40·365
　50·55
　52·244
　54·314
薛魁山　29·617
薛　徧　33·114
　33·380
　34·580
　40·416
　42·513
　49·171
　49·243
薛新銘　56·268
薛　慎　41·551
薛　湛　41·659
薛　溥　8·717
　20·250
薛　寘　41·551
薛際銑　61·748
薛嘉族　31·158
薛　壽　44·581
薛綦隆　7·409
　21·300
　22·404
薛　蔓　60·729
薛　願　41·172
　62·691
薛鳴皋　41·515
　53·746
薛鳴鳳　48·226
薛鳳鳴(清)　41·457
　56·692
薛鳳鳴(民國)　13·92
薛　墊　32·653
薛　廣　21·348
　24·538
　24·677
薛　端(北周)　40·670
　62·644
薛　端(明)　44·537
　44·590
薛　端(清)　6·143
薛　榮　3·832
薛漢英　61·749
薛　賓　41·5
　62·374
薛維隆　10·820
薛　綸　41·53
　43·644
　43·728
　43·816
薛　綬　14·455
薛　播　40·718
　62·657
薛　稷　41·561
　62·703
薛德音　41·560
薛德洋　56·267
　56·468
薛德溥　56·267
　56·469
薛　魯　41·440
　62·700
　63·132
薛論道　8·380
　21·373
　24·466
薛　毅　62·709

63・135

薛　憕　40・650

62・642

薛　潭　13・719

薛　禥　61・554

薛　璘　41・18

61・554

薛　融　40・746

47・194

49・427

薛　頤　32・745

薛　興　40・618

薛　濂　13・770

15・550

15・592

薛　聰　40・630

62・640

薛　藎　60・180

薛鍾秀　56・267

56・468

薛　謙　8・504

32・34

33・618

薛　濬　41・219

薛　謇　40・719

63・577

薛　孺　7・288

31・786

40・689

薛覲上　20・276

薛　鎔　56・268

56・469

薛　謹　40・356

40・629

62・566

62・640

薛　顔　40・288

40・759

62・572

62・671

63・420

薛　爍　16・26

薛麒麟　61・583

薛　獻　7・290

23・204

24・21

薛騰蛟　40・420

50・83

50・313

50・611

薛　■　8・526

32・729

33・114

33・379

34・574

薛懷奇　40・525

42・515

薛懷讓　41・412

43・84

薛繼先　41・617

62・713

63・184

63・719

薛繼茂　20・381

薛　瓌　18・19

19・11

薛鐵山　49・339

49・739

薛　辯　41・379

薛顯堯　44・639

薛靈芸　11・135

11・442

薛　讓　47・483

47・638

薛　驥　40・406
54・699
59・642
薛　贊　42・541
43・193

薊

薊子訓　2・235
5・312
5・415
5・524

薄

薄人龍　45・88
薄也佑　45・21
薄世佑　45・128
薄占魁　9・231
30・100
薄　匡　45・120
薄芝蘭　45・147
薄而堅　45・120
薄言震　53・632
薄彥徽　41・30
42・602
43・73
薄美錦　45・91
45・130
薄　通　4・418
薄常泰　58・748
薄登名　45・95
薄　經　45・139
薄爾臧　45・88
薄鳳儀　45・129
薄遷富　45・69
薄　徽　45・21
薄　濤　45・128
薄鶴齡　45・87

蕭

蕭一傑　39・721
39・797
蕭乙薛　14・283
14・526
蕭九奏　31・825
35・418
蕭士名　63・18
蕭士範　6・53
9・69
蕭大才　54・704
58・361
59・646
蕭大成　40・496
蕭大亨　40・416
42・513
44・578
46・86
46・417
蕭大謙　16・519
17・503
蕭女士　5・523
蕭曰蘭　27・336
27・406
蕭升堂　39・773
蕭仁圃　14・663
蕭　文　7・316
21・273
24・333
24・410
蕭文治　22・345
蕭文清　7・379
21・293
25・330
蕭玉龍　65・266
蕭正埏　4・428

5・725
6・71
蕭　由　40・542
蕭　出　42・499
蕭迂魯　16・132
蕭至忠　40・363
54・658
59・79
蕭廷龍　10・818
32・268
35・82
蕭延思　8・35
17・151
22・188
22・339
蕭仲宣　40・386
40・388
50・61
50・603
蕭名輔　32・683
39・721
39・797
蕭守身　50・656
50・688
蕭如薰　16・412
16・755
蕭克明　46・486
蕭伯辰　7・335
30・189
蕭伯剛　40・303
42・480
蕭罕都　8・43
蕭附鳳　24・753
蕭　坤　34・567
蕭　英　4・371
8・449
28・55
蕭來鸞　50・68
50・607
蕭奇棟　16・530
18・141
蕭奇楹　18・144
蕭秉楷　7・497
31・824
33・612
蕭　育　31・2
31・293
蕭　泮　36・334
38・93
蕭　宗　44・537
44・590
蕭　珍　22・385
蕭頁嚕　8・45
蕭拜住　23・221
24・27
蕭　重　4・433
6・79
9・71
蕭重光　45・73
蕭　浄　32・272
蕭浄興　39・453
蕭　陞　16・531
18・143
蕭素颯　8・44
蕭起元　32・678
33・199
蕭　華　32・624
蕭速撒　40・292
43・531
蕭振瀛　66・521
蕭時勉　38・144
蕭黄中　36・496
37・527
蕭排押　25・525

蕭常格　17・151
蕭　勛　25・99
蕭國泰　4・767
5・171
蕭國璋　16・564
蕭　淳　3・737
蕭　隆　58・226
蕭　瑀　54・655
蕭　琮　21・284
24・749
蕭塔喇噶　8・44
蕭　棟　24・307
蕭雲漢　16・626
18・237
蕭揚阿克　7・316
蕭　智　31・13
31・16
38・273
40・407
蕭舜年　6・57
蕭道寧　17・151
蕭　遘　40・508
蕭蒲離不　15・280
16・133
蕭　照　41・639
52・257
52・443
蕭　鈺　43・899
43・942
蕭　寬　22・602
蕭　璉　36・195
蕭蔚源　13・229
蕭鳴鳳(明)　7・364
蕭鳴鳳(清)　7・515
29・241
31・24
蕭　廣　41・583
蕭　韶(遂平)　21・284
22・702
蕭　韶(龍泉)　54・694
蕭漢傑(金)　1・760
8・66
蕭漢傑(民國)　65・140
蕭　察　31・810
32・672
33・69
33・196
33・611
蕭　蕙(太湖)　1・185
5・566
蕭　蕙(邠州)　40・457
48・177
49・320
蕭震禮　24・711
蕭德元　36・323
蕭德宣　7・469
16・467
17・499
27・521
蕭　鋭　19・256
蕭敵魯　16・132
蕭　選　8・316
19・256
蕭静之　50・251
蕭　璠　30・372
蕭穎士　4・342
9・266
28・439
蕭應兆　5・280
5・358
5・463
蕭應聘　29・349
蕭應禎　4・378
5・724

6·70
8·452
蕭　濱　9·103
11·493
蕭　翼　7·340
蕭簡生　23·164
蕭　■　7·316
24·508
蕭　顗　40·365
蕭　鵬　21·286
蕭寶善　5·741
6·65
蕭寶夤　31·359
蕭鐸盧斡　15·280
16·133
蕭體元　7·385
蕭　儼　40·533
60·624
60·774
蕭　顯　8·406
16·511
17·502
蕭巖壽　8·44
15·280
16·133

薩

薩守貞　41·678
薩都拉　40·834
45·306
薩弼圖　40·487
58·84
薩興阿　40·346
薩穆哈　49·674
薩　壘　66·575

橋

橋　玄　40·353

樸

樸噶嚩　2·256
3·592

機

機　公　57·166

賴

賴永恭　19·297
賴　安　55·797
賴　英　28·734
54·741
賴庭檜　4·10
4·278
4·750
賴福邦　35·608
賴慶榮　63·214

頭

頭　須　55·330

勵

勵杜訥　4·428
5·594
5·726
6·51
6·91
6·132
9·69
勵廷儀　4·429
5·727
6·71
6·135

	9·69
勵守謙	5·727
勵宗萬	4·430
	5·727
	5·810
	6·72
	6·137
	9·70

霍

霍九錫	27·573
霍三畏	13·343
霍之琯	41·99
	44·534
	44·568
	44·631
	44·648
霍子萬	45·37
霍元方	32·692
霍元甲	6·91
霍允猷	5·273
	5·350
	5·459
	32·58
	34·219
	34·292
霍　玉	8·488
霍去病	7·273
	40·585
	43·520
	44·474
	45·36
	45·147
	55·414
	56·162
	65·115
霍　存	10·716
	32·278
	34·218
	34·256
霍　光	40·586
	45·36
	45·151
	55·418
	56·163
	59·325
霍　汲	60·690
	60·779
霍汝堂	34·698
霍守典	41·74
	53·96
霍安道	31·793
	35·51
	35·127
霍如錦	34·510
霍　芳	25·866
霍作明	40·490
	49·787
霍位喬	44·635
霍迎祉	41·658
	53·218
霍　枚	16·43
霍叔瑾	9·105
	11·276
	12·610
霍　昇	41·479
	43·657
霍易書	27·623
霍承杰	16·33
霍則白	34·224
霍映秀	9·144
霍彥威	10·718
	32·280
	34·218

	34・257
霍　恪	27・168
	27・288
霍　連	9・88
霍　原	1・114
	1・674
	2・564
	2・601
	2・609
	3・748
	3・843
	5・468
	7・598
	24・288
	24・460
霍　莘	41・581
	49・437
	49・674
霍時敏	33・776
	34・94
霍　恩	8・573
	24・452
	24・487
	40・412
	60・467
霍　烜	44・637
霍浩然	34・688
霍　堂	27・92
霍映秀	32・88
	34・223
霍　淮	1・148
	3・356
	31・29
霍　郫	44・635
霍紹芳	44・634
霍　琳	8・467
	13・491
霍　達	27・82
霍朝重	44・538
	44・629
霍紫綬	27・578
霍　焯	44・637
霍　焜	41・461
	49・438
	49・678
霍　焰	4・377
	27・82
	27・231
霍貫道	32・707
霍　瑄	40・404
	43・539
	43・769
	44・480
霍　楨	16・32
霍虞齡	49・582
霍廉儒	25・872
霍　煜	44・648
霍殿甲	36・755
霍　璉	27・90
	27・210
霍爾赤	34・329
	34・506
霍肇基	16・33
霍維華	27・622
霍維藎	8・513
	32・48
	34・218
	40・333
霍震寓	21・380
	21・788
霍儀泰	44・632
霍德行	8・436
	27・572
霍慶姚	40・537

霍　毅　40・401
霍履泰　13・742
15・817
霍　冀　41・51
49・362
49・675
霍　鍈　28・672
41・74
44・534
44・564
44・630
44・646
霍　錢　44・538
44・630
霍應麟　50・227
54・322
54・327
霍　鵬（鹽山）　27・87
霍　鵬（井陘）　8・471
8・478
11・272
12・610
17・495
50・87
52・650
53・522
53・569
霍　韜　47・200
49・437
霍繼祖　45・87
霍　鑑　29・309
霍麟閣　34・510

駱

駱文光　35・609
駱光裕　59・651
駱先覺　31・813
34・211
駱任重　58・361
58・707
駱孝先　25・820
26・251
駱洛通　37・261
駱務整　16・202
駱　貴　1・803
駱閑則　37・906
駱　義　44・596
駱養性　1・849
駱　遷　22・192
22・341

冀

冀一貫　33・779
冀之元　58・215
冀升三　47・205
冀北良　36・268
冀北哲　9・221
24・307
冀弘道　32・316
34・680
34・725
冀光祚　32・55
33・619
冀兆晉　41・597
47・206
冀亦式　41・470
58・309
冀州璽　58・314
冀如梅　12・549
37・36
冀如錫　9・136
32・72
33・764
34・70

冀君聘 47・204
冀　英 38・899
冀　述 36・159
36・267
冀　和 50・587
冀和聲 58・347
冀秉忠 16・471
18・335
18・478
冀禹錫 8・81
16・170
16・304
冀往聖 34・332
34・491
冀孟曾 40・530
46・714
冀　卿 52・861
冀唐封 41・520
47・207
冀　能 49・725
冀　堉 39・721
39・797
冀　國 7・385
36・346
37・467
冀國榮 33・631
冀　進 37・497
冀從勤 34・680
冀　棟 32・268
33・746
冀　雲 16・375
冀　傑 8・298
19・191
冀象賢 24・310
冀運洪 34・217
冀裕含 21・386
25・866
冀靖遠 9・145
32・89
34・222
冀爾成 24・311
冀　儁 41・632
43・65
46・822
47・64
47・483
47・637
冀　瀣 9・103
冀　諾 34・335
34・507
冀　璲 10・837
32・269
33・685
冀懋中 21・297
25・923
冀龐齡 32・73
33・774
34・99
冀蘭泰 41・497
47・206
冀　體 36・267
36・300

盧

盧一章 12・643
盧三重 24・454
盧三傑 37・516
盧士彥 22・241
22・377
盧士傑 31・824
38・379
盧士選 62・218
盧士叡 7・289
盧士瓊 1・712

22·281
22·382
盧大中 8·514
32·54
33·761
34·68
盧大順 33·762
盧大道 33·779
34·82
盧大節 33·761
34·82
盧大謨 34·82
盧之翰 7·830
25·403
31·788
盧子驤 22·288
盧天錫 11·268
11·590
11·610
盧　元 8·116
盧元明 2·79
22·208
22·349
盧元培 4·323
7·481
盧元裕 22·274
盧元輔 40·368
60·619
60·771
盧太翼 10·625
27·905
29·116
45·454
47·537
47·696
50·246
盧友竹 8·335
19·258
40·523
盧友裕 31·425
盧公順 22·210
42·739
盧　氏(縣尉李公夫人) 22·278
盧　氏(扶風郡夫人) 22·280
盧　氏(河東縣太君) 22·280
22·382
盧文甫 22·209
22·349
盧文明 22·345
盧文紀 41·409
62·668
63·38
盧文進 1·723
10·698
14·450
22·184
22·337
32·631
50·75
盧文偉 2·80
3·151
7·622
22·155
22·331
31·155
盧文翼 22·154
22·330
盧以岑 59·378
59·484
59·582
盧以茂 5·302
5·392
5·474
盧世榮 10·809

	32·777
盧　仝	7·706
盧立魁	40·532
	62·476
盧　玄	1·106
	1·678
	3·79
	3·138
	7·609
	18·42
	22·151
	22·330
	22·464
盧　永	13·312
盧司空夫人劉氏	4·228
盧弘正	1·706
	22·176
	22·335
	32·629
	40·736
	62·664
	63·36
盧弘宣	1·711
	7·294
	7·706
	22·177
	22·336
盧　芝	40·800
盧芝茂	31·813
	35·413
盧臣客	22·332
盧有猷	5·520
盧　光	1·694
	3·79
	3·143
	10·608
	22·157
	22·332
盧光乘	22·212
	22·351
盧光啟	10·668
	22·179
	22·337
盧　同(北魏)	2·78
	3·141
	7·620
	31·379
盧　同(唐)	1·704
盧廷臣	33·687
盧廷珠	33·779
盧廷棟	9·37
盧廷選	4·283
	26·249
盧延遜	10·704
盧延讓	2·91
	3·81
	3·145
盧仲宣	22·209
	22·349
盧自立	22·30
盧向明	59·583
盧行嘉	22·213
	22·351
盧行簡	7·705
盧全誠	29·304
盧汝弼	22·179
	22·337
	41·563
盧汝翼	31·805
	38·378
盧　守	8·532
盧守忠	46·84
	46·415
盧安仁	53·641

盧　圻　8・700
22・163
22・343
盧孝儉　8・105
13・720
14・283
14・481
14・558
14・710
40・518
42・507
43・147
盧　志　1・669
7・597
22・149
22・329
35・603
盧志詳　62・314
盧　杞　32・777
盧克忠　16・158
16・273
32・654
盧克治　8・259
盧見曾　4・307
5・30
7・444
16・461
17・206
18・330
18・475
盧佐元　22・213
22・351
盧希古　59・664
59・733
盧　奐　32・717
盧亨嗣　8・76
盧附伯　22・209
22・349
盧　坦　32・627
盧　坤　2・45
8・700
22・159
22・262
22・343
盧若虛　1・702
22・212
22・351
盧英鋭　44・803
盧東美　7・702
22・279
盧叔仁　1・688
22・152
22・330
盧叔虎　22・156
22・331
盧尚之　31・381
盧尚禮　47・161
49・313
盧昌輔　7・497
31・836
33・613
盧昌衡　1・106
1・695
10・612
22・168
22・333
32・315
盧　易　40・442
54・729
59・371
59・446
盧知猷　22・179
22・336
41・563

	62・704
	63・128
盧秉純	41・589
	59・683
	59・752
	60・181
盧　岳	22・276
盧　佺	31・32
盧金第	9・216
	18・82
盧於陵	1・708
盧宗道	2・113
	22・156
	22・332
盧承泰	1・699
盧承業(唐)	22・170
	22・334
	34・543
盧承業(明)	44・686
	46・50
盧承慶	1・107
	1・698
	7・697
	22・170
	22・333
盧　珍	9・29
盧　政	40・776
	42・593
	49・142
	49・204
盧　柟	32・749
	32・782
盧　奎	1・191
	19・542
盧貞之	44・538
	44・591
盧映宸	52・876
盧昭美	1・691
盧思道	1・106
	1・695
	10・611
	22・211
	22・271
	22・350
	22・464
盧重華	32・59
	33・771
	34・96
盧修可	51・335
	52・548
盧度世	1・679
	22・151
	22・330
盧　奕	22・218
	22・354
	32・704
盧彦倫	10・786
盧彦卿	22・212
	22・351
盧　洵	41・570
	52・67
	52・314
盧　昶(北朝)	2・111
	35・653
盧　昶(元)	2・141
盧　昶(宋)	32・753
	33・368
盧　勇	1・686
	22・155
	22・331
	40・503
盧　柔	1・692
	10・606
	22・211

	22・350
盧　珪	18・12
	22・28
	24・333
	24・355
	24・410
	24・610
盧　珽	22・149
	22・329
盧　珩	34・75
盧起鳳	18・217
盧耿麒	8・412
	16・516
	18・233
盧恭道	22・155
	22・331
盧莊之	22・156
	22・332
盧莊道	1・699
盧　真	7・706
	22・177
	22・336
盧振瑞	15・282
盧　虔	61・549
盧虔灌	22・214
	22・351
盧時升	36・351
	37・884
	37・922
	51・685
	52・587
盧時泰	44・534
	44・583
盧　峴	1・704
	22・278
盧峻亭	65・277
盧　秩	11・179
盧　殷	1・708
	7・705
	22・279
盧　烶	24・454
盧　浮	1・669
	22・208
	22・349
盧　祥	1・99
	3・807
	8・296
	22・192
	22・341
	40・527
盧　陵	61・549
盧　梅	27・904
盧副鳩	16・162
	16・290
盧　盛	59・665
	59・734
盧　掞	40・514
盧國林	44・798
盧國讓	32・60
	33・778
	34・104
盧　敏	1・680
	22・152
	22・330
盧　偃	22・208
	22・349
盧從史	51・280
盧從願	22・173
	22・334
	35・616
	40・512
	62・309
盧　庸	8・116
	19・92

盧　商　7・705
22・177
22・336
盧　焕　40・320
盧　淑　34・543
盧　淳　44・538
44・591
盧問之　21・287
23・4
盧紹之　1・675
盧　琰　4・257
7・301
盧　賁　2・114
2・565
10・608
22・169
22・333
盧葆元　40・535
57・445
盧　敬(山陽)　16・510
盧　敬(樂亭)　18・233
盧　植(漢)　1・662
2・669
7・554
14・153
22・204
22・347
盧　植(清)　44・592
盧　斐　2・113
盧　貽　7・705
盧景亮　1・107
1・708
3・152
7・703
22・174
22・335
22・450
盧景裕　1・686
22・26
22・204
22・347
24・421
24・459
42・738
盧　程　10・694
盧　順　43・160
盧　傑　18・327
18・477
盧　欽　1・669
10・596
22・148
22・329
盧　鈞　1・710
22・177
22・336
40・281
42・471
50・73
盧象昇　7・406
14・298
14・537
32・676
33・198
36・515
37・875
43・556
43・779
44・56
44・480
盧　詔　34・108
盧愜胤　33・772
34・97
34・159
盧　焯　31・22

盧道人 15・486
盧道士 20・616
盧道和 31・381
盧道侃 22・154
22・331
盧道亮 22・377
盧道約 1・680
22・155
22・331
31・380
盧道虔 2・79
22・154
22・331
盧道虔妻元氏 9・280
盧道將 1・680
22・154
22・331
盧道舒 1・680
盧道裕 1・680
10・612
22・154
22・331
盧　曾 1・716
10・694
盧　淵 1・679
22・151
22・330
盧　渥 1・714
盧運昌 7・497
31・836
33・613
盧裕楫 19・266
盧　巽 1・702
盧　登 59・412
盧　絳 40・462
61・448
盧　項 40・510

50・72
50・591
盧　■ 2・85
10・667
22・174
22・335
盧萝麟 58・407
58・724
盧　楚 3・80
3・143
7・623
22・218
22・354
22・457
盧　損 2・90
10・703
盧　携 2・86
22・178
22・336
盧　暉 32・624
33・186
盧　煦 7・369
盧照鄰 1・107
1・699
7・698
22・213
22・351
盧　傳 10・836
11・274
11・881
12・52
盧傳甲 44・706
46・54
盧　誕 1・692
7・622
22・157
22・332

22・464
盧詢祖 1・688
22・210
22・288
22・350
22・464
盧　愷 1・106
1・696
10・607
22・169
22・333
22・449
盧義僖 1・680
22・451
盧福群 12・554
盧　群 1・705
3・80
3・143
7・704
22・174
22・335
22・450
盧　經 31・805
35・417
盧壽昌 48・632
57・445
盧熙裕 22・156
22・332
盧　睿 40・570
43・539
盧嗣業 22・179
22・337
盧　毓 1・105
1・666
10・585
22・147
22・329
30・301
31・9
31・321
31・783
盧毓粹 9・180
32・739
盧　鳳 37・599
37・727
盧　廣 1・677
7・623
22・168
22・333
盧齊卿 22・171
22・334
盧榮春 48・176
48・314
盧養浩 5・303
5・393
5・474
盧　漸 1・58
3・134
盧遜之 22・156
22・332
盧　綸(唐) 1・705
22・213
22・351
41・561
62・704
63・128
盧　綸(明) 4・286
27・21
27・202
58・402
58・740
盧　綬 2・738
2・814
盧　摯 1・110

1・783
8・149
22・214
22・352
盧　邁　1・707
22・286
22・335
22・385
盧　標　44・592
盧　霈　1・713
22・282
22・383
盧　輝　7・699
22・174
22・335
24・331
24・408
盧　質　40・512
42・741
盧德元　24・333
24・410
盧　徵　2・85
10・667
22・175
22・335
盧魯元　16・162
16・291
盧　道　2・89
10・700
22・184
22・337
22・450
盧　潛　1・689
10・607
22・217
22・354
32・620
盧　璣(金)　8・75
盧　璣(明)　43・682
盧　璣(清)　32・680
33・200
盧　翰　22・177
22・336
盧　醜　16・164
16・293
盧　錘　44・585
盧學古　62・392
盧學詩　59・675
59・744
盧　諶　22・208
22・349
44・580
44・608
盧龍雲　33・611
盧履冰　1・701
7・699
22・205
22・347
盧藏用　1・107
2・83
10・666
22・170
22・334
22・449
盧聯璪　52・606
盧　點　60・626
60・775
盧　應(金)　8・278
22・28
24・333
24・355
24・410
24・461
盧　應(清)　44・639

盧鴻一 1·114
22·241
22·377
盧簡方 40·508
43·530
盧簡求 1·706
22·176
22·336
40·278
40·736
42·472
62·665
63·37
盧簡能 1·705
22·176
22·335
40·736
盧簡辭 1·706
22·176
22·335
41·406
41·563
62·664
63·36
盧　贊 41·173
盧懷仁 1·690
22·210
22·350
盧懷忠 10·752
盧懷道 22·156
22·331
31·155
盧懷慎 22·172
22·334
32·691
盧繩祖 44·540
盧　獻 7·698
22·172
22·334
盧獻卿 7·713
22·213
22·351
盧　耀(唐山) 37·515
盧　耀(長治) 50·351
50·573
盧躍龍 19·111
19·183
盧　辯 1·96
1·694
2·609
3·79
3·142
10·608
22·157
盧　觀 1·686
22·209
22·349
22·464
盧觀象 4·280

曉

曉庵上人 41·702
45·774
曉　蒲 48·244

曇

曇　秀 32·775
曇　延 41·667
62·717
63·190
曇　始 52·445
曇恒法師 41·664
55·628
曇無竭 1·117

2・237
5・416
5・524
16・182
16・329
曇　榮　21・692
25・247
41・666
50・254
50・876
曇　選　21・691
25・247
曇　璲　41・669
55・630
57・165
57・385
曇　曜　41・665
43・671
曇　證　32・271
曇　韻　21・692
25・246
曇　鸞　41・665
43・215
45・309
49・110

興

興　元　20・628
興　安　4・312
5・33
興儒和尚　41・702
45・775

嘯

嘯　父　31・101

還

還陽子　47・729

默

默鍾霍　12・687

稽

稽承志　7・444
稽　昭　18・326
18・473
稽　曄　7・287
稽　巔　7・394

穆

穆九成　31・825
33・612
穆大本　4・415
5・75
5・242
9・67
穆　元　11・787
21・343
穆　丹　40・475
52・382
58・84
穆生輝　41・99
43・655
43・820
49・376
49・784
穆式玉　37・163
穆　朴　28・329
28・468
穆　臣　40・342
42・497
穆廷栻　8・826

	16・545
	17・507
穆延薩剋達	8・80
穆向榮	20・632
穆多侯	40・635
	43・616
穆作楨	27・904
穆茂春	28・312
	28・472
穆呼哩	16・158
	16・274
穆泥乾	31・355
穆宗道	16・555
	17・507
穆思敬	16・519
穆香郎	41・644
穆　衍	40・779
	62・675
	63・41
	63・188
穆　亮	15・89
	31・134
	31・351
	40・635
	43・615
穆　恭	58・110
	58・214
穆席珍	33・769
穆凌煙	11・827
穆　容	41・550
穆陳實	8・533
	32・694
	32・784
穆　崇	41・379
穆魁齋妻曹氏	28・545
穆得元	8・669
	19・737
	20・157
穆得海	14・563
穆從墨	9・208
	18・58
穆　紹	31・357
	40・635
	43・616
穆貽容	11・827
穆　弼	43・616
穆爾謨	8・826
	16・550
穆齊元	16・652
穆齊正	17・458
穆齊芳	17・458
穆精阿	64・74
穆　寧	4・255
	7・292
	27・20
	27・201
	27・514
穆　維	8・727
	21・407
	21・783
穆維乾	16・549
	17・505
穆墨林	11・827
穆德純	16・604
	17・519
穆緝香阿	63・24
穆　翰	40・635
穆　羆	40・264
	49・289
穆　顗	40・635
	43・616
穆鵬龍	28・367
穆　觀	14・356
	15・88

40・634
43・615

儒

儒　芳　60・777
65・88

錢

錢一鶚　17・243
18・18
40・433
46・530
47・401
錢人龍　50・297
錢之青　40・480
錢天錫　21・301
23・6
錢元臺　40・463
61・512
錢日烜　31・832
錢文蔚　43・78
錢以塏　40・463
58・56
錢允燦　28・672
錢正圜　37・663
錢世清　7・444
16・454
17・205
錢本中　7・331
33・191
錢　術　7・386
31・804
錢必達　45・182
錢　永　14・120
錢永守　45・730
錢式莊　29・351
錢光泰　10・822
錢仲仁　20・195
錢兆閩　22・136
22・324
錢守禮　8・809
16・315
錢如京　4・277
7・356
32・320
錢良擇　65・235
65・527
66・118
錢　即　42・506
錢若水　32・637
42・474
錢炘和　4・312
7・478
錢法裕　40・442
63・22
錢治平　24・714
錢官俊　63・574
錢承平　24・713
錢承德　5・271
5・348
5・458
錢承霖　61・251
錢孟鈿　63・61
錢　珍　28・21
錢　春　7・397
21・296
25・131
25・213
29・48
錢　貢　60・624
60・774
錢　桓　11・187
12・124
錢振宗　17・81

錢振龍 7・460
21・308
25・486
25・575
錢振聲 24・821
錢祥葆 36・199
錢 通 8・540
32・696
33・385
33・530
錢孫振 7・472
28・675
錢培枝 60・250
60・333
錢 晦 19・538
62・573
63・15
錢國用 56・690
錢國琦 2・666
7・493
36・342
39・259
39・330
錢進學 11・843
12・15
50・85
50・861
錢惟濟 40・383
60・620
60・772
錢 清 27・637
錢 淳 28・30
錢裕國 16・455
17・498
錢紹曾 13・345
錢經綸 25・599
錢博學 7・394
錢萬青 11・446
錢萬選 41・445
44・534
錢朝鳳 31・797
35・411
錢鼎銘 33・206
錢景曾 24・820
錢 復 1・175
錢復和 66・493
錢 貫 4・281
11・183
12・682
28・21
錢 楷 60・468
錢 梗 30・190
錢節用 54・704
錢 亶 31・821
34・214
錢義三 19・201
錢源龍 61・629
錢 溶 61・250
錢熙恩 28・68
錢毓美 13・746
錢 銓 24・541
24・713
錢廣居 4・321
7・480
27・4
27・22
錢榮增 60・777
錢維錫 7・503
錢 鋆 16・462
18・133
錢 標 40・465
42・520
43・148
46・90

	46・420
	59・298
錢 適	60・626
	60・775
錢樹棻	13・93
錢 勵	8・591
錢勲之	28・108
錢 錫	30・13
	30・108
錢錫魁	1・177
錢 錀	24・713
錢懋勛	5・277
	5・355
	5・462
錢應昇	36・198
錢 瓆	34・326
	34・480
錢 藻	1・156
	19・540
錢寶林	8・639
錢 鐸	27・516
錢 鑰	50・89
	50・608

錫

錫 元	46・669
錫 良	52・327
錫 桂	12・18
錫喇奇塔特	66・573
錫蘭都	26・253
錫齡阿	33・207
錫 麟	40・493

錦

錦源龍	40・481

鮑

鮑之汾	35・607
鮑子春	35・347
	35・409
鮑 元	50・365
鮑玉田	3・850
鮑 永	27・71
	28・342
	40・598
	50・155
	52・841
	54・321
	59・327
鮑 老	50・253
鮑汝璠	13・773
	14・662
鮑希顏	50・237
	52・696
	52・857
鮑 孜	44・411
鮑長暄	4・341
鮑 昂	40・599
	50・204
	52・843
鮑季詳	4・341
	7・645
	28・329
鮑 姑	41・663
鮑承先	41・464
	43・653
	44・416
鮑承廕	41・50
	50・236
	50・390
	50・562
鮑承燾	28・810

鮑孟輝 44・412
鮑　昱 27・73
27・223
40・349
40・598
50・156
51・267
52・366
52・842
54・321
鮑　庠 40・500
49・711
鮑　宣 4・330
7・568
27・71
27・207
28・308
40・592
50・182
50・419
52・687
52・839
54・339
鮑宣妻桓氏 9・278
鮑　癸 55・359
鮑振鏞 63・363
鮑　時 40・304
42・481
鮑　梓 9・226
29・50
37・717
37・785
鮑崇德 44・412
鮑　琦 7・361
32・663
33・65
33・192
34・551
鮑　敬 43・653
44・412
鮑雲翥 37・720
37・771
鮑　勛 31・783
32・614
33・184
鮑　鈞 56・17
鮑　照 50・197
50・442
鮑　靚 26・96
鮑震江 35・266
鮑　德 27・73
40・599
50・222
52・843
54・321
鮑德隣 13・92
鮑　潛 21・281
鮑　龍 50・382
50・562
鮑　韜 44・411
鮑獻書 23・235
25・758
鮑　疊 40・599

獨

獨孤永業 23・577
24・75
獨孤申叔 41・563
獨孤修德 23・747
獨孤信 9・266
23・736
40・682
43・626
44・528

45・892
64・556
66・42
獨孤盛 41・172
65・178
獨孤善 40・683
獨孤楷 40・272
42・468
獨孤羅 41・404
43・629
64・580
66・52

潁

潁　容 52・65

諶

諶命年 20・392
諶厚光 40・491
諶　璋 22・15
24・417

諤

諤　班 64・676

諳

諳都刺 40・394

鄺

鄺孟珏 40・399
53・89
53・297
鄺奕垣 61・68
鄺　珩 8・430
28・735
鄺　琚 28・736
鄺　璠 8・429

28・714

龍

龍大有 21・287
25・330
龍汝霖 40・500
52・327
57・276
57・445
龍呈圖 16・529
龍　沛 9・230
龍　眠 59・167
龍納銘 31・821
龍　敏 1・722
4・350
10・702
20・761
26・91
26・761
32・631
龍進忠 47・406
47・746
47・784
龍　鼎 32・661
33・65
33・191
34・544
龍勝奴 18・92
龍圓躍 9・57
龍　璜 58・710
龍　震 4・401
5・65
5・137
5・171
9・57
龍　霈 30・20
30・115

龍潭祖師 41・677
49・110
龍　霖 4・402
9・57
龍　膺 40・333
63・21
龍　鐔 40・523
42・479
龍繼棟 14・545
龍　鐸 8・639

糕

糕糜先生 21・694

操

操時賢 7・388
32・669

羲

羲　仲 61・653

閻

閻　母 43・531

閭

閭人鶴 48・77
閭九疇 32・741
閭了壽 37・287
閭士奇 13・239
閭士章 59・252
閭士望 43・169
閭士淳 43・289
43・325
閭士傑 9・74
26・132
26・271
閭士樟 41・103
45・358
45・375
45・410
閭士謙 53・101
53・473
閭士驤 40・535
閭才卿 12・275
閭大節 48・95
閭大綸 42・607
46・138
46・467
閭之奇 15・110
閭之賢 45・195
閭子貴 41・644
48・95
閭元明 60・513
閭　木 7・343
閭中寬 8・771
21・462
23・51
閭介年 9・202
15・113
15・213
40・471
60・192
閭公貞 1・98
1・109
1・756
8・56
閭公銑 8・819
16・561
17・64
閭文光 14・580
閭文郁 30・664
閭文忠 61・515
閭文貴 31・801
33・718

	34・45
閻文蔚	60・787
閻文繡	9・167
閻允吉	16・560
	17・63
	17・184
閻　玉	11・174
	11・644
	12・123
閻玉山	27・905
閻世芳	44・571
閻世科	41・438
	42・608
	43・202
閻世傑	52・547
閻　本	1・143
	5・347
	5・458
	18・13
閻可録	60・205
閻可權	14・476
	14・540
閻甲允	6・4
閻生斗	14・298
	15・347
	56・218
閻生鈺	46・459
閻立誠	41・532
	49・106
閻永吉	8・817
閻必卓	41・460
	50・201
	50・445
	50・570
閻必崇	41・475
	50・239
	50・399
	50・571
閻司衡	43・274
	43・306
閻民望	50・330
	50・566
閻邦重	41・447
	47・491
	47・722
	47・759
	47・802
閻　芝	47・723
	47・762
	47・815
閻有光	41・545
	61・673
閻成化	25・593
閻成基	9・102
閻光衍	50・323
	50・572
閻光祖	7・385
	36・344
	37・795
閻　年	32・735
閻廷玠	41・544
	60・708
	60・782
閻廷珏	47・206
閻廷佩	8・815
	16・575
	17・185
閻廷祥	61・511
閻廷梧	60・469
閻廷弼	14・580
閻廷蔚	25・598
閻廷榕	49・218
閻廷瑾	43・344
閻廷選	29・622

閻仲麟 17・83
閻仰庚 58・757
閻自立 13・240
閻汝舟 48・90
閻汝坤 44・538
44・589
閻汝茂 37・700
閻汝弼 41・605
47・811
閻　守 52・498
閻守恭 8・9
32・752
33・90
33・361
40・547
40・776
42・591
46・148
46・426
閻如玠 60・705
60・765
閻好問 2・508
閻志學 22・29
閻伯俊 26・797
閻迎昶 11・488
閻　亨(晉) 17・188
閻　亨(明) 41・447
47・488
47・645
閻　炟 59・158
閻　没 55・393
56・685
57・109
閻　完 7・328
14・110
14・659
14・710
閻　玫 9・98
閻若璩 41・111
42・626
43・206
43・237
43・271
閻　茂 48・88
閻林茂 61・748
閻東真 46・447
閻郁文 57・371
57・449
閻長發 17・501
閻　昇 40・403
48・174
49・306
閻　忠(後漢) 31・304
閻　忠(金) 32・705
閻　忠(元) 41・618
55・467
55・878
閻　忠(明) 45・713
閻　忠(清) 11・464
閻和尚 53・518
閻季才 47・762
47・816
閻秉初 8・504
32・34
33・618
閻　岱 3・793
閻佩禮 58・157
閻受典 36・202
閻　育 62・310
閻　注 13・242
閻泮源 47・498
47・622
閻宗周 24・68
閻宗衍 50・229

	50・401
	50・571
閻居敬	63・736
閻承翰	10・759
	11・516
	21・270
	25・135
閻承儒	40・450
	59・78
閻承寵	59・34
	59・157
閻　珍	50・544
閻南圖	41・648
	46・454
閻　柳	43・284
	43・302
	43・319
閻　威	58・111
	58・215
閻　厚	15・684
閻　毗	41・381
	41・404
	41・632
	64・581
	65・253
	65・492
閻思齊	38・273
閻　峋	17・498
閻　重	60・696
	60・759
閻重光	41・578
	57・123
	57・361
	57・447
閻重華	57・46
	57・127
閻禹錫	7・339

	17・17
	32・662
	61・597
閻俊三	48・659
閻　衍	53・116
	53・285
	53・303
閻亮閣	40・484
閻庭芝	38・95
閻庭蘭	60・388
閻彦清	43・295
閻恒庚	11・468
閻恒森	11・468
閻恒瑞	11・467
閻恒榮	11・468
閻恒齡	41・588
	49・106
閻炳文	55・817
閻泰和	41・147
	47・205
閻春熙	56・220
閻　珪	60・697
	60・760
閻　莊	40・531
	45・506
	45・561
閻晉卿	44・792
閻桂林	25・67
閻振穀	15・110
	15・213
閻時昌	60・226
閻時昇	60・225
閻時康	60・226
閻特揀	60・221
閻　倬	40・424
	61・67
閻修齡	41・623

43·212
閻師賢 48·136
閻　浩 60·300
閻海嵐 24·704
閻　恕 45·2
閻純古 49·81
閻純錦 65·216
閻　梅 48·173
閻盛德 45·783
閻國本 49·81
閻國相 47·804
閻國卿 21·383
25·514
25·592
閻符清 26·295
閻敏行 41·545
60·711
60·784
閻敏政 32·695
閻　進 40·568
43·681
44·479
閻　偉 41·588
閻得中 40·390
54·682
57·102
57·273
57·442
閻得高 11·468
閻得賀 9·102
閻惟純 11·315
閻清臣 34·510
閻　宷 41·669
62·719
63·187
閻密初 53·344
閻　隆 46·53
閻紹世 58·708
閻堯年 9·237
37·437
40·439
60·251
閻堯熙 7·514
37·662
41·126
62·411
閻　項 17·84
閻　超 29·51
閻敬銘 60·337
63·218
閻朝隱 10·676
閻雲章 57·371
57·449
閻雲望 41·56
60·516
閻　順(明) 56·15
閻　順(清) 47·465
47·626
閻　復 40·822
閻　象 32·632
閻象年 9·202
15·111
15·213
閻敦本 47·77
閻　斌 9·138
32·77
34·94
閻道生 6·91
6·94
閻開泰 43·295
43·317
43·338
閻開泰妻劉氏 43·303
閻開業 44·541

閻登岱 34・509
閻瑞鳳 56・221
閻　瑄 53・101
53・473
閻夢夔 40・340
45・288
閻　楚 61・246
閻嗣科 11・189
13・313
13・528
48・226
閻　鈵 40・465
59・650
閻　詗 40・290
42・477
閻　煖 30・190
閻　煊 40・465
40・468
47・404
47・619
55・793
閻　溥(興平) 7・378
21・292
閻　溥(隴州) 50・296
50・315
閻　肅 43・316
閻際泰 23・67
閻經一 57・572
閻爾梅 63・752
閻爾德 26・310
閻　睿 41・29
42・602
48・57
49・129
閻鳴泰 21・684
閻毓偉 42・612
43・283
43・316
43・338
閻毓傅 43・284
43・319
閻鳳翔 50・80
50・683
閻鳳閣 24・796
閻　鼐 8・405
16・509
18・341
18・481
閻廣居 41・140
43・92
閻　察 41・4
47・477
閻　隣 11・184
11・541
閻德生 18・377
18・545
閻調鼎(明) 56・215
閻調鼎(清) 41・469
60・704
60・765
閻調鼐 50・357
閻　慶 40・683
64・559
閻慶元 41・512
46・136
46・438
閻慶允 40・357
閻養醇 41・441
63・725
閻履亨 11・468
閻履芳 4・414
5・69
5・211
閻　樸 41・576

42・625
46・130
46・431
閻　曈　9・202
15・111
15・213
閻興邦　1・179
3・358
7・458
14・406
14・443
14・573
14・612
21・308
24・510
24・596
閻興緒　56・220
閻學詩　45・14
閻　禧　32・697
閻　縉　31・796
閻聯奎　6・87
閻　懋　64・693
閻駿業　25・577
29・976
46・444
閻　襄　41・607
45・425
閻襄泰　59・165
閻應元　1・838
3・559
8・348
閻應極　6・53
閻應徵　62・407
閻應鍾　21・296
24・751
閻鴻泰　43・284
43・317
閻　濟(濟寧)　31・794
38・378
閻　濟(沂州)　11・749
21・287
閻　鎬(明)　29・304
閻　鎬(清)　21・816
閻　璽　41・583
47・499
47・721
47・761
47・812
閻懷珍　41・544
閻瀛瀚　11・467
閻繩芳　48・130
閻繼忠　65・89
閻繼宗　18・494
閻　顯　40・805
46・481
46・532

隰

隰　叔　55・653
隰尚勇　24・456

隱

隱峰禪師　2・241
41・674

十七畫

璩

璩　江　50・431

戴

戴一心　4・384
28・28

戴九玄 1·162
20·382
30·69
30·156
戴九職 34·508
戴三元 28·32
戴三聘 8·781
戴　才 8·451
26·52
26·260
戴大槐 4·282
6·1
戴之二 19·134
19·182
戴王綸 4·436
10·833
26·69
26·287
戴王縉 4·436
26·287
戴　元 45·687
戴元祥 7·289
戴元瑞 4·427
戴日巖 40·456
49·319
49·750
戴文槐 25·773
戴本義 26·766
戴　用 21·372
25·899
戴至德 34·672
戴光啟 41·58
42·607
48·58
48·140
48·145
戴廷栻 41·587
48·71
61·69
戴廷對 16·453
16·751
戴廷諤 36·201
戴延春 45·711
戴延韶 26·297
戴休顏 64·600
戴安明 8·607
30·228
戴　芬 7·496
31·828
35·415
戴克昌 17·143
戴求仁 8·663
戴　辰 45·713
戴　沛 1·178
20·853
戴君祿 17·72
戴若思 31·329
戴來聘 58·111
58·215
戴明說 4·386
10·832
26·67
26·124
26·285
戴　佩 4·377
28·56
戴　金 7·371
戴宗賢 25·91
戴官彤 28·365
戴　■ 8·781
戴　封 7·278
23·200
24·20
戴　相 4·427

戴星海　56・737
戴　胄　34・672
戴　侯　40・395
　60・467
戴炳星　56・702
戴祖啓　49・578
戴　陞　15・702
戴起鵬　3・580
　3・696
戴桂英　36・796
　37・34
戴　桐　30・648
戴　梅　9・73
　28・30
戴倚衡　37・506
戴　涉　40・349
　50・71
戴　浩　27・628
戴國治　23・758
戴　唯　26・325
戴　嵐　26・302
戴第業　41・590
　59・526
　59・614
戴　敏　7・362
戴　寅　4・442
　10・834
　26・71
　26・287
戴問善　26・298
　28・338
戴隆華　28・104
戴　琪　7・343
戴萬象　16・454
　17・205
戴萬森　26・303
戴萬喦　26・561
戴雲峯　17・71
戴雲錦　4・427
　9・72
　28・59
　28・104
戴雲鸞　28・64
戴　復　31・6
　31・519
戴運昌　41・81
　42・609
　48・58
戴　聖　34・672
戴聖聰　7・446
戴夢熊　5・418
　5・526
　40・451
　42・520
　43・62
戴　詢　26・568
戴　廉　5・280
　5・358
　5・463
戴　寬　4・442
　26・71
　26・288
戴壽祺　63・26
戴爾后　43・328
戴鳳池　3・696
　3・702
戴　廣　28・61
戴廣涵　26・301
戴漢濯　30・239
戴　賓　15・517
　15・549
　48・57
　48・137
戴　德　34・672

謝

謝九儀 21・292
24・750
謝三宅 41・474
63・727
謝大鈞 3・154
謝山壽 31・279
謝之燧 9・37
28・747
謝子澄 4・315
5・35
5・136
6・1
7・478
13・91
16・469
17・207
18・332
18・476
28・22
31・833
33・613
謝王寵 40・343
45・290
謝天吉 40・822
63・205
63・580
謝元朋 19・195
謝元暉 19・195
謝公洪 9・29
28・743
謝文珍 27・516
謝文振 45・180
謝文瓘 32・652
謝　方 33・614
謝允掄 51・362
54・146
謝允薦 8・590
31・87
謝玉綵 45・74
謝世昌 33・628
謝丕振 41・544
60・708
60・782
謝丕績 41・507
63・583
謝占魁 7・528
謝　玄 31・331
謝邦鳳 37・516
謝　成 20・182
謝夷吾 7・278
37・794
謝廷芳 32・270
謝廷桂 41・440
謝廷瑞 7・512
12・518
36・776
37・20
謝仲温 7・328
40・839
44・531
64・652
65・504
65・577
66・56
謝兆璽 19・195
謝　冲 37・904
37・945
謝汝霖 40・456
48・655
49・319
謝　安 31・331
謝志安 51・352

	53·722
謝　均	47·273
謝克一	35·268
謝　沛	58·710
謝良琦	7·393
	21·294
謝　表	1·115
	2·609
	8·327
謝　杰	1·159
謝述度	33·201
	33·509
謝松齡	41·609
	60·526
謝枋得	9·268
謝　尚	31·331
謝明教	46·3
謝　旻	8·488
	36·455
	37·903
	37·945
謝　忠	42·509
	46·789
	47·48
謝秉德	28·783
謝秉懿	25·65
謝　宗	27·408
謝定住	24·467
謝宜發	58·84
謝孟燦	20·412
謝拱辰	39·542
謝昺麟	37·936
謝　奕	31·331
謝庭琪	40·480
	44·731
	60·469
謝彦文	3·27
謝彦儒	9·243
	30·226
謝　洸	58·85
謝　洙	37·904
	37·945
謝　客	3·851
	18·27
謝　祐	7·339
	40·307
	42·482
謝　陞	7·403
	19·241
	32·675
謝　泰	1·865
	8·618
謝桐森	20·62
	20·193
謝連騰	59·677
	59·746
謝時鳴	8·497
	36·455
	37·905
	37·947
謝　恩	43·824
謝師誨	30·228
謝逢昌	49·710
謝陳常	41·474
	41·593
	63·582
謝　恕	21·313
	23·9
	33·205
謝　彬	36·196
謝　梧	49·312
	49·673
謝　掞	40·530
謝國英	37·945

謝國傑 40·452
59·648
謝　偃 32·745
謝象申 41·467
謝象枋 60·525
謝清問 7·500
11·545
33·73
33·203
謝　淮 28·718
謝　琰 47·403
47·617
謝琮玉 25·59
謝　琯 2·57
3·587
謝　琚 41·578
謝彭庚 40·538
謝　萬 31·331
謝朝用 8·492
36·456
37·904
37·945
謝雲舫 19·493
謝雲龍 19·404
謝撝謙 3·594
謝景星 8·504
32·33
33·617
謝　棠 4·317
28·22
謝　傅 38·581
謝　皓 40·384
60·620
60·772
謝敦臨 63·582
謝敦懿 41·460
62·724
63·582
謝　斌 9·255
23·595
24·82
謝　淳 2·835
謝裕楷 20·61
謝開運 19·198
謝　弼 7·579
32·712
謝　瑚 41·541
45·431
謝　瑞 31·83
謝鼓庚 54·148
謝睦懽 40·839
43·535
65·504
66·56
謝　煦 9·244
30·239
謝　照 53·725
謝傳顯 23·235
25·758
32·677
33·198
41·78
60·518
謝　廉 17·83
謝　愷 14·544
謝　滄 13·93
17·218
18·17
謝　璉 46·715
謝　邁 50·91
謝　榛 9·273
33·179
50·245
50·596

謝鳴謙 31・833
34・212
謝　倜 38・582
謝　詰 41・39
60・516
謝榮駿 25・119
謝肇判 31・10
31・522
謝　綱 16・512
18・481
謝　綬 7・351
28・671
40・311
43・543
43・770
44・471
謝　震 46・582
謝賜履 7・465
謝德富 24・485
謝　默 41・618
42・736
46・150
謝錫衮 5・418
5・526
謝錫犖 3・154
謝　澤 7・339
謝　縝 31・72
31・111
31・269
謝櫺齡 41・468
謝檜齡 41・482
60・520
謝　謙(章邱) 40・406
54・700
59・642
謝　謙(任縣) 37・904
37・945
謝應舉 42・518
謝鴻勳 33・499
謝豐年 36・472
37・905
謝馥昔 25・65
謝　璽 21・285
22・590
22・663
41・33
45・295
謝鵬程 33・622
謝　蘭 7・384
45・301
謝蘭省 13・229
謝　譽 60・516
謝寶樹 7・484
謝　騫 7・339
謝　鐸 54・707
58・711
謝　鑑 37・907
37・949
謝　麟 41・620
62・714
63・185
謝　讓 4・266
7・326
26・248

糜

糜有象 45・665

應

應　文 34・65
應　佐 21・289
25・140
應　良 40・323
42・485

應　劭　9・263
31・103
應時盛　40・560
42・496
應　順　31・294
應　傑　31・18
應　瑒　35・653
應　瓊　36・195

甕

甕幼金　21・377
25・50
甕　富　25・59
甕　惠　21・370
25・46

燭

燭　過　55・401

濮

濮東陽　44・485
濮　韶　2・580

闊

闊闊出　32・660
41・433
43・534

賽

賽典赤　5・274
5・352
5・460
賽音諤德齊沙木斯鼎　7・323
賽　璋　24・260
24・420
40・453
54・697
55・793

蹇

蹇周輔　21・273
25・42
蹇　達　40・426
47・399

彌

彌　大　40・287
彌　牟　32・685

繆

繆宗周　31・6
31・520
繆　參　39・721
39・797
繆思啟　17・244
18・18
繆　胤　32・615
繆逢恩　5・75
9・68
繆國俊　33・201
33・510
繆國棟　15・532
15・571
15・652
繆啟乾　4・405
4・769
繆開元　46・8
繆　發　36・497

十八畫

韓

韓一良　58・409

韓一蘇 43・654
韓二祥 38・272
韓十洲 2・256
3・591
韓人杰 58・773
韓九德 21・296
24・751
韓九疇 38・30
韓三異 8・802
21・392
25・181
韓　士 36・334
38・94
41・56
62・32
韓士奇 21・287
25・330
58・402
58・720
58・812
韓士哲 45・665
韓士琦 41・8
45・665
韓士萬 62・209
韓士賢 58・402
58・720
韓士舉 5・571
8・296
韓士龍 55・880
韓士聰 58・402
58・720
韓大忠 51・185
54・209
韓大佩 5・213
韓大椿 3・588
韓大鏞 43・316
韓之良 62・33
62・211
62・291
韓之倬 37・713
韓子庚 53・748
韓王錫 35・417
韓天佑 35・274
韓元亨 19・679
20・57
韓元盛 1・848
3・548
8・675
韓元龍 7・850
韓元鏊 8・612
24・71
韓不信 55・390
韓不疑 1・752
韓支寶 42・509
韓太湖 32・273
韓友范 45・714
韓曰諒 31・81
韓　中 8・73
21・458
25・908
韓中孚 54・758
59・80
韓　仁 40・351
61・65
韓公武 32・719
韓公遠 27・93
27・239
韓公麟 11・513
韓　文(芮城) 7・344
11・180
12・681
41・15
62・31
62・209

韓　文(洪洞)　8·360
21·354
21·825
25·538
25·678
41·22
58·401
58·419
58·717
58·810
韓　文(清定襄)　41·606
45·141
韓　文(清富平)　1·191
7·455
20·372
韓文秀　46·548
韓文汪　41·560
韓文明　15·684
韓文炳　19·393
韓文綺　4·306
7·448
韓文寶　40·398
43·315
韓六禮　37·773
韓斗南　41·688
53·344
韓斗瞻　38·196
韓斗耀　19·60
韓心淵　36·266
韓以仁　4·470
27·94
27·237
韓以勤　38·182
韓以謙　47·470
韓　允　21·687
25·249
韓允忠　10·682
33·348
韓允祺　37·700
韓允勳　62·694
63·120
韓　玉　5·299
韓世昌　56·10
韓世貞　37·581
韓世彬　12·68
韓世琦(雲南)　2·729
韓世琦(河南)　2·790
韓世澤　19·658
韓本晉　31·829
33·612
41·139
43·203
韓　旦　21·367
25·178
韓　甲　8·587
37·589
37·711
韓甲三　58·217
韓四維　2·663
韓仙君　55·616
韓令坤　11·162
19·538
36·264
韓令楷　11·484
韓　永　59·330
韓永齡　36·266
韓必先　21·294
22·403
韓　弘　7·791
32·718
韓邦直　60·169
韓邦奇　14·117
14·470
韓邦靖　40·324

43・546
韓匡嗣 5・471
10・779
17・308
韓　在 52・248
韓在位 35・437
韓有倬 8・619
韓存仁 58・754
韓　成 25・203
韓成德 58・409
58・742
韓　光 41・660
韓光先 21・298
23・5
24・510
韓光表 40・412
42・512
43・282
43・315
韓光曙 58・412
韓光曦 19・570
韓因培 41・507
63・583
韓廷用 49・25
韓廷芳 58・405
58・777
韓廷采 58・404
58・778
韓廷建 58・387
韓廷柱 12・414
韓廷偉 58・404
58・721
韓廷聘 58・407
韓廷楷 20・160
韓廷對 21・389
25・188
韓廷學 44・726
韓延壽 1・658
2・497
2・563
3・721
7・549
20・633
32・609
韓延徽 1・98
10・774
19・136
19・146
19・188
韓仲文 31・793
韓仲金 36・196
韓仲彬 40・834
45・664
韓仰斗 41・582
52・71
54・231
54・242
韓自亮 38・275
韓　全 15・59
韓企先 1・109
1・749
10・781
17・308
韓　充 32・719
韓汝弼 40・393
51・330
52・547
韓汝薦 46・12
韓守英 40・547
45・283
韓守陽 43・675
44・61
韓守讓 31・814
34・719

	34・741
韓安世	36・443
	37・441
	37・509
韓安國	40・573
韓如山	12・54
韓如雄	25・610
韓　玗	11・883
韓　志(金)	21・273
韓　志(明)	8・403
	16・530
	17・62
韓志忠	47・404
	47・620
韓志道	30・192
韓　均	4・249
	7・286
	31・349
韓克均	49・518
	49・638
韓　秀	16・163
	16・291
韓秀實	10・814
	22・242
韓佑唐	47・497
	47・622
韓伯高	7・573
	36・431
	37・819
韓伯顔	29・448
韓　位	22・469
韓希龍	7・402
	23・223
	24・28
	44・66
韓希顔	21・372
	24・767
韓亨甫	60・758
韓宏緒	58・771
韓君恩	51・727
	54・199
韓若愚	5・275
	5・352
	5・460
	8・179
	21・340
	25・898
韓茂行	39・773
韓　英(易州)	43・841
韓　英(絳州)	60・695
	60・758
韓英武	27・647
韓　范	41・69
	51・730
	54・180
	54・192
	54・230
韓林兒	11・131
韓枝大	31・73
韓東明	8・389
	21・416
	25・49
韓　果	40・357
	40・681
	44・577
	64・549
	66・36
韓果實	17・151
韓　昌(遼)	19・58
韓　昌(明)	41・644
	55・644
	56・271
韓昌穀	40・441
	42・518

	46・791
	46・834
	47・49
韓昌辭	11・839
韓　昇	40・396
	58・54
韓易知	47・163
	47・315
韓　昂	50・847
韓　昉	1・109
	1・746
	2・567
	3・723
	10・779
韓　固	47・404
韓固文	7・772
	31・862
	35・63
	35・134
韓忠彦	11・168
	23・218
	24・25
	32・651
韓忠環	63・733
韓制心	14・105
	14・465
韓知古	1・98
	1・742
	2・567
	3・723
	5・298
	5・388
	5・471
	8・46
	17・308
	18・40
	19・51
韓知敬	5・298
	5・388
	5・471
韓秉仁	27・219
韓秉鈞	50・614
	64・683
	66・104
韓金榜	34・513
韓金聲（明）	31・816
	33・611
韓金聲（清）	39・424
韓念祖	50・54
	50・309
韓采玉	11・466
韓肫仁	41・71
	51・739
	52・49
	54・167
韓京奎	27・289
韓宗文	46・822
	46・834
	47・80
韓宗武	11・217
	11・684
韓宗厚	40・377
	40・515
韓宗彦	11・262
	11・690
韓宗師	11・291
	11・691
韓宗舜	35・435
韓宗蕃	58・629
韓　定	8・501
	32・29
	38・896
	39・7
韓定辭	10・730

韓宜可 40・302
42・480
韓　建 16・650
17・174
韓建業 31・154
韓　退 41・617
韓居仁 25・189
韓居乾 58・410
韓居觀 58・410
韓承宣 62・693
63・119
韓承寵 58・410
58・777
韓　春 8・364
21・358
23・49
韓　契 4・323
7・481
韓　珂 8・584
37・624
韓　珍 35・431
韓　政 58・716
韓　垍 19・678
20・59
韓　相 11・273
11・880
12・62
韓　柳 8・705
19・646
韓　軌 31・388
40・269
40・667
64・520
66・285
韓　威 19・23
韓　昭 50・60
50・605
韓思彦 40・566
42・469
韓思敬 31・820
33・612
韓思復 40・368
60・617
60・770
韓思曾 37・440
韓思聖 35・267
韓　科 60・700
60・762
韓　重(唐) 40・284
韓　重(明) 7・355
41・28
60・696
60・759
韓重贇 36・264
韓保正 41・422
50・233
52・851
韓　信 12・662
42・528
47・534
韓　俊(金) 40・386
50・61
50・655
50・680
韓　俊(明) 50・64
韓俊五 13・756
16・30
韓胤緒 55・479
59・425
59・543
韓　亮 58・630
韓　竑 21・362
24・766
韓　恒 10・603

	16・179
	16・322
	30・499
	31・77
韓　佫	54・659
韓　炳	33・417
韓炳衡	50・691
韓　洪(隋)	43・526
	44・578
	61・252
韓　洪(清)	12・696
韓　宣(三國)	4・334
	10・590
	26・68
	26・284
	32・614
韓　宣(明)	57・123
	57・709
韓　穿	55・359
韓　祐(北齊)	40・664
	52・851
韓　祐(明)	49・80
韓　祖	37・831
韓　陞	30・228
韓陞泉	65・189
韓　約	3・354
	7・333
韓　珩	7・580
	14・355
	15・101
	31・317
	40・601
	43・611
韓　珣(明)	39・7
韓　珣(清)	39・820
韓　起	55・408
	57・33
	57・107
	60・686
韓　恭	11・878
	12・66
韓晉明	40・667
韓真英	37・701
韓　桐	40・480
	60・251
	60・334
韓　栴	27・109
	27・240
韓　彧	19・521
韓原性(內丘)	38・201
韓原性(盧龍)	16・653
	17・174
韓原洞	8・418
	16・652
韓原善	8・416
	16・525
	17・178
	59・33
	59・158
韓原濬	16・663
	17・186
韓　翃	26・761
韓時發	19・393
韓　冔	1・887
	8・617
韓峯起	4・467
	9・89
	27・84
韓修玉	5・388
	5・471
韓修德	35・457
韓　倫	5・667
	7・350
韓逢庥	7・469

16・459
18・329
18・475
韓逢暘 8・775
21・389
24・771
60・469
韓 訓 43・214
韓 唐 41・176
42・604
46・823
47・60
韓益清 23・599
韓 浩 15・218
40・393
41・434
43・536
韓 宰(晉) 16・162
16・290
韓 宰(明) 12・535
37・432
韓 祥 18・55
19・45
19・93
韓 通(後周) 7・296
11・162
12・728
21・266
25・328
40・748
42・573
43・198
韓 通(明) 24・452
韓 能 47・457
韓 恕 30・503
韓 珵 27・294
韓 琇 34・732
韓 梅(明) 8・413
16・517
17・178
韓 梅(清) 25・875
韓接祖 58・410
韓 常 2・96
8・49
韓 勗 21・366
25・177
韓 晙 8・803
21・463
25・189
韓國元(隆平) 9・237
37・435
韓國元(藁城) 9・121
韓國華 40・377
50・75
50・602
韓國球 8・802
21・392
25・180
韓國植 16・447
17・203
韓國傑 25・597
韓國賓 51・92
53・737
韓國龍 16・454
韓國璽 35・465
韓國瓚 1・191
6・4
11・196
11・541
11・556
19・541
41・487
43・658
韓崇訓 11・162

21・268
25・136
31・478
32・643
36・264
韓崇業 36・264
韓崇福 8・327
韓崇樸 51・740
韓　笵 25・181
韓　進 47・308
59・170
韓皎如 20・157
韓　偓 40・510
韓　偉（瑞安） 40・303
韓　偉（崞縣） 49・306
韓得升 58・755
韓從王 41・472
59・524
韓從周 42・736
韓象起 41・114
58・414
58・727
韓象翃 58・413
韓象鼎 33・613
33・833
韓　堃 12・176
韓　望 16・452
18・214
韓惟城 1・843
韓惟叙 59・377
59・485
59・583
韓寅范 63・594
韓寅恭 28・66
韓啟泰 63・582
韓朝江 51・318
52・289
韓　張 41・464
51・744
54・205
韓張楩 29・350
韓紹芳 1・743
19・122
19・135
韓紹宗 19・395
韓紹勳 1・743
19・137
19・189
韓　琦 7・306
11・166
23・213
24・24
32・649
33・188
40・370
42・475
韓　琩 52・57
韓　琮 63・217
韓　琬 7・291
韓　超 8・820
16・575
17・67
韓超然 40・426
58・288
韓達學 41・659
韓　萬 57・106
60・682
韓萬吉 22・752
韓萬選 51・745
54・205
韓葆純 65・259
韓葆謙 36・200
韓敬承 12・687
韓朝貢 40・433

	45・683
	48・2
韓朝鳳	8・610
	23・591
	24・79
韓桂林	27・904
韓　軫	21・688
	25・249
韓　厥	55・407
	56・679
	57・33
	57・106
	59・407
	59・518
	60・685
	60・753
韓　雄	61・252
韓雄岱	8・803
	21・393
	25・180
	25・240
韓雄嗣	25・232
韓雄邁	21・395
	25・181
韓　雲	60・701
	60・763
韓撝謙	61・748
韓　暎	22・751
韓貽豐	49・319
	49・722
韓鼎愛	58・413
	58・783
韓鼎蓀	19・567
韓鼎籓	25・190
韓景祥	9・255
韓景閔	58・407
韓景曁	58・406
韓景增	23・599
韓景憲	46・790
	47・48
韓　凱	20・757
韓無忌	60・686
	60・753
韓　策(南宫)	8・584
	37・636
	37・711
	37・785
韓　策(永清)	20・821
韓　傑(滿城)	8・352
	21・345
	25・898
韓　傑(盂縣)	47・487
	47・642
韓　傑(絳州)	60・715
	60・791
韓順魁	12・554
韓復生	58・12
韓復榘母李氏	19・658
韓鈖堂	37・732
韓敦武	47・271
	54・680
	59・87
韓　哀	40・271
	58・11
韓　善	8・181
	21・341
	25・177
韓道生	63・810
韓道兒	49・361
韓湯衡	8・806
	21・405
	58・84
韓游瓌	65・128
韓開基	63・782

韓開第 56・702
韓　登 49・173
49・245
韓　絳 4・256
7・305
11・215
11・690
32・646
33・189
韓　瑒 52・50
54・202
韓　瑋 48・2
韓瑞錦 3・586
8・680
韓　填 63・130
韓夢殷 2・727
2・786
14・104
韓　楫 41・48
62・721
63・57
韓　當 10・588
16・475
16・771
韓嗣宗 52・83
52・322
52・438
韓　嵩 36・269
韓　筠 25・185
韓　鉞 11・513
韓會清 26・580
韓　愈 31・436
47・535
韓　詩 58・747
韓　誠 39・6
韓　廉 7・360
37・920
韓新濟 63・589
韓　雍 2・576
7・343
8・302
44・483
韓　煖 28・736
韓　煇 40・484
59・650
韓　煒(明) 47・161
韓　煒(清) 46・134
46・469
韓　福(漢) 7・549
韓　福(明) 32・664
33・192
43・544
韓福照 8・753
22・456
韓嘉會 65・236
66・159
韓　壽 16・180
16・325
韓壽昌 9・122
韓蓋光 25・181
韓　裴 32・682
韓僧壽 43・526
61・252
韓　僎 22・743
韓鳳樓 65・259
韓　説 27・745
韓　廣 24・331
韓廣成 65・218
韓　彰 41・436
43・70
韓齊黃 45・140
韓　寧 43・74
韓　維 11・216
11・683

韓維址 15・44
15・225
韓維基 21・308
韓維學 52・82
52・322
韓　綜 11・261
11・689
32・646
33・189
韓　慧 58・414
58・745
韓　璋(三河) 19・405
韓　璋(通州) 18・217
韓　奭 54・681
59・79
韓　歐 50・238
50・866
韓　賢 31・158
40・660
52・367
64・507
66・25
66・283
韓　暹 31・29
韓　億 11・213
11・683
32・646
韓質傅 39・603
韓德威 2・687
2・727
2・786
14・105
韓德恭 8・241
36・443
37・814
韓德輔 53・731
韓德樞 1・743
8・36
16・403
17・196
19・188
韓德讓 1・108
5・299
5・388
5・471
17・151
17・308
韓　磐 50・226
韓調鼎 21・301
韓　潮 56・741
韓　澂 40・541
41・203
61・250
韓　實 11・168
13・523
韓履濟 55・817
韓　璒 8・367
21・364
25・168
韓樹芹 39・427
39・522
韓樹猷 22・591
韓　勵 8・484
36・446
36・528
韓　霖 41・586
60・701
60・780
韓擒虎 61・252
韓　興 32・692
韓學山 54・234
韓學孔 45・129
韓　儒 39・629
韓　錫 1・751

	5・388
	5・471
	8・53
韓錦堂	34・694
韓凝禮	41・633
	50・246
	50・542
韓澤普	18・556
韓　濂	37・926
韓憲祖	8・804
	21・402
韓　縝	11・214
	11・690
韓　璵	7・444
	41・463
	51・743
	54・204
韓　薰	40・434
韓懋功	45・23
韓懋昭	53・749
韓懋德	41・516
	53・747
韓　嬰	1・105
	1・657
	2・563
	2・600
	3・721
	7・548
	11・156
	22・204
	22・347
	28・709
韓　魏	41・589
韓　鍊	58・747
韓鍾瀛	35・268
韓　謙	40・392
	47・160
	49・303
韓應山	21・806
韓應元	40・426
	43・553
	43・898
	44・484
	44・656
韓應中	32・419
韓應庚	8・415
	16・521
	17・178
	59・33
韓應春	7・383
	16・439
	18・327
	18・474
	63・691
韓應垣	61・628
韓應奎	16・520
	17・178
韓應紱	6・65
韓應舉	18・381
	18・551
韓　翼	8・484
	36・446
	37・903
	37・944
韓　璹	7・311
	30・189
	32・649
韓　贊	4・261
	7・310
韓　燾	8・486
	36・448
	39・629
	39・666
韓覲光	45・98

韓醫婦 48・243
韓　簡(周) 56・675
60・683
韓　簡(唐) 10・682
33・349
韓爆玗 11・276
12・56
28・187
韓　爌 41・66
62・687
63・53
韓　燿 2・64
8・671
20・858
韓　璧 7・367
36・348
38・169
韓　蘅 11・855
韓積當 27・745
韓　鏡 11・886
12・62
韓麒麟 16・163
16・291
31・351
韓耀光 6・6
16・752
18・477
18・333
58・738
韓　巍 52・44
54・170
韓鍾霖 53・315
韓寶昌 15・645
韓繼志 8・582
37・708
韓繼祖 36・267
韓繼臯 39・718
39・773
韓　鐸 1・750
8・50
韓夔典 40・472
韓續祖(明) 58・725
韓續祖(清) 11・483
韓　懿 3・844
韓體乾 34・701
韓　瓚 41・40
60・698
60・761
韓顯宗 16・292
韓麟趾 41・462
51・745
54・205
韓　灝 27・109
27・239

檀

檀光閭 37・905
檀　茂 13・491
檀宗渭 28・831
檀春德 12・552
檀保齡 12・553
檀　莊 27・519
37・905
37・947
檀振遠 9・35
檀遐祐 37・905
37・947
檀　翥 52・65
檀鑑遠 28・831

氈

氈　徽 31・21

魏

魏一鼇 8·795
21·451
21·828
24·423
40·447
44·730
47·400
魏二成 35·632
魏人龍 6·233
魏九張 36·807
37·12
魏三各 17·73
魏三槐 66·551
魏士敏 36·806
37·12
魏士隆 60·192
魏士説 36·807
37·12
魏大中 9·271
20·616
21·509
22·469
魏大成 36·784
37·26
魏大賓 11·513
魏大賢 33·379
魏大觀 52·430
53·527
魏子平 8·109
13·728
14·364
15·521
15·555
15·643
魏子建 7·655
11·202
11·873
12·53
魏天貴 11·288
11·596
魏元忠 40·273
42·469
魏元烺 8·820
16·569
17·4
17·66
40·484
58·708
59·447
魏元煜 16·568
17·66
魏元樞 9·214
18·78
19·24
19·55
魏元禮 10·816
27·636
27·677
28·799
魏木蘭 25·884
魏太后 11·135
魏太初 8·73
21·458
25·908
魏少游 10·677
36·436
37·814
魏公韓 40·437
54·728
魏文昌 41·641
50·247
50·962

魏文侯 62·205
魏文瑞 3·363
魏文會 32·115
38·565
魏允元 15·663
魏允中 32·695
魏允貞 8·536
32·734
40·329
42·491
魏允清 21·301
魏正鴻 17·70
魏世泰 36·795
37·33
魏世標 41·498
49·580
魏　丕 32·631
33·186
33·508
魏生中 41·626
50·612
53·495
魏令望 53·116
53·485
魏玄同 7·748
11·206
12·65
23·386
魏永亮 12·459
魏式曾 17·510
魏成甫 53·496
魏光緒 41·74
53·103
53·475
魏先生 45·311
魏廷玉 12·459
魏廷式 8·3
32·282
36·440
38·892
39·227
39·266
39·379
魏廷臣 2·738
2·813
魏廷珍 9·44
29·511
29·575
魏廷相(嘉善) 7·402
30·69
魏廷相(華容) 21·285
25·329
魏廷基 19·62
魏廷掄 16·563
17·65
魏廷寅 12·459
魏廷魁 12·459
魏廷義 14·130
魏廷翰 25·902
魏廷覲 9·236
魏向中 47·808
魏行方 16·564
17·460
魏全唐 43·98
魏全祿 34·513
魏汝霖 37·13
魏守經 53·216
魏　收 10·631
11·248
11·874
12·51
12·93
魏志清 25·610
魏克己 12·68

魏克明 13・342
魏克家 8・398
魏克頑 11・271
13・341
魏　男 36・794
37・32
魏　壯 9・104
11・280
11・594
魏壯徵 36・796
37・34
魏　攸 7・580
16・472
17・188
18・34
魏希相 32・668
魏亨逵 16・659
17・82
魏良佐 4・285
28・187
魏　初 8・267
13・729
14・370
15・522
15・559
15・644
43・636
魏　玠 50・344
50・573
魏松年 41・539
53・479
魏述祖 9・104
11・258
11・603
魏長林 18・559
魏長賢 11・204
12・68
魏叔璘 12・65
魏肯堂 15・232
魏　尚 40・348
43・519
44・474
魏尚綸 34・552
魏　昇 20・447
魏明命 41・626
53・121
魏明朗 31・157
魏知古 7・813
12・739
30・222
40・362
54・657
魏季景 7・649
11・247
11・873
12・51
魏秉直 3・579
魏秉彝 27・875
魏　怡 32・694
魏宗元 32・753
魏定國 7・514
31・8
31・543
魏春霖 13・149
魏荔彤 9・236
12・534
36・794
37・32
魏　相 55・365
魏柏祥 36・789
37・29
魏咸信 31・473
32・631
魏　星 15・814

魏思誠 17·508
魏　彦 11·247
11·873
12·51
魏彦昭 8·365
21·361
22·596
魏　恬 12·51
23·586
魏飛卿 36·440
37·814
魏　泰 41·658
47·537
魏　素 15·230
魏　佩 41·602
53·483
魏都梁 53·116
魏耿玄 36·497
魏　恭 41·13
42·598
49·80
魏致中 36·797
37·34
魏致隆 53·720
魏　倫 41·603
53·480
53·761
魏師正 13·250
魏師貞 8·545
32·708
33·390
34·598
魏師段 7·466
16·455
17·205
魏　釗 7·648
11·201
11·873
12·58
魏　豹 22·150
魏　卿(明) 13·716
15·206
魏　卿(清) 38·913
魏　高 21·384
魏唐卿 23·384
魏　浩 21·405
魏　浚 32·703
魏容大 41·538
魏　祥(沁源) 53·116
53·286
53·303
魏　祥(宣府) 1·148
3·30
魏　通 32·650
魏　能 21·269
25·135
魏純粹 12·533
36·786
37·27
魏　琇 11·604
魏　域 48·2
魏處恭 39·215
39·261
39·262
39·317
魏國夫人劉氏 26·834
魏國正 49·566
49·632
魏國全 46·636
魏國卿 41·596
49·567
魏國欽 41·656
49·713
魏得春 25·594

魏得禮 37·39
魏　脱 31·330
魏象乾 43·241
63·361
63·804
魏象樞 4·292
9·198
13·716
14·402
14·438
15·97
15·119
15·164
15·196
魏象懸 15·111
15·207
魏惟五 41·151
魏惟明 50·79
魏　清 14·129
魏清心 38·914
魏清泉 41·701
43·677
魏清雅 33·405
魏　淳 35·78
魏紹芳 20·456
魏　琦(金) 8·114
魏　琦(明) 16·651
16·783
魏　琮 16·776
魏　琚 40·510
50·72
魏　萬 61·253
魏敬益 8·182
22·594
魏敬勝 9·236
36·795
37·33
魏朝宗 41·437
42·607
46·15
魏雲中 41·74
45·755
53·102
53·475
魏　鼎 11·258
11·603
11·611
魏無忌 9·261
魏　舒 4·248
31·325
60·688
魏道明 8·117
24·353
24·447
魏道虔 38·637
魏　溉 36·796
37·34
魏　富 1·145
7·355
魏運世 4·321
7·480
28·188
魏　尋 37·814
魏開禧 34·557
魏　絳 55·408
57·34
57·99
60·687
62·205
魏蒼佩 36·796
37·34
魏　歲 53·116
魏業講 12·549
魏照乘 32·738

魏嗣多 36·793
37·32
魏 ■ 9·174
魏傳弓 7·771
36·437
37·814
魏裔仍 36·793
37·32
魏裔介 9·235
12·533
36·790
37·30
魏裔訥 9·236
12·534
36·791
37·30
魏裔慇 9·236
36·792
37·31
47·162
魏裔魯 9·236
36·790
37·30
魏 愷 10·636
11·259
11·874
12·52
魏 煜 9·204
15·216
魏義武 26·588
魏溥妻房氏 9·281
魏 源 40·570
43·538
魏福陞 15·255
魏經國 7·522
魏 璉 38·253
魏 瑭 8·568
18·53
19·58
魏嘉孚 36·794
37·32
魏嘉積 66·481
魏 壽 36·781
37·24
魏壽餘 55·350
魏輔明 43·919
魏需牧 36·796
37·34
魏鳴世 8·542
47·785
魏鳴謙 27·406
魏毓秀 12·549
37·35
魏廣文 37·38
魏廣心 37·38
魏廣微 32·777
魏廣衡 32·696
魏韶鏞 9·236
36·792
37·31
魏 寧 10·639
36·498
魏肇高 37·35
魏肇銓 45·923
魏 綸(元氏) 8·464
11·268
13·341
魏 綸(利津) 21·288
24·749
魏 增 52·247
魏燕超 9·99
36·795
37·33
魏燕貽 36·794

	37・33
魏　震	41・454
	46・133
	46・434
魏　駟	53・483
魏墨林	18・548
魏　質	7・655
	11・282
	13・352
魏德元	14・435
魏德深	33・64
	33・185
	34・324
	34・478
	36・435
	37・813
魏　徵	7・740
	11・204
	11・874
	12・58
	12・69
	37・813
	37・854
	61・597
魏　諒	36・341
	39・217
	39・256
	39・320
魏慶雲	32・697
魏養蒙	60・251
魏　勰	36・794
	37・32
魏　璠	8・114
	14・366
	15・521
	15・557
	15・643
	40・805
	43・635
	44・205
魏學洢	21・509
魏學誠	9・200
	13・717
	15・101
	15・211
魏學禎	11・469
魏學徵	40・430
	40・434
	47・161
	49・313
	62・477
魏學謙	15・212
魏儒珍	25・768
魏　錡	55・360
	56・679
魏錫祚	40・438
	49・315
魏錫桓	39・188
魏錫祥	49・786
魏錫肇	15・230
魏　錞	19・64
魏　澤	34・599
魏　淡	10・634
	11・249
	11・874
	12・68
	37・825
魏　濂	45・343
	45・390
	60・626
魏聯芳	20・158
魏　謩	11・210
	11・877
	12・60

	37・814
	40・366
	49・295
	49・481
魏樾祥	9・235
	12・533
	36・789
	37・29
魏　擴	44・716
魏　顆	55・362
	57・34
	60・685
	62・205
魏謙六	20・390
魏謙吉	8・595
	12・360
	12・532
	36・781
	37・24
魏謙光	8・595
	36・781
	37・24
魏　應	40・349
	50・71
魏濟民	54・708
	58・363
	58・712
魏賽因不花	40・578
魏　濱	19・53
魏禮焯	9・215
	18・79
魏雙鳳	9・103
	11・233
	11・592
魏　鎮	35・257
魏　鎬	32・709
魏藻德	2・137
魏　攀	36・431
	37・827
魏　勷	9・236
	36・793
	36・806
	37・12
	37・32
魏　瀚	3・848
魏　繹	15・230
魏蘭根	10・636
	11・260
	12・51
	31・146
魏權中	41・446
	53・104
	53・482
魏　驃	53・483
魏懸書	40・535
	53・212
	57・276
	57・445
魏　犨	55・349
	56・673
	60・683
	62・205
魏　賓	44・581
魏繼隆	51・345
魏繼槱	3・549
	8・676
	27・406
魏　鰲	19・490
	29・47
	41・446
	53・102
	53・474
魏　瓘	32・645
魏　霸	7・278

	37・794
魏懿仲	36・806
	37・12
魏體仁	9・174
魏　鑑	11・268
	13・340
魏　瓚	54・709
	58・364
	58・711
	60・468
魏　麟	41・213
	43・656
魏　觀	9・104
	11・280
	11・594
魏　驥	1・58
魏鸑翺	53・216

篋

篋古真薛兀圖	66・571

繁

繁　人	57・163
	57・429
繁師元	61・596

儲

儲大文	42・742
儲大伯	41・375
儲方慶	40・451
	42・520
儲至俊	40・435
	58・55
儲　福	19・257

錸

錸真子	36・808

鍾

鍾一誠	40・479
	45・73
	45・84
鍾大量	63・224
鍾友諒(魏縣)	8・523
	33・378
鍾友諒(錢塘)	40・400
	44・724
鍾文英	12・639
鍾占鼇	63・236
鍾四達	21・301
	22・404
鍾立拏	17・527
鍾有德	22・405
鍾光豫	2・16
鍾羽正	14・297
	14・536
	32・672
鍾希顔	8・517
	32・61
	38・564
鍾汪杰	40・493
	47・786
鍾和梅	16・462
	17・499
鍾　厚	52・429
鍾　矩	20・371
鍾　恒	40・470
鍾剛中	37・139
	37・301
鍾　恕	40・423
	62・311
鍾象山	6・142
鍾萬齡	40・449
	61・68

鍾　晥　2・15
鍾夢豹　40・541
58・111
58・215
鍾　煦　35・714
鍾　儀　57・160
57・427
鍾德輔　3・229
鍾　翰　7・470
鍾　錂　8・760
21・450
23・128
鍾　錫　51・47
52・412
鍾　謣　27・22
鍾聲駿　40・472
60・193
鍾　鍔　52・429
鍾　爵　53・523
鍾　繇　40・574
50・242
50・960
54・644
鍾　鑑　29・47
41・52
51・564
52・413
鍾　靈　33・614

膾

膾　巴　14・452

鮭

鮭陽鴻　24・86

鮮

鮮于文崇　1・674
鮮于世榮　1・96
1・690
3・80
3・142
5・294
5・382
5・468
10・609
鮮于仲權　8・83
16・625
18・236
鮮于向　5・519
鮮于亮　16・179
16・323
22・150
鮮于紹　40・368
60・617
鮮于衰　14・355
14・716
鮮于輔　3・132
5・274
5・351
5・459
鮮于樞　1・111
1・787
3・153
5・299
5・388
5・472
5・519
8・152
鮮于寶業　44・577
鮮卑仲吉　8・290
17・152
18・326
18・407
18・473

23・589
24・79
鮮　冕　27・628
40・415
60・468

豐

豐紳阿　66・659

聶

聶天章　41・573
42・625
49・79
聶天驥　40・809
45・357
45・407
聶友良　2・699
2・737
2・813
8・549
14・139
14・377
15・28
15・218
聶文炳　40・491
40・497
45・75
49・789
聶文進　40・747
聶本完　11・277
13・491
聶邦鈞　16・660
聶夷中　41・563
62・704
63・128
聶因培　7・469
聶次井　47・813
聶守節　3・27
聶　昌　60・621
聶明璉　34・223
聶佩瑾　2・820
聶宗元　3・541
8・323
聶昭潛　58・136
58・217
聶思恭　11・175
13・310
47・477
聶　珪　40・833
47・476
聶時懋　2・820
聶　呼　17・151
聶　豹　40・417
54・686
聶　純　47・491
47・722
47・759
47・802
聶啟元　3・583
聶　壹　44・541
44・593
44・625
聶雲■　32・55
33・70
33・197
34・219
34・568
聶雲翰　8・515
32・55
34・219
34・296
聶夢麟　33・414
聶廕緒　21・301
22・591

聶　源　9・194
13・777
15・64
40・449
60・627
60・776
聶　儆　61・512
聶　輝　47・477
聶　魯　47・476
聶　聰　49・786
聶鏡江　17・81
聶　瀛　38・254
聶　鑑　34・290

龐

龐士榮　19・581
龐上泰　5・28
龐太棫　52・333
龐太樸　20・759
龐　仁　47・199
龐世淳　47・75
龐世騮　9・47
29・608
龐石亭　26・565
龐立忠　41・520
47・652
龐　老　21・696
25・874
龐　共　32・318
龐光耀　11・595
29・974
龐克慎　9・27
龐希愷　21・688
龐長年　26・295
龐尚廉　41・79
61・555
龐　朋　9・40
龐　沱　4・284
28・186
龐宗周　4・318
26・250
龐　柄　8・776
24・792
29・115
龐映青　47・79
龐炳勛　39・194
39・199
龐炳輝　38・255
龐　晃　64・573
龐師古　10・720
32・691
龐卿惲　41・405
42・556
龐　浩　19・516
51・48
52・411
龐通泰　60・300
60・371
龐　萌　31・299
龐崇穆　18・93
龐進賢　33・760
34・83
龐　清　41・4
53・101
53・474
龐清平　29・617
龐清瀾　21・817
21・870
龐　淳　5・573
龐紹先　39・634
龐　葱　55・404
龐遇榮　18・555
龐復敦　47・70
龐　塏　9・28

28・728
龐蒼鷹 31・153
31・369
41・384
42・548
43・194
龐　煖 7・541
31・845
龐福誠 40・751
47・57
龐際霄 26・290
龐　經 58・13
龐　輔 41・14
49・356
龐鳳鳴 2・834
龐維鏊 26・269
龐慶雲 39・186
龐履温 11・159
13・453
龐　襄 4・438
龐燦然 26・268
龐　燭 26・269
龐　濟 5・280
5・358
龐　濯 24・89
龐　璽 9・28
龐　借 7・309
23・211
24・23
龐　鑄 1・757
8・60
龐觀泉 36・9

藥

藥三德 58・120
藥子昂 40・566
藥元福 41・412
42・576
藥永安 58・225
藥　芝 58・753
藥志遠 58・225
藥　苗 58・120
58・218
藥　和 47・405
47・745
47・783
藥和仁 58・224
藥　科 58・120
58・219
藥彥稠 64・612
藥種桂 58・224
藥　僧 40・396
61・623
61・712
藥懋烈 15・818
藥濟衆 46・696

擺

擺　賽 44・534

叢

叢占鼇 8・811
叢立選 26・562

瞿

瞿　佑 9・273
14・157
14・412
14・714
15・539
40・454
瞿亮邦 62・583
63・357
瞿　晟 31・800

瞿儕鵪 36・636

瞻

瞻　思 11・254
11・482
65・578

曠

曠楚賢 7・447

顓

顓　和 25・246
顓　項 21・691
21・692
25・246

簡

簡　上 7・492
36・345
37・797
簡仁瑞 4・285
28・187
簡存仁 38・578
簡　雍 1・106
1・668
7・594
22・147
22・328
簡調陛 38・564

邊

邊人鳳 28・835
邊乂禧 9・36
28・831
邊九鏊 9・36
28・831
邊士圻 9・35
邊士培 9・35
28・826
邊士塽 28・832
邊大乂 28・742
40・441
43・275
43・307
邊大順 28・740
邊大綬 10・831
28・740
40・441
42・518
邊之鉉 28・742
邊之靖 61・511
邊元厚 28・824
邊元勳 41・573
65・255
65・571
邊中寶 9・35
18・25
22・139
22・326
28・828
邊文龍 19・579
邊方泰 28・824
邊方晉 28・829
邊　永 8・422
28・711
邊永銘 25・903
邊成章 24・710
邊光範 41・413
42・575
43・68
邊廷升 34・214
邊廷掄 9・35
28・822
邊汝元 9・34

邊汝言　9·31
　28·745
邊守禮　20·148
邊　安　15·518
邊志醇　9·37
邊　杏　28·738
邊佑三　6·91
邊佛慧　28·836
邊　沆　28·736
邊雨闌　6·91
邊來泰　21·818
邊　侁　28·736
邊　怡　9·29
邊　珏　37·784
邊思退　3·27
邊思訥　9·36
　28·825
邊度春　14·664
邊洞元　2·240
　22·245
邊　洵　28·737
邊連寶　9·34
　28·821
　29·115
邊　涔　28·736
邊國柱　28·739
邊國幹　5·745
　6·79
邊　侖　21·381
　23·54
邊　敏　1·133
　21·277
　25·140
　25·210
邊象曾　9·37
邊貫道　44·536
　44·658
　65·418
邊萬里　16·652
邊　傒　28·737
邊　傑　8·460
邊鉅賢　57·430
邊　溉　28·738
邊瑞昌　44·659
邊聖照　9·37
邊　靖　8·358
　25·516
邊慎奇　28·782
邊　溪　9·31
　28·744
邊　肅　7·303
　32·636
　36·317
邊壽封　9·37
邊　睿　9·29
邊　像　28·737
　62·578
　63·20
邊銘珣　9·29
邊鳳光　17·327
　18·70
邊鳳翩　28·827
邊　寧(唐縣)　63·693
邊　寧(任邱)　28·735
邊維明　10·831
　28·740
邊維隆　10·831
　28·740
邊維新　4·382
　5·724
　6·70
　8·455
邊　億　8·430
　28·734

邊　樽　28・738
邊　舉　8・441
28・725
邊學海　9・36
邊龍驥　47・272
59・89
邊　憲　8・422
28・713
28・715
邊聲遠　11・483
邊向禧　9・36
28・831
邊歸讜　1・97
1・730
5・384
5・469
10・736
邊　鏞　8・422
28・712
邊　寵　28・734
邊寶泉　19・560
19・651
19・669
邊寶善　24・712
邊繼祖　9・29
28・830
邊　鸞　50・595

曒

曒生光　2・133

歸

歸有光　7・385
歸長淑　21・309
歸　暘　13・778
14・411
14・576
15・570
15・652
24・374
40・301
42・479
43・536
43・682
62・370
65・168
歸燮鈞　35・456
歸繼先　21・805

雙

雙　虎　7・322

鎮

鎮　海　14・451

雞

雞冠山道人　21・697
24・245

顔

顔之推　12・417
顔天翼　10・805
36・498
36・743
顔　元　8・758
21・449
23・116
顔太初　40・515
顔文楷　23・761
顔　正　8・527
33・115
33・380
顔永錫　40・446
43・558

顔　芝　7・534
29・82
顔仲德　7・328
38・92
顔　良　7・585
31・86
37・702
38・253
顔茂林　20・674
顔杲卿　7・292
11・159
11・563
25・41
顔思忠　30・590
30・700
顔哈班　36・744
顔泉明　42・740
顔胤紹　4・279
7・410
11・189
31・816
33・611
顔洪範　51・401
顔真卿　40・566
44・482
63・13
65・165
顔悦道　8・540
32・736
33・122
33・387
34・576
顔培天　7・505
14・539
顔　彪　11・463
顔崇善　33・405
顔　偉　52・409
顔　敏　1・866
顔惡頭　26・552
顔欽祖　16・674
17・88
顔　瑜　40・521
42・508
43・60
顔　煜　60・624
顔　肅　4・289
顔肇亮　55・793
顔瑩組　40・535
顔　檝　16・466
18・331
18・476
顔　檢　4・300
7・432
32・321
顔懋名　33・404
顔懋緯　33・404
顔禮立　8・764
23・131
顔　鯨　1・150
顔　斆　8・658

額

額森胡土克圖　40・837
額勒哲依　66・85
額爾德尼善　65・258
額璘臣　64・680

璧

璧　昌　3・154
3・161
璧　峰　41・695
43・676

繒

繒　賀　42・529

十九畫

顛

顛　僧　17・541

蘧

蘧　瑗　7・265
32・687

蘄

蘄用古　40・395

藺

藺一元　31・821
藺士元　8・828
16・648
17・538
藺世俊　44・371
藺民孚　7・412
14・300
15・76
15・517
15・549
15・588
藺　芳　41・5
62・375
藺相如　7・537
12・348
12・435
23・405
25・762
31・842
33・608
36・13
51・529
55・409
56・495
59・154
藺剛中　40・339
42・493
藺　益　49・168
藺從善　8・499
32・26
36・20
40・524
42・509
43・147
藺紹曾　55・813
藺普整　45・686
藺福星　28・355
藺　簡　36・192
藺　讓　45・694

麴

麴　允　55・655
麴　珍　31・150
麴　祥　8・403
17・175
麴　稜　31・4
31・410

轍

轍　臣　40・471
43・149

叢

叢泮林　26・901

羅

羅一成 25·889
羅人文 41·625
41·645
52·86
54·256
55·662
56·741
羅三重 40·447
53·411
羅于田 62·16
羅士吉 7·459
羅士信 7·289
31·786
40·367
60·617
羅士廉 43·825
羅天益 10·805
11·314
12·134
羅天緯 43·821
羅文煥 36·496
36·575
36·753
羅以旌 45·181
羅　玉 7·367
16·436
16·750
羅玉峰 41·664
羅世芳 44·60
羅　田 40·424
61·67
羅四聰 45·738
羅永春 3·545
羅永祺 50·586
羅永新 58·289
羅弘信 10·683
32·691
33·87
33·349
羅在公 1·190
3·793
羅成功 16·446
17·203
羅光陞 43·825
羅光珺 48·79
羅光乾 41·123
43·656
43·820
羅光瑗 41·531
48·82
羅廷唯 31·19
羅廷舉 38·912
羅仰鑣 7·487
羅名士 7·394
29·306
羅佛崙 11·740
羅亨信 7·337
13·776
14·113
14·285
14·467
14·527
40·304
43·538
43·768
44·471
羅　英 43·816
羅長裕 15·817
羅　昂 43·401
羅　制 38·283
羅秉禮 41·647
羅周典 45·432

羅周敬 33・353
羅　京 16・455
17・205
羅法源 25・730
羅則逖 16・379
羅映南 48・90
羅　星 44・538
羅星斗 13・777
14・414
15・64
43・825
羅星光 29・260
羅　俊 43・537
43・825
羅彥瓌 41・417
42・581
羅洪先 43・162
羅　恭 43・825
羅振魁 35・644
羅時中 39・629
羅時信 45・196
羅　衮 43・825
羅　通(吉水) 7・338
羅　通(延慶) 2・738
羅通微 41・669
羅　彬 11・187
13・527
羅崇之 41・666
羅得彥 9・196
13・712
15・811
羅從可 41・655
50・586
羅　猗 24・334
24・411
羅　許 19・3
29・486
29・971
羅　堃 19・74
羅　章 12・419
羅紹威 10・721
32・720
33・87
33・349
羅紹倫 45・74
羅　博 54・718
59・297
羅萬宿 11・544
羅　森 2・138
40・446
43・561
43・842
羅景泐 7・509
18・30
19・5
羅　喬 21・693
羅道琮 40・700
60・292
60・379
62・708
63・32
63・232
羅補衮 43・421
羅　結 14・357
15・86
43・622
44・527
64・468
65・490
羅　統 15・817
羅　瑞 35・643
羅　萛 48・90
羅　暉 49・309
49・672

羅　誠　63·733
羅　義　41·445
43·638
43·824
羅滄來　3·589
10·825
羅經學　22·591
羅嘉福　40·499
羅毓芬　13·714
16·27
羅毓芳　13·742
16·32
羅毓祥　13·775
羅鳳翔　62·701
63·133
羅　端　40·410
54·716
59·296
羅　榮　27·516
羅　綺(磁州)　8·501
32·28
36·21
36·134
羅　綺(羅山)　7·354
羅　綱　40·405
46·580
羅　綸　9·196
13·712
14·406
15·810
羅維藩　35·646
羅　賢　41·437
42·602
羅慶恩　45·396
羅　潮　40·418
54·727
59·366
59·445
羅　璣　49·160
羅　霈　31·819
羅　錦(隆慶)　50·81
羅　錦(滿城)　8·367
21·363
25·899
40·422
47·405
47·715
47·745
47·783
羅錦雯　12·639
羅　諭　2·737
2·813
14·118
14·375
羅　嶷　9·126
39·641
羅應元　37·501
羅應文　11·182
12·124
羅應龍　33·205
羅　濬　40·486
53·725
羅　鏊　3·578
羅　藝　1·132
羅　爌　26·250
41·453
42·610
羅　璧(沔陽)　50·85
羅　璧(永豐)　11·182
12·124
羅　繪　18·18
19·2
羅騰霄　58·748
羅繼先　13·712

	15・815
羅繼勳	31・837
羅觀駿	39・337

犢

犢　子	35・651

簿

簿而堅	41・480

譚

譚之林	1・870
	8・337
	20・445
譚文伯	28・673
譚文彰	16・632
	17・142
譚正瓏	4・316
	5・32
譚世講	33・718
	34・46
譚田明	61・455
譚再生	12・519
譚成信	22・164
	22・344
譚光斗	16・661
	17・534
譚光第	16・571
	18・358
譚廷榮	40・501
	59・652
	61・514
譚延美	8・12
	40・382
	45・282
譚仲璐	3・362
譚　奇	60・304
	60・372
譚尚箴	31・823
	35・54
譚昌言(明)	7・399
	11・188
	13・471
譚昌言(清)	60・312
	60・375
譚昌祺	22・356
譚　忠	33・449
	40・730
	60・690
	60・754
譚　炳	41・656
譚起行	59・86
譚　皋	34・552
譚師蘇	61・258
譚　理	33・191
譚國華	36・270
譚從簡	8・826
	16・552
	17・506
	40・457
	43・561
	43・843
譚　章	40・531
	45・178
譚　琳	16・452
	18・132
譚復德	32・77
	34・101
譚登仕	41・586
	61・452
譚誠言	35・413
	43・154
譚資榮	10・811
譚　肅	31・795

	35・51
譚　廣	7・335
	14・112
	14・285
	14・467
	40・579
譚　綸	1・152
	3・27
	5・348
	5・458
	7・390
譚　綬	7・359
	12・275
	21・285
	22・697
譚　賢	40・595
	42・734
	43・212
譚　論	21・282
	25・573
譚遵憲	54・235
譚　澄	8・265
	14・371
	14・718
	40・390
	42・508
譚興魁	25・51
譚駿聲	17・79
譚謙益	31・814
	34・47
譚應庚	59・158
譚　彝	61・459
譚鶴齡	17・536

癡

癡呆子	2・251
	22・247
癡和尚	3・591

懶

懶　牧	41・683
懶道人	2・256

懷

懷　丙	11・320
	11・515
懷成名	35・457
懷　恩	10・816
懷　隱	25・69

關

關　山	14・291
	14・660
	41・182
	43・644
關　玉	23・233
	25・744
	25・756
關世傑	40・393
	51・330
	55・467
	55・797
關世熙	55・809
關可宗	59・524
關　平	60・281
	60・342
關廷牧	6・143
	6・209
	7・453
關　羽	1・115
	9・264
	22・242
	22・377
	60・279

60・340
關步亨 53・605
關作槐 41・591
關其才 59・383
關　忠 34・588
關　浩 53・605
關　郎 60・348
關思誠 59・422
59・534
關思義 8・227
11・265
11・643
12・684
12・714
23・608
25・766
關　保 40・553
50・63
51・300
關禹國 66・487
關　益 12・687
關　朗 41・613
60・286
關　祥 44・485
關國盛 53・600
關康之 40・684
55・476
58・798
關雲鳳 37・731
關　揚 43・555
43・781
關景文 37・732
關　勝 41・382
關遐年 41・599
52・498
關　統 60・281
關　瑜 7・362
12・339
12・519
關　靖 40・598
關漢卿 41・573
60・299
60・370
關　播 60・293
60・353
關　興 60・281
60・342
關龍逢 60・512
關　黼 45・19
關　彝 60・281
關寶顒 31・4
47・476

韜

韜　光 46・645

繩

繩　愆 33・763
34・83

二十畫

蘭

蘭之桂 11・191
蘭以權 41・581
49・436
49・565
蘭正偉 62・33
62・212
蘭　用 45・133
蘭　如 41・700
蘭英魁 26・330
蘭　珍 61・560

蘭泉先生 11・313
11・510
蘭　俊 45・646
蘭第錫 1・178
7・451
20・759
41・142
58・17
蘭從善 36・134
蘭紹曾 56・185
蘭敬祖 45・133
蘭　植 26・296
蘭　欽 32・714
33・342
蘭　爾 45・496
45・589
蘭維均 26・278
蘭增春 26・880
蘭興周 26・350
蘭興樵 26・304
蘭鴻著 26・312
蘭體春 26・330

蘇

蘇人傑 57・430
蘇士潤 4・275
7・374
蘇才美 4・388
8・457
27・83
蘇才偉 9・31
蘇大年 8・227
11・312
11・510
蘇大傑 9・205
15・534
15・565
15・645
蘇之芬 41・601
44・592
蘇之濤 29・591
蘇天恩 63・64
蘇天爵 8・225
11・226
11・451
12・133
12・684
13・488
蘇元柱 38・256
蘇元峩 40・492
43・873
蘇元符 27・880
27・892
蘇元箴 27・886
27・892
蘇元璐 52・855
蘇　文 31・18
蘇文灼 27・905
蘇文彥 59・535
蘇文炳 41・651
蘇允恭 30・123
蘇本眉 61・68
蘇　術 7・388
18・333
18・475
蘇　甲 30・650
蘇四海 15・43
蘇　禾 43・306
蘇仙巖 12・560
蘇　民 40・412
42・512
46・86
46・416
蘇民牧 51・633

	52・312
蘇弘祖	46・667
蘇有基	35・287
蘇　存	28・737
蘇　列	31・18
蘇光生	41・511
	45・792
蘇仰伊	41・651
	57・430
蘇兆元	19・111
	19・183
蘇名顯	27・880
蘇州俊	57・121
	57・354
	57・446
蘇汝霖	40・536
	50・89
	50・609
蘇守範	31・813
	33・719
	34・46
蘇宇庶	7・397
蘇安恒	7・796
	30・501
	31・77
蘇志正	29・261
蘇志皋	8・323
	19・727
	20・146
蘇志道	11・265
	11・471
	12・684
蘇吾民	59・383
	59・486
蘇我民	2・603
蘇良嗣	31・412
蘇　武	9・263
	44・477
	65・511
蘇若霖	25・69
蘇　苹	21・804
蘇　林	32・743
蘇枝若	14・649
蘇東柱	8・777
	21・391
	24・773
	45・687
蘇叔華	52・84
蘇味道	10・675
	11・249
	13・487
蘇昌臣	40・342
蘇　明	2・699
	2・730
	2・737
	2・816
	14・128
蘇和尚	15・653
蘇　侃	30・499
	31・77
蘇於沛	43・320
	43・344
蘇宗堯	57・129
蘇定方	10・685
蘇　建	65・117
蘇　政	51・358
	54・141
蘇　威	45・310
蘇　昱(唐)	40・369
	61・65
蘇　昱(明)	48・1
	61・447
蘇保衡	40・802
	43・634

43・814
44・203
蘇　俊　28・21
蘇俊大　9・38
27・898
蘇　恒　13・340
蘇爲悌　5・278
5・356
5・462
蘇　洪　60・467
蘇　洵　20・370
20・700
蘇宣化　3・746
8・620
蘇　祐　4・272
7・379
11・749
21・290
40・313
42・487
蘇屏翰　24・778
蘇　秦　24・330
32・317
蘇　珪　31・9
蘇　恭　44・591
蘇恭讓　8・567
18・49
蘇　晉　32・624
蘇　烈(南齊)　30・500
31・77
蘇　烈(唐)　30・500
31・87
蘇　烈(明)　43・401
蘇振文　3・38
蘇振飛　3・38
蘇振聲　3・38
蘇　恩(太谷)　28・673
蘇　恩(雄縣)　21・383
24・769
蘇　峻　4・280
蘇修五　38・915
蘇　庫　16・202
蘇　烜　11・827
蘇　浩　40・401
蘇　展　29・543
29・581
蘇　恕　35・255
蘇納海　7・414
蘇　乾　2・738
2・813
8・551
13・725
14・125
14・160
14・379
蘇捷卿　49・217
蘇常泰　38・740
蘇　過　40・514
42・506
蘇　敏(休寧)　37・918
蘇　敏(昌平)　8・295
蘇從訓　24・769
蘇　章　4・244
5・273
7・279
31・2
31・295
38・725
42・500
蘇　竟　15・74
15・548
15・584
40・350
43・521

蘇炳榮 27・880
蘇　淑 7・674
23・202
24・21
30・500
31・77
蘇　宲 8・5
32・7
36・16
蘇　紱 43・316
蘇紹周 24・697
蘇琴堂 34・691
蘇　琳 17・338
蘇　瑛 9・38
27・878
蘇　琯 27・906
蘇彭齡 12・642
蘇惠民 41・494
57・560
蘇　雄 3・539
蘇鼎甲 63・810
蘇　順 40・665
52・851
蘇舜欽 7・309
32・649
蘇就大 9・38
27・878
蘇善揚 5・230
蘇運啟 43・328
蘇　登 1・196
3・28
3・38
蘇遠大 27・906
蘇蓉峯 38・578
蘇　幹 7・291
32・623
33・185
蘇　椿 10・789
32・705
33・371
蘇　軾 7・312
23・217
24・25
蘇傳鉢 41・518
45・79
45・585
蘇　肅 28・783
蘇際春 43・345
蘇爾和 20・151
蘇爾慎 66・667
蘇爾賡 27・905
蘇毓琦 6・6
蘇毓銓 21・817
蘇　銑 27・878
蘇彰阿 66・678
蘇榮生 52・11
蘇寧阿 4・325
5・34
蘇肇魁 12・459
蘇維垣 21・793
蘇維城 21・793
蘇　綸 15・525
15・564
15・645
蘇　璋 36・195
蘇　震 40・368
60・618
60・771
蘇德星 23・127
蘇論崇 32・112
38・894
蘇慶文 62・367
蘇養民 27・898
蘇　澄 14・142

蘇澄隱 11・320
11・515
蘇　霖(明) 15・60
蘇　霖(清) 2・598
蘇霖潤 29・242
蘇　寰 41・626
52・257
52・439
蘇　曙 9・38
27・879
蘇襄雲 40・482
59・86
蘇應春 45・194
蘇應聘 49・146
49・216
蘇鴻儒 15・652
蘇　瓊(北齊) 10・660
30・392
38・292
38・376
40・504
42・501
蘇　瓊(明) 29・488
29・973
蘇　轍 32・647
蘇　瓌 31・412
蘇耀素 1・140
3・227
7・325
蘇　鐕 29・581
蘇　騰(漢) 41・612
55・431
55・878
蘇　騰(清) 41・484
61・672
蘇騰鳳 9・40
蘇　繼 19・677
20・58
蘇繼武 33・144
33・395
蘇繼歐 11・188
11・445
13・312
蘇　權 30・648
蘇鶴成 9・40
蘇　鑑 25・137
蘇　瓚 8・420
蘇觀生 13・90
蘇靈芝 24・332
24・408

騶

騶　衍 2・261
32・126

黨

黨人秀 56・463
黨之煌 33・71
33・220
34・557
黨中畤 27・758
黨　成 41・106
60・705
60・781
黨兆熊 9・241
黨志善 42・742
46・151
黨　忠 40・524
42・510
黨承志 7・366
41・38
44・789
黨承美 38・142
黨　俊 30・713

黨　琉　60·626
60·775
黨振聲　31·824
34·721
黨　益　50·299
黨　進　44·530
44·628
黨　焕　62·478
黨　傑　20·371
40·434
40·530
45·729
黨還醇　1·165
7·408

嚴

嚴三省　49·145
49·206
嚴于屏　40·458
46·581
嚴大寛　16·653
嚴子敬　14·686
嚴天祥　40·424
61·447
嚴元幬　45·643
嚴中律　61·592
嚴仁波　19·434
嚴　文　11·269
13·146
嚴文炳　49·5
嚴文照　18·22
嚴以盛　29·976
33·207
嚴用琛　50·721
嚴延年　1·123
22·131
22·321
嚴守用　36·498
嚴　安(金)　2·244
19·582
20·616
嚴　安(清)　58·321
嚴克寛　4·418
5·247
嚴　武　42·503
嚴　杞　50·79
嚴宗嘉　1·194
5·461
21·311
25·331
嚴挺之　40·368
40·507
42·503
60·618
60·770
嚴　恪　50·330
50·566
嚴　泰　41·32
49·358
49·509
嚴致中　57·364
57·448
嚴　浚　60·618
嚴家瑞　19·434
嚴書勲　16·752
嚴　授　7·553
嚴國魁　49·153
49·217
嚴得有　41·624
57·128
57·384
嚴　清　7·378
21·293
33·611

嚴紹祖 31・13
37・584
37・660
嚴彭祖 32・609
嚴欽謨 21・306
24・196
嚴遂成 7・504
21・311
25・575
32・684
40・485
49・787
嚴曾業 7・472
27・520
27・759
嚴 幹 40・353
嚴 暄 19・297
19・491
26・252
26・865
37・663
嚴爾譓 14・713
嚴 綱 31・298
嚴 綬 40・277
42・471
嚴慧大師 2・244
嚴慶雲 40・476
嚴 霖 4・316
7・479
28・22
嚴錫命 3・358
嚴 霜 41・444
49・360
49・795
嚴 鎡 19・24
嚴濟寬 7・794
嚴 寶 31・86
嚴繼陵 40・473
50・93
50・659

籍

籍大成 32・274
籍少襄 57・106
57・359
57・447
籍忠宣 24・796
籍郇恩 34・752
籍 甚 34・581
籍 偃 57・36

覺

覺 同 41・693
43・676
覺林和尚 56・11
覺智利 60・961
覺 暉 18・92
覺羅嵩阿禮 7・464
16・280
覺羅瑞福 65・68
覺羅錫齡 13・229

釋

釋迦也夫 41・696
釋體安 5・252

饒

饒九卿 40・438
50・89
53・572
53・628
53・633
饒大源 32・270
饒伯鈞 36・334

38・93
39・256
39・319
饒　孚　24・412
饒含采　2・738
2・820
饒宏仁　14・650
饒尚孝　46・714
饒承德　9・195
13・738
14・638
饒思聰　21・292
饒鴻焕　31・10

髑

髑　龍　31・781
33・608

護

護國永進君　50・877
護廩實　40・391
63・18

灌

灌　嬰　40・572
43・841
65・112

寶

寶　公　11・319
11・515
寶音得勒格爾　66・267
寶　祕　41・701
寶　寂　41・682
52・446
寶　琳　23・757
24・29
寶積禪師　2・242
5・312
5・415
5・524
寶　巖　2・239

騫

騫　瑨　40・408
45・179
45・682

竇

竇一桂　53・102
53・474
竇士達　41・510
竇太后　30・505
31・101
竇　卞　7・312
30・189
32・725
竇　文　9・197
13・737
14・688
竇文翔　55・809
竇文標　41・517
竇文藻　55・818
竇　允　7・284
31・784
竇世英　54・235
竇可進　44・580
竇生榮　32・736
33・120
33・386
竇永祺　37・261
竇西銘　26・347
竇光鼐　1・172
7・438

竇如蘭 8・533
32・733
32・794
33・120
33・383
33・461
竇　牟 51・364
52・369
竇　抗 1・131
31・4
竇　豸 9・49
竇　忻 41・501
竇　青 30・495
竇長君 7・586
30・495
竇長泰 41・591
55・814
竇尚賓 53・91
53・409
竇　昌 33・120
33・389
竇　明 41・38
53・102
53・474
竇明運 41・204
51・741
54・173
54・178
竇明道 3・33
3・84
竇　侃 3・82
3・147
5・298
5・387
5・471
竇　宗 4・252
26・245
竇建德 29・149
竇承芳 8・295
竇　威 61・596
竇　星 8・543
32・737
33・120
33・390
竇重光 27・641
竇禹鈞 1・119
3・43
3・81
3・145
3・384
3・844
5・295
5・423
5・470
22・235
24・446
竇禹錫 10・738
竇神寶 31・478
竇　泰 40・661
64・509
竇桂芬 4・473
竇容恂 40・466
49・320
49・489
竇容邃 44・731
竇　祥 60・467
竇　琇 52・55
竇　偁 1・734
3・82
3・147
5・298
5・471
22・187
22・338

	32・634
竇焕章	41・594
竇 淦	20・264
竇斯在	41・477
	52・53
	54・207
	54・226
竇景庸	7・316
	8・40
	14・105
	14・283
	14・659
	16・297
竇景燕	4・319
	26・251
	36・636
竇 嵋	41・605
竇復僖	54・759
	59・82
竇 欽	18・20
竇 瑀	52・51
	54・206
	54・224
竇 瑗	7・287
	10・617
	16・476
	17・188
	17・502
	18・223
	18・336
	18・478
	31・785
	39・215
	39・255
	39・316
竇載德	41・537
	52・54
竇 經	54・721
	59・85
竇 静	40・272
	40・703
	42・468
	62・492
竇 僖	3・82
	3・148
	5・298
	5・387
	5・471
竇 豪	53・102
	53・475
竇 榮	41・398
竇漢卿	5・523
竇漢輔	41・599
	54・235
竇 寧	41・500
	47・481
竇維輅	14・397
	14・683
	36・157
	36・194
竇 瑾	31・4
	31・346
	32・714
竇 儀	1・732
	3・82
	3・146
	5・297
	5・386
	5・471
	5・519
	10・738
	22・186
	22・338
	24・446

竇徵榴 9・214
18・78
竇　毅 24・21
41・398
43・627
竇遴奇 9・164
32・739
33・140
33・394
竇　遵 32・619
32・744
竇　融 31・299
竇　興 38・899
竇　默 8・242
32・14
33・176
35・425
35・496
35・500
竇學周 41・627
竇　熾 41・397
43・626
竇　溁 56・183
竇　憲 65・119
竇　璸 41・151
47・481
竇懋功 27・642
竇　嬰 7・587
30・495
31・76
竇　鎧 54・705
竇懷貞 31・787
竇　韡 42・427
竇　瓌 32・611
竇　儼 1・733
3・82
3・146
5・297
5・386
5・471
5・519
10・739
22・186
22・338
24・446

闞

闞永年 16・637
闞長淑 25・40
闞崇德 40・478
闞　絅 33・614
闞　傑 8・412
16・516
17・178
闞道寧 45・309

繼

繼　禺 41・677

二十一畫

權

權　中 60・789
權邦彥 7・838
31・459
權秉中 50・198
50・863
權執中 50・234
50・864
權湯臣 22・701
權　會 7・644
28・710
權懷恩 7・290

32・622

酈

酈世澍 4・772
酈伯偉 31・388
酈希誠 2・247
2・704
10・684
14・177
55・623
酈　炎 7・563
22・207
22・348
22・462
酈　商 22・144
22・327
34・215
43・519
酈復亨 35・649
酈　惲 11・143
22・217
22・353
24・535
55・655
56・13
酈道元 1・106
1・684
22・153
22・330
24・534
24・687
31・379
酈道約 22・154
22・331
24・535
酈道慎 22・154
22・331
24・535
酈　範 1・683
3・79
3・140
7・613
22・152
22・330
22・467
24・534
24・676
酈　濟 5・463
酈　瓊 35・617
酈　權 35・649

鐵

鐵　連 60・621
60・773

鐸

鐸　鳴 42・527

癩

癩　僧 41・692

顧

顧一碩 49・726
顧大章 3・539
8・316
顧之麟 40・474
47・164
顧天祥 38・580
顧天敍 32・674
33・197
33・509
顧月化 63・212
顧予咸 7・513
顧玉書 13・472

40・484
59・447
顧　正　31・800
顧世隆　7・363
顧四明　7・397
21・296
21・801
顧存仁　9・274
13・780
14・413
14・715
15・485
顧　光　7・502
顧光旭　7・416
顧兆魁　65・96
65・485
顧汝壽　5・34
顧如華　7・497
31・820
32・414
顧志文　38・579
顧　佐　4・279
7・333
7・350
40・309
42・483
顧良弼　19・520
顧君錫　18・29
19・4
顧其本　30・101
顧長生　28・59
顧　昊　39・261
39・262
39・330
顧金蘭　38・639
顧炎武　43・162
44・640

49・327
55・662
57・162
57・428
57・502
顧咸泰　7・500
33・201
顧思孝　47・399
顧香臨　45・4
顧彥逢　41・575
顧彥朗　44・529
64・605
65・492
顧彥達　47・492
顧彥暉　40・741
64・605
65・492
顧晉珍　26・280
顧高嘉　4・313
5・27
7・478
顧竟成　8・795
21・395
顧　問　28・672
顧紹先　59・82
顧　瑛　19・519
顧琦坊　34・562
顧　棫　8・799
顧　欽　1・189
22・138
顧開陸　60・776
顧　弼　40・479
45・563
顧　登　40・400
60・623
60・773
顧　瑄　50・335